2006
中国卫生统计年鉴

中华人民共和国卫生部　编

中国协和医科大学出版社

图书在版编目（CIP）数据

2006 中国卫生统计年鉴 / 中华人民共和国卫生部编. 北京：中国协和医科大学出版社，2006.7

ISBN 7-81072-802-4

Ⅰ. 2… Ⅱ. 中… Ⅲ. 卫生统计—中国—2006—年鉴 Ⅳ. R195-54

中国版本图书馆 CIP 数据核字（2006）第 072656 号

2006 中国卫生统计年鉴

编　　者：中华人民共和国卫生部
责任编辑：李春宇　吴桂梅

出版发行：中国协和医科大学出版社
（北京东单三条九号　邮编 100730　电话 65260378）
网　　址：www. pumcp. com
经　　销：新华书店总店北京发行所
印　　刷：北京丽源印刷厂

开　　本：889×1194 毫米　1/16 开
印　　张：26.25
字　　数：800 千字
版　　次：2006 年 9 月第一版　2006 年 9 月第一次印刷
印　　数：1—1000
定　　价：150.00 元

ISBN 7-81072-802-4/R·795

《中国卫生统计年鉴》编辑委员会

《中国卫生统计年鉴》编辑部

编 者 说 明

一、《中国卫生统计年鉴》是一部反映中国卫生事业发展情况和居民健康状况的资料性年刊。本书收录了全国及31个省、自治区、直辖市卫生事业发展情况和居民健康水平的统计数据以及历史重要年份的全国统计数据。本书为《中国卫生统计年鉴》2006卷，收编的内容截至2005年底。

二、全书分为15个部分，即①卫生机构；②卫生人员；③卫生设施；④卫生经费；⑤医疗服务；⑥农村和社区卫生；⑦妇幼保健；⑧人民健康水平；⑨疾病控制与公共卫生；⑩居民病伤死亡原因；⑪卫生监督；⑫医学教育与科研；⑬人口指标。另附：主要社会、经济指标，我国卫生状况与世界主要国家比较。各篇前设《简要说明》及《主要统计指标解释》,《简要说明》简要概述了本篇的主要内容、资料来源、统计范围、统计方法以及历史变动情况。

三、书中所涉及的全国性统计数据，除“行政区划”外，均未包括香港特别行政区、澳门特别行政区和台湾省数据。

四、历年卫生机构、卫生人员和诊疗人次等均未包括村卫生室数据，村卫生室单独统计。

五、1949~1984年以前卫生机构及其床位和人员按城市、农村分组；从1985年开始按市、县分组。市包括直辖市区、地级市辖区和郊区、县级市内全部卫生机构及其床位和人员，县包括直辖市和地级市辖县内的全部卫生机构及其床位和人员。

六、为贯彻执行1994年国务院颁布的《医疗机构管理条例》和1998年开始的政府机构改革，卫生部分别于1995和2001年两次修订《全国卫生统计报表制度》，相应调整了医疗卫生机构的统计口径，导致1996和2002年卫生机构和人员数变动较大。

七、本资料大部分来自年度统计报表，一部分来自抽样调查。人口、社会、经济指标数据来自有关年份《中国统计年鉴》以及公安部和教育部统计资料，世界主要国家卫生状况数据摘自世界卫生组织《2005年世界卫生统计》。

八、符号使用说明：“空格”or“.”表示无数字，“…”表示数字不详，“#”表示其中的主要项，“①”表示表下有注解。

九、本年鉴数据合计数或相对数由于单位取舍不同而产生的计算误差均未做调整。

卫生部统计信息中心

目　　录

一、卫生机构

二、卫生人员

三、卫生设施

四、卫生经费

五、医疗服务

六、农村与社区卫生

七、妇幼保健

八、人民健康水平

九、疾病控制与公共卫生

十、居民病伤死亡原因

十一、卫生监督

十二、医学教育与科研

十三、人口指标

附录一、主要社会、经济指标

附录二、我国卫生状况与世界主要国家比较

一、卫生机构

简要说明

一、本章主要介绍全国及31个省、自治区、直辖市卫生机构数，主要包括各级各类医疗机构、疾病控制机构和卫生监督机构数，医院等级情况，按床位数分组的医院数等。

二、所有指标系全数调查，数据来源于卫生综合统计年报。

三、本资料卫生机构总数和医疗机构数均不包括村卫生室数字，村卫生室单独统计。

四、大的分类：卫生机构按经济类型分为国有、集体、联营、私营等；按设置/主办单位分为政府办、企业办等。城镇医疗机构按分类管理原则分为非营利性和营利性医疗机构，划分的主要依据是经营目的和服务任务，两者执行不同的财政、税收、价格政策和财务会计制度。

五、2002年起，各类卫生机构数系卫生行政部门或工商、民政部门登记注册数。1949～2001年各类卫生机构数系卫生行政部门或其他行政部门批准成立数。

六、从1998年开始，国务院施行政府机构改革，按照行业管理原则重新划分了各行政部门管理范围，国境卫生检疫所、高中等医学院校、药品检验所（室）由卫生部门管理划归其他政府部门管理。卫生部因此调整了卫生机构统计口径，即：从2002年开始，卫生机构总数不再包括国境卫生检疫所、高中等医学院校、药品检验所（室）和由各级计生委批准设立的计划生育指导站（中心）。

七、1994年国务院颁布149号令——“医疗机构管理条例”，开始发放《医疗机构执业许可证》，城市增设“街道卫生院”，“个体开业人员”改称“私人诊所”。因此，卫生部相应调整了卫生机构统计口径，1996年卫生机构总数中新增了400余所“街道卫生院”和13．4万所“私人诊所”；将原计入门诊部（所）的3800余所“区、乡卫生所”归入乡镇卫生院。

主要统计指标解释

卫生机构　指从卫生行政部门取得《医疗机构执业许可证》，或从民政、工商行政、机构编制管理部门取得法人单位登记证书，为社会提供医疗保健、疾病控制、卫生监督服务或从事医学科研和教育等工作的单位。卫生机构包括医院、疗养院、社区卫生服务中心（站）、卫生院、门诊部、诊所（卫生所、医务室）、急救中心（站）、采供血机构、妇幼保健院（所、站）、专科疾病防治院（所、站）、疾病预防控制中心（防疫站）、卫生监督所、卫生监督检验（监测、检测）机构、医学科研机构、医学在职培训机构、健康教育所（站）等其他卫生机构。本资料不包括村卫生室（单独统计）。

医疗机构　指从卫生行政部门取得《医疗机构执业许可证》的机构，包括医院、疗养院、社区卫生服务中心（站）、卫生院、门诊部、诊所（卫生所、医务室）、妇幼保健院（所、站）、专科疾病防治院（所、站）、急救中心（站）和临床检验中心。本资料不包括村卫生室（单独统计）。

非营利性医疗机构　指为社会公众利益服务而设立运营的医疗机构，不以营利为目的，其收入用于弥补医疗服务成本。

营利性医疗机构　指医疗服务所得收益可用于投资者经济回报的弥补医疗机构。政府不举办营利性医疗机构。

医院　包括综合医院、中医医院、中西医结合医院、民族医院、各类专科医院和护理院，不包括专科疾病防治院、妇幼保健院和疗养院。

中医医院　指中医（综合）医院和中医专科医院，不包括中西医结合医院和民族医院。

专科医院　包括口腔医院、眼科医院、耳鼻咽喉科医院、肿瘤医院、心血管病医院、胸科医院、血液病医院、妇产（科）医院、儿童医院、精神病医院、传染病医院、皮肤病医院、结核病医院、麻风病医院、职业病医院、骨科医院、康复医院、整形外科医院、美容医院等其他专科医院，不包括中医专科医院、各类专科疾病防治院和妇幼保健院。

社区卫生服务中心（站）　指为本社区居民提供预防、医疗、保健、康复、健康教育、计划生育技术服务等的基层卫生机构。

医院等级　指由卫生行政部门根据设置规划确定的级别（一、二、三级）和由医疗机构评审委员会评定的等次（特、甲、乙、丙等），是由卫生行政部门评定的反映医院规模和医疗水平的综合指标。

联合办村卫生室　指村卫生室由两个或多个乡村医生联合办、乡村医生与卫生员联合办、执业（助理）医师与乡村医生或卫生员联合办等。

1-1-1 卫生机构数

	合计	医院	综合医院	中医医院	专科医院	疗养院	卫生院	乡镇卫生院	门诊部(所)	诊所.医务室.卫生所.护理站	妇幼保健院(所.站)	专科疾病防治院(所.站)	疾病预防控制中心(防疫站)
1949	3670	2600				30			769		9	11	
1950	8915	2803	2692	4	85	60			3356		426	30	61
1955	67725	3648	3351	67	188	822			51600		3944	287	315
1960	261195	6020	5173	330	401	1577	24849	24849	213823		4213	683	1866
1965	224266	5330	4747	131	339	887	36965	36965	170430		2910	822	2499
1970	149823	5964	5353	117	385	359	56568	56568	79600		1124	607	1714
1975	151733	7654	6817	160	543	297	54026	54026	80739		2128	683	2912
1978	169732	9293	7539	447	643	389	55018	55018	94395		2571	887	2989
1980	180553	9902	7859	678	694	470	55413	55413	102474		2745	1138	3105
1981	190126	10252	8044	781	718	538	55500	55500	111189		2789	1197	3202
1982	193438	10471	8146	878	731	593	55496	55496	113916		2827	1272	3271
1983	196017	10901	8370	1009	772	606	55559	55559	115826		2851	1326	3274
1984	198256	11381	8545	1218	810	599	55549	55549	117028		2955	1458	3339
1985	200866	11955	9197	1485	938	640	47387	47387	126604		2996	1566	3410
1986	203139	12442	9363	1646	1030	638	46967	46967	127575		3059	1635	3475
1987	204960	12962	9657	1790	1097	652	47177	47177	128459		3082	1697	3512
1988	205988	13544	9916	1932	1190	652	47529	47529	128422		3103	1727	3532
1989	206724	14090	10242	2046	1265	651	47523	47523	128112		3112	1747	3591
1990	208734	14377	10424	2115	1362	650	47749	47749	129332		3148	1781	3618
1991	209036	14628	10562	2195	1345	642	48140	48140	128665		3187	1818	3652
1992	204787	14889	10774	2269	1376	639	46117	46117	125873		3187	1845	3673
1993	193586	15436	11426	2298	1438	600	45024	45024	115161		3115	1872	3729
1994	191742	15595	11549	2336	1440	587	51929	51929	105984		3190	1905	3711
1995	190057	15663	11586	2361	1445	582	51797	51797	104406		3179	1895	3729
1996	322566	15833	11696	2405	1473	528	51723	51277	237153	233113	3172	1887	3737
1997	315033	15944	11771	2413	1488	506	51535	50981	229474	225490	3180	1893	3747
1998	314097	16001	11779	2443	1495	503	50613	50071	229349	225421	3191	1889	3746
1999	300996	16678	11868	2441	1533	485	50257	49694	226588	222047	3180	1877	3763
2000	324771	16318	11872	2453	1543	471	49777	49229	240934	237256	3163	1839	3741
2001	330348	16197	11834	2478	1576	461	48643	48090	248061	244345	3132	1783	3813
2002	306038	17844	12716	2492	2237	365	46014	44992	219907	212888	3067	1839	3580
2003	291323	17764	12599	2518	2271	305	45204	44279	204468	198316	3033	1749	3584
2004	297540	18393	12900	2611	2492	292	42471	41626	208794	202646	2998	1583	3588
2005	298997	18703	12982	2620	2682	274	41694	40907	207457	201562	3021	1502	3585

注：①卫生机构不包括村卫生室；②2002年起，卫生机构数不再包括高中等医学院校本部、药检机构、国境卫生检疫所和非卫生部门举办的计划生育指导站；③1996年以前的卫生院指乡镇卫生院；④门诊部(所)包括门诊部、诊所、卫生所、医务室和护理站，1996年以前门诊部(所)不包括私人办诊所。

1-1-2 2005年各地区卫生机构数

	合计	医院						疗养院	卫生院			社区卫生服务中心(站)	门诊部	诊所.卫生所.医务室.护理站
			综合医院	中医医院	中西医结合医院	民族医院	专科医院			街道卫生院	乡镇卫生院			
总计	**298997**	**18703**	**12982**	**2620**	**194**	**195**	**2682**	**274**	**41694**	**787**	**40907**	**17128**	**5895**	**201562**
北京	4818	516	351	66	3	3	90	6	152	2	150	114	425	3417
天津	2472	271	189	25	3		54	3	191	7	184	144	130	1618
河北	18046	817	541	154	11		111	4	1966		1966	726	60	14036
山西	9430	884	560	157	17	1	149	6	1640	41	1599	403	53	6041
内蒙古	7629	474	320	52	4	42	56	9	1358	28	1330	421	75	4788
辽宁	14925	915	597	103	9	3	203	37	1077	56	1021	541	399	11034
吉林	8755	563	381	73	10	4	95	14	817	16	801	1887	209	4897
黑龙江	8326	886	669	115	7	7	88	10	933	11	922	168	79	5637
上海	2526	247	152	16	4		62	2	100		100	181	199	1666
江苏	15324	1004	699	82	11		209	26	1472	30	1442	2613	373	9125
浙江	12555	553	325	93	6		126	16	2339	165	2174	2345	446	6136
安徽	9197	683	512	87	2		80	9	2001	21	1980	635	107	5308
福建	7934	357	223	71	4	2	57	16	953	24	929	392	304	5572
江西	10669	486	345	100	5		36	2	1520	14	1506	274	43	7871
山东	16323	1121	803	139	5	1	171	20	1786	98	1688	1533	149	10989
河南	14554	1172	824	179	6		163	5	2088		2088	658	68	9953
湖北	9459	572	410	82	8	1	71	1	1176	20	1156	665	31	6518
湖南	15008	782	545	126	11	1	99	7	2542	70	2472	273	64	10684
广东	16318	960	648	138	5		168	20	1463	72	1391	892	1449	10777
广西	9416	458	312	82	6	3	54	8	1295	1	1294	190	68	6967
海南	2464	190	147	18	3		22	2	312	5	307	54	122	1637
重庆	6380	358	267	41	8		42	6	1102	25	1077	80	53	4615
四川	23832	1149	792	165	16	22	153	8	5176	13	5163	403	299	15901
贵州	6571	383	271	63	7	2	39	2	1456	11	1445	202	34	4140
云南	10110	648	439	108	11	6	84	12	1483		1483	164	73	7189
西藏	1378	97	80			17		1	666		666	16		458
陕西	11701	833	587	147	6	1	92	7	1769	44	1725	422	231	7997
甘肃	11849	382	276	70	1	10	25	7	1358	6	1352	195	88	9459
青海	1478	130	85	14	1	25	5	1	406	1	405	179		607
宁夏	1463	134	91	17	3	1	22	1	266		266	74	37	863
新疆	8087	678	541	37	1	43	56	6	831	6	825	284	227	5662

1-1-2 续表

其中		急救中心(站)	采供血机构	妇幼保健院(所、站)		专科疾病防治院(所、站)		疾病预防控制中心/防疫站	卫生监督所	卫生监督检验/监测/检测所(站)	医学科研机构	医学在职培训机构	健康教育所、站	其他
诊所	卫生所.医务室				妇幼保健所(站)		专科疾病防治所、站							
147211	**54298**	**141**	**577**	**3021**	**1434**	**1502**	**1271**	**3585**	**1702**	**94**	**263**	**463**	**134**	**2259**
1315	2101	6	10	18	2	28	25	28	20	2	25	13	1	37
646	972	2	5	23	12	16	13	24	3		8		1	33
10306	3730	3	12	184	100	8	7	192	28	1	4			5
5013	1028	4	12	131	72	14	12	157	31	5	10	11	4	24
3894	894	3	13	116	99	56	51	146	50	2	6	23	18	71
9483	1551	10	23	114	83	113	101	128	43	30	10	2	9	440
3982	907	6	21	71	28	62	59	74	28	9	9	3	3	82
2882	2755	11	30	148	77	120	105	195	75		13	5	1	15
564	1102	12	9	24	13	18	13	22	20	2	10	3	2	9
4969	4155	16	32	112	94	53	35	154	98	1	12	32		201
3432	2703	9	27	87	34	29	22	138	102	3	9	45	2	269
3797	1511	5	29	117	103	54	49	132	41	2	14	7	3	50
3702	1870	10	10	89	36	42	7	93	33		9	26	7	21
5669	2202	2	18	112	71	110	108	115	52		8	3	6	47
6221	4768	7	27	150	63	139	122	176	36	12	5	16	3	154
8040	1913	1	18	167	58	32	32	183	53	13	8	84	2	49
4033	2485	4	24	96	16	122	104	113	63		3	26	1	44
7714	2970	1	17	135	50	101	91	150	80	4	4	1	2	161
7355	3421	6	44	124	11	161	129	134	118		20	12	35	103
5325	1642	2	35	103	3	62	44	106	62	1	15	1	2	41
1441	196	5	1	26	17	36	36	30	8		2		5	34
3933	682		12	42	9	14	13	43	40		2	6	2	5
13807	2094	7	37	197	39	44	35	208	154	5	15	22	8	199
3719	421	1	36	84	64	7	4	103	91		2	21		9
6219	970	2	15	148	12	32	29	153	138		12	6	3	32
393	65		1	55	48			81	1		1	1		
6335	1662	3	12	115	45	9	7	125	66		17	66	2	27
7768	1691	1	18	100	83	7	7	103	77	1	4	21	5	23
352	255		9	24	17			57	52		2	1	3	7
663	200		4	21	14	4	4	25	9		1	6	2	16
4239	1382	2	16	88	61	9	7	197	30	1	3		2	51

1-1-3　2005年各类卫生机构数

卫生机构	合计	按经济类型分					合计中		
		国有	集体	联营	私营	其他	政府办	卫生部门	企业办
总　　　计	**298997**	**91309**	**47775**	**2340**	**146171**	**11402**	**72817**	**63934**	**29635**
市	173503								
县	125494								
一. 医院	18703	13975	1508	133	2027	1060	9880	9139	4450
市	13167	9340	1206	111	1638	872	5895	5354	3676
县	5536	4635	302	22	389	188	3985	3785	774
综合医院	12982	10127	975	87	1141	652	5995	5386	4290
县医院	2009	1979	26			4	2009	2009	
其他	10973	8148	949	87	1141	648	3986	3377	4290
中医医院	2620	2172	201	8	165	74	2258	2240	16
中西医结合医院	194	93	26	1	51	23	88	87	11
民族医院	195	178	6		8	3	175	175	1
专科医院	2682	1390	294	35	658	305	1354	1245	129
口腔医院	233	121	41	1	45	25	145	145	4
眼科医院	171	37	23	7	59	45	44	44	8
耳鼻咽喉科医院	31	10	2		12	7	8	8	
肿瘤医院	111	67	8		23	13	67	67	7
心血管病医院	44	15	4	1	11	13	15	14	4
胸科医院	18	17				1	15	15	1
血液病医院	8	1	3		3	1	1	1	1
妇产(科)医院	127	52	11	1	43	20	47	46	17
儿童医院	58	41	7		7	3	44	44	1
精神病医院	557	461	59	4	27	6	458	399	17
传染病医院	136	128	4		1	3	130	130	1
皮肤病医院	80	35	4	1	29	11	36	35	3
结核病医院	48	43	2		1	2	43	42	1
麻风病医院	35	35					34	33	
职业病医院	15	13	1		1		6	6	6
骨科医院	237	52	35	7	112	31	58	57	4
康复医院	246	140	38	6	46	16	99	70	18
整形外科医院	18	3			10	5	2	2	2
美容医院	34	2			22	10	1	1	5
其他专科医院	475	117	52	7	206	93	101	86	29
护理院	30	15	6	2	4	3	10	6	3
二. 疗养院	274	261	5		2	6	130	65	67
三. 社区卫生服务中心(站)	17128	4619	7572	1214	2131	1592	691	684	101
社区卫生服务中心	1382	848	462	4	44	24	691	684	101
社区卫生服务站	15746	3771	7110	1210	2087	1568			
四. 卫生院	41694	25939	15121	34	271	329	40745	40732	63
街道卫生院	787	306	455		17	9	742	739	8
乡镇卫生院	40907	25633	14666	34	254	320	40003	39993	55
中心卫生院	10025	8573	1399	4	15	34	9813	9810	14
乡卫生院	30882	17060	13267	30	239	286	30190	30183	41

1-1-3　续表1

卫生机构	合计	按经济类型分					合计中		
		国有	集体	联营	私营	其他	政府办	卫生部门	企业办
五. 门诊部	5895	2208	997	59	2043	588	837	742	618
综合门诊部	3913	1752	738	39	1141	243	656	577	493
中医门诊部	541	135	89	7	196	114	62	61	36
中西医结合门诊部	168	55	33	1	68	11	31	30	10
民族医门诊部	7	4			2	1	2	2	
专科门诊部	1266	262	137	12	636	219	86	72	79
六. 诊所、卫生所、医务室、护理站	201562	31028	22192	893	139671	7778	7592	3	24033
诊所	147211	4142	6106	498	133132	3333	2862		1848
卫生所、医务室	54298	26883	16086	395	6489	4445	4727		22185
护理站	53	3			50		3	3	
七. 急救中心（站）	141	131	5			5	116	114	14
八. 采供血机构	577	555	11	3		8	554	552	2
九. 妇幼保健院(所、站)	3021	2988	28			5	2907	2894	34
省属	26	26					26	26	
省辖市(地区)属	371	371					371	371	
地辖市属	959	944	14			1	959	959	
县属	1526	1514	11			1	1526	1526	
其他	139	133	3			3	25	12	34
妇幼保健院	1580	1564	14			2	1542	1540	2
妇幼保健所	700	696	3			1	685	684	5
妇幼保健站	734	724	9			1	675	668	27
生殖保健中心	7	4	2			1	5	2	
十. 专科疾病防治院(所、站)	1502	1397	78	1	15	11	1387	1376	34
专科疾病防治院	231	208	16		4	3	209	207	9
传染病防治院	3	2				1	2	2	
结核病防治院	29	29					26	26	2
职业病防治院	31	30				1	24	23	6
其他	168	147	16		4	1	157	156	1
专科疾病防治所(站、中心)	1271	1189	62	1	11	8	1178	1169	25
口腔病防治所(站、中心)	119	61	50		4	4	97	97	
精神病防治所(站、中心)	19	16	1		2		14	13	1
皮肤病与性病防治所(中心)	278	269	6	1	2		264	263	
结核病防治所(站、中心)	408	407			1		393	393	7
麻风病防治所(站、中心)	18	17			1		16	16	
职业病防治所(站、中心)	36	35				1	19	19	16
地方病防治所(站、中心)	54	53	1				54	54	
寄生虫病防治所(站、中心)	1	1					1	1	
血吸虫病防治所(站、中心)	235	233	2				231	231	1
药物戒毒所(中心)	15	13				2	8	1	
其他	88	84	2		1	1	81	81	

1-1-3 续表2

卫生机构	合计	按经济类型分					合计中		
		国有	集体	联营	私营	其他	政府办	卫生部门	企业办
十一.疾病预防控制中心(防疫站)	3585	3550	34			1	3282	3200	186
疾病预防控制中心(防疫站/防病中心)	3440	3438	1			1	3151	3069	184
省属	31	31					31	31	
省辖市(地区)属	392	392					392	392	
地辖市属	1024	1024					1024	1024	
县属	1586	1586					1586	1586	
其他	407	405	1			1	118	36	184
其中：疾病预防控制中心	1844	1844					1771	1756	36
卫生防疫站	1577	1575	1			1	1363	1296	146
卫生防病中心	19	19					17	17	2
预防保健中心	145	112	33				131	131	2
十二. 卫生监督所	1702	1700	1			1	1685	1682	16
省属	29	29					29	29	
省辖市(地区)属	318	318					318	318	
地辖市属	500	500					500	500	
县属	818	816	1			1	818	818	
其他	37	37					20	17	16
十三. 卫生监督检验(监测)机构	94	93	1				86	85	3
卫生(综合)监督检验机构	30	30					25	25	2
环境卫生监督检验机构	1	1							1
劳动卫生监督检验机构	6	6					6	6	
食品卫生监督检验机构	14	14					14	14	
学校卫生监督检验机构	1	1					1	1	
其他	41	40	1				40	39	
十四. 医学科学研究机构	263	257	2		3	1	229	225	4
医学科学(研究)院（所）	65	63			1	1	57	57	
预防医学研究院（所）	1	1					1	1	
中医(药)研究院(所)	52	50	1		1		43	41	
中西医结合研究所	4	3	1				3	3	
民族医(药)学研究所	11	11					10	10	
医学专科研究所	121	120			1		106	104	4
药学研究所	9	9					9	9	
十五. 医学在职培训机构	463	459	2			2	453	453	1
十六. 健康教育所(站、中心)	134	134					130	127	
十七. 其他卫生机构	2259	2015	218	3	8	15	2113	1861	9
临床检验中心（所、站）	31	16	4	2	4	5	12	12	6
精神病收容所	17	11	2	1	3		9	5	
麻风村	55	52	3				53	50	
卫生消毒站	19	11	8				15	14	
乡防保组	913	771	142				903	903	
农村改水中心	27	24	3				25	25	
其他	1197	1130	56		1	10	1096	852	3

1-2-1 2005年医疗机构数

	合计	非营利性	营利性	其他
总　计	**289951**	**132391**	**155868**	**1692**
医院	18703	15673	2971	59
综合医院	12982	11253	1690	39
中医医院	2620	2379	238	3
中西医结合医院	194	118	76	
民族医院	195	181	14	
专科医院	2682	1721	944	17
护理院	30	21	9	
疗养院	274	259	5	10
社区卫生服务中心(站)	17128	14506	2114	508
社区卫生服务中心	1382	982	22	378
社区卫生服务站	15746	13524	2092	130
卫生院	41694	41476	105	113
街道卫生院	787	775	10	2
乡镇卫生院	40907	40701	95	111
门诊部	5895	3003	2802	90
诊所、卫生所、医务室、护理站	201562	53087	147842	633
诊所	147211	9944	136989	278
卫生所、医务室	54298	43140	10803	355
护理站	53	3	50	
妇幼保健院(所、站)	3021	2902	1	118
内：妇幼保健院	1580	1563		17
妇幼保健所、站	1434	1334		100
专科疾病防治院(所、站)	1502	1344	17	141
专科疾病防治院	231	221	6	4
专科疾病防治所(站、中心)	1271	1123	11	137
急救中心(站)	141	122	2	17
临床检验中心（所、站）	31	19	9	3

1-2-2 2005年各地区医疗机构数(非营利性)

	合计	医院				疗养院	卫生院		社区卫生服务中心(站)	门诊部	诊所、卫生所、医务室、护理站、	急救中心(站)	妇幼保健院(所、站)	专科疾病防治院(所、站)	临床检验中心
			综合医院	中医医院	专科医院			乡镇卫生院							
总　计	**132391**	**15673**	**11253**	**2379**	**1721**	**259**	**41476**	**40701**	**14506**	**3003**	**53087**	**122**	**2902**	**1344**	**19**
北　京	2953	379	287	39	46	5	152	150	104	181	2080	6	18	28	
天　津	1625	237	166	23	45	3	190	183	144	29	981	2	23	16	
河　北	6286	716	492	142	73	4	1966	1966	551	40	2816	3	184	6	
山　西	3726	704	485	124	83	6	1627	1586	292	20	939	4	124	10	
内蒙古	3262	417	288	50	36	9	1356	1328	345	58	927	3	106	41	
辽　宁	3716	781	533	91	147	37	987	934	453	169	1084	8	103	92	2
吉　林	4165	472	338	64	61	13	817	801	1856	23	849	6	70	59	
黑龙江	4975	816	631	104	70	10	933	922	108	54	2800	11	139	103	1
上　海	1401	180	106	16	45	2	100	100	138	19	909	11	23	18	1
江　苏	9762	785	567	77	134	22	1463	1433	2507	202	4622	13	94	50	4
浙　江	8020	454	287	88	73	15	2306	2142	1966	243	2917	6	84	28	1
安　徽	4525	582	440	85	53	8	1993	1972	531	77	1208	3	86	35	2
福　建	4343	263	164	67	29	11	921	897	308	74	2648	7	76	35	
江　西	3180	454	325	98	28	2	1515	1502	107	31	847	2	112	110	
山　东	8588	942	696	126	117	19	1778	1686	1194	117	4254	7	146	131	
河　南	5169	1018	764	156	96	5	2088	2088	524	53	1312	1	167		1
湖　北	4849	507	365	81	57	1	1176	1156	663	15	2264	4	96	121	2
湖　南	7462	723	519	125	70	7	2542	2472	257	54	3642	1	135	101	
广　东	8988	774	530	129	110	20	1458	1386	450	815	5192	5	123	150	1
广　西	3614	406	277	76	45	8	1295	1294	170	46	1524	1	103	61	
海　南	834	169	145	16	8	2	312	307	15	71	200	3	25	36	1
重　庆	2290	301	225	39	33	6	1101	1077	75	35	719		40	13	
四　川	8997	921	634	158	100	8	5173	5160	366	212	2072	6	196	43	
贵　州	2383	323	234	60	21	2	1456	1445	166	8	341	1	78	7	1
云　南	3253	480	330	101	41	11	1483	1483	140	31	936	2	148	22	
西　藏	893	97	80			1	666	666	16		58		55		
陕　西	4726	659	486	122	48	7	1769	1725	396	112	1654	3	115	9	2
甘　肃	3494	354	260	69	15	7	1358	1352	191	46	1430	1	100	7	
青　海	933	127	82	14	5	1	406	405	163		212		24		
宁　夏	677	97	71	17	8	1	258	258	67	24	206		21	3	
新　疆	3302	535	446	22	24	6	831	825	243	144	1444	2	88	9	

1-2-3 2005年各地区医疗机构数(营利性)

	合计	医院				疗养院	卫生院		社区卫生服务中心(站)	门诊部	诊所、卫生所、医务室、护理站、	急救中心(站)	妇幼保健院(所、站)	专科疾病防治院(所、站)	临床检验中心
			综合医院	中医医院	专科医院			乡镇卫生院							
总　计	**155868**	**2971**	**1690**	**238**	**944**	**5**	**105**	**95**	**2114**	**2802**	**147842**	**2**	**1**	**17**	**9**
北　京	1729	137	64	27	44	1			10	244	1337				
天　津	773	34	23	2	9		1	1		101	637				
河　北	11518	101	49	12	38				175	20	11220			2	
山　西	5414	175	71	33	65		12	12	109	33	5082			3	
内蒙古	4001	57	32	2	20				76	17	3850			1	
辽　宁	10311	129	62	12	53		37	34	77	228	9840				
吉　林	4357	91	43	9	34	1			31	186	4048				
黑龙江	2991	69	38	11	17				60	25	2837				
上　海	992	67	46		17					180	744				1
江　苏	4942	218	131	5	75		5	5	96	171	4450			2	
浙　江	3913	99	38	5	53	1	33	32	370	203	3204			1	2
安　徽	4242	82	57	2	23				88	23	4048			1	
福　建	3186	85	52	2	28				54	172	2874			1	
江　西	7240	32	20	2	8		5	4	167	12	7024				
山　东	7177	177	106	13	53	1	7	2	329	30	6632			1	
河　南	8943	154	60	23	67				134	14	8641				
湖　北	4338	65	45	1	14				2	16	4254			1	
湖　南	7124	59	26	1	29				16	10	7039				
广　东	6370	183	117	9	56		3	3	70	620	5486		1	2	5
广　西	5537	52	35	6	9				20	22	5443				
海　南	1550	21	2	2	14				39	51	1437	2			
重　庆	3974	57	42	2	9				5	18	3893			1	
四　川	14180	227	157	7	53		2	2	37	86	13828				
贵　州	3869	59	37	3	17				35	26	3749				
云　南	6479	161	106	6	40	1			23	42	6251			1	
西　藏	400										400				
陕　西	6663	174	101	25	44				26	119	6343				1
甘　肃	8103	28	16	1	10				4	42	8029				
青　海	413	2	2						16		395				
宁　夏	656	33	17		13				4	9	610				
新　疆	4483	143	95	15	32				41	82	4217				

1-3-1　2005年医院、妇幼保健院等级情况

	合计	三级				二级				一级				其他
		小计	甲等	乙等	丙等	小计	甲等	乙等	丙等	小计	甲等	乙等	丙等	
医院总计	**18703**	**946**	**594**	**314**	**38**	**5156**	**2744**	**2277**	**135**	**2714**	**2042**	**509**	**163**	**9887**
内:综合医院	12982	633	388	225	20	3557	1838	1626	93	2371	1843	418	110	6421
中医医院	2620	152	103	46	3	1145	686	438	21	105	62	24	19	1218
中西医结合医院	194	15	11	4		36	23	12	1	21	12	6	3	122
民族医院	195	2	1	1		42	18	19	5	13	7	5	1	138
专科医院	2682	144	91	38	15	374	179	181	14	199	115	55	29	1965
妇幼保健院	**1580**	**32**	**20**	**11**	**1**	**275**	**188**	**80**	**7**	**311**	**277**	**30**	**4**	**962**

1-3-2　2005年各地区医院等级情况

	合计	三级				二级				一级				其他
		小计	甲等	乙等	丙等	小计	甲等	乙等	丙等	小计	甲等	乙等	丙等	
总　计	**18703**	**946**	**594**	**314**	**38**	**5156**	**2744**	**2277**	**135**	**2714**	**2042**	**509**	**163**	**9887**
北　京	516	45	37	8		76	54	18	4	192	130	35	27	203
天　津	271	24	24			67	36	31		101	94	6	1	79
河　北	817	32	32			321	241	76	4	114	108	4	2	350
山　西	884	24	7	16	1	194	84	107	3	116	106	8	2	550
内蒙古	474	22	11	7	4	145	40	92	13	45	39	2	4	262
辽　宁	915	63	46	15	2	217	145	68	4	128	105	18	5	507
吉　林	563	21	18	2	1	169	62	95	12	88	63	22	3	285
黑龙江	886	62	29	23	10	286	79	202	5	188	120	57	11	350
上　海	247	28	26	2		96	47	47	2	13	13			110
江　苏	1004	39	20	18	1	228	125	101	2	292	137	127	28	445
浙　江	553	45	17	27	1	178	47	104	27	24	14	9	1	306
安　徽	683	14	9	5		159	94	63	2	119	92	23	4	391
福　建	357	21	9	12		95	50	45		17	16		1	224
江　西	486	28	13	14	1	120	106	14		20	17	2	1	318
山　东	1121	60	29	31		342	248	87	7	243	186	45	12	476
河　南	1172	30	30			237	145	87	5	151	126	20	5	754
湖　北	572	53	40	10	3	233	136	92	5	124	102	14	8	162
湖　南	782	32	23	7	2	210	138	65	7	61	54	5	2	479
广　东	960	51	45	4	2	262	189	69	4	160	144	11	5	487
广　西	458	40	30	10		144	107	36	1	55	48	6	1	219
海　南	190	6	6			18	11	6	1	8	7		1	158
重　庆	358	14	11	2	1	100	25	73	2	31	25	4	2	213
四　川	1149	46	24	22		338	119	217	2	74	46	27	1	691
贵　州	383	25	5	12	8	109	19	82	8	35	8	12	15	214
云　南	648	48	9	39		239	65	174		25	20	5		336
西　藏	97	2	1	1		10	8	2		13	12	1		72
陕　西	833	32	19	12	1	222	117	101	4	84	52	18	14	495
甘　肃	382	12	4	8		108	64	44		13	8	5		249
青　海	130	7	4	3		58	38	16	4	1	1			64
宁　夏	134	5	3	2		45	24	20	1	22	10	11	1	62
新　疆	678	15	13	2		130	81	43	6	157	139	12	6	376

1-4-1 2005年按床位数分组的医院、妇幼保健院(所、站)和专科疾病防治院(所、站)数

	合计	50张以下	50～99张	100～199张	200～299张	300～399张	400～499张	500～799张	800张及以上
医院总计	**18703**	**7561**	**3595**	**3746**	**1548**	**822**	**407**	**740**	**284**
综合医院	12982	5284	2240	2526	1153	620	287	620	252
中医医院	2620	709	774	773	201	76	40	37	10
中西医结合医院	194	100	34	30	13	3	6	6	2
民族医院	195	146	39	8	2				
专科医院	2682	1311	501	402	177	121	74	76	20
口腔医院	233	202	24	5	2				
眼科医院	171	114	40	11	4	2			
耳鼻咽喉科医院	31	21	6	3			1		
肿瘤医院	111	25	21	26	4	7	4	15	9
心血管病医院	44	17	16	8	1			2	
胸科医院	18	1		4	5	2	4	2	
血液病医院	8	4	3			1			
妇产(科)医院	127	70	19	23	3	4	3	5	
儿童医院	58	18	3	5	5	13	6	8	
精神病医院	557	75	134	134	88	51	35	30	10
传染病医院	136	22	13	46	25	17	8	5	
皮肤病医院	80	70	4	1	3		2		
结核病医院	48	10	6	13	6	4	5	3	1
麻风病医院	35	22	4	6	2	1			
职业病医院	15	3	1	7	3	1			
骨科医院	237	126	65	30	9	3	1	3	
康复医院	246	132	49	40	11	10	3	1	
整形外科医院	18	13	2	2		1			
美容医院	34	32	2						
其他专科医院	475	334	89	38	6	4	2	2	
护理院	30	11	7	7	2	2		1	
妇幼保健院(所、站)	**3021**	**2448**	**372**	**143**	**34**	**19**	**2**	**3**	
其中：妇幼保健院	1580	1057	325	140	34	19	2	3	
妇幼保健所、站	1434	1385	46	3					
专科疾病防治院(所、站)	**1502**	**1297**	**109**	**69**	**9**	**11**	**3**	**4**	
专科疾病防治院	231	131	37	39	9	9	3	3	
专科疾病防治所(站)	1271	1166	72	30		2		1	

1-4-2 2005年各地区按床位数分组的医院数

地区	合计	50张以下	50～99张	100～199张	200～299张	300～399张	400～499张	500～799张	800张及以上
总 计	**18703**	**7561**	**3595**	**3746**	**1548**	**822**	**407**	**740**	**284**
北 京	516	284	79	57	19	11	16	33	17
天 津	271	108	66	46	10	12	8	14	7
河 北	817	226	166	228	93	43	19	34	8
山 西	884	399	194	200	37	21	9	20	4
内蒙古	474	202	98	112	21	16	7	14	4
辽 宁	915	322	184	177	65	59	30	61	17
吉 林	563	242	97	111	43	25	19	20	6
黑龙江	886	371	176	202	58	29	14	28	8
上 海	247	72	21	34	36	16	17	37	14
江 苏	1004	519	152	136	60	43	28	42	24
浙 江	553	148	81	144	62	39	19	41	19
安 徽	683	293	136	112	73	27	10	28	4
福 建	357	133	61	60	48	20	11	16	8
江 西	486	178	99	111	51	15	11	18	3
山 东	1121	437	192	193	107	79	29	60	24
河 南	1172	421	290	208	122	61	26	33	11
湖 北	572	194	97	108	66	42	13	35	17
湖 南	782	287	143	176	90	38	11	27	10
广 东	960	330	201	194	77	58	33	37	30
广 西	458	165	76	108	51	21	6	27	4
海 南	190	130	27	13	11	3	1	4	1
重 庆	358	139	70	74	38	19	7	8	3
四 川	1149	501	231	233	86	46	14	28	10
贵 州	383	153	69	109	22	7	6	12	5
云 南	648	240	151	152	49	24	11	13	8
西 藏	97	79	7	6	4		1		
陕 西	833	393	153	176	58	17	10	22	4
甘 肃	382	119	91	99	38	10	8	16	1
青 海	130	64	25	25	7	5	1	1	2
宁 夏	134	59	25	32	8	4	1	2	3
新 疆	678	353	137	110	38	12	11	9	8

1-4-3　2005年按床位数分组的社区卫生服务中心和卫生院数

	合计	无床	1～9张	10～19张	20～49张	50～99张	100张以上
社区卫生服务中心	**1382**	**774**	**110**	**190**	**115**	**131**	**62**
卫生院	**41694**	**2578**	**14409**	**17385**	**4998**	**1943**	**381**
街道卫生院	787	283	137	232	78	46	11
乡镇卫生院	40907	2295	14272	17153	4920	1897	370
中心卫生院	10025	135	1152	4723	2589	1212	214
乡卫生院	30882	2160	13120	12430	2331	685	156

1-4-4　2005年各地区按床位数分组的乡镇卫生院数

地区	合计	无床	1～9张	10～19张	20～49张	50～99张	100张及以上	合计中:中心卫生院
总　计	**40907**	**2295**	**14272**	**17153**	**4920**	**1897**	**370**	**10025**
北　京	150	30	18	61	24	13	4	57
天　津	184	91	16	46	18	13		37
河　北	1966		654	882	307	115	8	620
山　西	1599	135	514	796	122	28	4	505
内蒙古	1330	9	774	497	38	12		361
辽　宁	1021	18	170	582	177	57	17	224
吉　林	801	24	266	414	76	18	3	170
黑龙江	922	68	286	479	73	15	1	254
上　海	100	2		9	17	33	39	
江　苏	1442	14	30	616	460	250	72	303
浙　江	2174	694	810	464	120	67	19	381
安　徽	1980	46	491	1005	318	113	7	448
福　建	929	51	206	474	142	42	14	157
江　西	1506	22	682	676	106	20		475
山　东	1688	8	99	761	536	251	33	601
河　南	2088	19	132	1233	539	149	16	465
湖　北	1156	36	72	579	316	139	14	313
湖　南	2472	38	1022	1097	208	88	19	624
广　东	1391	112	192	668	242	122	55	226
广　西	1294	54	399	680	104	51	6	244
海　南	307	22	118	136	22	8	1	63
重　庆	1077	78	444	369	134	46	6	295
四　川	5163	253	2826	1588	350	122	24	1013
贵　州	1445	38	787	570	41	9		454
云　南	1483	31	365	891	146	45	5	360
西　藏	666		650	16				107
陕　西	1725	204	777	604	104	35	1	652
甘　肃	1352	26	821	433	53	18	1	369
青　海	405		356	46	3			93
宁　夏	266	117	71	62	13	2	1	53
新　疆	825	55	224	419	111	16		101

1-5 村卫生室数

年份 地区	村卫生室(个)						行政村数 (个)	设卫生室 的村数 占行政村数%
	合计	村办	乡卫生院 设点	联合办	私人办	其他		
1985	777674	305537	29769	88803	323904	29661	940617	87.4
1990	803956	266137	29963	87149	381844	38863	743278	86.2
1995	804352	297462	36388	90681	354981	22876	740150	88.9
1996	755565	323249	38559	92745	283431	17581	740128	89.1
1997	733624	327381	36555	87335	267036	15317	739447	89.3
1998	728788	325115	39044	89310	259849	15470	739980	89.5
1999	716677	314088	44027	88434	253989	16139	737429	89.9
2000	709458	300864	47101	89828	255179	16486	734715	89.8
2001	698966	289091	44857	92555	255423	17040	709257	89.7
2003	514920	276590	26343	35998	157733	18256	678589	77.6
2004	551600	298418	26964	40231	166533	19454	652718	80.7
2005	583209	313633	32396	38561	180403	18216	629079	85.8
北　京	2718	2155	27	10	515	11	3957	68.7
天　津	2322	806	111	189	1033	183	3838	60.5
河　北	49160	18743	922	1760	26058	1677	49584	99.1
山　西	20102	13553	308	1279	4256	706	26810	75.0
内蒙古	12366	5537	1293	683	4624	229	12225	100.0
辽　宁	17759	8829	151	747	7903	129	11630	100.0
吉　林	8940	2603	1225	785	4137	190	9403	95.1
黑龙江	12463	9172	164	313	1779	1035	9058	100.0
上　海	1667	1317	234	109		7	1874	89.0
江　苏	17921	12578	2414	2253	165	511	17771	100.0
浙　江	16355	10794	620	460	4272	209	34408	47.5
安　徽	22847	11339	580	2393	7466	1069	23625	96.7
福　建	18222	13226	206	563	3861	366	14256	100.0
江　西	20989	10363	416	1278	8169	763	16822	100.0
山　东	54706	33622	9501	5250	5333	1000	81875	66.8
河　南	58986	28542	711	3843	24240	1650	47814	100.0
湖　北	21136	11207	2410	3777	2907	835	26069	81.1
湖　南	35141	22639	1889	1542	7526	1545	43572	80.7
广　东	22274	17765	133	164	3409	803	18693	100.0
广　西	22056	8395	225	1423	11647	366	14359	100.0
海　南	1951	412	40	38	1448	13	2535	77.0
重　庆	11506	6937	419	604	3421	125	10202	100.0
四　川	48565	22981	1256	3936	18848	1544	50345	96.5
贵　州	18805	3468	1434	649	12434	820	20031	93.9
云　南	13474	9638	557	1341	1391	547	12268	100.0
西　藏	3584	551	2976	50	4	3	5746	62.4
陕　西	21938	14602	120	973	4773	1470	28383	77.3
甘　肃	13482	7527	502	820	4506	127	16533	81.5
青　海	4214	1655	160	217	2123	59	4144	100.0
宁　夏	2767	1155	35	66	1478	33	2328	100.0
新　疆	4793	1522	1357	1046	677	191	8921	53.7

二、卫 生 人 员

简要说明

一、本章主要介绍全国及31个省、自治区、直辖市卫生人员数，主要包括各类卫生人员，按性别、年龄、学历、职称、科室分专业卫生人员数，执业（助理）医师执业类别及执业范围等。

二、所有指标系全数调查，数据来源于卫生综合统计年报。

三、卫生人员总数不包括乡村医生和卫生员数字，乡村医生和卫生员单独统计。

四、2002年起，卫生人员数不再包括国境卫生检疫所、高中等医学院校、药品检验所（室）和由各级计生委批准设立的计划生育指导站（中心）四类机构人员数。

五、本篇涉及卫生机构的口径变动和指标解释与“卫生机构”篇一致。

六、分科执业（助理）医师的科室分类主要依据《诊疗科目》。中医医院和专科医院人员的科室归类原则如下：中医医院全部计入中医科，中西医结合医院全部计入中西医结合科，民族医院全部计入民族医学科，妇幼保健院分别计入妇产科、儿科，儿童医院计入儿科，传染病院、麻风病院全部计入传染科，疗养院、康复医院全部计入康复医学科，肿瘤医院全部计入肿瘤科，其他专科医院计入相关科室。

主要统计指标解释

卫生人员　指在医疗、预防保健、医学科研和在职教育等卫生机构工作的职工，包括卫生技术人员、其他技术人员、管理人员和工勤人员。一律按支付年底工资的在岗职工统计，包括招聘人员，不包括临时工、离退休人员、离开本单位仍保留劳动关系人员和返聘人员。

卫生技术人员　包括执业（助理）医师、注册护士、药剂人员、检验和影像人员等卫生专业人员。不包括从事管理工作的卫生技术人员（一律计入管理人员）。

医生　包括主任医师、副主任医师、主治医师、住院医师和医士。

医师　包括主任医师、副主任医师、主治医师、住院医师。

执业医师　指具有《医师执业证》及其“级别”为“执业医师”且实际从事医疗、预防保健工作的人员，不包括实际从事管理工作的执业医师。执业医师类别分为临床、中医、口腔和公共卫生。

执业助理医师　指具有《医师执业证》及其“级别”为“执业助理医师”且实际从事医疗、预防保健工作的人员，不包括实际从事管理工作的执业助理医师。执业助理医师类别同样分为临床、中医、口腔和公共卫生四类。

注册护士　指具有注册护士证书且实际从事护理工作的人员，不包括从事管理工作的护士。

药剂人员　包括主任药师、副主任药师、主管药师、药师、药士和药剂员。

检验人员　包括主任检验技师、副主任检验技师、主管检验技师、检验技师、检验技士和检验员。

其他技术人员　指毕业于高中等院校化学、数学等非卫生专业，现从事卫生宣传、科研、教学等技术工作的人员。

管理人员　包括单位负责人，主要从事医疗保健、疾病控制、卫生监督、医学科研与教学等业务管理工作的人员，主要从事党政、人事、财务、信息、安全保卫等行政管理工作的人员。

每千人口卫生技术人员 即卫生技术人员数/人口数×1000。人口数系公安部户籍人口。

每千人口医生 即医生数/人口数×1000。人口数系公安部户籍人口。

卫生监督员 指具有《卫生监督员证》且在卫生监督所（站）、卫生监督检验（监测、检测）机构和疾病控制中心（防疫站）从事各类卫生监督执法、卫生监督检验（监测、检测）工作的人员。不包括具有《卫生监督员证》但在政府机关从事卫生监督执法工作的人员。

乡村医生 指村卫生室中从当地卫生行政部门获得“乡村医生”证书的人员。

中专学历及中专水平 指获得中专文凭或获得当地卫生行政部门认可的中专水平证书的乡村医生。

卫生员 指村卫生室中未获得“乡村医生”证书的人员。

2-1 卫生人员数

	卫生人员	卫生技术人员	医生	医师	护师(士)	药剂人员	检验人员	其他技术人员	管理人员	工勤人员
1949	541240	505040	363400	314000	32800	3357			11877	24323
1950	611240	555040	380800	327400	37800	8080			21877	34323
1955	1052787	874063	500398	402409	107344	60974	15394		86465	92259
1960	1769205	1504894	596109	427498	170143	119293			132034	132277
1965	1872300	1531600	762804	510091	234546	117314		10996	168845	160899
1970	1792515	1453247	702304	446251	295147	…		10813	156862	171593
1975	2593517	2057068	877716	521617	379545	219904	77506	14122	251420	270907
1978	3105572	2463931	1033018	609608	406649	266570	98806	22950	298104	320587
1980	3534707	2798241	1153234	709473	465798	308438	114290	27834	310805	397827
1981	3796121	3011038	1243787	620291	525311	323786	123652	29622	318721	436740
1982	3957804	3142943	1307205	668010	563912	342451	130625	32207	326883	455771
1983	4090030	3252836	1352651	704060	595569	351002	136630	37830	326927	472437
1984	4213646	3343998	1381456	716365	616080	358969	140728	42539	341271	485838
1985	4313011	3410910	1413281	724238	636974	365145	145217	46052	358812	497237
1986	4445919	3506517	1444150	745592	680583	372760	150132	50957	370056	518389
1987	4564122	3608618	1481754	777333	717596	382121	156878	57255	371167	527082
1988	4677512	3723756	1618174	1095926	829261	394287	161615	65063	368227	520466
1989	4786959	3809097	1718018	1257668	921687	401098	166383	73530	384890	519442
1990	4906201	3897921	1763086	1302997	974541	405978	170371	85504	396694	526082
1991	5025134	3984974	1779545	1310933	1011943	409325	176832	91265	408819	540076
1992	5140246	4073986	1808194	1327875	1039674	413598	180754	99177	417670	549413
1993	5215416	4117067	1831665	1372471	1056096	413025	183657	113138	432903	552311
1994	5307009	4199217	1882180	1425375	1093544	417166	186415	116921	438084	552787
1995	5373378	4256923	1917772	1454926	1125661	418520	189488	120782	450013	545660
1996	5419002	4311845	1941235	1475232	1162609	424952	192873	125480	444571	537106
1997	5516176	4397805	1984867	1505342	1198228	428295	198016	133369	448047	536955
1998	5535682	4423721	1999521	1513975	1218836	423644	200846	145060	435507	531394
1999	5570048	4458669	2044672	1561584	1244844	418574	201272	150041	434997	526341
2000	5591026	4490803	2075843	1603266	1266838	414408	200900	157533	426789	515901
2001	5583932	4507700	2099658	1637337	1286938	404087	203378	157961	412757	505514
2002	5238079	4269779	1843995	1463573	1246545	357659	209144	179962	332628	455710
2003	5274786	4306471	1867957	1486029	1265959	357378	209616	199331	318692	450292
2004	5356589	4392908	1906382	1522378	1308433	355451	211553	209422	315595	438664
2005	5426851	4460187	1938272	1555658	1349589	349533	211495	225697	312826	428141

注：从2002年起，卫生人员数不包括高中等医学院校本部、药检机构、国境卫生检疫所和非卫生部门举办的计划生育指导站(中心)人员数；医生系执业(助理)医师数，医师系执业医师数，护师(士)系注册护士数。

2-2 2005年卫生人员数(按经济类型/主办单位分)

	合计	卫生技术人员					其他技术人员	管理人员	工勤人员
		小计	执业(助理)医师	执业医师	注册护士	其他			
总　计	**5426851**	**4460187**	**1938272**	**1555658**	**1349589**	**1172326**	**225697**	**312826**	**428141**
按经济类型分									
国有	4356375	3510216	1488363	1230449	1145502	876351	199467	272239	374453
集体	547943	476462	217512	146226	93826	165124	17294	23339	30848
联营	15720	13348	5198	4150	3161	4989	378	757	1237
私营	393232	367005	187226	142455	79832	99947	4539	9156	12532
其他	113581	93156	39973	32378	27268	25915	4019	7335	9071
按设置/主办单位分									
政府	4176475	3375193	1437578	1154003	1040101	897514	197661	254951	348670
其中：卫生部门	4070873	3290349	1401270	1125317	1014394	874685	194123	247289	339112
企业	504490	415499	179252	150235	147639	88608	13067	31972	43952
其他	745886	669495	321442	251420	161849	186204	14969	25903	35519

2-3 2005年各类卫生机构人员数

	合计	卫生技术人员	执业(助理)医师	执业医师	注册护士	药剂人员	检验人员	其他技术人员	管理人员	工勤人员
总计	5426851	4460187	1938272	1555658	1349589	349533	211495	225697	312826	428141
市	3705357	3006222	1291209	1098196	1003604	225402	144893	154374	227220	317541
县	1721494	1453965	647063	457462	345985	124131	66602	71323	85606	110600
一、医院	3182432	2535854	1003952	891904	978397	203899	115829	136018	205374	305186
市	2421815	1917475	754371	685844	763215	146524	86563	102168	161908	240264
县	760617	618379	249581	206060	215182	57375	29266	33850	43466	64922
综合医院	2433312	1950520	766863	686092	775575	146059	89526	101125	153398	228269
县医院	476993	385629	149583	127278	145688	33349	18485	22056	27000	42308
其他医院	1956319	1564891	617280	558814	629887	112710	71041	79069	126398	185961
中医医院	415392	337492	145170	124876	103819	40293	14751	17974	25354	34572
中西医结合医院	28215	22513	9393	8340	8232	1991	1042	1121	1884	2697
民族医院	9915	7764	4037	3311	1593	941	294	459	619	1073
专科医院	293979	216640	78233	69068	88794	14567	10177	15250	24007	38082
口腔医院	18169	14250	7891	7049	3520	466	222	1042	1346	1531
眼科医院	11358	8045	3092	2700	2900	580	272	701	1158	1454
耳鼻咽喉科医院	2477	1908	751	632	670	145	77	145	230	194
肿瘤医院	31525	23985	8456	7999	9999	1438	1109	1806	2293	3441
心血管病医院	6624	4731	1530	1350	2020	237	195	454	458	981
胸科医院	7500	5384	1727	1591	2637	300	289	418	601	1097
血液病医院	1015	750	219	205	267	41	88	81	104	80
妇产(科)医院	18789	14590	5378	4879	6268	880	782	799	1423	1977
儿童医院	25109	19507	6719	6586	8752	1383	1013	1460	1835	2307
精神病医院	69150	49073	15196	13122	23636	2921	1702	3185	5793	11099
传染病医院	29535	21121	6430	5951	9349	1863	1597	1471	2701	4242
皮肤病医院	4105	3129	1415	1169	903	340	222	224	328	424
结核病医院	9870	6812	2218	2019	3195	473	408	489	750	1819
麻风病医院	775	504	243	184	100	57	41	41	100	130
职业病医院	2115	1600	555	482	602	110	114	76	207	232
骨科医院	16579	12875	5239	4083	4192	1064	539	787	1297	1620
康复医院	14111	9591	3748	3032	3365	746	419	733	1325	2462
整形外科医院	1283	916	320	281	423	41	26	111	75	181
美容医院	1058	756	328	275	299	36	31	67	107	128
其他专科医院	22832	17113	6778	5479	5697	1446	1031	1160	1876	2683
护理院	1619	925	256	217	384	48	39	89	112	493
二、疗养院	22501	11746	4415	3714	4764	728	500	1242	2904	6609
三、社区卫生服务中心(站)	103564	95868	39964	31221	23545	7720	3256	1842	2511	3343
社区卫生服务中心	44426	36730	17220	14218	10972	3842	1811	1842	2511	3343
社区卫生服务站	59138	59138	22744	17003	12573	3878	1445			
四、卫生院	1036297	891487	408864	248401	168803	86457	37744	39754	48404	56652
街道卫生院	24291	20987	10016	6604	4391	2434	826	892	1226	1186
乡镇卫生院	1012006	870500	398848	241797	164412	84023	36918	38862	47178	55466
中心卫生院	415474	358897	165096	103624	74077	34856	16247	15066	18423	23088
乡卫生院	596532	511603	233752	138173	90335	49167	20671	23796	28755	32378

2-3 续表1

	合计	卫生技术人员						其他技术人员	管理人员	工勤人员
			执业(助理)医师	执业医师	注册护士	药剂人员	检验人员			
五、门诊部	60654	49342	24844	21471	12481	4902	2617	1973	4858	4481
综合门诊部	41561	34348	16986	14749	8883	3492	1999	1309	2999	2905
中医门诊部	6033	4632	2487	2250	663	729	164	190	635	576
中西医结合门诊部	1798	1471	740	667	340	188	90	56	142	129
民族医门诊部	40	37	25	24	7	3	2		2	1
专科门诊部	11222	8854	4606	3781	2588	490	362	418	1080	870
六、诊所、卫生所、医务室、护理站	438401	438390	233665	176811	86031	28184	5402	2	9	
诊所	299883	299883	159417	121096	58615	19967	2944			
卫生所、医务室	138349	138349	74219	55696	27322	8214	2453			
护理站	169	158	29	19	94	3	5	2	9	
七、急救中心（站）	6661	3687	1774	1510	1314	122	100	535	655	1784
八、采供血机构	22053	14477	2657	2012	4874	404	4150	2160	2271	3145
九、妇幼保健院(所、站)	187633	153153	73288	61410	44949	8785	9031	8533	12372	13575
省属	8387	6568	2573	2523	2828	346	389	461	568	790
省辖市(地区)属	52313	41509	17583	16195	15602	2383	2464	2364	3964	4476
地辖市属	56047	46241	22742	18809	12519	2636	2842	2373	3669	3764
县属	66665	55316	28526	22378	13168	3233	3129	3099	3960	4290
其他	4221	3519	1864	1505	832	187	207	236	211	255
妇幼保健院	145539	118144	53071	44911	38221	7139	6772	6774	9531	11090
妇幼保健所	23253	19259	11123	9360	3810	962	1352	966	1623	1405
妇幼保健站	18732	15677	9061	7116	2892	682	902	789	1208	1058
生殖保健中心	109	73	33	23	26	2	5	4	10	22
十、专科疾病防治院(所、站)	53900	40561	18722	15238	10309	3250	2957	3391	4347	5601
专科疾病防治院	18463	13461	5263	4519	4810	1095	843	1107	1441	2454
传染病防治院	328	273	104	92	98	26	19	11	22	22
结核病防治院	4371	2999	988	902	1302	215	180	213	365	794
职业病防治院	4963	3550	1395	1296	1232	239	288	317	381	715
其他	8801	6639	2776	2229	2178	615	356	566	673	923
专科疾病防治所(站、中心)	35437	27100	13459	10719	5499	2155	2114	2284	2906	3147
口腔病防治所(站、中心)	2622	2105	1217	870	317	65	23	125	192	200
精神病防治所(站、中心)	290	239	84	67	105	13	8	22	11	18
皮肤病与性病防治所(中心)	6557	5050	2532	1998	946	681	396	414	518	575
结核病防治所(站、中心)	10379	7959	3741	3104	1659	621	704	597	982	841
麻风病防治所(站、中心)	264	204	104	89	32	24	14	15	18	27
职业病防治所(站、中心)	1952	1285	700	603	250	60	152	236	154	277
地方病防治所(站、中心)	1453	1116	728	593	75	36	118	87	98	152
寄生虫病防治所(站、中心)	24	22	16	11	3	1	1	1	1	
血吸虫病防治所(站、中心)	9039	7039	3347	2645	1621	465	575	602	616	782
药物戒毒所(中心)	302	126	64	48	37	9	7	35	99	42
其他	2555	1955	926	691	454	180	116	150	217	233

2-3 续表2

	合计	卫生技术人员						其他技术人员	管理人员	工勤人员
			执业(助理)医师	执业医师	注册护士	药剂人员	检验人员			
十一、疾病预防控制中心（防疫站）	206485	158450	91943	74683	8749	2890	26642	14500	15298	18237
疾病预防控制中心/防疫站/防病中心	204230	156628	90991	73956	8520	2822	26516	14351	15146	18105
省属	11741	7623	3801	3704	182	58	2646	1335	1002	1781
省辖市(地区)属	43096	32048	18915	16710	1898	458	7184	3126	3597	4325
地辖市属	57749	44968	26010	21173	2381	788	7097	3615	4417	4749
县属	79619	62912	36547	27687	3517	1377	8296	5210	5136	6361
其他	12025	9077	5718	4682	542	141	1293	1065	994	889
其中：疾病预防控制中心	115961	87163	50880	42263	5072	1549	17189	8735	9056	11007
卫生防疫站	87569	68900	39815	31427	3370	1260	9239	5587	6029	7053
卫生防病中心	700	565	296	266	78	13	88	29	61	45
预防保健中心	2255	1822	952	727	229	68	126	149	152	132
十二、卫生监督所	47549	34888	19111	15891	935	376	1234	3353	6234	3074
省属	2510	1606	668	624	10	5	35	114	619	171
省辖市(地区)属	16060	11569	6329	5657	212	52	299	1157	2134	1200
地辖市属	14249	10861	6458	5322	339	149	419	1016	1485	887
县属	13729	10137	5299	3998	337	161	415	978	1881	733
其他	1001	715	357	290	37	9	66	88	115	83
十三、卫生监督检验(监测)机构	2328	1844	682	503	74	68	284	196	151	137
卫生(综合)监督检验机构	1000	832	301	247	29	8	189	52	64	52
环境卫生监督检验机构	57	6	2	2			4	49		2
劳动卫生监督检验机构	64	50	24	17	7		13		14	
食品卫生监督检验机构	762	627	196	128	4	2	57	44	38	53
学校卫生监督检验机构	18	6	3	3					1	11
其他	417	323	156	106	34	58	21	41	34	19
十四、医学科学研究机构	14879	7080	2843	2609	1053	572	507	4215	1793	1791
医学科学(研究)院（所）	2514	1147	391	334	165	76	99	688	357	322
预防医学研究院（所）	75	45	29	27	1			7	5	18
中医(药)研究院(所)	3649	1699	784	750	265	213	42	1188	448	314
中西医结合研究所	107	75	41	40	22	5	5	7	7	18
民族医(药)学研究所	554	379	214	173	61	59	11	56	59	60
医学专科研究所	6789	3367	1352	1256	518	178	283	1802	785	835
药学研究所	1191	368	32	29	21	41	67	467	132	224
十五、医学在职培训机构	15518	7007	3499	2805	875	459	277	4486	2236	1789
十六、健康教育所(站、中心)	1200	563	249	217	22	12	6	281	250	106
十七、其他卫生机构	24796	15790	7800	5258	2414	705	959	3216	3159	2631
临床检验中心（所、站）	954	606	104	97	77	3	319	46	87	215
精神病收容所	1344	652	197	176	352	16	17	24	180	488
麻风村	460	314	157	111	60	21	18	29	58	59
卫生消毒站	130	56	14	10	2	2	1	8	27	39
乡防保组	5650	4644	2540	1545	386	198	93	472	366	168
农村改水中心	182	36	16	14	2	5	4	46	69	31
其他	16076	9482	4772	3305	1535	460	507	2591	2372	1631

2-4 2002年专业卫生人员性别、年龄、学历及职称构成(%)

	卫生技术人员							其他技术人员	管理人员
	合计	执业(助理)医师	执业医师	注册护士	药剂人员	检验人员	其他		
总 计	**100.0**	**100.0**	**100.0**	**100.0**	**100.0**	**100.0**	**100.0**	**100.0**	**100.0**
按性别分									
男	36.2	57.4	58.4	1.7	39.6	37.1	46.3	44.4	48.5
女	63.8	42.6	41.6	98.3	60.4	62.9	53.7	55.6	51.5
按年龄分（岁）									
25岁以下	10.6	5.3	2.7	14.8	8.5	11.5	19.5	9.6	5.1
25～34	40.1	40.5	36.1	42.1	31.5	38.7	40.1	33.7	26.5
35～44	26.9	26.8	29.6	27.6	30.8	28.2	22.7	31.2	32.8
45～54	19.1	21.5	24.6	15.2	26.2	19.7	15.5	22.5	30.6
55～59	2.7	4.8	5.6	0.2	2.6	1.5	1.9	2.6	4.5
60岁及以上	0.6	1.2	1.4	0.1	0.4	0.3	0.4	0.4	0.5
按工作年限分									
5年以下	14.4	9.5	25.9	13.9	9.6	13.9	25.2	12.3	6.6
5～9年	19.8	17.3	34.5	19.9	15.7	19.4	20.2	15.1	10.7
10～19年	31.7	31.9	23.9	36.4	28.4	30.8	26.8	31.7	29.0
20～29年	22.3	23.1	11.5	22.6	31.8	24.3	19.3	28.3	33.0
30年及以上	11.8	18.3	4.2	7.2	14.4	11.5	8.6	12.6	20.7
按学历分									
博士	0.2	0.5	0.6		0.0	0.0	0.1	0.2	0.1
硕士	0.9	1.8	2.2	0.0	0.2	0.5	0.3	0.6	0.5
大学本科	13.0	25.7	30.7	1.2	5.2	7.5	6.1	7.1	11.8
大专	26.6	31.2	31.8	24.3	19.2	28.0	20.8	23.5	32.9
中专	46.9	33.5	28.3	64.7	45.2	50.8	48.6	27.9	27.0
高中	7.5	4.1	3.5	6.3	17.9	9.5	15.0	24.3	18.1
初中及以下	4.8	3.3	2.9	3.4	12.4	3.7	9.2	16.4	9.6
按专业技术资格分									
正高	1.0	2.2	2.7	0.1	0.3	0.3	0.2	0.4	1.0
副高	5.4	10.9	13.4	0.8	2.1	2.8	1.4	1.8	5.0
中级	25.9	32.1	38.9	24.7	20.2	26.7	11.2	11.1	19.2
助理/师级	39.5	40.6	39.3	43.4	41.7	39.3	24.7	20.6	21.9
员/士	21.1	11.4	3.2	28.0	27.4	21.9	32.6	21.3	16.5
其他	7.1	2.9	2.6	3.0	8.4	9.1	29.9	44.8	36.5
按聘任技术职务分									
正高	0.9	1.9	2.4	0.0	0.2	0.2	0.2	0.4	1.0
副高	5.2	10.6	13.1	0.7	2.0	2.6	1.3	1.9	5.7
中级	25.5	31.9	38.7	23.7	19.7	26.3	11.2	12.0	21.9
助理/师级	40.6	41.7	40.7	44.5	42.4	42.0	25.4	23.3	25.4
员/士	22.5	12.1	3.7	29.2	29.4	24.2	36.2	26.1	19.2
待聘	5.3	1.7	1.4	1.9	6.3	4.7	25.7	36.4	26.8

注：本表不包括诊所、卫生所、医务室、村卫生室数字。

2-5-1 2005年各地区卫生人员数

地区	合计	卫生技术人员						其他技术人员	管理人员	工勤人员
		小计	执业(助理)医师	执业医师	注册护士	其他				
总计	**5426851**	**4460187**	**1938272**	**1555658**	**1349589**	**1172326**		**225697**	**312826**	**428141**
北京	156969	119943	50642	47256	42897	26404		8799	11628	16599
天津	77580	61085	24996	22157	19606	16483		1775	7835	6885
河北	274424	229696	105582	81021	54456	69658		11797	13433	19498
山西	173902	146671	66689	55466	42138	37844		8486	7593	11152
内蒙古	121180	102587	50308	41646	27052	25227		4156	6353	8084
辽宁	265194	209346	91519	78480	72912	44915		10369	17249	28230
吉林	157021	125702	56411	47862	38917	30374		6217	10746	14356
黑龙江	191172	150657	65135	53683	45015	40507		5065	13347	22103
上海	132004	103479	43956	40182	39379	20144		6210	7996	14319
江苏	316054	257137	108700	92940	80543	67894		9927	22690	26300
浙江	236197	198148	88050	69549	60259	49839		10719	12181	15149
安徽	193973	159788	66102	51236	47329	46357		8514	11099	14572
福建	118652	100945	44314	36672	34197	22434		3069	4530	10108
江西	138697	115986	49701	39522	35679	30606		5787	6233	10691
山东	381760	323759	140628	113369	97886	85245		18136	18680	21185
河南	362263	289157	111134	85317	77132	100891		23409	20060	29637
湖北	262263	215037	89507	71639	69442	56088		13226	14961	19039
湖南	254423	212483	92073	65383	59640	60770		11188	13874	16878
广东	364520	297334	118023	92786	98791	80520		16596	21600	28990
广西	158370	129151	54563	43598	44596	29992		5251	9502	14466
海南	37189	30056	11811	9104	10860	7385		599	2545	3989
重庆	94761	78780	37321	27183	20842	20617		2765	5905	7311
四川	280516	236028	113697	86214	61231	61100		8711	15821	19956
贵州	94854	81723	40928	32116	23538	17257		3076	5005	5050
云南	142175	118429	55837	45022	38001	24591		5146	6671	11929
西藏	10781	8913	4593	3575	1896	2424		260	658	950
陕西	165170	136550	60316	46840	38499	37735		5891	12470	10259
甘肃	97139	83016	35246	27338	22405	25365		3933	3791	6399
青海	22923	19518	8478	6774	6418	4622		939	773	1693
宁夏	27560	22817	10586	9165	7376	4855		1055	1267	2421
新疆	117165	96266	41426	32563	30657	24183		4626	6330	9943

2-5-2 2005年各地区卫生人员数(市)

地区	合计	卫生技术人员 小计	执业(助理)医师	执业医师	注册护士	其他	其他技术人员	管理人员	工勤人员
总计	**3705357**	**3006222**	**1291209**	**1098196**	**1003604**	**711409**	**154374**	**227220**	**317541**
北京	152158	116021	48768	45766	41747	25506	8670	11334	16133
天津	69547	54183	21796	19515	18358	14029	1738	7259	6367
河北	160673	132735	61246	49826	38075	33414	6618	8366	12954
山西	105877	88434	39007	34062	29637	19790	4568	5026	7849
内蒙古	72399	60160	28258	24848	19088	12814	2624	4240	5375
辽宁	224665	176855	76658	67396	64951	35246	8925	14984	23901
吉林	119630	95123	42965	37641	31514	20644	4267	8400	11840
黑龙江	140345	109723	46522	39839	35607	27594	3759	9742	17121
上海	128031	100435	42510	38930	38321	19604	6200	7730	13666
江苏	261591	212072	89089	77695	67820	55163	9011	18339	22169
浙江	182392	152535	67712	54777	48240	36583	7944	9659	12254
安徽	109411	88719	37095	30971	31052	20572	5014	6822	8856
福建	76195	63459	27380	23723	22873	13206	2376	3449	6911
江西	71741	58817	24211	21162	20550	14056	2572	3576	6776
山东	277015	233293	101305	84135	75256	56732	12737	14141	16844
河南	201795	157793	63111	52641	50042	44640	12486	12023	19493
湖北	197546	160019	65489	54965	54976	39554	10118	11565	15844
湖南	132542	108148	46473	37406	35411	26264	5508	8131	10755
广东	301527	246966	98449	81757	85028	63489	12863	17837	23861
广西	89804	72674	29357	25347	26364	16953	3628	5554	7948
海南	26650	21315	8264	6767	7912	5139	544	1767	3024
重庆	61644	50320	23442	18030	14946	11932	1735	3935	5654
四川	157062	129734	60256	49743	38643	30835	5619	9536	12173
贵州	53946	45632	22627	19404	15581	7424	2022	2960	3332
云南	70969	58226	26738	23751	20616	10872	2840	3910	5993
西藏	3691	2862	1336	1099	895	631	88	294	447
陕西	95985	77913	33881	28078	25219	18813	3238	8154	6680
甘肃	53137	43964	18910	15944	14519	10535	2218	2675	4280
青海	11691	9536	3680	3360	3748	2108	630	441	1084
宁夏	21038	17203	7588	6684	6007	3608	824	1117	1894
新疆	74660	61353	27086	22934	20608	13659	2990	4254	6063

2-5-3　2005年各地区卫生人员数(县)

地区	合计	卫生技术人员						其他技术人员	管理人员	工勤人员
		小计	执业(助理)医师	执业医师	注册护士	其他				
总　计	**1721494**	**1453965**	**647063**	**457462**	**345985**	**460917**		**71323**	**85606**	**110600**
北　京	4811	3922	1874	1490	1150	898		129	294	466
天　津	8033	6902	3200	2642	1248	2454		37	576	518
河　北	113751	96961	44336	31195	16381	36244		5179	5067	6544
山　西	68025	58237	27682	21404	12501	18054		3918	2567	3303
内蒙古	48781	42427	22050	16798	7964	12413		1532	2113	2709
辽　宁	40529	32491	14861	11084	7961	9669		1444	2265	4329
吉　林	37391	30579	13446	10221	7403	9730		1950	2346	2516
黑龙江	50827	40934	18613	13844	9408	12913		1306	3605	4982
上　海	3973	3044	1446	1252	1058	540		10	266	653
江　苏	54463	45065	19611	15245	12723	12731		916	4351	4131
浙　江	53805	45613	20338	14772	12019	13256		2775	2522	2895
安　徽	84562	71069	29007	20265	16277	25785		3500	4277	5716
福　建	42457	37486	16934	12949	11324	9228		693	1081	3197
江　西	66956	57169	25490	18360	15129	16550		3215	2657	3915
山　东	104745	90466	39323	29234	22630	28513		5399	4539	4341
河　南	160468	131364	48023	32676	27090	56251		10923	8037	10144
湖　北	64717	55018	24018	16674	14466	16534		3108	3396	3195
湖　南	121881	104335	45600	27977	24229	34506		5680	5743	6123
广　东	62993	50368	19574	11029	13763	17031		3733	3763	5129
广　西	68566	56477	25206	18251	18232	13039		1623	3948	6518
海　南	10539	8741	3547	2337	2948	2246		55	778	965
重　庆	33117	28460	13879	9153	5896	8685		1030	1970	1657
四　川	123454	106294	53441	36471	22588	30265		3092	6285	7783
贵　州	40908	36091	18301	12712	7957	9833		1054	2045	1718
云　南	71206	60203	29099	21271	17385	13719		2306	2761	5936
西　藏	7090	6051	3257	2476	1001	1793		172	364	503
陕　西	69185	58637	26435	18762	13280	18922		2653	4316	3579
甘　肃	44002	39052	16336	11394	7886	14830		1715	1116	2119
青　海	11232	9982	4798	3414	2670	2514		309	332	609
宁　夏	6522	5614	2998	2481	1369	1247		231	150	527
新　疆	42505	34913	14340	9629	10049	10524		1636	2076	3880

2-6 高、中级卫生技术人员数

	1990	1995	1997	1998	1999	2000	2001	2002
总 计	**729070**	**974678**	**1008663**	**1046774**	**1104418**	**1139664**	**1188721**	**1182449**
主任医、药、护、技师	11792	28516	29777	29506	30753	30938	33153	37748
主任医师	10879	26393	27246	27447	28727	28848	31098	34790
主任护师	116	223	235	169	207	250	310	889
主任药师	467	1155	1388	1039	974	1008	962	833
主任技师	330	745	908	851	845	832	783	1236
副主任医、药、护、技师	91778	139432	156837	164055	176284	182726	192827	196063
副主任医师	82339	123206	136981	143740	155012	161063	169917	172061
副主任护师	1640	4698	5926	5877	6119	6449	7212	8791
副主任药师	4174	5847	7147	7635	8190	8205	8179	6407
副主任技师	3625	5681	6783	6803	6963	7009	7519	8804
主治(管)医、药、护、技师	625500	806730	822049	853213	897381	926000	962741	948638
主治医师	459030	553777	520946	526562	541440	546336	556512	508743
主管护师	91664	145396	178675	197424	220583	240018	260713	282649
主管药师	39689	55154	60623	63182	66305	68263	69559	60888
主管技师	35117	52403	61805	66045	69053	71383	75957	96358

2-7-1 每千人口卫生技术人员数

年 份	卫生技术人员			医生			其中:医师	护师、士		
	合计	市	县	合计	市	县		合计	市	县
1949	0.93	1.87	0.73	0.67	0.70	0.66	0.58	0.06	0.25	0.02
1955	1.42	3.49	1.01	0.81	1.24	0.74	0.70	0.14	0.64	0.04
1960	2.37	5.67	1.85	1.04	1.97	0.90	0.79	0.23	1.04	0.07
1965	2.11	5.37	1.46	1.05	2.22	0.82	0.70	0.32	1.45	0.10
1970	1.76	4.88	1.22	0.85	1.97	0.66	0.43	0.29	1.10	0.14
1975	2.24	6.92	1.41	0.95	2.66	0.65	0.57	0.41	1.74	0.18
1978	2.57	7.73	1.63	1.08	2.99	0.73	0.64	0.42	1.74	0.18
1980	2.85	8.03	1.81	1.17	3.22	0.76	0.72	0.47	1.83	0.20
1985	3.28	7.92	2.09	1.36	3.35	0.85	0.70	0.61	1.85	0.30
1990	3.45	6.59	2.15	1.56	2.95	0.98	1.15	0.86	1.91	0.43
1995	3.59	5.36	2.32	1.62	2.39	1.07	1.23	0.95	1.59	0.49
1998	3.64	5.30	2.35	1.65	2.34	1.11	1.25	1.00	1.64	0.51
1999	3.64	5.24	2.38	1.67	2.33	1.14	1.27	1.02	1.64	0.52
2000	3.63	5.17	2.41	1.68	2.31	1.17	1.30	1.02	1.64	0.54
2001	3.62	5.15	2.38	1.69	2.32	1.17	1.32	1.03	1.65	0.54
2002	3.41	…	…	1.47	…	…	1.17	1.00	…	…
2003	3.42	4.84	2.19	1.48	2.08	0.97	1.18	1.00	1.59	0.50
2004	3.46	4.93	2.16	1.50	2.12	0.95	1.20	1.03	1.63	0.50
2005	3.49	4.99	2.15	1.52	2.14	0.96	1.22	1.06	1.66	0.51

2-7-2 2005年各地区每千人口卫生技术人员数

地区	合计			市			县		
	卫生技术人员	执业(助理)医师	注册护士	卫生技术人员	执业(助理)医师	注册护士	卫生技术人员	执业(助理)医师	注册护士
总　计	**3.49**	**1.52**	**1.06**	**4.99**	**2.14**	**1.66**	**2.15**	**0.96**	**0.51**
北　京	10.13	4.28	3.62	10.42	4.38	3.75	5.58	2.67	1.64
天　津	6.48	2.65	2.08	7.01	2.82	2.38	4.05	1.88	0.73
河　北	3.35	1.54	0.79	5.29	2.44	1.52	2.23	1.02	0.38
山　西	4.45	2.02	1.28	6.84	3.02	2.29	2.91	1.38	0.62
内蒙古	4.36	2.14	1.15	7.21	3.39	2.29	2.80	1.45	0.52
辽　宁	5.00	2.18	1.74	5.97	2.59	2.19	2.64	1.21	0.65
吉　林	4.71	2.11	1.46	5.26	2.38	1.74	3.55	1.56	0.86
黑龙江	4.00	1.73	1.19	4.86	2.06	1.58	2.71	1.23	0.62
上　海	7.61	3.23	2.89	7.78	3.29	2.97	4.34	2.06	1.51
江　苏	3.55	1.50	1.11	4.35	1.83	1.39	1.89	0.82	0.53
浙　江	4.31	1.91	1.31	4.94	2.19	1.56	3.02	1.35	0.80
安　徽	2.45	1.01	0.73	4.23	1.77	1.48	1.61	0.66	0.37
福　建	2.98	1.31	1.01	3.70	1.60	1.33	2.25	1.01	0.68
江　西	2.65	1.13	0.81	4.04	1.66	1.41	1.95	0.87	0.52
山　东	3.51	1.53	1.06	4.45	1.93	1.44	2.28	0.99	0.57
河　南	2.89	1.11	0.77	4.66	1.86	1.48	1.98	0.73	0.41
湖　北	3.59	1.50	1.16	4.14	1.69	1.42	2.60	1.14	0.68
湖　南	3.18	1.38	0.89	4.77	2.05	1.56	2.37	1.03	0.55
广　东	3.76	1.49	1.25	4.63	1.84	1.59	1.97	0.76	0.54
广　西	2.64	1.11	0.91	4.22	1.70	1.53	1.78	0.79	0.57
海　南	3.67	1.44	1.33	4.23	1.64	1.57	2.78	1.13	0.94
重　庆	2.49	1.18	0.66	3.36	1.56	1.00	1.70	0.83	0.35
四　川	2.73	1.32	0.71	4.03	1.87	1.20	1.96	0.99	0.42
贵　州	2.11	1.06	0.61	4.65	2.31	1.59	1.25	0.63	0.28
云　南	2.77	1.31	0.89	6.07	2.79	2.15	1.82	0.88	0.53
西　藏	3.33	1.72	0.71	10.56	4.93	3.30	2.52	1.35	0.42
陕　西	3.69	1.63	1.04	6.05	2.63	1.96	2.43	1.09	0.55
甘　肃	3.19	1.36	0.86	5.63	2.42	1.86	2.15	0.90	0.43
青　海	3.87	1.68	1.27	9.67	3.73	3.80	2.46	1.18	0.66
宁　夏	3.88	1.80	1.25	5.93	2.62	2.07	1.88	1.00	0.46
新　疆	4.91	2.11	1.56	8.06	3.56	2.71	2.91	1.19	0.84

2-8-1 2002年执业(助理)医师性别、年龄、学历及职称构成(%)

	执业(助理)医师					其中：执业医师				
	合计	临床	中医	口腔	公共卫生	合计	临床	中医	口腔	公共卫生
总　计	**100.0**	**100.0**	**100.0**	**100.0**	**100.0**	**100.0**	**100.0**	**100.0**	**100.0**	**100.0**
按性别分										
男	57.4	55.3	67.5	56.9	61.3	58.4	56.4	67.5	57.7	62.1
女	42.6	44.7	32.5	43.1	38.7	41.6	43.6	32.5	42.3	37.9
按年龄分（岁）										
25岁以下	8.3	9.0	5.2	10.2	5.9	4.7	5.2	2.6	5.3	2.9
25～34	40.2	42.5	31.1	40.9	33.0	37.1	39.3	28.3	39.0	29.6
35～44	26.5	25.2	28.7	28.2	33.6	29.4	28.3	30.6	31.7	36.3
45～54	20.1	18.8	25.8	17.7	24.1	23.0	21.8	28.1	20.4	27.3
55～59	4.2	3.7	7.9	2.3	3.3	4.9	4.4	8.8	2.7	3.8
60岁及以上	0.9	0.9	1.4	0.7	0.1	1.0	1.0	1.6	0.8	0.2
按工作年限分		1.0	2.0	3.0	4.0	5.0	6.0	7.0	8.0	9.0
5年以下	16.8	18.4	12.4	17.1	8.9	12.5	13.9	8.9	11.8	5.7
5～9年	20.7	21.9	16.0	21.7	16.1	18.5	19.7	14.4	20.0	13.5
10～19年	28.3	28.3	25.8	29.0	31.7	30.2	30.4	26.9	31.8	32.9
20～29年	20.4	18.3	26.4	21.0	29.6	22.6	20.6	28.0	23.1	32.1
30年及以上	13.9	13.1	19.4	11.2	13.7	16.2	15.4	21.8	13.3	15.8
按学历分										
博士	0.5	0.5	0.3	0.7	0.0	0.6	0.7	0.3	0.9	0.0
硕士	1.8	2.0	1.5	2.4	0.5	2.2	2.4	1.8	3.1	0.6
大学本科	25.7	27.3	26.8	20.7	11.6	30.7	32.7	31.0	25.6	14.2
大专	31.2	31.7	31.2	27.6	28.6	31.8	32.1	31.5	28.8	30.7
中专	33.5	32.9	27.0	38.6	45.9	28.3	27.4	23.6	32.6	43.2
高中	4.1	3.2	6.3	5.9	8.1	3.5	2.7	5.6	5.4	6.8
初中及以下	3.3	2.4	7.0	4.0	5.3	2.9	2.1	6.2	3.6	4.5
按专业技术资格分										
正高	2.2	2.3	2.3	1.6	0.8	2.7	2.9	2.8	2.1	1.1
副高	10.9	11.3	13.0	7.5	5.3	13.4	13.9	15.5	9.6	6.7
中级	32.1	31.5	36.5	28.9	32.1	38.9	38.3	42.4	36.1	39.7
助理/师级	40.6	40.7	36.6	44.6	43.9	39.3	39.3	34.7	45.2	44.1
员/士	11.4	11.4	8.9	14.3	13.7	3.2	3.2	2.2	4.3	4.4
其他	2.9	2.8	2.7	3.1	4.2	2.6	2.5	2.4	2.7	3.9
按聘任技术职务分										
正高	1.9	2.1	2.1	1.4	0.6	2.4	2.6	2.5	1.8	0.8
副高	10.6	11.1	12.7	7.2	5.1	13.1	13.6	15.1	9.3	6.4
中级	31.9	31.3	36.5	28.5	32.0	38.7	38.1	42.4	35.7	39.5
助理/师级	41.7	41.7	37.9	45.8	45.7	40.7	40.6	36.2	46.8	46.3
员/士	12.1	12.1	9.5	15.1	14.6	3.7	3.6	2.6	5.0	5.1
待聘	1.7	1.7	1.4	1.8	2.0	1.4	1.4	1.1	1.5	1.9

2-8-2　2002年各地区执业(助理)医师数

	执业(助理)医师					其中：执业医师				
	合计	临床	中医	口腔	公共卫生	合计	临床	中医	口腔	公共卫生
总　计	**1585521**	**1192282**	**202461**	**56238**	**134540**	**1288402**	**969209**	**169808**	**43867**	**105518**
北　京	39620	29822	5180	2209	2409	37056	27957	4922	2072	2105
天　津	22788	16940	3820	703	1325	19979	14886	3482	616	995
河　北	79552	63766	9035	2158	4593	63675	50480	7903	1694	3598
山　西	58579	43228	8307	2167	4877	49070	36306	7041	1610	4113
内蒙古	42484	28421	6319	1450	6294	35485	23523	5488	1136	5338
辽　宁	78741	60430	7167	3625	7519	67212	52174	6193	2951	5894
吉　林	46287	34910	4886	2001	4490	39069	29269	4366	1634	3800
黑龙江	57564	44666	5557	2664	4677	47323	36718	4729	2136	3740
上　海	39239	29518	4066	2063	3592	35469	27359	3810	1809	2491
江　苏	91367	68606	9824	3754	9183	77231	58427	8545	2913	7346
浙　江	67132	51797	7770	2487	5078	55304	42829	6769	1886	3820
安　徽	53376	40386	6013	1847	5130	42202	31653	5016	1433	4100
福　建	31565	22068	5097	1191	3209	25941	17975	4490	915	2561
江　西	41797	30969	6020	1200	3608	36397	27221	5328	911	2937
山　东	115406	88684	11076	4102	11544	93310	71942	9294	3210	8864
河　南	95319	72135	12792	3307	7085	75636	57048	10831	2333	5424
湖　北	77666	59840	8967	2644	6215	64437	51334	6870	1930	4303
湖　南	67166	50969	10860	1293	4044	49250	36850	8345	942	3113
广　东	95430	72628	13040	3656	6106	74849	57401	10589	2666	4193
广　西	45694	35192	4629	1373	4500	36463	27435	4252	1075	3701
海　南	10168	8096	828	320	924	7694	6074	713	244	663
重　庆	31785	21621	7390	781	1993	23895	16201	5545	593	1556
四　川	92512	65172	17949	2754	6637	70477	49308	13679	2059	5431
贵　州	29275	21887	3251	668	3469	21622	15713	2663	501	2745
云　南	44134	33173	4599	1410	4952	35262	26156	4040	1151	3915
西　藏	2990	1780	702	41	467	2461	1416	618	37	390
陕　西	51735	38036	7993	1803	3903	41250	30070	6713	1457	3010
甘　肃	28170	19555	5509	1088	2018	22105	15234	4389	792	1690
青　海	7608	5901	923	229	555	6396	4962	780	185	469
宁　夏	8846	6651	902	374	919	7646	5791	772	302	781
新　疆	31526	25435	1990	876	3225	24236	19497	1633	674	2432

2-9-1　2002年分科执业(助理)医师数及构成

	执业(助理)医师数			构成(%)		
	合　计	执业医师	执业助理医师	合　计	执业医师	执业助理医师
总　　计	**1585521**	**1288402**	**297119**	**100.0**	**100.0**	**100.0**
预防保健科	101518	77823	23695	6.4	6.0	8.0
全科医疗科	52148	33646	18502	3.3	2.6	6.2
内科	294368	231705	62663	18.6	18.0	21.1
外科	180047	153957	26090	11.4	11.9	8.8
儿科	56521	50224	6297	3.6	3.9	2.1
妇产科	164038	129317	34721	10.3	10.0	11.7
眼科	18969	16945	2024	1.2	1.3	0.7
耳鼻咽喉科	21731	18617	3114	1.4	1.4	1.0
口腔科	48705	38583	10122	3.1	3.0	3.4
皮肤科	14454	12327	2127	0.9	1.0	0.7
医疗美容科	1453	1251	202	0.1	0.1	0.1
精神科	19047	16287	2760	1.2	1.3	0.9
传染科	37722	33012	4710	2.4	2.6	1.6
结核病科	8864	7707	1157	0.6	0.6	0.4
地方病科	13012	10762	2250	0.8	0.8	0.8
肿瘤科	11696	11226	470	0.7	0.9	0.2
急诊医学科	20734	18872	1862	1.3	1.5	0.6
康复医学科	8735	7508	1227	0.6	0.6	0.4
运动医学科	235	206	29	0.0	0.0	0.0
职业病科	4176	3750	426	0.3	0.3	0.1
麻醉科	26804	23219	3585	1.7	1.8	1.2
医学检验科	5476	3963	1513	0.3	0.3	0.5
病理科	5439	4821	618	0.3	0.4	0.2
医学影像科	65703	53118	12585	4.1	4.1	4.2
中医科	199875	169834	30041	12.6	13.2	10.1
民族医学科	4786	3934	852	0.3	0.3	0.3
中西医结合科	15258	12916	2342	1.0	1.0	0.8
其他	184007	142872	41135	11.6	11.1	13.8

2-9-2 2002年各地区分科执业(助理)医师数

	合计	预防保健科	全科医学科	内科	外科	儿科	妇产科	眼科	耳鼻咽喉科	口腔科	皮肤科	医疗美容科	精神科	传染科
总 计	**1585521**	**101518**	**52148**	**294368**	**180047**	**56521**	**164038**	**18969**	**21731**	**48705**	**14454**	**1453**	**19047**	**37722**
北 京	39620	2204	1232	7231	4603	1423	3149	689	589	1939	326	50	984	587
天 津	22788	1307	684	3852	2689	891	2130	265	314	870	212	5	327	394
河 北	79552	4384	1891	17475	10234	3015	9952	1196	1129	2007	460	44	559	1649
山 西	58579	3506	1332	9685	6302	2272	6428	559	746	1761	372	38	504	1527
内蒙古	42484	4499	1252	6248	3899	1524	4705	418	454	1186	255	23	351	1616
辽 宁	78741	4809	1311	15471	9800	2527	7129	1111	1036	3260	652	150	1136	2381
吉 林	46287	3311	1122	8059	4927	1446	5296	546	618	1693	324	59	549	1148
黑龙江	57564	3429	596	10138	7260	2182	5855	832	845	2268	432	88	698	1731
上 海	39239	3150	289	8013	4592	1706	2614	728	704	1853	434	67	904	724
江 苏	91367	6197	703	16584	12307	3095	7441	1231	1573	3262	1161	102	1699	2318
浙 江	67132	3486	1324	12062	8218	2825	7033	902	968	2127	821	84	844	1239
安 徽	53376	2856	1144	10165	7905	1730	4903	666	874	1618	445	37	627	1585
福 建	31565	2160	673	5731	3156	1332	2697	290	537	1006	226	41	277	906
江 西	41797	2426	1092	8518	4634	1560	4708	360	562	959	613	18	385	1279
山 东	115406	9450	2855	21993	13466	3419	12125	1568	1565	3723	1421	84	1758	2320
河 南	95319	6590	1396	18060	12516	3754	11147	1964	1506	2925	889	111	917	1991
湖 北	77666	3624	2046	13774	8976	2555	7764	710	1045	2272	823	87	616	995
湖 南	67166	3420	5425	13626	6098	1850	6917	425	861	1129	459	41	695	1882
广 东	95430	5347	3264	15433	9661	3837	10926	983	1430	3008	1148	94	1075	1401
广 西	45694	3983	3521	7212	4093	1872	5778	415	563	1132	501	28	550	1162
海 南	10168	785	436	2195	832	384	1010	90	91	280	178	18	117	195
重 庆	31785	1706	930	7471	3229	815	3044	239	337	719	183	19	625	511
四 川	92512	4659	2378	20153	10016	2443	9181	670	1282	2327	764	64	1092	2247
贵 州	29275	2332	3889	4236	2294	813	2885	195	234	493	238	25	231	964
云 南	44134	3576	4316	6869	3849	1690	4828	375	350	1100	353	21	527	1308
西 藏	2990	275	140	452	293	131	315	41	34	39	17			157
陕 西	51735	2547	1392	9231	6081	2242	6097	721	616	1468	345	27	535	1158
甘 肃	28170	1587	1715	4675	3084	1169	3063	315	313	903	129	12	173	943
青 海	7608	596	777	1196	759	365	744	92	86	194	52	3	28	347
宁 夏	8846	643	298	1576	1005	426	1216	115	101	313	57	1	56	234
新 疆	31526	2674	2725	6984	3269	1228	2958	258	368	871	164	12	208	823

注：本表不包括诊所、医务室、卫生所和社区卫生服务站数字。

2-9-2 续表

结核病科	地方病科	肿瘤科	急诊医学科	康复医学科	运动医学科	职业病科	麻醉科	医学检验科	病理科	医学影像科	中医科	民 族医学科	中西医结合科	其他
8864	**13012**	**11696**	**20734**	**8735**	**235**	**4176**	**26804**	**5476**	**5439**	**65703**	**199875**	**4786**	**15258**	**184007**
248	4	573	727	311	30	125	874	91	239	1825	5329	34	246	3958
250	25	262	284	133	3	77	499	67	111	1037	3622	3	365	2110
181	362	472	1338	624	6	155	1370	478	277	3598	9809	21	850	6016
261	350	423	848	328	3	145	721	200	146	2109	6527	38	767	10681
513	671	282	570	136	12	117	514	213	104	1628	3932	1282	298	5782
1041	638	650	837	644	1	495	1278	308	308	3991	8438	140	559	8640
806	252	278	506	342	31	160	567	160	184	2012	5477	72	525	5817
822	400	342	582	283	2	180	1170	344	251	3308	6846	97	1221	5362
287	39	313	608	198	11	97	978	112	242	1990	3597	2	787	4200
127	450	789	617	404	2	234	2021	279	466	5965	11153	18	694	10475
65	146	499	709	151	12	161	1730	207	421	3682	9370	5	485	7556
140	1122	357	517	256	23	220	947	193	184	2404	6631	9	125	5693
148	198	352	439	203	2	130	630	80	165	1500	4514	31	371	3770
204	717	168	356	86	3	66	701	111	101	1526	6383	3	326	3932
1026	514	1061	1497	626	7	320	1973	417	322	5332	13297	51	536	12680
408	535	1015	1671	560	36	359	2046	327	321	3247	13906	9	592	6521
350	1499	448	560	671	16	188	961	318	131	1768	8530	37	1019	15883
181	938	443	789	322	3	195	847	177	157	1707	9432	7	604	8536
314	162	935	2072	809	4	297	1684	240	264	4459	13244	63	778	12498
174	399	428	866	207	3	98	655	60	132	2082	4812	57	613	4298
104	70	37	123	50		20	108	17	28	393	855	1	62	1689
131	73	180	252	165	1	63	438	118	69	1311	5743	13	432	2968
252	1048	461	842	360	4	57	1138	313	238	2790	15472	325	1167	10769
101	259	61	224	42	7	40	319	75	46	596	2802	4	281	5589
151	907	127	784	111		41	705	111	76	1099	5065	230	727	4838
19	82		35	6			42	14	15	118	21	658	2	84
173	340	290	863	346	5	34	731	116	193	1768	7579	24	284	6529
151	285	178	339	139	6	66	351	145	84	713	4238	207	255	2932
3	101	56	117	27		1	131	29	40	257	644	428	173	362
80	133	44	179	44		10	159	30	33	327	961	13	55	737
153	293	172	583	151	2	25	516	126	91	1161	1646	904	59	3102

2-10 2002年执业(助理)医师执业范围

	执业(助理)医师数			构成(%)		
	合计	执业医师	执业助理医师	合计	执业医师	执业助理医师
总计	**1585521**	**1288402**	**297119**	**100.0**	**100.0**	**100.0**
临床类别小计	1192282	969209	223073	75.2	75.2	75.1
内科专业	473808	372635	101173	29.9	28.9	34.1
外科专业	243582	209450	34132	15.4	16.3	11.5
妇产科专业	155749	121491	34258	9.8	9.4	11.5
儿科专业	59021	52416	6605	3.7	4.1	2.2
眼耳鼻咽喉科专业	46389	40664	5725	2.9	3.2	1.9
皮肤病与性病专业	16266	13951	2315	1.0	1.1	0.8
精神卫生专业	13543	11881	1662	0.9	0.9	0.6
职业病专业	1481	1331	150	0.1	0.1	0.1
医学影像和放射治疗专业	67026	54652	12374	4.2	4.2	4.2
医学检验、病理专业	9115	7549	1566	0.6	0.6	0.5
全科医学专业	29581	20715	8866	1.9	1.6	3.0
急救医学专业	10618	9505	1113	0.7	0.7	0.4
康复医学专业	5806	4923	883	0.4	0.4	0.3
预防保健专业	16489	12032	4457	1.0	0.9	1.5
特种医学与军事医学专业	393	351	42	0.0	0.0	0.0
计划生育技术服务专业	2383	1740	643	0.2	0.1	0.2
其他专业	41032	33923	7109	2.6	2.6	2.4
中医类别小计	202461	169808	32653	12.8	13.2	11.0
中医专业	165507	141106	24401	10.4	11.0	8.2
中西医结合专业	13838	10790	3048	0.9	0.8	1.0
蒙医专业	2306	1986	320	0.1	0.2	0.1
藏医专业	1830	1372	458	0.1	0.1	0.2
维医专业	467	322	145	0.0	0.0	0.0
傣医专业	114	29	85	0.0	0.0	0.0
其他专业	18399	14203	4196	1.2	1.1	1.4
口腔类别小计	56238	43867	12371	3.5	3.4	4.2
口腔专业	55209	43160	12049	3.5	3.3	4.1
其他专业	1029	707	322	0.1	0.1	0.1
公共卫生类别小计	134540	105518	29022	8.5	8.2	9.8
公共卫生专业	129639	102070	27569	8.2	7.9	9.3
其他专业	4901	3448	1453	0.3	0.3	0.5

注：本表不包括诊所、卫生所、医务室、社区卫生服务站、村卫生室数字。

2-11-1　2005年医疗机构卫生人员数

	合计	卫生技术人员							其他技术人员	管理人员	工勤人员
		小计	执业(助理)医师	执业医师	注册护士	药剂人员	检验人员	其他			
总计	**5092997**	**4220694**	**1809592**	**1451777**	**1330670**	**344050**	**177755**	**558627**	**193336**	**281521**	**397446**
医院	3182432	2535854	1003952	891904	978397	203899	115829	233777	136018	205374	305186
综合医院	2433312	1950520	766863	686092	775575	146059	89526	172497	101125	153398	228269
中医医院	415392	337492	145170	124876	103819	40293	14751	33459	17974	25354	34572
中西医结合医院	28215	22513	9393	8340	8232	1991	1042	1855	1121	1884	2697
民族医院	9915	7764	4037	3311	1593	941	294	899	459	619	1073
专科医院	293979	216640	78233	69068	88794	14567	10177	24869	15250	24007	38082
护理院	1619	925	256	217	384	48	39	198	89	112	493
疗养院	22501	11746	4415	3714	4764	728	500	1339	1242	2904	6609
社区卫生服务中心(站)	103564	95868	39964	31221	23545	7720	3256	21383	1842	2511	3343
社区卫生服务中心	44426	36730	17220	14218	10972	3842	1811	2885	1842	2511	3343
社区卫生服务站	59138	59138	22744	17003	12573	3878	1445	18498			
卫生院	1036297	891487	408864	248401	168803	86457	37744	189619	39754	48404	56652
街道卫生院	24291	20987	10016	6604	4391	2434	826	3320	892	1226	1186
乡镇卫生院	1012006	870500	398848	241797	164412	84023	36918	186299	38862	47178	55466
门诊部	60654	49342	24844	21471	12481	4902	2617	4498	1973	4858	4481
诊所、卫生所、医务室、护理站	438401	438390	233665	176811	86031	28184	5402	85108	2	9	
诊所	299883	299883	159417	121096	58615	19967	2944	58940			
卫生所、医务室	138349	138349	74219	55696	27322	8214	2453	26141			
护理站	169	158	29	19	94	3	5	27	2	9	
妇幼保健院(所、站)	187633	153153	73288	61410	44949	8785	9031	17100	8533	12372	13575
内：妇幼保健院	145539	118144	53071	44911	38221	7139	6772	12941	6774	9531	11090
妇幼保健所(站)	41985	34936	20184	16476	6702	1644	2254	4152	1755	2831	2463
专科疾病防治院(所、站)	53900	40561	18722	15238	10309	3250	2957	5323	3391	4347	5601
专科疾病防治院	18463	13461	5263	4519	4810	1095	843	1450	1107	1441	2454
专科疾病防治所(站)	35437	27100	13459	10719	5499	2155	2114	3873	2284	2906	3147
急救中心(站)	6661	3687	1774	1510	1314	122	100	377	535	655	1784
临床检验中心(所、站)	954	606	104	97	77	3	319	103	46	87	215
非营利性医疗机构合计	4589173	3763491	1581646	1275135	1224227	312942	166461	478215	184760	265690	375232
医院	3032345	2421540	957266	853849	940913	194750	109788	218823	129210	193712	287883
综合医院	2336377	1875239	735996	660546	750750	140017	85474	163002	96844	146261	218033
中医医院	405337	329868	141886	122188	101727	39510	14382	32363	17469	24648	33352
中西医结合医院	24883	19921	8239	7376	7466	1743	898	1575	989	1642	2331
民族医院	9549	7518	3919	3207	1526	917	277	879	436	590	1005
专科医院	254791	188183	67012	60349	79107	12520	8722	20822	13396	20466	32746
护理院	1408	811	214	183	337	43	35	182	76	105	416
疗养院	21770	11378	4299	3626	4607	699	478	1295	1215	2830	6347

2-11-1 续表

	合计	卫生技术人员							其他技术人员	管理人员	工勤人员
		小计	执业(助理)医师	执业医师	注册护士	药剂人员	检验人员	其他			
社区卫生服务中心(站)	93892	86361	35675	27972	21251	6980	2927	19528	1781	2446	3304
卫生院	1031165	887469	407075	247147	167806	86067	37544	188977	39630	48100	55966
街道卫生院	24015	20748	9881	6521	4344	2412	820	3291	867	1218	1182
乡镇卫生院	1007150	866721	397194	240626	163462	83655	36724	185686	38763	46882	54784
门诊部	27389	22749	11413	9873	5531	2391	1220	2194	954	1979	1707
诊所、卫生所、医务室、护理站	143895	143892	75975	57680	29173	10288	2862	25594		3	
妇幼保健院(所、站)	183690	149938	71480	59897	44279	8655	8823	16701	8390	12070	13292
内：妇幼保健院	144418	117222	97044	52557	38021	7092	6724	12828	6734	9458	11004
妇幼保健所(站)	39220	32679	34303	18905	6247	1562	2097	3868	1654	2608	2279
专科疾病防治院(所、站)	48794	36737	16850	13734	9539	2997	2637	4714	3047	3910	5100
专科疾病防治院	18184	13255	5175	4450	4748	1077	826	1429	1103	1415	2411
专科疾病防治所(站)	30610	23482	11675	9284	4791	1920	1811	3285	1944	2495	2689
急救中心（站）	5847	3183	1568	1315	1106	112	86	311	491	599	1574
临床检验中心	386	244	45	42	22	3	96	78	42	41	59
营利性医疗机构合计	482623	440370	220012	170174	101875	29968	10361	78154	7695	14451	20107
医院	144811	110098	44975	36476	35840	8803	5857	14623	6583	11327	16803
综合医院	92704	71825	29472	24245	23426	5769	3893	9265	4104	6883	9892
中医医院	9700	7356	3168	2592	1990	745	362	1091	474	699	1171
中西医结合医院	3332	2592	1154	964	766	248	144	280	132	242	366
民族医院	366	246	118	104	67	24	17	20	23	29	68
专科医院	38498	27965	11021	8537	9544	2012	1437	3951	1837	3467	5229
护理院	211	114	42	34	47	5	4	16	13	7	77
疗养院	88	49	21	12	8	5	3	12	3	14	22
社区卫生服务中心(站)	8919	8797	3922	2978	2138	667	298	1772	40	50	32
卫生院	2333	1842	834	631	421	202	97	288	46	127	318
街道卫生院	199	177	96	62	39	15	6	21	12	7	3
乡镇卫生院	2134	1665	738	569	382	187	91	267	34	120	315
门诊部	32864	26260	13266	11462	6877	2479	1367	2271	1007	2854	2743
诊所、卫生所、医务室、护理站	292726	292718	156822	118467	56462	17792	2503	59139	2	6	
妇幼保健院(所、站)											
内：妇幼保健院											
妇幼保健所(站)											
专科疾病防治院(所、站)	311	241	113	93	74	20	12	22	10	27	33
专科疾病防治院	178	129	55	44	38	10	9	17	3	20	26
专科疾病防治所(站)	133	112	58	49	36	10	3	5	7	7	7
急救中心（站）	7	6	2	2	1		1	2		1	
临床检验中心	564	359	57	53	54		223	25	4	45	156

2-11-2 2005年医疗机构卫生人员数(政府办)

	合计	卫生技术人员							其他技术人员	管理人员	工勤人员
		小计	执业(助理)医师	执业医师	注册护士	药剂人员	检验人员	其他			
政府办医疗机构合计	3873428	3162587	1322160	1060993	1027207	266379	142654	404187	166580	224989	319272
医院	2521738	2014013	792434	712248	785454	162693	90927	182505	112860	157298	237567
综合医院	1861040	1493957	581968	527866	603877	110089	67757	130266	82135	112699	172249
中医医院	396339	322750	138606	119494	99876	38756	14065	31447	17033	24129	32427
中西医结合医院	22608	18069	7462	6712	6830	1580	801	1396	898	1528	2113
民族医院	9205	7258	3792	3089	1480	892	267	827	418	554	975
专科医院	231603	171485	60461	54959	73135	11346	8013	18530	12323	18328	29467
护理院	943	494	145	128	256	30	24	39	53	60	336
疗养院	11684	6675	2488	2087	2684	412	299	792	707	1354	2948
社区卫生服务中心(站)	54465	47894	22141	18022	14267	4550	2041	4895	1573	2084	2914
卫生院	1015379	874312	401049	243135	165374	84455	36815	186619	39051	46915	55101
街道卫生院	23151	19998	9584	6301	4134	2307	769	3204	864	1159	1130
乡镇卫生院	992228	854314	391465	236834	161240	82148	36046	183415	38187	45756	53971
门诊部	8262	6743	3127	2571	1594	834	346	842	378	566	575
诊所、卫生所、医务室、护理站	21890	21887	10133	7258	3180	1689	484	6401		3	
妇幼保健院(所、站)	183970	150104	71695	60130	44206	8619	8854	16730	8328	12189	13349
内:妇幼保健院	143335	116332	52164	44184	37732	7033	6667	12736	6639	9417	10947
妇幼保健所(站)	40583	33735	19513	15934	6463	1585	2185	3989	1687	2768	2393
专科疾病防治院(所、站)	49836	37686	17525	14222	9361	3037	2763	5000	3137	3955	5058
专科疾病防治院	16154	11867	4674	3995	4200	961	748	1284	953	1236	2098
专科疾病防治所(站)	33682	25819	12851	10227	5161	2076	2015	3716	2184	2719	2960
急救中心(站)	5915	3107	1536	1290	1070	88	75	338	504	602	1702
临床检验中心	289	166	32	30	17	2	50	65	42	23	58
内:卫生部门医疗机构	3794795	3103402	1298051	1040962	1005334	262278	140002	397737	163264	217859	310270
医院	2451931	1960433	770611	694135	765491	159029	88567	176735	110078	151175	230245
综合医院	1802988	1448126	562677	511920	587317	106854	65674	125604	79959	107703	167200
中医医院	394893	321644	138169	119116	99571	38678	14029	31197	16920	24033	32296
中西医结合医院	22586	18051	7448	6700	6828	1579	800	1396	898	1526	2111
民族医院	9205	7258	3792	3089	1480	892	267	827	418	554	975
专科医院	221917	165102	58444	53242	70188	11009	7783	17078	11867	17335	27613
护理院	342	252	81	68	107	17	14	33	16	24	50
疗养院	5957	3466	1270	1058	1422	209	156	409	344	651	1496
社区卫生服务中心(站)	54150	47692	22053	17953	14188	4533	2029	4889	1539	2038	2881
卫生院	1014862	873862	400859	242991	165251	84414	36792	186546	39032	46890	55078
街道卫生院	23089	19956	9559	6278	4127	2301	768	3201	854	1153	1126
乡镇卫生院	991773	853906	391300	236713	161124	82113	36024	183345	38178	45737	53952
门诊部	6682	5475	2548	2076	1300	686	263	678	306	419	482
诊所、卫生所、医务室、护理站	21890	21887	10133	7258	3180	1689	484	6401		3	
妇幼保健院(所、站)	183693	149881	71570	60025	44165	8610	8837	16699	8308	12168	13336
内:妇幼保健院	143247	116255	52120	44149	37715	7030	6660	12730	6635	9412	10945
妇幼保健所(站)	40428	33615	19445	15873	6447	1580	2176	3967	1673	2754	2386
专科疾病防治院(所、站)	49500	37479	17458	14164	9269	3022	2750	4980	3121	3898	5002
专科疾病防治院	15959	11719	4633	3956	4131	951	740	1264	952	1214	2074
专科疾病防治所(站)	33541	25760	12825	10208	5138	2071	2010	3716	2169	2684	2928
急救中心(站)	5841	3061	1517	1272	1051	84	74	335	494	594	1692
临床检验中心	289	166	32	30	17	2	50	65	42	23	58

2-12-1　2005年各地区医院人员数

地　区	合计	卫生技术人员							其他技术人员	管理人员	工勤人员
		小计	执业(助理)医师	执业医师	注册护士	药剂人员	检验人员	其他			
总　计	**3182432**	**2535854**	**1003952**	**891904**	**978397**	**203899**	**115829**	**233777**	**136018**	**205374**	**305186**
北　京	121028	93054	35945	34422	37628	6250	3943	9288	5861	8385	13728
天　津	58382	45739	16891	15625	17513	3653	2291	5391	1154	6053	5436
河　北	162628	130088	54891	46383	43381	9949	6276	15591	7566	9701	15273
山　西	108658	89121	37260	32872	32208	6828	4138	8687	4916	5763	8858
内蒙古	66450	53871	23112	20678	19326	4521	2404	4508	2319	4342	5918
辽　宁	174916	134965	53825	48743	55252	10435	6245	9208	7185	11873	20893
吉　林	96471	75371	31532	28490	28612	5703	3067	6457	3530	6934	10636
黑龙江	131148	101001	41141	35733	36188	7591	4465	11616	3430	9772	16945
上　海	90579	70850	26657	25875	31021	4118	3175	5879	3787	5860	10082
江　苏	169084	132953	51528	48012	53939	10194	6218	11074	6165	12896	17070
浙　江	142696	117186	45684	41070	46968	9179	5243	10112	7024	7678	10808
安　徽	108987	86976	34468	30618	34699	6482	4235	7092	4622	7079	10310
福　建	63344	52601	20787	19035	22176	4361	2313	2964	1858	2798	6087
江　西	75592	61734	24156	21533	24026	6106	3126	4320	3021	4141	6696
山　东	221546	182425	73891	65580	69964	14980	8268	15322	11559	12198	15364
河　南	208504	160841	62364	52646	57127	13236	6875	21239	13742	12914	21007
湖　北	138578	109895	40995	37072	43861	10096	5396	9547	6855	8994	12834
湖　南	136088	107902	40938	34993	42317	10834	5386	8427	6222	9554	12410
广　东	210822	169141	63057	56728	67915	14906	7369	15894	9103	12843	19735
广　西	86990	68532	24668	22686	29339	5726	2906	5893	2978	5741	9739
海　南	20761	16432	6020	4859	6827	1162	783	1640	467	1427	2435
重　庆	48793	38624	15790	13812	14226	3367	1878	3363	1603	3646	4920
四　川	142878	113857	45831	40485	42488	9326	5161	11051	5607	9911	13503
贵　州	53845	44782	20112	17519	16686	2934	1726	3324	2088	3398	3577
云　南	80441	65184	26229	23252	26266	4886	2805	4998	3224	4008	8025
西　藏	6183	4847	2359	1797	1467	333	247	441	158	473	705
陕　西	96504	77216	30935	26658	28008	6469	3959	7845	3415	8513	7360
甘　肃	51665	42687	17465	14781	15903	3584	1962	3773	2086	2388	4504
青　海	14859	12244	4761	4170	4906	986	576	1015	747	502	1366
宁　夏	18017	14507	5882	5257	5750	1215	612	1048	699	937	1874
新　疆	75995	61228	24778	20520	22410	4489	2781	6770	3027	4652	7088

2-12-2 2002年医院专业卫生人员性别、年龄、学历及职称构成(%)

	卫生技术人员							其他技术人员	管理人员
	合计	执业(助理)医师	执业医师	注册护士	药剂人员	检验人员	其他		
总 计	**100.0**	**100.0**	**100.0**	**100.0**	**100.0**	**100.0**	**100.0**	**100.0**	**100.0**
按性别分									
男	31.5	56.6	57.3	1.6	36.6	36.2	44.8	43.2	45.0
女	68.5	43.4	42.7	98.4	63.4	63.8	55.2	56.8	55.0
按年龄分（岁）									
25岁以下	9.6	4.4	2.8	13.3	7.0	9.6	18.6	8.0	4.5
25～34	39.6	40.7	38.1	41.2	32.1	37.7	36.1	32.7	25.3
35～44	29.0	29.0	30.9	29.2	32.2	29.6	25.1	33.2	34.2
45～54	19.1	20.6	22.3	15.9	26.4	21.3	18.2	23.5	31.4
55～59	2.1	4.2	4.6	0.2	1.9	1.4	1.6	2.4	4.1
60岁及以上	0.6	1.2	1.3	0.1	0.3	0.4	0.3	0.3	0.5
按工作年限分									
5年以下	13.5	13.6	11.4	12.4	8.1	12.0	24.3	10.3	5.8
5～9年	18.6	19.9	18.4	18.7	15.2	18.2	16.1	13.4	9.4
10～19年	33.5	32.1	33.2	37.4	29.8	31.6	26.4	32.4	29.3
20～29年	22.4	18.8	19.9	23.7	31.6	25.3	22.3	30.5	33.9
30年及以上	12.0	15.6	17.1	7.8	15.4	12.8	10.8	13.4	21.6
按学历分									
博士	0.3	0.8	0.9		0.0	0.0	0.1	0.2	0.1
硕士	1.3	3.0	3.3	0.0	0.2	0.5	0.5	0.6	0.5
大学本科	17.7	38.8	42.2	1.5	7.3	8.0	10.1	7.3	13.9
大专	29.5	33.2	32.1	27.3	24.0	31.3	27.3	26.0	34.9
中专	42.0	20.7	18.2	62.3	44.2	48.4	42.8	25.3	24.2
高中	6.0	2.2	2.0	5.9	15.9	8.7	12.7	24.5	17.6
初中及以下	3.1	1.4	1.3	3.0	8.3	3.0	6.4	16.0	8.8
按专业技术资格分									
正高	1.4	3.4	3.8	0.1	0.4	0.3	0.3	0.3	1.2
副高	7.2	16.0	17.9	0.9	3.0	3.0	2.1	1.6	5.7
中级	30.2	36.8	40.7	27.5	25.3	30.0	17.7	12.3	20.3
助理/师级	39.5	35.4	33.4	44.2	44.0	41.4	31.1	22.0	20.9
员/士	16.5	5.8	1.9	24.4	21.2	17.6	24.1	19.3	14.2
其他	5.2	2.6	2.3	2.9	6.2	7.6	24.8	44.6	37.8
按聘任技术职务分									
正高	1.3	3.0	3.4	0.0	0.3	0.2	0.2	0.3	1.2
副高	7.0	15.6	17.5	0.8	2.8	2.8	2.0	1.7	6.6
中级	29.7	36.7	40.7	26.4	24.8	29.8	17.5	13.2	23.7
助理/师级	40.7	36.7	34.8	45.4	44.9	44.3	32.0	25.2	24.8
员/士	17.5	6.2	2.2	25.6	22.8	19.6	26.6	23.8	17.1
待聘	3.8	1.7	1.4	1.8	4.4	3.3	21.6	35.8	26.6

2-13-1 2005年各地区乡镇卫生院人员数

地区	合计	卫生技术人员							其他技术人员	管理人员	工勤人员	每千农业人口乡镇卫生院人员数
		小计	执业(助理)医师	执业医师	注册护士	药剂人员	检验人员	其他				
总计	**1012006**	**870500**	**398848**	**241797**	**164412**	**84023**	**36918**	**186299**	**38862**	**47178**	**55466**	**1.16**
北京	5572	4457	2392	1733	747	416	214	688	226	362	527	1.85
天津	5028	4254	2431	1732	555	404	199	665	11	411	352	1.32
河北	42702	37677	17609	9850	3317	3452	1939	11360	2058	1734	1233	0.85
山西	29009	25649	12530	8282	3445	2138	1022	6514	1946	803	611	1.27
内蒙古	19774	17860	9697	6105	2085	1414	611	4053	504	707	703	1.40
辽宁	24155	19170	9094	5993	4298	1684	821	3273	910	1407	2668	1.12
吉林	24588	20029	8828	5772	4535	1590	793	4283	1072	1707	1780	1.68
黑龙江	21784	17504	7636	4707	2990	1567	614	4697	523	1427	2330	1.12
上海	8230	6694	3503	2488	1894	558	324	415	330	391	815	3.89
江苏	77208	64933	28527	20755	15305	7073	3444	10584	1600	5480	5195	1.88
浙江	40621	36046	18102	10702	5540	4280	1566	6558	1336	1618	1621	1.22
安徽	50909	43510	17596	10012	6846	3437	2346	13285	2592	2384	2423	0.99
福建	22621	19269	9699	6547	5084	2243	733	1510	578	748	2026	0.97
江西	30764	26044	11487	8495	6435	3529	1387	3206	1549	903	2268	0.95
山东	78954	70051	31076	19428	14274	8284	3475	12942	3005	3169	2729	1.30
河南	82279	69028	24293	14047	10556	6116	3601	24462	4863	3816	4572	1.04
湖北	69626	59438	26948	17519	14603	5914	2570	9403	3336	3389	3463	1.93
湖南	64505	57966	27064	13485	8275	8240	2192	12195	2465	2027	2047	1.26
广东	68438	56841	22744	12063	13993	6579	2057	11468	3861	3752	3984	1.79
广西	33301	28236	13276	8024	7688	2324	1073	3875	726	1924	2415	0.84
海南	7405	5838	2008	1215	1654	533	274	1369	1	642	924	1.47
重庆	25537	22048	11503	6262	3421	1656	630	4838	673	1234	1582	1.09
四川	70064	61941	32725	18474	8875	4974	1949	13418	1246	3091	3786	1.06
贵州	18809	17095	9560	5012	2237	594	456	4248	494	665	555	0.58
云南	24503	21275	11402	6676	5117	721	575	3460	835	786	1607	0.69
西藏	1891	1782	769	599	106	8	11	888	49	34	26	0.84
陕西	26123	23036	11320	6715	3595	2131	889	5101	635	1478	974	0.94
甘肃	14973	13693	6792	4201	2394	1045	468	2994	524	246	510	0.75
青海	2707	2590	1304	741	545	188	63	490	31	57	29	0.76
宁夏	3434	3074	1714	1275	511	311	107	431	140	64	156	0.91
新疆	16492	13472	5219	2888	3492	620	515	3626	743	722	1555	1.47

2-13-2 2002年乡镇卫生院卫生人员性别、年龄、学历及职称构成(%)

	卫生技术人员							其他技术人员	管理人员
	合计	执业(助理)医师	执业医师	注册护士	药剂人员	检验人员	其他		
总　计	**100.0**	**100.0**	**100.0**	**100.0**	**100.0**	**100.0**	**100.0**	**100.0**	**100.0**
按性别分									
男	47.8	64.9	69.4	2.5	49.3	41.3	48.0	49.1	63.5
女	52.2	35.1	30.6	97.5	50.7	58.7	52.0	50.9	36.5
按年龄分（岁）									
25岁以下	14.3	7.8	3.0	22.9	11.7	20.8	21.9	14.9	7.8
25～34	44.2	44.6	36.4	48.9	30.7	45.1	45.2	38.3	33.8
35～44	20.0	20.0	23.4	18.2	27.5	20.0	18.4	24.1	26.6
45～54	16.8	20.3	27.0	9.8	25.2	12.4	11.9	18.6	25.3
55～59	4.1	6.5	9.2	0.2	4.4	1.6	2.3	3.6	6.0
60岁及以上	0.5	0.8	1.1	0.0	0.4	0.1	0.4	0.6	0.6
按工作年限分									
5年以下	18.2	12.9	6.3	22.1	13.1	21.7	28.7	19.3	10.1
5～9年	25.0	25.0	18.3	27.9	17.5	26.7	25.6	21.8	17.4
10～19年	27.2	26.6	28.6	31.4	25.7	27.5	25.4	29.4	29.0
20～29年	19.7	21.2	26.8	15.6	31.8	18.1	14.6	21.0	28.4
30年及以上	10.0	14.3	20.0	3.0	11.9	6.0	5.7	8.5	15.2
按学历分									
博士									
硕士	0.0	0.0	0.0	0.0	0.0		0.0	0.0	0.0
大学本科	1.6	2.9	4.3	0.1	0.4	0.5	0.6	0.5	1.9
大专	16.9	24.9	28.0	9.3	7.2	11.1	10.5	9.5	19.8
中专	59.9	56.5	51.2	76.7	47.0	66.0	57.6	39.7	39.9
高中	11.5	7.8	7.9	8.1	22.5	14.5	17.6	26.3	22.2
初中及以下	10.1	8.0	8.6	5.7	22.8	8.0	13.7	24.0	16.2
按专业技术资格分									
正高	0.0	0.0	0.0	0.0		0.0	0.0	0.0	0.0
副高	0.7	1.4	2.2	0.1	0.1	0.1	0.1	0.1	0.9
中级	12.2	18.9	29.4	8.7	7.9	7.8	2.4	2.5	11.4
助理/师级	40.4	52.1	58.4	39.9	36.5	34.1	16.6	13.8	28.0
员/士	35.3	24.4	7.2	47.5	42.1	43.8	45.2	32.1	29.8
其他	11.4	3.2	2.8	3.9	13.3	14.2	35.8	51.5	30.0
按聘任技术职务分									
正高	0.0	0.0	0.0	0.0	0.0		0.0	0.0	0.0
副高	0.7	1.3	2.1	0.0	0.1	0.1	0.0	0.1	0.9
中级	12.0	18.7	29.1	8.3	7.7	7.4	2.4	2.6	11.5
助理/师级	40.9	52.7	59.5	40.2	36.6	35.3	16.8	14.9	29.6
员/士	37.5	25.6	8.1	48.9	44.8	48.0	49.9	38.8	32.6
待聘	9.0	1.7	1.2	2.5	10.8	9.2	30.8	43.6	25.3

2-14-1　2005年各地区社区卫生服务中心人员数

地　区	合计	卫生技术人员							其他技术人员	管理人员	工勤人员
		小计	执业(助理)医师	执业医师	注册护士	药剂人员	检验人员	其他			
总　计	**44426**	**36730**	**17220**	**14218**	**10972**	**3842**	**1811**	**2885**	**1842**	**2511**	**3343**
北　京	993	838	482	390	102	67	43	144	16	93	46
天　津	75	70	45	27	22			3		5	
河　北											
山　西	378	339	158	103	65	30	12	74	27	7	5
内蒙古	173	151	78	61	34	20	5	14	9	6	7
辽　宁	3022	2600	1024	855	974	302	127	173	115	196	111
吉　林	131	113	54	47	26	13	9	11	9	4	5
黑龙江	87	62	28	24	19	4	2	9	6	9	10
上　海	14616	11761	6053	4911	3413	1001	596	698	688	689	1478
江　苏	6722	5606	2530	2174	1692	649	306	429	200	529	387
浙　江	3916	3350	1545	1241	918	372	178	337	150	240	176
安　徽	204	167	98	68	36	14	9	10	16	10	11
福　建	1204	1019	477	356	265	168	36	73	26	49	110
江　西	160	140	63	57	40	15	10	12	7	12	1
山　东	150	130	60	46	35	16	5	14		8	12
河　南	110	91	43	39	28	10	5	5	7	4	8
湖　北	5798	4701	1934	1709	1657	535	247	328	333	260	504
湖　南	790	648	367	260	144	81	19	37	25	38	79
广　东	2102	1700	697	593	508	261	83	151	103	157	142
广　西											
海　南	23	13	5	2	4	1	1	2	2	4	4
重　庆	133	122	48	25	14	4	1	55	4	7	
四　川	1487	1271	589	506	355	136	46	145	33	81	102
贵　州	604	509	226	195	173	40	32	38	12	42	41
云　南	570	492	255	213	172	26	14	25	18	28	32
西　藏											
陕　西	13	13	7	6	3	1	1	1			
甘　肃	434	361	163	140	111	32	16	39	18	19	36
青　海	45	37	17	16	11	6	1	2	1	3	4
宁　夏											
新　疆	486	426	174	154	151	38	7	56	17	11	32

2-14-2 2002年社区卫生服务中心专业卫生人员性别、年龄、学历及职称构成(%)

	卫生技术人员							其他技术人员	管理人员
	合计	执业(助理)医师	执业医师	注册护士	药剂人员	检验人员	其他		
总　计	**100.0**	**100.0**	**100.0**	**100.0**	**100.0**	**100.0**	**100.0**	**100.0**	**100.0**
按性别分									
男	26.1	37.4	37.3	0.4	29.4	27.1	36.8	29.9	36.2
女	73.9	62.6	62.7	99.6	70.6	72.9	63.2	70.1	63.8
按年龄分（岁）									
25岁以下	10.0	5.7	2.0	14.7	8.9	13.3	21.8	11.7	4.3
25～34	27.9	28.0	26.6	32.7	18.4	22.4	24.5	17.6	14.8
35～44	20.0	17.1	17.9	25.4	22.8	16.9	18.2	26.2	25.9
45～54	38.6	43.7	47.1	26.7	47.0	44.5	32.2	41.9	49.0
55～59	3.0	4.6	5.3	0.4	2.3	2.6	2.7	2.6	5.7
60岁及以上	0.6	0.9	1.1	0.2	0.5	0.5	0.6	0.1	0.3
按工作年限分									
5年以下	11.9	9.8	6.2	13.1	7.9	13.2	25.7	12.6	4.7
5～9年	12.2	13.8	11.9	10.8	8.9	10.9	10.9	8.8	5.4
10～19年	22.2	17.9	19.0	34.4	16.6	16.6	17.6	16.9	17.6
20～29年	35.5	36.5	38.4	30.6	45.0	41.4	30.7	39.8	39.2
30年及以上	18.3	22.0	24.5	11.1	21.7	17.8	15.0	22.0	33.1
按学历分									
博士	0.0	0.0	0.0						
硕士	0.1	0.1	0.1	0.0	0.1		0.2		0.4
大学本科	7.5	12.9	15.4	0.4	2.2	2.7	5.8	3.7	8.7
大专	27.3	38.0	40.4	15.0	15.5	17.7	19.5	19.6	35.9
中专	52.8	39.9	36.9	73.3	55.5	66.1	55.1	38.3	29.3
高中	5.3	3.8	3.3	5.1	12.0	6.4	7.3	14.5	14.3
初中及以下	7.0	5.2	3.8	6.2	14.7	7.1	12.0	23.8	11.4
按专业技术资格分									
正高	0.3	0.5	0.6	0.1	0.2		0.2		0.2
副高	2.0	3.7	4.6	0.1	0.6	0.7	0.2	0.2	2.3
中级	19.9	27.7	34.2	12.4	11.1	14.6	7.7	6.0	21.0
助理/师级	47.6	49.0	55.6	49.8	47.6	46.3	31.3	26.1	27.9
员/士	26.2	17.3	3.6	34.9	35.6	32.1	39.9	39.7	22.2
其他	4.0	1.9	1.3	2.7	4.9	6.3	20.6	28.0	26.4
按聘任技术职务分									
正高	0.2	0.3	0.4		0.1		0.1		0.2
副高	2.0	3.7	4.6	0.1	0.6	0.7	0.3	0.2	3.3
中级	18.9	27.0	33.3	10.9	10.0	13.6	7.5	6.5	23.8
助理/师级	48.8	50.0	57.1	51.1	48.9	49.6	31.8	27.7	31.2
员/士	27.1	18.0	4.0	36.1	36.8	33.2	41.1	44.8	23.7
待聘	3.0	1.1	0.7	1.8	3.5	2.9	19.3	20.8	17.8

2-15-1 2005年各地区妇幼保健院(所、站)人员数

地区	合计	卫生技术人员							其他技术人员	管理人员	工勤人员
		小计	执业(助理)医师	执业医师	注册护士	药剂人员	检验人员	其他			
总计	**187633**	**153153**	**73288**	**61410**	**44949**	**8785**	**9031**	**17100**	**8533**	**12372**	**13575**
北京	3225	2557	1186	1119	863	127	160	221	135	217	316
天津	1972	1536	712	587	468	89	105	162	13	230	193
河北	12816	10308	5025	3821	2202	666	664	1751	676	760	1072
山西	6224	5336	2928	2403	1228	264	294	622	259	271	358
内蒙古	5315	4556	2759	2340	914	238	232	413	195	270	294
辽宁	5657	4503	2510	2087	991	231	350	421	205	537	412
吉林	5171	4174	2356	2016	927	202	221	468	256	425	316
黑龙江	5937	4832	2648	2118	1027	214	239	704	132	490	483
上海	3925	3159	1260	1203	1407	114	223	155	201	172	393
江苏	7113	5647	2527	2328	1997	269	350	504	297	616	553
浙江	8056	6738	3029	2684	2289	399	459	562	426	437	455
安徽	5086	4115	2010	1726	1295	191	278	341	194	406	371
福建	3912	3262	1436	1251	1217	166	207	236	114	186	350
江西	6633	5449	2414	2210	1832	424	360	419	315	331	538
山东	12018	9971	4926	4093	2668	647	602	1128	697	700	650
河南	14720	11587	4951	3899	3193	736	651	2056	1138	858	1137
湖北	8796	7278	3252	2724	2408	444	433	741	433	650	435
湖南	9413	7567	3581	2848	2140	489	390	967	555	628	663
广东	16561	13454	5112	4289	4998	989	780	1575	762	1122	1223
广西	8842	7193	3071	2742	2589	492	390	651	319	578	752
海南	1395	1112	407	364	404	55	79	167	26	125	132
重庆	2431	1929	1004	893	582	87	119	137	61	283	158
四川	8648	7098	3588	3126	2135	325	397	653	311	630	609
贵州	2814	2405	1415	1218	603	80	113	194	68	193	148
云南	5641	4718	2624	2198	1335	145	257	357	160	242	521
西藏	520	422	250	201	77	21	20	54	10	37	51
陕西	6501	5333	2651	2057	1375	360	256	691	281	527	360
甘肃	3667	3074	1578	1213	870	140	149	337	131	179	283
青海	538	454	258	198	115	23	27	31	11	43	30
宁夏	1336	1123	629	568	305	56	56	77	33	76	104
新疆	2750	2263	1191	886	495	102	170	305	119	153	215

2-15-2 2002年妇幼保健院(所、站)专业卫生人员性别、年龄、学历及职称构成(%)

	卫生技术人员							其他技术人员	管理人员
	合计	执业(助理)医师	执业医师	注册护士	药剂人员	检验人员	其他		
总　计	**100.0**	**100.0**	**100.0**	**100.0**	**100.0**	**100.0**	**100.0**	**100.0**	**100.0**
按性别分									
男	17.6	23.5	23.5	0.9	25.4	30.5	25.6	34.1	37.3
女	82.4	76.5	76.5	99.1	74.6	69.5	74.4	65.9	62.7
按年龄分（岁）									
25岁以下	11.2	5.0	2.7	16.1	10.0	12.3	26.6	11.8	5.7
25～34	38.8	37.3	32.6	41.0	35.0	41.8	40.1	35.8	26.1
35～44	28.1	29.6	32.7	27.8	32.3	28.0	19.9	31.3	34.3
45～54	20.4	25.7	29.3	14.9	21.7	17.1	12.5	19.9	30.5
55～59	1.3	2.2	2.6	0.2	0.9	0.7	0.8	1.2	3.0
60岁及以上	0.1	0.2	0.2	0.0	0.1	0.0	0.1	0.1	0.4
按工作年限分									
5年以下	14.7	11.1	8.2	15.2	11.1	15.1	31.7	13.9	7.1
5～9年	18.7	17.7	14.2	19.6	17.1	20.5	20.0	16.1	10.2
10～19年	32.6	32.2	33.6	36.7	30.3	31.5	25.1	32.4	30.3
20～29年	23.7	25.8	28.9	21.3	30.6	24.0	16.8	27.4	33.9
30年及以上	10.3	13.2	15.1	7.2	10.9	8.9	6.4	10.1	18.5
按学历分									
博士	0.0	0.0	0.1			0.0	0.0		0.0
硕士	0.3	0.5	0.6	0.0	0.1	0.1	0.2	0.1	0.3
大学本科	10.4	18.6	21.0	0.9	4.3	4.8	5.6	5.3	10.1
大专	30.3	36.8	36.2	22.8	22.0	29.8	25.6	25.6	37.1
中专	51.6	41.0	39.4	68.9	50.9	53.8	51.5	31.0	29.1
高中	5.5	2.2	2.0	5.4	17.4	9.2	12.5	26.8	17.0
初中及以下	1.9	0.8	0.8	2.0	5.3	2.3	4.0	11.2	6.4
按专业技术资格分									
正高	0.6	1.2	1.4	0.1	0.1	0.2	0.1	0.1	0.6
副高	4.7	8.8	10.3	0.7	1.5	1.4	0.8	0.6	5.5
中级	31.8	41.0	47.4	27.3	20.9	23.9	11.4	9.1	22.4
助理/师级	38.1	38.4	36.5	40.2	42.9	42.5	25.3	22.7	22.7
员/士	18.6	8.2	2.4	28.9	26.2	23.1	32.0	22.8	15.6
其他	6.1	2.4	2.1	2.8	8.4	8.8	30.6	44.7	33.1
按聘任技术职务分									
正高	0.5	0.9	1.1	0.0	0.0	0.0	0.0	0.0	0.5
副高	4.6	8.6	10.0	0.6	1.4	1.2	0.8	0.5	6.0
中级	30.9	40.4	46.6	25.8	20.0	22.9	11.1	10.6	24.4
助理/师级	39.6	39.9	38.3	41.7	44.2	45.7	26.1	25.1	25.5
员/士	20.0	8.8	2.8	30.1	28.6	25.6	35.9	27.0	17.9
待聘	4.5	1.4	1.1	1.7	5.8	4.6	26.1	36.7	25.7

2-16-1　2005年各地区专科疾病防治院(所、站)人员数

地区	合计	卫生技术人员							其他技术人员	管理人员	工勤人员
		小计	执业(助理)医师	执业医师	注册护士	药剂人员	检验人员	其他			
总　计	**53900**	**40561**	**18722**	**15238**	**10309**	**3250**	**2957**	**5323**	**3391**	**4347**	**5601**
北　京	702	481	205	185	160	34	44	38	39	58	124
天　津	738	530	224	183	158	40	40	68	5	105	98
河　北	336	268	159	132	47	8	19	35	5	28	35
山　西	582	439	230	192	122	30	26	31	25	54	64
内蒙古	1731	1360	806	683	205	65	104	180	71	104	196
辽　宁	4378	3269	1578	1198	820	174	188	509	222	456	431
吉　林	1917	1406	711	558	308	112	102	173	120	198	193
黑龙江	4451	3164	1295	1081	882	203	183	601	152	393	742
上　海	1281	915	510	451	247	24	24	110	109	76	181
江　苏	1486	1154	515	436	292	146	82	119	75	124	133
浙　江	705	518	254	198	123	52	29	60	29	79	79
安　徽	3343	2534	1214	1004	664	124	210	322	195	271	343
福　建	1938	1486	602	530	600	125	100	59	105	65	282
江　西	2604	2057	983	811	409	239	186	240	172	163	212
山　东	5586	4377	1878	1646	1206	496	321	476	397	414	398
河　南	1731	1230	538	468	238	86	130	238	159	144	198
湖　北	4617	3534	1536	1221	957	283	272	486	352	314	417
湖　南	3771	2756	1224	883	598	206	219	509	497	253	265
广　东	6351	4814	2037	1584	1307	521	403	546	378	573	586
广　西	1534	1160	584	479	288	117	72	99	60	115	199
海　南	667	492	204	153	127	35	56	70	9	71	95
重　庆	225	184	114	97	30	11	15	14	12	17	12
四　川	1520	1201	593	505	325	66	66	151	54	131	134
贵　州	155	125	95	71	14	3	4	9	2	11	17
云　南	760	564	383	300	91	24	24	42	81	21	94
西　藏											
陕　西	346	230	97	88	65	13	17	38	34	38	44
甘　肃	134	106	47	20			1	58	18	9	1
青　海											
宁　夏	109	86	53	49	6	8	11	8	1	7	15
新　疆	202	121	53	32	20	5	9	34	13	55	13

2-16-2 2002年专科疾病防治院(所、站)专业卫生人员性别、年龄、学历及职称构成(%)

	卫生技术人员							其他技术人员	管理人员
	合计	执业(助理)医师	执业医师	注册护士	药剂人员	检验人员	其他		
总　计	**100.0**	**100.0**	**100.0**	**100.0**	**100.0**	**100.0**	**100.0**	**100.0**	**100.0**
按性别分									
男	43.8	63.0	64.5	1.8	36.3	41.8	50.7	48.1	51.5
女	56.2	37.0	35.5	98.2	63.7	58.2	49.3	51.9	48.5
按年龄分（岁）									
25岁以下	7.3	4.0	2.2	10.1	7.1	8.9	14.2	8.8	4.6
25～34	34.5	33.5	28.4	38.1	29.9	34.3	34.6	32.2	23.9
35～44	30.0	29.0	31.1	31.2	35.6	31.8	27.8	32.4	34.1
45～54	24.3	27.0	30.7	20.2	25.5	23.5	21.5	23.3	31.9
55～59	3.5	6.0	7.0	0.4	1.9	1.4	1.8	3.1	5.2
60岁及以上	0.3	0.6	0.7	0.0	0.1	0.1	0.2	0.3	0.3
按工作年限分									
5年以下	9.6	7.8	5.6	9.5	7.8	10.2	17.4	10.6	5.4
5～9年	16.0	15.6	12.1	16.7	15.5	16.0	16.7	14.9	9.6
10～19年	30.5	29.7	29.7	35.4	28.5	29.1	26.9	32.5	27.4
20～29年	29.0	28.2	31.0	28.6	35.2	32.8	27.2	29.0	36.0
30年及以上	14.8	18.7	21.6	9.9	13.1	11.9	11.8	13.1	21.6
按学历分									
博士	0.0	0.0	0.1		0.0			0.0	0.0
硕士	0.3	0.5	0.5	0.0		0.3	0.1	0.0	0.2
大学本科	8.9	15.7	18.3	0.5	3.1	5.2	4.0	4.7	9.3
大专	27.3	33.5	34.4	22.2	19.9	22.5	20.5	24.4	34.4
中专	49.4	42.4	39.6	65.8	48.2	55.5	44.3	28.9	28.3
高中	9.0	4.9	4.5	7.4	19.7	12.6	18.9	25.7	19.1
初中及以下	5.0	3.0	2.7	4.1	9.1	3.9	12.2	16.3	8.6
按专业技术资格分									
正高	0.7	1.3	1.5	0.2	0.2	0.2	0.2	0.2	0.9
副高	5.2	9.2	11.1	1.0	1.7	2.5	1.1	1.3	4.9
中级	29.1	35.0	41.5	29.6	22.9	25.7	12.1	10.7	18.9
助理/师级	39.4	40.6	39.1	42.7	41.0	39.9	28.0	22.5	23.5
员/士	19.2	11.1	4.0	24.2	27.7	22.5	34.1	27.8	18.2
其他	6.4	2.9	2.7	2.2	6.5	9.3	24.4	37.5	33.7
按聘任技术职务分									
正高	0.6	1.0	1.3	0.0	0.2	0.2	0.1	0.1	0.8
副高	4.9	8.7	10.6	0.8	1.6	2.3	1.1	1.2	5.1
中级	28.5	34.8	41.3	28.1	21.4	25.4	11.6	11.5	20.6
助理/师级	41.0	42.2	41.2	44.4	42.7	43.5	28.7	24.1	26.7
员/士	20.4	11.7	4.5	25.2	28.7	24.7	36.7	28.3	19.9
待聘	4.7	1.5	1.2	1.5	5.5	3.8	21.8	34.8	27.0

2-17-1　2005年各地区疾病预防控制中心(防疫站)人员数

地　区	合计	卫生技术人员							其他技术人员	管理人员	工勤人员
		小计	执业(助理)医师	执业医师	注册护士	药剂人员	检验人员	其他			
总　计	**206485**	**158450**	**91943**	**74683**	**8749**	**2890**	**26642**	**28226**	**14500**	**15298**	**18237**
北　京	3230	2085	1187	1096	81	8	618	191	478	365	302
天　津	2385	1796	1037	846	87	13	325	334	71	324	194
河　北	12944	9664	5098	3874	237	167	1654	2508	1071	859	1350
山　西	7998	6240	3697	3061	326	80	884	1253	712	385	661
内蒙古	7616	6342	4420	3618	198	77	743	904	326	448	500
辽　宁	9916	7609	4731	3770	358	79	1532	909	544	895	868
吉　林	7241	5580	3632	2966	277	94	781	796	461	652	548
黑龙江	7958	6067	3212	2562	248	74	891	1642	438	675	778
上　海	2877	2071	1242	1103	69	9	541	210	215	179	412
江　苏	8357	6352	3775	3463	363	153	1296	765	404	941	660
浙　江	5184	3979	2232	1916	148	70	1018	511	379	463	363
安　徽	6329	5018	3026	2361	278	66	926	722	412	396	503
福　建	4376	3509	2209	1971	189	49	730	332	151	164	552
江　西	5439	4173	2389	1999	442	133	733	476	405	364	497
山　东	13967	11280	6979	5754	379	238	1728	1956	1024	885	778
河　南	18746	14252	5975	4430	847	357	1700	5373	1851	1223	1420
湖　北	9149	7047	3772	3090	769	226	1271	1009	824	564	714
湖　南	9612	7241	4240	3228	523	226	986	1266	818	687	866
广　东	9037	6576	3274	2535	576	146	1552	1028	766	774	921
广　西	6411	4839	2908	2528	424	118	879	510	382	516	674
海　南	1400	1075	602	496	136	21	202	114	42	116	167
重　庆	2412	1817	1049	881	47	30	430	261	141	247	207
四　川	10414	7940	4907	3958	245	84	1244	1460	716	886	872
贵　州	4575	3710	2739	2330	201	44	412	314	195	304	366
云　南	7590	6040	4099	3390	359	67	707	808	359	330	861
西　藏	1090	831	632	514	24	4	87	84	40	87	132
陕　西	6096	4534	2456	1930	167	79	804	1028	369	629	564
甘　肃	4708	3557	2166	1715	275	50	639	427	337	336	478
青　海	1736	1372	796	634	176	44	212	144	91	89	184
宁　夏	1324	1004	657	567	45	21	192	89	70	94	156
新　疆	6368	4850	2805	2097	255	63	925	802	408	421	689

2-17-2 2002年疾病预防控制中心(防疫站)专业卫生人员性别、年龄、学历及职称构成(%)

	卫生技术人员						其他技术人员	管理人员
	小计	执业(助理)医师	执业医师	药剂人员	检验人员	其他		
总 计	**100.0**	**100.0**	**100.0**	**100.0**	**100.0**	**100.0**	**100.0**	**100.0**
按年龄分(岁)								
25岁以下	6.3	3.3	1.8	9.5	7.0	13.0	10.5	5.1
25～34	33.4	30.4	25.8	31.7	35.2	39.9	32.7	23.4
35～44	33.4	34.9	36.9	33.4	33.7	29.3	31.0	32.9
45～54	23.7	27.2	30.6	22.7	22.1	16.3	22.9	33.4
55～59	3.0	3.9	4.6	2.6	1.8	1.5	2.7	4.9
60岁及以上	0.2	0.3	0.3	0.1	0.1	0.1	0.2	0.3
按工作年限分								
5年以下	8.7	5.8	4.3	10.0	10.9	14.3	11.5	6.0
5～9年	14.9	13.4	10.3	14.1	15.9	17.9	14.7	8.9
10～19年	33.4	32.9	32.9	30.7	33.4	34.8	31.2	27.5
20～29年	29.1	31.5	33.8	32.7	27.1	24.2	28.7	34.7
30年及以上	14.0	16.5	18.7	12.5	12.6	8.9	14.0	22.8
按学历分								
博士	0.0	0.0	0.0		0.1	0.0	0.2	0.0
硕士	0.5	0.5	0.6		0.9	0.2	0.4	0.4
学士/大学本科	11.9	14.0	16.0	3.8	14.1	6.0	6.6	12.3
大专	32.5	33.6	34.1	23.8	34.9	28.8	29.0	37.3
中专	43.6	43.8	42.1	46.9	41.4	44.5	26.4	26.5
高中及以下	11.4	8.1	7.2	25.5	8.7	20.5	37.5	23.4
按专业技术资格分								
正高	0.9	1.1	1.3	0.2	0.9	0.4	0.4	1.0
副高	5.4	6.9	8.2	2.0	5.6	1.6	1.5	5.8
中级	32.7	38.3	44.6	19.3	36.9	16.9	12.6	23.5
助理/师级	37.4	40.5	38.6	40.7	36.4	30.2	21.5	20.7
员/士	13.0	8.9	3.2	28.6	11.8	23.0	17.2	11.4
其他	10.7	4.3	4.1	9.3	8.4	27.8	46.7	37.5
按聘任专业技术职务分								
正高	0.6	0.8	0.9	0.1	0.6	0.3	0.4	0.9
副高	5.1	6.6	7.9	1.7	5.3	1.5	1.6	6.5
中级	32.6	38.2	44.5	18.9	36.2	17.3	14.1	26.1
助理/师级	39.7	42.6	41.0	42.1	39.9	32.1	25.1	23.6
员/士	14.4	9.7	3.7	30.4	13.3	26.1	21.8	13.0
待聘	7.5	2.1	2.0	6.8	4.7	22.7	37.0	29.9

2-17-3 2002年疾病预防控制中心(防疫站)卫生技术人员分科构成(%)

	合计	执业医师及执业助理医师			其他卫生技术人员
		小计	执业医师	执业助理医师	
按科室分	**100.0**	**100.0**	**100.0**	**100.0**	**100.0**
传染病控制科	23.5	25.6	25.9	24.0	18.5
非传染病控制科	5.3	5.7	5.8	5.1	4.4
地方病控制科	5.0	5.8	5.9	5.3	3.1
寄生虫病控制科	2.7	3.0	3.0	3.1	2.1
计划免疫科	11.9	12.2	11.6	15.0	11.3
农村改水科	1.0	1.0	1.0	1.2	0.9
健康教育科	2.4	2.4	2.5	2.2	2.5
检验科	3.0	2.9	2.8	3.0	3.5
其他	45.0	41.4	41.5	40.9	53.7
按专业分		**100.0**	**100.0**	**100.0**	
急性传染病控制专业		14.9	15.4	12.2	
性病、艾滋病专业		2.0	2.1	1.7	
慢性传染病专业		4.8	5.0	4.1	
消杀灭专业		3.7	3.7	3.7	
计划免疫专业		14.3	13.7	17.8	
地方病防治专业		5.0	5.1	4.1	
寄生虫病防治专业		2.0	2.0	1.5	
食品卫生专业		18.5	18.1	21.1	
劳动卫生专业		4.9	5.0	4.5	
环境卫生专业		4.8	4.8	4.7	
放射卫生专业		1.4	1.5	1.4	
学校卫生专业		3.6	3.5	4.1	
健康教育专业		2.5	2.5	2.5	
预防医学门诊		4.2	4.3	3.4	
其他		13.3	13.4	13.0	

2-18-1 2002年卫生监督机构专业卫生人员性别、年龄、学历及职称构成(%)

	卫生监督所			卫生监督检验(监测、检测)所(站)		
	卫生技术人员	其他技术人员	管理人员	卫生技术人员	其他技术人员	管理人员
总　　计	**100.0**	**100.0**	**100.0**	**100.0**	**100.0**	**100.0**
按性别分						
男	60.6	50.5	56.3	56.2	51.9	59.0
女	39.4	49.5	43.7	43.8	48.1	41.0
按年龄分（岁）						
25岁以下	8.1	15.2	6.9	10.5	10.5	6.0
25～34	36.5	36.9	24.4	40.0	33.1	29.1
35～44	35.4	31.4	40.1	31.6	40.6	37.6
45～54	18.6	14.6	25.9	16.3	15.5	24.4
55～59	1.4	1.9	2.6	1.6	0.4	2.6
60岁及以上	0.0		0.1	0.1		0.4
按工作年限分		1.0	2.0	3.0	4.0	5.0
5年以下	11.4	17.0	8.4	12.0	9.6	7.3
5～9年	16.0	17.4	9.3	18.9	15.9	14.5
10～19年	37.9	31.5	33.7	36.8	36.4	27.8
20～29年	25.3	25.1	32.3	23.1	28.5	33.8
30年及以上	9.4	9.0	16.3	9.2	9.6	16.7
按学历分						
博士	0.0		0.1			
硕士	0.8		1.0	0.2		
大学本科	20.8	11.8	25.3	13.8	15.1	20.1
大专	38.0	38.3	42.2	35.0	28.0	41.5
中专	33.7	21.3	19.1	36.1	18.8	22.6
高中	4.8	19.6	9.1	12.3	28.0	10.7
初中及以下	1.8	8.9	3.2	2.6	10.0	5.1
按专业技术资格分						
正高	1.0	0.1	1.0	0.6		1.3
副高	7.4	1.8	8.7	5.1	2.1	6.0
中级	35.2	14.3	29.1	28.1	19.7	22.6
助理/师级	36.5	22.2	19.9	30.0	20.9	24.4
员/士	9.6	15.1	8.4	15.2	18.8	12.0
其他	10.3	46.5	33.0	21.0	38.5	33.8
按聘任技术职务分						
正高	0.8	0.2	1.1	0.3		1.3
副高	6.9	1.8	10.2	4.8	2.1	5.6
中级	35.2	17.1	31.2	28.5	19.7	28.2
助理/师级	38.5	26.4	21.7	33.7	20.9	24.8
员/士	10.8	20.3	9.8	17.9	18.0	15.4
待聘	7.9	34.2	26.0	14.8	39.3	24.8

2-18-2　2002年卫生监督员数及构成

	卫生监督员数				构成(%)			
	合计	卫　生监督所	卫生监督检验(监测/检测)所(站)	疾病预防控制中心(防疫站)	合计	卫　生监督所	卫生监督检验(监测/检测)所(站)	疾病预防控制中心(防疫站)
总　计	**19172**	**7253**	**719**	**11200**	**100.0**	**100.0**	**100.0**	**100.0**
按年龄分（岁）								
25岁以下	1649	490	81	1078	8.6	6.8	11.3	9.6
25～34	7602	2561	272	4769	39.7	35.3	37.8	42.6
35～44	6493	2617	246	3630	33.9	36.1	34.2	32.4
45～54	3160	1475	110	1575	16.5	20.3	15.3	14.1
55～59	255	107	10	138	1.3	1.5	1.4	1.2
60岁及以上	13	3	0	10	0.1	0.0	0.0	0.1
按工作年限分								
5年以下	1935	690	86	1159	10.1	9.5	12.0	10.3
5～9年	3252	1121	134	1997	17.0	15.5	18.6	17.8
10～19年	7475	2727	282	4466	39.0	37.6	39.2	39.9
20～29年	4887	1936	157	2794	25.5	26.7	21.8	24.9
30年及以上	1623	779	60	784	8.5	10.7	8.3	7.0
按学历分								
博士	3	3	0	0	0.0	0.0	0.0	0.0
硕士	74	64	1	9	0.4	0.9	0.1	0.1
学士/大学本科	2478	1596	103	779	12.9	22.0	14.3	7.0
大专	7017	2787	259	3971	36.6	38.4	36.0	35.5
中专	6870	2292	231	4347	35.8	31.6	32.1	38.8
高中及以下	2730	511	125	2094	14.2	7.0	17.4	18.7
按专业技术资格分								
正高	117	78	3	36	0.6	1.1	0.4	0.3
副高	838	591	28	219	4.4	8.1	3.9	2.0
中级	4670	2408	173	2089	24.4	33.2	24.1	18.7
助理/师级	6159	2410	156	3593	32.1	33.2	21.7	32.1
员/士	2947	746	97	2104	15.4	10.3	13.5	18.8
其他	4441	1020	262	3159	23.2	14.1	36.4	28.2
按聘任专业技术职务分								
正高	80	66	1	13	0.4	0.9	0.1	0.1
副高	776	539	26	211	4.0	7.4	3.6	1.9
中级	4736	2418	180	2138	24.7	33.3	25.0	19.1
助理/师级	6568	2513	212	3843	34.3	34.6	29.5	34.3
员/士	3492	860	131	2501	18.2	11.9	18.2	22.3
待聘	3520	857	169	2494	18.4	11.8	23.5	22.3

2-18-2 续表

	卫生监督员数				构成(%)			
	合计	卫生监督所	卫生监督检验(监测/检测)所(站)	疾病预防控制中心(防疫站)	合计	卫生监督所	卫生监督检验(监测/检测)所(站)	疾病预防控制中心(防疫站)
按科室分	**19172**	**7253**	**719**	**11200**	**100.0**	**100.0**	**100.0**	**100.0**
食品卫生监督科		1946	292			26.8	40.6	
化妆品卫生监督科		109	11			1.5	1.5	
职业卫生监督科		438	30			6.0	4.2	
公共场所卫生监督科		818	96			11.3	13.4	
放射卫生监督科		121	11			1.7	1.5	
学校卫生监督科		167	26			2.3	3.6	
检验科		9	11			0.1	1.5	
其他		3645	242			50.3	33.7	
按执业范围分	**19160**	**7246**	**719**	**11195**	**100.0**	**100.0**	**100.0**	**100.0**
综合卫生	6008	3250	165	2593	31.4	44.9	22.9	23.2
食品卫生	5791	1414	255	4122	30.2	19.5	35.5	36.8
生活饮用水卫生	231	82	8	141	1.2	1.1	1.1	1.3
化妆品卫生	254	105	4	145	1.3	1.4	0.6	1.3
职业卫生	665	252	18	395	3.5	3.5	2.5	3.5
公共场所卫生	1458	487	48	923	7.6	6.7	6.7	8.2
放射防护	218	104	11	103	1.1	1.4	1.5	0.9
学校卫生	475	128	13	334	2.5	1.8	1.8	3.0
传染病管理	764	153	21	590	4.0	2.1	2.9	5.3
其他	3296	1271	176	1849	17.2	17.5	24.5	16.5

2-19-1 乡村医生、卫生员与农村接生员数

年份	乡村医生和卫生员			平均每村乡村医生和卫生员	平均每千农业人口乡村医生和卫生员	农村接生员
	合计	乡村医生	卫生员			
1980	1463406	607879	2357370	2.10	1.79	634858
1985	1293094	643022	650072	1.80	1.55	513977
1990	1231510	776859	454651	1.64	1.38	470982
1991	1253324	794507	458817	1.69	1.39	462436
1992	1269061	816557	452504	1.73	1.41	446072
1993	1325106	910664	414442	1.81	1.47	414728
1994	1323701	933386	390351	1.81	1.47	381171
1995	1331017	955933	375084	1.81	1.48	359052
1996	1316095	954630	361465	1.79	1.46	333787
1997	1317786	972288	345498	1.80	1.45	322371
1998	1327633	990217	337416	1.81	1.46	310110
1999	1324937	1009665	315272	1.82	1.45	290179
2000	1319357	1019845	299512	1.81	1.44	255879
2001	1290595	1021542	269053	1.82	1.41	226934
2003	867778	791956	75822	1.31	0.98	…
2004	883075	825672	57403	1.37	1.00	…
2005	916532	864168	52364	1.46	1.05	…

注：1985年以前的乡村医生系赤脚医生。

2-19-2 2005年村卫生室人员数

	执业（助理）医师	乡村医生数				卫生员
			大专及以上学历	中专学历及中专水平	在职培训合格者	
总　计	103863	864168	31792	508105	306203	52364
村办	61219	488789	18832	281621	177244	31900
乡卫生院设点	8319	57905	1864	35119	19903	3289
联合办	7922	76185	2399	43501	28909	4512
私人办	23896	214647	7649	131701	71293	11079
其他	2507	26642	1048	16163	8854	1584

2-19-3 2005年各地区村卫生室人员数

地区	执业(助理)医师	乡村医生和卫生员			平均每村乡村医生和卫生员	平均每千农业人口乡村医生和卫生员
		合计	乡村医生	卫生员		
总计	**103863**	**916532**	**864168**	**52364**	**1.46**	**1.05**
北京	296	4003	3792	211	1.01	1.33
天津	253	4932	4862	70	1.29	1.30
河北	6552	67641	66328	1313	1.36	1.35
山西	4853	31645	28576	3069	1.18	1.39
内蒙古	1491	16966	16409	557	1.39	1.20
辽宁	3395	21843	21378	465	1.88	1.01
吉林	2475	13137	12664	473	1.40	0.90
黑龙江	7162	22326	21740	586	2.46	1.15
上海	3129	2890	2698	192	1.54	1.37
江苏	2612	53165	51531	1634	2.99	1.29
浙江	3301	14188	13904	284	0.41	0.43
安徽	7229	46523	43416	3107	1.97	0.90
福建	2478	30384	29139	1245	2.13	1.31
江西	2478	34436	33227	1209	2.05	1.07
山东	13373	99117	96853	2264	1.21	1.63
河南	11043	96238	92512	3726	2.01	1.22
湖北	4881	34417	33375	1042	1.32	0.96
湖南	4524	38547	34125	4422	0.88	0.75
广东	2535	30114	27246	2868	1.61	0.79
广西	1668	36172	34286	1886	2.52	0.91
海南	333	2238	2029	209	0.88	0.44
重庆	1453	19878	18151	1727	1.95	0.85
四川	8344	70467	66688	3779	1.40	1.06
贵州	1390	24320	19614	4706	1.21	0.75
云南	2026	35153	31204	3949	2.87	0.99
西藏	38	2452	1228	1224	0.43	1.09
陕西	2186	31210	29180	2030	1.10	1.13
甘肃	936	17223	15706	1517	1.04	0.86
青海	544	4956	4423	533	1.20	1.40
宁夏	259	3542	3104	438	1.52	0.94
新疆	626	6409	4780	1629	0.72	0.57

三、卫 生 设 施

简要说明

一、本章主要介绍全国及31个省、自治区、直辖市卫生机构床位、医用设备和房屋面积情况。主要包括各级各类医疗机构床位数，医院、妇幼保健院、疾病预防控制中心主要医用设备数，各类卫生机构房屋建筑面积等。

二、所有指标系全数统计，数据来源于卫生综合统计年报。

三、分科床位数中所列科室主要依据医疗机构《诊疗科目》。中医医院和专科医院床位的科室归类原则如下：中医医院全部计入中医科，中西医结合医院全部计入中西医结合科，民族医院全部计入民族医学科，妇幼保健院分别计入妇产科、儿科，儿童医院全部计入儿科，传染病院、麻风病院全部计入传染科，疗养院、康复医院全部计入康复医学科，肿瘤医院全部计入肿瘤科，其他专科医院计入相关科室。

四、房屋面积统计口径和指标解释与《综合医院建设标准》、《妇幼保健院建设标准》、《乡镇卫生院建设标准》、《防疫站建设标准》一致。

主要统计指标解释

床位数 指年底固定实有床位（非编制床位），包括正规床、简易床、监护床、正在消毒和修理床位、因扩建或大修而停用的床位，不包括产科新生儿床、接产室待产床、库存床、观察床、临时加床和病人家属陪侍床。

每千人口医院、卫生院床位数 即（医院床位＋卫生院床位）/人口数×1000。人口数系公安部户籍人口。

设备台数 指实有设备数，即单位实际拥有的、可供调配的设备，包括安装的和未安装的设备，不包括已经批准报废的设备和已订购尚未运抵单位的设备。

购建房屋建筑面积 指单位购买和自建或主管部门划拨的产权归本单位所有的房屋建筑面积。

租房面积 指从外单位租用、主管部门划拨的不拥有产权的房屋面积。

业务用房面积 医院包括门诊、急诊、住院、医技科室、行政管理、保障和院内生活用房面积；社区卫生服务中心和卫生院包括医疗、预防保健、辅助和行政用房面积；妇幼保健院（所、站）包括医疗保健、医技、辅助和行政用房面积；专科疾病防治院（所、站）包括医疗、医技、疾病控制、辅助和行政用房面积；疾病预防控制中心（防疫站）包括检验、疾病控制、辅助和行政用房面积。

每床房屋建筑面积，即业务用房面积/床位数

3-1-1 卫生机构床位数(万张)

年份	合计	医院				疗养院	卫生院		妇 幼保健院(所、站)	专科疾病防治院(所、站)	其他
			综合医院	中医医院	专科医院			乡 镇卫生院			
1949	8.46	8.00				0.39					0.07
1950	11.91	9.71	8.46	0.01	0.74	0.60			0.27		1.33
1955	36.28	21.53	17.08	0.14	2.80	5.77			0.57		8.41
1960	97.68	59.14	44.74	1.42	7.95	10.69	4.63	4.63	0.88	1.74	20.60
1965	103.33	61.20	48.04	1.04	7.49	9.84	13.25	13.25	0.92		18.12
1970	126.15	70.50	57.21	1.01	7.79	4.76	36.80	36.80	0.70		13.39
1975	176.43	94.02	76.33	1.37	11.11	3.72	62.03	62.03	0.97	2.88	12.81
1978	204.17	110.00	87.33	3.40	12.10	5.09	74.73	74.73	1.16	2.63	10.56
1980	218.44	119.58	94.11	5.00	12.87	6.79	77.54	77.54	1.64	2.73	10.16
1981	223.38	124.09	96.80	5.79	13.49	8.07	76.31	76.31	1.97	2.71	10.23
1982	228.03	128.52	99.83	6.40	13.90	8.78	75.32	75.32	2.33	2.73	10.35
1983	234.16	134.53	103.99	7.24	14.58	9.15	74.62	74.62	2.75	2.85	10.26
1984	241.24	141.24	108.00	8.65	15.29	9.53	73.14	73.14	3.18	2.96	11.19
1985	248.71	150.86	112.77	11.23	16.56	10.62	72.06	72.06	3.46	2.95	8.76
1986	256.25	155.98	117.52	12.52	17.71	11.08	71.12	71.12	3.67	3.06	11.34
1987	268.50	165.34	123.71	14.21	19.03	11.85	72.30	72.30	4.00	3.07	11.94
1988	279.49	174.70	129.06	15.55	20.23	12.23	72.61	72.61	4.35	3.00	12.60
1989	286.70	181.46	133.60	16.60	20.93	12.30	72.30	72.30	4.50	3.10	13.04
1990	292.54	186.89	136.90	17.57	21.95	12.30	72.29	72.29	4.66	3.10	13.30
1991	299.19	192.61	140.55	18.82	22.26	12.50	72.92	72.92	4.80	3.17	13.19
1992	304.94	197.66	144.10	20.04	22.71	12.50	73.28	73.28	5.00	3.22	13.28
1993	309.90	203.64	156.63	21.35	24.37	11.90	73.08	73.08	4.50	3.03	13.75
1994	313.40	207.04	158.70	22.18	24.85	11.80	73.24	73.24	4.80	2.98	13.54
1995	314.06	206.33	158.72	22.72	24.51	11.60	73.31	73.31	5.13	3.07	14.62
1996	309.96	209.65	159.73	23.75	24.86	10.87	73.75	73.47	5.60	2.83	7.26
1997	313.45	211.92	161.21	24.46	24.97	10.45	74.94	74.24	6.02	3.06	7.06
1998	314.30	213.41	162.00	24.95	25.01	10.18	74.39	73.77	6.30	2.90	7.12
1999	315.90	215.07	163.25	25.33	25.03	9.85	73.99	73.40	6.63	2.93	7.43
2000	317.70	216.67	164.09	25.93	25.08	9.69	74.12	73.48	7.12	2.84	7.26
2001	320.12	215.56	150.50	24.60	25.65	9.45	74.65	74.00	7.40	2.70	10.36
2002	313.61	222.18	168.38	24.67	26.21	6.90	68.54	67.13	7.98	3.18	4.83
2003	316.40	226.95	171.34	26.02	26.72	4.83	68.57	67.27	8.09	3.38	4.59
2004	326.84	236.35	177.68	27.55	28.26	5.40	68.24	66.89	8.70	3.12	5.04
2005	336.75	244.50	183.47	28.77	29.21	5.16	68.99	67.82	9.41	3.34	0.86

3-1-2 2005年各地区卫生机构床位数

地区	合计	医院							疗养院
		小计	综合医院	中医医院	中西医结合医院	民族医院	专科医院	护理院	
总计	**3367502**	**2445012**	**1834747**	**287732**	**20232**	**6885**	**292079**	**3337**	**51550**
北京	79077	72329	50245	7349	309	97	14221	108	1018
天津	41556	37255	22717	4016	653		9869		643
河北	162267	118421	90059	15135	1420		11807		780
山西	108132	81145	61602	8600	1160	5	9778		889
内蒙古	69442	50379	39796	3902	284	1420	4977		1554
辽宁	177896	138915	98477	12799	260	260	27119		10881
吉林	87680	69879	51571	7294	925	148	9941		2718
黑龙江	119833	100012	77394	10245	375	232	11766		1530
上海	90805	68699	44507	4044	1346		16449	2353	300
江苏	200126	130163	90062	15453	1852		22296	500	4939
浙江	141216	108918	77965	14835	1000		15087	31	2526
安徽	127193	82264	66405	9117	240		6463	39	1281
福建	81718	55082	41664	7614	690	70	5044		2726
江西	85112	59685	45557	9083	557		4488		102
山东	248301	175863	133797	22550	190	20	19234	72	4212
河南	213998	149680	113655	21881	448		13696		555
湖北	139580	96409	77115	10065	1356	81	7792		110
湖南	152172	104234	76975	16680	872	20	9687		1141
广东	210462	153823	116390	19660	700		16980	93	3286
广西	93822	66148	47914	8314	1655	68	8117	80	946
海南	18901	13438	11007	990	65		1376		330
重庆	64674	44283	32367	5106	717		6093		1120
四川	194944	126940	94041	16316	1750	368	14464	1	623
贵州	61778	44208	36859	4724	375	36	2154	60	540
云南	106961	74697	57476	8842	543	179	7657		2508
西藏	6767	4426	3817			609			58
陕西	106705	80297	64081	10647	190	21	5358		2404
甘肃	63648	47072	37632	6669	80	306	2385		850
青海	15181	12682	10040	1101	80	640	821		50
宁夏	17802	14780	11819	1391	120	30	1420		100
新疆	79753	62886	51741	3310	20	2275	5540		830

3-1-2 续表

社区卫生服务中心	卫生院			门诊部	妇幼保健院(所、站)		专科疾病防治所(站)		急救中心(站)	其他卫生机构
	小计	街道卫生院	乡镇卫生院			妇幼保健所(站)		专科疾病防治所(站)		
25018	**689918**	**11678**	**678240**	**10796**	**94105**	**14650**	**33437**	**15955**	**877**	**16789**
367	3386	20	3366	71	1199		697	223		10
	2236		2236	201	818	20	360	110		43
	35560		35560	798	6047	1243	376	46	79	206
172	21885	523	21362	339	2733	805	529	196	288	152
68	13407	291	13116	727	2422	1378	450	194	40	395
727	22329	430	21899	671	1541	301	2360	1028	100	372
61	12239	258	11981	121	1579	267	668	341		415
39	12524	99	12425	375	2440	248	2772	375		141
9055	9712		9712	99	1708	3	185	19		1047
4075	54074	580	53494	99	2752	256	1413	802		2611
1862	22149	1580	20569	373	4259	177	647	243		482
166	37361	488	36873	540	2322	1073	2653	1575		606
446	18105	72	18033	144	2267	146	2860	350	15	73
102	19587	542	19045	243	3516	1168	1597	1534	4	276
144	55414	2548	52866	529	7916	1169	3290	909	204	729
90	52609		52609	1079	7562	1186	812	812	20	1591
3680	32242	478	31764	88	3916	250	2660	1843	42	433
469	37332	669	36663	289	5142	846	2690	2293		875
791	39016	1395	37621	549	8891	194	2580	867		1526
	20964	20	20944	158	4815	19	501	384		290
8	4042	17	4025	145	641	88	44	44	3	250
60	16951	682	16269	236	1418	166	106	106		500
1053	57407	172	57235	786	5016	424	1326	531	20	1773
401	14117	56	14061	311	1797	878	220	29		184
600	24139		24139	367	3521	131	502	485		627
	1986		1986		297	109				
	19252	631	18621	339	3647	213	452	4		314
323	12783	76	12707	441	1821	1004	12	12	12	334
50	2065	6	2059		241	119				93
	2056		2056	174	644	293				48
209	12989	45	12944	504	1217	476	675	600	50	393

3-2-1　2005年医疗机构床位数

医疗机构	合计	按管理类别分			按经济	
		非营利性	营利性	其他	国有	集体
总　计	**3350810**	**3204161**	**133284**	**13365**	**2862211**	**323379**
市	2328173	2205653	111827	10693	2001070	191736
县	1022637	998508	21457	2672	861141	131643
医　　院	2445012	2313833	126456	4723	2214687	86223
市	1872266	1761703	106325	4238	1681673	71145
县	572746	552130	20131	485	533014	15078
综合医院	1834747	1754245	76931	3571	1688290	57517
中医医院	287732	278294	9219	219	264357	11936
中西医结合医院	20232	17191	3041		16135	1013
民族医院	6885	6574	311		6558	82
专科医院	292079	254893	36253	933	237209	15251
口腔医院	4623	3944	679		3259	509
眼科医院	8158	5250	2908		3527	896
耳鼻咽喉科医院	1667	1216	451		1130	60
肿瘤医院	29260	27414	1846		26731	493
心血管病医院	4351	2194	2157		1827	142
胸科医院	5511	5511			5361	
血液病医院	624	350	274		350	90
妇产(科)医院	11961	9468	2493		9155	377
儿童医院	14353	14182	171		13805	328
精神病医院	109961	106692	2849	420	102060	5351
传染病医院	25771	25511	140	120	24911	700
皮肤病医院	3238	2033	1195	10	1929	65
结核病医院	9611	9532	79		9357	134
麻风病医院	1906	1681		225	1906	
职业病医院	2030	2010	20		1890	120
骨科医院	16711	9965	6746		6738	2330
康复医院	18514	15533	2951	30	14145	1507
整形外科医院	1012	616	396		586	
美容医院	651	50	601		50	
其他专科医院	22166	11741	10297	128	8492	2149
护理院	3337	2636	701		2138	424
疗养院	51550	49065	365	2120	50390	625
社区卫生服务中心	25018	24647	299	72	12502	11412
卫生院	689918	684780	2115	3023	453263	221254
街道卫生院	11678	11485	155	38	5599	5516
乡镇卫生院	678240	673295	1960	2985	447664	215738
中心卫生院	281456	280164	469	823	234267	44842
乡卫生院	396784	393131	1491	2162	213397	170896
门诊部	10796	6949	3740	107	5432	2068
妇幼保健院(所、站)	94105	92965		1140	93320	715
其中:妇幼保健院	79339	78802		537	78763	516
妇幼保健所(站)	14650	14097		553	14507	133
专科疾病防治院(所、站)	33437	31098	276	2063	31770	1070
专科疾病防治院	17482	17095	205	182	16529	685
专科疾病防治所(站)	15955	14003	71	1881	15241	385
急救中心（站）	877	759	3	115	782	12

注：总计包括护理站和临床检验中心床位97张。

3-2-1 续表

类型分			按设置/主办单位分			
联营	私营	其他	政府办	卫生部门	企业办	其他
7731	**87809**	**69680**	**2704869**	**2618804**	**373312**	**272629**
6751	71151	57465	1773725	1700688	329471	224977
980	16658	12215	931144	918116	43841	47652
7175	77696	59231	1863843	1792194	350974	230195
6238	63549	49661	1370260	1310243	309428	192578
937	14147	9570	493583	481951	41546	37617
4706	45264	38970	1344447	1292455	339178	151122
736	6139	4564	270466	269118	625	16641
100	1764	1220	15531	15511	595	4106
	155	90	6364	6364	50	471
1460	23983	14176	225487	207741	10303	56289
	548	307	3534	3534	96	993
186	2022	1527	3723	3723	349	4086
	263	214	1030	1030		637
	1248	788	26167	26167	959	2134
20	541	1821	1784	1774	288	2279
		150	4976	4976	385	150
	100	84	350	350	20	254
30	1461	938	8842	8822	994	2125
	158	62	14023	14023	20	310
200	2102	248	96845	83474	2771	10345
	20	140	25131	25131	110	530
8	810	426	1892	1884	100	1246
	30	90	8997	8967	100	514
			1691	1691		215
	20		749	749	991	290
338	4937	2368	7511	7301	176	9024
438	1820	604	10203	7148	1568	6743
	284	142	420	420	166	426
	371	230	50	50	99	502
240	7248	4037	7569	6527	1111	13486
173	391	211	1548	1005	223	1566
	110	425	23208	11096	13846	14496
52	511	541	20882	20739	2040	2096
400	6472	8529	671919	671524	1173	16826
	314	249	10478	10458	229	971
400	6158	8280	661441	661066	944	15855
86	627	1634	276618	276523	445	4393
314	5531	6646	384823	384543	499	11462
102	2645	549	3026	2477	2330	5440
		70	92475	92317	191	1439
		60	78180	78098	144	1015
		10	14229	14203	47	374
2	345	250	28786	27727	2679	1972
	144	124	14738	14478	2077	667
2	201	126	14048	13249	602	1305
		83	665	665	79	133

3-2-2 2005年各地区医疗机构床位数(非营利性)

地区	合计	医院	综合医院	中医医院	专科医院	卫生院	乡镇卫生院	社区卫生服务中心(站)	门诊部	急救中心(站)	妇幼保健院(所、站)	专科疾病防治院(所、站)
总计	**3204161**	**2313833**	**1754245**	**278294**	**254893**	**684780**	**673295**	**24647**	**6949**	**759**	**92965**	**31098**
北京	74760	68157	48223	6703	12737	3386	3366	367	26		1199	697
天津	39912	35797	22129	3936	9079	2236	2236		58		818	360
河北	154999	111579	85644	14307	10248	35560	35560		584	79	6047	370
山西	99516	73211	57122	7559	7745	21582	21059	172	148	288	2707	519
内蒙古	66166	47690	38037	3868	4153	13385	13094	68	689	40	2353	387
辽宁	167156	132028	94364	12165	25059	19612	19182	727	522		1391	1995
吉林	83343	66077	49061	6888	9165	12239	11981	56	57		1556	660
黑龙江	117100	97740	76268	9860	11095	12524	12425	19	261		2257	2769
上海	87858	66893	43478	4044	16062	9712	9712	9055	5		1708	185
江苏	186664	120639	84282	15044	19527	53902	53322	3949	85		2712	1358
浙江	134645	103280	75394	14468	12587	22018	20440	1862	133		4259	647
安徽	120910	77811	63005	9067	5460	37271	36783	152	360		2093	2042
福建	74757	50614	38348	7284	4272	17260	17188	446	42		2091	2678
江西	82890	58014	44444	8933	4147	19399	18877	68	190	4	3516	1597
山东	238222	167079	128982	22035	15970	55216	52811	144	332	204	7840	3285
河南	205461	143638	111091	20984	11295	52609	52609	90	987	20	7562	
湖北	135749	93128	75115	10045	6701	32242	31764	3619	60	42	3916	2632
湖南	148535	101572	75527	16680	8720	37332	36663	469	189		5142	2690
广东	197576	143339	109389	18988	14189	38665	37270	765	199		8891	2431
广西	91754	64376	46805	8119	7754	20964	20944		158		4815	495
海南	17896	12861	10951	950	960	4042	4025	8	20		591	44
重庆	61980	42207	30722	4996	5812	16923	16269	60	206		1358	106
四川	185019	119136	88528	16046	12683	57390	57218	1044	466	20	5016	1324
贵州	58661	41571	34983	4654	1543	14117	14061	366	108		1739	220
云南	98732	67401	52570	8544	5885	24139	24139	583	197		3521	468
西藏	6767	4426	3817			1986	1986				297	
陕西	100813	74881	60370	10161	4220	19252	18621		177		3647	452
甘肃	61707	45708	36887	6629	1886	12783	12707	323	198	12	1821	12
青海	14718	12312	9670	1101	821	2065	2059	50			241	
宁夏	15520	12686	10545	1391	750	1980	1980		110		644	
新疆	74375	57982	48494	2845	4368	12989	12944	185	382	50	1217	675

3-2-3　2005年各地区医疗机构床位数(营利性)

地　区	合计	医院				卫生院		社区卫生服务中心(站)	门诊部	急救中心(站)	妇幼保健院(所、站)	专科疾病防治院(所、站)
			综合医院	中医医院	专科医院		乡镇卫生院					
总　计	**133284**	**126456**	**76931**	**9219**	**36253**	**2115**	**1960**	**299**	**3740**	**3**		**276**
北　京	4307	4172	2022	646	1484				45			
天　津	1601	1458	588	80	790				143			
河　北	7062	6842	4415	828	1559				214			6
山　西	8198	7696	4265	1041	2010	301	301		191			10
内蒙古	2763	2689	1759	34	824				38			36
辽　宁	7605	6529	3811	634	2004	927	927		149			
吉　林	3905	3802	2510	406	776			5	64			
黑龙江	2406	2272	1126	385	671			20	114			
上　海	1900	1806	1029		387				94			
江　苏	9736	9504	5760	409	2769	63	63	100	14			55
浙　江	6089	5638	2571	367	2500	131	129		240			
安　徽	2903	2724	2086	50	588			14	119			46
福　建	3066	2950	1998	130	772				86			30
江　西	1946	1671	1113	150	341	188	168	34	53			
山　东	9239	8760	4801	515	3254	188	55		196			5
河　南	6134	6042	2564	897	2401				92			
湖　北	3398	3281	2000	20	1091			61	28			28
湖　南	2762	2662	1448		967				100			
广　东	10994	10284	6941	672	2651	300	300		350			60
广　西	1772	1772	1109	195	363							
海　南	705	577	56	40	416				125	3		
重　庆	2106	2076	1645	110	281				30			
四　川	8126	7784	5493	270	1781	17	17	9	316			
贵　州	2850	2617	1876	70	591			30	203			
云　南	7306	7049	4827	279	1623			2	170			
西　藏												
陕　西	5578	5416	3711	486	1138				162			
甘　肃	1607	1364	745	40	499				243			
青　海	240	240	240									
宁　夏	1919	1875	1175		550				44			
新　疆	5061	4904	3247	465	1172			24	117			

3-3 2005年各地区医院、妇幼保健院和专科疾病防治院分科床位数

年份 地区	总计	预防 保健科	全科 医疗科	内科	外科	儿科	妇产科	眼科	耳鼻 咽喉科	口腔 科	皮肤 科	医疗 美容科
1985	1487148			421865	321875	97730	142934	21220	20941	6093	9964	
1990	1847072			501985	392288	118673	174230	29633	26119	9538	10043	
1996	2082836			625891	474118	138654	210989	46232	32912	13759	14753	
2000	2155296			553924	469350	128621	208096	44296	33496	14509	11592	
2002	2263300	7329	49841	547660	516643	149275	222450	43178	32546	14913	8715	2235
2003	2351736	7113	57723	570862	541541	152208	230094	44069	33923	15366	8666	2475
2004	2447865	8421	62129	587490	562909	157324	243525	45222	35395	16052	9956	2611
2005	2541833	9071	61736	602817	586097	162657	254909	47156	36376	16129	10369	2426
北 京	74002	65	892	21150	15489	2426	5304	1634	1013	336	117	120
天 津	38303		1085	9701	7028	1803	3405	494	574	233	136	6
河 北	123555	312	1874	31779	30575	9085	14206	2827	1556	939	565	62
山 西	83376	261	3767	19876	20764	5120	8386	1591	1267	800	396	61
内蒙古	51679	306	832	13310	13180	3294	4743	1285	655	418	146	21
辽 宁	141471	441	2229	37322	33203	6527	11020	2754	1501	954	461	182
吉 林	71518	54	1691	19242	17854	3335	6053	1384	1016	407	234	100
黑龙江	104601	74	1561	29148	25945	6127	9316	1962	1526	839	267	110
上 海	70570	3434	1958	15638	12237	2498	5379	1019	887	209	110	20
江 苏	133270	218	1333	30899	31460	6993	12054	2401	1794	999	242	110
浙 江	113404	133	1650	23466	27792	6131	13060	1694	1598	737	984	168
安 徽	84591	206	2089	19679	21123	5115	7545	1507	1236	590	182	73
福 建	59713	129	995	11938	12179	4740	6950	1178	865	295	626	106
江 西	62096	141	1911	13950	13440	4793	6338	886	843	262	322	50
山 东	184991	1247	6685	42028	41287	11937	19632	3434	2686	1649	774	130
河 南	156056	488	3541	39579	35792	11576	15252	3510	2283	1181	347	162
湖 北	100892	183	2035	23314	22914	6855	9756	1881	1855	643	444	105
湖 南	108927	229	4449	21819	24308	7188	10854	1656	1991	606	265	69
广 东	164233	125	2452	30455	38453	12348	20497	2647	2546	767	838	226
广 西	71061	18	2271	14638	14085	5553	8480	1337	1227	380	351	75
海 南	13941	10	644	3110	2749	1057	1920	295	214	92	16	25
重 庆	45525	54	1136	11303	10940	2335	4271	511	621	146	85	32
四 川	132327	104	2873	32045	31801	8518	12381	2190	1990	729	710	111
贵 州	45318	39	1811	11025	11482	3263	4296	628	462	244	571	151
云 南	78104	99	2064	19773	17029	5636	9360	1524	1076	340	290	54
西 藏	4614	85	217	1068	933	494	594	77	38	36	8	
陕 西	84179	127	2232	19961	19723	6877	9319	2104	1103	514	265	58
甘 肃	47879	141	1412	11157	11274	3690	4820	821	720	270	151	24
青 海	12804	181	1400	2740	2754	1191	1284	272	182	97	75	
宁 夏	15131	3	564	3734	3611	1080	1594	356	203	104	89	3
新 疆	63702	164	2083	17970	14693	5072	6840	1297	848	313	302	12

3-3 续表

精神科	传染科	结核病科	地方病科	肿瘤科	康复医学科	运动医学科	职业病科	中医科	民族医学科	中西医结合科	其他
71984	112765	34907		13477			8946	129453			72994
93471	121790	36211		25309			10781	210698			86303
108172	109818	27880		43283			11229	306171			81025
109105	93572	26506		48808			10239	317537			85645
119860	78031	22550	1219	51611	19641	1498	8047	292444	2113	11312	60189
122106	76843	22211	1005	57818	18758	2141	8485	296871	2235	13482	65741
129314	79061	21691	627	64646	24204	1693	8923	304087	4033	21450	57102
135558	81424	22161	1004	70247	28636	1628	10543	314574	7064	26132	53119
6629	1248	663	3	2685	1136	130	775	8358	97	149	3583
3157	832	348		1418	101		104	4469		702	2707
3619	2983	470	56	2927	1044	20	308	15983		627	1738
3297	2360	876	49	1056	483	76	351	8815	1501	319	1904
1737	1540	406	2	1142	641	55	208	4725	1077	305	1651
9516	5588	3905	38	4298	1670	37	1854	13829	121	389	3632
3971	2574	1151	2	1615	847	10	399	7695	150	1093	641
5070	3373	2887	20	1825	1754	25	242	10580	129	436	1385
9994	2308	985		2243	145		34	4718		2210	4544
8090	6274	570	17	4908	2923	48	357	16755		1601	3224
6865	3854	266	1	4303	942	199	355	15995	1	1707	1503
4006	4040	261	116	2006	845	141	1099	9856		262	2614
3297	1893	475	110	2240	567	33	269	8682	70	580	1496
2663	2985	598	1	1680	109	25		9820		821	458
10097	4715	1201	157	6041	2108	112	924	23618		670	3859
4869	3334	483	121	5116	1509	64	221	23447	328	1100	1753
3750	3356	1007	96	3255	1741	15	228	12565	81	2022	2791
5467	3773	677	75	3086	1176	256	101	18367		1331	1184
9766	5338	1359	8	5785	3078	30	610	21445		2241	3219
3929	2655	644		2206	1145	20	300	8879	269	1920	679
1102	641	52		331	252		10	1271		110	40
4295	1049	428		947	357	63	258	5583		711	400
8628	3703	367	20	2871	987	82	326	17195	235	2456	2005
1617	1549	274	89	465	185		118	5564	12	417	1056
3582	2354	245	10	1190	578		354	10374	84	452	1636
	303	63	4	20				28	628	3	15
2473	1982	778		1550	808	15	348	11665	21	523	1733
1248	1827	326		1034	506	125	221	7090	172	454	396
122	339	26	4	314	2		29	1210	416	7	159
268	585	31		131	501	24	40	1673		304	233
2434	2069	339	5	1559	496	23	100	4320	1672	210	881

3-4 每千人口医院、卫生院床位数

年份 地区	医院、卫生院床位(张)			每千人口医院和卫生院床位(张)			每千农业人口乡镇卫生院床位数(张)
	合计	市	县	合计	市	县	
1950	99800	78072	21728	0.18	0.85	0.05	
1960	654779	455324	199455	0.99	3.32	0.38	
1970	1104984	509846	595138	1.34	4.18	0.85	
1980	2184423	903323	1281100	2.02	4.70	1.48	0.95
1985	2229200	962100	1267100	2.14	4.54	1.53	0.86
1990	2624100	1386700	1237400	2.32	4.18	1.55	0.81
1995	2836100	1739600	1096500	2.39	3.50	1.59	0.81
1998	2913700	1871600	1042100	2.40	3.52	1.53	0.81
1999	2928600	1887100	1041500	2.39	3.49	1.52	0.80
2000	2947900	1914200	1033700	2.38	3.49	1.50	0.80
2001	2976100	1958800	1017300	2.39	3.51	1.48	0.81
2002	2907153	1947297	959856	2.32	3.40	1.41	0.74
2003	2955160	2001267	953893	2.34	3.42	1.41	0.76
2004	3045847	2089410	956437	2.40	3.51	1.42	0.76
2005	3134930	2167052	967878	2.45	3.59	1.43	0.78
北　京	75715	73668	2047	6.39	6.61	2.91	1.12
天　津	39491	36603	2888	4.19	4.74	1.70	0.59
河　北	153981	89841	64140	2.24	3.58	1.47	0.71
山　西	103030	62895	40135	3.13	4.87	2.00	0.94
内蒙古	63786	39410	24376	2.71	4.72	1.61	0.93
辽　宁	161244	138171	23073	3.85	4.67	1.88	1.01
吉　林	82118	65865	16253	3.08	3.65	1.88	0.82
黑龙江	112536	87321	25215	2.99	3.87	1.67	0.64
上　海	78411	75008	3403	5.76	5.81	4.85	4.60
江　苏	184237	151317	32920	2.54	3.11	1.38	1.30
浙　江	131067	101603	29464	2.85	3.29	1.95	0.62
安　徽	119625	67479	52146	1.84	3.22	1.18	0.72
福　建	73187	49219	23968	2.16	2.87	1.44	0.78
江　西	79272	43056	36216	1.81	2.96	1.24	0.59
山　东	231277	169775	61502	2.51	3.24	1.55	0.87
河　南	202289	120483	81806	2.02	3.56	1.24	0.67
湖　北	128651	100688	27963	2.15	2.60	1.32	0.88
湖　南	141566	81038	60528	2.12	3.57	1.37	0.72
广　东	192839	164561	28278	2.44	3.08	1.10	0.99
广　西	87112	49714	37398	1.78	2.89	1.18	0.53
海　南	17480	12641	4839	2.13	2.51	1.54	0.80
重　庆	61234	40972	20262	1.93	2.73	1.21	0.69
四　川	184347	105497	78850	2.13	3.28	1.45	0.86
贵　州	58325	32387	25938	1.51	3.30	0.90	0.43
云　南	98836	46674	52162	2.31	4.87	1.58	0.68
西　藏	6412	1495	4917	2.40	5.52	2.04	0.88
陕　西	99549	58047	41502	2.69	4.51	1.72	0.67
甘　肃	59855	33552	26303	2.30	4.30	1.45	0.64
青　海	14747	7391	7356	2.93	7.50	1.81	0.58
宁　夏	16836	13051	3785	2.86	4.50	1.27	0.55
新　疆	75875	47630	28245	3.87	6.25	2.35	1.15

补充资料：2002年每千人口医疗机构床位数2.49张，2003年2.49张，2004年2.56张，2005年2.62张。

3-5　2005年卫生机构万元以上设备台数

卫生机构	合计	50万元以下	50～100万元	100万元以上
总　　计	**1655641**	**1566220**	**60555**	**28866**
市	1340139	1269960	46135	24044
县	315502	296260	14420	4822
一、医院	1259743	1186788	46308	26647
市	1064491	1004557	37667	22267
县	195252	182231	8641	4380
综合医院	991324	933096	36354	21874
县医院	127376	118845	5315	3216
其他医院	863948	814251	31039	18658
中医医院	132679	124932	5366	2381
中西医结合医院	11557	11019	341	197
民族医院	2076	2007	51	18
专科医院	121889	115528	4185	2176
口腔医院	15211	14888	289	34
眼科医院	7615	6986	474	155
耳鼻咽喉科医院	1617	1478	114	25
肿瘤医院	21812	20546	627	639
心血管病医院	8580	8146	216	218
胸科医院	3033	2754	170	109
血液病医院	706	682	18	6
妇产(科)医院	8129	7682	319	128
儿童医院	13708	13010	430	268
精神病医院	10436	10036	311	89
传染病医院	10016	9454	392	170
皮肤病医院	935	886	39	10
结核病医院	2497	2338	101	58
麻风病医院	45	45		
职业病医院	619	588	21	10
骨科医院	4733	4481	165	87
康复医院	2978	2825	124	29
整形外科医院	838	815	20	3
美容医院	396	372	20	4
其他专科医院	7985	7516	335	134
护理院	218	206	11	1
二、疗养院	4102	3887	158	57
三、社区卫生服务中心	14555	14113	385	57
四、卫生院	172925	165375	6876	674
街道卫生院	4356	4265	74	17
乡镇卫生院	168569	161110	6802	657
市	83126	81140	1669	317
县	85443	79970	5133	340
中心卫生院	74099	70451	3388	260
乡卫生院	94470	90659	3414	397

注：本表不含诊所、卫生所、医务室、村卫生室数字。

3-5 续表1

卫生机构	合计	50万元以下	50～100万元	100万元以上
五、门诊部	17621	16887	586	148
市	17161	16431	582	148
县	460	456	4	
综合门诊部	10655	10225	329	101
中医门诊部	742	731	11	
中西医结合门诊部	400	394	5	1
民族医门诊部	8	8		
专科门诊部	5816	5529	241	46
六、急救中心（站）	3093	2991	85	17
七、采供血机构	18921	18129	526	266
八、妇幼保健院(所、站)	69102	65663	2873	566
省属	9031	8799	170	62
省辖市(地区)属	21215	20228	711	276
地辖市属	22522	20731	1647	144
县属	15533	15117	335	81
其他	801	788	10	3
妇幼保健院	54626	52603	1487	536
妇幼保健所	10470	9144	1313	13
妇幼保健站	3971	3881	73	17
生殖保健中心	35	35		
九、专科疾病防治院(所、站)	10810	10431	297	82
专科疾病防治院	4761	4532	168	61
传染病防治院	108	102	5	1
结核病防治院	966	904	40	22
职业病防治院	1545	1461	58	26
其他	2142	2065	65	12
专科疾病防治所(站、中心)	6049	5899	129	21
口腔病防治所(站、中心)	1265	1249	16	
精神病防治所(站、中心)	42	40	1	1
皮肤病与性病防治所(站、中心)	903	879	19	5
结核病防治所(站、中心)	1325	1264	53	8
麻风病防治所(站、中心)	15	15		
职业病防治所(站、中心)	644	615	25	4
地方病防治所(站、中心)	127	125	2	
寄生虫病防治所(站、中心)	1	1		
血吸虫病防治所(站、中心)	1253	1247	5	1
药物戒毒所(中心)	34	34		
其他	440	430	8	2
十、疾病预防控制中心(防疫站)	54266	52573	1506	187
疾病预防控制中心/防疫站/防病中心	53796	52135	1476	185
省属	9720	9429	230	61
省辖市(地区)属	14949	14346	522	81

3-5 续表2

卫生机构	合计	50万元以下	50～100万元	100万元以上
地辖市属	14144	13701	409	34
县属	11264	11036	225	3
其他	3719	3623	90	6
其中：疾病预防控制中心	38687	37420	1100	167
卫生防疫站	14692	14309	365	18
卫生防病中心	417	406	11	
预防保健中心	470	438	30	2
十一、卫生监督所	9511	9089	418	4
省属	813	809	4	
省辖市(地区)属	3113	3112	1	
地辖市属	4552	4140	408	4
县属	631	629	2	
其他	402	399	3	
十二、卫生监督检验(监测.检测)所(站)	262	240	20	2
卫生(综合)监督检验(监测、检测)所(站)	198	182	15	1
环境卫生监督检验(监测、检测)所(站)	36	32	3	1
放射卫生监督检验(监测、检测)所(站)				
劳动(职业、工业)卫生监督检验(监测、检测)所(站)				
食品卫生监督检验(监测、检测)所(站)	16	14	2	
学校卫生监督检验(监测、检测)所(站)	7	7		
其他	5	5		
十三、医学科学研究机构	11681	11279	278	124
医学科学(研究)院（所）	1296	1264	24	8
预防医学研究院（所）	17	17		
中医(药)研究院(所)	2152	2100	41	11
中西医结合研究所	70	48	21	1
民族医(药)学研究所	113	112	1	
医学专科研究所	7338	7079	170	89
药学研究所	695	659	21	15
十四、医学在职培训机构	3312	3175	126	11
十五、健康教育所(站、中心)	480	478	2	
十六、其他卫生机构	5257	5122	111	24
护理站				
临床检验中心（所、站）	521	479	36	6
精神病收容所	140	138		2
麻风村	42	42		
卫生消毒站	5	5		
乡防保组	99	98	1	
农村改水中心	12	12		
其他	4438	4348	74	16

3-6 2004年各地区医院医用设备配置率（%）

地区	800mA及以上医用X线诊断机(含DSA)	800mA及以上医用X线诊断机(不含DSA)	500mA～750mA医用X线诊断机	伽玛照像机	医用磁共振成像设备(MRI)	超高速计算机断层扫描装置(UFCT)	彩色脉冲多普勒超声诊断仪	B型超声诊断仪	X线立体定位治疗系统(X-刀)	X线电子计算机断层扫描装置(CT)	医用电子直线加速器(LA)	单光子发射型电子计算机扫描断层仪(ECT)	正电子发射型电子计算机扫描断层仪(PET)	钴60治疗机
总计	**10.1**	**11.2**	**55.3**	**0.7**	**7.2**	**4.4**	**35.7**	**83.0**	**3.7**	**29.2**	**4.0**	**2.3**	**0.6**	**3.7**
北京	12.7	14.5	61.2	0.5	9.7	1.6	34.4	81.5	2.5	22.4	3.0	4.8	1.2	1.6
天津	15.3	13.3	48.3	0.0	10.8	3.4	37.4	82.3	3.4	23.6	3.0	3.4	1.0	2.5
河北	8.3	8.1	52.3	0.4	9.4	5.2	39.6	80.1	3.4	33.4	3.6	1.7	0.3	5.5
山西	5.3	7.5	41.3	0.4	3.6	2.3	17.8	71.9	2.4	17.1	1.7	1.9	0.2	3.4
内蒙古	9.9	9.7	58.8	0.8	6.1	3.6	42.0	85.1	4.7	35.1	5.5	0.6	0.6	1.4
辽宁	10.4	13.4	55.5	1.3	5.8	4.5	39.7	80.7	4.1	30.4	4.7	2.2	0.7	2.5
吉林	9.8	10.1	53.2	0.2	7.3	3.3	36.8	78.7	3.0	29.3	2.8	1.2	0.0	1.6
黑龙江	9.6	7.5	53.0	0.8	6.5	2.4	37.1	76.5	4.1	27.3	3.0	1.8	0.3	2.0
上海	23.1	34.9	66.7	2.2	12.4	2.2	57.5	88.2	4.3	33.3	8.6	9.7	1.1	3.2
江苏	12.4	13.3	53.7	0.5	7.7	2.9	32.5	85.8	2.6	28.9	4.9	1.9	0.0	4.4
浙江	16.5	14.5	62.7	1.1	15.2	5.6	53.3	76.6	4.9	49.3	5.4	2.7	0.9	3.6
安徽	10.4	9.5	57.3	0.5	8.8	3.6	36.3	87.4	3.2	30.7	3.6	0.9	0.2	3.8
福建	13.9	12.6	69.1	0.4	9.9	5.4	46.2	85.2	2.7	42.2	3.6	2.2	0.0	8.1
江西	7.3	4.5	58.9	1.2	6.3	8.5	38.1	84.0	4.5	35.3	3.6	1.5	1.2	3.0
山东	15.5	14.2	65.6	1.0	11.7	8.1	45.7	78.7	6.1	40.9	10.8	3.6	1.2	7.2
河南	7.0	7.2	50.5	0.6	7.9	6.4	37.4	87.8	3.4	33.5	5.0	1.1	0.5	4.6
湖北	13.1	11.9	59.3	1.0	10.9	4.9	40.7	84.4	4.9	35.1	5.2	3.0	0.2	7.4
湖南	10.4	7.8	49.9	2.6	5.0	8.7	33.2	84.5	6.8	27.1	5.4	4.2	2.3	5.7
广东	14.1	16.0	73.6	0.4	11.7	4.0	44.7	89.6	3.3	39.8	3.9	5.4	1.0	4.7
广西	11.0	10.2	60.8	0.6	6.1	6.1	30.8	92.7	5.2	36.9	5.2	2.3	0.0	4.4
海南	2.3	5.5	28.9	0.0	2.3	1.6	14.8	89.1	2.3	13.3	3.1	1.6	0.0	1.6
重庆	9.4	6.3	56.1	0.0	4.2	5.6	31.4	89.9	3.8	22.6	2.4	3.5	1.0	2.8
四川	10.7	23.7	55.5	0.5	3.9	3.7	32.4	86.1	1.4	22.5	1.2	1.6	0.1	3.9
贵州	5.5	5.0	49.8	0.0	3.5	4.0	28.4	77.1	3.0	24.9	1.5	0.5	0.0	2.0
云南	6.0	9.1	52.2	0.2	4.0	1.6	28.6	78.8	1.4	19.0	1.6	1.2	0.2	1.2
西藏	7.8	2.0	45.1	2.0	3.9	5.9	15.7	90.2	7.8	3.9	0.0	2.0	0.0	2.0
陕西	6.2	8.9	46.4	0.3	4.2	2.4	25.0	80.6	1.9	23.8	2.0	1.2	0.8	2.2
甘肃	6.7	10.1	56.0	2.1	4.3	8.6	33.3	81.7	6.4	23.9	3.4	2.1	1.2	4.3
青海	1.9	0.0	37.9	0.0	1.9	1.9	24.3	86.4	3.9	12.6	2.9	1.9	0.0	2.9
宁夏	3.0	7.0	58.0	0.0	5.0	3.0	32.0	91.0	3.0	18.0	5.0	3.0	1.0	0.0
新疆	8.7	7.5	51.2	1.1	3.8	2.8	25.6	85.3	4.1	14.3	1.7	1.1	0.6	1.5

统计范围：13902所医院。

3-6 续表

伽玛射线立体定向头部治疗系统（γ-刀）	医学图像存档传输系统(PACS)	超声心动图仪	危重病人监护系统(ICU)	心电监护仪	高压氧仓	全自动生化分析仪	血液酸碱气体分析仪（血气分析仪）	纤维内镜	人工肾透析装置	电动牙科椅	救护车	移动式X线机	呼吸机(有创)	呼吸机(无创)
1.0	**2.6**	**7.9**	**14.5**	**61.8**	**13.3**	**41.3**	**17.4**	**30.8**	**14.9**	**38.2**	**52.7**	**21.9**	**17.6**	**20.6**
0.5	4.8	9.7	18.5	61.0	9.2	55.0	22.6	23.8	20.8	57.7	49.9	27.7	21.9	26.8
1.0	3.9	10.3	7.9	62.1	16.7	45.8	25.6	24.6	18.2	38.9	29.6	27.6	22.7	20.7
0.5	1.5	7.0	12.5	57.6	15.3	31.7	15.6	26.0	12.8	31.1	62.8	28.3	24.0	28.1
0.9	0.6	3.2	9.9	43.9	14.8	22.3	13.5	13.9	8.3	26.6	38.1	9.9	7.5	11.8
0.8	2.8	7.7	13.3	64.1	8.8	41.4	18.0	28.7	12.7	38.1	52.5	24.6	20.7	27.1
1.2	1.3	7.3	12.7	58.5	14.9	34.9	17.7	25.5	15.8	35.0	44.5	14.6	12.3	9.5
0.7	0.9	6.6	14.3	50.1	10.5	38.6	11.5	23.2	11.5	34.4	40.7	21.5	11.9	14.5
1.0	1.3	5.2	12.9	42.6	9.3	27.6	9.8	19.0	11.5	28.3	35.8	18.3	10.3	17.7
0.0	7.5	7.0	45.2	68.3	16.1	75.8	43.5	58.1	27.4	54.3	19.4	33.3	31.2	34.9
0.5	3.0	6.3	16.9	59.0	16.1	42.5	20.8	34.6	20.2	38.8	39.0	25.0	19.3	24.0
1.3	6.5	5.6	29.5	72.3	8.3	73.4	34.4	51.3	25.9	48.7	70.1	50.7	41.7	39.3
0.9	1.6	4.3	11.7	72.2	8.4	47.6	14.0	37.0	19.2	46.0	57.6	12.0	8.8	10.2
2.2	3.1	3.6	13.5	83.0	20.6	70.0	29.6	47.1	21.1	48.9	65.0	42.6	40.8	45.3
0.9	1.2	13.3	9.1	62.2	8.8	48.6	14.2	42.0	16.6	33.5	60.1	13.9	15.4	12.7
1.1	4.4	8.6	18.1	67.0	21.8	49.0	22.7	33.6	22.7	43.5	58.1	22.0	20.4	20.2
0.4	1.3	6.0	11.0	64.7	13.5	29.1	7.8	31.4	13.7	37.1	60.6	26.5	19.0	24.0
1.0	1.7	9.9	16.3	65.2	15.1	48.1	18.0	42.0	21.5	46.4	53.8	5.7	6.7	8.6
3.0	4.7	14.4	12.3	58.1	24.3	38.3	19.5	33.0	18.4	32.3	55.0	12.7	9.7	11.3
1.3	3.1	9.0	21.7	75.5	26.1	61.9	28.0	46.2	22.5	51.5	70.9	33.1	31.0	31.0
0.3	4.9	9.3	23.0	73.8	18.6	46.2	18.9	37.5	20.3	41.0	71.2	28.8	29.7	29.9
1.6	1.6	2.3	10.2	35.9	7.0	21.1	11.7	19.5	7.0	20.3	37.5	17.2	13.3	19.5
1.0	3.8	9.8	13.6	67.9	7.0	43.6	18.8	31.7	10.5	39.0	59.2	15.0	15.7	16.7
0.6	2.1	9.4	12.4	67.0	6.1	37.6	13.9	30.7	10.9	39.5	62.2	20.2	17.6	23.4
0.5	0.0	5.5	8.5	59.7	5.0	21.4	10.0	24.4	6.0	40.8	63.7	17.4	12.9	12.4
0.6	1.4	7.1	7.7	66.7	5.6	38.5	15.3	26.4	6.9	38.5	55.0	18.8	13.9	19.4
0.0	0.0	13.7	2.0	27.5	2.0	21.6	0.0	17.6	3.9	3.9	19.6	7.8	3.9	9.8
1.3	1.7	6.2	10.5	57.0	9.3	30.9	11.6	25.0	6.1	35.6	46.4	24.8	12.1	16.5
3.1	6.7	12.8	15.0	64.8	11.9	42.2	15.0	33.9	12.2	32.7	47.1	18.3	13.1	20.8
0.0	1.9	8.7	12.6	62.1	7.8	33.0	12.6	35.0	5.8	33.0	56.3	22.3	27.2	25.2
0.0	5.0	11.0	14.0	65.0	17.0	52.0	23.0	29.0	4.0	41.0	53.0	21.0	11.0	14.0
0.9	2.4	13.7	15.1	63.3	11.3	38.6	16.8	18.8	6.4	28.8	46.7	11.7	7.7	13.7

3-7 2005年医疗机构万元以上设备台数

	医疗机构				其中							
					非营利性				营利性			
	合计	50万元以下	50～100万元	100万元以上	合计	50万元以下	50～100万元	100万元以上	合计	50万元以下	50～100万元	100万元以上
总　计	**1552472**	**1466614**	**57604**	**28254**	**1481098**	**1399665**	**54390**	**27043**	**66973**	**62698**	**3106**	**1169**
医院	1259743	1186788	46308	26647	1203757	1134666	43550	25541	54552	50769	2708	1075
综合医院	991324	933096	36354	21874	955571	899907	34525	21139	34531	32040	1784	707
中医医院	132679	124932	5366	2381	129957	122349	5275	2333	2645	2507	91	47
中西医结合医院	11557	11019	341	197	10622	10136	304	182	935	883	37	15
民族医院	2076	2007	51	18	1980	1916	46	18	96	91	5	
专科医院	121889	115528	4185	2176	105432	100171	3393	1868	16322	15229	787	306
护理院	218	206	11	1	195	187	7	1	23	19	4	
疗养院	4102	3887	158	57	4005	3794	154	57	22	22		
社区卫生服务中心	14555	14113	385	57	14274	13844	375	55	218	207	9	2
卫生院	172925	165375	6876	674	171508	164001	6847	660	718	694	15	9
街道卫生院	4356	4265	74	17	4288	4201	70	17	30	26	4	
乡镇卫生院	168569	161110	6802	657	167220	159800	6777	643	688	668	11	9
门诊部	17621	16887	586	148	6590	6275	242	73	10944	10525	344	75
妇幼保健院(所、站)	69102	65663	2873	566	68103	64677	2861	565				
内：妇幼保健院	54626	52603	1487	536	54251	52231	1484	536				
妇幼保健所(站)	14441	13035	1377	29	13832	12426	1377	29				
专科疾病防治院(所、站、中心)	10810	10431	297	82	10018	9664	277	77	155	144	8	3
专科疾病防治院	4761	4532	168	61	4660	4441	161	58	77	67	7	3
专科疾病防治所(站)	6049	5899	129	21	5358	5223	116	19	78	77	1	
急救中心(站)	3093	2991	85	17	2689	2601	74	14	3	3		
临床检验中心(所、站)	521	479	36	6	154	143	10	1	361	334	22	5

3-8-1 2005年卫生机构房屋建筑面积(平方米)

卫生机构	合计	国有	集体	联营	私营	其他	合计中: 政府办	
								卫生部门
总　　计	**396754781**	**339172543**	**38297865**	**681541**	**9777915**	**8824917**	**327964481**	**320457604**
市	270358505	233106339	22278542	610962	8197146	6165516	212159052	205930944
县	126396276	106066204	16019323	70579	1580769	2659401	115805429	114526660
一、医院	254218825	231556606	7382476	593586	7422213	7263944	194487799	188690392
市	193057500	175355652	6141107	528183	6101531	4931027	142561857	137710795
县	61161325	56200954	1241369	65403	1320682	2332917	51925942	50979597
综合医院	195253095	179294830	5368425	370115	4911721	5308004	142588803	138229274
县医院	35867162	35610845	211218			45099	35867162	35867162
其他医院	159385933	143683985	5157207	370115	4911721	5262905	106721641	102362112
中医医院	31076839	29222885	1006984	98438	426664	321868	29749241	29603639
中西医结合医院	1963112	1581825	76657	16902	173967	113761	1556777	1555377
民族医院	890587	868137	3872		12278	6300	846978	846978
专科医院	24917394	20507489	918950	106101	1889161	1495693	19696698	18434639
口腔医院	936482	766447	78358	500	50731	40446	785218	785218
眼科医院	693285	292987	62070	14610	150055	173563	307948	307948
耳鼻咽喉科医院	143330	105047	3842		19828	14613	100095	100095
肿瘤医院	3053746	2776316	38026		133608	105796	2774975	2774975
心血管病医院	818147	309121	4372	200	60665	443789	302490	302340
胸科医院	426700	419700				7000	398685	398685
血液病医院	55237	35335	6212		10390	3300	35335	35335
妇产(科)医院	2600601	2360777	38346	2600	115113	83765	2339899	2338399
儿童医院	1571347	1537090	19001		9925	5331	1552585	1552585
精神病医院	6146552	5789274	224252	17956	101959	13111	5558987	4841749
传染病医院	2175169	2134851	13692		1100	25526	2122094	2122094
皮肤病医院	426589	341145	11450	150	49002	24842	346310	346160
结核病医院	653914	630710	5704		2000	15500	646756	641256
麻风病医院	132900	132900					132900	132500
职业病医院	250498	231035	18613		850		59664	59664
骨科医院	1215129	533536	133224	18990	385174	144205	548285	510155
康复医院	1589150	1243966	138122	30216	133210	43636	927074	525139
整形外科医院	100739	72363			17719	10657	61228	61228
美容医院	74900	2009			51489	21402	2009	2009
其他专科医院	1852979	792880	123666	20879	596343	319211	694161	597105
护理院	117798	81440	7588	2030	8422	18318	49302	20485
二、疗养院	4553713	4296173	198328		13792	45420	2057321	1019834
三、社区卫生服务中心	2530026	1376059	1054285	2610	48605	48467	2153184	2127320
四、卫生院	88977364	58056066	29031739	39440	792669	1057450	87178710	87151410
街道卫生院	2201620	657701	1476972		21657	45290	2112417	2111759
乡镇卫生院	86775744	57398365	27554767	39440	771012	1012160	85066293	85039651
市	37068925	22681215	13034428	35664	561508	756110	36116286	36090264
县	49706819	34717150	14520339	3776	209504	256050	48950007	48949387
中心卫生院	35575322	28989651	6386491	11164	47014	141002	35163027	35159242
乡卫生院	51200422	28408714	21168276	28276	723998	871158	49903266	49880409

3-8-1 续表1

卫生机构	合计	国有	集体	联营	私营	其他	合计中:政府办	
								卫生部门
五、门诊部	3852668	1685290	363565	31762	1457797	314254	1065453	970339
市	3659347	1579676	314539	31602	1421445	312085	980142	889714
县	193321	105614	49026	160	36352	2169	85311	80625
综合门诊部	2913637	1493398	266249	20481	985058	148451	1000529	928167
中医门诊部	272190	55285	35641	4529	112179	64556	13282	13282
中西医结合门诊部	71294	6886	15124	420	38809	10055	3291	1233
民族医门诊部	1148	720			228	200	720	720
专科门诊部	594399	129001	46551	6332	321523	90992	47631	26937
六、急救中心（站）	291991	273331	2966			15694	257069	253669
七、采供血机构	3097265	3018935	48421	4500		25409	3058885	3056085
八、妇幼保健院(所、站)	12447729	12383988	59081			4660	12302556	12292423
省属	1172458	1172458					1172458	1172458
省辖市(地区)属	3641488	3641488					3641488	3641488
地辖市属	2715832	2685288	28430			2114	2715832	2715832
县属	4745386	4724821	18193			2372	4745386	4745386
其他	172565	159933	12458			174	27392	17259
妇幼保健院	10148287	10112103	31698			4486	10065304	10059704
妇幼保健所	1360810	1357843	2967				1346665	1346397
妇幼保健站	924199	912469	11556			174	887514	884742
生殖保健中心	14433	1573	12860				3073	1580
九、专科疾病防治院(所、站)	4021726	3911606	61613	100	23375	25032	3717150	3675984
专科疾病防治院	1361098	1319560	26231		9600	5707	1202498	1189305
传染病防治院	24067	21767				2300	21767	21767
结核病防治院	260366	260366					234572	234572
职业病防治院	391480	389573				1907	306163	293970
其他	685185	647854	26231		9600	1500	639996	638996
专科疾病防治所(站、中心)	2660628	2592046	35382	100	13775	19325	2514652	2486679
口腔病防治所(站、中心)	71845	47961	20775		870	2239	66415	66415
精神病防治所(站、中心)	30818	19668	350		10800		15971	8135
皮肤病与性病防治所(中心)	721589	712297	8427	100	765		714487	714387
结核病防治所(站、中心)	392206	392106			100		372919	372919
麻风病防治所(站、中心)	27068	26228			840		26228	26228
职业病防治所(站、中心)	134726	133026				1700	99285	99285
地方病防治所(站、中心)	72838	72838					72838	72838
寄生虫病防治所(站、中心)	2368	2368					2368	2368
血吸虫病防治所(站、中心)	885378	880088	5290				876685	876685
药物戒毒所(中心)	70973	57737				13236	20037	
其他	250819	247729	540		400	2150	247419	247419
十、疾病预防控制中心(防疫站)	14883557	14870520	9560			3477	14251130	14175919
疾病预防控制中心/防疫站/防病中心	14798431	14794674	280			3477	14179082	14103871
省属	939196	939196					939196	939196
省辖市(地区)属	4043390	4043390					4043390	4043390
地辖市属	3911646	3911646					3911646	3911646

3-8-1　续表2

卫生机构	合计	国有	集体	联营	私营	其他	合计中:政府办	
								卫生部门
县属	5159372	5159372					5159372	5159372
其他	744827	741070	280			3477	125478	50267
其中：疾病预防控制中心	9605023	9605023					9372993	9334408
卫生防疫站	5141584	5137827	280			3477	4776091	4739465
卫生防病中心	51824	51824					29998	29998
预防保健中心	85126	75846	9280				72048	72048
十一、卫生监督所	1704577	1704417	120			40	1690060	1686285
省属	103951	103951					103951	103951
省辖市(地区)属	790181	790181					790181	790181
地辖市属	417217	417217					417217	417217
县属	355536	355376	120			40	355536	355536
其他	37692	37692					23175	19400
十二、卫生监督检验(监测、检测)所(站)	69949	69949					63565	63465
卫生(综合)监督检验(监测、检测)所(站)	45006	45006					41038	41038
环境卫生监督检验(监测、检测)所(站)	2116	2116						
放射卫生监督检验(监测、检测)所(站)	300	300						
劳动(职业、工业)卫生监督检验(监测、检测)所(站)	970	970					970	970
食品卫生监督检验(监测、检测)所(站)	13084	13084					13084	13084
学校卫生监督检验(监测、检测)所(站)	500	500					500	500
其他	7973	7973					7973	7873
十三、医学科学研究机构	1265008	1263689	99		1090	130	1231549	1215881
医学科学(研究)院（所）	146095	145925			40	130	142031	142031
预防医学研究院（所）	2452	2452					2452	2452
中医(药)研究院(所)	366391	366242	99		50		362249	349512
中西医结合研究所	5582	5582					5582	5582
民族医(药)学研究所	49186	49186					49186	49186
医学专科研究所	610595	609595			1000		585342	582411
药学研究所	84707	84707					84707	84707
十四、医学在职培训机构	2677383	2669947	5992			1444	2446633	2446633
十五、健康教育所(站、中心)	48900	48900					47900	46420
十六、其他卫生机构	2114100	1987067	79620	9543	18374	19496	1955517	1585545
护理站	5633	2590			3043		2590	2590
临床检验中心（所、站）	34614	15798	830	7200	4666	6120	14678	14678
精神病收容所	164635	146723	7317	2343	8252		128450	38833
麻风村	250588	250538	50				249138	249108
卫生消毒站	2984	1675	1309				2609	2549
乡防保组	227400	196317	31083				221965	221965
农村改水中心	11723	10403	1320				9833	9833
其他	1416523	1363023	37711		2413	13376	1326254	1045989

3-8-2 2005年卫生机构业务用房面积(平方米)

卫生机构	合计	国有	集体	联营	私营	其他	合计中: 政府办	卫生部门
总　　计	**264411883**	**224738899**	**26199613**	**554032**	**7328083**	**5591256**	**217112204**	**212070699**
市	184736268	157666733	15840989	495186	6246421	4486939	143638189	139424892
县	79675615	67072166	10358624	58846	1081662	1104317	73474015	72645807
一、医院	172718078	156955987	5229552	485283	5614567	4432689	131538550	127596159
市	133090203	120088717	4286447	429674	4730411	3554954	97148501	93810221
县	39627875	36867270	943105	55609	884156	877735	34390049	33785938
综合医院	131819919	121031894	3681283	290725	3687780	3128237	95643846	92565935
县医院	23145828	22940105	169484			36239	23145828	23145828
其他医院	108674091	98091789	3511799	290725	3687780	3091998	72498018	69420107
中医医院	21549909	20096205	763674	82763	320941	286326	20522406	20408168
中西医结合医院	1355223	1073467	68692	16379	107653	89032	1067868	1066668
民族医院	498862	479557	3117		10088	6100	458798	458798
专科医院	17399317	14205338	707184	93946	1481873	910976	13800070	13077646
口腔医院	706044	572982	63934	500	42342	26286	584946	584946
眼科医院	540570	230262	57281	11628	123184	118215	258398	258398
耳鼻咽喉科医院	113124	82559	3742		14153	12670	77607	77607
肿瘤医院	2304159	2103256	33226		87010	80667	2087814	2087814
心血管病医院	331421	181212	4072	170	54466	91501	183515	183365
胸科医院	311798	305798				6000	294466	294466
血液病医院	38466	20702	5374		9090	3300	20702	20702
妇产(科)医院	1936688	1729849	33922	2600	98732	71585	1711856	1710581
儿童医院	1149572	1118765	18707		7049	5051	1134197	1134197
精神病医院	4160857	3900114	150047	16956	83729	10011	3748212	3339384
传染病医院	1528796	1497178	13692		1000	16926	1491930	1491930
皮肤病医院	227772	165105	9350	150	36647	16520	168860	168710
结核病医院	397215	384815	4600		1000	6800	393765	389565
麻风病医院	86744	86744					86744	86744
职业病医院	96103	95253			850		41709	41709
骨科医院	933883	404907	114679	13087	281269	119941	428590	400402
康复医院	987174	713707	105593	30116	100354	37404	539515	327807
整形外科医院	63125	38910			15658	8557	29641	29641
美容医院	62773	2009			40912	19852	2009	2009
其他专科医院	1423033	571211	88965	18739	484428	259690	515594	447669
护理院	94848	69526	5602	1470	6232	12018	45562	18944
二、疗养院	2654591	2589697	32680		5300	26914	1228349	618670
三、社区卫生服务中心	1806220	869983	859957	2190	36825	37265	1515106	1496241
四、卫生院	55822192	34825121	19586099	27129	634170	749673	54534752	54511445
街道卫生院	1652278	475913	1118112		17009	41244	1575863	1575249
乡镇卫生院	54169914	34349208	18467987	27129	617161	708429	52958889	52936196
市	23947080	13687549	9244006	24864	460855	529806	23269693	23247520
县	30222834	20661659	9223981	2265	156306	178623	29689196	29688676
中心卫生院	21709340	17609127	3958188	7128	33422	101475	21431127	21428527
乡卫生院	32460574	16740081	14509799	20001	583739	606954	31527762	31507669

3-8-2 续表1

卫生机构	合计	国有	集体	联营	私营	其他	合计中:政府办	
								卫生部门
五、门诊部	2431375	833617	295562	27875	1000130	274191	335175	261883
市	2281589	753372	257549	27715	970771	272182	270896	201280
县	149786	80245	38013	160	29359	2009	64279	60603
综合门诊部	1680420	680670	214918	16694	643699	124439	283663	226393
中医门诊部	223995	42662	29713	4529	89950	57141	12185	12185
中西医结合门诊部	61483	5801	12821	420	32716	9725	2548	1168
民族医门诊部	1070	720			150	200	720	720
专科门诊部	464407	103764	38110	6232	233615	82686	36059	21417
六、急救中心（站）	226128	213185	1829			11114	196594	193194
七、采供血机构	1890734	1852624	20301	1912		15897	1859940	1857740
八、妇幼保健院(所、站)	8388305	8336874	48334			3097	8278683	8270524
省属	425676	425676					425676	425676
省辖市(地区)属	2779337	2779337					2779337	2779337
地辖市属	2135634	2109613	24316			1705	2135634	2135634
县属	2916873	2902467	13188			1218	2916873	2916873
其他	130785	119781	10830			174	21163	13004
妇幼保健院	6676361	6647402	26036			2923	6611330	6607030
妇幼保健所	1014799	1011832	2967				1001404	1001136
妇幼保健站	684400	676335	7891			174	663144	660778
生殖保健中心	12745	1305	11440				2805	1580
九、专科疾病防治院(所、站)	2433488	2341198	52146	100	20127	19917	2214477	2184439
专科疾病防治院	1010003	972501	23195		8800	5507	886875	876775
传染病防治院	21801	19701				2100	19701	19701
结核病防治院	203700	203700					184214	184214
职业病防治院	289720	287813				1907	227821	218121
其他	494782	461287	23195		8800	1500	455139	454739
专科疾病防治所(站、中心)	1423485	1368697	28951	100	11327	14410	1327602	1307664
口腔病防治所(站、中心)	62940	43533	16494		680	2239	58571	58571
精神病防治所(站、中心)	23327	14177	350		8800		10480	5576
皮肤病与性病防治所(中心)	306896	299278	6871	100	647		301378	301278
结核病防治所(站、中心)	320736	320636			100		303064	303064
麻风病防治所(站、中心)	19605	18905			700		18905	18905
职业病防治所(站、中心)	101646	100746				900	71245	71245
地方病防治所(站、中心)	46636	46636					46636	46636
寄生虫病防治所(站、中心)	2188	2188					2188	2188
血吸虫病防治所(站、中心)	419276	414580	4696				417927	417927
药物戒毒所(中心)	34905	25434				9471	14934	
其他	85324	82584	540		400	1800	82274	82274
十、疾病预防控制中心(防疫站)	10253186	10241859	7850			3477	9823593	9766659
疾病预防控制中心/防疫站/防病中心	10181821	10178064	280			3477	9763176	9706242
省属	567457	567457					567457	567457

3-8-2 续表2

卫生机构	合计	国有	集体	联营	私营	其他	合计中:政府办	
								卫生部门
省辖市(地区)属	2794194	2794194					2794194	2794194
地辖市属	2850912	2850912					2850912	2850912
县属	3449842	3449842					3449842	3449842
其他	519416	515659	280			3477	100771	43837
其中:疾病预防控制中心	6822397	6822397					6696846	6668552
卫生防疫站	3326212	3322455	280			3477	3042304	3013664
卫生防病中心	33212	33212					24026	24026
预防保健中心	71365	63795	7570				60417	60417
十一、卫生监督所	1382315	1382155	120			40	1369314	1365539
省属	83386	83386					83386	83386
省辖市(地区)属	621081	621081					621081	621081
地辖市属	346591	346591					346591	346591
县属	299081	298921	120			40	299081	299081
其他	32176	32176					19175	15400
十二、卫生监督检验(监测.检测)所(站)	54707	54707					50939	50839
卫生(综合)监督检验(监测、检测)所(站)	33086	33086					31416	31416
环境卫生监督检验(监测、检测)所(站)	1890	1890						
放射卫生监督检验(监测、检测)所(站)	208	208						
劳动(职业、工业)卫生监督检验(监测、检测)所(站)	970	970					970	970
食品卫生监督检验(监测、检测)所(站)	11281	11281					11281	11281
学校卫生监督检验(监测、检测)所(站)	350	350					350	350
其他	6922	6922					6922	6822
十三、医学科学研究机构	947368	946079	99		1090	100	920268	907565
医学科学(研究)院(所)	119408	119268			40	100	115822	115822
预防医学研究院(所)	2452	2452					2452	2452
中医(药)研究院(所)	300437	300288	99		50		298853	288449
中西医结合研究所	5329	5329					5329	5329
民族医(药)学研究所	32578	32578					32578	32578
医学专科研究所	409426	408426			1000		387496	385197
药学研究所	77738	77738					77738	77738
十四、医学在职培训机构	1808211	1801067	5700			1444	1767517	1767517
十五、健康教育所(站、中心)	38334	38334					37334	35854
十六、其他卫生机构	1556651	1456412	59384	9543	15874	15438	1441613	1186431
护理站	5469	2590			2879		2590	2590
临床检验中心(所、站)	31718	14038	730	7200	3630	6120	12978	12978
精神病收容所	105413	91288	4117	2343	7665		79718	29635
麻风村	223537	223487	50				222387	222387
卫生消毒站	2379	1575	804				2004	1944
乡防保组	173619	151665	21954				169404	169404
农村改水中心	8799	7899	900				7949	7949
其他	1005717	963870	30829		1700	9318	944583	739544

3-9 2005年医疗机构房屋建筑面积(平方米)

	建筑面积			其中: 业务用房面积	每床房屋 建筑面积
	合计	购建房屋	租房		
总 计	**393860858**				
医院	254218825	246261496	7957329	172718078	70.6
综合医院	195253095	189550875	5702220	131819919	71.8
中医医院	31076839	30490571	586268	21549909	74.9
中西医结合医院	1963112	1834653	128459	1355223	67.0
民族医院	890587	867975	22612	498862	72.5
专科医院	24917394	23421899	1495495	17399317	59.6
护理院	117798	95523	22275	94848	28.4
疗养院	4553713	4494367	59346	2654591	51.5
社区卫生服务中心(站)	4924469				
社区卫生服务中心	2530026	2226127	303899	1806220	72.2
社区卫生服务站	2394443				
卫生院	88977364	87500973	1476391	55822192	80.9
街道卫生院	2201620	1956859	244761	1652278	141.5
乡镇卫生院	86775744	85544114	1231630	54169914	79.9
门诊部	3852668	2477288	1375380	2431375	
诊所、卫生所、医务室、护理站	20537759	4464	1169	5469	
妇幼保健院(所、站)	12447729	12144753	302976	8388305	89.1
内：妇幼保健院	10148287	9936852	211435	6676361	84.1
妇幼保健所(站)	2285009	2199748	85261	1699199	116.0
专科疾病防治院(所、站)	4021726	3907982	113744	2433488	72.8
专科疾病防治院	1361098	1323830	37268	1010003	57.8
专科疾病防治所(站、中心)	2660628	2584152	76476	1423485	89.2
急救中心（站）	291991	273333	18658	226128	
临床检验中心（所、站）	34614	15088	19526	31718	
非营利性医疗机构合计	**360938024**				
医院	239934392	235913351	4021041	162838404	70.4
综合医院	185357667	182256667	3101000	125082768	71.3
中医医院	30353834	29945835	407999	20972342	75.4
中西医结合医院	1671872	1642380	29492	1157187	67.3
民族医院	869059	851647	17412	480479	73.1
专科医院	21588449	21131794	456655	15065912	59.1
护理院	93511	85028	8483	79716	30.2
疗养院	4421232	4361886	59346	2586332	52.7
社区卫生服务中心(站)	4604590				
社区卫生服务中心	2487374	2201660	285714	1772014	71.9
社区卫生服务站	2117216				

注：每床房屋建筑面积分母为业务用房面积。

3-9 续表

	建筑面积			其中：业务用房面积	每床房屋建筑面积
	合计	购建房屋	租房		
卫生院	88516967	87098794	1418173	55470239	81.0
街道卫生院	2183960	1942879	241081	1638214	142.6
乡镇卫生院	86333007	85155915	1177092	53832025	80.0
门诊部	1946879	1687378	259501	1055841	
诊所、卫生所、医务室、护理站	5318190	2590		2590	
妇幼保健院(所、站)	12267187	11984043	283144	8238230	88.6
内：妇幼保健院	10095528	9889121	206407	6631039	84.1
妇幼保健所(站)	2168586	2092449	76137	1604386	113.8
专科疾病防治院(所、站)	3651005	3550331	100674	2243039	72.1
专科疾病防治院	1338498	1306600	31898	989489	57.9
专科疾病防治所(站、中心)	2312507	2243731	68776	1253550	89.5
急救中心（站）	260374	243686	16688	198125	
临床检验中心（所、站）	17208	15088	2120	15348	
营利性医疗机构合计	**30651929**				
医院	13068187	9144705	3923482	9074351	71.8
综合医院	8761164	6171750	2589414	5974030	77.7
中医医院	702154	523885	178269	564596	61.2
中西医结合医院	291240	192273	98967	198036	65.1
民族医院	21528	16328	5200	18383	59.1
专科医院	3267814	2229974	1037840	2304174	63.6
护理院	24287	10495	13792	15132	21.6
疗养院	25503	25503		12890	35.3
社区卫生服务中心(站)	297253				
社区卫生服务中心	35476	21905	13571	27544	92.1
社区卫生服务站	261777				
卫生院	173231	156300	16931	141894	67.1
街道卫生院	11188	9508	1680	8390	54.1
乡镇卫生院	162043	146792	15251	133504	68.1
门诊部	1883091	774458	1108633	1359504	
诊所、卫生所、医务室、护理站	15163241	1874	1169	2879	
专科疾病防治院(所、站)	23797	17257	6540	20327	
专科疾病防治院	13007	8207	4800	12207	44.2
专科疾病防治所(站、中心)	10790	9050	1740	8120	39.6
急救中心（站）	320	320		240	
临床检验中心（所、站）	17306		17306	16270	

四、卫 生 经 费

简要说明

一、本章主要介绍全国及31个省、自治区、直辖市卫生经费情况，包括卫生总费用、卫生事业费、卫生基本建设投资、卫生机构年收入与支出、门诊和住院病人人均医疗费用等。

二、卫生总费用系测算数。卫生部卫生经济研究所调整了卫生总费用的统计口径，故卫生总费用有所变动。

三、门诊和住院病人人均医疗费用等系全数调查，数据来源于卫生综合统计年报。

四、非营利性医院各项指标的统计口径和解释与《医院会计制度》一致；营利性医院与《企业会计制度》一致；其他卫生机构与《事业单位会计制度》一致。

五、本篇涉及卫生机构的口径变动和指标解释与“卫生机构”篇一致。

主要统计指标解释

卫生总费用 反映全国当年用于医疗卫生保健服务所消耗的资金总量，用筹资来源法测算。分为政府预算卫生支出、社会卫生支出、个人现金卫生支出三部分。

政府预算卫生支出指各级政府用于卫生事业的财政预算拨款，包括：①公共卫生服务经费（含卫生事业费、中医事业费、药品监督管理费、计划生育事业费、预算内基建经费、医学科研经费、卫生行政管理费、基本医疗保险基本补助、农村合作医疗政府基本补助）；②行政事业单位医疗经费。

社会卫生支出指政府预算外社会各界对卫生事业的资金投入，包括社会基本医疗保险费、社会其他保险医疗卫生费、商业性健康保险费、非卫生部门行政事业单位办支出、企业职工医疗卫生费、农村集体经济卫生支出、卫生预算外基本建设资金、私人办医初始投资、公共卫生机构预算外资金投入等。

个人现金卫生支出指城乡居民用自己可支配的经济收入，在接受各类医疗卫生服务时的现金，包括城镇居民个人现金卫生支出和农村居民个人现金卫生支出。

当年价格 即报告期当年的实际价格，是指用“当年价格”计算的一些以货币表现的物量指标，如国内生产总值、卫生总费用等。在计算增长速度时，一般都使用“可比价格”，来消除价格变动的因素真实地反映经济发展动态。“不变价格”（也叫固定价格）是用某一时期同类产品的平均价格作为固定价格来计算各个时期的产品价值，目的是为了消除各时期价格变动的影响，保证前后时期之间指标的可比性。

人均卫生费用 即某年卫生总费用与同期平均人口数之比。

卫生总费用占GDP百分比 指某年卫生总费用与同期国内生产总值（GDP）之比，是用来反映一定时期国家对卫生事业资金投入力度，以及政府和社会对卫生对居民健康的重视。

卫生事业费 是指各级政府用于卫生部门所属卫生机构的财政预算补助，包括用于卫生部门所属医院、疗养院、卫生院、独立门诊部等的补助经费，疾病控制与防治机构、妇幼保健机构、干部培训机构等其他卫生事业机构的事业费和其他各项经费。

基本建设投资 基本建设指企业、事业、行政单位以扩大生产能力或工程效益为主要目的的新建、扩建工程及有关工作。其综合范围为总投资50万元以上（含50万元）的基本建设项目。

总收入 指单位为开展业务及其他活动依法取得的非偿还性资金。总收入包括财政补助收入、上级补助收入、医疗收入、药品收入和其他收入等。

财政补助收入 指单位从主管部门或主办单位取得的财政性事业经费（包括定额和定项补助）。

业务收入 包括医疗收入、药品收入和其他收入。

医疗收入 指医疗机构在开展医疗业务活动中所取得的收入，包括挂号收入、床位收入、诊察收入、检查收入、治疗收入、手术收入、化验收入、护理收入和其他收入。

药品收入 指医疗机构在开展医疗业务活动中所取得的中、西药品收入。

总支出 指单位在开展业务及其他活动中发生的资金耗费和损失，包括医疗支出、药品支出、其他支出和财政专项支出等。

业务支出 医疗机构系“业务支出”，包括医疗支出、药品支出和其他支出；其他卫生机构系“事业支出”。

医疗支出 指医疗机构在医疗过程中发生的支出，包括在开展医疗业务活动中的基本工资、补助工资、其他工资、职工福利费、社会保障费、公务费、业务费、卫生材料费、修缮费、设备购置费和其他费用。

药品支出 指医疗机构在药品采购、管理过程中发生的支出，包括在开展医疗业务活动中的基本工资、补助工资、其他工资、职工福利费、社会保障费、公务费、业务费、卫生材料费、修缮费、设备购置费、药品费和其他费用。

人员经费支出 包括人员的基本工资、补助工资、其他工资、职工福利费、社会保障费和助学金等。

门诊病人人均医疗费用 又称每诊疗人次医疗费用，即（医疗门诊收入＋药品门诊收入）/总诊疗人次数。

住院病人人均医疗费用 又称出院者人均医疗费用，即（医疗住院收入＋药品住院收入）/出院人数。

出院者平均每天住院医疗费 即（医疗住院收入＋药品住院收入）/出院者占用总床日数。

每一职工年业务收入 即年业务收入/年平均职工数。

每一医师年业务收入 即年业务收入/年平均医师数。

年内病人欠费率 即年内病人欠费总额/年业务收入×100%。

4-1　卫生总费用

	卫生总费用（亿元）				卫生总费用构成（%）			城乡卫生费用（亿元）		人均卫生费用（元）			卫生总费用占GDP%
	合计	政府预算卫生支　出	社会卫生支出	个人现金卫生支　出	政府预算卫生支出	社会卫生支出	个人现金卫生支出	城市	农村	合计	城市	农村	
1978	110.21	35.44	52.25	22.52	32.2	47.4	20.4			11.5			3.04
1979	126.19	40.64	59.88	25.67	32.2	47.5	20.3			12.9			3.12
1980	143.23	51.91	60.97	30.35	36.2	42.6	21.2			14.5			3.17
1981	160.12	59.67	62.43	38.02	37.3	39.0	23.7			16.0			3.29
1982	177.53	68.99	70.11	38.43	38.9	39.5	21.6			17.5			3.35
1983	207.42	77.63	64.55	65.24	37.4	31.1	31.5			20.1			3.50
1984	242.07	89.46	73.61	79.00	37.0	30.4	32.6			23.2			3.38
1985	279.00	107.65	91.96	79.39	38.6	33.0	28.5			26.4			3.11
1986	315.90	122.23	110.35	83.32	38.7	34.9	26.4			29.4			3.10
1987	379.58	127.28	137.25	115.05	33.5	36.2	30.3			34.7			3.17
1988	488.04	145.39	189.99	152.66	29.8	38.9	31.3			44.0			3.27
1989	615.50	167.83	237.84	209.83	27.3	38.6	34.1			54.6			3.64
1990	747.39	187.28	293.10	267.01	25.1	39.2	35.7	396.00	351.39	65.4	158.8	38.8	4.03
1991	893.49	204.05	354.41	335.03	22.8	39.7	37.5	482.60	410.89	77.1	187.6	45.1	4.13
1992	1096.86	228.61	431.55	436.70	20.8	39.3	39.8	597.30	499.56	93.6	222.0	54.7	4.12
1993	1377.78	272.06	524.75	580.97	19.7	38.1	42.2	760.30	617.48	116.3	268.6	67.6	3.98
1994	1761.24	342.28	644.91	774.05	19.4	36.6	43.9	991.50	769.74	146.9	332.6	86.3	3.77
1995	2155.13	387.34	767.81	999.98	18.0	35.6	46.4	1239.50	915.63	177.9	401.3	112.9	3.69
1996	2709.42	461.61	875.66	1372.15	17.0	32.3	50.6	1494.90	1214.52	221.4	467.4	150.7	3.99
1997	3196.71	523.56	984.06	1689.09	16.4	30.8	52.8	1771.40	1425.31	258.6	537.8	177.9	4.29
1998	3678.72	590.06	1071.03	2017.63	16.0	29.1	54.8	1906.92	1771.8	294.9	625.9	194.6	4.70
1999	4047.50	640.96	1145.99	2260.55	15.8	28.3	55.9	2193.12	1854.38	321.8	702.0	203.2	4.93
2000	4586.63	709.52	1171.94	2705.17	15.5	25.6	59.0	2621.69	1964.94	361.9	812.9	214.9	5.13
2001	5025.93	800.61	1211.43	3013.89	15.9	24.1	60.0	2792.95	2232.98	393.8	841.2	244.8	5.16
2002	5790.03	908.51	1539.38	3342.14	15.7	26.6	57.7	3448.24	2341.79	450.7	987.1	259.3	5.51
2003	6584.10	1116.94	1788.50	3678.66	17.0	27.2	55.9	4150.32	2433.78	509.5	1108.9	274.7	5.62
2004	7590.29	1293.58	2225.35	4071.35	17.0	29.3	53.6	4939.21	2651.08	583.9	1261.9	301.6	5.55

注：①本表系调整后的测算数；②按当年价格计算；③2001年起卫生总费用不含高等医学教育经费。

4-2 政府预算卫生支出(亿元)

年份	合计	卫生事业费	中医事业费	食品和药品监督管理费	计划生育事业费	高等医学教育经费	医学科研经费	预算内基本建设经费	卫生行政和医疗保险管理费	政府其他部门卫生经费	行政事业单位医疗经费	基本医疗保险基金补助经费
1978	35.44	21.77				2.03	0.65	3.21		2.70	5.08	
1979	40.64	24.28				2.29	0.87	4.21		3.29	5.70	
1980	51.91	28.34	0.82		3.30	2.52	1.00	5.70		3.55	6.68	
1981	59.67	30.56	1.04		3.88	5.08	1.14	6.25		3.86	7.86	
1982	68.99	35.02	1.36		4.57	5.27	1.28	7.98		4.43	9.08	
1983	77.63	38.80	1.78		5.38	5.46	1.39	9.09		4.83	10.90	
1984	89.46	44.39	2.06		6.33	5.66	1.67	11.20		5.46	12.69	
1985	107.65	50.31	2.88		7.45	5.60	1.63	18.10		6.12	15.56	
1986	122.23	59.55	3.61		8.03	6.08	1.10	18.03		7.05	18.78	
1987	127.28	59.45	4.59		8.52	6.30		19.11		7.10	22.21	
1988	145.39	66.63	5.23		10.04	6.53		20.03		7.81	29.12	
1989	167.83	74.39	6.10		12.78	6.53	1.10	18.06	2.96	7.81	38.10	
1990	187.28	79.47	6.61		15.53	6.05	1.56	7.73	4.55	21.44	44.34	
1991	204.05	86.44	7.31		16.11	7.08	1.79	7.26	5.15	22.50	50.41	
1992	228.61	96.05	8.33		19.37	7.50	1.54	7.68	6.37	23.67	58.10	
1993	272.06	107.87	9.17		22.89	9.26	2.60	11.45	8.04	24.46	76.33	
1994	342.28	146.97	12.06		26.47	12.38	3.18	12.37	10.94	25.89	92.02	
1995	387.34	163.26	13.66		31.91	12.80	2.56	11.55	13.09	26.22	112.29	
1996	461.61	187.57	15.53		37.83	13.15	4.17	21.61	15.61	30.15	135.99	
1997	523.56	209.20	18.14		44.23	13.55	4.65	22.82	17.06	34.15	159.77	
1998	590.06	225.05	18.08		50.38	14.15	29.51	20.10	19.90	36.14	176.75	
1999	640.96	247.89	21.64	3.00	58.36	16.46	1.94	34.67	22.89	42.85	191.27	
2000	709.52	272.17	23.88	3.00	64.50	21.15	12.92	29.34	26.81	44.75	211.00	
2001	800.61	313.52	27.82	7.76	81.79		7.23	48.35	32.96	45.43	235.75	
2002	908.51	350.44	31.22	17.95	114.75		3.76	46.42	44.69	47.42	251.66	
2003	1116.94	439.28	34.51	22.43	141.82		4.13	65.60	51.57	50.11	286.47	21.03
2004	1293.58	474.19	37.52	26.88	181.36		4.80	101.63	60.90	56.60	323.47	26.23

注：①本表按当年价格计算；②2001年起不含高等医学教育经费；③2000年起公费医疗经费改称行政事业单位医疗经费。

4-3 卫生事业费

年份	国家财政支出（亿元）	科教文卫事业费（亿元）	卫生事业费（亿元）	卫生事业费 占国家财政支出%	卫生事业费 占科教文卫事业费%
一五时期	1345.68	110.21	14.55	1.08	13.20
二五时期	2288.67	193.54	23.34	1.02	12.06
调整时期	1204.98	126.89	18.84	1.56	14.85
三五时期	2518.60	225.82	44.50	1.77	19.71
四五时期	3919.60	341.98	65.62	1.67	19.19
五五时期	5247.35	576.68	111.17	2.12	19.28
1978	1122.09	112.66	21.77	1.94	19.32
1980	1228.83	156.26	28.34	2.31	18.14
六五时期	6952.00	1171.73	199.08	2.86	16.99
1981	1138.41	171.36	30.56	2.68	17.83
1982	1229.98	196.96	35.02	2.85	17.78
1983	1409.52	223.54	38.80	2.75	17.36
1984	1701.02	263.17	44.39	2.61	16.87
1985	2004.25	316.70	50.31	2.51	15.89
七五时期	13978.30	2439.40	339.49	2.43	13.92
1986	2204.91	379.93	59.55	2.70	15.67
1987	2262.18	402.75	59.45	2.63	14.76
1988	2491.21	486.10	66.63	2.67	13.71
1989	2823.78	553.33	74.39	2.63	13.44
1990	3083.59	617.29	79.47	2.58	12.87
八五时期	24387.46	5203.97	600.59	2.46	11.54
1991	3386.62	708.00	86.44	2.55	12.21
1992	3742.20	792.96	96.05	2.57	12.11
1993	4642.30	957.77	107.87	2.32	11.26
1994	5792.62	1278.18	146.97	2.54	11.50
1995	6823.72	1467.06	163.26	2.39	11.13
九五时期	57043.49	10907.20	1141.88	2.00	10.47
1996	7937.55	1704.25	187.57	2.36	11.01
1997	9233.56	1903.59	209.20	2.27	10.99
1998	10798.18	2154.38	225.05	2.08	10.45
1999	13187.67	2408.06	247.89	1.88	10.29
2000	15886.50	2736.88	272.17	1.71	9.94
十五时期					
2001	18902.58	3361.02	313.52	1.66	9.33
2002	22053.20	3979.08	350.44	1.59	8.81
2003	24649.95	4505.51	439.28	1.78	9.75
2004	28486.89	5143.65	474.19	1.66	9.22

注：①本表按当年价格计算；②卫生事业费系财政决算数；③1980年起卫生事业费不包括中医事业费。

4-4 卫生基本建设投资

年 份	基建投资总额(亿元)	科教文卫和社会福利基建投资(亿元)	卫生基建投资(亿元)	卫生基建投资	
				占基建投资总额%	占科教文卫和社会福利投资%
一五时期	588.47	44.56	6.48	1.10	14.54
二五时期	1206.09	46.39	4.85	0.40	10.45
调整时期	421.89	24.05	2.67	0.63	11.10
三五时期	976.03	27.44	3.29	0.34	11.99
四五时期	1763.95	55.45	9.00	0.51	16.23
五五时期	2342.17	127.82	18.29	0.78	14.31
1980	558.89	44.29	5.78	1.03	13.05
六五时期	3410.09	353.48	52.62	1.54	14.89
1981	442.91	43.63	6.25	1.41	14.33
1982	555.53	50.81	7.98	1.44	15.71
1983	594.13	59.44	9.09	1.53	15.29
1984	743.15	78.79	11.20	1.51	14.22
1985	1074.37	120.81	18.10	1.68	14.98
七五时期	7300.55	748.98	95.55	1.31	12.76
1986	1176.11	140.28	18.03	1.53	12.85
1987	1343.10	151.17	19.11	1.42	12.64
1988	1525.79	152.83	20.03	1.31	13.11
1989	1551.74	149.42	18.06	1.16	12.09
1990	1703.81	155.27	20.32	1.19	13.09
八五时期	23584.31	1630.67	244.27	1.04	14.98
1991	2115.80	170.62	26.19	1.24	15.35
1992	3012.65	221.45	35.83	1.19	16.18
1993	4615.50	304.63	48.32	1.05	15.86
1994	6436.74	407.95	60.49	0.94	14.83
1995	7403.62	526.02	73.44	0.99	13.96
九五时期	56326.83	4386.74	632.95	1.12	14.43
1996	8610.84	621.19	86.65	1.01	13.95
1997	9917.02	745.89	104.31	1.05	13.98
1998	11916.42	875.92	141.67	1.19	16.17
1999	12455.28	998.91	147.43	1.18	14.76
2000	13427.27	1144.83	152.89	1.14	13.35
十五时期					
2001	14820.10	1343.31	182.60	1.23	13.59
2002	17666.62	1649.10	231.50	1.31	14.04
2003	22908.60	2289.50	280.15	1.22	12.24
2004	59028.20	-	419.30	0.71	-
2005	75096.50	-	540.70	0.72	-

注：①本表按当年价格计算；②从2004年起，基建投资总额为城镇固定资产投资总额，卫生基建投资系城镇卫生固定资产投资。

4-5 城乡居民医疗保健支出

年份 地区	城镇居民			农村居民		
	人均年消费性支出(元)	人均医疗保健支出(元)	医疗保健支出占消费性支出%	人均年生活消费性支出(元)	人均医疗保健支出(元)	医疗保健支出占消费性支出%
1990	1278.9	25.7	2.0	374.7	19.0	5.1
1995	3537.6	110.1	3.1	859.4	42.5	4.9
1998	4331.6	205.2	4.7	1590.3	68.1	6.0
1999	4651.9	245.6	5.3	1577.4	70.0	6.1
2000	4998.0	318.1	6.4	1670.1	87.6	5.2
2001	5309.0	343.3	6.5	1741.1	96.6	5.5
2002	6029.9	430.1	7.1	1834.3	103.9	5.7
2003	6510.9	476.0	7.3	1943.3	115.7	6.0
2004	7182.1	528.2	7.4	2184.7	130.6	6.0
2005	7942.9	600.9	7.6	2555.4	168.1	6.6
北　京	12200.4	1182.8	9.7	4616.9	507.6	11.0
天　津	8802.4	824.0	9.4	2642.1	177.1	6.7
河　北	5879.2	550.3	9.4	1834.9	116.0	6.3
山　西	5654.2	401.8	7.1	1636.5	84.2	5.1
内蒙古	6219.3	473.6	7.6	2082.6	154.5	7.4
辽　宁	6543.3	541.3	8.3	2073.0	145.2	7.0
吉　林	6069.0	527.3	8.7	1971.2	161.2	8.2
黑龙江	5567.5	537.4	9.7	1837.4	131.0	7.1
上　海	12631.0	761.7	6.0	6328.9	424.6	6.7
江　苏	7332.3	496.8	6.8	2992.6	163.2	5.5
浙　江	10636.1	828.8	7.8	4659.1	326.1	7.0
安　徽	5711.3	395.7	6.9	1813.7	92.0	5.1
福　建	8161.2	476.8	5.8	3015.6	136.4	4.5
江　西	5337.8	268.1	5.0	2095.5	110.3	5.3
山　东	6673.8	484.4	7.3	2389.3	155.9	6.5
河　南	5294.2	436.5	8.2	1664.1	95.2	5.7
湖　北	6398.5	461.4	7.2	2089.0	110.7	5.3
湖　南	6884.6	475.6	6.9	2472.3	124.1	5.0
广　东	10694.8	649.7	6.1	3240.8	153.2	4.7
广　西	6445.7	461.7	7.2	1928.6	83.6	4.3
海　南	5802.4	350.2	6.0	1745.4	86.6	5.0
重　庆	7973.1	538.0	6.7	1853.9	115.3	6.2
四　川	6371.1	433.4	6.8	2015.7	117.4	5.8
贵　州	5494.5	301.3	5.5	1296.3	47.2	3.6
云　南	6837.0	623.2	9.1	1571.0	87.7	5.6
西　藏	8338.2	320.7	3.8	1470.7	28.9	2.0
陕　西	6233.1	513.3	8.2	1618.1	118.1	7.3
甘　肃	5937.3	412.0	6.9	1464.3	85.3	5.8
青　海	5759.0	452.0	7.8	1676.4	126.6	7.6
宁　夏	5821.4	440.8	7.6	1926.8	186.9	9.7
新　疆	5773.6	375.2	6.5	1689.9	142.0	8.4

注：①本表按当年价格计算；②分地区系2004年数字。

4-6-1 2005年卫生机构资产与负债
(不含诊所、医务室、社区卫生服务站、村卫生室)

卫生机构	总资产(千元)			负债(千元)	净资产(千元)
		流动资产	固定资产		
总　　计	**816301791**	**240268601**	**561976373**	**218699878**	**597601913**
市	685030255	206497302	466666912	180064257	504965998
县	131271536	33771299	95309461	38635621	92635915
一、医院	649743936	188137046	450441084	179863656	469880280
市	564156081	165849885	388656292	152497731	411658350
县	85587855	22287161	61784792	27365925	58221930
综合医院	512445655	143869414	360017579	143322914	369122741
县医院	60154015	15869501	43333960	18524816	41629199
其他医院	452291640	127999913	316683619	124798098	327493542
中医医院	64922862	19004039	45174355	21087711	43835151
中西医结合医院	5547115	1946815	3542551	1431090	4116025
民族医院	979044	306609	595943	212307	766737
专科医院	65544334	22908725	40909038	13755450	51788884
口腔医院	4242215	1630122	2573239	593840	3648375
眼科医院	3500373	1457735	1909407	760208	2740165
耳鼻喉科医院	592629	195647	368543	75321	517308
肿瘤医院	13348098	5206420	7989368	2560535	10787563
心血管病医院	2627017	989364	1604140	733778	1893239
胸科医院	1860641	644617	1198829	403387	1457254
血液病医院	374866	106046	215340	80057	294809
妇产(科)医院	3876301	1117944	2510236	537868	3338433
儿童医院	8957473	2969077	5721468	1435230	7522243
精神病医院	8626595	2910597	5587722	2140053	6486542
传染病医院	5387416	1755597	3566513	1390475	3996941
皮肤病医院	624645	259582	358652	148160	476485
结核病医院	1753831	622715	1123807	406494	1347337
麻风病医院	90657	22734	63177	10235	80422
职业病医院	219062	97896	121158	49726	169336
骨科医院	2833280	938049	1730426	870544	1962736
康复医院	2063428	539876	1470625	322618	1740810
整形外科医院	290826	113520	145085	46429	244397
美容医院	168221	45353	100158	53571	114650
其他专科医院	4106760	1285834	2551145	1136921	2969839
护理院	304926	101444	201618	54184	250742
二、疗养院	4737409	935191	3671282	855736	3881673
三、社区卫生服务中心	6327392	2870649	3304746	1450079	4877313
四、卫生院	67541354	19013382	47622114	18109186	49432168
街道卫生院	3046918	921399	2082908	976679	2070239
乡镇卫生院	64494436	18091983	45539206	17132507	47361929
市	34340096	10081955	23840240	8977093	25363003
县	30154340	8010028	21698966	8155414	21998926
中心卫生院	26394125	6947174	19021904	6914291	19479834
乡卫生院	38100311	11144809	26517302	10218216	27882095

统计范围：78330个卫生机构，占卫生机构总数（不含诊所、医务室、社区卫生服务站、村卫生室）的96%。

4-6-1 续表1

卫生机构	总资产（千元）			负债（千元）	净资产（千元）
		流动资产	固定资产		
五、门诊部	5972535	2131166	3515368	1584932	4387603
市	5835549	2089319	3421081	1563271	4272278
县	136986	41847	94287	21661	115325
综合门诊部	3736508	1325750	2198635	970463	2766045
中医门诊部	447103	255990	168651	179643	267460
中西医结合门诊部	99268	19155	74523	55917	43351
民族医门诊部	725	188	537	121	604
专科门诊部	1688931	530083	1073022	378788	1310143
六、急救中心（站）	1386242	278284	1098011	159232	1227010
七、采供血机构	9016378	3410481	5407433	1580355	7436023
八、妇幼保健院(所、站)	25077066	6918607	17735625	5911451	19165615
省属	2889337	1019866	1859197	454188	2435149
省辖市(地区)属	9975710	2790716	7061131	2652028	7323682
地辖市属	6565025	1943499	4487422	1312128	5252897
县属	4785785	1074623	3647512	1365731	3420054
其他	861209	89903	680363	127376	733833
妇幼保健院	21532311	6127599	15112327	5318887	16213424
妇幼保健所	1858449	543053	1286945	344940	1513509
妇幼保健站	1677028	247354	1327676	241540	1435488
生殖保健中心	9278	601	8677	6084	3194
九、专科疾病防治院(所、站)	5664260	1745635	3832432	1093625	4570635
专科疾病防治院	2634147	855586	1768318	539231	2094916
传染病防治院	47769	23008	23851	14232	33537
结核病防治院	627240	234684	392454	169801	457439
职业病防治院	700223	160461	538751	108141	592082
其他	1258915	437433	813262	247057	1011858
专科疾病防治所(站、中心)	3030113	890049	2064114	554394	2475719
口腔病防治所(站、中心)	326270	114556	179001	72954	253316
精神病防治所(站、中心)	34352	10092	24260	6451	27901
皮肤病与性病防治所(中心)	689677	260817	418606	151917	537760
结核病防治所(站、中心)	530952	175959	342077	123210	407742
麻风病防治所(站、中心)	24820	5628	19192	3286	21534
职业病防治所(站、中心)	206573	58584	141596	30424	176149
地方病防治所(站、中心)	86049	27064	57289	20490	65559
寄生虫病防治所(中心)	1654	451	1203	304	1350
血吸虫病防治所(中心)	862560	145218	712078	90236	772324
药物戒毒所(中心)	33010	9474	17877	4344	28666
其他	234196	82206	150935	50778	183418
十、疾病预防控制中心(防疫站)	27125089	9985341	16826715	5331364	21793725
疾病预防控制中心/防疫站/防病中心	26909899	9870651	16729518	5274701	21635198
省属	3584222	1776128	1790451	954074	2630148
省辖市(地区)属	11188005	4958950	6106691	2042890	9145115
地辖市属	5032947	1550399	3419088	969068	4063879

4-6-1 续表2

卫生机构	总资产（千元）	流动资产	固定资产	负债（千元）	净资产（千元）
县属	5031945	1162663	3787818	938465	4093480
其他	2072780	422511	1625470	370204	1702576
其中：疾病预防控制中心	21579558	8613557	12780052	4260963	17318595
卫生防疫站	5197035	1219763	3853556	988649	4208386
卫生防病中心	133306	37331	95910	25089	108217
预防保健中心	215190	114690	97197	56663	158527
十一、卫生监督所	3531159	1112267	2380700	382293	3148866
省属	339893	168497	169748	71217	268676
省辖市(地区)属	1031248	298326	710765	109986	921262
地辖市属	790989	209431	573650	81325	709664
县属	1211491	367908	837119	96015	1115476
其他	157538	68105	89418	23750	133788
十二、卫生监督检验(监测.检测)所(站)	166501	68486	97378	12756	153745
卫生(综合)监督检验(监测、检测)所(站)	61319	13642	47160	9763	51556
环境卫生监督检验(监测、检测)所(站)	6000	280	5600	0	6000
放射卫生监督检验(监测、检测)所(站)	300	50	250	50	250
劳动(职业、工业)卫生监督检验(监测、检测)所(站)	925	0	925	0	925
食品卫生监督检验(监测、检测)所(站)	88607	52328	36279	1773	86834
学校卫生监督检验(监测、检测)所(站)	471	111	360	481	-10
其他	8879	2075	6804	689	8190
十三、医学科学研究机构	5037315	2105725	2744280	1167817	3869498
医学科学(研究)院（所）	955380	371565	544666	86276	869104
预防医学研究院（所）	10300	5740	4560	5540	4760
中医(药)研究院(所)	1146885	521634	538260	317581	829304
中西医结合研究所	19827	6062	13765	2339	17488
民族医(药)学研究所	56538	25476	31062	16662	39876
医学专科研究所	2365033	940553	1396024	588864	1776169
药学研究所	483352	234695	215943	150555	332797
十四、医学在职培训机构	2246396	589985	1626379	533517	1712879
十五、健康教育所(站、中心)	143641	29395	111899	13348	130293
十六、其他卫生机构	2585118	936961	1560927	650531	1934587
护理站	6700	3516	2510	3747	2953
临床检验中心（所、站）	273474	134006	89329	200875	72599
精神病收容所	152506	64714	86108	30094	122412
麻风村	44693	8851	35842	4137	40556
卫生消毒站	9233	5348	3877	672	8561
乡防保组	112200	38792	72335	23696	88504
农村改水中心	43752	34656	8793	26128	17624
其他	1942560	647078	1262133	361182	1581378

4-6-2 2005年卫生机构资产与负债(按经济类型/主办单位/地区分)

	总资产(千元)			负债(千元)	净资产(千元)
		流动资产	固定资产		
总　　计	**816301791**	**240268601**	**561976373**	**218699878**	**597601913**
按经济类型分					
国有	730431560	215096416	504832271	189489631	540941929
集体	50986507	14911375	35388807	14636645	36349862
联营	1639944	397350	1166990	696063	943881
私营	15689163	4543548	9993838	5536597	10152566
其他	17554617	5319912	10594467	8340942	9213675
按主办单位分					
政府办	715323074	212154837	493339870	183660778	531662296
其中：卫生部门	701781753	208226934	483953699	180481889	521299864
企业办	51564385	14246773	35874730	19200789	32363596
按地区分					
北　京	55605500	20523377	34395156	11081855	44523645
天　津	14466979	4833821	9444757	4674432	9792547
河　北	27317280	7555653	19497006	8190699	19126581
山　西	18726763	4468315	13807008	4781865	13944898
内蒙古	10954174	3253003	7364050	3664625	7289549
辽　宁	28168303	7473428	20390926	7876581	20291722
吉　林	13412884	4068800	9262715	3732340	9680544
黑龙江	19452166	5143073	14186541	5069894	14382272
上　海	43957287	16336394	26451116	9090006	34867281
江　苏	61910023	18107681	42648156	16443905	45466118
浙　江	62791094	17182308	44676022	15658262	47132832
安　徽	19746369	6027338	13102527	5741329	14005040
福　建	21498032	7520119	13778598	4570164	16927868
江　西	13615321	4257222	9093724	3638830	9976491
山　东	59729315	17322455	41854984	20440673	39288642
河　南	31623847	8981730	21998515	10986528	20637319
湖　北	33878216	9937803	23321232	10523868	23354348
湖　南	29097320	7598453	20893344	9560383	19536937
广　东	94848209	27778140	65478274	21963775	72884434
广　西	19058728	5146953	13724355	5925187	13133541
海　南	4340156	1080539	3194683	1333587	3006569
重　庆	13939853	4119567	9576964	3924109	10015744
四　川	35949522	9928361	24950596	8292732	27656790
贵　州	8023001	2693911	5191771	2241373	5781628
云　南	20205489	5793382	13935562	4748372	15457117
西　藏	1125670	177500	919430	122234	1003436
陕　西	18790416	5068175	13318409	5749771	13040645
甘　肃	12638871	2531908	9873984	2422561	10216310
青　海	2220049	506400	1678278	682434	1537615
宁　夏	3437299	920081	2401341	1038753	2398546
新　疆	15773655	3932711	11566349	4528751	11244904

注: 本表不含诊所、医务室、村卫生室数字。

4-7　2005年医疗机构资产与负债

	总资产(千元)	流动资产	固定资产	负债(千元)	净资产(千元)	每床固定资产(千元)
总　计	**766730368**	**222167482**	**531312501**	**209232519**	**557497849**	**167.1**
医院	649743936	188137046	450441084	179863656	469880280	184.2
综合医院	512445655	143869414	360017579	143322914	369122741	196.2
中医医院	64922862	19004039	45174355	21087711	43835151	157.0
中西医结合医院	5547115	1946815	3542551	1431090	4116025	175.1
民族医院	979044	306609	595943	212307	766737	86.6
专科医院	65544334	22908725	40909038	13755450	51788884	140.1
护理院	304926	101444	201618	54184	250742	60.4
疗养院	4737409	935191	3671282	855736	3881673	71.2
社区卫生服务中心(站)	6327392	2870649	3304746	1450079	4877313	
社区卫生服务中心	6327392	2870649	3304746	1450079	4877313	132.1
社区卫生服务站						
卫生院	67541354	19013382	47622114	18109186	49432168	69.0
街道卫生院	3046918	921399	2082908	976679	2070239	178.4
乡镇卫生院	64494436	18091983	45539206	17132507	47361929	67.1
门诊部	5972535	2131166	3515368	1584932	4387603	
诊所、卫生所、医务室、护理站	6700	3516	2510	3747	2953	
护理站	6700	3516	2510	3747	2953	26.4
妇幼保健院(所、站)	25077066	6918607	17735625	5911451	19165615	188.5
内：妇幼保健院	21532311	6127599	15112327	5318887	16213424	190.5
妇幼保健所(站)	3535477	790407	2614621	586480	2948997	178.5
专科疾病防治院(所、站)	5664260	1745635	3832432	1093625	4570635	114.6
专科疾病防治院	2634147	855586	1768318	539231	2094916	101.2
专科疾病防治所(站)	3030113	890049	2064114	554394	2475719	129.4
急救中心(站)	1386242	278284	1098011	159232	1227010	
临床检验中心(站)	273474	134006	89329	200875	72599	
非营利性医疗机构	**737601749**	**213413414**	**513301106**	**197593311**	**540008438**	**160.2**
医院	625687928	181048763	435507130	169712499	455975429	188.2
综合医院	496724456	139090474	350454597	136097438	360627018	199.8
中医医院	63797602	18754856	44390841	20518961	43278641	159.5
中西医结合医院	5209534	1874801	3299098	1286453	3923081	191.9
民族医院	937607	299968	561297	209376	728231	85.4
专科医院	58732246	20937781	36607561	11551938	47180308	143.6
护理院	286483	90883	193736	48333	238150	73.5
疗养院	4626262	918438	3591809	838812	3787450	73.2

注: 本表不包括诊所、医务室、卫生所和村卫生室数字。

4-7 续表

	总资产(千元)			负债(千元)	净资产(千元)	每床固定资产(千元)
		流动资产	固定资产			
社区卫生服务中心(站)	6246465	2835858	3265966	1409839	4836626	
社区卫生服务中心	6246465	2835858	3265966	1409839	4836626	
社区卫生服务站						
卫生院	67024937	18888845	47267089	17992648	49032289	69.0
街道卫生院	3033872	918885	2072706	975140	2058732	180.5
乡镇卫生院	63991065	17969960	45194383	17017508	46973557	67.1
门诊部	2554212	943924	1523692	543017	2011195	
妇幼保健院(所、站)	24789911	6850184	17520620	5865465	18924446	188.5
内:妇幼保健院	21444252	6104804	15047103	5309156	16135096	190.9
妇幼保健所(站)	3342483	744779	2470942	556146	2786337	175.3
专科疾病防治院(所.站)	5353470	1644211	3638042	1022581	4330889	117.0
专科疾病防治院	2595667	846868	1739599	531017	2064650	101.8
专科疾病防治所(站)	2757803	797343	1898443	491564	2266239	135.6
急救中心(站)	1201751	238684	953120	129441	1072310	
临床检验中心(站)	114769	44383	32263	78456	36313	
营利性医疗机构	**27263561**	**8206814**	**16737593**	**11182201**	**16081360**	**125.6**
医院	23333964	6840967	14459688	9931982	13401982	114.4
综合医院	15095766	4563715	9153236	7025898	8069868	119.0
中医医院	1098626	242904	763159	556951	541675	82.8
中西医结合医院	337581	72014	243453	144637	192944	80.1
民族医院	41437	6641	34646	2931	38506	111.4
专科医院	6742111	1945132	4257312	2195714	4546397	117.4
护理院	18443	10561	7882	5851	12592	11.2
疗养院	41157	4042	30045	9411	31746	82.3
社区卫生服务中心(站)	65883	27315	33922	35954	29929	
社区卫生服务中心	65883	27315	33922	35954	29929	
社区卫生服务站						
卫生院	228016	53497	152503	34614	193402	72.1
街道卫生院	8302	1491	6481	1211	7091	41.8
乡镇卫生院	219714	52006	146022	33403	186311	74.5
门诊部	3405687	1183071	1983231	1040159	2365528	
诊所、卫生所、医务室、护理站	4656	3392	1135	3194	1462	
护理站	4656	3392	1135	3194	1462	37.8
专科疾病防治院(所、站、中心)	26583	6137	19403	5368	21215	70.3
专科疾病防治院	23130	5031	17056	4151	18979	83.2
专科疾病防治所(站)	3453	1106	2347	1217	2236	33.1
急救中心(站)	1600	0	1600	0	1600	533.3
临床检验中心(站)	156015	88393	56066	121519	34496	0.0

4-8-1　2005年各类卫生机构收入与支出
(不含诊所、医务室、社区卫生服务站、村卫生室)

	总收入(千元)	财政补助收入	上级补助收入	业务收入/事业收入	总支出(千元)	业务支出/事业支出	财政专项支出	总支出中:人员经费支出
总　　计	**537811287**	**48429665**	**7211804**	**466217150**	**520583641**	**477686275**	**11967348**	**141013377**
市	447886662	36656414	6297147	391501162	433648369	399180472	10402185	112520267
县	89924625	11773251	914657	74715988	86935272	78505803	1565163	28493110
一、医院	423829355	25028566	5083105	383337562	409257615	384732675	7325320	103361900
市	367452003	21041707	4590433	332382310	354678904	333335705	6733881	87208140
县	56377352	3986859	492672	50955252	54578711	51396970	591439	16153760
综合医院	332659946	16923497	4597890	303104998	321232008	301897247	5093444	79775029
县医院	39840866	2817057	112579	36524973	38290009	36649803	436565	11051914
其他医院	292819080	14106440	4485311	266580025	282941999	265247444	4656879	68723115
中医医院	44771286	3447731	132111	40740403	43607294	41568395	850400	11764532
中西医结合医院	3960022	239145	14766	3649510	3848634	3699142	54114	1001288
民族医院	598929	183954	22788	368629	569820	459989	18038	208696
专科医院	41663911	4181912	314664	35357787	39830710	36964371	1305887	10540497
口腔医院	2285767	279763	15054	1947550	2030599	1868875	98586	810475
眼科医院	1636313	42638	2285	1283664	1554041	1301178	14534	362291
耳鼻咽喉科医院	508719	23957	2431	465663	639882	616902	4384	155695
肿瘤医院	8389067	344035	16326	7996792	7894563	7685687	167639	1478716
心血管病医院	1726541	82237	2814	1546653	1639646	1575766	23822	269001
胸科医院	1308928	179945	7150	1120789	1295144	1238863	55094	302904
血液病医院	203316	11688	0	190801	201702	198313	5	39736
妇产(科)医院	2497891	142483	9637	2280000	2350449	2215837	48785	682623
儿童医院	5800034	370941	3998	5419485	5393423	5265547	116523	1412772
精神病医院	6176618	1432550	98790	4532004	6151306	5388861	384810	2298344
传染病医院	3879220	633396	27269	3123428	3901943	3678493	186053	1014135
皮肤病医院	543905	53413	562	351593	408976	358421	12134	110727
结核病医院	1127028	166592	7768	938211	1092856	1020075	65062	297525
麻风病医院	56141	25194	1818	28927	57598	44089	3219	23462
职业病医院	175376	28075	6563	135547	178060	154033	9802	62059
骨科医院	1612054	59482	4570	1454116	1523862	1428772	14295	380910
康复医院	982033	185503	74611	559665	866139	650980	63595	250981
整形外科医院	199864	8795	110	167837	210006	170338	3544	22958
美容医院	66133	0	571	26685	70385	44997	0	25007
其他专科医院	2488963	111225	32337	1788377	2370130	2058344	34001	540176
护理院	175261	52327	886	116235	169149	143531	3437	71858
二、疗养院	1444986	340704	185226	808872	1500304	1081667	128036	512575
三、社区卫生服务中心	7255685	544505	82883	6541409	7098151	6606872	153577	1937332
四、卫生院	49936288	7156836	476234	40915227	48825349	43485451	1148713	17249255
街道卫生院	1763130	188431	17953	1533999	1724442	1613350	34395	599166
乡镇卫生院	48173158	6968405	458281	39381228	47100907	41872101	1114318	16650089
市	25556478	2921044	249106	21943009	25083315	22743393	635195	8372554
县	22616680	4047361	209175	17438219	22017592	19128708	479123	8277535
中心卫生院	19768833	2548568	166122	16562340	19201211	17317031	410740	6840293
乡卫生院	28404325	4419837	292159	22818888	27899696	24555070	703578	9809796

统计范围：78391个卫生机构，占卫生机构总数(不含诊所、医务室、社区卫生服务站、村卫生室)的96%。

4-8-1 续表1

	总收入（千元）	财政补助收入	上级补助收入	业务收入/事业收入	总支出（千元）	业务支出/事业支出	财政专项支出	总支出中：人员经费支出
五、门诊部	4404225	125652	203249	3075709	4312560	3010286	62675	1239218
市	4262352	115181	201199	2950302	4178519	2893192	60109	1198363
县	141873	10471	2050	125407	134041	117094	2566	40855
综合门诊部	2780044	92048	168710	2068798	2774988	2036964	44905	727557
中医门诊部	508426	9776	18659	397903	477524	332922	4264	124016
中西医结合门诊部	59901	247	0	52328	63252	48793	384	19880
民族医门诊部	594	81	229	284	589	259	0	328
专科门诊部	1055260	23500	15651	556396	996207	591348	13122	367437
六、急救中心（站）	634894	304271	21787	291186	651258	508302	86672	267792
七、采供血机构	4048130	454969	27888	3324416	3784331	3075033	108926	784571
八、妇幼保健院(所、站)	17682773	2673695	84794	14737804	18035537	15206790	366777	6164505
省属	1770427	175693	1719	1589023	2912219	1574964	47362	517924
省辖市(地区)属	6672695	825198	30603	5795286	6320996	5944660	132500	2072236
地辖市属	5127822	687889	22776	4373096	4824305	4426785	80984	1566228
县属	3912481	976718	22426	2844853	3780102	3114922	96971	1430271
其他	199348	8197	7270	135546	197915	145459	8960	577846
妇幼保健院	15543251	1938834	53425	13433157	15963593	13635922	302233	4787734
妇幼保健所	1417958	459251	16605	901488	1361848	1074191	40585	552862
妇幼保健站	715490	275358	14764	397737	704070	491480	23352	821981
生殖保健中心	6074	252	0	5422	6026	5197	607	1928
九、专科疾病防治院(所、站)	4476970	1343588	118000	2752217	4249887	3243448	237878	1459883
专科疾病防治院	1778697	317272	27184	1352701	1705945	1550295	77780	535089
传染病防治院	38472	3907	30	34535	33084	33084	0	12241
结核病防治院	427271	77374	9178	322862	416384	380965	15299	108720
职业病防治院	395237	76561	179	305057	392964	361850	15572	125446
其他	917717	159430	17797	690247	863513	774396	46909	288682
专科疾病防治所(站、中心)	2698273	1026316	90816	1399516	2543942	1693153	160098	924794
口腔病防治所(站、中心)	229100	31455	3701	191572	209514	186329	4661	98075
精神病防治所(站、中心)	18833	6268	30	12535	17473	13984	900	6705
皮肤病与性病防治所(中心)	538557	122062	8425	397847	528039	437477	22975	160861
结核病防治所(站、中心)	582057	219594	10231	342681	607371	416689	48043	198815
麻风病防治所(站、中心)	55680	24842	10049	20770	55379	54927	29	41622
职业病防治所(站、中心)	251355	44378	33816	86211	151760	93893	15757	83676
地方病防治所(站、中心)	197646	129805	1222	11053	189256	27612	9064	107329
寄生虫病防治所(站、中心)	1049	851	0	198	1249	1249	0	579
血吸虫病防治所(站、中心)	576261	385810	16569	160403	546848	256239	39269	158026
药物戒毒所(中心)	13132	1180	4192	7760	11798	10894	464	3541
其他	234603	60071	2581	168486	225255	193860	18936	65565
十、疾病预防控制中心(防疫站)	15767402	6511016	499702	7298621	15165846	11083542	1608348	4939788
疾病预防控制中心/防疫站/防病中心	15557076	6478057	486434	7143493	14982876	10931313	1602647	4882189
省属	2239680	1031979	70219	607817	2146040	1419137	368039	405121
省辖市(地区)属	4547063	2121577	84659	2096700	4353059	3294964	515514	1404571
地辖市属	4228601	1647220	83894	2254728	4152496	3124460	321404	1412958

4-8-1 续表2

	总收入(千元)	财政补助收入	上级补助收入	业务收入/事业收入	总支出(千元)	业务支出/事业支出	财政专项支出	总支出中：人员经费支出
县属	3839816	1579643	99877	1854089	3594510	2631471	283264	1406563
其他	701916	97638	147785	330159	736771	461281	114426	252976
其中：疾病预防控制中心	11476561	4937725	330879	5035435	10924257	7951520	1354214	3297003
卫生防疫站	3959794	1510327	152753	2022723	3929350	2898550	224718	1559009
卫生防病中心	120721	30005	2802	85335	129269	81243	23715	26177
预防保健中心	210326	32959	13268	155128	182970	152229	5701	57599
十一、卫生监督所	3172664	1987230	126217	908574	2906276	2144727	279010	1423365
省属	273184	204766	34035	9935	250637	117013	84025	78911
省辖市(地区)属	1085854	797294	48547	186162	998431	753221	102696	516916
地辖市属	835393	504408	20732	281980	830794	621187	59464	423513
县属	785097	454296	9774	294407	663422	511716	21056	342004
其他	193136	26466	13129	136090	162992	141590	11769	62021
十二、卫生监督检验(监测、检测)所(站)	96028	59187	1931	32905	93825	51736	4529	61611
卫生(综合)监督检验(监测、检测)所(站)	63002	42879	783	17895	63458	34279	1728	44149
环境卫生监督检验(监测、检测)所(站)	900	0	900	0	900	200	0	700
放射卫生监督检验(监测、检测)所(站)	20	0	0	20	15	10	0	5
劳动(职业、工业)卫生监督检验(监测、检测)所(站)	1913	1913	0	0	1913	213	1700	991
食品卫生监督检验(监测、检测)所(站)	20121	8964	128	10980	17486	9379	30	11004
学校卫生监督检验(监测、检测)所(站)	1100	0	14	1086	1076	1076	0	364
其他	8972	5431	106	2924	8977	6579	1071	4398
十三、医学科学研究机构	1719640	579337	225623	749447	1609756	1206223	152843	529710
医学科学(研究)院（所）	231087	59450	69977	39716	254051	148552	20083	70768
预防医学研究院（所）	2960	2360	0	600	3240	2640	600	1640
中医(药)研究院(所)	444924	152709	73538	200044	384660	302476	25821	134752
中西医结合研究所	5943	3073	0	2803	7097	5230	0	3086
民族医(药)学研究所	31463	9481	0	12136	30385	25108	284	10029
医学专科研究所	845237	308263	81195	411056	789812	618822	88232	259511
药学研究所	158026	44001	913	83092	140511	103395	17823	49924
十四、医学在职培训机构	984009	384302	12236	497617	953954	697059	58121	347020
十五、健康教育所(站、中心)	85561	63381	3609	10168	85591	55684	19866	32435
十六、其他卫生机构	2272677	872426	59320	935416	2053401	1496780	226057	702417
护理站	10305	1372	0	8054	9675	8061	0	3125
临床检验中心（所、站）	240806	4778	360	44646	223648	122177	0	47942
精神病收容所	115039	51088	10377	50475	102261	87979	4919	48519
麻风村	29239	16111	799	9831	30197	18475	8791	9597
卫生消毒站	7114	1251	27	5402	6863	5430	136	2348
乡防保组	423325	74278	7115	337522	415895	386848	5374	197949
农村改水中心	18876	14025	390	1856	13543	8568	4079	5162
其他	1427973	709523	40252	477630	1251319	859242	202758	387775

4-8-2　2005年卫生机构收入与支出(按经济类型/主办单位/地区分)

	总收入(千元)	财政补助收入	上级补助收入	业务收入/事业收入	总支出(千元)	业务支出/事业支出	财政专项支出	总支出中:人员经费支出
总计	**537811287**	**48429665**	**7211804**	**466217150**	**520583641**	**477686275**	**11967348**	**141013377**
按经济类型分								
国有	487210095	45179417	6732765	425688854	471266061	435647869	11105480	126927922
集体	31971601	3185502	380006	27466363	31130007	27878863	690272	9752471
联营	1072370	7445	4734	859237	1054351	912759	9798	243046
私营	8321196	2021	11870	5552193	8027477	5924339	94734	1960910
其他	9236025	55280	82429	6650503	9105745	7322445	67064	2129028
按主办单位分								
政府办	477695664	48206607	3271541	418466770	460358896	429969560	11304450	124372162
内：卫生部门	469575811	46882271	2820733	412576798	452458877	423546299	10911617	122132055
企业办	32277009	67637	2675265	26614154	32718528	25392574	213388	9217019
按地区分								
北　京	35990189	3683481	720476	30780843	35127218	32021161	2205557	7382484
天　津	11243761	894144	139488	10017591	11002658	10233556	168711	2539215
河　北	18337321	1345853	288716	16360704	17706305	16332334	429436	4557231
山　西	10610593	1169326	357701	7641693	10712002	8427919	343120	3490808
内蒙古	6801500	1193228	226264	5248206	6536606	5395522	133699	2159972
辽　宁	18159250	1151136	306627	16267028	17805158	16532027	173657	4922170
吉　林	8866974	1325887	252316	7099788	8939173	8249611	128352	2324177
黑龙江	13773507	1476188	465921	11475531	13556966	12044967	306628	3824183
上　海	35273046	2543337	267185	31110036	34159715	31162763	908610	9436195
江　苏	42470245	2960035	424667	38349618	41391408	39156675	777789	10610880
浙　江	43826503	2678432	169401	40201558	42676638	40841438	883917	11542968
安　徽	14424334	1378403	158290	12543451	13699898	12627280	179362	3710843
福　建	14574344	1315386	97112	12824609	13331663	12645072	235280	3803922
江　西	9814292	1008438	74689	8502335	9583087	8869501	129123	2802864
山　东	33584494	2600735	409599	30042667	32840868	30775197	496709	8499985
河　南	20758279	1555480	383221	18503795	20198158	18902137	283463	5124118
湖　北	20816365	1641039	233931	18368449	20663555	18585902	242116	5178900
湖　南	18553975	1187532	201546	16648329	18005703	16921439	291908	5120121
广　东	63677083	4777024	417799	56376946	61978697	57017344	1656530	17237575
广　西	12737868	1200009	92700	11231945	12290734	11674618	212908	3621580
海　南	2922588	342742	92653	2450761	2972189	2555453	97235	845453
重　庆	8586120	749844	124602	7514614	7970960	7405769	203181	2113457
四　川	23038177	2252019	303576	18599226	20668249	18910000	360762	6217677
贵　州	6551237	998619	112513	4848118	5970857	5245915	113441	1809697
云　南	11547360	1858894	106992	9416726	10937505	10005323	287982	3112784
西　藏	588255	266604	8969	289481	574219	393429	40019	287845
陕　西	10195066	1018385	221040	8686126	10042162	8869997	228073	2777924
甘　肃	5715305	1128240	144677	4097762	5519385	4202175	178512	1888806
青　海	1481981	305520	27240	1083917	1451371	1100994	32581	503729
宁　夏	2310628	302880	33263	1960839	2310137	2180897	25883	600113
新　疆	10580647	2120825	348630	7674458	9960397	8399860	212804	2965701

注: 本表不含诊所、医务室、村卫生室数字。

4-9　2005年医疗机构收入与支出

	总收入(千元)				总支出(千元)			总支出中:人员经费支出
		财政补助收入	上级补助收入	业务收入/事业收入		业务支出/事业支出	财政专项支出	
总　计	**534158887**	**37523967**	**8327761**	**469486034**	**521557259**	**476045290**	**9509648**	**140079518**
医院	423829355	25028566	5083105	383337562	409257615	384732675	7325320	103361900
综合医院	332659946	16923497	4597890	303104998	321232008	301897247	5093444	79775029
中医医院	44771286	3447731	132111	40740403	43607294	41568395	850400	11764532
中西医结合医院	3960022	239145	14766	3649510	3848634	3699142	54114	1001288
民族医院	598929	183954	22788	368629	569820	459989	18038	208696
专科医院	41663911	4181912	314664	35357787	39830710	36964371	1305887	10540497
护理院	175261	52327	886	116235	169149	143531	3437	71858
疗养院	1444986	340704	185226	808872	1500304	1081667	128036	512575
社区卫生服务中心(站)	11880122	544505	335710	9908337	10965043	9896166	153577	3774229
社区卫生服务中心	7255685	544505	82883	6541409	7098151	6606872	153577	1937332
社区卫生服务站	4624437		252827	3366928	3866892	3289294		1836897
卫生院	49936288	7156836	476234	40915227	48825349	43485451	1148713	17249255
街道卫生院	1763130	188431	17953	1533999	1724442	1613350	34395	599166
乡镇卫生院	48173158	6968405	458281	39381228	47100907	41872101	1114318	16650089
门诊部	4404225	125652	203249	3075709	4312560	3010286	62675	1239218
诊所、卫生所、医务室、护理站	19628468	1372	1819296	13614474	23536058	14758328		6002219
诊所	12312065		65746	9366924	15211315	7936832		3607344
卫生所、医务室	7306098		1753550	4239496	8315068	6813435		2391750
护理站	10305	1372		8054	9675	8061		3125
妇幼保健院(所、站)	17682773	2673695	84794	14737804	18035537	15206790	366777	6164505
内：妇幼保健院	15543251	1938834	53425	13433157	15963593	13635922	302233	4787734
妇幼保健所(站)	2133448	734609	31369	1299225	2065918	1565671	63937	1374843
专科疾病防治院(所、站)	4476970	1343588	118000	2752217	4249887	3243448	237878	1459883
专科疾病防治院	1778697	317272	27184	1352701	1705945	1550295	77780	535089
专科疾病防治所(中心)	2698273	1026316	90816	1399516	2543942	1693153	160098	924794
急救中心(站)	634894	304271	21787	291186	651258	508302	86672	267792
临床检验中心(所、站)	240806	4778	360	44646	223648	122177		47942
非营利性医疗机构	**504094194**	**37227728**	**8035048**	**449268678**	**488967067**	**455370149**	**9325925**	**131632109**
医院	410422386	24966583	4969807	374589014	396242721	374919411	7176544	100361430
综合医院	323666655	16876435	4505056	297274507	312746135	295576609	4974438	77801952
中医医院	43897275	3444848	129981	40013688	42706929	40953771	850079	11474507
中西医结合医院	3751889	238724	8536	3487993	3614985	3520861	48098	951346
民族医院	585688	183954	22758	359700	557044	449656	18038	203769
专科医院	38354429	4170295	302590	33340518	36454514	34280688	1282454	9860496
护理院	166450	52327	886	112608	163114	137826	3437	69360
疗养院	1405358	333468	180129	794533	1459389	1053218	127840	494705
社区卫生服务中心(站)	10657512	544158	246958	9548443	9682796	8872319	153559	2874380
社区卫生服务中心	7197868	544158	82420	6496825	7044093	6564848	153559	1922947
社区卫生服务站	3459644	0	164538	3051618	2638703	2307471	0	951433

注：本表不包括村卫生室。

4-9 续表

	总收入(千元)	财政补助收入	上级补助收入	业务收入/事业收入	总支出(千元)	业务支出/事业支出	财政专项支出	总支出中:人员经费支出
卫生院	49592423	7140848	473885	40617826	48489545	43185123	1147240	17153318
街道卫生院	1754509	188163	17809	1527540	1716403	1607152	34241	596234
乡镇卫生院	47837914	6952685	456076	39090286	46773142	41577971	1112999	16557084
门诊部	2174082	124862	196884	1735049	2119190	1764920	44708	554297
诊所、卫生所、医务室、护理站	7620973	1322	1755684	4526715	8602672	7044003	0	2503388
诊所	904508	0	50505	775820	836429	751941	0	326042
卫生所、医务室	6713934	0	1705179	3749686	7763686	6290827	0	2176024
护理站	2531	1322	0	1209	2557	1235	0	1322
妇幼保健院(所、站)	17481024	2605648	83365	14610679	17839478	15055385	363374	6086608
内：妇幼保健院	15478008	1920819	53185	13388370	15901487	13590395	300712	4766326
妇幼保健所(站)	2000703	684577	30180	1220648	1935732	1463353	62262	1319558
专科疾病防治院(所、站)	4175485	1233492	106230	2597577	3954826	3050525	230038	1364129
专科疾病防治院	1742713	314840	27027	1337022	1685864	1530846	77777	529411
专科疾病防治所(中心)	2432772	918652	79203	1260555	2268962	1519679	152261	834718
急救中心(站)	522000	272569	21746	211389	539116	404353	82622	225506
临床检验中心(所、站)	42951	4778	360	37453	37334	20892	0	14348
营利性医疗机构	**27701102**	**30235**	**182579**	**19044111**	**30183894**	**18723777**	**164879**	**7194958**
医院	12880707	28112	110680	8280050	12521648	9359989	146293	2862014
综合医院	8516975	26675	90276	5397604	8040470	5899810	117259	1851747
中医医院	857614	1016	2130	712335	883759	602398	321	282972
中西医结合医院	208133	421	6230	161517	233649	178281	6016	49942
民族医院	13241	0	30	8929	12776	10333	0	4927
专科医院	3275933	0	12014	1996038	3344959	2663462	22697	669928
护理院	8811	0	0	3627	6035	5705	0	2498
疗养院	5643	0	0	3113	5330	4760	0	466
社区卫生服务中心(站)	248104	0	6721	218301	219561	196284	18	84602
社区卫生服务中心	46251	0	176	33653	41945	32007	18	10740
社区卫生服务站	201853	0	6545	184648	177616	164277	0	73862
卫生院	176833	2073	395	147866	171166	145184	601	50580
街道卫生院	4408	0	0	2658	4422	3187	150	1494
乡镇卫生院	172425	2073	395	145208	166744	141997	451	49086
门诊部	2214202	0	5233	1327121	2177348	1230527	17967	679910
诊所、卫生所、医务室、护理站	11966090	50	59521	9053826	14890968	7675819	0	3483186
诊所	11391544	0	15201	8576890	14360717	7172630	0	3275675
卫生所、医务室	566772	0	44320	470091	523133	496363	0	205708
护理站	7774	50	0	6845	7118	6826	0	1803
妇幼保健院(所、站)								
妇幼保健所(站)								
专科疾病防治院(所、站)	15378	0	29	10351	15229	13939	0	3866
专科疾病防治院	11379	0	29	8923	11512	11212	0	2207
专科疾病防治所(中心)	3999	0	0	1428	3717	2727	0	1659
急救中心(站)	100	0	0	100	440	100	0	340
临床检验中心(所、站)	194045	0	0	3383	182204	97175	0	29994

4-10　2005年政府办医院、妇幼保健院收入与支出

	医　院				妇　幼 保健院
		综合医院	中医医院	专科医院	
机构数	9643	5840	2232	1303	1507
平均每所医院总收入(千元)	38376.4	48995.4	19349.8	28009.7	9987.7
业务收入	35545.5	45850.8	17646.5	24462.0	8570.4
医疗收入	18231.8	23724.8	8197.1	13225.7	5508.9
门诊收入	6554.2	8360.6	3520.9	4483.9	2713.4
内：挂号费	192.6	231.1	118.6	156.7	100.2
检查费	2373.7	3189.8	1191.5	1077.4	809.9
治疗费	1688.8	1989.1	1033.9	1647.4	522.7
手术费	328.3	416.0	146.3	289.7	258.9
住院收入	11677.6	15364.2	4676.3	8741.8	2795.5
内：床位费	1148.2	1426.2	543.9	1083.0	346.6
检查费	1318.9	1761.3	487.1	939.5	232.3
治疗费	4157.9	5468.9	1651.0	3143.4	820.3
手术费	1957.8	2617.4	828.2	1219.3	673.7
药品收入	16507.5	21140.0	8946.6	10653.5	2804.6
门诊收入	7417.4	9082.0	5059.5	4728.5	1940.1
西药费	5680.6	7350.1	2699.1	3945.1	1732.4
中药费	1736.8	1731.8	2360.5	783.5	207.6
住院收入	9090.2	12058.1	3887.1	5925.0	864.5
西药费	8615.6	11595.9	3290.4	5575.5	834.0
中药费	474.6	462.1	596.7	349.5	30.5
其他收入	806.1	986.0	502.8	582.8	256.9
平均每所医院总支出(千元)	36878.6	47083.3	18819.8	26537.7	10311.7
业务支出	35799.4	45946.9	18054.9	25091.8	8700.1
医疗支出	20830.3	26877.0	9759.1	15337.4	5874.3
药品支出	14538.2	18504.6	8129.4	9431.0	2546.9
内：药品费	12509.4	16009.5	6668.8	8300.1	2065.0
西药费	10911.5	14428.5	4546.0	7426.1	1909.9
中药费	1598.0	1581.0	2122.8	874.0	155.1
其他支出	430.9	565.4	166.4	323.4	279.0
病人累计欠费总额(千元)	1713.1	2120.1	986.7	1283.5	59.1
内：年内病人欠费总额(千元)	491.3	589.0	243.2	444.5	24.6
欠费率(%)	1.4	1.3	1.4	1.8	0.3
门诊病人人均医疗费(元)	119.4	122.9	92.6	157.5	88.8
其中：挂号费	1.7	1.6	1.3	2.7	1.9
药费	63.4	64.0	54.6	80.9	37.0
检查费	20.3	22.5	12.9	18.4	15.5
治疗费	14.4	14.0	11.2	28.2	10.0
出院者人均医疗费(元)	4668.1	4663.1	3526.5	7016.7	1810.6
其中：床位费	258.1	242.5	224.0	518.1	171.4
药费	2043.3	2050.5	1600.7	2834.6	427.7
检查费	296.5	299.5	200.6	449.5	114.9
治疗费	934.6	930.0	679.9	1503.8	405.8
手术费	440.1	445.1	341.1	583.3	333.3
出院者平均每天医疗费(元)	438.3	471.6	325.5	357.8	334.0
职工人均年业务收入(元)	97157.3	93791.4	95725.6	139189.0	87090.4
医师人均年业务收入(元)	418475.4	445909.5	273468.0	504870.5	240317.0

4-11-1　卫生部门综合医院收入与支出

	1998	1999	2000	2001	2002	2003	2004	2005
机构数	4052	4072	4088	4112	4488	4779	4848	4884
平均每所医院总收入(千元)	25947.1	28582.6	32423.8	35379.2	37150.9	39694.0	51118.3	55756.3
其中：财政补助收入	1554.3	1945.6	2041.3	2516.3	2729.8	2974.9	3181.9	3333.2
业务收入	23016.5	25763.3	29413.5	31925.1	33928.8	36617.3	44452.3	51748.9
医疗收入	9908.6	12051.6	14130.6	15622.9	16841.1	18277.2	22960.3	26856.6
门诊收入	3560.9	4343.1	5177.3	5674.5	6084.6	6390.7	7963.4	9334.6
住院收入	6347.7	7708.5	8953.3	9948.4	10756.5	11886.5	14997.0	17522.0
药品收入	11991.4	13372.8	15005.5	16026.3	16162.4	17338.2	20457.4	23836.4
其他收入	1116.5	338.9	277.4	275.9	925.3	1001.9	1034.6	1055.9
平均每所医院总支出(千元)	25149.3	27128.4	30992.5	34183.7	35508.8	38425.9	49440.3	53456.8
其中：业务支出	23041.9	26084.3	29593.2	32935.9	34019.8	36716.4	44384.9	51749.4
医疗支出					19460.7	21292.9	25985.8	30200.3
药品支出					14120.2	14973.3	17924.2	20961.3
内：药品费支出	10280.5	10943.0	11961.7	12696.8	12194.1	12923.7	15536.2	18316.6
其他支出					439.0	450.4	474.8	587.7
职工人均年业务收入(元)	68902.0	75186.0	84411.0	92011.0	101459.2	97446.4	112028.6	91770.9
医生人均年业务收入(元)	223701.0	241832.0	271226.0	291514.0	325826.7	350311.3	383657.7	446745.4
门诊病人人均医疗费(元)	68.8	79.0	85.8	93.6	99.6	108.2	118.0	126.9
其中：药费	42.7	47.4	50.3	54.0	55.2	59.2	62.0	66.0
检查治疗费	11.3	14.4	16.8	18.8	27.9	30.8	35.1	37.8
出院者人均医疗费(元)	2596.8	2891.1	3083.7	3245.5	3597.7	3910.7	4284.8	4661.5
其中：药费	1278.8	1363.6	1421.9	1475.9	1598.4	1748.3	1872.9	2045.6
检查治疗手术费	730.3	859.5	978.5	1024.2	1320.7	1411.6	1153.9	1230.6
其中:手术费					315.9	361.4	412.4	447.5
出院者平均每天医疗费(元)	222.2	254.5	280.9	304.4	370.6	388.2	433.5	469.7

4-11-2　2005年卫生部门五级综合医院收入与支出

	合计	中央属	省属	省辖市属	地辖市属	县属
机构数	4884	22	203	1035	1509	2115
平均每所医院总收入(千元)	55756.3	798927.4	319948.8	95652.9	31510.5	20443.3
业务收入	51748.9	758919.0	300942.5	87660.0	29485.9	18785.8
医疗收入	26856.6	399481.7	159092.8	45464.5	15005.6	9637.7
门诊收入	9334.6	126713.4	49866.7	15490.3	5901.8	3660.1
内：挂号费	256.7	6233.1	1462.7	403.7	143.9	87.2
检查费	3603.9	43174.0	17567.7	5848.3	2360.4	1640.8
治疗费	2203.3	27715.7	11585.0	3962.6	1438.6	722.3
手术费	455.2	5051.8	3154.5	699.1	264.6	165.0
住院收入	17522.0	272768.3	109226.0	29974.2	9103.8	5977.6
内：床位费	1598.8	19155.8	8525.1	2848.7	960.3	595.4
检查费	1972.1	27227.6	12375.8	3602.3	975.6	624.1
治疗费	6270.6	97615.4	37626.3	11017.6	3310.4	2099.8
手术费	2997.7	48219.4	18652.5	4802.6	1600.7	1138.1
药品收入	23836.4	340573.0	136634.9	40580.3	13767.4	8705.5
门诊收入	10134.3	156952.1	56207.2	17454.6	6110.0	3474.0
西药费	8157.5	123078.1	44439.3	13973.4	5031.0	2864.4
中药费	1976.8	33874.1	11767.9	3481.3	1078.9	609.5
住院收入	13702.2	183620.9	80427.7	23125.7	7657.5	5231.5
西药费	13163.2	177915.5	77240.9	22098.7	7401.0	5037.7
中药费	538.9	5705.5	3186.7	1027.0	256.4	193.8
其他收入	1055.9	18864.3	5214.9	1615.1	712.9	442.6
平均每所医院总支出(千元)	53456.8	775453.9	304784.6	91438.5	30462.0	19643.4
业务支出	51749.4	752122.1	295388.3	88460.0	29709.7	18839.4
医疗支出	30200.3	453379.2	172630.7	51818.0	17193.0	10829.4
药品支出	20961.3	292368.1	119395.0	35664.3	12158.5	7776.0
内：药品费	18316.6	274050.7	107327.2	31271.8	10317.2	6480.6
西药费	16512.2	244119.9	96569.5	28063.4	9393.0	5887.4
中药费	1804.4	29930.8	10757.7	3208.4	924.3	593.3
其他支出	587.7	6374.8	3362.5	977.7	358.2	234.1
病人累计欠费总额(千元)	2447.4	30953.6	11024.1	5171.6	1157.6	914.8
内：年内病人欠费总额(千元)	681.1	12640.8	2317.1	1623.2	309.0	204.2
欠费率(%)	1.3	1.7	0.8	1.9	1.1	1.1
每一诊疗人次平均医疗费(元)	126.9	247.1	192.5	130.7	105.2	84.2
内：挂号费	1.7	5.4	2.7	1.6	1.3	1.0
药费	66.0	136.7	102.0	69.3	53.5	41.0
检查费	23.5	37.6	31.9	23.2	20.7	19.4
治疗费	14.4	24.2	21.0	15.7	12.6	8.5
出院者平均医疗费(元)	4661.5	12650.9	9871.2	5452.4	3380.9	2266.5
内：床位费	238.7	531.0	443.7	292.5	193.7	120.4
药费	2045.6	5089.9	4186.1	2374.6	1544.6	1057.8
检查费	294.4	754.7	644.1	369.9	196.8	126.2
治疗费	936.1	2705.9	1958.4	1131.3	667.8	424.6
手术费	447.5	1336.6	970.8	493.1	322.9	230.1
出院者平均每天医疗费(元)	469.7	965.2	771.6	458.4	385.1	300.9
职工人均年业务收入(元)	91770.9	372185.0	270411.3	57355.7	111550.1	79060.6
医生人均年业务收入(元)	446745.4	1296995.1	900972.2	497183.6	325924.4	239262.4

4-12-1　卫生部门综合医院门诊和住院病人人均医疗费用

		门诊病人人均医疗费(元)			占门诊病人医疗费%		住院病人人均医疗费(元)			占住院病人医疗费%	
			药费	检查治疗费	药费	检查治疗费		药费	检查治疗费	药费	检查治疗费
医院合计	1990	10.9	7.4	2.1	67.9	19.3	473.3	260.6	121.5	55.1	25.7
	1995	39.9	25.6	9.1	64.2	22.8	1667.8	880.3	507.3	52.8	30.4
	2000	85.8	50.3	16.8	58.6	19.6	3083.7	1421.9	978.5	46.1	31.7
	2001	93.6	54.0	18.8	57.7	20.1	3245.5	1475.9	1014.2	45.5	31.2
	2002	99.6	55.2	27.9	55.4	28.0	3597.7	1598.4	1320.7	44.4	36.7
	2003	108.2	59.2	30.8	54.7	28.4	3910.7	1748.3	1411.6	44.7	36.1
	2004	118.0	62.0	35.1	52.5	29.8	4284.8	1872.9	1566.3	43.7	36.6
	2005	126.9	66.0	37.8	52.1	29.8	4661.5	2045.6	1678.1	43.9	36.0
卫生部属	1990	21.6	13.7	3.8	63.4	17.6	1321.6	632.4	369.8	47.9	28.0
	1995	82.7	55.4	14.4	67.0	17.4	5026.5	2787.0	1271.0	55.4	25.3
	2000	140.9	86.3	24.9	61.3	17.7	8584.2	3710.8	2823.9	43.2	32.9
	2001	185.9	109.7	33.8	59.0	18.2	9007.6	3779.5	3127.8	42.0	34.7
	2002	221.1	128.5	55.5	58.1	25.1	11454.5	4646.1	4424.6	40.6	38.1
	2003	223.2	128.6	53.3	57.6	23.9	12269.3	5128.6	4376.7	41.8	35.7
	2004	234.8	129.0	60.8	55.0	25.9	11916.2	4921.4	4350.7	41.3	36.5
	2005	247.1	136.7	61.8	55.3	25.0	12650.9	5089.9	4797.2	40.2	37.9
省属	1990	16.0	10.2	3.3	63.8	20.6	1021.1	528.0	263.5	51.7	25.8
	1995	65.8	43.1	13.5	65.5	20.5	3915.9	2070.1	1224.9	52.9	31.3
	2000	134.5	84.2	26.0	62.6	19.3	6513.8	3043.8	2199.5	46.7	33.8
	2001	138.1	84.7	27.4	61.3	19.8	6829.7	3101.4	2257.7	45.4	33.1
	2002	153.0	87.3	39.2	57.0	25.6	7947.2	3442.3	3027.8	43.3	38.1
	2003	164.2	92.5	44.0	56.3	26.8	8497.3	3683.6	3287.8	43.4	38.7
	2004	175.2	94.7	48.8	54.0	27.8	8925.4	3734.9	3396.0	41.8	38.0
	2005	192.5	102.0	52.9	53.0	27.5	9871.2	4186.1	3573.4	42.4	36.2
省辖市属	1990	11.9	8.1	2.5	68.1	21.0	624.0	338.4	167.1	54.2	26.8
	1995	43.3	27.9	10.2	64.4	23.6	2205.8	1136.5	691.1	51.5	31.3
	2000	92.2	54.9	17.6	59.5	19.1	3718.0	1697.5	1207.0	45.7	32.5
	2001	98.5	57.5	19.7	58.4	20.0	3807.1	1711.4	1254.1	45.0	33.0
	2002	103.7	58.1	29.5	56.0	28.5	4270.9	1873.5	1587.4	43.9	37.2
	2003	116.8	64.7	33.4	55.4	28.6	4679.2	2064.5	1697.2	44.1	36.3
	2004	124.1	65.9	37.3	53.1	30.1	5121.9	2212.2	1903.9	43.2	37.2
	2005	130.7	69.3	38.9	53.0	29.8	5452.4	2374.0	1994.3	43.6	36.6
地辖市属	1990	10.1	7.3	1.6	72.3	15.8	399.8	223.0	98.5	55.8	24.6
	1995	34.6	22.2	8.2	64.2	23.7	1291.1	687.3	443.3	53.2	34.3
	2000	68.9	38.4	12.7	55.8	18.4	2279.6	1062.6	663.9	46.6	29.1
	2001	79.4	44.6	15.0	56.2	18.9	2451.6	1146.9	683.8	46.8	27.9
	2002	83.4	45.3	23.9	54.3	28.6	2676.6	1236.8	924.8	46.2	34.6
	2003	90.3	48.5	26.5	53.7	29.3	2932.6	1359.1	1006.9	46.3	34.3
	2004	97.5	49.9	30.0	51.2	30.8	3082.9	1412.5	1067.3	45.8	34.6
	2005	105.2	53.5	33.3	50.9	31.6	3380.9	1544.6	1187.4	45.7	35.1
县属	1990	8.1	5.5	1.6	67.9	19.8	309.9	180.1	76.2	58.1	24.6
	1995	24.8	15.2	6.3	61.3	25.4	880.6	472.5	261.6	53.7	29.7
	2000	54.9	29.3	12.7	53.4	23.1	1592.3	751.1	473.0	47.2	29.7
	2001	58.2	30.5	13.5	52.4	23.2	1643.6	774.2	472.4	47.1	28.7
	2002	63.9	33.2	19.4	52.1	30.4	1779.3	836.0	624.5	47.0	35.1
	2003	68.6	35.1	21.3	51.1	31.0	1901.1	902.0	647.0	47.4	34.0
	2004	77.3	38.4	24.9	49.7	32.2	2089.5	975.5	726.2	46.7	34.8
	2005	84.2	41.0	27.9	48.7	33.1	2266.5	1057.8	780.9	46.7	34.5

注：①本表系卫生部门综合医院数字；②按当年价格计算；③住院病人检查治疗费中含手术费。

4-12-2 2005年各地区卫生部门综合医院门诊和住院病人人均医疗费用

地区	门诊病人人均医疗费(元)	药费	检查治疗费	住院病人人均医疗费(元)	药费	检查治疗费
总计	**126.87**	**66.04**	**37.84**	**4661.49**	**2045.61**	**1678.08**
北京	247.37	154.08	57.52	12743.03	4570.36	5017.20
天津	175.79	94.86	45.06	7602.36	3413.00	2178.96
河北	114.38	49.92	42.93	3498.03	1597.20	1235.64
山西	105.61	44.98	39.24	3042.16	1217.59	1060.02
内蒙古	101.19	42.75	37.43	3626.76	1639.68	1319.88
辽宁	134.55	65.17	46.49	4639.37	2059.74	1717.71
吉林	103.07	47.40	40.34	3743.62	1870.85	1370.32
黑龙江	130.24	55.73	47.47	4522.39	2227.95	1238.95
上海	205.73	112.35	39.43	8693.62	3178.82	2848.17
江苏	139.28	74.97	37.44	6253.93	2952.31	1955.87
浙江	143.42	85.48	32.49	7101.76	3443.70	2122.48
安徽	105.04	53.47	33.65	3637.90	1729.10	1210.28
福建	107.37	56.85	32.66	4661.62	2201.65	1682.74
江西	94.37	49.19	30.14	3269.42	1567.42	1219.35
山东	127.95	65.85	41.48	3949.23	1894.67	1466.33
河南	83.37	38.42	31.17	2885.10	1383.85	1087.12
湖北	120.85	62.94	40.83	4157.64	1692.19	1781.55
湖南	137.14	66.80	43.92	4212.71	1822.47	1391.34
广东	129.89	64.61	42.64	6845.54	2643.94	2887.02
广西	83.26	41.46	26.49	3514.74	1347.27	1445.32
海南	117.95	56.57	40.33	4580.50	1824.69	1903.86
重庆	120.44	63.63	35.35	4185.79	1925.79	1535.37
四川	90.91	42.27	31.74	3635.36	1443.73	1494.67
贵州	112.80	52.09	40.28	3524.33	1470.14	1447.48
云南	82.01	40.29	28.72	3524.17	1559.25	1352.17
西藏	35.09	16.21	8.76	2020.20	876.44	565.57
陕西	107.50	53.31	36.92	3765.55	1711.64	1223.97
甘肃	54.23	27.58	16.93	2484.88	1133.76	883.07
青海	67.17	32.61	21.20	3732.47	1762.38	1070.67
宁夏	112.45	64.23	33.70	3978.58	1982.17	1496.85
新疆	107.85	54.01	35.10	3482.68	1511.90	1077.83

4-13-1 2005年30种疾病平均住院医疗费用

疾病名称 (ICD-10)	出院病人数 (人)	出院者平均住院日	出院者平均住院医疗费用 (元)				
				床位费	药费	手术费	检查治疗费
内科							
病毒性肝炎	19580	17.2	5682.5	406.9	3928.0		824.4
浸润性肺结核	13591	11.9	3965.6	271.5	2765.1		878.5
急性心肌梗死	9049	11.5	12650.7	449.0	4622.5		5595.9
充血性心力衰竭	946	12.4	4780.3	258.1	3741.3		1362.4
细菌性肺炎	4422	10.6	4775.4	334.2	3548.6		1156.9
慢性肺源性心脏病	8219	10.9	4440.6	218.9	3861.1		1112.0
急性上消化道出血	1574	8.7	5462.5	244.9	4077.4		1122.6
原发性肾病综合征	7898	14.5	4621.7	336.3	2712.0		1004.1
甲状腺功能亢进	6494	11.3	3750.4	271.7	1731.1		965.2
脑出血	34480	14.1	8000.8	359.9	6022.1		2025.4
脑梗死	76641	13.6	6272.2	372.6	4386.1		1326.1
再生障碍性贫血	3026	10.2	6229.1	248.8	4017.2		1046.3
急性白血病	6532	14.0	8683.5	389.2	7249.8		1308.7
外科							
结节性甲状腺肿	8970	9.1	5287.7	260.6	1809.3	1299.9	1287.5
急性阑尾炎	54847	6.6	2964.4	140.6	1784.4	651.1	579.3
急性胆囊炎	7011	9.7	5152.0	230.2	3675.1	1311.1	965.5
腹股沟疝	32384	7.6	3310.3	171.8	1599.6	854.2	830.3
胃恶性肿瘤	18982	14.9	12020.3	397.5	7662.8	2436.1	2211.8
肺恶性肿瘤	20661	14.9	9880.7	447.7	6963.2	2218.3	2232.3
食管恶性肿瘤	10487	16.4	11944.4	410.4	6655.5	2850.8	2622.3
心肌梗死冠状动脉搭桥	803	19.7	34719.2	649.2	7970.3	11177.5	8870.1
膀胱恶性肿瘤	4474	15.6	10753.3	524.7	5657.5	1886.6	2616.2
前列腺增生	16181	14.3	7515.5	374.6	3656.7	1785.2	1636.9
颅内损伤	67562	11.1	6461.8	250.8	4798.4	1250.4	1575.9
腰椎间盘突出症	15214	13.4	6117.3	343.2	2015.9	2241.9	1789.1
儿科							
支气管肺炎	72091	6.3	1338.5	130.7	899.1		346.0
感染性腹泻	3213	4.5	1061.8	90.6	948.5		385.8
妇产科							
子宫平滑肌瘤	28694	10.1	5231.0	260.3	1788.2	1254.6	1289.0
刮宫产	113324	7.4	3995.3	315.5	1125.7	905.6	940.2
眼科							
老年性白内障	26570	5.9	4165.5	158.7	909.2	1685.4	1313.8

注：本表系卫生部门综合医院数字。

4-13-2 2005年五级医院30种疾病平均住院医疗费用

疾病名称(ICD-10)	出院者人均住院医疗费用(元)					出院者平均住院日(日)				
	中央属	省属	地级市属	县级市属	县属	中央属	省属	地级市属	县级市属	县属
内科										
病毒性肝炎	9160.6	7383.0	5526.5	4225.0	3308.0	18.4	19.3	18.3	14.8	13.9
浸润性肺结核	8664.5	5581.1	4350.2	3559.3	2202.7	14.6	14.2	13.0	11.3	9.5
急性心肌梗死	20688.4	19216.5	12415.9	6836.1	4555.4	12.3	11.2	12.0	10.7	10.3
充血性心力衰竭	9044.8	8429.2	3744.1	2678.8	2425.9	14.7	17.5	13.1	8.4	6.8
细菌性肺炎	9439.4	7323.4	3328.0	2109.6	1525.8	13.4	11.8	10.1	9.0	7.6
慢性肺源性心脏病	12352.0	11289.8	5728.4	3750.4	2724.0	14.4	15.0	12.8	11.0	9.0
急性上消化道出血	10136.4	6593.1	5278.3	3180.6	2646.3	12.0	8.9	8.8	6.8	6.9
原发性肾病综合征	7170.1	4996.5	3795.0	2733.0	2152.7	16.3	14.0	15.9	11.6	10.1
甲状腺功能亢进	5096.1	4306.0	3323.1	3182.4	2303.8	12.8	11.4	11.8	9.8	8.9
脑出血	14294.1	13069.8	9056.9	6414.0	4781.9	16.8	16.6	16.1	12.4	11.3
脑梗死	11621.0	10651.6	6292.5	4162.1	3225.0	17.7	15.9	14.8	10.7	10.0
再生障碍性贫血	10421.2	7052.5	5540.6	3701.5	2544.2	12.5	9.9	11.5	6.6	6.5
急性白血病	12355.1	9676.6	6656.3	5773.1	2915.3	16.4	14.4	13.7	10.1	8.5
外科										
结节性甲状腺肿	5942.6	6124.0	4780.8	4036.1	2792.1	8.7	9.3	9.6	8.1	7.8
急性阑尾炎	4519.0	4346.7	3345.7	2607.3	2104.1	5.5	6.9	7.0	6.4	6.3
急性胆囊炎	10917.5	8249.6	5542.5	3021.8	2507.6	10.6	11.1	11.0	7.9	7.2
腹股沟疝	5462.6	5343.1	3746.2	2768.6	1943.9	8.0	8.6	8.4	7.2	6.6
胃恶性肿瘤	19000.4	15176.2	10552.6	7204.4	5716.7	16.7	15.4	15.7	13.3	11.8
肺恶性肿瘤	15709.3	11789.4	8022.3	5405.7	3691.2	17.3	15.1	14.9	12.6	11.3
食管恶性肿瘤	18968.6	15522.8	10735.5	7327.4	5929.0	17.7	17.4	16.6	16.0	12.6
心肌梗死冠状动脉搭桥	32643.2	37406.9	40027.7			18.7	27.1	21.0		
膀胱恶性肿瘤	12725.2	11573.0	9999.7	6568.7	5130.1	14.4	16.8	17.5	14.0	12.0
前列腺增生	9646.4	10876.4	7675.6	5668.8	4329.1	13.1	16.5	15.7	13.1	11.4
颅内损伤	12850.0	12508.2	7340.2	4621.4	4646.8	11.6	13.6	12.3	9.7	10.1
腰椎间盘突出症	13041.9	8849.6	5063.5	3423.3	2841.4	15.0	14.8	13.9	11.3	10.8
儿科										
支气管肺炎	3747.0	2515.5	1544.9	1062.4	850.2	8.2	8.1	7.0	6.0	5.1
感染性腹泻	4910.7	1534.3	1330.7	734.8	678.9	7.7	5.7	5.2	4.2	3.6
妇产科										
子宫平滑肌瘤	6846.4	6548.3	5524.2	4256.6	3410.1	8.9	10.5	11.1	9.8	9.1
刮宫产	6450.4	5642.4	4355.9	3448.6	2862.1	7.3	8.1	7.9	7.2	6.8
眼科										
老年性白内障	6644.7	5353.9	3793.4	2827.9	1694.0	6.5	7.1	6.1	5.7	3.8

注：本表系卫生部门综合医院数字。

4-14 2005年诊所、卫生所、医务室、社区卫生服务站收入与支出

	年总收入(千元)				年总支出(千元)			
	合计	上级补助收入	业务收入	其他收入	合计	人员经费	药品支出	其他支出
总计	**24242600**	**2072123**	**16973348**	**5197129**	**27393275**	**7835991**	**10203570**	**9353714**
诊所	12312065	65746	9366924	2879395	15211315	3607344	4329488	7274483
卫生所、医务室	7306098	1753550	4239496	1313052	8315068	2391750	4421685	1501633
社区卫生服务站	4624437	252827	3366928	1004682	3866892	1836897	1452397	577598
按地区分								
北京	455777	128245	308150	19382	503128	170146	203690	129292
天津	228120	16642	201036	10442	284240	54260	138718	91262
河北	549285	2496	546789	0	500286	170894	275626	53766
山西	477512	51272	322856	103384	599154	396498	155276	47380
内蒙古	760722	14895	662217	83610	505119	133114	353408	18597
辽宁	571233	48077	427443	95713	520537	197062	194101	129374
吉林	588685	14796	533775	40114	465291	201529	247893	15869
黑龙江	1809244	386218	739598	683428	1818391	689922	685639	442830
上海	565805	37026	415640	113139	552660	64750	163192	324718
江苏	8291080	1178233	5404099	1708748	6071251	1342299	3923860	805092
浙江	3556030	289821	3062675	203534	4968690	1228399	3067076	673215
安徽	3671031	287484	1010823	2372724	3818301	2718231	352053	748017
福建	1668261	154005	1414635	99621	1647867	671931	821403	154533
江西	2029623	7616	1220669	801338	1884799	148383	871898	864518
山东	2093398	79188	1620833	393377	1942009	817935	1001779	122295
河南	743057	52011	640593	50453	657177	245344	369701	42132
湖北	865084	484875	342760	37449	827300	436794	354054	36452
湖南	2397627	24207	1321029	1052391	1990104	693972	539703	756429
广东	3615410	322133	2900358	392919	3303450	1319820	1589292	394338
广西	2193978	661415	1487002	45561	2852469	945695	873730	1033044
海南	827135	9568	814780	2787	795160	505064	279037	11059
重庆	744833	6392	666299	72142	723115	357870	294726	70519
四川	5278232	109394	4356072	812766	4421241	2180779	1918583	321879
贵州	181321	3771	131723	45827	154161	50936	59938	43287
云南	1265721	44490	1019466	201765	17800710	376010	579416	16845284
西藏	269455	231	121346	147878	94558	11052	77145	6361
陕西	1404209	55542	1262373	86294	1286193	362480	837884	85829
甘肃	747763	33651	646314	67798	669078	205758	404768	58552
青海	705892	2951	27529	675412	55771	26324	27126	2321
宁夏	91631	4061	79742	7828	82745	28513	48733	5499
新疆	1666955	27467	1612796	26692	1550262	650874	887153	12235

4-15 2005年村卫生室收入与支出

	年总收入(千元)					年总支出(千元)			
	合计	上级补助收入	村或群众补助收入	业务收入	其他	合计	人员经费	药品支出	其他
总计	**24654415**	**452048**	**310709**	**20237830**	**3653828**	**21006622**	**6915297**	**11746695**	**2344630**
村办	12219010	206121	281202	9427083	2304604	11232920	4053696	6492315	686909
乡卫生院设点	1861735	50243	9213	1743979	58300	1660140	574036	954917	131187
联合办	1596359	158304	9891	1190361	237803	1505237	611132	682019	212086
私人办	5530306	21983	8867	4775125	724331	4849052	1457545	3055460	336047
其他	3447005	15397	1536	3101282	328790	1759273	218888	561984	978401
按地区分									
以下为各地区数									
北京	152216	1294	10111	138389	2422	140463	33867	103929	2667
天津	93226	222	432	77646	14926	80317	27193	46238	6886
河北	1015420	204	650	923866	90700	896734	314353	537447	44934
山西	3429810	35085	25710	2702188	666827	2931926	423157	1986410	522359
内蒙古	605027	5877	390	351720	247040	546822	229860	305362	11600
辽宁	289657	1083	2383	269658	16533	249039	87251	146028	15760
吉林	168203	29	430	161920	5824	137097	48701	85208	3188
黑龙江	314336	8016	14200	282220	9900	275561	108748	156478	10335
上海	144706	24023	40129	65552	15002	129794	28456	87869	13469
江苏	1181618	5069	11160	1139135	26254	1111246	470885	621918	18443
浙江	1297756	870	1905	1183820	111161	921577	335570	539054	46953
安徽	703205	1243	1160	686015	14787	669787	296159	358936	14692
福建	627612	24647	1493	562256	39216	581749	251483	322799	7467
江西	3082647	1726	727	3024329	55865	1495434	215994	276723	1002717
山东	1748222	157	3430	1640627	104008	1573448	555983	975734	41731
河南	1102230	907	4356	1057773	39194	974107	360280	597078	16749
湖北	857590	1403	3295	837864	15028	855522	377500	409309	68713
湖南	630656	599	1051	604804	24202	572287	245529	283417	43341
广东	994729	2185	23571	824135	144838	1033057	284158	509922	238977
广西	599820	3476	741	590203	5400	530210	216207	284838	29165
海南	40374	77	91	39927	279	36220	16883	19094	243
重庆	237367	529	135	232919	3784	227571	102161	121169	4241
四川	2761230	3741	1210	860976	1895303	2692157	1155434	1493641	43082
贵州	228442	6970	1004	205440	15028	191812	74291	113180	4341
云南	544625	49110	159207	303597	32711	480719	121756	337221	21742
西藏	1192	358	23	489	322	1850	675	845	330
陕西	781511	444	356	771613	9098	730799	105061	616446	9292
甘肃	209249	666	245	204253	4085	195074	55784	133063	6227
青海	62823	1766	335	60346	376	58393	17816	40230	347
宁夏	197920	573	88	159568	37691	195920	74587	119567	1766
新疆	550996	269699	691	274582	6024	489930	279515	117542	92873

五、医 疗 服 务

简要说明

一、本章主要介绍全国及31个省、自治区、直辖市医疗机构门诊、住院和床位利用情况，包括诊疗人次、住院人数、病床使用率、平均住院日、医生人均工作量、住院病人疾病分类、居民两周就诊率、居民住院率等。

二、诊疗人次、住院人数、病床使用率、平均住院日、医生人均工作量、住院病人疾病转归情况的数据来源于有关年份卫生综合统计年报。居民就诊率、住院率、经常就诊单位和医疗保障方式等数据来源于1993、1998、2003年国家卫生服务调查。

三、本篇涉及医疗机构的口径变动和指标解释与“卫生机构”篇一致。

四、总诊疗人次数不包括诊所、医务室、卫生所、社区卫生服务站和村卫生室诊疗人次。1993年以前全国诊疗人次和住院人数系推算数字。

五、住院病人疾病转归情况系各级卫生部门所属医院汇总数，采用ICD－10疾病分类统计标准。

六、1993、1998、2003年国家卫生服务调查采取多阶段分层整群随机抽样法。1993年抽取了92个样本县/市（27个城市、65个县）的54万户共215163人；1998年抽取了95个样本县/市（28个城市、67个县）的56994户共216101人，调查户和调查人口抽样概率均为1∶5000；2003年抽取了95个样本县/市（28个城市、67个县）的57000户共21万人，调查户和调查人口抽样概率均为1∶5800。三次调查均按城市、农村分类。城市按人口规模分为三类地区：大城市（100万人口以上）、中城市和小城市（30万人口以下）；农村根据社会经济多个指标分为四类地区：一类农村（相当富裕县）、二类农村（小康县）、三类农村（温饱县）和四类农村（贫困县）。

主要统计指标解释

总诊疗人次数　指所有诊疗工作的总人次数，包括病人来院就诊的门诊、急诊人次，出诊、赴家庭病床、下地段等外出诊疗人次，本院职工的诊疗人次数，外出进行的单项健康检查及健康咨询指导人次，局部的单项健康检查人数等。

健康检查人数　指在院内、院外进行的全身健康检查人数。

急诊病死率　即急诊室死亡人数/急诊人次数×100%。

观察室病死率　即观察室死亡人数/观察室留观人次数×100%。

出院人数　指所有住院后出院的人数，包括出院病人数，正常分娩，未产出院，住院经检查无病出院、未治出院及健康人进行人工流产或绝育手术后正常出院者。

死亡人数　指住院病人中的死亡人数，包括已办住院手续入院后死亡者、虽未办完住院手续但实际已收容入院后死亡者，不包括门、急诊室及门诊观察室内的死亡人数。

其他人数　指正常分娩、未产出院、住院经检查无病出院、未治出院及健康人进行人工流产或绝育手术后正常出院者。

每百门、急诊入院人数　即入院人数/门、急诊人次×100。

住院病人手术人次数　指有正规手术单和麻醉单施行手术的住院病人总数（包括产科手术

病人数)。同一病人本次在院就诊期间患有同一疾病或不同疾病施行多次手术者，按实际施行的手术次数统计。

住院危重病人抢救成功率 即住院危重病人抢救成功人次数/住院危重病人抢救人次数×100%。

实际开放总床日数 指年内医院各科每日夜晚12点钟开放病床数之总和，不论该床是否被病人占用，都应计算在内，包括因故（如消毒、小修理等）暂时停用的病床，不包括因医院病房扩建、大修理或粉刷而停用的病床及临时增设的病床。

实际占用总床日数 指医院各科每日夜晚12点钟实际占用病床数（即每日夜晚12点钟的住院人数）之总和。包括实际占用的临时床位，病人入院后于当晚12点钟以前死亡或因故出院所占用的床位。

平均开放病床数 即实际开放总床日数/本年日历日数（365）。

出院者占用总床日数 指出院者（包括正常分娩、未产出院、住院经检查无病出院、未治出院及健康人进行人工流产或绝育手术后正常出院者）住院日数的总和。

治愈率 是指出院人数中的“治愈人数+其他人数”与“出院人数”之比。

好转率 是指出院人数中的“好转人数”与“出院人数”之比。

病死率 是指出院人数中的“死亡人数”与“出院人数”之比。

病床使用率 是指“实际占用总床日数”与“实际开放总床日数”之比。

病床周转次数 是指“出院人数”与“平均开放床位数”之比。

病床工作日 是指“实际占用总床日数”与“平均开放病床数”之比。

出院者平均住院日 是指“出院者占用总床日数”与“出院人数”之比。

医师人均每日担负诊疗人次 即诊疗人次数/平均医师人数/251。

医师人均每日担负住院床日 是指实际占用总床日数/平均医师人数/365。

居民两周就诊率 是指调查前两周内居民因病或身体不适到医疗机构就诊的人次数与调查人口数之比。

居民两周未就诊率 是指调查前两周内居民患病而未就诊的人次数与两周患病人次数之比。

居民住院率 是指调查前一年内居民因病住院人次数与调查人口数之比。

医疗保障制度 我国医疗保障制度主要包括公费医疗制度、劳保医疗制度、医疗保险制度和农村合作医疗制度。

公费医疗 公费医疗制度是国家或政府医疗保障制度，其经费主要来源于各级财政。公费医疗制度是指国家为国家工作人员提供的、在规定范围内免费享受的医疗预防服务制度。其实施人群主要是党政机关公务员及其离退休人员，财政全额拨款事业单位工作人员及其离退休人员，二等乙级以上革命残疾军人，国家核准的高等院校在校学生。

劳保和半劳保 劳保医疗制度是指企业职工因病或非因工负伤，按规定享受的医药费用补助的社会保障制度，其经费主要来源于企业职工的福利金。劳保医疗制度实施人群主要是国有企业职工及其离退休人员。区、县、乡的集体企业也可按照或参照劳动保险条例执行。企业职工本人患病时享受免费医疗（即劳保）；企业职工供养的直系亲属在指定医疗单位就诊，可享受部分医疗待遇（即半劳保）。

医疗保险 指为公民提供因疾病所需医疗服务费用补偿的一种保险制度，包括社会医疗保险（为主）和商业医疗保险。社会医疗保险可分为基本医疗保险和补充医疗保险。基本医疗是指基本用药、基本医疗技术、基本医疗服务和基本医疗收费，即在一定经济条件下医疗保险允许报销的范围。基本医疗保险带有强制性，一般由国家部门承办。补充医疗保险是为满足不同层次的需要而设立的（自愿参保），补充医疗保险基金主要用于支付由参保人个人自理的医疗费用。商业医疗保险一般由商业保险公司承办，自愿参加，以赢利为目的。

大病统筹 即职工大病医疗费用社会统筹。大病统筹是指企业根据其经济承受能力，选择某些医疗费用开支较大的大病病种，通过社会统筹来保障企业职工患大病后得到基本医疗。其特点主要有：①医疗费用由国家、用人单位和职工三方合理负担；②基本原则是互助互济，保证基本医疗，以收定支，略有结余；③医疗保险专项基金由职工（含退休、退职人员）个人医疗保险专户金、企业医疗保险调剂金和大病医疗保险统筹金三部分组成；④统筹基金是当地企业在职职工按上年度职工月平均工资和月平均离退休费用的一定比例征集；⑤统筹的范围包括国有、集体、股份制、城镇私营、街道（居委会）集体企业的在职职工和外商投资企业的中方职工，属上述企业的离退休人员；⑥专款专用，专户储存，任何单位和个人不得挪用和侵占；⑦大病病种一般包括慢性肺源性心脏病、白血病、慢性肾功能衰竭、脑出血、颅内占位性病变、椎管内占位性病变、恶性肿瘤、大面积烧伤、心功能不全Ⅱ级及以上等。目前，部分农村地区开始推行“大病统筹”医疗保险制度。

合作医疗　合作医疗制度是指筹资以个人投入为主、集体扶持、政府适当支持，建立农村合作医疗章程和管理监督机制，提供卫生服务的农民互助共济、共同抵御疾病风险的制度。合作医疗制度是一种农民医疗保险制度，享受对象主要是农民。

5-1-1 医疗机构诊疗人次数

	2002	2003	2004	2005
总　　计	**2145248077**	**2096293732**	**2202901300**	**2304864499**
医院	1243059545	1212734100	1304526796	1386533401
其中：综合医院	964235873	930548538	994645875	1057749477
中医医院	185389392	189722353	202594939	214294536
专科医院	75723403	75749125	88656370	94787805
疗养院	3027922	680700	2575006	2186387
社区卫生服务中心	35878718	38043852	46155902	59385194
卫生院	729557059	710408484	702733626	699411515
街道卫生院	19689305	19068615	22159198	20178355
乡镇卫生院	709867754	691339869	680574428	679233160
门诊部	43451819	39420993	43348531	42384572
妇幼保健院(所、站)	75492370	77747762	86561582	96745908
内:妇幼保健院	61092264	63595807	71082232	81368794
专科疾病防治院(所、站)	14780644	17257841	16999857	18217522
内:专科疾病防治院	3955380	4562940	4470946	6100126

5-1-2 医院诊疗人次数

	诊疗人次数(亿次)	卫生部门	综合医院	中医医院	诊疗人次中:门、急诊(亿次)	卫生部门	综合医院	中医医院
1980	10.53	6.33	4.91	0.47	9.54	6.19	4.79	0.46
1981	11.37	6.57	4.96	0.55	10.51	6.47	4.89	0.54
1982	12.23	7.12	5.26	0.68	11.38	6.99	4.94	0.65
1983	12.47	7.26	5.32	0.72	11.71	7.15	5.24	0.71
1984	12.53	7.37	5.32	0.81	11.86	7.26	5.25	0.80
1985	12.55	7.21	5.08	0.87	11.37	7.00	4.93	0.83
1986	13.02	7.76	5.36	1.04	12.18	7.54	5.22	0.99
1987	14.80	8.50	5.61	1.38	14.00	8.30	5.49	1.33
1988	14.63	8.38	5.48	1.44	13.76	8.18	5.36	1.41
1989	14.43	8.16	5.25	1.46	13.52	7.96	5.13	1.43
1990	14.94	8.58	5.47	1.60	14.05	8.32	5.30	1.55
1991	15.33	8.88	5.54	1.78	14.40	8.64	5.42	1.70
1992	15.35	8.84	5.50	1.78	14.31	8.60	5.35	1.74
1993	13.07	7.98	4.95	1.61	12.19	7.70	4.77	1.55
1994	12.69	7.75	4.81	1.58	11.86	7.47	4.62	1.53
1995	12.52	7.76	4.78	1.58	11.65	7.49	4.59	1.53
1996	12.81	8.08	4.78	1.70	11.61	7.55	4.54	1.58
1997	12.27	7.95	4.76	1.65	11.38	7.61	4.57	1.56
1998	12.39	8.17	4.88	1.62	11.51	7.84	4.69	1.57
1999	12.31	8.19	4.93	1.56	11.51	7.90	4.73	1.51
2000	12.86	8.76	5.27	1.64	11.83	8.32	5.00	1.54
2001	12.50	8.74	5.18	1.64	11.74	8.39	4.96	1.57
2002	13.08	9.89	6.69	1.79	12.17	8.86	6.35	1.70
2003	12.82	9.99	6.69	1.85	12.13	9.57	6.44	1.78
2004	13.81	11.05	7.44	1.97	13.16	10.64	7.18	1.90
2005	14.74	11.95	8.12	2.06	14.19	11.57	7.86	1.99

注：①1993年以前诊疗人次系推算数字；②为统一口径，医院含妇幼保健院、专科疾病防治院数字；③2002年以前综合医院不含高等院校附属医院。

5-2-1　2005年医疗机构门诊服务情况

	机构数（个）	诊疗人次	门、急诊	门诊	观察室留观病人（人）	健康检查人数（人）	急诊病死率（%）	观察室病死率（%）
总　　计	**69791**	**2304864499**	**2221068583**	**2089357341**	**46270346**	**119541371**	**0.12**	**0.12**
一、医　　院	18486	1386533401	1335961103	1232372705	30687940	66478052	0.12	0.13
综合医院	12853	1057749477	1017892621	932489297	23296863	56115346	0.13	0.16
中医医院	2602	214294536	207269322	195759355	3758695	7014872	0.07	0.09
中西医结合医院	190	15133515	14674567	13564093	258817	596305	0.11	0.15
民族医院	193	4272142	4008661	3907267	32618	50478	0.09	0.15
专科医院	2625	94787805	91831876	86371116	3340762	2693894	0.08	0.03
口腔医院	227	12538094	12234184	12034200	22017	87755		
眼科医院	171	6171226	5884170	5775003	31509	80853	0.01	0.02
耳鼻咽喉科医院	28	1902403	1894429	1856174	1110	13995		0.27
肿瘤医院	108	4354437	4087670	3973764	67781	149530	0.18	0.25
心血管病医院	43	1228494	1145216	1062712	28792	70302	0.39	0.36
胸科医院	18	921623	911495	864690	11867	290782	0.40	0.53
血液病医院	8	79876	78440	73072	1621	120	0.15	0.43
妇产(科)医院	124	8604367	8319757	7827816	211616	262750	0.01	
儿童医院	57	22655777	22494152	19470728	2489260	162693	0.01	0.01
精神病医院	554	11560881	11050443	10657295	104358	506283	0.07	0.19
传染病医院	133	4567555	4392108	4195726	55773	160814	0.05	0.08
皮肤病医院	77	2415731	2396026	2373204	9683	31951	0.01	
结核病医院	48	950275	879592	844631	19849	164256	0.50	0.71
麻风病医院	28	307222	299565	293161	5673	389		
职业病医院	15	374114	315356	293066	9145	159441	0.12	0.01
骨科医院	233	4941540	4779595	4466925	54747	94105	0.04	0.01
康复医院	238	3652763	3471508	3394014	77165	178967	0.32	0.10
整形外科医院	17	133090	132500	125709	387	962	0.10	0.78
美容医院	33	147410	142121	142058	780	7711		
其他专科医院	465	7280927	6923549	6647168	137629	270235	0.88	
护理院	23	295926	284056	281577	185	7157		
二、疗养院	233	2186387	1825061	1759165	20136	388337	0.12	0.16
三、社区卫生服务中心	876	59385194	56573843	55283406	992722	2200939	0.02	
四、卫生院	41188	699411515	678015092	656197602	11727304	35294203	0.14	0.13
街道卫生院	756	20178355	19682155	19102411	528227	1162750	0.01	
乡镇卫生院	40432	679233160	658332937	637095191	11199077	34131453	0.15	0.13
中心卫生院	9988	252882507	244792059	236683826	4450137	12926432	0.11	0.15
乡卫生院	30444	426350653	413540878	400411365	6748940	21205021	0.17	0.13
五、门诊部	4677	42384572	40101395	39661150	583138	2018852	0.08	0.10
六、妇幼保健院(所、站)	2949	96745908	91286858	87047302	2117262	11300526	0.01	
妇幼保健院	1569	81368794	77410186	73272764	1973010	7869155	0.01	
妇幼保健所、站	1380	15377114	13876672	13774538	144252	3431371	0.05	
七、专科疾病防治院(所、站)	1382	18217522	17305231	17036011	141844	1860462	0.03	0.01

5-2-2　2005年非营利性医疗机构门诊服务情况

	机构数（个）	诊疗人次			观察室留观病人（人）	健康检查人数（人）	急诊病死率(%)	观察室病死率(%)
			门、急诊					
				门诊				
总　　计	**63620**	**2223115336**	**2142713654**	**2014150904**	**44574140**	**115086395**	**0.12**	**0.13**
一、医　　院	15520	1328755966	1280757875	1179921865	29394650	63496092	0.12	0.14
综合医院	11159	1016682465	978514516	895408891	22251966	53742628	0.13	0.16
中医医院	2364	210972345	204039907	192652363	3709615	6896205	0.07	0.09
中西医结合医院	115	13707773	13383608	12327720	240885	546129	0.11	0.16
民族医院	180	4121963	3865427	3765505	32262	36120	0.09	0.15
专科医院	1684	82994126	80688573	75503778	3159922	2268434	0.04	0.03
口腔医院	161	11696358	11450029	11254254	13165	51711		0.01
眼科医院	79	4466635	4229338	4135534	11148	26007	0.02	0.04
耳鼻咽喉科医院	11	1684900	1681454	1646267	720	13495		0.42
肿瘤医院	77	4204501	3940485	3831822	67300	113369	0.17	0.25
心血管病医院	22	735929	697615	653814	11550	21099	0.31	0.75
胸科医院	18	921623	911495	864690	11867	290782	0.40	0.53
血液病医院	1	49877	49877	44727	521		0.16	1.34
妇产(科)医院	58	7800141	7593666	7110082	200017	234516	0.01	
儿童医院	49	22576936	22417791	19399441	2458381	157311	0.01	0.01
精神病医院	506	11228547	10761608	10374400	103423	503923	0.07	0.19
传染病医院	129	4525437	4353509	4157127	55703	152714	0.05	0.08
皮肤病医院	40	2044227	2031423	2011115	4320	26095	0.01	
结核病医院	45	933867	863388	828427	19838	162129	0.50	0.71
麻风病医院	26	300407	292750	286346	5673	389		
职业病医院	14	373131	314393	292103	9145	159441	0.12	0.01
骨科医院	96	3375557	3285361	3039451	46437	77901	0.03	0.01
康复医院	167	2674543	2522915	2464158	61871	128953	0.31	0.12
整形外科医院	4	84373	83816	81327	387	939	0.28	0.78
美容医院	1	15000	15000	15000				
其他专科医院	180	3302137	3192660	3013693	78456	147660	0.10	0.01
护理院	18	277294	265844	263608		6576		
二、疗养院	221	2001831	1663849	1597961	20134	388337	0.12	0.15
三、社区卫生服务中心	841	58842439	56069236	54802998	973513	2141868	0.02	
四、卫生院	40972	695103109	673789591	652156614	11603554	35119301	0.14	0.13
街道卫生院	744	19910037	19417068	18840130	527397	1159888	0.01	
乡镇卫生院	40228	675193072	654372523	633316484	11076157	33959413	0.15	0.14
中心卫生院	9949	252047546	243981936	235892530	4435567	12887274	0.11	0.15
乡卫生院	30279	423145526	410390587	397423954	6640590	21072139	0.17	0.13
五、门诊部	1976	25471737	23628963	23365276	337435	1212802	0.03	0.01
六、妇幼保健院(所、站)	2847	95715878	90330539	86097575	2106008	11076471	0.01	
妇幼保健院	1552	81154742	77202373	73069597	1964006	7833023	0.01	
妇幼保健所、站	1295	14561136	13128166	13027978	142002	3243448	0.05	
七、专科疾病防治院(所、站)	1243	17224376	16473601	16208615	138846	1651524	0.03	0.01

5-2-3 2005年营利性医疗机构门诊服务情况

	机构数(个)	诊疗人次	门、急诊	门诊	观察室留观病人(人)	健康检查人数(人)	急诊病死率(%)	观察室病死率(%)
总　　计	**5734**	**74764375**	**71665394**	**68763735**	**1608479**	**3952275**	**0.23**	**0.07**
一、医　　院	2913	55595299	53078401	50475257	1278522	2905823	0.25	0.04
综合医院	1658	39171276	37497475	35344440	1031329	2315269	0.17	0.05
中医医院	235	3188983	3103007	2984649	49080	111262	0.11	0.02
中西医结合医院	75	1425742	1290959	1236373	17932	50176	0.04	0.01
民族医院	13	150179	143234	141762	356	14358		
专科医院	927	11640487	11025514	10750064	179640	414177	0.94	0.01
口腔医院	65	838296	780715	776506	8852	36044		
眼科医院	92	1704591	1654832	1639469	20361	54846	0.01	
耳鼻咽喉科医院	17	217503	212975	209907	390	500		
肿瘤医院	31	149936	147185	141942	481	36161	0.36	1.04
心血管病医院	21	492565	447601	408898	17242	49203	0.49	0.09
胸科医院								
血液病医院	7	29999	28563	28345	1100	120		
妇产(科)医院	66	804226	726091	717734	11599	28234	0.10	
儿童医院	8	78841	76361	71287	30879	5382	0.24	
精神病医院	45	274771	265990	260050	935	2360	0.03	
传染病医院	3	32045	28526	28526	70	8100		
皮肤病医院	36	360504	353688	351289	5163	5736		
结核病医院	3	16408	16204	16204	11	2127		
麻风病医院								
职业病医院	1	983	963	963				
骨科医院	137	1565983	1494234	1427474	8310	16204	0.09	
康复医院	69	962392	932765	914028	15294	50014	0.32	
整形外科医院	13	48717	48684	44382		23		
美容医院	32	132410	127121	127058	780	7711		
其他专科医院	281	3930317	3683016	3586002	58173	111412	2.32	
护理院	5	18632	18212	17969	185	581		
二、疗养院	5	22428	21566	21566				
三、社区卫生服务中心	22	332585	325244	313174	12823	54156	0.03	
四、卫生院	105	1905588	1885741	1778547	77337	72746	0.05	0.01
街道卫生院	10	132980	129749	129047	830	2862		
乡镇卫生院	95	1772608	1755992	1649500	76507	69884	0.05	0.01
中心卫生院	17	209599	198541	196565	2943	16715	0.20	0.07
乡卫生院	78	1563009	1557451	1452935	73564	53169	0.05	0.01
五、门诊部	2672	16689156	16256547	16080590	239568	793253	0.14	0.24
六、妇幼保健院(所、站)								
妇幼保健院								
妇幼保健所、站								
七、专科疾病防治院(所、站)	17	219319	97895	94601	229	126297		

5-2-4　2005年政府办医疗机构门诊服务情况

	机构数（个）	诊疗人次			观察室留观病人（人）	健康检查人数（人）	急　诊病死率（%）	观察室病死率（%）
			门、急诊	门诊				
总　　　计	**55514**	**1998092691**	**1931922932**	**1814922019**	**38112839**	**101804774**	**0.12**	**0.13**
一、医　　　院	9802	1134254673	1098003435	1008153479	23657214	52302792	0.12	0.14
综合医院	5961	833785815	806625254	734109381	16677110	43058484	0.13	0.17
中医医院	2245	207004888	200282865	189027756	3657091	6778815	0.07	0.09
中西医结合医院	86	12815633	12535155	11515417	214143	422633	0.11	0.18
民族医院	174	3986634	3792585	3692867	32262	34052	0.09	0.15
专科医院	1327	76482368	74599691	69640428	3076608	2007632	0.03	0.03
口腔医院	141	10756411	10550559	10360057	13130	51711		0.01
眼科医院	44	3340384	3302721	3227831	10577	20175		0.03
耳鼻咽喉科医院	8	1671228	1667782	1634784	720	13495		0.42
肿瘤医院	66	4110554	3849767	3748190	67269	110467	0.17	0.25
心血管病医院	15	639557	605919	564342	10705	14138	0.27	0.65
胸科医院	15	892949	882957	837201	11867	290782	0.40	0.53
血液病医院	1	49877	49877	44727	521		0.16	1.34
妇产(科)医院	45	7362793	7144457	6665802	198005	223635	0.01	
儿童医院	43	22264895	22107440	19095025	2458381	157311	0.01	0.01
精神病医院	456	10931479	10465423	10094120	102532	488233	0.06	0.05
传染病医院	127	4480791	4308975	4112912	48409	139100	0.05	0.10
皮肤病医院	35	1971651	1962151	1942203		16917	0.01	
结核病医院	43	929784	859505	824544	19838	162296	0.50	0.71
麻风病医院	27	306672	299015	292611	5673	389		
职业病医院	6	210196	201117	187204	79	118154	0.17	
骨科医院	58	2545638	2475791	2267647	44559	42270	0.03	0.01
康复医院	96	1751021	1649550	1621367	49412	64095	0.42	0.14
整形外科医院	2	79848	79291	76802	387	939	0.28	0.78
美容医院	1	15000	15000	15000				
其他专科医院	98	2171640	2122394	2028059	34544	93525	0.06	0.02
护理院	9	179335	167885	167630		1176		
二、疗养院	115	1285019	1106017	1052746	9750	214760	0.10	0.33
三、社区卫生服务中心	624	54076816	51645973	50604863	649424	1744962	0.03	
四、卫生院	40320	687784823	666819411	645350781	11477125	34730839	0.14	0.13
街道卫生院	712	19349580	18876102	18317865	500389	1137410	0.01	
乡镇卫生院	39608	668435243	647943309	627032916	10976736	33593429	0.15	0.14
中心卫生院	9776	250002128	242171643	234132545	4400624	12633732	0.11	0.15
乡卫生院	29832	418433115	405771666	392900371	6576112	20959697	0.17	0.13
五、门诊部	523	7892351	7627013	7517881	83425	218296	0.04	0.01
六、妇幼保健院(所、站)	2849	95654599	90329231	86097687	2107167	10931883	0.01	
妇幼保健院	1533	80637610	76768348	72637227	1968164	7700204	0.01	
妇幼保健所、站	1316	15016989	13560883	13460460	139003	3231679	0.05	
七、专科疾病防治院(所、站)	1281	17144410	16391852	16144582	128734	1661242	0.03	0.01

5-3-1　2005年各地区医院门诊服务情况

地　区	机构数(个)	诊疗人次		观察室留观病人(人)	健康检查人数(人)	急诊病死率(%)	观察室病死率(%)
			门、急诊				
总　计	**18486**	**1386533401**	**1335961103**	**30687940**	**66478052**	**0.12**	**0.13**
北　京	490	61666455	59661075	718385	2835676	0.11	0.25
天　津	266	26874494	26183768	1018887	942245	0.09	0.05
河　北	817	49223821	46092296	780467	2300166	0.24	0.19
山　西	884	27944811	25523785	363519	1883490	0.43	0.96
内蒙古	471	19568483	18465705	185117	804694	0.24	0.45
辽　宁	905	50349691	48723619	2118909	2031019	0.15	0.09
吉　林	563	27213215	26275558	563965	944390	0.11	0.10
黑龙江	878	33191657	31939789	362632	1433930	0.22	0.44
上　海	234	61796113	61180150	961987	2096965	0.17	0.51
江　苏	992	93807972	91037645	626587	4725368	0.07	0.06
浙　江	532	96891300	95553233	463021	5334151	0.08	0.30
安　徽	677	38694201	37636669	753705	1702966	0.12	0.20
福　建	336	40647727	39755004	820885	2020148	0.06	0.05
江　西	486	31693778	30312639	943615	1260811	0.09	0.05
山　东	1121	83121771	77981981	2350359	3997763	0.29	0.32
河　南	1172	76004108	72881139	1295380	3369542	0.15	0.13
湖　北	572	53455457	50992184	1712011	2180154	0.05	0.05
湖　南	782	40284077	38880812	1746737	1594352	0.05	0.06
广　东	938	185256377	179589927	2618570	11640419	0.05	0.09
广　西	446	44256947	43425960	1269066	1643421	0.04	0.04
海　南	186	7825147	7532423	97312	294372	0.08	0.05
重　庆	358	23419950	22628802	1838237	921350	0.07	0.02
四　川	1145	68014447	66336402	2489423	3339352	0.36	0.08
贵　州	374	15002688	14133924	542074	1002069	0.46	0.08
云　南	630	36896644	35103098	1639625	1595059	0.05	0.04
西　藏	97	2570235	2435183	33187	70039	0.07	0.25
陕　西	822	31387790	30285679	1019137	1765565	0.13	0.05
甘　肃	382	20593012	18996794	547037	1020626	0.11	0.08
青　海	130	4842907	4661725	169664	176473	0.19	0.10
宁　夏	132	7888828	7305110	180047	267209	0.19	0.07
新　疆	668	26149298	24449025	458393	1284268	0.18	0.25

5-3-2 2005年各地区非营利性医院门诊服务情况

地 区	机构数(个)	诊疗人次		观察室留观病人(人)	健康检查人数(人)	急诊病死率(%)	观察室病死率(%)
			门、急诊				
总 计	**15520**	**1328755966**	**1280757875**	**29394650**	**63496092**	**0.12**	**0.14**
北 京	360	60028121	58165886	716788	2766261	0.11	0.25
天 津	234	26400169	25737607	1005911	925168	0.09	0.05
河 北	716	46853883	43837799	751961	2200250	0.24	0.19
山 西	704	25899162	23642010	345700	1774624	0.23	0.99
内蒙古	415	18636311	17632773	173918	771814	0.25	0.48
辽 宁	774	48155459	46648507	2052170	1891787	0.12	0.09
吉 林	472	26098397	25173909	553770	919835	0.11	0.10
黑龙江	808	32417294	31175283	358307	1396213	0.22	0.44
上 海	179	60373159	59763809	959867	2043773	0.17	0.51
江 苏	773	88290196	85725597	520937	4509037	0.07	0.06
浙 江	435	94082888	92843404	447748	5202153	0.08	0.31
安 徽	577	36975857	35974843	741616	1646509	0.12	0.20
福 建	250	37835020	36998676	779504	1874681	0.06	0.05
江 西	454	30888580	29533082	938294	1218382	0.09	0.05
山 东	942	80096115	75160350	2260074	3845028	0.27	0.33
河 南	1018	73521975	70495820	1261358	3243913	0.15	0.14
湖 北	507	51941957	49529836	1685686	2105697	0.05	0.05
湖 南	723	39310411	37964358	1702197	1561080	0.05	0.06
广 东	750	176640231	171218079	2423857	10792229	0.05	0.10
广 西	396	43371849	42561827	1234033	1608582	0.04	0.04
海 南	165	7465397	7234734	66620	289310	0.08	0.07
重 庆	301	22478904	21707333	1784098	876235	0.07	0.02
四 川	917	64470589	62934352	2335642	3189335	0.37	0.08
贵 州	316	14265966	13462971	519972	958685	0.46	0.07
云 南	473	34404431	32803917	1556756	1508001	0.05	0.05
西 藏	97	2570235	2435183	33187	70039	0.07	0.25
陕 西	654	29109523	28083652	927703	1680244	0.13	0.06
甘 肃	354	20076539	18608356	537986	1008542	0.11	0.08
青 海	127	4762543	4581501	158920	173373	0.19	0.11
宁 夏	95	7024746	6474970	163075	231330	0.20	0.08
新 疆	528	24310059	22647451	396995	1213982	0.18	0.29

5-3-3　2005年各地区营利性医院门诊服务情况

地　区	机构数（个）	诊疗人次	门、急诊	观察室留观病人（人）	健康检查人数（人）	急诊病死率（%）	观察室病死率（%）
总　计	**2913**	**55595299**	**53078401**	**1278522**	**2905823**	**0.25**	**0.04**
北　京	130	1638334	1495189	1597	69415	0.05	0.13
天　津	32	474325	446161	12976	17077		
河　北	101	2369938	2254497	28506	99916	0.20	0.18
山　西	175	1921289	1768431	16463	100486	4.12	0.43
内蒙古	56	932172	832932	11199	32880	0.07	
辽　宁	127	1997456	1879388	65077	131805	1.53	0.01
吉　林	91	1114818	1101649	10195	24555	0.20	0.05
黑龙江	69	770923	761066	4325	37717	0.44	0.07
上　海	55	1422954	1416341	2120	53192		
江　苏	218	5499500	5293772	105155	215919	0.10	0.03
浙　江	97	2808412	2709829	15273	131998	0.04	0.05
安　徽	82	1260604	1204410	8281	53807	0.27	0.16
福　建	80	1647432	1591185	35515	103719	0.02	0.01
江　西	32	805198	779557	5321	42429	0.01	0.17
山　东	177	2999530	2795551	90285	150135	0.97	0.05
河　南	154	2482133	2385319	34022	125629	0.11	0.02
湖　北	65	1513500	1462348	26325	74457	0.11	0.07
湖　南	59	973666	916454	44540	33272	0.03	
广　东	180	8590952	8346654	194713	837827	0.06	0.03
广　西	50	885098	864133	35033	34839	0.03	0.01
海　南	21	359750	297689	30692	5062	0.01	
重　庆	57	941046	921469	54139	45115	0.05	
四　川	227	3539998	3398190	153781	150017	0.08	0.05
贵　州	57	736466	670697	22102	43384	0.29	0.30
云　南	150	2392529	2243564	81484	85956	0.05	
西　藏							
陕　西	168	2278267	2202027	91434	85321	0.11	
甘　肃	28	516473	388438	9051	12084	0.01	
青　海	2	65011	64871	10744	3100	0.25	
宁　夏	33	818286	785016	16776	34424	0.09	0.03
新　疆	140	1839239	1801574	61398	70286	0.09	0.05

5-3-4 2005年各地区政府办医院门诊服务情况

地　区	机构数(个)	诊疗人次		观察室留观病人(人)	健康检查人数(人)	急诊病死率(%)	观察室病死率(%)
			门、急诊				
总　计	**9802**	**1134254673**	**1098003435**	**23657214**	**52302792**	**0.12**	**0.14**
北　京	209	51222912	49890498	655877	2134564	0.12	0.26
天　津	164	22868721	22343877	966105	735891	0.10	0.05
河　北	464	39122352	36997095	534058	1612771	0.24	0.24
山　西	319	11212321	10423658	127638	801707	0.24	0.29
内蒙古	273	14767072	14069967	144844	580466	0.27	0.49
辽　宁	465	37385140	36324662	1515054	1213204	0.13	0.10
吉　林	280	21370497	20629046	420368	640240	0.09	0.09
黑龙江	434	23998878	23304413	200364	921895	0.21	0.55
上　海	137	57128585	56538439	959478	1902750	0.17	0.51
江　苏	376	74707796	72466472	360538	3800625	0.08	0.08
浙　江	364	90339954	89182233	439647	4948209	0.08	0.31
安　徽	326	29171205	28471218	633268	1326637	0.13	0.23
福　建	211	37379846	36581919	759552	1838534	0.06	0.05
江　西	299	26117889	25184465	764731	1077785	0.09	0.05
山　东	556	63494138	60402535	1560250	2948191	0.30	0.38
河　南	603	56765741	54522653	825124	2363511	0.15	0.13
湖　北	330	41855156	39972753	1379206	1784333	0.04	0.06
湖　南	487	33752492	32741598	1412270	1309171	0.05	0.06
广　东	608	169084505	163982151	2289739	10073058	0.05	0.10
广　西	295	40260302	39580021	995279	1404465	0.04	0.05
海　南	44	5905856	5822339	33829	182552	0.07	0.07
重　庆	174	17984437	17368243	1453604	674751	0.07	0.02
四　川	584	55185632	53908860	1943653	2548206	0.42	0.09
贵　州	218	12439219	11845266	468176	827690	0.48	0.07
云　南	322	30907100	29707379	1370560	1260975	0.04	0.05
西　藏	97	2570235	2435183	33187	70039	0.07	0.25
陕　西	327	19800602	19132186	353446	1142618	0.16	0.13
甘　肃	237	16745104	15534087	464194	764804	0.08	0.07
青　海	105	4235647	4089405	133794	143854	0.19	0.12
宁　夏	57	5812738	5308062	123414	196879	0.20	0.10
新　疆	437	20662601	19242752	335967	1072417	0.20	0.29

5-4-1 综合医院分科门诊人次及构成

	总计	内科	外科	妇产科	儿科	中医科
门诊量(人次)						
1996	798498866	245312267	97182834	58569255	58355813	70647022
1997	782435505	235796605	94999169	60458163	55526907	69533551
1998	784373360	240622356	94092850	62351792	55156315	67614259
1999	784783985	239478536	95960972	64414503	54070728	66991833
2000	795444979	245465160	97643483	66494487	54757525	66031516
2001	774877451	240592117	95385439	65891762	55614171	63235612
2002	825879596	263962695	108603504	75538537	62399190	60653298
2003	807949417	258666144	106652995	75292111	60125266	56358813
2004	870322048	267389093	116756273	88612843	65568398	57643032
2005	932489297	286084300	125826467	96554891	75529578	58507467
非营利性	895408891	273121794	119378342	90681550	72771839	56206829
营利性	35344440	12350365	6052685	5684204	2595470	2157148
其他	1735966	612141	395440	189137	162269	143490
门诊构成(%)						
1996	100.00	30.72	12.17	7.33	7.31	8.85
1997	100.00	30.14	12.14	7.73	7.10	8.89
1998	100.00	30.68	12.00	7.95	7.03	8.62
1999	100.00	30.52	12.23	8.21	6.89	8.54
2000	100.00	30.86	12.28	8.36	6.88	8.30
2001	100.00	31.05	12.31	8.50	7.18	8.16
2002	100.00	31.96	13.15	9.15	7.56	7.34
2003	100.00	32.02	13.20	9.32	7.44	6.98
2004	100.00	30.72	13.42	10.18	7.53	6.62
2005	100.00	30.68	13.49	10.35	8.10	6.27
非营利性	100.00	30.50	13.33	10.13	8.13	6.28
营利性	100.00	34.94	17.12	16.08	7.34	6.10
其他	100.00	35.26	22.78	10.90	9.35	8.27

5-4-2　2005年各地区综合医院分科门诊人次数

地　区	门诊人次(人次)	内科	外科	妇产科	儿科	中医科
总　计	**932489297**	**286084300**	**125826467**	**96554891**	**75529578**	**58507467**
北　京	39512595	13301821	5423664	3807259	1459247	3357949
天　津	14538551	3482725	1045760	1045878	553838	1005858
河　北	32906784	9872473	5998347	3901525	2569174	1674438
山　西	19017295	5920415	2850547	1774462	1081496	1214194
内蒙古	13525325	4410693	2289439	1221344	1074308	801306
辽　宁	33910220	10589291	5457271	2676138	2405599	1382866
吉　林	18034403	6789302	3603089	1497816	1523610	738330
黑龙江	23235174	7364525	3529659	2043122	1731580	975059
上　海	40437500	14378559	5352737	3250588	1956341	3102699
江　苏	59199375	19532789	8058797	6162394	4779867	2675923
浙　江	60852477	18611238	8268797	6216354	6173005	4118038
安　徽	28855963	8952198	5242060	2979523	2413623	1115339
福　建	28058299	8540348	3695192	3222220	2848865	2026112
江　西	20907926	6250531	2853287	1698722	1644423	1139152
山　东	59228981	16252770	8438006	6474226	5372098	2255742
河　南	53748821	19042632	7980034	4811277	4781880	3610752
湖　北	37094721	10071745	4504610	3791045	2718167	1799216
湖　南	27377400	8350252	3919819	3134047	2137941	1395108
广　东	126786450	32743171	12021868	16256891	11226643	10176200
广　西	28724725	8216873	3317392	3542257	3111100	1678911
海　南	5846675	1937788	616573	735813	756643	279249
重　庆	15849908	5845182	2185093	1587918	979818	1244207
四　川	45424767	14084084	5095145	3889674	3756952	4535188
贵　州	10108167	3219385	1586208	966335	874410	535869
云　南	23529220	7420194	2565774	2468560	1896033	1752409
西　藏	1760933	581957	269958	182142	120727	94764
陕　西	22623710	6498011	3066561	2619207	1913715	1383174
甘　肃	13583794	4528182	2227699	1458956	1291125	1191541
青　海	3320705	753660	462265	380216	248063	183044
宁　夏	5225280	1404133	841915	573030	444694	223162
新　疆	19263153	7137373	3058901	2185952	1684593	841668

5-5-1 医疗机构入院人数

	2002	2003	2004	2005
总　　计	**59913186**	**60920593**	**66761116**	**71837513**
医院	39969323	41589324	46733415	51080664
其中：综合医院	32972544	33791467	37997879	41527160
中医医院	4132658	4621397	5114572	5674076
专科医院	2457611	2752863	3159813	3390364
疗养院	356069	34432	231107	282670
社区卫生服务中心	106091	102844	151965	266215
卫生院	16537610	16261489	16209162	16413367
街道卫生院	285458	185765	214296	194152
乡镇卫生院	16252152	16075724	15994866	16219215
门诊部	203809	113208	165235	73732
妇幼保健院(所、站)	2547404	2593167	3085542	3487719
内:妇幼保健院	2204843	2247241	2745571	3121824
专科疾病防治院(所、站)	192880	226129	184690	233146
内:专科疾病防治院	76327	96216	71316	139585

5-5-2 医院入院人数

年　份	入院人数(万人)				每百门急诊入院人数(人)
		卫生部门医院			
			综合医院	中医医院	
1980	2247	1667	1383	41	2.4
1981	2350	1720	1415	44	2.2
1982	2481	1828	1499	51	2.2
1983	2648	1944	1587	60	2.3
1984	2533	1855	1495	66	2.1
1985	2560	1862	1485	79	2.3
1986	2685	1960	1547	96	2.2
1987	2926	2155	1670	133	2.1
1988	3128	2292	1752	157	2.3
1989	3157	2304	1750	174	2.3
1990	3182	2341	1769	195	2.3
1991	3276	2433	1825	223	2.3
1992	3262	2428	1799	232	2.3
1993	3066	2325	1723	231	2.5
1994	3079	2344	1728	241	2.6
1995	3073	2358	1710	251	2.6
1996	3100	2379	1704	267	2.7
1997	3121	2425	1725	274	2.7
1998	3238	2538	1794	287	2.8
1999	3379	2676	1884	298	2.9
2000	3584	2862	1996	321	3.0
2001	3759	3030	2100	349	3.2
2002	4224	3429	2577	394	3.5
2003	4394	3661	2727	438	3.6
2004	4955	4184	3108	498	3.8
2005	5434	4569	3394	544	3.8

注：①1993年以前的入院人数系推算数；②为统一口径，医院含妇幼保健院、专科疾病防治院数字；③2002年以前综合医院不含高等院校附属医院。

5-6-1 2005年医疗机构住院服务情况

	入院人数	出院人数	住院病人手术人次	危重病人抢救人次	治愈率(%)	好转率(%)	病死率(%)	危重病人抢救成功率(%)	每百门急诊入院人数
总　　计	**71837513**	**71280329**	**36797341**	**5190165**	**66.83**	**29.61**	**0.82**	**88.75**	**3.23**
一、医　　院	51080664	50751497	30244315	4507652	60.67	35.10	1.08	88.79	3.82
综合医院	41527160	41264246	27405750	3826228	61.16	34.50	1.14	88.57	4.08
中医医院	5674076	5637071	1695559	391350	57.96	38.55	0.81	88.10	2.74
中西医结合医院	380387	379461	118044	32821	60.88	35.26	1.32	88.81	2.59
民族医院	99470	98726	14131	3844	65.89	30.01	0.42	88.50	2.48
专科医院	3390364	3363347	1010831	253081	59.23	36.69	0.70	93.30	3.69
口腔医院	41134	41096	28848	640	87.45	10.96	0.10	88.13	0.34
眼科医院	190519	188426	168703	926	91.73	7.58	0.01	71.60	3.24
耳鼻咽喉科医院	33536	33485	30281	287	88.48	9.55	0.17	85.37	1.77
肿瘤医院	472683	470126	167475	10888	47.07	44.16	1.41	73.31	11.56
心血管病医院	81165	80422	25278	7695	45.18	51.50	1.04	88.63	7.09
胸科医院	74387	74321	9192	7209	21.64	70.55	2.00	91.86	8.16
血液病医院	7160	7153	165	310	57.03	31.68	1.76	61.61	9.13
妇产(科)医院	360252	359567	145128	16694	88.82	10.20	0.11	96.72	4.33
儿童医院	626258	623804	133647	133651	65.20	31.70	0.33	98.64	2.78
精神病医院	514107	504132	28128	14709	41.52	54.52	0.61	85.87	4.65
传染病医院	264771	263551	15683	29080	32.20	60.90	1.54	89.53	6.03
皮肤病医院	14459	14330	1791	406	64.26	33.75	0.50	93.84	0.60
结核病医院	87662	87130	8451	7693	21.36	69.25	1.55	87.07	9.97
麻风病医院	163	111	55	13	0.90	73.87		100.00	0.05
职业病医院	14551	14581	2759	1360	39.25	55.17	1.79	79.49	4.61
骨科医院	235625	232912	124096	4731	75.01	23.25	0.15	86.58	4.93
康复医院	120163	118970	25830	3919	65.40	31.56	0.88	73.62	3.46
整形外科医院	14232	14238	12982	763	88.06	11.55	0.01	98.43	10.74
美容医院	3217	3199	1994		99.94	0.06			2.26
其他专科医院	234320	231793	80345	12107	66.33	31.01	0.80	86.62	3.38
护理院	9207	8646		328	14.11	66.35	10.11	56.71	3.24
二、疗养院	282670	257668	9686	6682	52.71	45.42	0.21	93.25	15.49
三、社区卫生服务中心	266215	253750	45170	7674	49.06	44.64	2.34	76.34	0.47
四、卫生院	16413367	16253078	2671652	542935	81.84	16.19	0.16	87.60	2.42
街道卫生院	194152	193407	44966	3912	83.39	15.09	0.26	81.70	0.99
乡镇卫生院	16219215	16059671	2626686	539023	81.82	16.21	0.16	87.64	2.46
中心卫生院	7312098	7267610	1371992	297380	81.34	16.61	0.19	90.02	2.99
乡卫生院	8907117	8792061	1254694	241643	82.21	15.88	0.14	84.71	2.15
五、门诊部	73732	73982	12169	1491	81.87	16.71	0.16	81.42	0.18
六、妇幼保健院(所、站)	3487719	3469724	3779043	116002	89.89	9.14	0.10	93.42	3.82
妇幼保健院	3121824	3115030	3691087	108760	89.21	9.76	0.10	93.78	4.03
妇幼保健所、站	365895	354694	87956	7242	95.82	3.73	0.05	88.12	2.64
七、专科疾病防治院(所、站)	233146	220630	35306	7729	48.25	47.70	0.90	86.80	1.35

5-6-2　2005年非营利性医疗机构住院服务情况

	入院人数	出院人数	住院病人手术人次	危重病人抢救人次	治愈率(%)	好转率(%)	病死率(%)	危重病人抢救成功率(%)	每百门急诊入院人数
总　　计	**69872844**	**69342295**	**36148895**	**5095465**	**66.61**	**29.81**	**0.83**	**88.74**	**3.26**
一、医　院	49306304	49002762	29626941	4416493	60.18	35.52	1.10	88.77	3.85
综合医院	40318365	40073032	27009123	3754228	60.78	34.83	1.16	88.56	4.12
中医医院	5574181	5538198	1669375	388330	57.68	38.81	0.82	88.07	2.73
中西医结合医院	338541	337456	106754	31747	59.17	36.78	1.46	88.75	2.53
民族医院	97229	96495	13787	3790	65.55	30.28	0.42	88.34	2.52
专科医院	2969618	2949584	827902	238088	56.82	38.76	0.77	93.36	3.68
口腔医院	39195	39164	26074	575	86.92	11.44	0.11	86.78	0.34
眼科医院	138232	137238	121872	846	90.52	8.71	0.01	69.03	3.27
耳鼻咽喉科医院	27749	27751	22672	283	89.20	8.76	0.21	85.16	1.65
肿瘤医院	462548	460092	164628	10415	47.41	43.79	1.39	73.34	11.74
心血管病医院	46324	46053	17259	3717	42.10	54.14	1.04	88.70	6.64
胸科医院	74387	74321	9192	7209	21.64	70.55	2.00	91.86	8.16
血液病医院	4602	4599	85	185	50.75	35.55	1.78	55.68	9.23
妇产(科)医院	313550	313316	133462	16312	88.11	10.83	0.13	96.74	4.13
儿童医院	621332	618890	133083	133641	64.97	31.91	0.33	98.64	2.77
精神病医院	499740	491573	27758	14511	41.01	55.00	0.62	85.71	4.64
传染病医院	262457	261236	15683	28996	32.11	61.00	1.55	89.51	6.03
皮肤病医院	9792	9692	1195	353	54.25	43.21	0.74	92.92	0.48
结核病医院	87170	86674	8259	7637	21.21	69.36	1.55	87.05	10.10
麻风病医院	121	111	55	13	0.90	73.87		100.00	0.04
职业病医院	14531	14563	2759	1360	39.17	55.24	1.79	79.49	4.62
骨科医院	142675	141648	78137	2148	72.46	25.49	0.19	77.61	4.34
康复医院	95732	95025	20872	2768	65.80	31.01	0.88	67.70	3.79
整形外科医院	9546	9537	7912	733	87.75	11.67	0.02	98.36	11.39
美容医院									
其他专科医院	119935	118101	36945	6386	59.66	37.04	1.46	77.87	3.76
护理院	8370	7997		310	12.67	69.18	8.63	55.48	3.15
二、疗养院	277628	252845	9686	6675	52.90	45.22	0.22	93.26	16.69
三、社区卫生服务中心	263566	251110	43837	7528	48.87	44.80	2.36	76.06	0.47
四、卫生院	16294578	16135608	2654854	540691	81.83	16.20	0.16	87.58	2.42
街道卫生院	186352	185617	44292	3780	82.84	15.62	0.27	81.56	0.96
乡镇卫生院	16108226	15949991	2610562	536911	81.81	16.21	0.16	87.63	2.46
中心卫生院	7282026	7237694	1368122	296386	81.30	16.65	0.19	90.00	2.98
乡卫生院	8826200	8712297	1242440	240525	82.24	15.85	0.14	84.71	2.15
五、门诊部	54630	54013	6739	1402	79.57	18.65	0.22	80.46	0.23
六、妇幼保健院(所、站)	3463947	3446030	3774964	115576	89.85	9.17	0.10	93.55	3.83
妇幼保健院	3114416	3107660	3689047	108584	89.20	9.77	0.10	93.85	4.03
妇幼保健所、站	349531	338370	85917	6992	95.83	3.72	0.05	88.87	2.66
七、专科疾病防治院(所、站)	212191	199927	31874	7100	48.86	47.01	0.92	87.21	1.29

5-6-3 2005年营利性医疗机构住院服务情况

	入院人数	出院人数	住院病人手术人次	危重病人抢救人次	治愈率(%)	好转率(%)	病死率(%)	危重病人抢救成功率(%)	每百门急诊入院人数
总　　计	**1763292**	**1739875**	**617278**	**86277**	**75.34**	**22.33**	**0.47**	**89.73**	**2.46**
一、医　　院	1703790	1680350	600619	85050	75.01	22.62	0.48	89.74	3.21
综合医院	1143641	1128130	380114	65913	74.60	22.79	0.58	89.04	3.05
中医医院	97183	96167	26052	3014	73.21	24.48	0.23	91.90	3.13
中西医结合医院	41846	42005	11290	1074	74.60	23.08	0.19	90.50	3.24
民族医院	2241	2231	344	54	80.73	18.02	0.40	100.00	1.56
专科医院	418042	411168	182819	14977	76.64	21.70	0.27	92.31	3.79
口腔医院	1939	1932	2774	65	98.19	1.19		100.00	0.25
眼科医院	52287	51188	46831	80	94.98	4.54		98.75	3.16
耳鼻咽喉科医院	5787	5734	7609	4	85.04	13.38		100.00	2.72
肿瘤医院	10135	10034	2847	473	31.62	61.01	2.28	72.73	6.89
心血管病医院	34841	34369	8019	3978	49.31	47.96	1.04	88.56	7.78
胸科医院									
血液病医院	2558	2554	80	125	68.32	24.71	1.72	70.40	8.96
妇产(科)医院	46702	46251	11666	382	93.60	5.92	0.02	96.07	6.43
儿童医院	4926	4914	564	10	93.77	6.23		100.00	6.45
精神病医院	13214	11447	370	198	65.13	32.76	0.24	97.47	4.97
传染病医院	1905	1908		84	50.26	44.92	0.16	96.43	6.68
皮肤病医院	4395	4368	486	37	85.14	13.94		100.00	1.24
结核病医院	492	456	192	56	50.00	47.59	0.22	89.29	3.04
麻风病医院									
职业病医院	20	18			100.00				2.08
骨科医院	92950	91264	45959	2583	78.96	19.79	0.09	94.04	6.22
康复医院	24333	23854	4958	1151	63.86	33.71	0.89	87.84	2.61
整形外科医院	4686	4701	5070	30	88.68	11.30		100.00	9.63
美容医院	3217	3199	1994		99.94	0.06			2.53
其他专科医院	113655	112977	43400	5721	73.40	24.58	0.13	96.38	3.09
护理院	837	649		18	31.90	31.59	28.35	77.78	4.60
二、疗养院	1921	1883			68.56	31.44			8.91
三、社区卫生服务中心	2649	2640	1333	146	67.12	29.89	0.76	90.41	0.81
四、卫生院	35318	34598	10175	908	88.70	9.78	0.17	88.11	1.87
街道卫生院	2171	2161	642	128	88.48	7.77		85.16	1.67
乡镇卫生院	33147	32437	9533	780	88.71	9.91	0.18	88.59	1.89
中心卫生院	6422	6389	2210	145	88.82	9.49	0.23	86.90	3.23
乡卫生院	26725	26048	7323	635	88.69	10.02	0.17	88.98	1.72
五、门诊部	16780	17647	4246	89	86.53	12.98		96.63	0.10
六、妇幼保健院(所、站)									
妇幼保健院									
妇幼保健所、站									
七、专科疾病防治院(所、站)	2834	2757	905	84	46.46	49.51	0.54	86.90	2.89

5-6-4 2005年政府办医疗机构住院服务情况

	入院人数	出院人数	住院病人手术人次	危重病人抢救人次	治愈率(%)	好转率(%)	病死率(%)	危重病人抢救成功率(%)	每百门急诊入院人数
总　　计	**63484022**	**63044945**	**34663448**	**4604942**	**66.52**	**29.91**	**0.79**	**89.19**	**3.29**
一、医　院	43269991	43034371	28204010	3937979	59.20	36.45	1.07	89.30	3.94
综合医院	34653054	34465109	25707194	3290434	59.75	35.79	1.12	89.12	4.30
中医医院	5458167	5427984	1635909	382520	57.38	39.09	0.83	88.15	2.73
中西医结合医院	314392	313502	102160	30181	58.74	37.14	1.55	88.64	2.51
民族医院	96201	95419	13787	3789	65.32	30.46	0.42	88.36	2.54
专科医院	2743168	2727571	744960	230996	55.84	39.64	0.77	93.80	3.68
口腔医院	36847	36819	24733	546	87.08	11.24	0.12	86.08	0.35
眼科医院	98469	98252	89553	783	90.77	8.36	0.01	67.05	2.98
耳鼻咽喉科医院	27047	27057	22645	224	89.78	8.33	0.18	83.48	1.62
肿瘤医院	450054	447776	162400	9841	47.46	43.82	1.39	72.89	11.69
心血管病医院	39684	39489	15235	2950	39.71	56.48	1.06	87.02	6.55
胸科医院	71930	71905	8718	7012	20.97	71.13	2.00	92.06	8.15
血液病医院	4602	4599	85	185	50.75	35.55	1.78	55.68	9.23
妇产(科)医院	298889	298648	130455	16175	87.83	11.09	0.13	96.81	4.18
儿童医院	614826	612438	129640	133641	64.64	32.21	0.33	98.64	2.78
精神病医院	468265	461405	26656	13911	40.60	55.40	0.62	85.67	4.47
传染病医院	259347	258164	15464	28399	32.20	60.88	1.53	89.62	6.02
皮肤病医院	9249	9166	1185	326	56.36	40.98	0.76	92.94	0.47
结核病医院	85127	84588	8125	7590	21.59	69.02	1.58	87.04	9.90
麻风病医院	163	111	55	13	0.90	73.87		100.00	0.05
职业病医院	8782	8814	1330	1204	43.60	50.16	2.26	80.48	4.37
骨科医院	115714	115185	63042	1851	71.66	26.08	0.21	75.26	4.67
康复医院	58494	58364	11585	1491	61.62	35.59	0.92	71.70	3.55
整形外科医院	9546	9537	7912	733	87.75	11.67	0.02	98.36	12.04
美容医院									
其他专科医院	86133	85254	26142	4121	57.62	39.39	1.33	79.40	4.06
护理院	5009	4786		59	3.22	77.12	8.34	47.46	2.98
二、疗养院	191296	168772	7914	6106	53.24	44.50	0.23	93.76	17.30
三、社区卫生服务中心	240040	232438	40854	6471	48.32	45.28	2.33	76.06	0.46
四、卫生院	16101677	15949606	2599658	532524	81.85	16.17	0.17	87.62	2.41
街道卫生院	183120	182555	43465	3464	83.12	15.40	0.22	82.68	0.97
乡镇卫生院	15918557	15767051	2556193	529060	81.84	16.18	0.16	87.65	2.46
中心卫生院	7238002	7195926	1362230	294464	81.29	16.65	0.19	90.12	2.99
乡卫生院	8680555	8571125	1193963	234596	82.30	15.78	0.15	84.54	2.14
五、门诊部	25552	25222	4975	456	85.23	13.36	0.19	95.83	0.34
六、妇幼保健院(所、站)	3451906	3434090	3773272	115171	89.86	9.17	0.10	93.39	3.82
妇幼保健院	3094785	3088113	3685725	107953	89.21	9.77	0.10	93.74	4.03
妇幼保健所、站	357121	345977	87547	7218	95.74	3.81	0.05	88.13	2.63
七、专科疾病防治院(所、站)	203560	200446	32765	6235	48.35	47.72	0.89	85.31	1.24

5-7-1　2005年各地区医院住院服务情况

地　区	入院人数	出院人数	住院病人手术人次	危重病人抢救人次	危重病人抢救成功率(%)	每百门急诊入院人数
总　计	**51080664**	**50751497**	**30244315**	**4507652**	**88.79**	**3.82**
北　京	1098685	1093632	452627	109644	88.67	1.84
天　津	570942	571050	187379	38343	83.07	2.18
河　北	2679781	2665317	668439	165870	91.61	5.81
山　西	1235610	1226151	336716	74355	87.90	4.84
内蒙古	855766	850120	252066	104367	90.40	4.63
辽　宁	2253879	2237406	550851	226470	87.82	4.63
吉　林	1162456	1152439	279844	86202	84.47	4.42
黑龙江	1697882	1670614	495441	106991	87.62	5.32
上　海	1265895	1264081	421017	56419	77.23	2.07
江　苏	3107754	3095229	1026535	183187	85.82	3.41
浙　江	2645950	2636530	991558	149271	89.45	2.77
安　徽	1859975	1851025	564671	117031	78.50	4.94
福　建	1374393	1370543	396447	87526	89.89	3.46
江　西	1342184	1333758	358317	77681	85.48	4.43
山　东	4160296	4138322	1124213	315176	88.68	5.33
河　南	3303548	3270904	808771	322632	93.50	4.53
湖　北	2196936	2191947	616786	216980	90.83	4.31
湖　南	2191071	2175626	650758	237125	83.88	5.64
广　东	3935868	3924557	1583553	324748	88.34	2.19
广　西	1530787	1523402	435129	157383	90.17	3.53
海　南	283488	282520	66931	18404	89.20	3.76
重　庆	894058	889412	261933	87889	87.14	3.95
四　川	2747046	2734362	16013391	413337	89.71	4.14
贵　州	930643	900310	211786	103639	92.38	6.58
云　南	1578571	1565868	464192	321403	94.61	4.50
西　藏	67483	66485	10684	4648	88.88	2.77
陕　西	1463208	1447771	373610	114161	90.98	4.83
甘　肃	764702	759632	202091	79783	83.33	4.03
青　海	199665	193088	53095	54127	93.27	4.28
宁　夏	297977	296036	82884	38121	93.19	4.08
新　疆	1384165	1373360	302600	114739	82.86	5.66

5-7-2 2005年各地区非营利性医院住院服务情况

地　区	入院人数	出院人数	住院病人手术人次	危重病人抢救人次	危重病人抢救成功率(%)	每百门急诊入院人数
总　计	**49306304**	**49002762**	**29626941**	**4416493**	**88.77**	**3.85**
北　京	1071420	1066463	441367	108278	88.81	1.84
天　津	566743	566975	186896	38339	83.06	2.20
河　北	2566588	2552894	644761	162604	91.65	5.85
山　西	1139864	1132761	314901	71802	87.85	4.82
内蒙古	816949	813557	238079	101500	90.61	4.63
辽　宁	2165261	2149830	522265	220927	87.85	4.64
吉　林	1114393	1105406	264441	84315	84.45	4.43
黑龙江	1678413	1651307	487241	105499	87.57	5.38
上　海	1256495	1254471	412890	56419	77.23	2.10
江　苏	2951731	2941496	951548	175886	85.51	3.44
浙　江	2568859	2560341	955323	144156	89.15	2.77
安　徽	1796632	1788216	542901	113733	78.28	4.99
福　建	1292311	1289462	367478	83177	89.68	3.49
江　西	1301026	1292970	347126	76192	85.38	4.41
山　东	4053759	4033810	1097428	303051	88.48	5.39
河　南	3213537	3181807	783587	319881	93.49	4.56
湖　北	2150672	2145708	597115	215062	90.82	4.34
湖　南	2168143	2152734	635837	236277	83.85	5.71
广　东	3762640	3752787	1504134	318615	88.44	2.20
广　西	1516913	1509939	431409	156698	90.18	3.56
海　南	274409	273450	63073	18328	89.19	3.79
重　庆	859276	854853	248158	86327	87.02	3.96
四　川	2642282	2631194	15974057	407768	89.65	4.20
贵　州	894957	864997	200445	101613	92.36	6.65
云　南	1480772	1470280	435853	314936	94.67	4.51
西　藏	67483	66485	10684	4648	88.88	2.77
陕　西	1387121	1372600	352935	110169	91.05	4.94
甘　肃	752825	748076	197752	79558	83.31	4.05
青　海	194426	188115	51885	53448	93.28	4.24
宁　夏	278977	277553	75726	37347	93.13	4.31
新　疆	1321427	1312225	289646	109940	83.38	5.83

5-7-3 2005年各地区营利性医院住院服务情况

地　区	入院人数	出院人数	住院病人手术人次	危重病人抢救人次	危重病人抢救成功率(%)	每百门急诊入院人数
总　计	**1703790**	**1680350**	**600619**	**85050**	**89.74**	**3.21**
北　京	27265	27169	11260	1366	77.16	1.82
天　津	4199	4075	483	4	100.00	0.94
河　北	113193	112423	23678	3266	90.02	5.02
山　西	92753	91471	21236	2421	88.76	5.24
内蒙古	38817	36563	13987	2867	82.94	4.66
辽　宁	82350	81403	26836	4902	89.70	4.38
吉　林	48063	47033	15403	1887	85.00	4.36
黑龙江	19469	19307	8200	1492	90.95	2.56
上　海	9400	9610	8127			0.66
江　苏	155015	152725	74761	7289	93.37	2.93
浙　江	77091	76189	36235	5115	98.04	2.84
安　徽	47682	47327	21611	1959	83.61	3.96
福　建	41036	40841	15372	812	87.81	2.58
江　西	41158	40788	11191	1489	90.60	5.28
山　东	106537	104512	26785	12125	93.64	3.81
河　南	90011	89097	25184	2751	94.58	3.77
湖　北	46264	46239	19671	1918	92.28	3.16
湖　南	22928	22892	14921	848	93.87	2.50
广　东	172298	170837	79193	6116	82.83	2.06
广　西	13874	13463	3720	685	87.59	1.61
海　南	9079	9070	3858	76	92.11	3.05
重　庆	34782	34559	13775	1562	93.60	3.77
四　川	104764	103168	39334	5569	94.27	3.08
贵　州	35686	35313	11341	2026	93.29	5.32
云　南	96965	94759	28155	6445	91.78	4.32
西　藏						
陕　西	76087	75171	20675	3992	89.20	3.46
甘　肃	11877	11556	4339	225	88.00	3.06
青　海	4196	3947	1210	300	88.33	6.47
宁　夏	18213	17708	7124	744	95.70	2.32
新　疆	62738	61135	12954	4799	71.06	3.48

5-7-4　2005年各地区政府办医院住院服务情况

地　区	入院人数	出院人数	住院病人手术人次	危重病人抢救人次	危重病人抢救成功率(%)	每百门急诊入院人数
总　计	**43269991**	**43034371**	**28204010**	**3937979**	**89.30**	**3.94**
北　京	934903	930208	396377	99640	90.13	1.87
天　津	508773	509262	171696	35695	83.37	2.28
河　北	2270675	2257792	587889	144203	92.23	6.14
山　西	586974	583485	167836	38740	88.84	5.63
内蒙古	654278	652469	203949	88875	90.82	4.65
辽　宁	1713739	1708860	434510	160599	86.53	4.72
吉　林	940197	931997	229173	71670	85.70	4.56
黑龙江	1192186	1178274	382582	85692	88.73	5.12
上　海	1207281	1205234	403401	55799	77.55	2.14
江　苏	2620497	2612799	849174	151284	89.01	3.62
浙　江	2488309	2481117	921609	139676	89.13	2.79
安　徽	1531409	1523129	464048	91505	75.85	5.38
福　建	1284901	1281642	365374	84388	89.85	3.51
江　西	1169563	1162603	322066	69546	85.73	4.64
山　东	3571061	3556392	997963	275779	88.72	5.91
河　南	2810115	2780944	682340	261919	93.45	5.15
湖　北	1910244	1906614	549521	185604	91.29	4.78
湖　南	1993255	1979545	594868	219979	83.76	6.09
广　东	3595307	3587659	1444661	307003	88.55	2.19
广　西	1466086	1458642	423840	153471	90.28	3.70
海　南	225568	225063	55926	14777	89.21	3.87
重　庆	733318	729754	222440	71283	87.03	4.22
四　川	2346379	2338886	15899070	383931	90.12	4.35
贵　州	784469	754896	184827	96366	92.56	6.62
云　南	1356629	1346572	417393	301653	95.03	4.57
西　藏	67483	66485	10684	4648	88.88	2.77
陕　西	1024774	1014879	261263	87441	91.85	5.36
甘　肃	630374	628760	173443	71155	84.18	4.06
青　海	179817	178500	49060	51618	95.24	4.40
宁　夏	256996	255772	69918	35548	93.87	4.84
新　疆	1214431	1206137	267109	98492	88.99	6.31

5-8 医院病床使用情况

年 份	病床使用率(%)	卫生部门	综合医院	中医医院	出院者平均住院日(日)	卫生部门	综合医院	中医医院
1980	82.5	85.7	84.2	86.9	14.0	13.7	11.7	23.7
1981	83.3	86.8	85.4	88.2	14.3	13.9	11.9	24.4
1982	84.0	89.0	88.1	88.9	14.4	14.0	12.0	23.9
1983	84.8	90.1	89.6	88.5	14.2	13.8	11.9	22.8
1984	82.8	87.8	86.8	86.4	15.3	14.9	12.8	23.7
1985	82.7	87.9	87.0	83.9	15.8	15.4	13.3	23.3
1986	82.7	87.8	87.3	82.3	15.9	15.6	13.4	23.3
1987	84.3	89.8	89.5	81.9	16.0	15.6	13.4	21.9
1988	84.4	89.9	89.7	79.6	15.8	15.6	13.5	20.2
1989	81.5	86.2	86.1	73.7	15.8	15.4	13.4	19.0
1990	80.7	85.6	85.7	73.6	15.9	15.5	13.5	18.0
1991	81.2	85.8	86.2	74.0	16.0	15.5	13.4	17.4
1992	78.4	83.1	83.7	69.2	16.2	15.8	13.7	17.5
1993	70.9	75.7	76.3	62.5	15.6	15.2	13.3	15.4
1994	68.8	72.1	72.6	58.9	15.0	14.5	12.9	14.4
1995	66.9	70.2	70.8	57.4	14.8	14.2	12.6	13.9
1996	64.4	67.9	69.1	54.5	14.3	13.7	12.3	13.4
1997	61.5	65.0	65.4	52.1	13.8	13.3	11.9	13.1
1998	60.0	63.1	63.3	49.8	13.1	12.6	11.3	12.4
1999	59.6	63.1	63.2	50.5	12.7	12.1	11.0	12.0
2000	60.6	64.5	65.0	50.7	12.2	11.6	10.5	11.4
2001	61.1	65.3	65.6	51.5	11.8	11.3	10.3	10.9
2002	64.6	68.6	70.5	57.7	10.9	10.6	9.6	10.8
2003	65.3	69.3	70.6	59.4	11.0	10.8	10.0	10.9
2004	68.4	73.2	74.4	63.0	10.8	10.5	9.8	10.4
2005	70.3	75.3	76.6	65.7	10.9	10.6	9.8	10.8

注：①2002年以前医院含妇幼保健院、专科疾病防治院数字，综合医院不含高等院校附属医院。

②2005年妇幼保健院病床使用率为65.8%，出院者平均住院日5.4日；专科疾病防治院(所、站)病床使用率为57.5%，出院者平均住院日20.6日。

5-9-1　2005年医疗机构床位利用情况

	实际开放总床日数	平均开放病床（张）	实际占用总床日数	出院者占用总床日数	病床周转次数	病　床工作日	病　床使用率（%）	出院者平　均住院日
总　　计	**1134778895**	**3108983.27**	**713902064**	**657643330**	**22.9**	**229.6**	**62.9**	**9.2**
一、医　　院	841249964	2304794.42	591494080	550523455	22.0	256.6	70.3	10.9
综合医院	633208859	1734818.79	445491486	419742280	23.8	256.8	70.4	10.2
中医医院	99707427	273171.03	64776851	61034873	20.6	237.1	65.0	10.8
中西医结合医院	6818210	18680.03	4633814	4388723	20.3	248.1	68.0	11.6
民族医院	2164409	5929.89	1241787	926148	16.7	209.4	57.4	9.4
专科医院	98355061	269465.92	74457313	63610300	12.5	276.3	75.7	18.9
口腔医院	1323206	3625.22	532896	488584	11.3	147.0	40.3	11.9
眼科医院	3037368	8321.56	1875200	1700210	22.6	225.3	61.7	9.0
耳鼻咽喉科医院	577992	1583.54	314433	275565	21.2	198.6	54.4	8.2
肿瘤医院	10263848	28120.13	9615948	9587378	16.7	342.0	93.7	20.4
心血管病医院	1398688	3832.02	976947	857027	21.0	254.9	69.9	10.7
胸科医院	1968273	5392.53	1531246	1517772	13.8	284.0	77.8	20.4
血液病医院	233500	639.73	203519	183452	11.2	318.1	87.2	25.7
妇产（科）医院	3935355	10781.79	2599903	2443813	33.4	241.1	66.1	6.8
儿童医院	5089516	13943.88	4862082	4747808	44.7	348.7	95.5	7.6
精神病医院	37987310	104074.82	32354297	24194355	4.8	310.9	85.2	48.0
传染病医院	8952138	24526.41	5788227	5740673	10.8	236.0	64.7	21.8
皮肤病医院	682888	1870.93	349522	281767	7.7	186.8	51.2	19.7
结核病医院	3353541	9187.78	2231272	2124907	9.5	242.9	66.5	24.4
麻风病医院	278459	762.9	142034	8949	0.2	186.2	51.0	80.6
职业病医院	723835	1983.11	497915	469155	7.4	251.1	68.8	32.2
骨科医院	5484230	15025.29	3520292	3250273	15.5	234.3	64.2	14.0
康复医院	5762298	15787.12	3346026	2546919	7.5	212.0	58.1	21.4
整形外科医院	293830	805.01	186615	150394	17.7	231.8	63.5	10.6
美容医院	175391	480.52	39292	37076	6.7	81.8	22.4	11.6
其他专科医院	6833395	18721.63	3489647	3004223	12.4	186.4	51.1	13.0
护理院	995998	2728.76	892829	821131	3.2	327.2	89.6	95.0
二、疗养院	10840184	29699.13	4202812	3258899	8.7	141.5	38.8	12.7
三、社区卫生服务中心	7952666	21788.13	4825894	4360031	11.7	221.5	60.7	17.2
四、卫生院	231056072	633030.33	87221229	75851758	25.7	137.8	37.8	4.7
街道卫生院	3607910	9884.68	1482853	1468818	19.6	150.0	41.1	7.6
乡镇卫生院	227448162	623145.65	85738376	74382940	25.8	137.6	37.7	4.6
中心卫生院	96901976	265484.87	39312466	34521923	27.4	148.1	40.6	4.8
乡卫生院	130546186	357660.78	46425910	39861017	24.6	129.8	35.6	4.5
五、门诊部	2240027	6137.06	699091	575182	12.1	113.9	31.2	7.8
六、妇幼保健院（所、站）	31857725	87281.44	19952792	18538828	39.8	228.6	62.6	5.3
妇幼保健院	27475336	75274.89	18068264	16942825	41.4	240.0	65.8	5.4
妇幼保健所、站	4382389	12006.55	1884528	1596003	29.5	157.0	43.0	4.5
七、专科疾病防治院（所、站）	9582257	26252.76	5506166	4535177	8.4	209.7	57.5	20.6

5-9-2 2005年非营利性医疗机构床位利用情况

	实际开放总床日数	平均开放病床(张)	实际占用总床日数	出院者占用总床日数	病床周转次数	病床工作日	病床使用率(%)	出院者平均住院日
总　　计	**1090466960**	**2987580.71**	**692435861**	**639468753**	**23.2**	**231.8**	**63.5**	**9.2**
一、医　院	800814379	2194012	571745566	533720428	22.3	260.6	71.4	10.9
综合医院	607710513	1664960.31	433491291	409257197	24.1	260.4	71.3	10.2
中医医院	96913579	265516.65	63477331	59998584	20.9	239.1	65.5	10.8
中西医结合医院	5927577	16239.94	4233238	4058467	20.8	260.7	71.4	12.0
民族医院	2074804	5684.39	1205479	914091	17.0	212.1	58.1	9.5
专科医院	87277708	239117.01	68532221	58730021	12.3	286.6	78.5	19.9
口腔医院	1189781	3259.67	498930	476566	12.0	153.1	41.9	12.2
眼科医院	1790665	4905.93	1173978	1051575	28.0	239.3	65.6	7.7
耳鼻咽喉科医院	425280	1165.15	250525	226983	23.8	215.0	58.9	8.2
肿瘤医院	9769286	26765.17	9457505	9428382	17.2	353.4	96.8	20.5
心血管病医院	716278	1962.41	524051	491299	23.5	267.1	73.2	10.7
胸科医院	1968273	5392.53	1531246	1517772	13.8	284.0	77.8	20.4
血液病医院	127750	350	121604	126082	13.1	347.4	95.2	27.4
妇产(科)医院	3354331	9189.95	2341730	2249699	34.1	254.8	69.8	7.2
儿童医院	5027271	13773.35	4840572	4726648	44.9	351.4	96.3	7.6
精神病医院	36953940	101243.67	31668335	23776992	4.9	312.8	85.7	48.4
传染病医院	8902400	24390.14	5755691	5709441	10.7	236.0	64.7	21.9
皮肤病医院	510911	1399.76	306950	260879	6.9	219.3	60.1	26.9
结核病医院	3339321	9148.82	2220992	2115335	9.5	242.8	66.5	24.4
麻风病医院	238309	652.9	123054	8949	0.2	188.5	51.6	80.6
职业病医院	722035	1978.18	497702	469155	7.4	251.6	68.9	32.2
骨科医院	3311635	9072.97	2252142	2156562	15.6	248.2	68.0	15.2
康复医院	4919001	13476.72	2776790	2125331	7.1	206.0	56.5	22.4
整形外科医院	171300	469.32	126711	109813	20.3	270.0	74.0	11.5
美容医院								
其他专科医院	3839941	10520.39	2063713	1702558	11.2	196.2	53.7	14.4
护理院	910198	2493.69	806006	762068	3.2	323.2	88.6	95.3
二、疗养院	10368886	28407.91	3944453	3083539	8.9	138.9	38.0	12.2
三、社区卫生服务中心	7782890	21322.99	4717440	4291995	11.8	221.2	60.6	17.1
四、卫生院	229238928	628051.86	86473386	75194906	25.7	137.7	37.7	4.7
街道卫生院	3548866	9722.92	1469754	1458556	19.1	151.2	41.4	7.9
乡镇卫生院	225690062	618328.94	85003632	73736350	25.8	137.5	37.7	4.6
中心卫生院	96500710	264385.51	39141447	34371350	27.4	148.1	40.6	4.8
乡卫生院	129189352	353943.43	45862185	39365000	24.6	129.6	35.5	4.5
五、门诊部	1666028	4564.46	543653	486528	11.8	119.1	32.6	9.0
六、妇幼保健院(所、站)	31624097	86641.36	19856057	18470141	39.8	229.2	62.8	5.4
妇幼保健院	27377111	75005.78	18029332	16909618	41.4	240.4	65.9	5.4
妇幼保健所、站	4246986	11635.58	1826725	1560523	29.1	157.0	43.0	4.6
七、专科疾病防治院(所、站)	8971752	24580.14	5155306	4221216	8.1	209.7	57.5	21.1

5-9-3 2005年营利性医疗机构床位利用情况

	实际开放总床日数	平均开放病床(张)	实际占用总床日数	出院者占用总床日数	病床周转次数	病床工作日	病床使用率(%)	出院者平均住院日
总计	**40473408**	**110886.05**	**19352779**	**16404807**	**15.7**	**174.5**	**47.8**	**9.4**
一、医院	39030740	106933.53	18834460	16011668	15.7	176.1	48.3	9.5
综合医院	24377729	66788.3	11217075	9771981	16.9	168.0	46.0	8.7
中医医院	2720748	7454.1	1277551	1017110	12.9	171.4	47.0	10.6
中西医结合医院	890633	2440.09	400576	330256	17.2	164.2	45.0	7.9
民族医院	89605	245.49	36308	12057	9.1	147.9	40.5	5.4
专科医院	10866225	29770.48	5816127	4821201	13.8	195.4	53.5	11.7
口腔医院	133425	365.55	33966	12018	5.3	92.9	25.5	6.2
眼科医院	1246703	3415.62	701222	648635	15.0	205.3	56.3	12.7
耳鼻咽喉科医院	152712	418.39	63908	48582	13.7	152.8	41.9	8.5
肿瘤医院	494562	1354.96	158443	158996	7.4	116.9	32.0	15.9
心血管病医院	682410	1869.62	452896	365728	18.4	242.2	66.4	10.6
胸科医院								
血液病医院	105750	289.73	81915	57370	8.8	282.7	77.5	22.5
妇产(科)医院	581024	1591.85	258173	194114	29.1	162.2	44.4	4.2
儿童医院	62245	170.53	21510	21160	28.8	126.1	34.6	4.3
精神病医院	930890	2550.38	625410	379899	4.5	245.2	67.2	33.2
传染病医院	25550	70	16930	16630	27.3	241.9	66.3	8.7
皮肤病医院	168327	461.17	40590	18917	9.5	88.0	24.1	4.3
结核病医院	14220	38.96	10280	9572	11.7	263.9	72.3	21.0
麻风病医院								
职业病医院	1800	4.93	213	200	3.7	43.2	11.8	11.1
骨科医院	2172595	5952.32	1268150	1093711	15.3	213.1	58.4	12.0
康复医院	832347	2280.4	564000	416857	10.5	247.3	67.8	17.5
整形外科医院	122530	335.7	59904	40581	14.0	178.5	48.9	8.6
美容医院	175391	480.52	39292	37076	6.7	81.8	22.4	11.6
其他专科医院	2963744	8119.85	1419325	1301355	13.9	174.8	47.9	11.5
护理院	85800	235.07	86823	59063	2.8	369.4	101.2	91.0
二、疗养院	69798	191.23	26659	17360	9.9	139.4	38.2	9.2
三、社区卫生服务中心	75984	208.18	33422	20848	12.7	160.6	44.0	7.9
四、卫生院	681249	1866.44	282425	244581	18.5	151.3	41.5	7.1
街道卫生院	48824	133.76	7431	4578	16.2	55.6	15.2	2.1
乡镇卫生院	632425	1732.67	274994	240003	18.7	158.7	43.5	7.4
中心卫生院	117560	322.08	50181	35279	19.8	155.8	42.7	5.5
乡卫生院	514865	1410.59	224813	204724	18.5	159.4	43.7	7.9
五、门诊部	555047	1520.68	142260	77104	11.6	93.6	25.6	4.4
六、妇幼保健院(所、站)								
妇幼保健院								
妇幼保健所、站								
七、专科疾病防治院(所、站)	60590	166	33553	33246	16.6	202.1	55.4	12.1

5-9-4　2005年政府办医疗机构床位利用情况

	实际开放总床日数	平均开放病床(张)	实际占用总床日数	出院者占用总床日数	病床周转次数	病　床工作日	病床使用率(%)	出院者平　均住院日
总　　计	**930076955**	**2548156.04**	**604899158**	**560896018**	**24.7**	**237.4**	**65.0**	**8.9**
一、医　　院	651778351	1785694.11	488348743	458585007	24.1	273.5	74.9	10.7
综合医院	471214018	1290997.31	358038259	341061483	26.7	277.3	76.0	9.9
中医医院	94394049	258613.83	62085315	58786956	21.0	240.1	65.8	10.8
中西医结合医院	5407957	14816.32	3963482	3866098	21.2	267.5	73.3	12.3
民族医院	2017919	5528.55	1185267	904679	17.3	214.4	58.7	9.5
专科医院	78190609	214220.85	62599649	53482734	12.7	292.2	80.1	19.6
口腔医院	1103981	3024.61	469125	446844	12.2	155.1	42.5	12.1
眼科医院	1256720	3443.07	827890	749430	28.5	240.5	65.9	7.6
耳鼻咽喉科医院	357350	979.04	234130	210818	27.6	239.1	65.5	7.8
肿瘤医院	9399889	25753.12	9158692	9231387	17.4	355.6	97.4	20.6
心血管病医院	583438	1598.46	442264	415566	24.7	276.7	75.8	10.5
胸科医院	1773748	4859.58	1410923	1395573	14.8	290.3	79.5	19.4
血液病医院	127750	350	121604	126082	13.1	347.4	95.2	27.4
妇产(科)医院	3148451	8625.89	2226575	2143167	34.6	258.1	70.7	7.2
儿童医院	4982686	13651.19	4811562	4712116	44.9	352.5	96.6	7.7
精神病医院	33913013	92912.36	29114093	21431973	5.0	313.4	85.9	46.5
传染病医院	8798838	24106.41	5692831	5643289	10.7	236.2	64.7	21.9
皮肤病医院	477835	1309.14	289250	254459	7.0	221.0	60.5	27.8
结核病医院	3186321	8729.65	2155480	2053681	9.7	246.9	67.7	24.3
麻风病医院	278459	762.9	142034	8949	0.2	186.2	51.0	80.6
职业病医院	268440	735.45	200158	177886	12.0	272.2	74.6	20.2
骨科医院	2591067	7098.81	1888342	1786123	16.2	266.0	72.9	15.5
康复医院	3254299	8915.89	1762887	1331034	6.6	197.7	54.2	22.8
整形外科医院	153300	420	126711	109813	22.7	301.7	82.7	11.5
美容医院								
其他专科医院	2535024	6945.27	1525098	1254544	12.3	219.6	60.2	14.7
护理院	553799	1517.26	476771	483057	3.2	314.2	86.1	100.9
二、疗养院	5942825	16281.71	2606114	1943606	10.4	160.1	43.9	11.5
三、社区卫生服务中心	6728612	18434.55	4302199	3966521	12.6	233.4	63.9	17.1
四、卫生院	225042761	616555.51	85031081	74056221	25.9	137.9	37.8	4.6
街道卫生院	3271918	8964.16	1346562	1408130	20.4	150.2	41.2	7.7
乡镇卫生院	221770843	607591.35	83684519	72648091	26.0	137.7	37.7	4.6
中心卫生院	95392416	261349.08	38733373	34124909	27.5	148.2	40.6	4.7
乡卫生院	126378427	346242.27	44951146	38523182	24.8	129.8	35.6	4.5
五、门诊部	811725	2223.9	267783	242057	11.3	120.4	33.0	9.6
六、妇幼保健院(所、站)	31404746	86040.4	19762205	18366344	39.9	229.7	62.9	5.4
妇幼保健院	27121078	74304.32	17906819	16793369	41.6	241.0	66.0	5.4
妇幼保健所、站	4283668	11736.08	1855386	1572975	29.5	158.1	43.3	4.6
七、专科疾病防治院(所、站)	8367935	22925.85	4581033	3736262	8.7	199.8	54.8	18.6

5-10　2005年各地区医院床位利用情况

地区	医院			非营利性医院			营利性医院			医院中:政府办医院		
	病床周转次数	病床使用率(%)	出院者平均住院日	病床周转次数	病床使用率(%)	出院者平均住院日	病床周转次数	病床使用率(%)	出院者平均住院日	病床周转次数	病床使用率(%)	出院者平均住院日
总　计	**22.0**	**70.3**	**10.9**	**22.3**	**71.4**	**10.9**	**15.7**	**48.3**	**9.5**	**24.1**	**74.9**	**10.7**
北　京	15.9	77.3	16.6	16.2	79.1	16.7	8.3	40.8	15.7	17.2	81.4	16.3
天　津	15.8	68.1	15.4	16.2	68.3	15.4	3.5	61.8	27.7	17.9	69.7	13.9
河　北	22.6	66.3	10.6	22.9	67.1	10.6	16.5	53.2	11.7	25.3	69.9	10.0
山　西	18.6	61.6	10.6	18.5	61.8	10.8	21.0	59.5	7.7	19.9	63.7	10.5
内蒙古	18.2	59.8	10.7	18.2	60.2	10.7	17.1	50.7	9.1	19.4	63.3	10.7
辽　宁	17.6	62.6	11.5	17.8	63.6	11.6	14.2	41.3	9.5	18.7	65.1	11.5
吉　林	16.8	57.0	11.1	17.1	58.2	11.1	12.3	35.6	9.0	18.6	62.1	10.9
黑龙江	17.6	59.3	11.2	17.7	59.9	11.1	9.6	33.0	17.2	19.3	61.9	10.4
上　海	19.1	96.4	16.7	19.3	97.2	16.7	10.3	39.7	10.0	20.2	99.2	16.2
江　苏	24.8	83.2	11.8	25.3	85.2	11.9	18.2	55.7	10.1	27.2	91.1	12.0
浙　江	25.6	85.3	11.8	25.9	86.6	11.9	19.2	52.3	9.6	26.5	88.1	11.8
安　徽	23.8	68.4	9.7	24.2	69.2	9.7	20.8	51.1	7.5	26.3	71.7	9.2
福　建	26.1	76.0	10.0	26.4	77.5	10.1	17.4	40.0	7.6	27.0	79.5	10.1
江　西	23.6	64.1	9.1	23.6	64.3	9.1	23.6	58.5	6.8	26.0	69.4	9.1
山　东	25.2	72.9	9.6	25.7	74.1	9.7	14.8	44.7	8.5	27.3	76.0	9.4
河　南	22.7	67.2	10.1	23.0	68.0	10.1	14.7	49.6	11.1	25.8	71.7	9.6
湖　北	23.6	72.6	10.7	23.9	73.3	10.7	15.5	53.3	9.8	26.0	75.9	10.3
湖　南	22.4	68.1	10.2	22.5	68.4	10.2	13.9	48.9	9.7	24.1	71.4	10.0
广　东	27.0	76.0	9.9	27.5	77.4	9.9	19.5	55.2	9.3	28.2	79.5	9.9
广　西	23.9	70.2	10.2	24.2	70.7	10.1	10.4	47.7	12.0	25.3	72.1	10.0
海　南	21.5	56.5	9.0	21.7	57.8	9.1	17.7	25.4	5.3	25.3	69.1	9.4
重　庆	20.9	69.1	11.2	21.0	69.8	11.3	18.5	53.1	7.7	23.4	74.4	10.8
四　川	22.8	69.8	10.3	23.3	71.4	10.3	14.2	45.6	8.5	25.2	75.0	10.1
贵　州	23.2	67.6	9.3	23.5	68.5	9.4	18.1	49.7	7.7	24.3	70.7	9.5
云　南	22.3	73.4	11.3	22.8	76.5	11.7	16.2	38.6	6.0	24.4	81.1	11.7
西　藏	17.1	61.2	10.1	17.1	61.2	10.1				17.1	61.2	10.1
陕　西	19.0	61.0	10.8	19.6	61.9	10.6	12.6	49.4	13.1	21.7	67.1	10.3
甘　肃	17.6	54.7	10.0	18.0	55.6	10.0	6.9	32.3	10.0	19.9	58.8	9.7
青　海	18.4	62.6	10.3	18.5	62.8	10.4	16.2	52.6	11.0	18.9	64.2	10.3
宁　夏	23.0	75.9	10.8	23.7	77.9	10.9	17.4	56.2	7.8	25.0	78.7	10.9
新　疆	23.3	74.4	10.8	23.8	76.3	10.8	15.9	45.9	10.9	24.6	77.9	10.7

5-11 卫生部门综合医院工作效率

		医生人均			病床使用率(%)	平均住院日(日)
		每日担负诊疗人次	每日担负住院床日	年业务收入(万元)		
医院合计	1990	5.5	2.1	4.7	88.2	14.1
	1995	4.4	1.5	12.7	72.7	13.3
	2000	4.8	1.4	27.1	67.3	11.0
	2004	4.9	1.5	38.4	74.5	9.9
	2005	5.3	1.6	44.7	76.9	9.9
卫生部属	1990	6.4	2.0	9.8	100.3	22.1
	1995	5.2	1.6	29.0	94.6	20.4
	2000	8.5	1.8	72.8	95.5	14.6
	2004	7.3	2.2	113.8	96.9	13.6
	2005	7.8	2.3	129.7	100.2	13.1
省属	1990	5.4	2.0	6.5	97.2	21.5
	1995	4.5	1.6	20.5	87.3	21.5
	2000	6.2	1.8	54.0	84.9	15.8
	2004	6.2	2.0	76.1	88.3	13.2
	2005	6.6	2.1	90.1	91.3	12.8
省辖市属	1990	5.5	2.2	5.2	94.7	17.4
	1995	4.7	1.7	14.6	80.2	16.5
	2000	5.0	1.5	30.4	74.0	13.1
	2004	5.1	1.7	42.6	82.8	11.8
	2005	5.7	1.9	49.7	84.1	11.9
地辖市属	1990	6.2	1.8	4.2	82.1	13.6
	1995	4.5	1.4	10.6	68.3	11.4
	2000	4.7	1.2	20.6	61.3	9.6
	2004	4.8	1.3	28.7	68.5	8.6
	2005	5.0	1.4	32.6	70.3	8.8
县属	1990	5.2	2.1	3.7	83.0	11.2
	1995	4.1	1.5	7.8	63.4	10.1
	2000	3.9	1.2	15.2	56.3	8.4
	2004	4.0	1.3	20.5	62.1	7.5
	2005	4.3	1.4	23.9	65.3	7.5

注：为统一口径，本表综合医院包括高等院校附属医院。

5-12 2005年各地区卫生部门医院医生人均担负工作量

地 区	医生人均每日担负诊疗人次						医生人均每日担负住院床日					
	合计	卫生部属	省属	省辖市属	地辖市属	县属	合计	卫生部属	省属	省辖市属	地辖市属	县属
总 计	**5.3**	**7.8**	**6.6**	**5.7**	**5.0**	**4.3**	**1.6**	**2.3**	**2.1**	**1.9**	**1.4**	**1.4**
北 京	6.8	7.4	6.2	7.1		4.2	1.3	1.7	1.4	1.2		0.7
天 津	5.4		5.7	5.8		3.1	1.4		1.7	1.1		1.3
河 北	3.6		4.2	3.7	3.4	3.4	1.5		1.8	1.7	1.3	1.4
山 西	2.6		2.9	2.9	2.8	2.1	1.1		0.8	1.5	1.2	0.9
内蒙古	3.5		5.5	3.8	2.9	3.3	1.3		2.2	1.7	1.2	1.0
辽 宁	3.7		6.1	4.0	3.1	2.4	1.4		2.0	1.6	1.1	1.1
吉 林	3.3	6.0	6.5	3.5	2.5	2.1	1.2	2.1	2.7	1.3	0.8	0.9
黑龙江	3.0		4.3	4.3	2.2	1.9	1.2		2.2	1.4	0.9	0.7
上 海	9.1	10.0	8.9	9.2		5.3	2.0	2.0	1.9	2.0		2.6
江 苏	7.1		11.9	7.6	6.3	5.8	2.1		2.7	2.4	1.7	2.0
浙 江	8.2		9.2	8.4	8.5	7.3	1.9		2.4	2.1	1.7	1.8
安 徽	4.3		6.7	4.1	4.6	3.6	1.6		2.1	1.8	1.3	1.3
福 建	7.3		8.0	8.1	7.0	6.2	1.9		2.3	2.3	1.6	1.7
江 西	4.9		5.8	4.6	4.2	5.3	1.5		2.5	1.8	1.3	1.3
山 东	4.2	7.8	6.6	5.1	3.7	3.2	1.6	2.4	2.2	1.9	1.5	1.3
河 南	4.5		4.8	4.2	4.6	4.5	1.6		2.5	1.7	1.5	1.4
湖 北	4.6	10.0	5.7	4.7	3.6	4.3	1.7	2.9	2.0	2.1	1.2	1.5
湖 南	3.9	6.4	4.5	4.4	3.2	3.2	1.7	2.8	2.3	2.1	1.3	1.3
广 东	9.5		9.6	10.0	9.9	6.5	1.7		2.3	2.0	1.4	1.2
广 西	7.2		7.1	7.0	8.2	7.2	1.9		2.4	1.9	1.5	1.7
海 南	6.7		7.5	5.6	6.6	6.8	1.6		1.8	1.6	1.5	1.2
重 庆	5.8		6.8	5.7	6.7	5.0	1.9		2.3	1.6	2.6	1.7
四 川	5.9	11.8	7.4	5.6	5.8	5.6	2.0	4.0	2.7	2.3	1.7	1.6
贵 州	3.1		4.1	3.0	3.3	2.9	1.6		2.1	2.1	1.6	1.1
云 南	5.4		5.6	4.7	5.1	5.7	2.1		2.0	2.3	2.1	2.0
西 藏	4.3		3.7	3.0	11.2	5.4	1.0		1.5	1.0	2.1	0.9
陕 西	3.7	5.6	5.6	3.7	3.4	3.2	1.5	2.5	2.2	1.7	1.3	1.2
甘 肃	4.8		4.1	3.7	5.6	5.2	1.3		1.7	1.5	1.3	1.2
青 海	4.3		6.3	4.1	2.5	4.0	1.7		3.1	1.7	0.5	1.3
宁 夏	4.5		5.0	4.7	4.5	3.7	1.9		2.5	2.0	1.5	1.3
新 疆	3.9		3.3	4.2	4.1	4.0	1.9		1.6	2.0	2.2	1.8

5-13-1 2005年卫生部门医院出院病人疾病转归情况

疾病名称 (ICD-10)	出院人数 (人)	疾病构成 (%)	治愈率 (%)	好转率 (%)	未愈率 (%)	病死率 (%)	出院者平均住院日	出院者平均医疗费用 (元)
总　计	**3209799**	**100.0**	**57.5**	**37.8**	**3.6**	**1.1**	**9.7**	**4909.7**
1.传染病和寄生虫病小计	107991	3.4	38.3	55.8	5.1	0.8	10.7	3650.5
其中：肠道传染病	13618	0.4	66.6	32.0	1.2	0.2	5.2	1449.6
内：霍乱	28	0.0	89.3	3.6	3.6	3.6	7.1	3308.6
伤寒和副伤寒	1058	0.0	57.6	39.5	2.9	0.0	10.1	3051.3
志贺菌病	4052	0.1	63.7	34.8	1.2	0.2	4.9	1467.6
结核病	27772	0.9	16.9	74.7	7.6	0.8	12.9	4606.7
内：肺结核	13769	0.4	11.4	78.7	8.8	1.0	11.9	3963.8
白喉								
百日咳	159	0.0	28.3	66.7	3.8	1.3	6.9	1313.1
猩红热	291	0.0	60.8	37.5	1.7	0.0	5.9	1109.2
性传播模式疾病	995	0.0	63.2	31.2	5.5	0.1	9.4	3094.0
内：梅毒	292	0.0	32.2	55.8	11.6	0.3	11.5	3773.2
淋球菌感染	98	0.0	69.4	27.6	3.1	0.0	7.8	1562.3
乙型脑炎	521	0.0	44.0	47.0	5.8	3.3	10.8	4333.2
斑疹伤寒	259	0.0	73.0	25.5	1.2	0.4	6.9	2935.7
病毒性肝炎	22152	0.7	16.2	75.8	6.9	1.0	16.9	5536.9
人类免疫缺陷病毒病（HIV）	338	0.0	5.9	41.7	45.6	6.8	12.5	5933.7
血吸虫病	303	0.0	50.8	41.9	6.9	0.3	10.4	2910.2
丝虫病	5	0.0	20.0	80.0	0.0	0.0	9.4	3031.0
钩虫病	123	0.0	25.2	71.5	3.3	0.0	5.7	2421.3
2.肿瘤小计	267273	8.3	54.0	32.3	10.8	3.0	13.6	9226.8
恶性肿瘤计	167257	5.2	35.2	45.3	14.9	4.6	15.3	10776.6
其中：鼻咽恶性肿瘤	2167	0.1	17.0	62.0	17.1	3.9	17.8	8117.2
食管恶性肿瘤	10487	0.3	43.7	38.4	14.0	3.8	16.4	11944.4
胃恶性肿瘤	18982	0.6	43.0	37.8	15.5	3.6	14.9	12020.3
小肠恶性肿瘤	744	0.0	46.5	37.1	12.5	3.9	18.7	16842.0
结肠恶性肿瘤	7479	0.2	51.7	34.9	9.1	4.3	17.5	14818.6
直肠乙状结肠连接处、直肠、肛门和肛管恶性肿瘤	8145	0.3	53.3	35.0	8.9	2.8	18.0	13875.0
肝和肝内胆管恶性肿瘤	13812	0.4	18.9	49.2	23.1	8.7	12.9	10384.5
喉恶性肿瘤	1518	0.0	61.0	25.2	12.0	1.8	18.5	11164.2
气管、支气管、肺恶性肿瘤	24412	0.8	17.3	54.0	20.9	7.8	14.6	9635.3
骨、关节软骨恶性肿瘤	1313	0.0	34.3	42.3	20.4	2.9	16.9	10596.0
乳房恶性肿瘤	10084	0.3	60.0	34.8	3.6	1.6	16.8	9777.2
女性生殖器官恶性肿瘤	8755	0.3	36.5	50.9	11.1	1.6	15.0	8398.2
男性生殖器官恶性肿瘤	2726	0.1	38.4	50.9	8.6	2.1	16.2	9737.0
泌尿道恶性肿瘤	7668	0.2	64.4	26.0	7.7	1.9	16.5	12074.3
脑恶性肿瘤	4469	0.1	47.0	40.1	9.8	3.1	17.4	18540.6
白血病	10061	0.3	17.0	62.5	15.5	5.0	13.8	8166.2
原位癌计	1910	0.1	36.5	52.4	9.5	1.6	10.6	6069.9
其中：子宫颈原位癌	924	0.0	47.6	49.0	3.4	0.0	8.3	5457.3
良性肿瘤计	91638	2.9	89.7	7.2	2.9	0.1	10.4	6491.7
其中：皮肤良性肿瘤	2085	0.1	88.8	8.4	2.7	0.0	8.7	3586.1

5-13-1 续表1

疾病名称 (ICD-10)	出院人数 (人)	疾病构成 (%)	治愈率 (%)	好转率 (%)	未愈率 (%)	病死率 (%)	出院者平均住院日	出院者平均医疗费用 (元)
乳房良性肿瘤	6953	0.2	95.0	4.4	0.6	0.0	6.5	3000.6
子宫平滑肌瘤	28694	0.9	95.0	2.9	2.1	0.0	10.1	5231.0
卵巢良性肿瘤	8547	0.3	96.3	2.7	1.0	0.0	9.1	5218.4
前列腺良性肿瘤	15	0.0	60.0	40.0	0.0	0.0	12.9	4476.3
甲状腺良性肿瘤	9048	0.3	94.2	4.0	1.8	0.0	8.1	4183.1
交界恶性肿瘤计	6452	0.2	39.3	44.1	14.8	1.8	13.5	8823.7
动态未知的肿瘤计	16	0.0	75.0	25.0	0.0	0.0	19.4	12220.3
3.血液、造血器官及免疫疾病小计	25199	0.8	26.4	66.4	6.6	0.7	9.7	4086.5
其中：贫血	11394	0.4	14.8	75.6	8.7	0.9	8.7	3961.3
4.内分泌、营养和代谢疾病小计	84482	2.6	27.5	68.7	2.9	0.9	12.3	5272.6
其中：甲状腺功能亢进	6494	0.2	26.2	69.2	4.3	0.3	11.3	3750.4
糖尿病	53818	1.7	13.2	83.9	1.9	1.0	13.8	5792.7
5.精神和行为障碍小计	19060	0.6	30.8	63.7	5.2	0.2	10.0	2841.7
其中：使用精神活性物质的精神和行为障碍	103	0.0	51.5	37.9	7.8	2.9	10.3	2347.5
精神分裂症、分裂型障碍和妄想性障碍	2401	0.1	17.9	75.0	7.0	0.1	20.1	3068.0
心境（情感）障碍	1560	0.0	17.8	76.2	5.8	0.1	15.9	3781.5
6.神经系统疾病小计	73902	2.3	33.2	59.7	6.3	0.8	11.1	5725.0
其中：中枢神经系统炎性疾病	4273	0.1	34.1	51.5	11.5	3.0	12.8	7317.0
帕金森病	1760	0.1	9.1	86.3	3.9	0.7	15.2	7251.6
癫痫	9801	0.3	20.4	64.4	14.7	0.6	6.9	3347.1
7.眼和附器疾病小计	73237	2.3	85.1	12.8	2.1	0.0	8.2	3750.3
其中：晶状体疾患	32795	1.0	95.9	2.6	1.5	0.0	6.2	4211.2
内：老年性白内障	26570	0.8	96.1	2.6	1.3	0.0	5.9	4165.5
视网膜脱离和断裂	11164	0.3	91.9	4.9	3.2	0.0	10.7	5651.1
青光眼	18812	0.6	80.0	18.6	1.3	0.0	10.6	3165.3
8.耳和乳突疾病小计	15286	0.5	56.0	40.7	3.3	0.0	10.5	3570.6
其中：中耳和乳突疾病	5809	0.2	82.1	15.5	2.5	0.0	11.5	4540.6
9.循环系统疾病小计	389745	12.1	23.5	70.1	3.8	2.6	12.0	6627.0
其中：急性风湿热	1092	0.0	22.1	74.2	3.5	0.3	11.2	2982.1
内：急性风湿性关节炎	976	0.0	22.8	74.2	3.0	0.0	11.4	2869.7
慢性风湿性心脏病	10847	0.3	22.1	69.9	5.6	2.4	11.6	9460.5
高血压	61056	1.9	15.1	83.1	1.2	0.5	11.3	4599.7
内：高血压性心脏、肾脏病	3418	0.1	15.0	81.2	2.0	1.7	10.8	4634.3
缺血性心脏病	92511	2.9	16.1	79.7	1.8	2.5	11.6	7415.6
内：心绞痛	10275	0.3	26.1	72.4	1.0	0.6	11.2	8912.0
急性心肌梗死	9114	0.3	23.1	63.5	3.5	10.0	11.5	12662.0
其他缺血性心脏病	73122	2.3	13.8	82.7	1.7	1.8	11.6	6551.4
肺栓塞	693	0.0	22.2	60.3	5.5	12.0	15.8	12230.2
心脏传导疾患和心律失常	16370	0.5	35.9	60.9	2.7	0.5	8.9	7882.6
心力衰竭	5766	0.2	25.9	65.0	2.5	6.6	11.1	5713.1
脑血管病	143143	4.5	21.7	68.3	6.1	3.9	13.6	6946.5
内：颅内出血	41699	1.3	25.6	54.5	11.5	8.4	13.9	8199.8
脑梗死	76641	2.4	18.7	75.5	3.8	2.0	13.6	6272.2

5-13-1 续表2

疾病名称 (ICD-10)	出院人数 (人)	疾病 构成 (%)	治愈率 (%)	好转率 (%)	未愈率 (%)	病死率 (%)	出院者 平均 住院日	出院者平均 医疗费用 (元)
大脑动脉闭塞和狭窄	3909	0.1	22.0	67.9	6.3	3.7	13.2	7502.8
静脉炎和血栓性静脉炎、静脉栓塞和血栓形成	3811	0.1	42.0	53.0	4.6	0.4	13.0	9483.9
下肢静脉曲张	6102	0.2	85.4	11.5	3.1	0.0	10.0	4888.7
10.呼吸系统疾病小计	433776	13.5	55.3	41.8	2.0	0.9	7.9	3006.1
其中：急性上呼吸道感染	99811	3.1	64.6	34.3	1.1	0.0	4.7	1175.6
流行性感冒	65	0.0	69.2	27.7	1.5	1.5	5.8	1921.6
肺炎	111182	3.5	54.9	42.7	1.6	0.8	7.6	2313.4
慢性扁桃体和腺样体疾病	10185	0.3	93.9	4.5	1.5	0.0	6.4	2384.2
支气管炎、肺气肿和其他慢性阻塞性肺病	74919	2.3	31.5	64.2	2.4	1.8	11.0	5102.9
哮喘	12366	0.4	32.6	65.0	1.8	0.5	8.2	3273.3
外部物质引起的肺病	1615	0.1	26.9	63.9	4.0	5.1	12.6	6286.9
11.消化系统疾病小计	398213	12.4	66.5	30.3	2.6	0.6	8.6	4345.5
其中：口腔、涎腺和颌疾病	7383	0.2	74.5	22.7	2.8	0.0	8.2	2830.1
内：牙齿及牙周病	1194	0.0	77.1	20.9	2.0	0.0	8.4	2776.3
胃及十二指肠溃疡	24868	0.8	48.7	49.1	1.7	0.4	9.2	4803.8
阑尾疾病	60015	1.9	89.4	9.9	0.7	0.0	6.6	2969.9
疝计	35192	1.1	93.5	4.3	2.2	0.1	7.8	3503.0
内：腹股沟疝	32384	1.0	94.2	3.7	2.0	0.1	7.6	3310.3
肠梗阻	17069	0.5	69.4	25.8	4.0	0.8	7.7	4057.0
肝疾病	28006	0.9	15.8	71.4	9.6	3.3	13.9	7195.4
胆石病和胆囊炎	75590	2.4	78.9	19.1	1.9	0.1	9.9	5978.4
急性胰腺炎	12141	0.4	61.0	34.9	2.9	1.2	11.6	8991.2
12.皮肤和皮下组织疾病小计	25017	0.8	61.4	35.9	2.5	0.2	10.8	3480.4
其中：皮炎及湿疹	4894	0.2	58.3	40.1	1.4	0.1	10.0	2639.4
牛皮癣	1227	0.0	29.9	68.5	1.6	0.0	18.4	4694.4
荨麻疹	2363	0.1	68.1	30.7	1.2	0.0	5.7	1291.9
13.肌肉骨骼系统和结缔组织疾病小计	82473	2.6	44.7	51.8	3.2	0.3	13.1	7003.3
其中：类风湿性关节炎和其他炎性多关节病	8852	0.3	22.3	75.6	1.9	0.2	13.8	5697.2
关节病	3713	0.1	56.2	41.2	2.6	0.1	14.5	11948.4
系统性结缔组织病	11206	0.3	11.9	82.4	4.3	1.4	13.5	5484.7
内：系统性红斑狼疮	6867	0.2	10.4	84.1	4.0	1.5	12.4	5111.4
脊椎关节强硬	7928	0.2	40.4	57.1	2.4	0.1	12.9	8733.1
椎间盘疾患	22193	0.7	51.7	45.6	2.7	0.0	13.1	6200.1
骨病和软骨病	8022	0.2	57.4	37.4	5.1	0.1	14.6	10294.6
内：骨密度和结构的疾患	3563	0.1	58.1	37.1	4.6	0.1	13.9	8841.0
骨髓炎	1435	0.0	53.0	42.9	4.0	0.1	15.9	6533.8
14.泌尿生殖系统疾病小计	189121	5.9	62.2	33.3	4.0	0.4	10.2	4553.1
其中：肾小球疾病	19628	0.6	15.7	78.6	5.2	0.5	13.0	4687.6
肾小管-间质疾病	9809	0.3	61.1	34.8	3.8	0.3	12.5	5539.3
肾衰竭	15075	0.5	12.9	73.9	9.2	4.0	12.9	7422.2
尿石病	30414	0.9	64.7	32.0	3.3	0.0	8.8	3921.9
膀胱炎	2009	0.1	69.1	29.7	1.1	0.0	11.5	4621.2

5-13-1 续表3

疾病名称 (ICD-10)	出院人数 (人)	疾病 构成 (%)	治愈率 (%)	好转率 (%)	未愈率 (%)	病死率 (%)	出院者 平均 住院日	出院者平均 医疗费用 (元)
尿道狭窄	1500	0.0	68.8	26.5	4.7	0.0	14.1	5665.7
男性生殖器官疾病	28657	0.9	73.6	23.5	2.8	0.1	11.8	5425.6
内：前列腺增生	16181	0.5	67.5	28.9	3.4	0.1	14.3	7515.5
乳房疾患	8871	0.3	85.9	11.0	3.1	0.0	7.6	3411.7
女性盆腔器官炎性疾病	17301	0.5	74.2	24.3	1.5	0.0	8.1	2598.5
子宫内膜异位	9374	0.3	90.6	7.6	1.8	0.0	9.7	5740.0
女性生殖器脱垂	3504	0.1	92.2	3.9	3.9	0.0	11.0	4941.7
15.妊娠、分娩和产褥期小计	340076	10.6	96.1	3.2	0.6	0.0	5.5	2423.8
其中：异位妊娠	21417	0.7	90.1	8.3	1.6	0.0	7.8	4059.0
医疗性流产	16966	0.5	99.6	0.4	0.1	0.0	4.0	940.1
妊娠、分娩和产褥期的水肿、蛋白尿和高血压疾患	7835	0.2	82.2	15.8	1.9	0.1	7.4	3636.9
梗阻性分娩	24889	0.8	98.9	0.8	0.3	0.0	7.1	3565.7
分娩时会阴、阴道裂伤	4494	0.1	99.1	0.7	0.2	0.0	3.4	1359.4
产后出血	3552	0.1	92.3	6.4	0.9	0.5	5.4	3341.7
顺产	92573	2.9	99.8	0.2	0.0	0.0	3.7	1320.7
16.起源于围生期的某些情况小计	58430	1.8	53.8	39.8	4.4	2.0	6.5	2371.4
其中：产伤	322	0.0	43.2	48.4	7.8	0.6	7.0	2343.6
出生窒息	13888	0.4	45.1	46.3	5.5	3.1	7.3	2611.3
新生儿吸入综合征	4055	0.1	59.6	35.2	3.3	1.9	6.5	2610.2
特发于围生期的感染	4203	0.1	54.7	40.6	3.6	1.1	5.8	1768.2
胎儿和新生儿的溶血性疾病	846	0.0	72.0	25.7	2.4	0.0	6.3	2819.6
新生儿硬化病	538	0.0	59.5	31.0	5.9	3.5	6.6	2213.3
17.先天性畸形、变形和染色体异常小计	34146	1.1	77.0	14.7	7.6	0.7	11.4	8770.3
其中：脊柱裂	221	0.0	72.4	14.9	12.7	0.0	14.8	6505.2
神经系统其他先天性畸形	826	0.0	34.0	49.4	15.9	0.7	11.8	6415.6
循环系统先天性畸形	10956	0.3	70.1	17.7	10.4	1.8	13.3	17301.7
消化系统其他先天性畸形	1917	0.1	65.1	20.9	13.1	0.9	10.7	5933.7
泌尿系统其他先天性畸形	2823	0.1	86.2	7.7	6.1	0.0	11.5	4813.7
肌肉骨骼系统其他先天性畸形	2159	0.1	75.2	17.4	7.1	0.4	10.6	5717.1
18.症状、体征和临床与实验异常所见小计	39333	1.2	45.8	39.6	11.7	2.9	7.5	3685.3
19.损伤、中毒小计	395648	12.3	57.7	38.3	2.9	1.1	10.4	5277.1
其中：骨折	120420	3.8	55.4	40.3	4.1	0.2	13.2	7291.8
内：颅骨和面骨骨折	12662	0.4	56.2	39.9	3.6	0.3	10.5	4541.8
股骨骨折	20355	0.6	63.1	31.2	5.4	0.4	16.6	11976.6
多部位骨折	1799	0.1	54.3	40.7	3.2	1.8	17.8	10758.0
颅内损伤	67562	2.1	52.9	39.8	3.1	4.2	11.1	6461.8
烧伤和腐蚀伤	13973	0.4	49.6	46.1	3.5	0.8	10.6	4138.3
药物、药剂和生物制品中毒	5069	0.2	54.3	41.6	2.6	1.4	3.4	1800.3
非药用物质的毒性效应	15455	0.5	46.3	47.0	4.2	2.6	5.1	2758.1
手术和医疗的并发症计	7237	0.2	74.4	23.2	2.1	0.3	11.5	5479.9
内：操作并发症	3860	0.1	71.6	26.1	2.0	0.3	12.9	4922.8
假体装置、植入物和移植物并发症	1927	0.1	85.7	11.9	2.3	0.1	11.7	8003.4
20.影响健康状态和与保健机构接触因素小计	157346	4.9	82.8	16.2	0.8	0.1	9.4	5755.5

5-13-2　2005年卫生部门城市医院出院病人疾病转归情况

疾病名称 (ICD-10)	出院人数（人）	疾病构成 (%)	治愈率 (%)	好转率 (%)	未愈率 (%)	病死率 (%)	出院者平均住院日
总　　计	**2522946**	**100.0**	**58.0**	**37.2**	**3.7**	**1.2**	**10.4**
1.传染病和寄生虫病小计	81182	3.2	40.5	53.7	5.1	0.8	11.7
其中：肠道传染病	8964	0.4	69.1	29.5	1.2	0.2	5.6
内：霍乱	18	0.0	88.9	5.6		5.6	7.4
伤寒和副伤寒	706	0.0	51.7	45.2	3.1		9.8
志贺菌病	2721	0.1	67.4	31.1	1.2	0.3	5.2
结核病	20653	0.8	20.7	70.7	7.8	0.7	14.0
内：肺结核	9456	0.4	15.5	74.2	9.3	1.0	13.0
白喉							
百日咳	128	0.0	26.6	67.2	4.7	1.6	7.1
猩红热	244	0.0	63.5	34.4	2.0		6.0
性传播模式疾病	907	0.0	63.6	30.8	5.5	0.1	9.6
内：梅毒	276	0.0	33.3	54.7	11.6	0.4	11.8
淋球菌感染	77	0.0	70.1	27.3	2.6		8.2
乙型脑炎	373	0.0	42.1	49.9	5.4	2.7	11.2
斑疹伤寒	196	0.0	77.0	20.9	1.5	0.5	7.8
病毒性肝炎	17614	0.7	18.5	74.3	6.2	1.0	17.8
人类免疫缺陷病毒病（HIV）	307	0.0	6.2	41.0	46.6	6.2	12.5
血吸虫病	280	0.0	52.1	42.1	5.4	0.4	10.4
丝虫病	3	0.0	33.3	66.7			12.7
钩虫病	58	0.0	44.8	53.4	1.7		7.3
2.肿瘤小计	237461	9.4	54.1	32.6	10.3	3.1	14.0
恶性肿瘤计	151693	6.0	36.3	45.0	14.0	4.6	15.7
其中：鼻咽恶性肿瘤	2058	0.1	17.4	62.3	16.6	3.6	18.3
食管恶性肿瘤	9182	0.4	45.7	37.5	13.1	3.7	16.9
胃恶性肿瘤	16157	0.6	44.1	36.8	15.2	3.9	15.5
小肠恶性肿瘤	692	0.0	47.3	35.8	12.7	4.2	19.0
结肠恶性肿瘤	6802	0.3	52.6	34.4	8.7	4.4	17.8
直肠乙状结肠连接处、直肠、肛门和肛管恶性肿瘤	7318	0.3	54.7	34.2	8.3	2.8	18.3
肝和肝内胆管恶性肿瘤	12252	0.5	20.8	49.4	21.0	8.8	13.2
喉恶性肿瘤	1472	0.1	62.1	24.9	11.3	1.8	18.7
气管、支气管、肺恶性肿瘤	21712	0.9	18.7	53.6	19.7	8.0	15.1
骨、关节软骨恶性肿瘤	1205	0.0	35.9	42.1	19.3	2.7	17.4
乳房恶性肿瘤	9391	0.4	60.7	34.3	3.3	1.7	17.0
女性生殖器官恶性肿瘤	8013	0.3	36.3	51.8	10.3	1.7	15.4
男性生殖器官恶性肿瘤	2492	0.1	38.6	50.8	8.3	2.2	16.4
泌尿道恶性肿瘤	7233	0.3	65.6	25.3	7.3	1.9	16.8
脑恶性肿瘤	4287	0.2	48.6	39.6	8.8	3.0	17.7
白血病	9322	0.4	18.1	62.7	14.3	5.0	14.3
原位癌计	1527	0.1	39.7	54.9	4.8	0.7	10.4
其中：子宫颈原位癌	888	0.0	46.7	50.1	3.2		8.2
良性肿瘤计	78482	3.1	89.7	7.2	3.0	0.1	10.8
其中：皮肤良性肿瘤	1895	0.1	89.4	7.8	2.7		8.9

5-13-2 续表1

疾病名称 (ICD-10)	出院人数 (人)	疾病构成 (%)	治愈率 (%)	好转率 (%)	未愈率 (%)	病死率 (%)	出院者平均住院日
乳房良性肿瘤	6680	0.3	95.2	4.2	0.6		6.5
子宫平滑肌瘤	22844	0.9	95.0	2.8	2.2		10.4
卵巢良性肿瘤	7047	0.3	96.7	2.4	0.8	0.0	9.4
前列腺良性肿瘤	11	0.0	54.5	45.5			12.4
甲状腺良性肿瘤	7092	0.3	94.6	3.6	1.8		8.4
交界恶性肿瘤计	5743	0.2	40.0	43.9	14.3	1.8	14.1
动态未知的肿瘤计	16	0.0	75.0	25.0			19.4
3.血液、造血器官及免疫疾病小计	21116	0.8	27.3	65.7	6.3	0.7	10.4
其中：贫血	9060	0.4	15.1	75.5	8.4	1.0	9.6
4.内分泌、营养和代谢疾病小计	75783	3.0	27.9	68.5	2.8	0.8	12.7
其中：甲状腺功能亢进	5861	0.2	25.7	69.9	4.1	0.2	11.6
糖尿病	48610	1.9	14.0	83.5	1.6	0.9	14.2
5.精神和行为障碍小计	15394	0.6	28.3	66.0	5.5	0.2	11.3
其中：使用精神活性物质的精神和行为障碍	90	0.0	52.2	36.7	7.8	3.3	11.5
精神分裂症、分裂型障碍和妄想性障碍	2224	0.1	18.3	75.0	6.5	0.1	21.0
心境（情感）障碍	1430	0.1	18.8	75.3	5.7	0.1	16.4
6.神经系统疾病小计	65566	2.6	34.0	58.8	6.4	0.8	11.6
其中：中枢神经系统炎性疾病	3453	0.1	33.9	52.0	11.1	3.0	14.0
帕金森病	1618	0.1	9.6	86.0	3.7	0.7	15.6
癫痫	8398	0.3	21.0	62.2	16.2	0.6	7.4
7.眼和附器疾病小计	64819	2.6	85.5	12.4	2.1	0.0	8.5
其中：晶状体疾患	28161	1.1	96.2	2.4	1.4	0.0	6.5
内：老年性白内障	22479	0.9	96.3	2.4	1.2		6.3
视网膜脱离和断裂	11114	0.4	92.2	4.7	3.2		10.7
青光眼	16632	0.7	81.1	17.7	1.2		11.0
8.耳和乳突疾病小计	12944	0.5	58.3	38.2	3.5		11.1
其中：中耳和乳突疾病	5317	0.2	83.6	14.0	2.4		11.7
9.循环系统疾病小计	313430	12.4	25.8	68.2	3.4	2.7	12.7
其中：急性风湿热	781	0.0	25.6	70.8	3.3	0.3	12.1
内：急性风湿性关节炎	698	0.0	27.1	70.3	2.6		12.2
慢性风湿性心脏病	8832	0.4	26.3	66.2	5.2	2.3	12.5
高血压	51190	2.0	16.4	82.1	1.0	0.5	11.8
内：高血压性心脏、肾脏病	2785	0.1	17.2	79.2	1.8	1.7	11.3
缺血性心脏病	76012	3.0	17.5	78.5	1.5	2.5	12.1
内：心绞痛	9603	0.4	26.5	72.0	0.9	0.5	11.4
急性心肌梗死	7478	0.3	24.3	62.7	2.9	10.1	11.8
其他缺血性心脏病	58931	2.3	15.2	81.5	1.5	1.8	12.3
肺栓塞	657	0.0	22.7	60.7	5.2	11.4	16.2
心脏传导疾患和心律失常	14389	0.6	37.0	60.0	2.5	0.5	9.3
心力衰竭	4457	0.2	26.1	64.2	2.4	7.3	12.1
脑血管病	109756	4.4	24.5	66.0	5.4	4.1	14.6
内：颅内出血	29343	1.2	29.6	50.6	10.3	9.6	15.0
脑梗死	60352	2.4	21.0	73.3	3.5	2.2	14.5

5-13-2　续表2

疾病名称 (ICD-10)	出院人数 (人)	疾病构成 (%)	治愈率 (%)	好转率 (%)	未愈率 (%)	病死率 (%)	出院者平均住院日
大脑动脉闭塞和狭窄	3107	0.1	24.2	66.0	6.0	3.8	14.3
静脉炎和血栓性静脉炎、静脉栓塞和血栓形成	3512	0.1	43.5	51.6	4.6	0.3	13.2
下肢静脉曲张	5004	0.2	86.0	10.7	3.3	0.0	10.3
10. 呼吸系统疾病小计	322062	12.8	57.9	39.1	2.0	1.1	8.6
其中：急性上呼吸道感染	70295	2.8	66.9	32.2	0.8	0.0	5.1
流行性感冒	24	0.0	70.8	29.2			6.5
肺炎	78725	3.1	57.8	39.7	1.5	1.0	8.4
慢性扁桃体和腺样体疾病	8801	0.3	94.8	3.6	1.6		6.7
支气管炎、肺气肿和其他慢性阻塞性肺病	56838	2.3	34.4	61.2	2.3	2.1	12.0
哮喘	10107	0.4	35.0	63.0	1.5	0.6	8.8
外部物质引起的肺病	1316	0.1	27.4	63.0	3.8	5.8	13.7
11. 消化系统疾病小计	296794	11.8	66.8	29.9	2.7	0.7	9.3
其中：口腔、涎腺和颌疾病	5945	0.2	77.3	19.5	3.1	0.0	8.9
内：牙齿及牙周病	983	0.0	79.5	18.2	2.3		8.8
胃及十二指肠溃疡	19537	0.8	50.4	47.6	1.6	0.4	9.6
阑尾疾病	41083	1.6	89.5	9.8	0.7	0.0	6.8
疝计	24082	1.0	93.0	4.3	2.5	0.1	8.4
内：腹股沟疝	22060	0.9	94.0	3.6	2.3	0.1	8.1
肠梗阻	12657	0.5	70.0	25.3	3.8	0.9	8.2
肝疾病	23079	0.9	17.1	70.0	9.4	3.5	14.6
胆石病和胆囊炎	58788	2.3	79.9	18.1	1.9	0.1	10.3
急性胰腺炎	10109	0.4	62.8	33.5	2.5	1.2	12.1
12. 皮肤和皮下组织疾病小计	21483	0.9	63.0	34.4	2.4	0.2	11.4
其中：皮炎及湿疹	4457	0.2	59.7	38.7	1.4	0.2	10.4
牛皮癣	1213	0.0	30.1	68.3	1.6		18.5
荨麻疹	1917	0.1	71.7	27.2	1.0		6.2
13. 肌肉骨骼系统和结缔组织疾病小计	74265	2.9	45.5	51.0	3.2	0.3	13.5
其中：类风湿性关节炎和其他炎性多关节病	8238	0.3	22.5	75.5	1.8	0.2	14.1
关节病	3544	0.1	57.4	40.0	2.5	0.1	14.7
系统性结缔组织病	10883	0.4	11.9	82.8	3.9	1.4	13.7
内：系统性红斑狼疮	6715	0.3	10.6	84.3	3.7	1.5	12.5
脊椎关节强硬	7162	0.3	43.5	54.0	2.4	0.1	13.5
椎间盘疾患	18867	0.7	54.5	42.8	2.7	0.0	13.6
骨病和软骨病	7063	0.3	58.8	35.9	5.3	0.1	15.1
内：骨密度和结构的疾患	3181	0.1	58.2	37.0	4.7	0.1	14.5
骨髓炎	1181	0.0	56.0	40.1	3.8	0.1	16.7
14. 泌尿生殖系统疾病小计	158903	6.3	62.4	33.1	4.1	0.4	10.6
其中：肾小球疾病	17248	0.7	16.3	78.4	4.8	0.5	13.5
肾小管-间质疾病	8748	0.3	62.7	33.2	3.8	0.3	12.9
肾衰竭	13731	0.5	13.7	74.4	8.1	3.9	13.4
尿石病	23804	0.9	67.2	29.4	3.4	0.0	9.3
膀胱炎	1754	0.1	70.4	28.4	1.1	0.1	12.0
尿道狭窄	1388	0.1	69.8	25.6	4.6		14.4

5-13-2 续表3

疾病名称 (ICD-10)	出院人数 (人)	疾病构成 (%)	治愈率 (%)	好转率 (%)	未愈率 (%)	病死率 (%)	出院者平均住院日
男性生殖器官疾病	22674	0.9	74.4	22.7	2.9	0.1	12.4
内：前列腺增生	12875	0.5	69.0	27.5	3.4	0.1	15.1
乳房疾患	8407	0.3	86.6	10.3	3.1		7.7
女性盆腔器官炎性疾病	14427	0.6	75.0	23.5	1.5	0.0	8.2
子宫内膜异位	8098	0.3	90.1	8.0	1.9		9.8
女性生殖器脱垂	2741	0.1	92.4	3.7	3.9	0.0	11.6
15.妊娠、分娩和产褥期小计	234198	9.3	95.6	3.6	0.8	0.0	5.9
其中：异位妊娠	16804	0.7	89.5	8.7	1.8	0.0	8.1
医疗性流产	12867	0.5	99.5	0.4	0.1		4.0
妊娠、分娩和产褥期的水肿、蛋白尿和高血压疾患	5450	0.2	80.8	17.0	2.1	0.1	7.8
前置胎盘、胎盘早剥和产前出血	1964	0.1	83.9	12.7	3.4		8.5
梗阻性分娩	16617	0.7	99.1	0.5	0.4		7.3
分娩时会阴、阴道裂伤	3200	0.1	99.1	0.8	0.2		3.5
产后出血	2482	0.1	92.4	6.0	1.0	0.6	5.9
顺产	50811	2.0	99.7	0.2	0.1		4.3
16.起源于围生期的某些情况小计	41382	1.6	57.0	36.9	4.4	1.8	7.0
其中：产伤	226	0.0	43.8	48.7	7.5		7.3
出生窒息	8877	0.4	46.7	44.9	5.6	2.8	8.0
新生儿吸入综合征	2574	0.1	66.0	28.6	3.7	1.6	7.3
特发于围生期的感染	2376	0.1	58.1	37.0	3.9	1.1	6.7
胎儿和新生儿的溶血性疾病	769	0.0	74.8	23.3	2.0		6.4
新生儿硬化病	331	0.0	60.1	29.3	7.3	3.3	7.4
17.先天性畸形、变形和染色体异常小计	31585	1.3	77.7	14.1	7.5	0.7	11.8
其中：脊柱裂	208	0.0	72.6	14.4	13.0		15.2
神经系统其他先天性畸形	738	0.0	36.4	48.6	14.1	0.8	12.5
循环系统先天性畸形	10550	0.4	71.7	16.8	9.9	1.7	13.5
消化系统其他先天性畸形	1773	0.1	66.6	19.9	12.8	0.7	11.1
泌尿系统其他先天性畸形	2664	0.1	86.4	7.5	6.1		11.7
肌肉骨骼系统其他先天性畸形	1933	0.1	75.0	17.0	7.7	0.4	11.1
18.症状、体征和临床与实验异常所见小计	31375	1.2	44.5	39.7	12.8	3.0	8.1
19.损伤、中毒小计	279459	11.1	60.4	35.5	2.9	1.1	11.1
其中：骨折	87394	3.5	58.9	36.8	4.0	0.2	13.8
内：颅骨和面骨骨折	8914	0.4	61.2	35.0	3.6	0.3	10.9
股骨骨折	15179	0.6	67.1	27.3	5.2	0.4	17.4
多部位骨折	1464	0.1	58.2	37.1	2.9	1.8	18.4
颅内损伤	48161	1.9	54.5	37.8	3.1	4.5	11.5
烧伤和腐蚀伤	11201	0.4	53.3	42.5	3.4	0.9	11.2
药物、药剂和生物制品中毒	3375	0.1	53.4	42.7	2.2	1.7	3.6
非药用物质的毒性效应	9253	0.4	47.3	45.8	4.0	2.8	5.7
手术和医疗的并发症计	6262	0.2	75.7	21.9	2.0	0.3	12.1
内：操作并发症	3392	0.1	73.6	24.3	1.9	0.3	13.2
假体装置、植入物和移植物的并发症	1863	0.1	86.1	11.6	2.3	0.1	11.8
20.影响健康状态和与保健机构接触因素小计	143707	5.7	82.2	16.8	0.9	0.1	9.6

5-13-3 2005年卫生部门县医院出院病人疾病转归情况

疾病名称 (ICD-10)	出院人数 (人)	疾病构成 (%)	治愈率 (%)	好转率 (%)	未愈率 (%)	病死率 (%)	出院者平均住院日
总　计	**686853**	**100.0**	**55.6**	**40.2**	**3.4**	**0.8**	**7.1**
1.传染病和寄生虫病小计	26809	3.9	31.7	62.3	5.2	0.8	7.9
其中：肠道传染病	4654	0.7	61.9	36.8	1.1	0.2	4.3
内：霍乱	10	0.0	90.0	0.0	10.0	0.0	6.7
伤寒和副伤寒	352	0.1	69.3	28.1	2.6	0.0	10.7
志贺菌病	1331	0.2	56.3	42.4	1.2	0.2	4.1
结核病	7119	1.0	6.0	86.2	6.9	0.9	9.9
内：肺结核	4313	0.6	2.5	88.7	7.7	1.1	9.5
白喉							
百日咳	31	0.0	35.5	64.5	0.0	0.0	5.7
猩红热	47	0.0	46.8	53.2	0.0	0.0	5.4
性传播模式疾病	88	0.0	59.1	35.2	5.7	0.0	7.1
内：梅毒	16	0.0	12.5	75.0	12.5	0.0	6.3
淋球菌感染	21	0.0	66.7	28.6	4.8	0.0	6.2
乙型脑炎	148	0.0	48.6	39.9	6.8	4.7	9.8
斑疹伤寒	63	0.0	60.3	39.7	0.0	0.0	3.9
病毒性肝炎	4538	0.7	7.4	81.8	9.8	1.0	13.5
人类免疫缺陷病毒病（HIV）	31	0.0	3.2	48.4	35.5	12.9	12.5
血吸虫病	23	0.0	34.8	39.1	26.1	0.0	9.4
丝虫病	2	0.0	0.0	100.0	0.0	0.0	4.5
钩虫病	65	0.0	7.7	87.7	4.6	0.0	4.3
2.肿瘤小计	29812	4.3	53.4	29.9	14.4	2.3	10.0
恶性肿瘤计	15564	2.3	24.0	48.0	23.9	4.2	11.6
其中：鼻咽恶性肿瘤	109	0.0	8.3	56.0	27.5	8.3	7.8
食管恶性肿瘤	1305	0.2	29.8	45.1	20.8	4.4	12.6
胃恶性肿瘤	2825	0.4	36.6	43.7	17.7	2.0	11.8
小肠恶性肿瘤	52	0.0	36.5	53.8	9.6	0.0	13.7
结肠恶性肿瘤	677	0.1	43.3	39.7	13.9	3.1	14.7
直肠乙状结肠连接处、直肠、肛门和肛管恶性肿瘤	827	0.1	41.4	42.0	14.1	2.5	14.9
肝和肝内胆管恶性肿瘤	1560	0.2	4.1	48.1	39.7	8.1	10.2
喉恶性肿瘤	46	0.0	26.1	37.0	34.8	2.2	13.5
气管、支气管、肺恶性肿瘤	2700	0.4	6.4	56.9	30.9	5.9	10.8
骨、关节软骨恶性肿瘤	108	0.0	16.7	45.4	33.3	4.6	11.0
乳房恶性肿瘤	693	0.1	50.4	41.1	7.2	1.3	13.8
女性生殖器官恶性肿瘤	742	0.1	38.7	41.2	19.5	0.5	10.6
男性生殖器官恶性肿瘤	234	0.0	35.5	51.7	11.1	1.7	13.3
泌尿道恶性肿瘤	435	0.1	44.6	37.7	15.6	2.1	12.2
脑恶性肿瘤	182	0.0	8.2	52.7	34.6	4.4	10.1
白血病	739	0.1	2.8	60.6	31.5	5.0	8.5
原位癌计	383	0.1	24.0	42.6	28.2	5.2	11.5
其中：子宫颈原位癌	36	0.0	69.4	22.2	8.3	0.0	11.0
良性肿瘤计	13156	1.9	90.1	7.2	2.6	0.1	8.3
其中：皮肤良性肿瘤	190	0.0	82.6	14.7	2.6	0.0	6.1

5-13-3 续表1

疾病名称 (ICD-10)	出院人数 (人)	疾病构成 (%)	治愈率 (%)	好转率 (%)	未愈率 (%)	病死率 (%)	出院者平均住院日
乳房良性肿瘤	273	0.0	90.5	8.4	1.1	0.0	4.9
子宫平滑肌瘤	5850	0.9	94.9	3.5	1.6	0.0	9.1
卵巢良性肿瘤	1500	0.2	94.3	3.8	1.8	0.1	7.9
前列腺良性肿瘤	4	0.0	75.0	25.0	0.0	0.0	14.5
甲状腺良性肿瘤	1956	0.3	92.8	5.3	1.8	0.1	7.1
交界恶性肿瘤计	709	0.1	33.6	46.3	18.8	1.4	8.3
动态未知的肿瘤计							
3.血液、造血器官及免疫疾病	4083	0.6	21.6	69.8	8.1	0.5	6.2
其中：贫血	2334	0.3	13.4	76.0	10.1	0.6	5.2
4.内分泌、营养和代谢疾病小计	8699	1.3	24.0	70.8	3.8	1.4	8.7
其中：甲状腺功能亢进	633	0.1	30.3	62.7	5.7	1.3	8.9
糖尿病	5208	0.8	6.0	88.2	4.0	1.8	10.1
5.精神和行为障碍小计	3666	0.5	41.5	54.1	4.2	0.2	4.6
其中：使用精神活性物质的精神和行为障碍	13	0.0	46.2	46.2	7.7	0.0	1.7
精神分裂症、分裂型障碍和妄想性障碍	177	0.0	12.4	74.6	12.4	0.6	8.4
心境（情感）障碍	130	0.0	6.9	86.2	6.9	0.0	9.7
6.神经系统疾病小计	8336	1.2	27.1	66.6	5.2	1.2	6.7
其中：中枢神经系统炎性疾病	820	0.1	34.8	49.4	13.2	2.7	7.5
帕金森病	142	0.0	4.2	88.7	5.6	1.4	11.0
癫痫	1403	0.2	16.6	77.2	5.3	0.9	4.2
7.眼和附器疾病小计	8418	1.2	81.6	16.2	2.3	0.0	5.5
其中：晶状体疾患	4634	0.7	94.5	3.6	1.9	0.0	4.0
内：老年性白内障	4091	0.6	95.0	3.4	1.6	0.0	3.8
视网膜脱离和断裂	50	0.0	32.0	52.0	16.0	0.0	8.6
青光眼	2180	0.3	71.7	26.1	2.2	0.0	7.4
8.耳和乳突疾病小计	2342	0.3	43.3	54.6	2.1	0.0	6.9
其中：中耳和乳突疾病	492	0.1	65.7	31.7	2.6	0.0	8.8
9.循环系统疾病小计	76315	11.1	14.2	77.8	5.6	2.5	9.2
其中：急性风湿热	311	0.0	13.2	82.6	3.9	0.3	9.2
内：急性风湿性关节炎	278	0.0	12.2	83.8	4.0	0.0	9.5
慢性风湿性心脏病	2015	0.3	3.6	86.2	7.4	2.8	7.4
高血压	9866	1.4	8.7	88.3	2.3	0.6	8.4
内：高血压性心脏、肾脏病	633	0.1	5.5	90.0	3.0	1.4	8.5
缺血性心脏病	16499	2.4	9.2	85.4	2.9	2.5	8.9
内：心绞痛	672	0.1	20.2	77.1	1.5	1.2	9.0
急性心肌梗死	1636	0.2	17.7	66.9	5.9	9.4	10.3
其他缺血性心脏病	14191	2.1	7.7	87.9	2.6	1.7	8.7
肺栓塞	36	0.0	13.9	52.8	11.1	22.2	8.0
心脏传导疾患和心律失常	1981	0.3	27.8	67.5	3.8	0.9	5.9
心力衰竭	1309	0.2	25.0	67.9	3.0	4.1	7.4
脑血管病	33387	4.9	12.7	76.0	8.4	3.0	10.3
内：颅内出血	12356	1.8	16.1	63.8	14.5	5.7	11.3
脑梗死	16289	2.4	10.1	83.8	4.9	1.2	10.0

5-13-3 续表2

疾病名称 (ICD-10)	出院人数 (人)	疾病构成 (%)	治愈率 (%)	好转率 (%)	未愈率 (%)	病死率 (%)	出院者平均住院日
大脑动脉闭塞和狭窄	802	0.1	13.6	75.3	7.6	3.5	9.2
静脉炎和血栓性静脉炎、静脉栓塞和血栓形成	299	0.0	24.4	69.2	5.7	0.7	11.1
下肢静脉曲张	1098	0.2	82.7	14.8	2.5	0.1	9.0
10. 呼吸系统疾病小计	111714	16.3	47.9	49.6	2.0	0.5	5.7
其中：急性上呼吸道感染	29516	4.3	59.0	39.4	1.6	0.0	3.8
流行性感冒	41	0.0	68.3	26.8	2.4	2.4	5.5
肺炎	32457	4.7	47.9	50.1	1.6	0.3	5.6
慢性扁桃体和腺样体疾病	1384	0.2	88.4	10.6	0.9	0.0	4.7
支气管炎、肺气肿和其他慢性阻塞性肺病	18081	2.6	22.3	73.8	2.9	1.0	7.9
哮喘	2259	0.3	22.2	74.4	3.0	0.4	5.4
外部物质引起的肺病	299	0.0	24.7	67.9	5.0	2.3	8.0
11. 消化系统疾病小计	101419	14.8	65.6	31.7	2.4	0.4	6.6
其中：口腔、涎腺和颌疾病	1438	0.2	62.6	36.2	1.3	0.0	5.4
内：牙齿及牙周病	211	0.0	65.9	33.6	0.5	0.0	6.5
胃及十二指肠溃疡	5331	0.8	42.6	54.7	2.2	0.5	7.8
阑尾疾病	18932	2.8	89.3	10.0	0.7	0.0	6.3
疝计	11110	1.6	94.4	4.1	1.4	0.0	6.7
内：腹股沟疝	10324	1.5	94.7	3.9	1.3	0.0	6.6
肠梗阻	4412	0.6	67.8	27.0	4.6	0.6	6.2
肝疾病	4927	0.7	9.4	78.0	10.4	2.2	11.0
胆石病和胆囊炎	16802	2.4	75.6	22.4	1.9	0.1	8.4
急性胰腺炎	2032	0.3	52.0	42.2	4.7	1.1	9.0
12. 皮肤和皮下组织疾病小计	3534	0.5	52.1	45.0	2.8	0.1	7.2
其中：皮炎及湿疹	437	0.1	44.2	54.2	1.6	0.0	6.1
牛皮癣	14	0.0	14.3	85.7	0.0	0.0	13.2
荨麻疹	446	0.1	52.5	45.5	2.0	0.0	3.9
13. 肌肉骨骼系统和结缔组织疾病小计	8208	1.2	37.6	58.8	3.4	0.2	9.5
其中：类风湿性关节炎和其他炎性多关节病	614	0.1	19.5	77.4	2.8	0.3	10.2
关节病	169	0.0	32.0	64.5	3.6	0.0	9.7
系统性结缔组织病	323	0.0	12.7	69.3	15.8	2.2	7.5
内：系统性红斑狼疮	152	0.0	2.6	76.3	18.4	2.6	7.9
脊椎关节强硬	766	0.1	11.5	86.0	2.5	0.0	8.0
椎间盘疾患	3326	0.5	35.8	61.7	2.5	0.0	10.1
骨病和软骨病	959	0.1	47.2	48.3	4.2	0.3	10.8
内：骨密度和结构的疾患	382	0.1	57.6	38.2	3.7	0.5	9.5
骨髓炎	254	0.0	39.0	55.9	4.7	0.4	12.1
14. 泌尿生殖系统疾病小计	30218	4.4	61.5	34.4	3.8	0.3	7.9
其中：肾小球疾病	2380	0.3	11.4	79.8	8.4	0.5	9.1
肾小管-间质疾病	1061	0.2	47.8	47.8	4.1	0.3	8.6
肾衰竭	1344	0.2	5.7	67.9	20.9	5.4	7.9
尿石病	6610	1.0	55.8	41.3	2.9	0.0	7.0
膀胱炎	255	0.0	60.0	38.8	1.2	0.0	8.3
尿道狭窄	112	0.0	56.3	38.4	5.4	0.0	9.9

5-13-3 续表3

疾病名称 (ICD-10)	出院人数 (人)	疾病构成 (%)	治愈率 (%)	好转率 (%)	未愈率 (%)	病死率 (%)	出院者平均住院日
男性生殖器官疾病	5983	0.9	70.8	26.8	2.3	0.1	9.4
内：前列腺增生	3306	0.5	61.9	34.5	3.4	0.2	11.4
乳房疾患	464	0.1	73.9	23.5	2.6	0.0	6.7
女性盆腔器官炎性疾病	2874	0.4	70.0	28.4	1.6	0.0	7.4
子宫内膜异位	1276	0.2	93.7	4.8	1.6	0.0	9.3
女性生殖器脱垂	763	0.1	91.5	4.6	3.9	0.0	8.8
15.妊娠、分娩和产褥期小计	105878	15.4	97.3	2.3	0.4	0.0	4.5
其中：异位妊娠	4613	0.7	92.1	6.8	1.1	0.0	6.8
医疗性流产	4099	0.6	99.7	0.2	0.1	0.0	3.7
妊娠、分娩和产褥期的水肿、蛋白尿和高血压疾患	2385	0.3	85.3	13.0	1.6	0.1	6.4
前置胎盘、胎盘早剥和产前出血	774	0.1	82.8	14.2	3.0	0.0	7.0
梗阻性分娩	8272	1.2	98.6	1.3	0.1	0.0	6.5
分娩时会阴、阴道裂伤	1294	0.2	99.2	0.6	0.2	0.0	3.1
产后出血	1070	0.2	92.0	7.1	0.7	0.2	4.3
顺产	41762	6.1	99.8	0.1	0.0	0.0	2.9
16.起源于围生期的某些情况小计	17048	2.5	46.1	46.8	4.5	2.6	5.3
其中：产伤	96	0.0	41.7	47.9	8.3	2.1	6.4
出生窒息	5011	0.7	42.4	48.9	5.1	3.6	6.1
新生儿吸入综合征	1481	0.2	48.3	46.7	2.6	2.4	5.3
特发于围生期的感染	1827	0.3	50.2	45.3	3.3	1.1	4.6
胎儿和新生儿的溶血性疾病	77	0.0	44.2	49.4	6.5	0.0	4.4
新生儿硬化病	207	0.0	58.5	33.8	3.9	3.9	5.5
17.先天性畸形、变形和染色体异常小计	2561	0.4	68.4	21.5	8.9	1.1	7.1
其中：脊柱裂	13	0.0	69.2	23.1	7.7	0.0	9.1
神经系统其他先天性畸形	88	0.0	13.6	55.7	30.7	0.0	5.3
循环系统先天性畸形	406	0.1	27.8	42.1	25.1	4.9	7.2
消化系统其他先天性畸形	144	0.0	47.2	32.6	16.7	3.5	6.4
泌尿系统其他先天性畸形	159	0.0	83.0	10.7	6.3	0.0	8.9
肌肉骨骼系统其他先天性畸形	226	0.0	77.0	20.4	2.2	0.4	6.0
18.症状、体征和临床与实验异常所见小计	7958	1.2	50.9	39.2	7.5	2.4	5.2
19.损伤、中毒小计	116189	16.9	51.3	44.9	2.9	0.9	8.8
其中：骨折	33026	4.8	46.1	49.5	4.2	0.2	11.5
内：颅骨和面骨骨折	3748	0.5	44.4	51.6	3.5	0.5	9.6
股骨骨折	5176	0.8	51.3	42.6	5.9	0.2	14.5
多部位骨折	335	0.0	37.0	56.4	4.8	1.8	15.2
颅内损伤	19401	2.8	48.8	44.6	3.1	3.5	10.1
烧伤和腐蚀伤	2772	0.4	34.8	61.0	3.7	0.5	8.1
药物、药剂和生物制品中毒	1694	0.2	56.1	39.5	3.5	0.9	2.9
非药用物质的毒性效应	6202	0.9	44.7	48.7	4.3	2.2	4.2
手术和医疗的并发症计	975	0.1	65.8	31.6	2.5	0.1	7.7
内：操作并发症	468	0.1	57.5	39.7	2.6	0.2	10.7
假体装置、植入物和移植物的并发症	64	0.0	75.0	21.9	3.1	0.0	9.4
20.影响健康状态和与保健机构接触因素小计	13639	2.0	89.3	10.0	0.6	0.1	7.1

5-14-1 2005年卫生部门医院出院病人年龄别疾病构成(%)(合计)

疾病名称 (ICD-10)	5岁-	5～14岁	15～44岁	45～59岁	60岁+
总　　计	10.6	5.7	38.7	18.4	26.6
1.传染病和寄生虫病小计	17.3	15.0	38.6	14.2	14.8
其中：肠道传染病	51.5	12.0	19.6	7.6	9.2
内：霍乱	3.6	0.0	42.9	39.3	14.3
伤寒和副伤寒	6.8	16.2	59.6	12.1	5.3
志贺菌病	38.9	19.6	19.0	9.0	13.5
结核病	1.3	2.7	49.3	19.2	27.5
内：肺结核	0.5	1.2	39.8	20.5	38.0
白喉					
百日咳	89.9	9.4	0.6	0.0	0.0
猩红热	21.3	67.4	10.3	0.3	0.7
性传播模式的疾病	9.0	1.9	60.8	17.7	10.6
内：梅毒	21.1	1.0	49.0	16.3	12.6
淋球菌感染	24.5	8.2	57.1	4.1	6.1
乙型脑炎	46.1	50.1	3.1	0.4	0.4
斑疹伤寒	4.2	10.4	31.2	26.9	27.3
病毒性肝炎	1.5	3.5	63.4	21.6	10.0
HIV	0.9	1.7	66.1	25.5	5.8
血吸虫病	0.3	4.6	38.2	35.2	21.7
丝虫病	0.0	20.0	0.0	20.0	60.0
钩虫病	0.8	0.0	11.3	33.9	54.0
2.肿瘤小计	1.1	2.0	32.3	31.6	33.0
恶性肿瘤计	0.5	1.5	20.5	32.0	45.4
其中：鼻咽恶性肿瘤	0.1	0.4	35.7	40.9	22.9
食管恶性肿瘤	0.3	0.0	4.4	37.1	58.3
胃恶性肿瘤	0.1	0.1	11.8	32.9	55.1
小肠恶性肿瘤	0.3	0.1	13.6	36.9	49.1
结肠恶性肿瘤	0.1	0.1	15.4	27.2	57.2
直肠乙状结肠连接处、直肠、肛门和肛管恶性肿瘤	0.1	0.1	16.3	31.1	52.5
肝和肝内胆管恶性肿瘤	0.2	0.2	22.4	39.2	37.9
喉恶性肿瘤	0.4	0.2	6.2	35.5	57.7
气管、支气管、肺恶性肿瘤	0.1	0.0	8.6	29.3	61.9
骨、关节软骨恶性肿瘤	0.9	8.2	45.0	21.4	24.6
乳房恶性肿瘤	0.0	0.0	32.9	45.1	22.0
女性生殖器官恶性肿瘤	0.0	0.4	35.4	42.6	21.6
男性生殖器官恶性肿瘤	0.1	0.2	11.2	11.4	77.0
泌尿道恶性肿瘤	0.9	0.5	11.0	26.9	60.7
脑恶性肿瘤	1.4	9.7	46.9	25.9	16.0
白血病	3.3	12.1	48.9	18.2	17.5
原位癌计	0.2	0.2	46.7	27.7	25.2
其中：子宫颈原位癌	0.0	0.0	75.1	21.1	3.9
良性肿瘤计	2.1	2.8	53.5	31.6	10.1
其中：皮肤良性肿瘤	9.8	10.5	40.8	20.8	18.2

5-14-1 续表1

疾病名称 (ICD-10)	5岁-	5～14岁	15～44岁	45～59岁	60岁+
乳房良性肿瘤	0.0	1.2	74.9	19.6	4.3
子宫平滑肌瘤	0.0	0.0	56.2	42.3	1.4
卵巢良性肿瘤	0.0	1.2	76.7	14.7	7.4
前列腺良性肿瘤	0.0	0.0	6.7	20.0	73.3
甲状腺良性肿瘤	0.2	1.0	47.4	36.4	15.0
交界恶性肿瘤计	1.3	6.5	40.3	22.4	29.5
动态未知的肿瘤计	0.0	6.3	37.5	18.8	37.5
3. 血液、造血器官及免疫疾病小计	10.4	23.4	33.9	13.9	18.4
其中：贫血	11.0	9.4	35.7	17.0	26.8
4. 内分泌、营养和代谢疾病小计	2.8	1.2	23.4	31.4	41.1
其中：甲状腺功能亢进	0.1	1.1	52.4	29.7	16.7
糖尿病	0.2	0.6	15.0	31.8	52.4
5. 精神和行为障碍小计	2.4	4.6	57.3	21.4	14.3
其中：使用精神活性物质的精神和行为障碍	0.0	0.0	91.9	4.0	4.0
精神分裂症、分裂型障碍和妄想性障碍	0.0	0.0	80.6	13.4	5.9
心境（情感）障碍	0.0	0.0	61.7	21.0	17.3
6. 神经系统疾病小计	6.3	7.6	28.9	23.4	33.8
其中：中枢神经系统炎性疾病	14.7	21.1	39.4	14.7	10.0
帕金森病	0.0	0.0	4.3	17.7	78.0
癫痫	19.2	21.4	32.0	11.3	16.2
7. 眼和附器疾病小计	1.7	5.1	21.4	19.3	52.6
其中：晶状体疾患	0.7	1.7	6.0	13.7	78.0
内：老年性白内障	0.0	0.0	1.1	11.9	87.1
视网膜脱离和断裂	0.6	3.4	45.5	28.4	22.0
青光眼	0.3	1.1	12.3	25.1	61.1
8. 耳和乳突疾病小计	2.7	7.9	46.9	25.3	17.2
其中：中耳和乳突疾病	2.9	12.2	58.8	18.4	7.8
9. 循环系统疾病小计	0.7	1.1	12.2	23.2	62.8
其中：急性风湿热	1.4	15.3	44.3	20.6	18.5
内：急性风湿性关节炎	1.5	16.2	46.1	19.5	16.7
慢性风湿性心脏病	0.1	0.7	29.9	36.6	32.7
高血压	0.1	0.1	9.4	25.3	65.1
内：高血压性心脏、肾脏病	0.1	0.1	6.1	19.4	74.3
缺血性心脏病	0.3	0.0	4.0	19.3	76.3
内：心绞痛	0.2	0.0	4.9	25.3	69.5
急性心肌梗死	0.4	0.0	7.7	23.8	68.0
其他缺血性心脏病	0.3	0.0	3.5	17.9	78.3
肺栓塞	0.4	0.0	15.2	27.1	57.2
心脏传导疾患和心律失常	1.0	2.9	25.8	25.4	44.9
心力衰竭	1.2	0.3	7.2	14.7	76.7
脑血管病	0.7	0.4	8.1	23.9	67.0
内：颅内出血	1.3	0.7	12.7	31.3	53.9
脑梗死	0.2	0.1	4.5	20.5	74.7

5-14-1 续表2

疾病名称 (ICD-10)	5岁-	5～14岁	15～44岁	45～59岁	60岁+
大脑动脉闭塞和狭窄	0.7	0.2	8.1	21.3	69.7
静脉炎和血栓性静脉炎、静脉栓塞和血栓形成	0.3	0.5	31.0	28.3	39.8
下肢静脉曲张	0.1	0.1	25.4	43.0	31.3
10. 呼吸系统疾病小计	37.4	12.5	15.7	8.9	25.4
其中：急性上呼吸道感染	51.0	24.9	13.1	4.9	6.1
流行性感冒	6.2	9.2	56.9	13.8	13.8
肺炎	64.4	12.0	6.0	4.4	13.2
慢性扁桃体和腺样体疾病	5.5	41.2	46.4	5.4	1.5
支气管炎、肺气肿和其他慢性阻塞性肺病	11.5	3.2	3.9	9.7	71.6
哮喘	28.1	10.2	20.1	18.8	22.8
外部物质引起的肺病	23.1	1.7	7.8	12.9	54.5
11. 消化系统疾病小计	11.5	5.9	32.7	22.8	27.1
其中：口腔、涎腺和颌疾病	18.6	13.9	36.0	15.6	15.8
内：牙齿及牙周病	2.8	9.9	39.8	19.7	27.7
胃及十二指肠溃疡	0.2	1.2	36.0	28.1	34.4
阑尾疾病	1.3	14.3	58.1	15.4	11.0
疝计	24.3	14.4	15.2	13.9	32.2
内：腹股沟疝	25.6	15.3	15.3	13.1	30.7
肠梗阻	12.0	5.8	27.4	20.3	34.6
肝疾病	1.8	0.8	31.2	35.9	30.3
胆石病和胆囊炎	0.1	0.4	32.9	33.0	33.7
急性胰腺炎	0.2	1.7	41.6	27.9	28.6
12. 皮肤和皮下组织疾病小计	13.0	12.8	37.9	16.8	19.5
其中：皮炎及湿疹	12.7	6.5	35.2	19.7	25.9
牛皮癣	1.5	6.4	47.3	26.8	18.0
荨麻疹	18.2	30.3	35.8	10.8	4.9
13. 肌肉骨骼系统和结缔组织疾病小计	1.5	4.4	38.9	28.9	26.2
其中：类风湿性关节炎和其他炎性多关节病	0.8	4.8	27.9	30.4	36.1
关节病	0.3	1.4	14.1	31.1	53.2
系统性结缔组织病	5.8	5.1	60.7	19.6	8.9
内：系统性红斑狼疮	0.1	4.6	76.3	15.0	4.0
脊椎关节强硬	0.1	0.2	22.4	37.5	39.8
椎间盘疾患	0.1	0.2	41.4	35.7	22.6
骨病和软骨病	1.1	8.9	37.1	21.0	32.0
内：骨密度和结构的疾患	1.0	8.3	32.2	15.3	43.3
骨髓炎	2.1	15.6	46.5	20.9	14.8
14. 泌尿生殖系统疾病小计	1.9	4.3	48.8	21.4	23.6
其中：肾小球疾病	4.3	14.5	53.0	16.3	11.9
肾小管-间质疾病	1.3	3.4	44.9	26.7	23.6
肾衰竭	0.4	0.9	33.4	25.5	39.9
尿石病	0.6	1.4	49.3	30.1	18.7
膀胱炎	0.5	1.9	34.5	28.2	34.8

5-14-1 续表3

疾病名称 (ICD-10)	5岁-	5～14岁	15～44岁	45～59岁	60岁+
尿道狭窄	1.0	5.6	39.0	22.2	32.2
男性生殖器官疾病	6.0	10.1	14.6	10.6	58.7
内：前列腺增生		0.0	1.2	6.8	91.9
乳房疾患		0.4	64.2	29.4	6.0
女性盆腔器官炎性疾病		0.5	82.5	13.8	3.2
子宫内膜异位		0.0	75.6	23.7	0.6
女性生殖器脱垂		0.0	16.9	30.8	52.2
15. 妊娠、分娩和产褥期小计		0.0	99.8	0.2	
其中：异位妊娠		0.0	99.6	0.4	
医疗性流产		0.1	99.4	0.5	
妊娠、分娩和产褥期的水肿、蛋白尿和高血压疾患			99.8	0.2	
前置胎盘、胎盘早剥和产前出血			100.0	0.0	
梗阻性分娩			99.9	0.1	
分娩时会阴、阴道裂伤			99.8	0.2	
产后出血			99.8	0.2	
顺产			99.9	0.1	
16. 起源于围生期的某些情况小计	100.0				
其中：产伤	100.0				
出生窒息	100.0				
新生儿吸入综合征	100.0				
特发于围生期的感染	100.0				
胎儿和新生儿的溶血性疾病	100.0				
新生儿硬化病	100.0				
17.先天性畸形、变形和染色体异常小计	27.1	27.6	34.1	7.2	4.0
其中：脊柱裂	68.6	13.9	15.7	1.8	0.0
神经系统其他先天性畸形	54.8	9.3	25.6	8.3	2.0
循环系统先天性畸形	19.3	27.9	39.7	7.8	5.2
消化系统其他先天性畸形	61.4	15.4	14.7	4.6	3.9
泌尿系统其他先天性畸形	19.3	35.2	39.9	4.5	1.2
肌肉骨骼系统其他先天性畸形	32.5	32.0	28.7	4.8	2.0
18. 症状.体征和临床与实验异常所见计	7.3	7.0	32.5	21.8	31.3
19.损伤.中毒小计	4.2	7.4	57.7	18.0	12.7
其中：骨折	2.1	7.6	51.7	20.1	18.6
内：颅骨和面骨骨折	4.9	9.4	66.7	13.5	5.5
股骨骨折	2.8	5.6	29.2	14.4	48.0
多部位骨折	0.4	3.8	60.4	21.7	13.7
颅内损伤	3.2	7.4	56.3	19.8	13.3
烧伤和腐蚀伤	32.5	10.6	41.7	9.7	5.5
药物、药剂和生物制品中毒	13.0	5.7	53.4	12.5	15.4
非药用物质的毒性效应	5.7	7.7	54.9	17.8	13.9
手术和医疗的并发症计	2.5	6.8	48.7	21.2	20.9
内：操作并发症	2.2	5.6	48.5	21.1	22.5
假体装置、植入物和移植物并发症	0.4	4.2	54.3	21.0	20.1
20. 影响健康状态和与保健机构接触因素小计	1.5	2.8	36.8	31.3	27.6

5-14-2　2005年卫生部门医院出院病人年龄别疾病构成（%）（男）

疾病名称 (ICD-10)	5岁-	5～14岁	15～44岁	45～59岁	60岁+
总　　计	13.8	7.3	29.8	18.5	30.5
1.传染病和寄生虫病小计	17.4	15.3	38.2	14.0	15.2
其中：肠道传染病	58.0	12.5	16.3	5.9	7.4
内：霍乱	5.3		31.6	47.4	15.8
伤寒和副伤寒	9.1	20.2	53.8	12.3	4.6
志贺菌病	44.5	20.5	17.5	6.6	10.9
结核病	1.3	2.4	45.0	19.7	31.7
内：肺结核	0.5	0.8	35.8	20.9	42.0
白喉					
百日咳	89.2	10.8			
猩红热	25.7	62.3	11.4	0.6	
性传播模式的疾病	10.7	1.1	50.5	22.3	15.3
内：梅毒	24.7	1.3	36.1	22.8	15.2
淋球菌感染	18.8		68.8	6.3	6.3
乙型脑炎	43.5	53.3	2.7	0.0	0.6
斑疹伤寒	6.8	12.1	31.8	25.8	23.5
病毒性肝炎	1.2	3.1	65.6	20.9	9.3
HIV	1.4	2.7	64.7	24.0	7.2
血吸虫病	0.4	5.8	38.9	33.2	21.7
丝虫病					
钩虫病	1.6		4.7	32.8	60.9
2.肿瘤小计	1.3	2.5	20.4	29.6	46.2
恶性肿瘤计	0.6	1.6	16.4	30.4	51.0
其中：鼻咽恶性肿瘤	0.1	0.4	34.2	40.8	24.6
食管恶性肿瘤	0.2	0.0	4.4	37.9	57.4
胃恶性肿瘤	0.1	0.1	8.5	33.3	58.1
小肠恶性肿瘤	0.2	0.2	14.4	33.8	51.4
结肠恶性肿瘤	0.1	0.1	15.6	26.0	58.2
直肠乙状结肠连接处．直肠．肛门和肛管恶性肿瘤	0.1		14.2	28.9	56.8
肝和肝内胆管恶性肿瘤	0.2	0.2	23.2	40.0	36.3
喉恶性肿瘤	0.3	0.2	6.2	35.7	57.5
气管、支气管、肺恶性肿瘤	0.1		7.1	28.3	64.4
骨、关节软骨恶性肿瘤	1.3	7.6	45.1	20.6	25.4
乳房恶性肿瘤			18.9	31.5	49.5
女性生殖器官恶性肿瘤					
男性生殖器官恶性肿瘤	0.1	0.2	11.2	11.4	77.0
泌尿道恶性肿瘤	0.8	0.4	10.3	26.1	62.5
脑恶性肿瘤	1.7	10.3	45.5	25.4	17.1
白血病	3.6	13.0	48.1	17.3	18.1
原位癌计	0.3	0.5	12.6	32.6	53.9
其中：子宫颈原位癌					
良性肿瘤计	5.2	7.2	41.0	26.6	19.9
其中：皮肤良性肿瘤	9.8	11.6	39.2	20.1	19.4

5-14-2 续表1

疾病名称 (ICD-10)	5岁-	5～14岁	15～44岁	45～59岁	60岁+
乳房良性肿瘤		3.0	51.5	33.3	12.1
子宫平滑肌瘤					
卵巢良性肿瘤					
前列腺良性肿瘤			6.7	20.0	73.3
甲状腺良性肿瘤	0.3	1.3	39.3	37.5	21.6
交界恶性肿瘤计	1.6	8.2	32.8	20.9	36.5
动态未知的肿瘤计		12.5	25.0	12.5	50.0
3. 血液、造血器官及免疫疾病小计	14.3	27.7	27.8	10.9	19.3
其中：贫血	16.9	11.8	26.2	14.7	30.3
4. 内分泌、营养和代谢疾病小计	4.0	1.4	23.2	29.8	41.6
其中：甲状腺功能亢进	0.2	1.3	52.4	28.5	17.7
糖尿病	0.2	0.5	18.6	31.5	49.2
5. 精神和行为障碍小计	3.3	5.6	58.5	18.1	14.5
其中：使用精神活性物质的精神和行为障碍			94.2	3.5	2.3
精神分裂症、分裂型障碍和妄想性障碍			85.5	9.6	4.9
心境（情感）障碍			67.4	16.8	15.8
6. 神经系统疾病小计	7.1	8.5	29.8	20.5	34.0
其中：中枢神经系统炎性疾病	15.2	21.8	38.4	14.5	10.2
帕金森病	0.0	0.0	3.7	15.5	80.9
癫痫	18.5	21.6	31.3	11.5	17.1
7. 眼和附器疾病小计	2.0	6.4	25.2	17.9	48.6
其中：晶状体疾患	0.9	2.6	8.4	14.1	74.0
内：老年性白内障	0.0	0.0	1.3	12.3	86.4
视网膜脱离和断裂	0.7	4.8	50.9	23.8	19.7
青光眼	0.5	1.9	18.0	22.7	57.0
8. 耳和乳突疾病小计	3.4	10.2	47.3	22.2	16.9
其中：中耳和乳突疾病	3.6	14.6	59.3	15.1	7.5
9. 循环系统疾病小计	0.8	1.1	12.6	22.3	63.1
其中：急性风湿热	1.8	20.2	41.9	15.7	20.4
内：急性风湿性关节炎	2.0	20.6	43.8	14.7	19.0
慢性风湿性心脏病	0.2	1.2	30.9	33.4	34.4
高血压	0.2	0.1	11.5	22.9	65.4
内：高血压性心脏、肾脏病	0.1	0.1	7.7	19.0	73.2
缺血性心脏病	0.3	0.0	5.3	20.6	73.8
内：心绞痛	0.2	0.0	7.1	27.9	64.8
急性心肌梗死	0.5	0.0	9.8	28.2	61.4
其他缺血性心脏病	0.3	0.0	4.4	18.4	76.9
肺栓塞	0.6	0.0	17.1	25.2	57.1
心脏传导疾患和心律失常	1.1	3.1	25.4	24.4	46.0
心力衰竭	1.2	0.1	6.1	14.9	77.6
脑血管病	0.9	0.4	8.2	23.1	67.5
内：颅内出血	1.6	0.7	13.1	29.4	55.2

5-14-2　续表2

疾病名称 (ICD-10)	5岁-	5～14岁	15～44岁	45～59岁	60岁+
脑梗死	0.2	0.1	4.9	21.1	73.7
大脑动脉闭塞和狭窄	1.0	0.2	7.4	22.2	69.1
静脉炎和血栓性静脉炎、静脉栓塞和血栓形成	0.4	0.2	27.9	28.0	43.5
下肢静脉曲张	0.1	0.1	24.7	39.5	35.6
10. 呼吸系统疾病小计	39.1	12.5	14.3	7.7	26.4
其中：急性上呼吸道感染	53.9	26.1	10.5	3.8	5.6
流行性感冒	7.0	14.0	53.5	16.3	9.3
肺炎	66.8	11.3	5.3	3.9	12.6
慢性扁桃体和腺样体疾病	6.9	49.5	39.5	3.0	1.1
支气管炎、肺气肿和其他慢性阻塞性肺病	11.7	3.0	3.0	8.1	74.2
哮喘	38.1	12.4	13.9	14.0	21.5
外部物质引起的肺病	18.2	1.0	7.3	13.4	60.1
11. 消化系统疾病小计	14.2	7.0	31.8	20.9	26.1
其中：口腔、涎腺和颌疾病	19.9	15.7	34.5	14.3	15.5
内：牙齿及牙周病	3.5	13.5	39.4	17.3	26.3
胃及十二指肠溃疡	0.2	1.2	38.8	27.4	32.4
阑尾疾病	1.6	16.4	56.8	14.8	10.4
疝计	25.8	14.4	15.2	13.2	31.5
内：腹股沟疝	26.1	14.8	15.1	13.0	31.1
肠梗阻	13.8	6.3	25.8	19.9	34.2
肝疾病	1.7	0.7	34.3	36.4	26.9
胆石病和胆囊炎	0.1	0.5	33.5	30.9	35.1
急性胰腺炎	0.3	1.8	48.1	25.9	23.9
12. 皮肤和皮下组织疾病小计	14.1	13.4	34.9	15.9	21.6
其中：皮炎及湿疹	15.8	6.6	27.5	17.3	32.8
牛皮癣	1.8	5.3	47.2	27.2	18.5
荨麻疹	22.2	37.0	27.7	8.4	4.7
13. 肌肉骨骼系统和结缔组织疾病小计	2.1	5.8	39.5	25.8	26.9
其中：类风湿性关节炎和其他炎性多关节病	1.2	6.5	25.2	24.9	42.1
关节病	0.5	3.1	22.6	23.0	50.7
系统性结缔组织病	20.9	9.3	41.1	16.3	12.4
内：系统性红斑狼疮	0.0	9.3	68.8	14.3	7.6
脊椎关节强硬	0.1	0.3	21.8	34.7	43.1
椎间盘疾患	0.1	0.2	43.8	32.8	23.2
骨病和软骨病	1.1	10.6	45.1	20.2	22.9
内：骨密度和结构的疾患	1.1	11.3	44.6	15.8	27.1
骨髓炎	2.1	15.2	50.1	18.9	13.7
14. 泌尿生殖系统疾病小计	3.7	7.5	33.2	18.7	36.9
其中：肾小球疾病	5.7	18.2	49.8	14.1	12.1
肾小管-间质疾病	2.6	6.7	43.0	25.2	22.5
肾衰竭	0.5	0.8	34.8	24.7	39.2

5-14-2 续表3

疾病名称 (ICD-10)	5岁-	5～14岁	15～44岁	45～59岁	60岁+
尿石病	0.7	1.4	50.2	28.6	19.1
膀胱炎	0.7	3.6	33.2	21.6	40.8
尿道狭窄	1.0	5.5	39.7	21.8	32.0
男性生殖器官疾病	6.0	10.1	14.6	10.6	58.7
内：前列腺增生			1.2	6.8	91.9
乳房疾患			55.5	19.7	24.8
15. 妊娠、分娩和产褥期小计					
16. 起源于围生期的某些情况小计	100.0				
其中：产伤	100.0				
出生窒息	100.0				
新生儿吸入综合征	100.0				
特发于围生期的感染	100.0				
胎儿和新生儿的溶血性疾病	100.0				
新生儿硬化病	100.0				
17. 先天性畸形、变形和染色体异常小计	32.5	32.9	26.9	4.5	3.3
其中：脊柱裂	72.0	16.0	10.4	1.6	0.0
神经系统其他先天性畸形	64.1	10.1	21.4	3.9	0.4
循环系统先天性畸形	22.5	29.7	36.4	6.8	4.7
消化系统其他先天性畸形	68.1	16.1	8.9	3.5	3.4
泌尿系统其他先天性畸形	30.8	52.5	16.3	0.2	0.2
肌肉骨骼系统其他先天性畸形	36.0	34.2	25.6	2.8	1.4
18. 症状、体征和临床与实验异常所见小计	8.3	7.6	30.0	20.5	33.6
19. 损伤、中毒小计	4.0	7.5	61.3	17.5	9.7
其中：骨折	2.0	8.0	58.2	19.7	12.2
内：颅骨和面骨骨折	4.0	8.7	69.1	13.6	4.6
股骨骨折	3.2	6.9	41.0	15.9	33.1
多部位骨折	0.4	3.4	65.5	21.3	9.5
颅内损伤	3.0	6.9	58.5	19.6	12.0
烧伤和腐蚀伤	30.4	10.3	45.5	9.7	4.1
药物、药剂和生物制品中毒	21.3	8.3	41.6	12.5	16.4
非药用物质的毒性效应	8.1	9.8	48.3	18.6	15.2
手术和医疗的并发症计	2.9	7.9	46.8	20.6	21.8
内：操作并发症	2.5	6.6	44.1	20.9	25.9
假体装置、植入物和移植物的并发症	0.6	5.5	59.8	17.9	16.3
20. 影响健康状态和与保健机构接触的因素小计	1.9	3.7	29.0	30.3	35.2

5-14-3 2005年卫生部门医院出院病人年龄别疾病构成（%）（女）

疾病名称 (ICD-10)	5岁-	5～14岁	15～44岁	45～59岁	60岁+
总　计	7.3	4.0	47.8	18.4	22.5
1.传染病和寄生虫病小计	17.3	14.5	39.4	14.6	14.2
其中：肠道传染病	42.5	11.4	24.3	10.1	11.7
内：霍乱			66.7	22.2	11.1
伤寒和副伤寒	4.2	11.7	66.1	11.9	6.0
志贺菌病	31.9	18.5	20.8	11.9	16.7
结核病	1.2	3.3	57.0	18.4	20.3
内：肺结核	0.7	2.0	49.2	19.8	28.3
白喉					
百日咳	90.9	7.6	1.5		
猩红热	14.7	75.0	8.6	0.0	1.7
性传播模式的疾病	7.6	2.6	69.4	13.8	6.6
内：梅毒	16.9	0.7	64.0	8.8	9.6
淋球菌感染	27.3	12.1	51.5	3.0	6.1
乙型脑炎	50.8	44.3	3.8	1.1	0.0
斑疹伤寒	1.6	8.6	30.5	28.1	31.3
病毒性肝炎	2.4	4.9	56.4	24.1	12.2
HIV			68.5	28.2	3.2
血吸虫病		1.3	35.9	41.0	21.8
丝虫病		20.0	0.0	20.0	60.0
钩虫病			18.3	35.0	46.7
2.肿瘤小计	0.9	1.6	42.4	33.3	21.8
恶性肿瘤计	0.4	1.4	26.7	34.5	36.9
其中：鼻咽恶性肿瘤		0.5	40.0	41.3	18.1
食管恶性肿瘤	0.4	0.0	4.2	34.1	61.3
胃恶性肿瘤	0.1	0.0	20.7	31.9	47.2
小肠恶性肿瘤	0.3	0.0	12.5	41.6	45.5
结肠恶性肿瘤	0.1	0.1	15.1	28.7	55.9
直肠乙状结肠连接处、直肠、肛门和肛管恶性肿瘤		0.1	19.2	34.0	46.7
肝和肝内胆管恶性肿瘤	0.4	0.4	18.7	35.4	45.2
喉恶性肿瘤	0.9	0.0	6.4	32.1	60.6
气管、支气管、肺恶性肿瘤	0.1	0.1	12.6	32.0	55.2
骨、关节软骨恶性肿瘤	0.2	9.0	44.8	22.7	23.4
乳房恶性肿瘤			33.0	45.2	21.7
女性生殖器官恶性肿瘤	0.0	0.4	35.4	42.6	21.6
泌尿道恶性肿瘤	1.4	0.8	12.9	29.1	55.9
脑恶性肿瘤	0.9	9.0	48.9	26.7	14.5
白血病	2.8	10.9	50.1	19.4	16.7
原位癌计	0.1		61.2	25.6	13.0
其中：子宫颈原位癌			75.1	21.1	3.9
良性肿瘤计	1.3	1.7	56.6	32.8	7.6
其中：皮肤良性肿瘤	9.8	9.3	42.4	21.5	17.0
乳房良性肿瘤		1.2	75.0	19.6	4.2

5-14-3 续表1

疾病名称 (ICD-10)	5岁-	5～14岁	15～44岁	45～59岁	60岁+
子宫平滑肌瘤			56.2	42.3	1.4
卵巢良性肿瘤		1.2	76.7	14.7	7.4
甲状腺良性肿瘤	0.2	0.9	49.4	36.1	13.4
交界恶性肿瘤计	1.0	4.9	47.3	23.8	23.0
动态未知的肿瘤计			50.0	25.0	25.0
3. 血液、造血器官及免疫疾病小计	6.3	19.0	40.3	17.1	17.4
其中：贫血	5.5	7.2	44.5	19.2	23.6
4. 内分泌、营养和代谢疾病小计	1.8	1.1	23.6	32.7	40.7
其中：甲状腺功能亢进	0.1	1.0	52.3	30.3	16.2
糖尿病	0.2	0.7	11.3	32.1	55.8
5. 精神和行为障碍小计	1.7	3.8	56.3	24.0	14.1
其中：使用精神活性物质的精神和行为障碍			76.9	7.7	15.4
精神分裂症、分裂型障碍和妄想性障碍			76.2	17.0	6.8
心境（情感）障碍			57.9	23.8	18.4
6. 神经系统疾病小计	5.1	6.4	27.8	27.2	33.6
其中：中枢神经系统炎性疾病	14.0	20.1	41.0	15.2	9.7
帕金森病			5.3	21.8	72.9
癫痫	20.2	21.2	33.1	10.9	14.6
7. 眼和附器疾病小计	1.4	3.8	17.6	20.6	56.6
其中：晶状体疾患	0.4	0.8	3.8	13.3	81.7
内：老年性白内障	0.0	0.0	0.9	11.5	87.7
视网膜脱离和断裂	0.5	1.2	37.0	35.7	25.6
青光眼	0.2	0.6	8.1	26.9	64.2
8. 耳和乳突疾病小计	1.9	5.8	46.5	28.4	17.4
其中：中耳和乳突疾病	2.1	9.3	58.2	22.3	8.2
9. 循环系统疾病小计	0.6	1.0	11.6	24.4	62.3
其中：急性风湿热	1.0	11.3	46.2	24.6	16.9
内：急性风湿性关节炎	1.1	12.4	48.2	23.6	14.7
慢性风湿性心脏病	0.1	0.5	29.4	38.0	32.0
高血压	0.1	0.0	7.1	28.0	64.8
内：高血压性心脏、肾脏病	0.1	0.1	4.1	19.9	75.9
缺血性心脏病	0.3	0.0	2.2	17.5	80.0
内：心绞痛	0.2	0.0	2.0	21.9	75.8
急性心肌梗死	0.3	0.1	2.7	13.7	83.2
其他缺血性心脏病	0.3	0.0	2.2	17.2	80.3
肺栓塞	0.3	0.0	13.3	29.1	57.3
心脏传导疾患和心律失常	0.8	2.7	26.2	26.4	43.8
心力衰竭	1.1	0.4	8.5	14.3	75.7
脑血管病	0.5	0.3	7.8	25.1	66.3
内：颅内出血	1.0	0.7	12.1	34.2	52.0
脑梗死	0.2	0.1	4.0	19.7	76.1
大脑动脉闭塞和狭窄	0.3	0.1	8.9	20.2	70.5

5-14-3 续表2

疾病名称 (ICD-10)	5岁-	5～14岁	15～44岁	45～59岁	60岁+
静脉炎和血栓性静脉炎、静脉栓塞和血栓形成	0.3	0.9	34.5	28.7	35.6
下肢静脉曲张	0.2	0.2	26.3	47.7	25.6
10. 呼吸系统疾病小计	34.6	12.5	18.1	11.1	23.7
其中：急性上呼吸道感染	46.4	22.9	17.1	6.6	6.9
流行性感冒	4.5	0.0	63.6	9.1	22.7
肺炎	60.1	13.2	7.1	5.2	14.3
慢性扁桃体和腺样体疾病	3.6	29.8	55.9	8.7	2.0
支气管炎、肺气肿和其他慢性阻塞性肺病	11.1	3.6	5.8	13.2	66.3
哮喘	16.1	7.5	27.5	24.5	24.4
外部物质引起的肺病	44.5	4.4	9.8	10.7	30.6
11. 消化系统疾病小计	7.7	4.4	34.0	25.4	28.4
其中：口腔、涎腺和颌疾病	16.8	11.6	38.0	17.4	16.1
内：牙齿及牙周病	1.9	6.1	40.4	22.4	29.3
胃及十二指肠溃疡	0.3	1.4	27.1	30.4	40.8
阑尾疾病	1.0	11.8	59.5	16.0	11.7
疝计	9.6	14.8	15.7	21.0	38.8
内：腹股沟疝	15.7	25.7	19.8	15.3	23.4
肠梗阻	9.0	4.9	30.0	21.0	35.1
肝疾病	2.0	1.0	23.9	34.7	38.4
胆石病和胆囊炎	0.1	0.3	32.6	34.2	32.9
急性胰腺炎	0.1	1.5	33.8	30.3	34.2
12. 皮肤和皮下组织疾病小计	11.5	11.8	42.2	18.1	16.5
其中：皮炎及湿疹	8.6	6.3	45.1	22.9	17.1
牛皮癣	1.0	8.6	47.4	25.9	17.0
荨麻疹	14.2	23.3	44.3	13.3	5.0
13. 肌肉骨骼系统和结缔组织疾病小计	1.0	3.3	38.4	31.7	25.6
其中：类风湿性关节炎和其他炎性多关节病	0.4	3.4	30.1	34.9	31.2
关节病	0.2	0.5	10.0	35.0	54.3
系统性结缔组织病	2.4	4.1	65.0	20.4	8.1
内：系统性红斑狼疮	0.1	4.1	77.2	15.1	3.6
脊椎关节强硬	0.1	0.2	23.1	40.3	36.3
椎间盘疾患	0.1	0.1	38.6	39.2	22.0
骨病和软骨病	0.9	6.7	27.4	21.9	42.9
内：骨密度和结构的疾患	0.8	5.5	20.7	14.7	58.2
骨髓炎	2.0	16.6	39.4	24.8	17.2
14. 泌尿生殖系统疾病小计	0.6	1.9	60.3	23.4	13.7
其中：肾小球疾病	2.5	10.0	56.9	19.0	11.6
肾小管-间质疾病	0.6	1.3	46.1	27.7	24.3
肾衰竭	0.3	0.9	31.5	26.6	40.8
尿石病	0.3	1.3	47.6	32.8	18.0
膀胱炎	0.4	1.0	35.2	31.5	31.9
尿道狭窄		9.1	18.2	34.5	38.2

5-14-3　续表3

疾病名称 (ICD-10)	5岁-	5～14岁	15～44岁	45～59岁	60岁+
乳房疾患		0.4	64.5	29.8	5.3
女性盆腔器官炎性疾病		0.5	82.5	13.8	3.2
子宫内膜异位			75.6	23.7	0.6
女性生殖器脱垂			16.9	30.8	52.2
15. 妊娠、分娩和产褥期小计			99.8	0.2	
其中：异位妊娠			99.6	0.4	
医疗性流产		0.1	99.4	0.5	
妊娠、分娩和产褥期的水肿、蛋白尿和高血压疾患			99.8	0.2	
前置胎盘、胎盘早剥和产前出血			100.0	0.0	
梗阻性分娩			99.9	0.1	
分娩时会阴、阴道裂伤			99.8	0.2	
产后出血			99.8	0.2	
顺产			99.9	0.1	
16. 起源于围生期的某些情况小计	100.0				
其中：产伤	100.0				
出生窒息	100.0				
新生儿吸入综合征	100.0				
特发于围生期的感染	100.0				
胎儿和新生儿的溶血性疾病	100.0				
新生儿硬化病	100.0				
17. 先天性畸形、变形和染色体异常小计	20.2	20.8	43.5	10.6	4.9
其中：脊柱裂	64.3	11.2	22.4	2.0	0.0
神经系统其他先天性畸形	41.8	8.1	31.4	14.4	4.3
循环系统先天性畸形	16.1	26.2	43.2	8.8	5.8
消化系统其他先天性畸形	50.0	14.2	24.5	6.5	4.8
泌尿系统其他先天性畸形	2.8	10.5	73.5	10.6	2.6
肌肉骨骼系统其他先天性畸形	27.7	29.0	33.0	7.6	2.7
18. 症状、体征和临床与实验异常所见小计	6.1	6.2	36.0	23.6	28.2
19. 损伤、中毒小计	4.8	7.2	49.5	19.1	19.4
其中：骨折	2.4	6.6	36.9	21.0	33.2
内：颅骨和面骨骨折	8.7	12.2	56.9	13.0	9.2
股骨骨折	2.4	3.9	13.6	12.5	67.5
多部位骨折	0.4	4.9	45.1	23.0	26.5
颅内损伤	3.8	8.6	51.0	20.3	16.3
烧伤和腐蚀伤	37.4	11.4	32.9	9.7	8.7
药物、药剂和生物制品中毒	7.7	4.0	61.0	12.5	14.8
非药用物质的毒性效应	3.7	6.1	60.2	17.1	12.9
手术和医疗的并发症计	1.9	5.3	51.1	22.1	19.6
内：操作并发症	1.6	4.1	55.7	21.5	17.1
假体装置、植入物和移植物的并发症	0.2	2.9	48.5	24.3	24.2
20. 影响健康状态和与保健机构接触的因素小计	1.2	1.8	44.6	32.3	20.1

5-15-1 1993年调查地区居民两周就诊率(‰)

	合计	城市				农村				
		小计	大	中	小	小计	一类	二类	三类	四类
两周就诊率	169.5	198.8	209.0	186.1	201.9	159.7	152.7	177.0	149.4	156.5
男性	154.4	179.4	190.2	157.0	191.4	146.3	139.6	165.3	135.9	138.9
女性	184.9	217.7	227.0	214.0	212.4	173.6	166.2	189.1	163.5	174.4
年龄别两周就诊率										
0～4岁	309.6	343.6	342.5	306.5	378.9	302.9	312.7	383.6	258.5	222.9
5～9岁	155.9	206.0	204.6	191.1	220.1	144.8	162.6	166.0	134.2	98.6
10～19岁	83.4	103.3	104.3	98.5	107.1	78.8	85.9	84.6	70.2	74.8
20～29岁	97.3	101.7	85.4	118.8	96.1	96.0	90.9	102.1	86.4	112.7
3～39岁	149.1	134.6	118.7	139.1	147.9	155.5	131.6	166.2	163.9	158.0
40～49岁	194.7	215.8	202.7	213.0	231.6	186.6	163.4	195.1	189.1	208.5
50～59岁	249.9	288.6	324.5	255.6	288.6	230.2	215.6	244.0	214.6	263.1
60岁及以上	279.5	330.1	354.7	288.9	337.1	250.6	231.5	264.1	235.5	299.3
疾病别两周就诊率										
传染病计	8.0	6.8	4.7	8.1	7.5	8.4	5.4	8.2	8.4	14.0
寄生虫病计	0.4	0.4	0.5	0.3	0.5	0.4	0.3	0.5	0.2	0.6
恶性肿瘤计	0.8	1.8	2.0	2.1	1.3	0.4	0.5	0.6	0.3	0.1
良性肿瘤计	0.6	1.6	2.6	1.4	0.8	0.3	0.4	0.2	0.4	0.3
内分泌、营养和代谢疾病计	1.4	3.1	4.3	3.1	2.0	0.8	0.8	0.9	0.7	0.7
其中：糖尿病	0.7	2.3	3.2	2.2	1.4	0.2	0.2	0.0	0.3	0.2
血液、造血器官疾病	2.3	1.5	1.2	1.0	2.4	2.6	2.0	3.5	2.1	2.6
精神病小计	0.7	0.8	0.9	0.2	1.3	0.7	1.1	0.7	0.6	0.5
神经系病计	3.7	3.6	3.0	4.7	3.0	3.7	4.0	3.7	4.3	2.1
眼及附器疾病	1.9	2.8	4.2	2.3	2.0	1.6	1.8	1.4	1.4	2.1
耳和乳突疾病	1.0	1.6	1.6	1.7	1.5	0.8	0.6	1.2	0.7	0.7
循环系统疾病	11.7	24.1	30.6	22.4	19.6	7.5	6.6	7.4	7.2	10.0
其中：心脏病	5.4	12.2	15.0	11.9	9.7	3.1	2.9	2.7	2.7	5.6
高血压	3.7	7.9	10.6	7.0	6.3	2.3	2.0	2.6	2.0	3.2
脑血管病	1.4	2.7	3.4	2.4	2.3	1.0	0.8	1.1	1.3	0.4
呼吸系统疾病	79.0	81.6	83.4	65.7	96.0	78.1	82.2	91.2	68.2	64.5
其中:急上呼感染	66.0	68.0	67.9	55.9	80.1	65.4	71.9	77.2	55.8	50.3
肺炎	3.0	2.6	1.3	2.7	3.9	3.9	3.0	4.0	3.2	6.7
老慢支	5.5	5.5	7.6	3.0	6.1	5.5	3.9	6.6	6.0	4.3
消化系统疾病	27.3	28.6	29.4	30.5	26.1	26.8	22.6	28.9	27.5	27.7
其中：急性胃炎	13.1	10.5	9.7	10.6	11.1	14.0	10.4	15.8	16.1	11.0
肝病硬化	0.8	0.7	0.8	0.6	0.7	0.8	0.9	0.6	1.1	0.7
胆囊疾病	2.6	4.1	4.0	6.1	2.1	2.0	2.3	1.6	2.0	2.9
泌尿生殖系病	6.2	7.3	6.5	9.2	6.3	5.8	5.0	6.5	5.3	6.5
妊娠、分娩病及产褥期并发症	0.3	0.4	0.2	0.4	0.5	0.3	0.3	0.1	0.4	0.5
皮肤皮下组织	5.0	7.1	6.5	9.1	5.6	4.2	3.9	4.1	4.2	5.3
肌肉、骨骼结缔	9.9	14.5	15.1	14.1	14.2	8.4	6.7	8.3	8.9	10.3
其中：类关节炎	4.4	4.7	2.8	6.5	4.8	4.2	2.1	3.9	4.8	7.4
先天异常	0.1	0.1	0.1	0.1		0.1		0.1	0.1	0.2
围产期疾病	0.1					0.1	0.1	0.0	0.1	0.0
损伤和中毒	6.8	8.2	9.9	8.2	6.7	6.4	6.6	6.4	6.3	6.0
其他	0.2	0.2	0.3	0.1	0.3	0.2	0.1	0.2	0.2	0.4
不详	2.7	3.4	3.0	1.9	5.2	2.4	2.0	3.4	2.1	1.8

5-15-2　1998年调查地区居民两周就诊率及未就诊率

	合计	城市				农村				
		小计	大	中	小	小计	一类	二类	三类	四类
调查人数	216101	54549	20775	15581	18193	161552	35983	47938	53815	23816
就诊人次数	35417	8831	3684	1942	3205	26586	5418	8209	9882	3077
两周就诊率(‰)	163.9	161.9	177.3	124.6	176.2	164.6	150.6	171.2	183.6	129.2
分性别两周就诊率(‰)										
男性	149.5	148.5	161.7	115.7	161.6	149.8	150.4	151.4	165.5	110.2
女性	179.1	175.1	192.6	133.6	190.4	180.5	163.2	184.1	202.8	149.1
年龄别两周就诊率 (‰)										
0～4岁	307.4	311.7	284.0	295.8	344.3	306.5	337.5	351.3	332.3	181.2
5～14岁	122.7	113.3	108.4	86.1	136.6	124.6	136.9	136.7	125.8	85.5
15～24岁	66.1	55.2	36.2	66.1	63.1	68.9	70.1	68.4	72.8	61.4
25～34岁	115.5	85.4	65.6	62.8	124.7	124.7	109.6	128.6	140.5	103.5
35～44岁	162.0	118.4	115.0	79.2	157.9	180.9	157.7	172.7	202.3	190.3
45～54岁	201.1	179.2	172.5	155.5	209.3	209.7	164.9	200.0	254.9	203.4
55～64岁	266.3	271.2	321.2	214.6	261.9	263.6	233.1	272.7	294.1	225.0
65岁及以上	299.3	320.5	383.2	202.7	327.5	286.4	265.5	272.7	342.3	210.3
文化程度别两周就诊率(‰)										
文盲半文盲	237.1	250.1	323.9	151.9	261.6	234.9	213.0	242.0	290.9	181.1
小学	174.8	224.8	299.1	169.0	193.3	166.1	164.8	170.7	186.3	111.9
初中	126.3	143.1	152.3	117.3	156.0	120.3	107.7	122.4	135.7	77.3
高中、技校	119.4	115.5	133.1	81.7	127.2	124.7	116.2	115.8	139.2	123.5
中专	146.6	152.7	162.9	133.6	159.9	132.8	110.8	124.4	160.0	73.7
大专	144.9	136.0	134.0	143.8	129.5	201.5	135.1	190.5	233.2	181.8
大学及以上	176.1	182.8	196.5	127.7	228.9	79.3	60.0	54.1	106.7	
医疗保障形式别两周就诊率 (‰)										
公费	216.6	209.4	239.5	160.4	203.0	250.5	236.6	264.9	253.5	196.7
劳保	189.4	189.2	204.0	148.3	239.8	192.4	184.3	210.7	175.0	250.0
半劳保	163.8	163.3	181.0	100.9	229.4	169.3	106.5	250.0	394.7	272.7
医疗保险	117.3	104.8	158.2	93.3	120.6	127.2	123.4	117.1	143.8	107.1
统筹	145.7	151.6	160.6	117.6	173.9	83.3	80.0	62.5	200.0	
合作医疗	164.6	237.3	550.0	71.4	234.6	154.4	125.2	241.9	223.2	156.0
自费	160.0	130.5	114.4	104.8	155.2	165.1	165.8	163.9	181.8	122.8
就业状况别两周就诊率 (‰)										
在岗	149.1	115.2	112.3	86.4	141.6	156.5	138.7	155.3	179.2	134.2
下岗	127.0	98.9	100.8	84.6	111.5	233.5	182.2	285.7	218.6	234.4
离退休	307.0	304.2	352.9	229.0	305.2	325.4	334.5	326.1	306.0	367.3
学生	72.6	58.8	35.9	70.4	75.2	79.0	100.1	65.6	78.3	76.6
无业	241.0	172.0	170.7	90.3	218.3	291.6	231.2	308.3	361.8	218.1
两周未就诊率(%)	38.5	49.9	52.0	52.6	44.7	33.2	32.5	32.2	34.6	32.4
男性	38.2	49.6	51.7	52.1	44.3	33.3	32.0	32.2	34.9	33.0
女性	38.6	50.2	52.2	53.0	44.9	33.0	32.8	32.1	34.2	31.9

5-15-3　2003年调查地区居民两周就诊率及未就诊率

	合计	城市				农村				
		小计	大	中	小	小计	一类	二类	三类	四类
调查人数	193689	49698	18746	14301	16651	143991	32064	42559	48311	21057
就诊人次数	25906	5869	2243	1324	2302	20037	3710	6202	7633	2492
两周就诊率 (‰)	133.8	118.1	119.7	92.6	138.2	139.2	115.7	145.7	158.0	118.3
分性别两周就诊率(‰)										
男性	121.5	102.6	104.3	81.6	118.7	127.8	109.5	136.6	143.2	102.4
女性	146.2	132.9	134.3	103.1	157.3	151.0	122.0	155.3	173.5	135.3
年龄别两周就诊率 (‰)										
0～4岁	202.4	156.2	184.9	122.4	163.1	212.8	200.7	244.5	230.6	144.9
5～14岁	77.4	55.1	49.5	49.2	63.3	82.0	66.1	99.6	90.6	51.6
15～24岁	47.0	31.8	33.2	24.2	35.8	51.1	51.2	52.6	47.6	54.7
25～34岁	78.3	47.8	30.8	34.0	75.4	88.9	67.7	87.7	98.4	100.0
35～44岁	112.6	75.0	47.2	51.4	124.9	126.6	99.8	123.8	141.0	145.5
45～54岁	176.2	125.2	95.2	101.7	184.7	196.0	140.8	204.1	223.7	213.3
55～64岁	227.5	191.1	191.6	158.6	222.4	243.6	172.2	244.0	303.8	226.2
65岁及以上	280.6	287.7	304.7	234.4	311.2	276.2	233.6	303.8	314.1	194.2
文化程度别两周就诊率 (‰)										
文盲半文盲	237.6	276.2	279.5	203.7	307.4	232.1	200.3	248.6	270.3	190.1
小学	166.4	198.2	207.7	152.8	212.5	160.9	136.2	176.4	189.0	112.4
初中	100.0	106.5	107.8	100.3	110.1	98.0	78.0	99.7	113.6	85.6
高中、技校	86.9	83.5	86.2	71.8	92.2	91.0	76.7	89.0	102.6	104.7
中专	93.6	99.4	122.3	84.5	83.5	81.7	59.6	106.9	80.4	68.2
大专	86.5	92.7	101.8	69.9	112.7	56.7	53.3	64.7	53.0	50.0
大学及以上	78.7	77.2	98.6	52.5	49.9	93.6	154.9	76.3	85.9	
医疗保障形式别两周就诊率 (‰)										
城镇基本医疗保险	135.4	133.8	149.3	115.3	133.6	146.3	115.6	211.0	133.2	112.4
大病医疗保险	74.0	56.1	46.6	76.9	95.2	157.9	157.0	240.0	138.9	
公费医疗	180.3	167.5	195.0	108.3	155.6	255.2	120.7	349.4	352.5	
劳保医疗	220.3	226.8	262.5	119.7	294.9	134.5	94.6	149.3	206.9	
合作医疗	147.7	213.6	166.7		214.0	131.6	117.6	150.8	259.7	127.6
其他社会医疗保险	102.3	100.1	91.0	125.0	111.1	103.8	99.9	76.7	146.9	28.2
商业医疗保险	99.4	83.4	112.8	55.3	87.2	103.1	101.1	101.7	104.7	111.5
无医疗保险	134.9	85.8	70.9	71.8	106.5	144.5	118.2	150.8	162.6	116.1
就业状况别两周就诊率 (‰)										
在岗	137.5	78.1	52.6	55.3	122.8	148.7	117.9	153.9	168.8	140.4
离退休	255.7	246.5	272.8	190.1	269.6	335.0	274.1	375.8	399.4	285.7
学生	43.2	29.9	33.1	19.8	33.3	49.1	50.9	54.3	45.4	40.7
无业、失业、半失业	141.4	110.4	72.1	90.0	156.3	215.2	158.6	200.9	300.9	86.2
两周未就诊率(%)	48.9	57.0	57.7	63.8	48.9	45.8	49.8	43.0	46.7	43.0
男性	48.8	57.1	56.7	64.1	50.3	45.8	49.8	43.3	46.4	43.7
女性	49.0	56.8	58.4	63.4	47.9	45.8	49.7	42.7	47.0	42.3

5-16-1　1998年调查地区居民疾病别两周就诊率(‰)

	合计	城市				农村				
		小计	大	中	小	小计	一类	二类	三类	四类
传染病计	4.5	2.8	2.2	1.3	4.9	5.1	4.6	4.1	5.1	8.0
寄生虫病计	0.2	0.1	0.2	0.1	0.1	0.2	0.2	0.2	0.2	0.3
恶性肿瘤计	0.8	1.4	2.3	1.5	0.2	0.6	0.5	0.5	0.9	0.1
良性肿瘤计	0.4	0.7	1.3	0.4	0.2	0.3	0.5	0.2	0.4	0.2
内分泌、营养和代谢疾病计	2.1	4.4	7.1	2.7	2.7	1.3	1.0	1.7	1.4	0.8
其中：糖尿病	1.1	3.0	5.2	1.7	1.7	0.4	0.4	0.5	0.4	0.4
血液、造血器官疾病	1.9	1.0	0.8	0.6	1.7	2.2	2.3	2.6	2.2	1.0
精神病小计	0.7	0.8	0.5	0.6	1.2	0.7	0.4	0.6	1.0	0.4
神经系病计	3.0	2.2	2.8	1.4	2.1	3.3	3.4	3.2	4.0	1.7
眼及附器疾病	2.6	3.0	3.9	2.7	2.3	2.4	1.8	2.1	3.4	1.9
耳和乳突疾病	0.8	0.7	0.6	0.1	1.2	0.9	1.0	1.0	0.8	0.5
循环系统疾病	16.6	30.2	40.6	22.4	24.8	12.0	11.0	12.3	13.1	10.1
其中：心脏病	6.6	11.4	14.8	8.2	10.3	5.0	4.2	5.4	4.5	6.4
高血压	5.2	10.1	14.7	9.0	5.9	3.6	4.2	3.6	3.9	2.1
脑血管病	3.1	6.7	8.4	4.5	6.5	2.0	1.8	1.3	3.2	0.8
呼吸系统疾病	75.4	61.3	56.7	48.4	77.5	80.1	78.6	81.3	89.6	58.7
其中:急上呼感染	65.9	51.6	44.4	42.4	67.7	70.8	70.8	71.6	79.3	49.7
肺炎	2.4	1.7	2.0	0.7	2.1	2.6	2.0	3.0	2.0	4.2
老慢支	4.0	3.9	4.8	3.1	3.7	4.0	3.5	3.9	5.1	2.4
消化系统疾病	25.3	23.6	23.4	17.8	28.7	25.9	23.3	27.2	28.5	21.6
其中: 急性胃炎	12.8	10.3	8.7	8.2	14.1	13.7	12.7	13.5	15.7	11.2
肝病硬化	0.6	0.8	0.5	0.4	1.4	0.6	0.6	0.4	0.7	0.7
胆囊疾病	2.5	3.4	3.8	2.2	3.9	2.2	1.6	2.0	2.3	3.6
泌尿生殖系病	5.7	5.3	5.4	4.3	5.9	5.9	4.0	5.8	6.6	7.2
妊娠、分娩病及产褥期并发症	0.3	0.3	0.4	0.1	0.2	0.3	0.4	0.4	0.2	0.3
皮肤皮下组织	3.8	4.4	5.7	2.8	4.5	3.6	4.3	4.0	3.8	1.6
肌肉、骨骼结缔	11.3	11.6	14.3	9.8	10.1	11.2	10.5	10.8	12.7	9.4
其中：类关节炎	5.4	3.6	3.1	2.4	5.2	6.0	4.4	5.3	6.8	8.0
先天异常	0.1	0.1	0.0		0.1	0.1	0.1	0.1	0.0	0.3
围产期疾病	0.0	0.1	0.1		0.1	0.0			0.0	
损伤和中毒	6.3	6.1	6.0	5.8	6.3	6.4	6.3	5.9	8.0	4.0
其他	0.6	0.4	0.6	0.1	0.5	0.6	0.4	1.0	0.3	0.8
不详	1.8	1.8	2.8	1.7	0.7	1.8	1.9	2.4	1.7	0.4

5-16-2　2003年调查地区居民疾病别两周就诊率(‰)

	合计	城市				农村				
		小计	大	中	小	小计	一类	二类	三类	四类
传染病计	2.9	1.8	0.8	0.4	4.1	3.3	1.5	2.4	3.9	6.5
寄生虫病计	0.2					0.2		0.1	0.6	
恶性肿瘤计	1.3	1.6	2.7	0.8	1.1	1.2	0.9	1.9	0.9	0.7
良性肿瘤计	0.4	0.4	0.6	0.4	0.3	0.4	0.4	0.6	0.4	0.3
内分泌、营养和代谢疾病计	2.2	4.6	7.1	4.5	1.9	1.3	1.3	1.5	1.5	0.5
其中：糖尿病	1.4	3.3	5.2	3.6	1.0	0.7	0.5	0.8	1.0	0.1
血液、造血器官疾病	1.4	1.1	0.5	0.8	2.0	1.5	1.3	1.8	1.1	2.2
精神病小计	0.5	0.5	0.3	0.7	0.5	0.5	0.7	0.4	0.7	0.1
神经系病计	2.9	1.8	1.7	0.6	3.1	3.2	3.0	3.2	4.0	1.9
眼及附器疾病	1.4	1.6	1.8	0.6	2.1	1.3	1.9	0.7	1.7	0.8
耳和乳突疾病	0.6	0.7	1.2	0.1	0.7	0.6	0.6	0.5	0.7	0.4
循环系统疾病	18.3	28.0	35.0	26.4	21.4	14.9	12.8	15.0	17.4	12.3
其中：心脏病	5.8	10.2	12.2	9.2	8.9	4.3	3.4	4.6	4.3	5.2
高血压	8.0	12.9	16.5	12.4	9.1	6.4	5.8	6.7	6.7	5.9
脑血管病	2.9	3.6	4.6	3.8	2.3	2.7	2.2	2.1	4.4	0.6
呼吸系统疾病	51.4	34.0	28.1	25.7	47.6	57.4	49.7	61.9	67.0	37.8
其中:急上呼感染	41.9	26.5	20.2	19.7	39.3	47.2	41.0	52.8	55.3	27.2
肺炎	1.8	1.0	0.7	0.6	1.7	2.1	1.8	1.3	2.1	4.6
老慢支	3.6	3.2	4.2	1.6	3.4	3.8	4.1	3.0	4.5	3.3
消化系统疾病	21.7	16.2	13.7	10.7	23.6	23.6	15.4	25.2	25.3	28.7
其中:急性胃炎	10.7	7.5	5.5	4.3	12.6	11.8	8.0	12.3	13.7	12.4
肝病硬化	0.3	0.3	0.1	0.1	0.5	0.3	0.3	0.1	0.2	0.8
胆囊疾病	2.9	2.6	2.0	1.3	4.3	3.0	1.8	1.9	3.3	6.5
泌尿生殖系病	6.2	4.4	3.6	3.8	5.8	6.9	6.0	5.3	8.1	8.7
妊娠、分娩病及产褥期并发症	0.1	0.2	0.2	0.1	0.3	0.1	0.2	0.1		0.2
皮肤皮下组织	2.6	2.5	2.1	3.1	2.6	2.6	3.2	3.2	2.3	1.4
肌肉、骨骼结缔	11.1	12.2	13.8	7.8	14.2	10.7	8.5	10.9	12.3	9.7
其中：类关节炎	3.8	2.9	1.7	1.0	5.7	4.1	2.2	3.6	4.9	6.4
先天异常	0.1	0.1	0.1		0.2	0.1			0.1	0.2
围产期疾病	0.0					0.0			0.0	
损伤和中毒	6.9	4.6	5.0	4.5	4.3	7.7	7.2	9.0	8.1	5.0
其他	0.6	0.4	0.5	0.6	0.2	0.6	0.5	0.7	0.6	0.7
不详	1.1	1.4	1.0	0.8	2.3	1.1	0.8	1.5	1.3	0.2

5-17-1 1993年调查地区居民住院率(‰)

	合计	城市				农村				
		小计	大	中	小	小计	一类	二类	三类	四类
总住院率	35.6	50.4	49.0	50.9	51.2	30.6	32.8	29.6	28.8	33.1
男性	33.0	46.2	44.6	47.3	46.5	28.7	29.6	29.1	26.9	30.7
女性	38.2	54.5	53.3	54.2	55.9	32.5	36.1	30.2	30.8	35.4
年龄别住院率										
0～4岁	45.4	56.4	56.2	64.2	49.2	43.2	50.4	42.5	41.5	40.1
5～9岁	18.3	24.7	31.0	25.2	19.1	16.9	15.8	15.7	17.7	19.2
10～19岁	14.5	14.9	15.4	19.1	10.7	14.4	14.1	15.6	13.0	15.8
20～29岁	38.2	53.3	52.7	53.9	53.1	33.9	42.4	29.4	30.3	38.6
30～39岁	33.6	40.8	33.2	40.8	49.3	30.5	29.0	32.1	28.7	34.8
40～49岁	36.8	45.3	39.9	42.8	53.0	33.6	32.6	31.7	33.7	40.8
50～59岁	53.2	73.1	66.0	79.0	73.7	43.1	44.3	41.9	43.0	43.4
60岁以上	61.0	86.9	82.9	83.5	95.9	46.2	47.7	47.8	41.7	51.3
疾病别住院率										
传染病计	2.8	2.2	1.2	2.9	2.5	2.9	2.0	2.9	3.1	4.4
寄生虫病计	0.1	0.1	0.2	0.1	0.2	0.1	0.0	0.2	0.1	
恶性肿瘤计	0.5	0.9	0.9	1.0	0.8	0.3	0.4	0.4	0.2	0.1
良性肿瘤计	0.7	1.2	1.6	1.5	0.4	0.5	0.4	0.5	0.8	0.2
内分泌、营养和代谢疾病计	0.4	1.1	1.0	1.3	1.1	0.2	0.3	0.2	0.2	0.2
其中：糖尿病	0.2	0.7	0.5	0.9	0.7	0.0	0.1	0.0		0.0
血液、造血器官疾病	0.5	0.4	0.2	0.4	0.5	0.5	0.4	0.6	0.5	0.5
精神病小计	0.3	0.3	0.5	0.1	0.3	0.3	0.3	0.3	0.3	0.1
神经系病计	0.6	0.7	0.5	0.6	1.0	0.6	0.5	0.5	0.6	0.8
眼及附器疾病	0.6	1.1	1.4	1.0	1.0	0.4	0.3	0.3	0.4	0.5
耳和乳突疾病	0.1	0.3	0.1	0.4	0.4	0.1	0.0	0.1	0.1	0.1
循环系统疾病	3.4	7.6	8.3	7.8	6.7	2.0	2.2	1.9	1.8	1.9
其中：心脏病	1.7	3.6	4.3	3.7	3.0	1.0	1.1	0.9	0.9	1.1
高血压	0.4	1.0	0.9	1.1	0.9	0.3	0.2	0.4	0.2	0.2
脑血管病	1.0	2.5	2.5	2.6	2.3	0.5	0.7	0.4	0.5	0.3
呼吸系统疾病	6.0	7.9	8.2	7.5	7.9	5.3	6.0	4.7	4.7	6.9
其中:急上呼感染	2.3	2.8	2.7	2.4	3.2	2.1	2.6	1.7	2.0	2.6
肺炎	1.9	2.2	1.6	2.6	2.3	1.8	1.9	1.8	1.6	2.4
老慢支	0.7	1.3	1.4	1.4	1.3	0.6	0.5	0.5	0.5	0.8
消化系统疾病	7.6	9.8	9.8	8.5	11.0	6.8	7.9	6.8	6.3	6.6
其中：急性胃炎	2.3	2.1	1.6	1.7	3.0	2.4	1.8	2.5	2.8	2.1
肝病硬化	0.3	0.4	0.3	0.3	0.6	0.3	0.4	0.3	0.4	0.1
胆囊疾病	1.2	2.2	1.6	2.5	2.4	0.8	1.0	0.8	0.8	0.8
泌尿生殖系病	1.9	2.4	2.8	2.1	2.3	1.7	1.4	1.5	1.6	2.5
妊娠、分娩病及产褥期并发症	4.2	6.5	5.7	7.1	6.6	3.4	5.6	2.8	2.8	2.7
皮肤皮下组织	0.5	0.6	0.5	1.0	0.4	0.5	0.2	0.4	0.6	0.7
肌肉、骨骼结缔	1.2	2.2	1.5	2.2	2.9	0.8	0.6	0.8	0.8	1.1
其中：类关节炎	0.4	0.6	0.1	1.0	0.5	0.3	0.3	0.2	0.3	0.6
先天异常	0.1	0.2	0.2	0.1	0.2	0.1		0.1	0.0	0.1
围产期疾病	0.1	0.2	0.1	0.2	0.2	0.0	0.0		0.0	
损伤和中毒	3.7	3.5	2.7	3.9	3.9	3.7	3.7	3.9	3.7	3.3
其他	0.1	0.1	0.2	0.1	0.1	0.1	0.1	0.1	0.0	0.1
不详	0.7	1.3	1.8	0.9	1.1	0.5	0.4	0.9	0.3	0.4

5-17-2 1998年调查地区居民住院率(‰)

	合计	城市				农村				
		小计	大	中	小	小计	一类	二类	三类	四类
住院人次数	7647	2634	1054	836	744	5013	1258	1382	1564	809
住院率	35.4	48.3	50.7	53.7	40.9	31.0	34.8	28.9	29.1	34.0
分性别住院										
男性	32.6	47.1	48.7	52.7	40.7	27.9	29.2	27.3	26.9	29.3
女性	38.3	49.4	52.5	54.7	41.1	34.4	40.7	30.7	31.3	39.0
年龄别住院率										
0～4岁	40.1	33.2	18.5	41.5	38.1	41.5	44.3	44.2	44.0	31.7
5～14岁	12.4	12.2	10.8	15.8	10.9	12.5	15.5	9.2	12.9	14.4
15～24岁	23.1	19.4	15.9	21.9	20.5	24.0	32.0	22.5	20.1	24.6
25～34岁	35.3	40.3	34.3	45.9	41.1	33.8	39.3	32.2	30.3	37.0
35～44岁	32.1	32.4	31.3	32.1	34.3	32.0	32.1	29.7	30.4	42.5
45～54岁	42.6	48.8	45.0	61.3	41.6	40.2	37.4	39.5	35.1	61.9
55～64岁	57.2	74.1	74.9	87.5	59.7	48.1	48.4	46.6	50.4	44.6
65岁及以上	79.6	125.7	133.3	126.4	110.1	51.5	53.8	47.0	48.1	69.5
文化程度别住院率										
文盲半文盲	46.2	69.8	85.0	74.0	58.0	42.2	48.4	42.7	38.1	41.5
小学	40.5	68.5	85.5	80.1	46.4	35.6	36.5	35.6	31.4	44.2
初中	35.2	48.1	46.2	54.3	44.7	30.6	35.2	28.4	28.9	32.1
高中、技校	35.8	39.7	42.3	40.5	35.4	30.4	32.4	28.1	29.1	43.2
中专	53.6	57.0	54.3	66.4	49.9	46.0	55.4	35.9	51.2	21.1
大专	60.1	63.3	57.3	77.4	57.6	39.6	27.0	31.8	45.9	90.9
大学及以上	64.9	65.2	68.3	63.1	57.9	61.0	40.0	54.1	80.0	
医疗保障形式别住院率										
公费	91.8	90.0	92.0	84.1	93.4	100.1	78.0	97.3	107.0	131.2
劳保	60.7	60.3	55.4	63.8	69.9	67.0	31.8	92.0	125.0	750.0
半劳保	44.4	42.5	30.7	62.4	45.9	63.9	46.3	62.5	184.2	
医疗保险	36.2	48.2	50.6	47.9	48.3	26.7	33.8	23.8	19.2	
统筹	58.1	55.7	55.3	64.7		83.3	120.0			
合作医疗	39.5	27.4			28.0	41.3	37.6	51.9	18.4	105.5
自费	29.4	29.5	24.7	33.3	30.5	29.4	33.2	27.0	27.4	34.9
就业状况别住院率										
在岗	34.94	38.92	37.76	43.02	36.84	34.07	35.61	33.75	30.05	41.64
下岗	36.50	30.94	22.32	32.99	38.63	57.59	55.76	52.48	68.10	46.88
离退休	106.91	108.08	109.37	112.15	98.94	99.15	84.05	86.39	122.00	132.65
学生	11.04	11.69	12.25	12.69	10.16	10.73	12.09	7.18	15.65	2.95
无业	52.56	48.13	46.66	55.11	45.27	55.81	67.39	46.53	54.99	45.20

5-17-3　2003年调查地区居民住院率(‰)

	合计	城市				农村				
		小计	大	中	小	小计	一类	二类	三类	四类
住院人次数	6981	2107	756	658	693	4874	1097	1283	1725	769
住院率	36.0	42.4	40.3	46.0	41.6	33.8	34.2	30.1	35.7	36.5
分性别住院										
男性	31.7	41.1	37.5	46.3	40.8	28.6	28.7	25.6	30.2	31.1
女性	40.4	43.6	43.1	45.7	42.4	39.3	39.8	34.9	41.5	42.3
年龄别住院率										
0～4岁	33.3	25.7	25.8	20.4	29.8	35.0	34.5	31.8	41.3	28.7
5～14岁	11.7	9.4	6.4	14.0	8.4	12.2	11.5	12.3	12.4	12.2
15～24岁	28.1	15.7	7.6	14.8	24.5	31.5	36.4	32.7	30.3	26.3
25～34岁	39.5	35.1	21.5	40.0	43.0	41.0	39.8	37.1	41.3	48.7
35～44岁	25.9	20.9	14.2	18.4	30.1	27.8	24.7	22.5	31.1	37.3
45～54岁	36.6	31.6	22.9	42.0	33.3	38.6	33.0	34.3	42.6	51.0
55～64岁	53.3	59.5	53.0	63.7	63.9	50.6	46.1	45.9	56.6	54.3
65岁及以上	84.1	126.8	124.5	138.9	118.1	57.7	63.7	43.9	57.4	78.9
文化程度别住院率										
文盲半文盲	49.6	80.4	113.0	71.2	66.5	45.3	46.3	38.4	49.6	45.9
小学	45.7	67.9	80.7	86.2	49.8	41.9	39.7	36.8	45.7	45.9
初中	35.2	42.0	38.0	43.9	44.7	33.0	33.2	30.0	33.7	42.0
高中、技校	32.5	33.8	23.1	46.5	34.9	31.0	32.8	32.2	28.7	27.9
中专	49.9	48.9	43.1	56.4	47.9	52.1	55.0	56.6	49.0	37.9
大专	33.6	33.9	31.9	30.4	45.3	32.4	44.4	32.4	28.0	
大学及以上	44.6	45.5	37.7	51.5	61.0	35.1	28.2	15.3	62.5	
医疗保障形式别住院率										
城镇基本医疗保险	59.0	58.0	53.1	57.6	74.6	66.4	87.1	65.6	55.2	52.2
大病医疗保险	43.5	44.9	36.4	76.9	71.4	36.8	49.6	40.0		
公费医疗	99.0	98.7	88.7	117.4	111.1	100.9	34.5	168.7	90.2	312.5
劳保医疗	63.9	62.5	59.8	56.3	73.7	81.9	81.1	74.6	69.0	1000.0
合作医疗	33.9	37.0			37.2	33.2	44.2	26.2	77.9	20.9
其他社会医疗保险	26.8	23.0	15.9	22.1	42.1	29.2	32.2	27.9	23.2	28.2
商业医疗保险	22.0	20.2	17.1	20.4	23.3	22.4	27.1	18.9	19.9	41.2
无医疗保险	33.6	29.5	23.2	31.8	33.0	34.4	31.0	31.1	36.4	41.6
就业状况别住院率										
在岗	37.1	29.3	19.1	32.8	36.7	38.6	37.0	34.2	40.8	45.0
离退休	100.6	99.9	95.4	103.7	105.3	106.8	83.0	154.4	74.7	254.0
学生	10.5	4.9	3.1	2.6	9.1	13.0	11.0	15.3	11.1	14.8
无业、失业、半失业	45.0	37.4	28.2	38.0	45.0	63.1	64.0	43.8	77.1	51.7

5-18-1　1998年调查地区居民疾病别住院率(‰)

	合计	城市				农村				
		小计	大	中	小	小计	一类	二类	三类	四类
传染病计	1.6	1.3	0.9	1.0	2.0	1.7	1.2	1.3	1.4	4.0
寄生虫病计	0.1	0.1		0.1	0.1	0.1	0.1	0.1	0.0	0.0
恶性肿瘤计	0.8	1.5	2.0	2.0	0.5	0.5	0.8	0.7	0.2	0.2
良性肿瘤计	0.8	1.5	2.0	1.2	1.3	0.6	0.7	0.5	0.7	0.1
内分泌、营养和代谢疾病计	0.7	1.8	2.2	2.2	0.9	0.3	0.6	0.3	0.2	0.1
其中：糖尿病	0.4	1.2	1.5	1.5	0.6	0.1	0.2	0.1	0.1	
血液、造血器官疾病	0.5	0.3	0.2	0.2	0.5	0.6	0.6	0.6	0.5	0.7
精神病小计	0.3	0.4	0.4	0.5	0.4	0.2	0.3	0.1	0.2	0.1
神经系病计	0.7	0.9	0.8	1.3	0.8	0.6	0.6	0.4	0.7	0.7
眼及附器疾病	0.7	1.2	1.3	1.6	0.7	0.6	0.6	0.6	0.5	0.8
耳和乳突疾病	0.1	0.2	0.1	0.2	0.3	0.1	0.2	0.0	0.1	
循环系统疾病	5.2	11.8	12.5	14.1	9.0	3.0	3.5	2.4	2.9	3.3
其中：心脏病	2.3	5.0	6.3	5.6	3.0	1.4	1.5	1.0	1.3	2.5
高血压	0.7	1.8	1.4	2.6	1.6	0.4	0.5	0.3	0.4	0.3
脑血管病	1.7	4.2	3.6	5.0	4.2	0.9	1.2	0.8	0.9	0.4
呼吸系统疾病	5.3	6.3	6.4	6.9	5.7	5.0	5.6	4.3	4.8	6.0
其中:急上呼感染	1.8	1.7	0.9	2.5	1.8	1.9	2.2	1.6	1.9	1.8
肺炎	1.5	1.5	1.6	1.5	1.3	1.4	1.4	1.0	1.1	3.1
老慢支	1.0	1.4	1.4	1.2	1.6	0.8	1.0	0.7	1.0	0.3
消化系统疾病	6.2	7.2	7.5	7.7	6.3	5.9	6.1	5.7	5.4	6.7
其中: 急性胃炎	1.6	1.0	1.1	1.0	1.1	1.7	1.6	1.5	1.9	1.9
肝病硬化	0.3	0.4	0.5	0.3	0.3	0.3	0.3	0.3	0.2	0.4
胆囊疾病	1.4	2.3	3.0	2.4	1.4	1.1	1.2	1.1	0.8	1.6
泌尿生殖系病	1.9	2.3	3.0	2.2	1.6	1.8	1.7	1.5	1.6	2.7
妊娠、分娩病及产褥期并发症	4.5	5.2	4.4	5.9	5.6	4.3	6.3	4.3	3.7	2.5
皮肤皮下组织	0.4	0.6	0.6	0.8	0.2	0.3	0.3	0.4	0.2	0.3
肌肉、骨骼结缔	1.2	1.4	1.2	1.7	1.4	1.1	0.7	1.0	1.2	1.9
其中：类关节炎	0.4	0.1	0.1	0.1	0.2	0.5	0.1	0.3	0.5	1.4
先天异常	0.0	0.1	0.0		0.1	0.0		0.1		0.0
围产期疾病	0.1	0.0	0.0			0.1	0.1	0.1	0.1	
损伤和中毒	3.3	2.9	3.2	2.4	2.9	3.5	3.6	3.7	3.7	2.5
其他	0.2	0.2	0.3	0.2		0.3	0.3	0.2	0.3	0.3
不详	0.8	1.2	1.6	1.3	0.4	0.7	1.0	0.5	0.6	0.9

5-18-2 2003年调查地区居民疾病别住院率(‰)

	合计	城市				农村				
		小计	大	中	小	小计	一类	二类	三类	四类
传染病计	1.1	0.7	0.3	0.6	1.2	1.2	0.9	0.8	1.0	2.9
寄生虫病计	0.1	0.1		0.2	0.1	0.0		0.0	0.1	0.0
恶性肿瘤计	1.1	2.3	3.4	1.1	2.1	0.7	1.6	0.5	0.4	0.4
良性肿瘤计	1.0	1.2	1.3	1.0	1.3	0.9	1.1	0.9	1.0	0.6
内分泌、营养和代谢疾病计	0.9	2.1	2.5	2.6	1.3	0.5	0.7	0.4	0.6	0.2
其中：糖尿病	0.6	1.6	2.2	1.9	0.8	0.2	0.4	0.1	0.2	0.1
血液、造血器官疾病	0.3	0.2	0.2	0.1	0.3	0.3	0.2	0.4	0.4	0.5
精神病小计	0.3	0.3	0.1	0.6	0.2	0.3	0.4	0.2	0.2	0.6
神经系病计	0.6	0.5	0.3	0.6	0.5	0.6	0.6	0.5	0.9	0.3
眼及附器疾病	0.6	0.7	0.4	0.5	1.1	0.6	0.5	0.7	0.6	0.3
耳和乳突疾病	0.1	0.1	0.1	0.3	0.1	0.0	0.1	0.1	0.0	
循环系统疾病	6.2	11.9	11.5	14.1	10.6	4.3	4.2	3.6	5.1	3.7
其中：心脏病	2.8	5.8	6.2	6.7	4.4	1.8	2.1	1.3	1.9	2.1
高血压	1.2	2.0	2.0	2.2	1.9	1.0	0.8	0.8	1.0	1.3
脑血管病	1.8	3.3	2.7	4.1	3.2	1.3	1.0	1.3	1.9	0.3
呼吸系统疾病	4.2	4.5	5.0	4.8	3.7	4.1	4.2	3.5	4.1	5.0
其中:急上呼感染	1.5	1.2	1.4	1.2	1.0	1.6	1.8	1.6	1.5	1.3
肺炎	1.0	0.9	1.1	0.6	1.0	1.0	0.8	0.8	1.1	1.6
老慢支	0.6	0.9	1.3	0.8	0.4	0.5	0.6	0.5	0.5	0.5
消化系统疾病	5.7	5.6	5.3	5.5	6.1	5.8	5.8	4.4	5.8	8.5
其中:急性胃炎	0.9	0.6	0.5	0.6	0.8	1.1	0.5	0.8	1.2	2.1
肝病硬化	0.2	0.3	0.2	0.4	0.4	0.2	0.3	0.2	0.1	0.4
胆囊疾病	1.2	1.8	2.1	1.5	1.6	1.1	0.9	0.9	1.0	1.8
泌尿生殖系病	2.3	2.4	2.4	2.5	2.2	2.3	1.8	1.8	2.5	3.7
妊娠、分娩病及产褥期并发症	5.6	4.7	2.7	6.2	5.8	5.9	6.8	6.6	5.9	3.6
皮肤皮下组织	0.4	0.4	0.4	0.6	0.4	0.3	0.5	0.3	0.3	0.2
肌肉、骨骼结缔	1.1	1.4	1.8	1.0	1.3	1.0	0.6	0.7	1.4	1.6
其中：类关节炎	0.2	0.2	0.2	0.1	0.2	0.3	0.1	0.2	0.3	0.5
先天异常	0.0	0.0	0.1		0.1	0.0			0.1	0.1
围产期疾病	0.0	0.0			0.1	0.0	0.0	0.0	0.0	0.0
损伤和中毒	3.8	2.5	2.1	3.1	2.5	4.2	3.9	4.3	4.8	3.2
其他	0.3	0.4	0.3	0.3	0.5	0.3	0.2	0.2	0.4	0.5
不详	0.3	0.3	0.4	0.3	0.3	0.3	0.2	0.2	0.3	0.3

5-19-1 1998年调查地区居民经常就诊单位及原因构成(%)

	合计	城市				农村				
		小计	大	中	小	小计	一类	二类	三类	四类
居民经常就诊单位										
私人开业	9.5	10.0	3.6	6.4	20.3	9.4	3.0	13.6	10.3	8.7
卫生室	49.7	18.1	12.1	15.4	27.2	60.4	71.7	64.9	60.5	34.4
门诊部所	2.4	5.0	3.0	5.6	6.9	1.5	1.7	1.9	1.5	0.3
乡镇卫生院	19.1	7.1	10.6	2.0	7.4	23.2	16.0	16.6	22.2	49.6
县(市、区)医院	5.4	9.3	12.3	6.7	8.1	4.0	5.5	1.9	3.9	6.3
地市级医院	8.5	32.3	29.3	54.3	16.9	0.5	0.6	0.2	0.6	0.2
省级医院	3.5	13.6	23.1	5.6	9.5	0.0	0.1	0.0	0.1	0.0
部队医院	0.4	1.5	3.0	0.9	0.2	0.0	0.0	0.0	0.0	0.0
县中医院	0.6	0.6	0.1	0.0	1.5	0.6	0.9	0.5	0.4	0.5
市以上中医院	0.3	1.2	1.1	1.4	1.1	0.0	0.0	0.0	0.1	0.0
其他医院	0.7	1.5	1.8	1.9	0.9	0.4	0.5	0.4	0.5	0.1
选择经常就诊单位原因										
距离近	66.9	46.1	44.5	41.8	51.5	74.0	75.8	78.1	71.7	67.9
价格低	4.7	5.5	2.5	6.1	8.4	4.4	4.9	4.7	4.2	3.4
质量好	14.4	13.5	9.7	12.1	18.9	14.7	11.2	12.2	18.1	17.4
定点医院	9.7	30.8	39.8	34.8	17.1	2.6	5.0	0.7	1.1	6.2
有熟人	2.8	2.2	1.4	2.9	2.4	3.0	2.0	3.4	3.4	2.8
其他原因	1.6	2.0	2.1	2.3	1.7	1.4	1.1	1.0	1.6	2.3

5-19-2 2003年调查地区患者两周就诊单位及原因构成(%)

	合计	城市				农村				
		小计	大	中	小	小计	一类	二类	三类	四类
患者两周就诊单位										
门诊部\卫生室	47.1	25.7	13.1	19.7	44.5	53.5	51.8	59.6	55.1	38.2
卫生院\社区中心	22.4	10.9	13.0	6.9	11.5	25.8	25.2	22.8	23.8	38.9
县市区医院	11.3	13.3	11.1	12.0	16.5	10.7	13.8	8.8	10.0	12.8
地市医院	8.1	28.4	29.8	46.4	13.9	2.0	2.5	1.9	1.8	2.2
省医院	3.8	13.4	24.7	10.8	2.5	0.9	1.0	0.6	0.8	1.6
县及以上中医院	4.0	2.5	1.5	1.6	4.2	4.5	4.8	4.9	4.7	2.8
部队医院	0.7	2.7	4.9	1.0	1.4	0.1	0.2	0.2	0.1	0.1
其他医院	2.5	3.1	1.9	1.6	5.5	2.4	0.6	1.3	3.7	3.4
选择就诊单位原因										
距离近	47.2	40.0	38.4	44.4	38.7	49.4	53.1	50.0	47.9	47.3
价格低	7.3	7.6	6.7	4.6	10.8	7.2	6.9	7.0	6.5	10.4
质量好	17.1	15.8	13.4	16.6	17.8	17.5	19.7	16.6	17.4	16.6
定点单位	5.4	17.6	24.4	17.1	10.2	1.7	1.6	1.6	0.7	4.9
有熟人	4.3	3.7	2.7	3.5	4.9	4.5	3.3	4.5	5.4	3.8
信赖医生	13.1	10.4	8.0	9.6	13.6	14.0	10.7	14.8	16.8	8.7
态度好	2.1	1.8	1.9	1.8	1.7	2.2	1.9	2.2	2.0	3.2
其他	3.4	3.1	4.3	2.3	2.3	3.5	2.8	3.3	3.3	5.2

5-20-1　1998年调查地区住户距最近医疗单位距离和时间构成(%)

	合计	城市				农村				
		小计	大	中	小	小计	一类	二类	三类	四类
到最近医疗点距离										
不足1公里	70.7	77.5	80.2	74.4	77.0	67.9	72.6	79.5	62.9	43.2
1-公里	14.2	14.1	12.2	17.3	13.7	14.2	14.1	10.7	16.9	15.4
2-公里	7.4	5.2	5.0	5.9	4.7	8.4	8.6	4.5	9.5	14.5
3-公里	3.2	1.7	1.1	1.0	3.3	3.8	3.1	2.6	3.9	7.5
4-公里	1.3	0.7	0.6	0.6	0.9	1.6	0.8	1.2	1.6	4.1
5公里及以上	3.2	0.8	1.1	0.9	0.4	4.2	0.7	1.4	5.2	15.2
到最近医疗点所需时间										
10分钟以内	68.8	72.4	72.4	70.7	73.8	67.4	73.6	76.8	63.3	42.9
10-分钟	18.8	22.1	22.6	24.9	18.9	17.5	17.2	14.8	18.9	20.7
20-分钟	6.4	3.8	3.1	2.7	5.5	7.5	7.0	4.7	8.8	11.8
30分钟以上	6.0	1.8	1.9	1.6	1.8	7.7	2.3	3.7	9.0	24.6

5-20-2　2003年调查地区住户距最近医疗单位距离和时间构成(%)

	合计	城市				农村				
		小计	大	中	小	小计	一类	二类	三类	四类
到最近医疗点距离										
不足1公里	67.2	81.8	86.3	84.8	73.7	61.1	67.6	69.0	57.7	37.9
1-公里	15.9	10.4	9.1	9.7	12.6	18.2	19.3	17.2	18.7	17.0
2-公里	7.7	4.2	2.5	3.1	7.3	9.2	7.6	7.0	11.2	12.0
3-公里	3.7	2.4	0.9	1.3	5.3	4.2	3.2	2.5	5.1	7.7
4-公里	2.0	0.7	0.6	0.6	0.8	2.5	0.6	1.3	3.2	7.4
5公里及以上	3.5	0.4	0.6	0.4	0.3	4.8	1.6	3.0	4.0	18.0
到最近医疗点所需时间										
10分钟以内	71.2	81.6	78.5	85.0	82.3	66.9	76.8	74.0	63.1	40.6
10-分钟	17.4	14.8	17.6	13.7	12.4	18.5	17.6	16.6	20.4	19.6
20-分钟	6.3	2.6	3.2	1.2	3.3	7.8	3.7	6.5	9.2	15.2
30分钟以上	5.1	1.0	0.7	0.2	2.0	6.8	1.9	2.9	7.3	24.5

5-21-1　1998年调查地区居民医疗保障制度构成(%)

	合计	城市				农村				
		小计	大	中	小	小计	一类	二类	三类	四类
公费医疗	4.9	16.0	21.7	16.4	9.2	1.2	1.1	0.8	2.0	0.3
劳保医疗	6.2	22.9	30.6	28.4	9.4	0.5	1.3	0.5	0.2	0.0
半劳保医疗	1.6	5.8	8.5	6.2	2.4	0.2	0.6	0.1	0.1	0.1
医疗保险	1.9	3.3	0.8	8.1	2.1	1.4	2.3	1.6	1.2	0.1
统筹医疗	0.4	1.4	2.8	1.1	0.1	0.0	0.1	0.0	0.0	0.0
合作医疗	5.6	2.7	0.1	0.1	8.0	6.6	20.8	3.8	1.6	1.8
自费医疗	76.4	44.1	34.3	38.8	60.0	87.3	73.4	92.3	94.8	81.5
其他形式	3.0	3.7	1.3	1.1	8.8	2.8	0.4	0.9	0.2	16.2

5-21-2　2003年调查地区居民医疗保障制度构成(%)

	合计	城市				农村				
		小计	大	中	小	小计	一类	二类	三类	四类
城镇基本医疗保险	8.9	30.4	37.6	41.1	13.2	1.5	1.9	1.3	1.5	1.2
大病医疗保险	0.6	1.8	3.6	0.6	0.8	0.1	0.4	0.1	0.1	0.0
公费医疗	1.2	4.0	6.7	3.9	1.1	0.2	0.4	0.2	0.2	0.1
劳保医疗	1.3	4.6	5.0	5.0	3.8	0.1	0.2	0.2	0.1	0.0
合作医疗	8.8	6.6	0.1	0.0	19.6	9.5	17.6	6.1	0.7	24.3
其他社会医疗保险	1.4	2.2	3.7	1.0	1.6	1.2	2.9	0.6	0.8	0.3
商业医疗保险	7.6	5.6	4.8	7.3	5.0	8.3	8.9	10.9	7.9	3.2
无医疗保险	70.3	44.8	38.5	41.2	55.0	79.0	67.8	80.7	88.6	70.8

六、农村与社区卫生

简要说明

一、本章主要介绍全国及31个省、自治区、直辖市乡镇卫生院和社区卫生服务中心（站）门诊、住院和床位利用情况，包括诊疗人次、住院人数、病床使用率、平均住院日、医生人均工作量等。

二、所有指标系全数调查，数据来源于卫生综合统计年报。

三、本篇及其他有关社区卫、生服务中心（站）数据系登记注册机构数，均不包括医疗机构下设的、未注册的社区卫生服务站数。

四、2001年及以前的村卫生室数系村设置的医疗点数。

主要统计指标解释

家庭卫生服务人次数　是指医生赴病人家中提供医疗、预防和保健服务的人次数。

六、农村与社区卫生

简要说明

[illegible]

6-1 2005年各地区县及县级市医院工作情况

地 区	县医院					县级市医院				
	个数	实有床位(张)	人员数(人)	诊疗人次(人次)	入院人数(人)	个数	实有床位(张)	人员数(人)	诊疗人次(人次)	入院人数(人)
总 计	**5536**	**572746**	**760617**	**283542951**	**14273181**	**2961**	**371682**	**479095**	**187370646**	**8556131**
北 京	13	1761	2919	1552920	31685					
天 津	8	1725	3329	1202023	59870					
河 北	294	39133	53765	17868485	1125181	133	18254	25165	8142130	448829
山 西	309	23948	32649	7626763	448486	115	8847	11614	2778562	154022
内蒙古	199	13817	20195	6690696	284416	102	10028	13635	3279119	157413
辽 宁	117	14083	19046	3265819	228697	135	20229	25569	6062156	357908
吉 林	91	10949	17243	3339121	186246	124	17224	24656	6953544	300605
黑龙江	219	18652	28080	5703986	317153	165	15478	21552	4818974	300068
上 海	14	2076	2395	835793	45078					
江 苏	258	19184	24708	12544555	543678	219	31140	42296	22961250	853072
浙 江	134	22236	29325	17238020	577587	148	27543	36847	24943846	725789
安 徽	224	25052	34519	12141504	683785	29	3627	4605	2638930	116886
福 建	105	14214	15945	8687427	388493	70	10112	10874	6439803	289073
江 西	235	21981	28729	12999201	547779	63	6916	8032	3570059	171774
山 东	219	36785	47958	14881135	1212184	286	44545	53605	18850708	1079150
河 南	334	44523	69332	24327567	1315466	175	20366	29116	10598080	534175
湖 北	108	14636	23043	7517856	391408	122	15330	23576	8082669	374830
湖 南	301	34049	49981	12818648	801067	122	14355	19276	5609609	328758
广 东	148	15416	24119	10816430	354642	147	20164	26877	14981285	507513
广 西	204	22761	30322	15773644	638584	28	3785	5198	2635089	88848
海 南	77	3382	5598	1792899	64685	58	3830	5622	1874508	82935
重 庆	82	10890	12100	5420466	269725	39	5145	5232	2393024	114227
四 川	426	41025	48607	22857387	1003331	162	15666	18122	8879899	366396
贵 州	154	14832	16604	5906046	434777	71	9008	11370	2987524	188395
云 南	300	32482	33095	17171199	780944	111	14847	14245	5082270	261898
西 藏	90	2998	3793	1818837	43605	3	365	520	179196	5743
陕 西	305	27194	34202	10614182	563073	28	2696	2981	714767	37600
甘 肃	181	16999	18443	9190397	330678	47	7027	7575	2879425	116040
青 海	92	5455	5835	2184630	89580	6	708	1049	227604	6972
宁 夏	27	2739	3220	1500549	71099	17	1271	1773	671638	23783
新 疆	268	17769	21518	7254766	440199	236	23176	28113	8134978	563429

6-2　2005年各地区县及县级市妇幼保健院(所、站)工作情况

地　区	县妇幼保健院(所、站) 个数	实有床位(张)	人员数(人)	诊疗人次(人次)	入院人数(人)	县级市妇幼保健院(所、站) 个数	实有床位(张)	人员数(人)	诊疗人次(人次)	入院人数(人)
总　计	**1584**	**35377**	**68400**	**26322965**	**1206147**	**430**	**16116**	**32131**	**15798353**	**636598**
北　京	2	100	369	140087	3814					
天　津	3	137	401	169081	6542					
河　北	114	3011	6002	1527224	97683	25	1026	2345	689637	36994
山　西	84	1507	3370	545907	26531	13	397	849	183808	8588
内蒙古	71	1253	2622	631543	22311	18	434	986	249039	11898
辽　宁	28	479	1406	229087	15156	19	358	1323	337963	15410
吉　林	22	390	1525	205913	12675	24	615	1991	618065	26568
黑龙江	56	841	2168	435877	26717	28	677	1360	398900	26455
上　海	1		44							
江　苏	25	125	688	302711	3510	28	278	1271	941585	8267
浙　江	35	743	1666	1542175	27770	22	1538	2732	2788043	77843
安　徽	54	785	1674	578417	26222	6	96	194	64543	3079
福　建	45	628	1210	739812	22905	14	690	846	808373	30835
江　西	70	1594	2755	1315229	67439	10	274	420	201537	13668
山　东	55	2113	3434	1314902	86191	31	1866	2451	1055841	65503
河　南	87	3929	7248	2412616	180368	21	1237	2412	959401	63570
湖　北	37	1201	2480	1024187	43118	21	847	2132	906837	39407
湖　南	71	2128	4054	1407659	68151	18	836	1534	447914	31620
广　东	42	1409	3035	1554857	62059	24	1878	3403	2472836	89249
广　西	69	2639	4111	2633920	128607	7	325	633	444893	13530
海　南	11	73	210	90063	2214	7	127	277	135208	5004
重　庆	21	633	897	587137	24504	4	170	291	187299	8005
四　川	127	2557	4325	2051804	88513	15	574	1176	573485	21711
贵　州	59	910	1271	490743	17343	14	328	655	111561	6087
云　南	111	2330	3609	1964675	58987	14	509	712	536164	16188
西　藏	53	242	403	118015	2584	1	17	43	10098	212
陕　西	77	1862	3555	858160	45903	3	240	346	73406	3817
甘　肃	66	781	1689	629216	12413	14	287	559	199585	4164
青　海	17	120	275	70545	3565	1	20	24	3241	0
宁　夏	11	237	482	160033	4973	2	55	109	30645	2314
新　疆	60	620	1422	591370	17379	26	417	1057	368446	6612

6-3　2005年各地区县及县级市专科疾病防治院(所、站)工作情况

地区	县专科疾病防治院(所、站)					县级市专科疾病防治院(所、站)				
	个数	实有床位(张)	人员数(人)	诊疗人次(人次)	入院人数(人)	个数	实有床位(张)	人员数(人)	诊疗人次(人次)	入院人数(人)
总　计	**621**	**9204**	**16062**	**4212440**	**53582**	**318**	**4400**	**9401**	**3531938**	**32901**
北　京	3	86	59	19988	119					
天　津	2	31	64	38378	167					
河　北	2	339	109	17062	147					
山　西	5	23	39	22274		1	50	20	2915	102
内蒙古	29	249	801	107748	5752	11	58	442	67215	744
辽　宁	40	291	854	38325	601	26	276	801	62569	2157
吉　林	18	56	462	41233	655	26	148	712	96316	666
黑龙江	41	146	871	73876	1079	28	117	462	116851	1147
上　海										
江　苏	19	385	496	253935	4683	14	92	415	461865	1216
浙　江	7	100	105	151393		11	507	432	384681	3062
安　徽	28	1165	1307	107128	2766	4	25	137	9373	0
福　建	17	754	389	183993	2062	6	175	75	28331	290
江　西	80	1218	2003	514241	4272	13	221	319	110620	3340
山　东	53	572	1537	412103	5931	47	694	1379	445561	4217
河　南	5	41	126	49682	343	6	119	247	35816	2355
湖　北	40	876	1189	265385	5395	28	189	701	203799	2155
湖　南	59	1426	1878	397510	11661	24	499	740	179253	5198
广　东	50	415	1465	622016	1932	36	601	1271	799362	4343
广　西	45	318	910	400445	645	3	5	111	75507	
海　南	16		157	69115		9	3	191	41821	
重　庆	8	96	130	80394	488	1	10	33	3872	44
四　川	17	280	434	158685	3898	10	226	432	257963	921
贵　州	4	49	52	3856	540	2	151	88	5124	180
云　南	26	285	490	109218	446	5	157	208	12607	431
西　藏										
陕　西	2		45	300						
甘　肃	3	3	34	8157		1	2	10	3852	
青　海										
宁　夏	2		56			1		27	693	
新　疆						5	75	148	125972	333

6-4-1 乡镇卫生院医疗服务及病床使用情况

	诊疗人次（亿次）	入院人数（万人）	病床周转次数（次）	病床使用率（%）	平均住院日（日）
1981	14.38	2123	29.5	53.5	6.3
1982	14.19	2228	31.0	54.2	6.0
1983	13.65	2373	33.4	56.6	5.9
1984	12.65	1893	27.9	49.1	6.0
1985	11.00	1771	26.4	46.0	5.9
1986	11.18	1782	26.9	46.0	5.9
1987	11.30	1959	28.5	47.4	5.6
1988	11.36	2031	29.2	47.3	5.6
1989	10.60	1935	28.3	44.6	5.4
1990	10.65	1958	28.6	43.4	5.2
1991	10.82	2016	29.1	43.5	5.1
1992	10.34	1960	28.7	42.9	5.1
1993	8.98	1855	27.9	38.4	4.6
1994	9.73	1913	29.4	40.5	4.6
1995	9.38	1960	29.9	40.2	4.6
1996	9.44	1916	28.6	37.0	4.4
1997	9.16	1918	26.0	34.5	4.5
1998	8.74	1751	24.4	33.3	4.6
1999	8.38	1688	24.2	32.8	4.6
2000	8.24	1708	24.8	33.2	4.6
2001	8.24	1700	23.7	31.3	4.5
2002	7.10	1625	28.0	34.7	4.0
2003	6.91	1608	28.1	36.2	4.2
2004	6.81	1599	27.0	37.1	4.4
2005	6.79	1622	25.8	37.7	4.6
中心卫生院	2.53	731	27.4	40.6	4.8
乡卫生院	4.26	891	24.6	35.6	4.5

注:1993年以前的诊疗人次及入院人数系推算数字。

6-4-2　2005年各地区乡镇卫生院诊疗人次数

地　　区	诊疗人次			其中:门、急诊人次		
		国有	集体		国有	集体
总　计	**679233160**	**434497191**	**234309588**	**658332937**	**407381374**	**219811387**
北　京	5845576	2895498	2950078	5691798	2621458	2834245
天　津	4752367	2535978	2216389	4591977	2408139	2110090
河　北	27796479	12179843	15616636	26285384	11210856	14686673
山　西	11314443	3005426	8280536	10383072	2697853	7448257
内蒙古	10304338	5689761	4614577	9873099	5397817	4393507
辽　宁	8739356	4650283	2967527	8470087	4371717	2815471
吉　林	6317675	5191003	1126672	6151756	4905719	1092235
黑龙江	7881178	6996464	884714	7521015	6548830	866282
上　海	7920931	3670286	4250645	7851666	3465261	3999363
江　苏	53511678	11463968	36395293	52223664	10754109	33443884
浙　江	48572100	19363228	27768916	47718263	17852237	26318246
安　徽	32696553	5832048	26842180	31448199	5615547	25219233
福　建	19878805	2025459	17853346	19389111	1922336	16734977
江　西	18263419	16118655	2064618	17657908	15058798	1995485
山　东	39204141	27062200	12132824	37354084	25102860	11518150
河　南	42050210	40507572	1360588	40989839	38479240	1289074
湖　北	28623899	28500633	98262	27803807	27092888	83939
湖　南	33440922	26731362	6709560	32185102	25489128	6145775
广　东	67493798	64102734	2674069	66344074	58520509	2275346
广　西	29440153	29078803	361350	28810580	26812940	301056
海　南	4563395	1279324	3284071	4403300	1196170	3014310
重　庆	22298732	13861654	8437078	21991921	13466228	8202841
四　川	68717201	30544424	37383327	66780035	29366505	35426690
贵　州	12978252	12859062	52515	12344053	12093054	51428
云　南	20100632	19725823	172160	19384306	18461365	168243
西　藏	2012987	2012987		1916572	1895937	
陕　西	16268941	11406768	4859673	15695866	10712949	4617855
甘　肃	13322415	11567623	1754792	12717197	10892359	1627405
青　海	2256428	2223031	33397	2150499	2091889	31802
宁　夏	4499440	4316989	95381	4361492	4094261	91919
新　疆	8166716	7098302	1068414	7837205	6782415	1007606

6-4-3　2005年各地区乡镇卫生院入院与出院人数

地　区	入院人数			出院人数		
		国有	集体		国有	集体办
总　计	**16219215**	**11067743**	**4867973**	**16059671**	**10984035**	**4794362**
北　京	55229	32369	22860	56152	32513	23639
天　津	69061	48207	20854	68997	48184	20813
河　北	550713	310133	240580	548127	308455	239672
山　西	147030	48158	98472	145610	47461	97749
内蒙古	242723	148487	94236	238567	147965	90602
辽　宁	425504	209810	152379	411493	206961	142362
吉　林	218347	187621	30726	216615	186039	30576
黑龙江	216571	192249	24322	214960	190683	24277
上　海	148538	44842	103696	147437	44667	102770
江　苏	1107606	291900	653464	1101541	290666	649130
浙　江	339520	215749	115399	334836	213751	112769
安　徽	1181818	235829	945067	1173935	233869	939144
福　建	701410	66298	635112	696435	66126	630309
江　西	910525	807852	98450	901546	800572	96770
山　东	1168695	846496	321931	1150048	831628	318152
河　南	1345963	1309567	30659	1339035	1302912	30415
湖　北	591954	590156	1798	589165	587393	1772
湖　南	759519	598655	160864	751130	591337	159793
广　东	1331174	1291106	30208	1326257	1286427	30027
广　西	701753	694809	6944	699553	692636	6917
海　南	97711	31358	66353	97039	31276	65763
重　庆	470424	340272	130152	461414	334461	126953
四　川	1709264	932238	758308	1677991	929184	730441
贵　州	409182	403166	1179	409641	403700	1144
云　南	531089	524047	2737	525508	518491	2742
西　藏	11281	11281		11050	11050	
陕　西	262782	217803	44979	260621	216147	44474
甘　肃	191474	174103	17371	190659	173734	16925
青　海	43192	42662	530	43236	42706	530
宁　夏	22840	21202	1338	22691	21065	1326
新　疆	256323	199318	57005	248382	191976	56406

6-4-4 2005年各地区乡镇卫生院病床使用率与平均住院日

地　　区	病　　床 使用率(%)			平均住院日 (日)		
		国有	集体		国有	集体
总　计	**37.70**	**37.98**	**37.05**	**4.63**	**4.54**	**4.74**
北　京	38.28	38.08	38.64	6.76	6.99	6.44
天　津	39.29	41.74	33.28	4.29	4.46	3.91
河　北	27.81	30.97	24.52	6.51	6.57	6.43
山　西	28.35	27.89	28.39	6.82	5.50	7.38
内蒙古	28.62	27.95	29.57	3.29	3.06	3.66
辽　宁	34.77	32.92	33.84	4.33	4.14	3.72
吉　林	23.13	23.74	20.14	3.50	3.47	3.68
黑龙江	30.41	29.69	37.05	4.16	4.12	4.44
上　海	80.66	78.04	81.79	16.24	15.51	16.56
江　苏	41.92	43.25	43.31	6.53	6.62	6.42
浙　江	35.83	40.50	31.59	6.13	6.14	6.01
安　徽	39.67	40.07	39.52	3.61	3.70	3.59
福　建	38.50	42.13	38.02	3.29	4.00	3.21
江　西	44.96	44.70	46.25	2.62	2.66	2.05
山　东	33.85	35.01	31.09	4.23	4.30	4.04
河　南	39.02	39.10	34.57	5.01	4.98	6.09
湖　北	37.47	37.26	59.18	5.99	5.96	15.43
湖　南	37.35	36.38	41.56	4.76	4.89	4.28
广　东	46.10	45.59	56.52	4.43	4.35	6.70
广　西	40.28	40.45	28.26	3.73	3.73	4.13
海　南	25.45	20.11	27.79	3.70	2.82	4.11
重　庆	43.23	47.92	34.10	4.99	5.02	4.93
四　川	38.26	41.24	34.54	4.13	4.21	4.01
贵　州	35.73	35.52	48.56	2.85	2.86	0.25
云　南	35.05	34.99	46.16	4.51	4.49	8.86
西　藏	33.20	33.20		6.05	6.05	
陕　西	28.54	29.50	24.98	5.44	5.41	5.56
甘　肃	30.08	30.48	27.20	4.71	4.70	4.91
青　海	31.69	30.19	95.56	5.23	5.29	0.65
宁　夏	43.21	42.20	51.90	4.41	4.14	9.76
新　疆	49.21	45.05	63.04	5.63	5.23	6.96

6-5 2005年各地区村卫生室主要工作情况

地区	村卫生室数(个)	乡村医生和卫生员数(人)	孕产妇检查人次数	接生人数	儿童疫苗接种人次数
总计	**583209**	**916532**	**14226807**	**1393070**	**70177782**
北京	2718	4003	8388	4198	341859
天津	2322	4932	2806	19	126936
河北	49160	67641	7941295	232318	2726971
山西	20102	31645	165770	18375	2003776
内蒙古	12366	16966	105369	6444	671350
辽宁	17759	21843	160898	15100	1661965
吉林	8940	13137	47543	47817	524291
黑龙江	12463	22326	118502	16989	1181990
上海	1667	2890	9916	963	73892
江苏	17921	53165	237775	26755	3651728
浙江	16355	14188	4144		55392
安徽	22847	46523	97064	16173	2316234
福建	18222	30384	532612	7700	2314506
江西	20989	34436	255011	17576	3104979
山东	54706	99117	241757	19446	4300477
河南	58986	96238	294622	49666	12022889
湖北	21136	34417	232861	14759	2371616
湖南	35141	38547	826086	46731	4208782
广东	22274	30114	186150	19692	1768590
广西	22056	36172	308325	47715	3497785
海南	1951	2238	11358	1087	210795
重庆	11506	19878	72569	14617	872864
四川	48565	70467	301732	79970	5651525
贵州	18805	24320	555347	109424	4023695
云南	13474	35153	793028	403569	3916436
西藏	3584	2452	12093	7813	34610
陕西	21938	31210	171199	81405	2884157
甘肃	13482	17223	201827	33589	2061435
青海	4214	4956	79564	13103	280409
宁夏	2767	3542	112854	13625	789867
新疆	4793	6409	138342	26432	525981

6-6 2005年各地区家庭卫生服务人次数

地　　区	合计	医院	社区卫生服务中心	街道卫生院	其他医疗机构
总　计	**10079063**	**5708825**	**1320960**	**105941**	**2943337**
北　京	801170	730747	13017	20	57386
天　津	249882	246501		2230	1151
河　北	466386	152308			314078
山　西	551272	317424	2110	1165	230573
内蒙古	193493	132246	568	350	60329
辽　宁	618013	345620	186897	4588	80908
吉　林	129052	95956		437	32659
黑龙江	185392	120749	2426		62217
上　海	950214	147135	783418		19661
江　苏	580025	426311	46261	7216	100237
浙　江	680986	258539	100993	17791	303663
安　徽	257058	148498	1286	730	106544
福　建	160594	83810	33606		43178
江　西	96233	31598	862	331	63442
山　东	921527	617544	278	7276	296429
河　南	508205	321823	1188		185194
湖　北	331370	177204	98619	289	55258
湖　南	360732	138822	14287	12609	195014
广　东	276514	170180	13434	38147	54753
广　西	145070	92656			52414
海　南	23090	10985	12		12093
重　庆	93608	42943		8580	42085
四　川	273878	147293	9101		117484
贵　州	53074	13682	2822	75	36495
云　南	143699	112635	6121		24943
西　藏	50939	12176			38763
陕　西	244688	141856	122	2917	99793
甘　肃	262057	154849	1986	959	104263
青　海	100240	58836	1500		39904
宁　夏	88316	62384			25932
新　疆	282286	195515	46	231	86494

注：本表指城市社区卫生服务。

6-7 2005年各地区社区卫生服务中心(站)工作情况

地　区	社区卫生服务中心						社区卫生服务站	
	个数	诊疗人次(人次)	入院人数(人)	床位数(张)	病床使用率(%)	平均住院日(日)	个数	诊疗人次(人次)
总　计	**876**	**59385194**	**266215**	**25002**	**60.68**	**17.18**	**15746**	**62814512**
北　京	28	2220939	6583	367	35.95	6.27	85	374115
天　津	1	51956					143	784029
河　北							726	2600794
山　西	23	71407	329	172	55.10	5.34	380	1363342
内蒙古	11	87372	261	68	12.35	8.13	410	1264248
辽　宁	106	1897722	3422	727	23.71	9.23	434	978882
吉　林	3	26679	477	61	6.56	2.81	1884	1729669
黑龙江	6	78800	448	39	91.63	1.34	161	539578
上　海	123	28085409	88964	9055	84.94	28.96	58	217259
江　苏	103	6842090	68607	4075	52.29	10.69	2505	12572892
浙　江	63	8055673	24231	1862	55.93	14.46	2279	7454187
安　徽	11	149460	2154	166	61.86	7.94	624	2023987
福　建	41	2083195	6063	446	32.30	6.45	348	3241830
江　西	7	105890	585	102	69.61	1.67	267	894008
山　东	4	55179	736	144	30.81	9.73	1529	6190102
河　南	4	119044	422	90	59.61	48.38	654	3307081
湖　北	88	3384846	23294	3680	27.79	11.88	577	1985778
湖　南	45	848995	5930	469	48.37	7.30	228	715677
广　东	35	2189615	11002	791	70.43	17.23	452	5146003
广　西							156	723036
海　南	1	15011	46	8	3.70	2.35	52	333113
重　庆	3	157786	1634	60	50.07	6.53	77	210452
四　川	60	1170579	14454	1052	45.72	8.73	335	1865752
贵　州	36	263385	1454	401	47.55	7.57	165	987642
云　南	31	430475	2919	585	43.65	7.26	131	576570
西　藏							16	29129
陕　西	1	1555					414	1475264
甘　肃	24	255144	1322	323	29.05	11.04	171	752143
青　海	1	66576	605	50	32.20	9.46	178	872387
宁　夏							69	78800
新　疆	17	670412	273	209	29.91	11.08	238	1526763

七、妇幼保健

简要说明

一、本章主要介绍全国及31个省、自治区、直辖市孕产妇保健、儿童保健、妇科病查治、婚前医学检查、计划生育手术及其质量等情况。主要包括5岁以下儿童死亡率、孕产妇死亡率，产前检查及产后访视率、新法接生率、住院分娩率、儿童保健系统管理率，查出各种妇科病及治疗情况，男女婚前医学检查及查出疾病情况，人工流产及结扎等。

二、除新生儿死亡率、婴儿死亡率、5岁以下儿童死亡率、孕产妇死亡率系妇幼卫生监测地区数字外，其他数据来源于妇幼卫生统计年报。

三、妇幼卫生监测网：1990～1995年，卫生部在30个省、自治区、直辖市建立两个妇幼卫生监测网，即孕产妇死亡监测网（247个监测点、覆盖人口1亿），5岁以下儿童死亡监测网（81个监测点、覆盖人口855万），对全国孕产妇死亡和5岁以下儿童死亡情况进行了连续5年动态监测。从1996年开始实行孕产妇死亡监测、5岁以下儿童死亡监测和出生缺陷发生率“三网合一”，抽取116个监测点建立全国妇幼卫生监测网。

四、因缺个别地区数字，部分历史年份计划生育手术数字变动较大。

主要统计指标解释

活产数 指年内活产胎儿数。活产是指不论妊娠期长短而自母体完全排出或取出的受孕产物，他与母体分离后，无论脐带是否切断或胎盘是否附着，只要妊娠产物具备呼吸、心跳、脐带搏动或明显的随意肌运动四种生命指征之一都被认为活产。

新生儿死亡率 指年内产后28天以内死亡的新生儿数与活产数之比。一般以千分率表示。

5岁以下儿童死亡率 指年内未满5岁儿童死亡人数与活产数之比。一般以千分率表示。

孕产妇死亡率 指年内每10万名孕产妇的死亡人数。孕产妇死亡指从妊娠开始至产后42天内死亡者，不论妊娠时间与部位，包括内外科原因、计划生育手术、宫外孕、葡萄胎死亡者，但不包括意外原因死亡者。按国际通用计算方法，“孕产妇总数”以“活产数”代替计算。

高危产妇比率 指各种病理因素及急慢性危险因素造成产妇高危人数与活产数之比。一般用百分率表示。

孕产妇建卡率 指年内孕产妇中由保健人员建立的保健卡（册）人数与活产数之比。一般用百分率表示。

孕产妇系统管理率 指年内妊娠至产后28天内接受过早孕检查、产前检查次数≥5次、消毒接生和产后访视全程保健服务的产妇人数与当地活产数的比率。一般用百分率表示。

产前检查率 指年内产前接受过一次及以上产前检查的产妇人数与活产数之比。一般用百分率表示。

孕产妇早检率 指年内怀孕13周前接受产前检查的产妇人数与活产数之比。一般用百分率表示。

产后访视率 指年内产后接受过一次及以上产后访视的产妇人数与活产数之比。一般用百分率表示。

住院分娩率 指年内在乡镇卫生院及乡镇以上医疗保健机构分娩的人数与活产数之比。一般用百分率表示。

新法接生率 指年内住院分娩和非住院分娩新法接生人数之和与活产数之比。一般用百分率表示。新法接生指产包、接生者的手、产妇的外阴部、脐带四消毒，并由医生、助产士和受过培训并取得“家庭接生人员合格证”的初级卫生人员、接生员接生。

出生体重<2500克婴儿百分率 指年内出生体重低于2500克的婴儿数与活产数之比。

围产儿死亡率 指孕满28周或出生体重≥1000克的胎儿（含死胎、死产）至产后7天内新生儿死亡数与活产数（孕产妇）之比。一般以千分率表示。

新生儿破伤风发病率 指年内新生儿破伤风发病数与活产数之比。一般1/万表示。新生儿破伤风是指：①活产，生后2天内正常吸吮，哭叫；②出生后第3～28天内发病；③发病后不能吸吮，进食困难，强直，抽搐。必须符合上述三项标准者才可诊断为新生儿破伤风。

新生儿破伤风死亡率 指年内新生儿破伤风死亡数与活产数之比。一般1/万表示。

新生儿访视率 指接受1次及以上访视的新生儿人数与活产数之比。一般以百分率表示。

3岁以下儿童系统管理率 指3岁以下儿童按年龄要求当年实际接受4:2:1（城市）或3:2:1（农村）体检或生长监测的人数与当地3岁儿童数之比。一般以百分率表示。

7岁以下儿童保健管理率 指7岁以下儿童中当年实际接受1次及以上儿童保健服务的人数与当地7岁以下儿童数之比。一般以百分率表示。

5岁以下儿童中重度营养不良患病率 包括低体重患病率和发育迟缓患病率两个指标。本资料指低体重患病率，即对照世界卫生组织各年龄段体重标准，5岁以下儿童体重低于同龄标准人群中位数减2个标准差的人数占5岁以下体检儿童总数的百分比。

0～3个月婴儿纯母乳喂养率 指0～3个月婴儿纯母乳喂养人数与活产数之比。一般用百分率表示。纯母乳喂养是指婴儿出生后，除喂母乳外，不添加任何辅助食品和饮料及水，但在有医学指导情况下可加少量维生素、矿物质和药物。

妇科病应查人数 指按照计划进行普查的小于65岁已婚妇女人数。

查出妇科病率 指年内查出进行妇科病普查时查出的妇科病患病人数与实查人数之比。一般用百分率表示。

某种妇科病患病率 指查出某种妇科病病人数与实查人数之比。一般用百分率表示。

某种妇科病治疗率 指接受某种妇科病治疗人数与查出同种妇科病病人数之比。一般用百分率表示。

婚前应查人数 指年内结婚登记人数（含初婚和再婚）与已婚检但尚未出具婚前医学检查证明人数之和。

婚前检查率 指年内进行婚前医学检查人数与应查人数之比。一般用百分率表示。

指定传染病 是指《中华人民共和国传染病防治法》中规定的医学上认为影响结婚和生育的传染病。

严重遗传疾病 是指由于遗传因素先天形成，患者全部或部分散失自主生活能力，后代再现风险高，医学上认为不宜生育的遗传性疾病。

影响婚育疾病医学指导意见“合计”数 是指检出疾病的人群中，医学上认为应暂缓结婚，婚后不宜生育，怀孕后对胎儿应做性别选择的人数之和。

放置宫内结育器 指用器械经阴道在宫腔内放置各种宫内节育器以达到避孕之目的。

取出宫内节育器 指用器械经阴道自宫腔取出各种宫内节育器。

输精管结扎 指用各种方式结扎和切除一小段输精管，使精子不能排出体外，以达到绝育之目的，含输精管粘堵术。

输卵管结扎 指用各种方式经腹腔（含阴道）结扎和切断输卵管的一小段，阻断精子和卵子相遇，以达到绝育之目的，不含输卵管粘堵绝育术。

人工流产 指孕14周末以内用人工方法（电吸、钳刮、药物）终止妊娠者。不含上述三种方法造成不全流产所致的清宫术。

节育手术并发症 在节育手术中因各种原因造成的术中和术后生殖器官的损伤、感染等病症。两种及以上并发症，只统计一种主要的疾病，如子宫穿孔后感染，只统计为子宫穿孔。

子宫穿孔 节育手术中将子宫壁损伤、穿破，含单纯子宫壁损伤及合并内脏如肠管、网膜等损伤。

感染 指术前无生殖器炎症，术后2周内出现与手术有关的生殖器（绝育术后腹壁）感染。

阴囊血肿 因输精管结扎术引起的手术部位阴囊内的血肿。

肠管损伤 输卵管结扎术中将肠管损伤。

膀胱损伤 输卵管结扎术中将膀胱壁损伤。

人流不全 人工流产术后阴道流血不止（或多或少），排出物或清宫刮出物为胚胎、绒毛或胎盘组织者（不包括蜕膜残留）。

吸空 宫腔内妊娠进行人工流产，但未能将胚胎组织吸出或刮出，术后继续妊娠者。

7-1　监测地区儿童死亡率和孕产妇死亡率

年份	新生儿死亡率(‰)			婴儿死亡率(‰)			5岁以下儿童死亡率(‰)			孕产妇死亡率(1/10万)		
	合计	城市	农村	合计	城市	农村	合计	城市	农村	合计	城市	农村
1991	33.1	12.5	37.9	50.2	17.3	58.0	61.0	20.9	71.1	80.0	46.3	100.0
1992	32.5	13.9	36.8	46.7	18.4	53.2	57.4	20.7	65.6	76.5	42.7	97.9
1993	31.2	12.9	35.4	43.6	15.9	50.0	53.1	18.3	61.6	67.3	38.5	85.1
1994	28.5	12.2	32.3	39.9	15.5	45.6	49.6	18.0	56.9	64.8	44.1	77.5
1995	27.3	10.6	31.1	36.4	14.2	41.6	44.5	16.4	51.1	61.9	39.2	76.0
1997	…	…	…	33.1	13.1	37.7	42.3	15.5	48.5	63.6	38.3	80.4
1998	22.3	10.0	25.1	33.2	13.5	37.7	42.0	16.2	47.9	56.2	28.6	74.1
1999	22.2	9.5	25.1	33.3	11.9	38.2	41.4	14.3	47.7	58.7	26.2	79.7
2000	22.8	9.5	25.8	32.2	11.8	37.0	39.7	13.8	45.7	53.0	29.3	69.6
2001	21.4	10.6	23.9	30.0	13.6	33.8	35.9	16.3	40.4	50.2	33.1	61.9
2002	20.7	9.7	23.2	29.2	12.2	33.1	34.9	14.6	39.6	43.2	22.3	58.2
2003	18.0	8.9	20.1	25.5	11.3	28.7	29.9	14.8	33.4	51.3	27.6	65.4
2004	15.4	8.4	17.3	21.5	10.1	24.5	25.0	12.0	28.5	48.3	26.1	63.0

7-2-1　孕产妇保健情况

年份	活产数	高危产妇比重(%)	建卡率(%)	系统管理率(%)	产前检查率(%)	产后访视率(%)	住院分娩率(%)			新法接生率(%)		
							合计	市	县	合计	市	县
1980	…	…	…	…	…	…	…	…	…	91.4	98.7	90.3
1985	…	…	…	…	…	…	43.7	73.6	36.4	94.5	98.7	93.5
1990	14517207	…	…	…	…	…	50.6	74.2	45.1	94.0	98.6	93.9
1991	15293237	…	…	…	…	…	50.6	72.8	45.5	93.7	98.1	93.2
1992	11746275	…	76.57	…	69.71	69.70	52.7	71.7	41.2	84.1	91.2	82.0
1993	10170690	…	75.68	…	72.16	70.99	56.5	68.3	51.0	83.6	81.1	84.7
1994	11044607	…	79.07	…	76.31	74.49	65.6	76.4	50.4	…	…	87.4
1995	11539613	…	81.44	…	78.65	78.80	58.0	70.7	50.2	…	…	87.6
1996	11412028	7.32	82.40	65.54	83.69	80.06	61.1	77.8	51.6	…	…	91.1
1997	11286021	8.11	84.50	68.32	85.89	82.25	63.5	77.5	54.8	…	…	93.3
1998	10961516	8.55	86.23	72.27	87.13	83.91	66.8	79.8	58.3	…	…	94.2
1999	10698467	9.18	87.93	75.37	89.25	85.86	70.0	83.3	61.5	96.8	98.9	95.4
2000	10987691	10.00	88.64	77.16	89.36	94.71	72.9	84.9	65.2	96.6	98.9	95.2
2001	10690630	11.09	89.44	78.57	90.31	87.15	76.0	87.0	69.0	97.3	99.0	96.1
2002	10591949	11.90	89.22	78.16	90.14	86.70	78.7	89.4	71.6	97.2	98.8	96.0
2003	10188005	11.77	87.62	75.47	88.93	85.38	79.4	89.9	72.6	96.4	98.7	94.8
2004	10892614	12.40	88.29	76.44	89.71	85.90	82.8	91.4	77.1	97.5	99.2	96.4
2005	11415809	12.79	88.49	76.69	89.80	86.03	85.9	93.2	81.0	97.8	99.2	96.9

7-2-2 2005年各地区孕产妇保健情况

地　区	活产数	高危产妇比重(%)	建卡率(%)	系统管理率(%)	产前检查率(%)	产后访视率(%)	住院分娩率(%)		
							合计	市	县
总　计	**11415809**	**12.8**	**88.5**	**76.7**	**89.8**	**86.0**	**85.9**	**93.2**	**81.0**
北　京	58409	29.5	97.4	94.4	98.9	96.7	99.5	99.5	99.6
天　津	74763	10.3	80.3	68.3	80.1	75.5	99.6	99.6	99.7
河　北	691290	10.5	90.7	83.0	91.2	86.6	92.2	97.3	90.1
山　西	262229	7.9	85.5	72.5	87.9	81.6	79.8	86.9	76.4
内蒙古	189354	14.2	91.9	85.6	92.8	89.4	90.9	97.3	87.7
辽　宁	299476	16.2	97.0	92.5	96.7	95.1	97.7	99.2	95.0
吉　林	207995	9.1	84.8	76.6	83.6	81.5	94.7	96.1	92.3
黑龙江	244722	6.6	87.2	71.2	89.3	84.4	90.8	93.7	87.7
上　海	72394	15.1	89.8	71.2	89.2	86.3	99.4	99.4	99.6
江　苏	532714	21.7	94.0	75.7	89.9	86.4	98.3	97.2	99.2
浙　江	410322	35.2	97.0	89.8	96.9	95.5	99.4	99.5	99.2
安　徽	577688	8.2	75.3	59.4	74.8	68.7	86.0	91.5	83.5
福　建	349585	17.7	80.3	72.1	94.8	91.1	98.1	99.1	97.1
江　西	466061	12.4	89.3	71.0	91.3	90.2	88.8	87.3	89.5
山　东	905311	10.2	97.4	93.7	97.6	95.7	99.0	99.0	98.9
河　南	866157	6.2	78.1	67.3	85.0	75.6	87.7	94.5	85.0
湖　北	421225	15.9	92.7	80.6	93.1	90.0	92.3	94.6	89.1
湖　南	647715	13.6	91.2	82.5	91.0	89.2	86.7	91.6	84.3
广　东	826754	13.6	92.0	82.7	91.6	91.9	87.7	90.7	81.7
广　西	632807	11.3	90.6	74.3	90.4	85.8	84.0	89.0	81.4
海　南	98160	6.1	65.4	41.3	80.2	66.1	87.0	90.3	83.0
重　庆	244417	8.1	87.0	72.6	86.5	82.5	74.0	85.9	66.1
四　川	641410	10.6	84.7	75.3	87.2	83.2	73.8	85.0	68.5
贵　州	386215	8.7	84.8	63.6	88.2	85.7	48.7	61.2	46.5
云　南	445342	17.1	91.9	75.7	91.6	87.7	64.2	81.5	62.2
西　藏	32719	10.0	52.0	27.2	60.1	46.8	34.1	63.6	32.3
陕　西	227827	14.6	93.2	88.8	93.6	90.9	88.1	94.2	85.2
甘　肃	242853	9.9	86.9	70.3	87.5	82.6	67.8	85.6	60.2
青　海	60872	11.1	81.8	75.7	82.3	81.6	76.2	95.9	74.0
宁　夏	68656	19.1	97.5	85.3	96.8	94.0	78.5	92.6	68.0
新　疆	230367	9.6	84.3	58.2	85.7	76.4	78.4	93.2	72.4

7-2-2 续表

新法接生率(%)			孕产妇死亡率(1/10万)			构成(%)			
合计	市	县	合计	市	县	产科出血	妊高症	产褥感染	内 科合并症
97.5	**98.7**	**96.7**	**39.0**	**25.6**	**48.8**	**49.3**	**11.6**	**2.1**	**25.4**
99.5	99.5	99.6	17.1	8.1	33.0	0.0	20.0	0.0	60.0
99.7	99.6	99.7	13.4	15.5	11.1	30.0	0.0	0.0	20.0
99.2	98.4	99.5	25.8	16.9	29.9	45.5	10.7	0.0	30.3
99.2	99.4	99.1	42.7	31.7	48.3	40.2	9.8	3.6	31.3
99.0	99.2	98.9	33.8	33.1	34.2	31.3	3.1	3.1	28.1
99.7	99.8	99.7	22.0	17.4	31.6	33.3	9.1	0.0	45.5
98.3	98.3	98.4	34.6	36.6	31.2	36.1	15.3	0.0	29.2
99.6	99.6	99.5	16.4	17.8	14.8	30.0	12.5	0.0	37.5
99.4	99.4	99.7	1.4	1.4	0.0	0.0	0.0	0.0	0.0
98.5	97.1	99.6	16.1	14.3	19.3	41.9	3.5	0.0	19.8
99.6	99.6	99.5	13.4	12.4	15.2	27.3	5.5	0.0	47.3
99.1	99.6	98.9	26.3	25.7	26.6	54.0	11.8	0.7	24.3
99.6	99.6	99.6	30.6	28.8	32.4	35.5	8.4	0.0	37.4
99.4	99.7	99.3	32.0	20.4	37.3	43.6	13.4	0.7	29.5
99.5	99.5	99.4	16.4	13.9	19.4	39.2	9.5	0.7	33.8
98.7	99.3	98.4	44.8	33.3	49.3	54.4	12.4	1.6	20.9
98.6	98.4	98.9	34.4	25.5	48.0	47.6	12.4	0.0	29.7
97.9	98.2	97.7	39.4	34.8	41.7	47.8	7.8	1.2	23.5
99.2	99.0	99.6	17.2	16.8	18.0	35.2	10.6	1.4	31.7
97.0	98.9	96.0	37.6	31.1	41.1	39.1	8.0	1.3	36.1
95.3	98.0	92.0	36.7	29.7	45.2	36.1	19.4	0.0	36.1
94.8	94.5	94.9	77.7	58.4	91.0	53.2	11.1	0.5	16.3
95.0	97.7	93.7	68.0	45.1	79.3	62.8	10.6	2.8	17.4
93.6	92.0	93.9	83.6	67.8	86.4	66.9	9.0	5.4	18.0
93.1	96.5	92.7	63.3	55.1	64.3	65.3	7.5	2.5	18.8
67.9	76.7	67.4	290.4	265.4	291.9	43.2	35.8	4.2	15.8
99.0	99.5	98.8	47.5	43.1	49.5	51.4	8.4	0.9	26.2
95.0	98.3	93.8	82.8	49.4	97.1	53.7	12.9	5.5	25.4
87.9	99.2	86.5	110.1	80.4	113.5	59.7	20.9	3.0	14.9
95.7	99.2	93.5	43.7	16.5	65.4	50.0	6.7	0.0	26.7
86.9	96.1	83.3	116.8	68.1	136.3	37.2	24.5	5.2	29.0

7-3 儿童保健情况

年份 地区	出生体重<2500克人数比重(%)	围产儿死亡率(‰)	新生儿破伤风		5岁以下儿童中重度营养不良比重(%)	新生儿访视率(%)	3岁以下儿童系统管理率(%)	7岁以下儿童保健管理率(%)
			发病率(1/万)	死亡率(1/万)				
1990	3.74	16.11	2.7	…	…	…	46.28	…
1991	5.85	15.82	5.5	…	…	…	49.03	…
1992	2.52	15.84	…	4.90	…	73.89	42.66	…
1993	2.08	14.71	…	4.00	…	74.83	43.60	…
1994	2.08	7.40	…	1.40	…	77.44	48.29	…
1995	2.01	13.64	…	2.90	…	82.32	53.33	…
1996	1.98	14.44	4.12	2.90	3.73	81.40	61.41	62.70
1997	2.31	15.14	4.16	2.97	3.51	82.38	65.65	65.83
1998	2.58	14.94	2.74	1.86	3.41	83.74	69.07	68.89
1999	2.39	14.22	2.24	1.48	3.29	85.42	72.34	71.77
2000	2.40	13.99	1.88	1.16	3.09	85.80	73.84	73.37
2001	2.35	13.28	1.41	0.84	3.01	86.27	74.65	74.47
2002	2.39	12.47	1.33	0.73	2.83	86.12	73.88	74.03
2003	2.26	12.24	1.40	0.83	2.70	84.65	72.77	72.68
2004	2.20	11.08	0.98	0.51	2.56	84.96	73.73	74.44
2005	2.21	10.27	0.77	0.39	2.34	85.03	73.88	74.79
北　京	2.59	6.78	0.00	0.00	0.28	93.92	96.55	99.13
天　津	1.22	6.98	0.00	0.00	0.16	68.48	80.57	80.79
河　北	4.01	9.09	0.10	0.04	3.88	85.59	84.53	83.42
山　西	2.08	12.42	0.04	0.04	1.98	80.79	71.03	70.82
内蒙古	1.14	13.31	0.00	0.00	0.70	87.74	86.16	82.77
辽　宁	2.75	10.78	0.03	0.03	1.25	95.27	92.42	91.65
吉　林	1.25	9.58	0.05	0.05	0.74	82.14	81.63	85.49
黑龙江	1.28	7.09	0.00	0.00	0.51	84.52	74.25	76.85
上　海	2.70	2.52	0.00	0.00	0.13	72.15	80.34	95.03
江　苏	1.59	6.61	0.08	0.04	0.79	86.73	84.43	93.19
浙　江	2.11	7.41	0.17	0.10	1.16	94.42	91.78	92.20
安　徽	1.25	9.41	0.03	0.03	1.14	68.88	66.31	65.98
福　建	2.76	10.46	0.46	0.26	2.21	90.84	85.02	85.42
江　西	1.98	8.31	0.56	0.28	3.71	90.77	59.67	69.05
山　东	1.39	7.69	0.02	0.01	1.36	95.66	92.54	90.84
河　南	3.07	9.81	0.18	0.12	3.44	73.90	71.30	70.23
湖　北	1.19	7.49	0.31	0.21	2.27	84.39	64.98	61.63
湖　南	1.69	11.06	0.34	0.22	2.31	86.80	62.90	62.13
广　东	2.88	9.00	1.49	0.25	1.47	92.05	83.65	84.43
广　西	3.99	12.49	4.71	1.71	4.60	86.04	62.80	67.99
海　南	2.37	11.52	3.46	2.55	4.88	65.70	40.48	47.89
重　庆	1.08	8.12	0.78	0.61	1.62	82.56	72.01	75.25
四　川	1.62	10.05	1.23	0.72	2.02	80.72	73.59	71.25
贵　州	1.00	14.67	2.64	1.73	3.03	82.18	40.37	41.91
云　南	2.64	15.30	1.15	0.97	5.57	87.57	65.08	72.69
西　藏	3.87	19.04	0.00	0.00	3.41	47.76	41.55	44.08
陕　西	1.41	12.64	0.35	0.31	1.91	90.12	86.13	84.59
甘　肃	3.78	17.44	0.62	0.54	3.59	82.28	63.29	60.64
青　海	3.76	18.95	0.49	0.33	5.80	77.39	71.17	64.20
宁　夏	1.83	13.84	0.73	0.73	2.25	91.37	67.08	63.25
新　疆	1.51	19.97	1.00	0.87	4.48	76.17	67.93	67.49

7-4-1 婚前检查保健情况(合计)

年份 地区	应查人数	实查人数	检查率(%)	检出疾病人数							影响婚育疾病医学指导意见			
				合计	指定传染病		严重遗传病	精神病	生殖系统疾病	内科系统疾病	合计	暂缓结婚	不宜结婚	限制生育性别
					小计	其中:性病								
1998	12333973	7408213	60.1	463523	88793	11886	5233	1230	213087	96407	62282	59200	2160	937
1999	13016854	8475446	65.0	594232	113430	14969	5073	1759	264284	132745	79428	75738	2606	869
2000	13461618	8688964	64.6	706160	133841	19154	6232	1403	307966	170363	95449	91330	2922	1033
2001	13673421	8797072	64.3	799588	145136	22754	6554	1510	342759	197908	110952	106634	3004	1315
2002	13607555	9255787	68.0	861567	159452	24505	7934	1519	372473	213695	107624	103115	3122	1027
2003	13366342	7195825	53.4	682390	139631	19970	12726	1269	284605	284605	84644	80165	2923	1556
2004	14047620	359595	2.7	25594	3930	615	870	85	11493	6497	2891	2692	168	32
2005	14060637	382461	2.9	38958	6518	937	1122	159	17656	8832	3896	3561	273	56
北京	209236	9003	4.39	1502	27	9	291	6	781	313	33	15	4	0
天津	127200	2797	2.20	280	7	2	36	0	177	55	2	2	0	0
河北	945816	10936	1.16	592	92	7	5	1	258	144	31	26	5	0
山西	290997	5926	2.04	392	19	3	2	0	283	84	12	11	1	0
内蒙古	179362	601	0.68	65	6	2	8	0	26	19	7	5	0	2
辽宁	493052	14242	2.89	1177	206	14	4	1	593	66	69	64	2	3
吉林	315976	3997	1.26	739	60	2	0	1	67	20	2	0	0	2
黑龙江	399373	3665	0.92	116	24	2	2	1	62	23	8	5	3	0
上海	191528	17607	9.19	2326	86	41	37	5	804	369	75	64	11	0
江苏	741338	42346	5.71	5332	376	63	76	35	3097	1418	400	365	25	10
浙江	685957	21725	3.17	3571	326	103	32	2	1595	1398	395	366	26	3
安徽	774752	34535	4.64	821	95	29	5	11	484	165	38	34	4	0
福建	537286	12880	2.40	1882	310	68	6	8	871	526	166	164	2	0
江西	572279	5512	0.96	709	21	11	5	3	156	507	29	25	4	0
山东	1206153	68212	5.91	6465	1640	53	11	18	2750	1403	830	780	48	2
河南	980692	10064	1.16	675	168	22	9	4	340	122	74	58	10	10
湖北	454030	14673	3.50	1652	599	17	12	15	869	126	411	398	12	7
湖南	789220	7557	1.48	791	220	105	0	1	299	125	136	134	0	0
广东	940266	23643	2.88	3661	468	79	498	1	1778	473	308	304	4	0
广西	604636	13025	2.20	2663	807	158	46	31	791	678	334	323	11	0
海南	75926	925	1.22	58	5	0	0	0	39	14	0	0	0	0
重庆	321251	2276	0.79	202	76	4	0	0	76	34	5	5	0	0
四川	805612	7879	1.04	707	61	4	1	0	371	269	21	19	2	0
贵州	91362	185	0.30	11	2	0	0	0	3	5	0	0	0	0
云南	495105	5716	1.63	342	90	47	6	1	178	58	44	40	2	2
西藏	28846	5596	20.42	86	28	32	0	0	8	12	5	5	0	0
陕西	235974	4706	3.09	22	2	1	0	5	15	0	5	2	3	0
甘肃	275230	12170	4.47	982	275	16	28	6	445	221	168	142	11	15
青海	26320	321	2.57	42	6	2	0	0	33	2	5	5	0	0
宁夏	62951	4019	6.38	676	120	7	0	2	369	121	36	35	1	0
新疆	330111	15722	4.76	419	296	34	2	1	38	62	247	165	82	0

7-4-2 婚前检查保健情况(男)

年份 地区	应查人数	实查人数	检查率(%)	检出疾病人数							影响婚育疾病医学指导意见			
				合计	指定传染病		严重遗传病	精神病	生殖系统疾病	内科系统疾病	合计	暂缓结婚	不宜生育	限制生育性别
					小计	其中:性病								
1998	6170892	3695701	59.9	254185	49751	5193	2835	292	122379	51233	33321	31915	653	776
1999	6534559	4232347	64.7	330546	64456	6825	2482	544	151583	70397	42664	41086	783	650
2000	6731483	4342752	64.5	382679	…	8758	3246	302	167072	91369	50235	48425	911	791
2001	6832213	4394770	64.3	431558	83826	10599	3508	351	183294	105167	60619	58669	997	954
2002	13607555	9255787	68.0	861567	159452	24505	7934	1519	372473	213695	107624	103115	3122	1027
2003	6680427	3601285	53.5	348462	80805	9528	6342	317	134020	88729	46602	44628	956	1018
2004	7032959	178975	2.7	12492	2258	290	398	29	5103	3563	1603	1520	57	26
2005	7049799	190289	2.9	18323	3753	458	545	46	7488	4788	2198	2037	109	47
北京	104618	4619	4.50	622	13	4	148	4	196	228	20	11	2	0
天津	63600	1368	2.15	140	6	1	13	0	96	22	2	2	0	0
河北	472693	5328	1.13	322	61	4	1	0	161	60	14	14	0	0
山西	145491	2932	2.01	263	12	1	2	0	199	47	6	6	0	0
内蒙古	89681	311	0.71	42	2	1	8	0	16	15	4	2	0	2
辽宁	246586	7168	2.91	537	100	7	3	0	289	31	47	44	0	3
吉林	157988	2158	1.37	365	30	2	0	1	29	9	1	0	0	1
黑龙江	199604	1822	0.91	68	13	2	1	1	37	13	8	5	3	0
上海	95764	8822	9.21	708	54	22	15	2	368	249	39	38	1	0
江苏	373120	21040	5.64	2758	220	30	49	6	1662	641	246	234	4	8
浙江	342978	10735	3.13	1764	204	42	14	0	651	804	236	224	10	2
安徽	387376	17227	4.63	270	41	7	2	1	127	82	16	14	2	0
福建	268598	6425	2.39	1016	218	43	5	3	410	287	107	107	0	0
江西	286139	2785	0.97	455	15	8	3	1	125	303	17	15	2	0
山东	619837	33883	5.70	3343	921	16	8	3	1270	807	456	435	19	2
河南	490255	4926	1.14	400	90	12	4	2	231	58	36	27	3	8
湖北	227004	7286	3.48	657	375	8	2	5	198	60	244	242	0	4
湖南	394849	3730	1.46	385	110	58	0	0	145	50	71	69	0	0
广东	470467	11570	2.81	1440	300	45	224	1	425	293	192	190	2	0
广西	302318	6383	2.15	1079	418	74	15	12	205	327	139	138	1	0
海南	37975	502	1.32	28	0	0	0	0	20	8	0	0	0	0
重庆	160623	1118	0.78	105	43	2	0	0	36	21	2	2	0	0
四川	402802	3931	1.04	355	33	3	0	0	178	142	12	11	1	0
贵州	45665	92	0.30	6	1	0	0	0	1	4	0	0	0	0
云南	247637	2862	1.63	146	52	30	6	0	64	18	17	14	1	2
西藏	7123	1106	20.43	30	9	13	0	0	0	5	0	0	0	0
陕西	118005	2341	3.08	8	0	0	0	0	8	0	0	0	0	0
甘肃	137615	6065	4.45	498	151	6	21	3	209	111	91	72	4	15
青海	13160	175	2.81	24	3	0	0	0	20	1	3	3	0	0
宁夏	31475	2015	6.40	227	64	4	0	1	87	58	9	9	0	0
新疆	165053	7870	4.77	262	194	13	1	0	25	34	163	109	54	0

7-4-3 婚前检查保健情况(女)

年份 地区	应查 人数	实查 人数	检查率 (%)	检出疾病人数							影响婚育疾病医学指导意见			
				合计	指定传染病		严重遗传病	精神病	生殖系统疾病	内科系统疾病	合计	暂缓结婚	不宜结婚	限制生育性别
					小计	其中:性病								
1998	6163081	3712512	60.5	209338	39042	6693	2398	938	90708	45174	28961	27285	1507	161
1999	6482295	4243099	65.3	263686	48974	8144	2591	1215	112701	62348	36764	34652	1823	219
2000	6730135	4346212	64.6	323481	58397	10396	2986	1101	140894	78994	45214	42905	2011	242
2001	6841208	4402302	64.4	368030	61310	12155	3046	1159	159465	92741	50333	47965	2007	361
2002	6806632	4630289	68.0	404023	67645	13002	3824	1182	182366	99991	49295	46694	2192	286
2003	6685915	3594540	53.4	333928	58826	10442	6284	952	150585	80089	38042	35537	1967	538
2004	7014661	180620	2.7	13102	1672	325	472	56	6390	2934	1288	1172	111	6
2005	7010838	192172	2.9	20635	2765	479	577	113	10168	4044	1698	1524	164	9
北京	104618	4384	4.27	880	14	5	143	2	585	85	13	4	2	0
天津	63600	1429	2.25	140	1	1	23	0	81	33	0	0	0	0
河北	473123	5608	1.19	270	31	3	4	1	97	84	17	12	5	0
山西	145506	2994	2.06	129	7	2	0	0	84	37	6	5	1	0
内蒙古	89681	290	0.67	23	4	1	0	0	10	4	3	3	0	0
辽宁	246466	7074	2.87	640	106	7	1	1	304	35	22	20	2	0
吉林	157988	1839	1.16	374	30	0	0	0	38	11	1	0	0	1
黑龙江	199769	1843	0.92	48	11	0	1	0	25	10	0	0	0	0
上海	95764	8785	9.17	1618	32	19	22	3	436	120	36	26	10	0
江苏	368218	21306	5.79	2574	156	33	27	29	1435	777	154	131	21	2
浙江	342979	10990	3.20	1807	122	61	18	2	944	594	159	142	16	1
安徽	387376	17308	4.65	551	54	22	3	10	357	83	22	20	2	0
福建	268688	6455	2.40	866	92	25	1	5	461	239	59	57	2	0
江西	286140	2727	0.95	254	6	3	2	2	31	204	12	10	2	0
山东	586316	34329	6.12	3122	719	37	3	15	1480	596	374	345	29	0
河南	490437	5138	1.19	275	78	10	5	2	109	64	38	31	7	2
湖北	227026	7387	3.52	995	224	9	10	10	671	66	167	156	12	3
湖南	394371	3827	1.48	406	110	47	0	1	154	75	65	65	0	0
广东	469799	12073	2.95	2221	168	34	274	0	1353	180	116	114	2	0
广西	302318	6642	2.24	1584	389	84	31	19	586	351	195	185	10	0
海南	37951	423	1.11	30	5	0	0	0	19	6	0	0	0	0
重庆	160628	1158	0.80	97	33	2	0	0	40	13	3	3	0	0
四川	402810	3948	1.04	352	28	1	1	0	193	127	9	8	1	0
贵州	45697	93	0.30	5	1	0	0	0	2	1	0	0	0	0
云南	247468	2854	1.63	196	38	17	0	1	114	40	27	26	1	0
西藏	14423	2796	20.40	56	19	19	0	0	8	7	5	5	0	0
陕西	117969	2365	3.08	14	2	1	0	5	7	0	5	2	3	0
甘肃	137615	6105	4.48	484	124	10	7	3	236	110	77	70	7	0
青海	13160	146	2.34	18	3	2	0	0	13	1	2	2	0	0
宁夏	31476	2004	6.37	449	56	3	0	1	282	63	27	26	1	0
新疆	165058	7852	4.76	157	102	21	1	1	13	28	84	56	28	0

7-5 妇女病查治情况

年份 地区	应查人数	实查人数	检查率(%)	查出妇科病率(%)	滴虫性阴道炎		宫颈糜烂	
					患病率(%)	治疗率 (%)	患病率(%)	治疗率(%)
1985	…	33078318	…	26.3	…	…	…	…
1990	…	37974248	…	29.9	…	…	…	…
1995	…	44125692	…	28.9	…	…	…	…
1998	123783003	47791715	38.6	27.1	8.1	96.2	11.5	93.5
1999	133309490	50797159	38.1	24.6	7.4	96.0	10.3	93.0
2000	136454033	52655977	38.6	26.5	8.1	95.9	11.2	92.8
2001	141232360	55400424	39.2	26.3	8.2	96.0	11.3	92.1
2002	144400354	56314620	38.9	27.1	8.1	95.8	11.5	92.9
2003	183435904	57682814	38.9	26.1	7.8	95.4	11.0	92.1
2004	157462944	58884227	37.3	27.2	7.7	95.1	11.4	90.7
2005	177856788	60628112	34.2	27.5	7.7	93.9	11.7	90.4
北 京	592610	428284	72.3	40.8	1.9	95.7	16.2	84.9
天 津	37461	84750	76.3	40.4	1.2	86.6	16.8	59.3
河 北	9258392	4433544	47.9	25.9	6.3	96.3	10.3	96.4
山 西	4019942	1471439	36.5	26.2	10.6	95.7	11.5	92.7
内蒙古	4186326	1204829	28.9	26.5	9.7	95.6	10.0	91.7
辽 宁	7483296	1740076	23.3	21.3	6.1	95.6	9.4	86.9
吉 林	4822677	1574893	32.7	29.8	10.2	93.0	12.4	92.5
黑龙江	5907600	2554942	43.3	26.3	8.3	90.8	11.0	87.3
上 海	667021	557638	83.6	26.0	1.7	99.2	6.0	98.4
江 苏	5772441	4177294	72.4	30.1	5.2	97.2	13.1	95.1
浙 江	2421748	1032367	42.6	40.7	4.2	94.6	16.9	88.2
安 徽	6769524	2564814	38.6	29.2	8.9	88.5	12.2	78.8
福 建	3377226	399358	13.0	34.7	2.9	94.1	14.1	85.5
江 西	5255437	1144888	22.0	30.1	6.1	96.9	20.5	95.0
山 东	14873881	9177928	61.7	21.4	6.2	98.4	8.7	96.1
河 南	11809805	4399679	37.7	22.4	7.6	93.4	9.1	90.2
湖 北	8859698	2936242	33.1	30.3	9.7	95.1	13.3	89.7
湖 南	9747762	2868444	29.4	35.2	11.8	96.8	18.6	94.5
广 东	8375828	2670282	29.8	26.8	2.1	97.5	12.8	88.4
广 西	6483318	751783	11.8	30.4	3.3	95.6	14.2	89.9
海 南	754396	163345	21.7	25.5	2.8	95.0	12.8	86.4
重 庆	4274343	1623908	38.0	20.8	7.1	95.2	10.2	90.4
四 川	32780472	5197975	15.8	22.3	7.0	94.7	9.0	89.2
贵 州	3226127	1935617	60.7	40.7	10.7	84.5	16.0	77.1
云 南	3526518	552601	16.3	33.3	6.7	97.4	16.2	92.5
西 藏	342004	41767	14.8	22.4	12.5	99.0	8.2	94.1
陕 西	5701194	2597239	45.6	29.7	14.0	93.6	11.8	94.3
甘 肃	3167325	1395394	44.4	45.9	16.9	86.3	14.1	77.7
青 海	977582	280277	28.7	40.8	14.8	80.4	12.3	76.4
宁 夏	343861	110999	32.3	22.9	4.2	98.9	6.9	83.3
新 疆	2040973	555516	28.2	33.1	8.5	86.5	14.3	84.0

7-5 续表

淋病		尖锐湿疣		宫颈癌		乳腺癌	
患病率(1/10万)	治疗率(%)	患病率(1/10万)	治疗率(%)	患病率(1/10万)	治疗率(%)	患病率(1/10万)	治疗率(%)
…	…	…	…	…	79.1	…	…
…	…	…	…	…	87.3	…	…
…	…	…	…	10.1	…	…	…
92.0	96.8	68.5	95.7	9.7	89.5	7.7	92.9
80.8	97.3	65.5	92.8	8.2	89.5	7.8	93.6
102.7	83.0	86.5	78.5	9.6	89.2	7.9	94.7
80.5	92.1	63.6	96.3	8.9	89.2	7.8	94.2
68.5	96.7	57.3	96.0	9.2	86.8	8.3	94.2
70.6	95.4	60.5	96.0	9.9	87.3	8.4	91.3
58.6	95.9	51.1	94.6	10.9	89.4	9.3	93.7
61.7	81.0	49.1	92.8	10.4	89.1	9.1	91.6
0.0	—	12.6	85.7	9.3	85.0	14.7	96.8
2.4	100.0	16.5	100.0	3.5	100.0	11.8	80.0
19.5	77.8	19.3	99.4	6.5	96.2	12.5	96.4
60.1	93.0	45.6	87.7	37.8	94.0	21.4	88.1
22.9	100.0	34.7	94.7	11.0	87.1	9.1	96.3
15.6	97.8	43.1	88.0	13.2	93.0	14.7	95.3
50.0	66.1	39.7	70.6	6.5	90.2	5.3	100.0
38.5	89.1	27.3	88.8	10.0	81.6	17.6	76.8
0.4	100.0	33.0	99.5	3.9	100.0	16.1	100.0
10.9	98.7	17.6	97.0	4.7	97.4	3.4	98.6
27.0	98.1	46.1	95.6	22.3	99.6	9.0	98.9
24.4	97.3	29.8	72.8	9.6	83.4	4.7	88.0
23.3	93.5	34.8	99.3	13.8	92.7	5.3	90.5
113.2	96.7	102.8	97.1	14.2	90.2	9.3	92.5
27.9	93.8	24.0	99.0	4.9	97.3	9.6	97.4
48.8	90.6	39.6	98.1	10.3	93.3	10.7	94.7
206.9	20.3	50.4	94.1	10.8	85.4	7.2	89.6
151.0	95.1	119.9	96.8	14.7	90.0	12.6	94.2
78.6	97.6	80.5	96.1	6.8	91.2	6.4	93.6
150.2	92.5	111.5	96.7	8.1	90.2	0.5	100.0
89.4	100.0	178.5	85.6	20.7	81.3	11.0	52.9
93.5	97.1	65.7	95.1	8.9	91.7	5.5	88.9
113.4	90.4	82.2	93.8	10.5	73.7	6.5	89.1
78.5	84.6	51.3	76.7	1.7	96.8	2.4	64.4
65.1	85.3	96.5	97.7	14.4	86.0	4.9	47.6
67.4	92.9	74.2	90.3	4.8	0.0	0.0	—
50.5	94.1	62.4	91.5	13.3	85.0	7.6	88.1
29.2	82.2	69.5	85.0	28.8	86.3	11.7	87.7
140.2	86.5	85.3	72.0	29.5	67.5	5.6	80.0
15.3	100.0	17.1	100.0	12.6	92.9	6.3	100.0
78.2	85.2	59.0	82.5	44.9	91.1	17.9	77.8

7-6-1 2005年各地区计划生育手术情况

地区	节育手术总例数	放置节育器例数	子宫穿孔	感染	取出节育器例数	子宫穿孔	感染	输精管结扎人数	阴囊脓肿	感染	输卵管结扎人数
总计	**19388510**	**6803959**	**290**	**3930**	**2788035**	**85**	**1423**	**199372**	**221**	**134**	**1418789**
北京	236156	30033	0	0	50985	1	0	1	0	0	438
天津	176393	25405	0	0	39148	1	0	248	0	0	517
河北	714809	391622	4	46	107362	0	6	9276	3	4	65492
山西	332256	148532	0	34	45388	0	5	876	0	0	50041
内蒙古	325697	176132	1	3	58040	0	4	183	0	0	12903
辽宁	617251	220068	0	23	142836	1	9	116	0	0	907
吉林	334471	131664	1	0	73576	0	0	77	0	0	4249
黑龙江	427606	190929	2	20	87066	1	2	78	0	0	4323
上海	478504	77300	4	0	129803	1	0	1	0	0	2029
江苏	2187450	415719	3	4	323742	2	3	654	0	0	11637
浙江	1201637	275723	8	6	186609	0	4	52	0	0	17896
安徽	781386	365240	18	258	80695	11	81	7451	0	8	150266
福建	574256	270827	0	39	75995	0	6	10589	0	8	69525
江西	564553	245700	6	362	56825	1	127	515	0	0	114425
山东	1538338	628708	5	65	222948	0	95	33012	27	2	97973
河南	983337	426839	9	81	106261	4	36	35087	13	28	139517
湖北	586248	212645	4	49	92037	5	7	2747	3	26	26869
湖南	727426	318911	12	224	85710	0	62	5780	7	7	112972
广东	1637190	351338	11	20	126200	0	5	16925	2	1	101725
广西	729148	228438	4	18	83946	2	2	14508	4	5	61117
海南	154132	32860	2	11	15899	0	9	363	1	0	30427
重庆	426215	128939	4	49	53120	2	14	1187	0	0	2011
四川	1046429	330959	40	824	131005	10	214	6519	14	12	13162
贵州	468482	214476	102	115	38022	32	162	33225	134	23	109350
云南	827285	367449	2	100	150748	7	71	17759	13	4	73851
西藏	30143	10296	0	52	3993	0	13	11	0	0	2710
陕西	310395	143501	28	70	43956	0	25	1503	0	6	31212
甘肃	349709	154029	12	744	44162	2	70	267	0	0	74016
青海	81446	36241	0	88	12450	0	0	15	0	0	10452
宁夏	140019	54917	1	1	33785	0	0	8	0	0	19160
新疆	400143	198519	7	624	85723	2	391	339	0	0	7617

7-6-1 续表

			人工流产例数					节育手术构成(%)				
肠管损伤	膀胱损伤	感染		子宫穿孔	人流不全	吸空	感染	放置节育器	取出节育器	输精管结扎	输卵管结扎	人工流产
123	**61**	**821**	**7105995**	**237**	**13550**	**1042**	**2795**	**35.1**	**14.4**	**1.0**	**7.3**	**36.7**
0	0	0	154699	1	2	0	0	12.7	21.6	0.0	0.2	65.5
0	0	0	88119	0	39	0	0	14.4	22.2	0.1	0.3	50.0
0	3	8	131548	4	139	19	11	54.8	15.0	1.3	9.2	18.4
0	2	8	87412	1	440	7	20	44.7	13.7	0.3	15.1	26.3
6	0	0	72339	0	27	0	1	54.1	17.8	0.1	4.0	22.2
0	0	0	246516	2	481	10	12	35.7	23.1	0.0	0.1	39.9
0	0	0	124905	1	130	5	1	39.4	22.0	0.0	1.3	37.3
0	0	0	139334	3	660	18	12	44.7	20.4	0.0	1.0	32.6
0	0	0	208684	4	72	2	1	16.2	27.1	0.0	0.4	43.6
0	0	1	725493	5	333	12	14	19.0	14.8	0.0	0.5	33.2
3	0	4	720699	6	581	27	40	22.9	15.5	0.0	1.5	60.0
5	4	158	174182	19	203	94	127	46.7	10.3	1.0	19.2	22.3
2	0	3	147320	5	471	20	12	47.2	13.2	1.8	12.1	25.7
1	7	71	140238	22	444	116	229	43.5	10.1	0.1	20.3	24.8
1	0	19	437732	2	247	48	85	40.9	14.5	2.1	6.4	28.5
4	4	114	251851	29	654	65	281	43.4	10.8	3.6	14.2	25.6
1	0	3	249951	20	499	37	81	36.3	15.7	0.5	4.6	42.6
3	2	54	194499	6	387	65	544	43.8	11.8	0.8	15.5	26.7
2	4	23	1039850	23	913	68	83	21.5	7.7	1.0	6.2	63.5
0	0	14	340999	5	595	25	57	31.3	11.5	2.0	8.4	46.8
0	0	19	60661	5	248	16	16	21.3	10.3	0.2	19.7	39.4
0	0	0	234940	9	1549	60	43	30.3	12.5	0.3	0.5	55.1
0	0	24	551684	42	1948	149	578	31.6	12.5	0.6	1.3	52.7
82	0	63	49993	1	105	7	26	45.8	8.1	7.1	23.3	10.7
0	3	18	213710	7	479	67	112	44.4	18.2	2.1	8.9	25.8
0	0	2	5565	0	19	2	5	34.2	13.2	0.0	9.0	18.5
1	0	12	87778	0	137	21	28	46.2	14.2	0.5	10.1	28.3
4	32	180	75181	8	438	40	80	44.0	12.6	0.1	21.2	21.5
1	0	5	21031	0	157	8	48	44.5	15.3	0.0	12.8	25.8
0	0	1	29848	1	148	8	2	39.2	24.1	0.0	13.7	21.3
7	0	17	99234	6	1005	26	246	49.6	21.4	0.1	1.9	24.8

7-6-2 计划生育手术情况

年份	节育手术总例数	放置节育器		取出节育器		输精管节扎		输卵管节扎		人工流产	
		例数	%	例数	%	人数	%	人数	%	人数	%
1971	13051123	6172889	47.3	…	…	1223480	9.4	1744644	13.4	3910110	30.0
1972	18690446	9220297	49.3	853625	4.6	1715822	9.2	2087160	11.2	4813542	25.8
1973	25075557	13949569	55.6	1126756	4.5	1933210	7.7	2955617	11.8	5110405	20.4
1974	22638229	12579886	55.6	1352787	6.0	1445251	6.4	2275741	10.1	4984564	22.0
1975	29462861	16743693	56.8	1702213	5.8	2652653	9.0	3280042	11.1	5084260	17.3
1976	22385435	11626510	51.9	1812590	8.1	1495540	6.7	2707849	12.1	4742946	21.2
1977	25539086	12974313	50.8	1941880	7.6	2616876	10.2	2776448	10.9	5229569	20.5
1978	21720096	10962517	50.5	2087420	9.6	767542	3.5	2511413	11.6	5391204	24.8
1979	30581114	13472392	44.1	2288670	7.5	1673947	5.5	5289518	17.3	7856587	25.7
1980	28628437	11491871	40.1	2403408	8.4	1363508	4.8	3842006	13.4	9527644	33.3
1981	22760305	10344537	45.4	1513376	6.6	649476	2.9	1555971	6.8	8696945	38.2
1982	33702389	14069161	41.7	2056671	6.1	1230967	3.7	3925927	11.6	12419663	36.9
1983	58205572	17755736	30.5	5323354	9.1	4259261	7.3	16398378	28.2	14371843	24.7
1984	31734864	11751146	37.0	4383129	13.8	1293286	4.1	5417163	17.1	8890140	28.0
1985	25646972	9576980	37.3	2278892	8.9	575564	2.2	2283971	8.9	10931565	42.6
1986	28475506	10637909	37.4	2313157	8.1	1030827	3.6	2914900	10.2	11578713	40.7
1987	34597082	13448332	38.9	2411389	7.0	1752598	5.1	4407755	12.7	10489412	30.3
1988	31820664	12227219	38.4	2264969	7.1	1062161	3.3	3590469	11.3	12675839	39.8
1989	29031912	10854752	37.4	2066723	7.1	1509294	5.2	4221717	14.5	10379426	35.8
1990	34982328	12352110	35.3	2355128	6.7	1466442	4.2	5314722	15.2	13493926	38.6
1991	38135578	12289953	32.2	2623304	6.9	2382670	6.2	6753338	17.7	14086313	36.9
1992	28017605	10091391	36.0	2151223	7.7	858675	3.1	4500029	16.1	10416287	37.2
1993	25114685	9366096	37.3	2030421	8.1	641705	2.6	3580344	14.3	9496119	37.8
1994	27967575	10353790	37.0	2322221	8.3	671890	2.4	3726861	13.3	9467064	33.9
1995	22236012	8368242	37.6	1841903	8.3	464387	2.1	2315472	10.4	7476482	33.6
1996	22953599	8807090	38.4	2029474	8.8	546425	2.4	2736415	11.9	8834195	38.5
1997	20418688	7947709	38.9	1868727	9.2	436656	2.1	2340303	11.5	6589869	32.3
1998	19458072	7663447	39.4	2088129	10.7	329080	1.7	1993126	10.2	7384290	37.9
1999	18209721	7159823	39.3	2138951	11.7	318858	1.8	1827732	10.0	6764357	37.1
2000	17720620	6833181	38.6	2235434	12.6	312538	1.8	1680917	9.5	6658550	37.6
2001	17070650	6627130	38.8	2354747	13.8	254229	1.5	1549700	9.1	6284844	36.8
2002	17671279	6539550	37.0	2395709	13.6	209006	1.2	1372535	7.8	6812317	38.6
2003	18644537	6808186	36.5	2607231	14.0	272608	1.5	1478979	7.9	7215440	38.8
2004	18524918	6661851	36.0	2807888	15.2	192751	1.0	1466742	7.9	7140588	38.5
2005	19388510	6803959	35.1	2788035	14.4	199372	1.0	1418789	7.3	7105995	36.7

八、人民健康水平

简要说明

一、本章主要介绍全国人民健康水平和营养状况。包括人口出生率、死亡率、期望寿命、患病率、居民长期失能和残障情况、城乡青少年和儿童身体发育情况、居民营养状况等。

二、出生率、死亡率、婴儿死亡率和期望寿命数据来源于《中国统计年鉴》；居民患病率和居民长期失能和残障情况数据来源于1993、1998年两次国家卫生服务调查，调查情况介绍见第五部分“医疗服务”；城乡性别年龄别平均身高和体重数据来源于2002年《中国居民营养与健康状况调查》；居民营养状况数据来源于1982、1992、2002年《全国营养抽样调查》。

三、本篇婴儿死亡率低于第七部分（妇幼保健）婴儿死亡率。前者系全国人口普查资料，后者系妇幼卫生监测地区数字。

主要统计指标解释

出生率（又称粗出生率）　指年内一定地区的出生人数与同期平均人数（或期中人数）之比，一般用千分率表示。出生人数指活产数，年平均人数指年初和年底人口数的平均数，也可用年中人口数代替。

死亡率（又称粗死亡率）　指年内一定地区的死亡人数与同期平均人数（或期中人数）之比，一般用千分率表示。

人口自然增长率　指年内一定地区的人口自然增加数（出生人数减死亡人数）与同期平均人数（或期中人数）之比（或者人口自然增长率=出生率-死亡率），一般用千分率表示。

婴儿死亡率　指年内一定某地区未满1岁婴儿死亡人数与同年出生的活产数之比，一般用千分率表示。

期望寿命（又称平均期望寿命）　指0岁时的预期寿命。一般用“岁”表示。即在某一死亡水平下，已经活到X岁年龄的人们平均还有可能继续存活的年岁数。

两周患病率　即调查前两周内患病人数（或例数）/调查人数×1000。

慢性病患病率　两种定义：按人数计算的慢性病患病率，是指调查前半年内慢性病患病人数与调查人数之比；按例数计算的慢性病患病率，是指调查前半年内慢性病患病例数（含一人多次得病）与调查人数之比。“慢性病患病”是指：①调查前半年内经过医生诊断明确有慢性病（包括慢性感染性疾病如结核等和慢性非感染性疾病如冠心病和高血压等）；②半年以前经医生诊断有慢性病，在调查前半年内时有发作，并采取了治疗措施如服药、理疗等。二者有其一者，即认为患“慢性病”。

每千人患病天数　即调查前两周内病人患病天数之和/调查人数×1000。

每千人休工天数　即调查前两周内病人因病休工天数之和/调查人数×1000。

每千人休学天数　即调查前两周内学生因病休学天数之和/调查人数×1000。

每千人卧床天数 即调查前两周内病人因病卧床天数之和/调查人数 ×1000。

失能率 有两种定义：按人数计算的失能率，是指调查的失能人数与调查人数之比；按例数计算的失能率，指调查的失能例数（含一人多次失能）与调查人数之比。失能是指日产生活中主要活动长期失能。

残障流行率 是指残障人数与调查人数之比。残障是一种严重的长期失能或活动受限，需要社会支持和他人帮助才能维持日产生活（如长期卧床，没有他人帮助不能起身、站立或行走等）。

8-1-1 人口出生率、死亡率与自然增长率

年份	全国			市			县		
	出生率(‰)	死亡率(‰)	自然增长率(‰)	出生率(‰)	死亡率(‰)	自然增长率(‰)	出生率(‰)	死亡率(‰)	自然增长率(‰)
1952	37.00	17.00	20.00	…	…	…	…	…	…
1955	32.60	12.28	20.32	40.67	9.30	31.37	31.74	12.60	19.14
1960	20.86	25.43	-4.57	28.03	13.77	14.26	19.35	28.58	-9.23
1965	37.88	9.50	28.38	26.59	5.69	20.90	39.53	10.06	29.47
1970	33.43	7.60	25.83	…	…	…	…	…	…
1975	23.01	7.32	15.69	14.71	5.39	9.32	24.17	7.59	16.58
1976	19.91	7.25	12.66	13.12	6.60	6.52	20.85	7.35	13.50
1977	18.93	6.87	12.06	13.38	5.51	7.87	19.70	7.06	12.64
1978	18.25	6.25	12.00	13.56	5.12	8.44	18.91	6.42	12.49
1979	17.82	6.21	11.61	13.67	5.07	8.60	18.43	6.39	12.04
1980	18.21	6.34	11.87	14.17	5.48	8.69	18.82	6.47	12.35
1981	20.91	6.36	14.55	16.45	5.14	11.31	21.55	6.53	15.02
1982	22.28	6.60	15.68	18.24	5.28	12.96	21.97	7.00	14.97
1983	20.19	6.90	13.29	15.99	5.92	10.07	19.98	7.69	12.20
1984	19.90	6.82	13.08	15.00	5.86	9.14	17.90	6.73	11.17
1985	21.04	6.78	14.26	14.02	5.96	8.06	19.17	6.66	12.51
1986	22.43	6.86	15.57	17.39	5.75	11.64	21.94	6.74	15.20
1987	23.33	6.72	16.61	…	…	…	…	…	…
1988	22.37	6.64	15.73	…	…	…	…	…	…
1989	21.58	6.54	15.04	15.98	5.74	10.24	22.28	6.69	15.59
1990	21.06	6.67	14.39	16.14	5.71	10.43	22.80	7.01	15.79
1991	19.68	6.70	12.98	15.49	5.50	9.99	21.17	7.13	14.04
1992	18.24	6.64	11.60	15.47	5.77	9.70	19.09	6.91	12.18
1993	18.09	6.64	11.45	15.37	5.99	9.38	19.06	6.89	12.17
1994	17.70	6.49	11.21	15.13	5.53	9.60	18.84	6.80	12.04
1995	17.12	6.57	10.55	14.76	5.53	9.23	18.08	6.99	11.09
1996	16.98	6.56	10.42	14.67	5.65	8.82	18.02	6.94	11.08
1997	16.57	6.51	10.06	14.52	5.58	8.94	17.43	6.90	10.53
1998	15.64	6.50	9.14	13.67	5.31	8.36	17.05	7.01	10.04
1999	14.64	6.46	7.58	…	…	…	…	…	…
2000	14.03	6.45	7.58	…	…	…	…	…	…
2001	13.38	6.43	6.95	…	…	…	…	…	…
2002	12.86	6.41	6.45	…	…	…	…	…	…
2003	12.41	6.40	6.01	…	…	…	…	…	…
2004	12.29	6.42	5.87	…	…	…	…	…	…
2005	12.40	6.51	5.89	…	…	…	…	…	…

8-1-2 各地区人口出生率和死亡率

地区	出生率(‰)						死亡率(‰)					
	1981	1990	2000	2003	2004	2005	1981	1990	2000	2003	2004	2005
总计	20.91	21.06	14.03	12.41	12.29	12.40	6.36	6.67	6.45	6.40	6.42	6.51
北京	17.65	13.01	8.39	5.10	6.10	6.29	6.02	5.81	6.99	5.20	5.40	5.20
天津	17.84	15.61	7.50	7.14	7.31	7.44	5.98	5.78	6.67	6.04	5.97	6.01
河北	19.74	20.46	13.86	11.43	11.98	12.84	6.32	6.82	6.65	6.27	6.19	6.75
山西	16.96	22.54	21.36	12.26	12.36	12.02	6.54	6.56	7.32	6.04	6.11	6.00
内蒙古	17.27	21.19	12.65	9.24	9.53	10.08	4.90	7.21	6.84	6.17	5.98	5.46
辽宁	16.59	16.30	10.67	6.90	6.51	7.01	5.26	6.59	6.74	5.83	5.60	6.04
吉林	15.67	19.49	10.31	7.25	7.39	7.89	5.87	6.56	5.85	5.64	5.63	5.32
黑龙江	13.07	18.11	10.54	7.48	7.27	7.87	4.83	6.35	5.48	5.45	5.45	5.20
上海	16.79	10.31	6.02	4.85	6.00	7.04	6.45	6.64	7.17	6.20	6.00	6.08
江苏	15.38	20.54	11.83	9.04	9.45	9.24	5.85	6.53	6.68	7.03	7.20	7.03
浙江	16.60	15.33	13.90	9.66	10.71	11.10	6.06	6.31	6.61	6.38	5.76	6.08
安徽	14.18	24.47	13.06	11.15	11.62	12.43	4.81	6.25	5.53	5.20	5.50	6.23
福建	21.09	24.44	16.96	11.43	11.58	11.60	5.91	6.71	6.08	5.58	5.62	5.62
江西	15.88	24.59	16.85	14.07	13.61	13.79	6.33	7.54	5.29	5.98	5.99	5.96
山东	16.48	18.21	11.38	11.42	12.50	12.14	6.41	6.96	6.70	6.64	6.49	6.31
河南	18.52	24.92	11.60	12.10	11.67	11.55	6.57	6.52	5.58	6.46	6.47	6.30
湖北	16.33	21.60	8.55	8.26	8.43	8.74	7.07	7.30	5.75	5.94	6.03	5.69
湖南	18.01	23.93	10.40	11.82	11.89	11.90	6.62	7.23	5.94	6.87	6.80	6.75
广东	21.77	22.26	18.20	13.66	13.13	11.70	5.46	5.76	5.43	5.31	5.12	4.68
广西	22.52	20.20	16.47	13.86	13.32	14.26	5.55	6.60	5.06	6.57	6.12	6.09
海南	…	24.86	26.12	14.68	14.77	14.65	…	6.26	4.74	5.52	5.79	5.72
重庆	…	…	11.43	9.89	9.45	9.40	…	…	7.98	7.20	6.60	6.40
四川	15.93	19.11	10.16	9.18	9.05	9.70	6.77	7.66	6.73	6.06	6.27	6.80
贵州	22.39	23.09	20.30	15.91	15.08	14.59	7.43	7.90	6.29	6.87	6.35	7.21
云南	20.23	23.60	17.06	17.00	15.60	14.72	7.30	7.92	6.60	7.20	6.60	6.75
西藏	24.37	23.98	17.70	17.40	17.40	17.94	8.76	7.55	6.60	6.30	6.20	7.15
陕西	17.40	23.48	11.00	10.67	10.59	10.02	6.78	6.52	5.92	6.38	6.33	6.01
甘肃	16.56	20.68	13.23	12.58	12.43	12.59	5.34	6.20	5.92	6.46	6.52	6.57
青海	20.86	24.34	19.85	16.94	16.32	15.70	5.70	7.47	7.35	6.09	6.45	6.21
宁夏	24.67	24.34	15.42	15.68	15.97	15.93	4.85	5.52	4.92	4.73	4.79	4.95
新疆	21.09	26.44	14.50	16.01	16.00	16.42	7.46	7.82	5.17	5.23	5.09	5.04

8-2-1　婴儿死亡率与期望寿命

年份	婴儿死亡率(‰)	期望寿命(岁)		
		合计	男	女
解放前	200左右	35.0	…	…
1973～1975	47.0	…	63.6	66.3
1981	34.7	67.9	66.4	69.3
1990	32.9	68.6	66.9	70.5
2000	28.4	71.4	69.6	73.3

资料来源：1973～1975年系全国三年肿瘤死亡回顾调查数字，1981、1990、2000年人口普查数。

8-2-2　年龄别男女期望寿命

年龄（岁）	1973～1975年		1981年		1990年		2000年	
	男	女	男	女	男	女	男	女
0	63.62	66.31	66.43	69.35	66.85	70.49	69.63	73.33
1	65.88	68.26	67.87	70.75	68.06	71.86	…	…
5	64.22	66.75	64.94	68.01	64.85	68.73	…	…
10	59.94	62.43	60.36	63.36	60.15	63.97	…	…
15	55.23	57.69	55.58	58.57	55.36	59.14	…	…
20	50.52	52.95	50.87	53.83	50.63	54.39	…	…
30	41.22	43.71	41.54	44.52	41.29	44.98	…	…
40	32.10	34.66	32.30	35.28	32.05	35.60	…	…
50	23.51	25.99	23.52	26.36	23.27	26.56	…	…
60	15.93	18.07	15.72	18.19	15.49	18.31	…	…
70	9.88	11.52	9.56	11.34	9.27	11.42	…	…

资料来源：1973～1975年系全国三年肿瘤死亡回顾调查数字，1981、1990、2000年人口普查数。

8-2-3 各地区婴儿死亡率与期望寿命

地区	婴儿死亡率(‰)		1990年期望寿命(岁)			2000年期望寿命(岁)		
	1981年	1990年		男	女		男	女
总计	37.7	27.3	68.55	66.84	70.47	71.40	69.63	73.33
北京	16.1	8.8	72.86	71.07	74.93	76.10	74.33	78.01
天津	20.1	10.7	72.32	71.03	73.73	74.91	73.31	76.63
河北	21.5	9.2	70.35	68.47	72.53	72.54	70.68	74.57
山西	31.1	19.2	68.97	67.33	70.93	71.65	69.96	73.57
内蒙古	41.1	29.0	65.68	64.47	67.22	69.87	68.29	71.79
辽宁	22.2	18.7	70.22	68.72	71.94	73.34	71.51	75.36
吉林	19.9	24.4	67.95	66.65	69.49	73.10	71.38	75.04
黑龙江	34.6	18.4	66.97	65.50	68.73	72.37	70.39	74.66
上海	19.7	12.4	74.90	72.77	77.02	78.14	76.22	80.04
江苏	32.9	15.0	71.37	69.26	73.57	73.91	71.69	76.23
浙江	35.5	17.1	71.38	69.66	74.24	74.70	72.5	77.21
安徽	30.4	26.1	69.48	67.75	71.36	71.85	70.18	73.59
福建	22.6	23.0	68.57	66.49	70.93	72.55	70.3	75.07
江西	46.1	43.0	66.11	64.87	67.49	68.95	68.37	69.32
山东	21.2	12.9	70.57	68.64	72.67	73.92	71.7	76.26
河南	20.6	18.5	70.15	67.96	72.55	71.54	69.67	73.41
湖北	39.4	25.1	67.25	65.51	69.23	71.08	69.31	73.02
湖南	50.5	38.1	66.93	65.41	68.70	70.66	69.05	72.47
广东	19.4	15.9	72.52	69.71	75.43	73.27	70.79	75.93
广西	32.0	44.0	68.72	67.17	70.34	71.29	69.07	73.75
海南	…	29.2	70.01	66.93	73.28	72.92	70.66	75.26
重庆	}57.2	}38.4	}66.33	}65.06	}67.70	71.73	69.84	73.89
四川						71.20	69.25	73.39
贵州	69.3	52.4	64.29	63.04	65.63	65.96	64.54	67.57
云南	80.0	65.8	63.49	62.08	64.98	65.49	64.24	66.89
西藏	…	96.2	59.64	57.64	61.57	64.37	62.52	66.15
陕西	47.3	22.0	67.40	66.23	68.79	70.07	68.92	71.3
甘肃	38.7	31.5	67.24	66.35	68.25	67.47	66.77	68.26
青海	88.4	66.3	60.57	59.29	61.96	66.03	64.55	67.7
宁夏	58.9	37.3	66.94	65.95	68.05	70.17	68.71	71.84
新疆	115.0	58.5	63.59	61.95	63.26	67.41	65.98	69.14

8-3-1　1993年调查地区居民两周患病率(‰)

	合计	城市				农村				
		小计	大	中	小	小计	一类	二类	三类	四类
两周患病率	140.1	175.2	200.9	187.3	138.8	128.2	124.4	138.1	122.0	127.1
男性	128.4	158.0	181.0	165.2	129.9	118.7	112.5	131.0	113.3	114.1
女性	151.9	191.8	220.0	208.5	147.7	138.1	136.7	145.3	131.0	140.4
年龄别两周患病率										
0～4岁	200.3	216.9	220.9	233.7	198.4	197.0	193.0	232.7	180.9	163.7
5～9岁	118.7	157.9	167.4	167.6	141.6	109.9	115.9	122.4	101.2	93.9
10～19岁	74.2	104.0	113.8	124.8	77.9	67.2	72.5	71.8	59.6	66.5
20～29岁	82.2	86.2	87.2	110.5	62.0	81.0	77.7	85.1	75.3	90.7
30～39岁	128.5	126.0	122.3	145.0	110.2	129.6	113.8	137.8	134.6	130.1
40～49岁	164.5	188.5	193.9	206.9	163.9	155.3	137.2	164.3	155.8	169.5
50～59岁	218.3	263.6	302.7	283.2	202.7	195.3	190.4	204.1	188.9	200.1
60岁及以上	250.0	309.5	361.5	298.3	247.4	216.0	209.0	224.7	202.4	245.7
疾病别两周患病率										
传染病计	5.4	4.6	3.2	5.6	4.9	5.7	3.9	6.3	5.0	8.8
寄生虫病计	0.3	0.2	0.2	0.2	0.3	0.4	0.3	0.6	0.3	0.3
恶性肿瘤计	0.5	1.1	1.6	0.9	0.7	0.4	0.5	0.5	0.3	0.1
良性肿瘤计	0.4	0.8	1.2	0.7	0.5	0.3	0.3	0.2	0.3	0.3
内分泌、营养和代谢疾病计	1.3	3.4	4.8	3.8	1.7	0.6	0.8	0.8	0.5	0.5
其中：糖尿病	0.8	2.5	3.7	2.8	1.3	0.2	0.3	0.1	0.1	0.1
血液、造血器官疾病	1.6	1.3	1.4	1.3	1.1	1.7	1.5	2.4	1.4	1.3
精神病小计	0.7	0.8	0.7	0.5	1.3	0.7	1.0	0.5	0.6	0.6
神经系病计	3.4	3.8	3.5	5.4	2.4	3.3	4.2	3.5	3.2	1.5
眼及附器疾病	1.8	2.3	3.3	2.2	1.3	1.6	2.0	1.5	1.2	2.1
耳和乳突疾病	0.7	1.0	1.2	0.8	1.0	0.6	0.5	0.8	0.4	0.4
循环系统疾病	11.1	25.9	36.7	26.5	15.1	6.1	7.3	5.4	5.7	6.3
其中：心脏病	4.7	11.5	16.1	12.8	5.9	2.4	3.0	1.9	2.0	3.2
高血压	3.9	9.5	14.0	9.0	5.9	2.0	2.3	1.9	1.7	2.0
脑血管病	1.5	3.3	4.4	3.2	2.3	0.9	1.1	0.9	0.9	0.4
呼吸系统疾病	64.9	72.0	79.1	71.9	65.5	62.4	61.2	68.4	58.3	60.5
其中:急上呼感染	56.1	62.3	66.2	64.4	56.5	54.0	54.0	59.0	49.9	52.0
肺炎	1.5	1.0	0.6	1.1	1.3	1.7	1.2	1.7	1.5	2.7
老慢支	4.3	4.6	6.6	2.9	4.3	4.3	3.3	5.1	4.5	3.6
消化系统疾病	23.3	27.7	30.4	32.6	20.4	21.9	19.8	23.6	21.8	21.5
其中:急性胃炎	11.7	11.2	11.2	13.3	9.2	11.9	9.1	13.6	12.9	10.6
肝病硬化	0.7	0.9	0.6	1.0	1.0	0.6	0.7	0.4	0.8	0.5
胆囊疾病	1.9	3.5	3.7	5.3	1.5	1.3	1.7	1.1	1.1	1.5
泌尿生殖系病	4.4	5.3	5.7	6.6	3.7	4.1	3.7	4.3	4.0	4.5
妊娠、分娩病及产褥期并发症	0.2	0.2	0.2	0.2	0.1	0.2	0.2	0.1	0.2	0.4
皮肤皮下组织	3.6	5.0	4.9	6.8	3.3	3.1	3.0	3.2	3.1	3.4
肌肉、骨骼结缔	9.5	12.5	14.4	14.1	9.1	8.5	6.9	8.8	9.5	8.2
其中：类关节炎	4.2	4.1	3.5	5.4	3.3	4.2	2.3	4.2	5.1	5.4
先天异常	0.1	0.2	0.2	0.3		0.1		0.1	0.0	0.3
围产期疾病	0.0					0.0	0.1	0.0	0.0	0.0
损伤和中毒	4.3	4.7	5.9	5.4	2.9	4.2	4.5	4.0	4.1	4.3
其他	0.2	0.2	0.1	0.2	0.2	0.2	0.1	0.2	0.2	0.3
不详	2.7	2.9	3.2	2.0	3.7	2.6	3.1	3.2	2.1	1.9

8-3-2 1998年调查地区居民两周患病率(‰)

	合计	城市				农村				
		小计	大	中	小	小计	一类	二类	三类	四类
调查人数	216101	54549	20775	15581	18193	161552	36136	47785	53815	23816
患病人数	31244	9551	4236	2358	2957	21693	4658	6223	8086	2726
患病人次数	32364	10213	4648	2477	3088	22151	4788	6357	8274	2732
两周患病率	149.8	187.2	223.7	159.0	169.7	137.1	132.5	133.0	153.8	114.7
分性别两周患病率										
男性	136.19	170.74	204.34	145.97	154.66	125.05	123.66	122.84	138.48	101.24
女性	164.07	203.54	242.74	171.79	184.82	150.12	142.11	144.07	170.03	129.56
年龄别两周患病率										
0～4岁	201.6	221.4	215.1	242.2	210.9	197.5	207.4	199.1	218.4	154.0
5～14岁	100.6	116.2	126.2	114.2	108.6	97.4	103.0	96.4	103.6	80.7
15～24岁	64.7	79.6	83.8	97.3	64.2	60.8	59.3	58.5	64.7	59.3
25～34岁	106.8	93.3	91.4	81.6	105.5	110.9	101.1	114.2	120.6	96.6
35～44岁	154.3	156.2	159.9	134.3	170.7	153.5	137.8	142.8	178.4	142.0
45～54岁	196.0	217.3	237.7	207.4	202.8	187.6	159.1	179.3	217.7	185.2
55～64岁	259.1	312.1	373.9	254.8	288.2	230.5	214.3	221.4	264.4	196.4
65岁及以上	294.1	379.4	470.9	238.9	354.9	242.0	227.1	229.0	281.2	199.5
文化程度别两周患病率										
文盲半文盲	214.9	286.0	409.6	222.1	246.7	203.1	189.8	204.2	252.4	155.6
小学	161.5	248.3	357.2	218.9	170.3	146.3	142.9	150.4	163.8	102.9
初中	125.0	180.9	210.2	161.3	165.1	104.9	101.8	103.9	114.2	73.9
高中、技校	132.0	148.8	173.2	116.3	150.0	109.1	107.2	96.2	121.9	101.9
中专	167.7	188.8	219.3	152.1	184.8	120.1	108.0	114.8	139.2	63.2
大专	165.2	168.1	180.1	155.8	156.8	146.9	135.1	79.4	180.2	181.8
大学及以上	212.5	219.2	246.8	143.1	252.6	115.9	100.0	108.1	133.3	
医疗保障形式别两周患病率										
公费	234.4	240.2	276.9	174.9	240.7	207.7	190.9	197.3	220.7	147.5
劳保	228.4	231.5	258.2	199.0	216.0	181.5	182.2	183.9	150.0	375.0
半劳保	170.8	170.6	197.5	125.9	160.6	172.5	106.5	312.5	342.1	272.7
医疗保险	115.1	122.1	189.9	116.4	112.6	109.4	101.5	105.3	126.2	107.1
统筹	212.1	218.9	247.0	117.7	260.9	138.9	100.0	187.5	400.0	
合作医疗	156.0	140.4	350.0	71.4	138.2	158.2	129.6	287.7	150.8	128.4
自费	138.9	159.5	165.7	140.8	165.7	135.4	133.4	126.2	152.5	113.7
就业状况别两周患病率										
在岗	136.9	138.6	152.0	126.8	133.8	136.5	124.6	133.1	155.3	118.7
下岗	166.6	155.2	167.1	126.9	171.2	209.4	141.3	221.6	254.5	234.4
离退休	344.4	353.1	418.0	260.5	342.8	286.5	281.3	267.8	308.0	295.9
学生	71.8	84.8	88.4	92.3	74.2	65.8	82.6	50.7	69.1	64.8
无业	234.7	205.8	248.1	148.7	207.9	255.9	221.8	276.8	293.6	193.2

8-3-3 2003年调查地区居民两周患病率(‰)

	合计	城市				农村				
		小计	大	中	小	小计	一类	二类	三类	四类
调查人数	193689	49698	18746	14301	16651	143991	32064	42559	48311	21057
患病人数	26600	7050	2804	2085	2161	19550	3964	5522	7500	2564
患病人次数	27696	7614	3085	2301	2228	20082	4103	5642	7734	2603
两周患病率	143.0	153.2	164.6	160.9	133.8	139.5	128.0	132.6	160.1	123.6
分性别两周患病率										
男性	130.4	135.5	145.4	144.6	116.6	128.7	118.6	126.2	145.0	111.7
女性	155.8	170.2	182.9	176.2	150.5	150.6	137.5	139.2	175.8	136.3
年龄别两周患病率										
0～4岁	133.0	104.2	94.6	103.9	110.6	139.5	112.2	136.3	176.0	103.6
5～14岁	72.2	60.9	59.1	67.2	57.7	74.5	66.1	79.1	84.1	57.1
15～24岁	49.8	40.4	38.9	37.0	44.3	52.4	53.2	50.1	52.1	56.1
25～34岁	82.5	59.5	44.3	55.9	76.5	90.4	70.9	83.4	99.0	111.4
35～44岁	126.2	100.0	81.5	90.6	127.9	135.9	105.4	131.2	156.9	148.9
45～54岁	191.5	163.1	139.5	192.7	166.6	202.6	172.6	193.8	231.2	206.5
55～64岁	251.8	258.1	269.1	292.1	210.7	249.0	207.8	243.7	289.4	236.6
65岁及以上	338.3	396.9	420.0	424.9	320.0	302.1	289.8	267.2	349.6	271.4
文化程度别两周患病率										
文盲半文盲	248.8	327.1	366.3	368.1	286.8	237.7	235.1	222.3	278.7	199.8
小学	179.4	251.1	312.5	289.2	187.5	166.9	156.1	172.8	192.0	121.7
初中	116.8	151.0	164.9	169.0	120.5	106.1	90.2	101.1	124.1	97.2
高中、技校	106.3	111.3	114.1	116.3	102.2	100.4	95.1	90.9	112.7	104.7
中专	141.0	162.1	181.8	188.2	95.8	97.7	91.7	102.7	102.0	83.3
大专	114.6	122.5	127.0	129.4	98.4	76.4	66.7	79.1	84.1	50.0
大学及以上	116.6	120.7	134.7	122.9	68.4	76.0	84.5	76.3	78.1	
医疗保障形式别两周患病率										
城镇基本医疗保险	178.4	181.7	209.9	165.7	134.5	155.1	147.4	163.1	153.4	160.6
大病医疗保险	147.1	140.3	125.2	166.7	206.3	178.9	190.1	320.0	83.3	
公费医疗	236.5	235.3	222.2	284.4	177.8	243.3	163.8	265.1	327.9	62.5
劳保医疗	277.2	284.5	256.1	380.3	217.9	181.3	148.6	179.1	275.9	
合作医疗	138.0	150.9	83.3		151.3	134.8	132.2	179.0	220.8	108.5
其他社会医疗保险	101.6	95.5	91.0	73.5	118.8	105.5	94.5	111.5	131.4	84.5
商业医疗保险	98.3	93.6	99.1	83.4	100.7	99.4	104.2	90.6	104.4	111.5
无医疗保险	141.6	125.1	120.1	134.3	123.1	144.8	130.9	134.3	165.2	130.3
就业状况别两周患病率										
在岗	144.7	97.6	77.3	102.8	113.5	153.6	133.8	147.1	174.1	150.2
离退休	334.3	335.8	358.5	347.8	257.7	321.9	299.2	305.4	373.6	301.6
学生	45.8	41.0	40.0	31.7	49.5	47.9	54.4	46.4	47.1	43.2
无业、失业、半失业	195.0	154.7	140.6	154.0	167.3	291.2	241.5	257.5	387.4	112.1

8-4-1 1998年调查地区居民疾病别两周患病率(‰)

	合计	城市				农村				
		小计	大	中	小	小计	一类	二类	三类	四类
传染病计	3.5	3.2	2.7	2.3	4.4	3.7	2.9	3.0	3.4	6.8
寄生虫病计	0.2	0.1	0.1	0.1	0.1	0.2	0.2	0.3	0.1	0.3
恶性肿瘤计	0.6	1.0	1.8	0.7	0.4	0.4	0.6	0.4	0.5	0.1
良性肿瘤计	0.4	0.6	0.9	0.6	0.3	0.3	0.4	0.2	0.4	0.1
内分泌、营养和代谢疾病计	2.1	5.4	8.7	3.1	3.5	1.0	1.1	1.4	1.0	0.3
其中：糖尿病	1.3	3.9	6.5	2.0	2.5	0.4	0.6	0.5	0.3	0.1
血液、造血器官疾病	1.4	1.0	1.0	0.5	1.4	1.5	1.7	1.6	1.7	0.8
精神病小计	0.8	1.0	1.0	1.2	0.9	0.7	0.5	0.7	1.0	0.4
神经系病计	3.2	3.1	3.1	2.7	3.4	3.2	3.6	3.1	3.5	1.9
眼及附器疾病	2.5	3.1	4.3	2.7	2.1	2.3	1.7	1.8	3.4	1.8
耳和乳突疾病	0.6	0.6	0.7	0.4	0.5	0.6	0.7	0.7	0.6	0.4
循环系统疾病	17.1	38.1	55.7	27.0	27.4	10.1	11.5	10.0	10.6	7.1
其中：心脏病	6.3	14.1	20.5	10.2	10.1	3.7	3.8	3.4	3.6	4.0
高血压	6.6	15.6	24.1	11.9	8.9	3.6	4.7	3.7	3.6	1.9
脑血管病	2.7	5.9	7.2	3.1	6.6	1.7	2.2	1.4	2.0	0.5
呼吸系统疾病	69.4	74.7	80.8	66.7	74.7	67.6	63.8	65.2	76.8	57.6
其中:急上呼感染	61.8	65.4	68.1	61.1	65.9	60.7	57.8	58.5	68.6	51.4
肺炎	1.0	0.8	0.9	0.4	1.0	1.1	0.9	1.0	0.8	2.3
老慢支	3.7	3.8	5.1	1.9	4.0	3.6	3.0	3.5	4.8	2.2
消化系统疾病	22.6	25.8	29.6	23.2	23.6	21.5	21.5	21.1	22.9	19.0
其中：急性胃炎	11.5	11.2	11.0	10.7	11.9	11.7	12.2	10.8	12.8	9.9
肝病硬化	0.6	0.7	0.6	0.4	1.2	0.5	0.5	0.4	0.6	0.5
胆囊疾病	2.1	3.4	4.7	2.6	2.6	1.7	1.4	1.2	1.7	2.8
泌尿生殖系病	4.2	4.7	5.2	3.6	5.2	4.0	2.7	4.1	4.6	4.5
妊娠、分娩病及产褥期并发症	0.2	0.2	0.2	0.3	0.2	0.2	0.3	0.2	0.2	0.3
皮肤皮下组织	2.9	3.3	4.2	2.7	2.8	2.8	2.8	2.9	3.2	1.4
肌肉、骨骼结缔	10.9	13.2	14.3	12.1	12.9	10.1	10.2	9.6	11.9	7.2
其中：类关节炎	5.0	4.2	4.2	2.9	5.4	5.2	4.1	5.1	5.9	5.8
先天异常	0.1	0.1	0.2	0.0	0.1	0.1	0.1	0.3	0.1	0.3
围产期疾病	0.0	0.0	0.0	0.0	0.1	0.0	0.0	0.0	0.1	0.0
损伤和中毒	4.5	4.5	4.7	4.6	4.1	4.6	4.4	4.1	5.7	3.0
其他	0.5	0.5	0.9	0.3	0.3	0.5	0.4	0.5	0.4	0.9
不详	2.2	3.4	4.3	4.5	1.4	1.7	1.8	2.0	1.8	0.9

8-4-2　2003年调查地区居民疾病别两周患病率(‰)

	合计	城市				农村				
		小计	大	中	小	小计	一类	二类	三类	四类
传染病计	2.5	1.8	1.3	0.8	3.3	2.7	1.3	1.7	3.4	5.3
寄生虫病计	0.1	0.0	0.1	0.1		0.1	0.0	0.1	0.3	0.0
恶性肿瘤计	0.9	1.3	2.0	1.0	0.7	0.8	1.0	1.1	0.7	0.4
良性肿瘤计	0.4	0.4	0.5	0.3	0.4	0.4	0.3	0.4	0.4	0.3
内分泌营养和代谢疾病	3.1	7.7	11.7	9.2	1.9	1.6	2.2	1.6	1.6	0.6
其中：糖尿病	2.2	6.3	9.5	7.9	1.4	0.8	1.3	0.7	0.9	0.2
血液、造血器官疾病	1.3	0.9	0.8	0.6	1.3	1.4	1.3	1.8	0.9	1.7
精神病小计	0.8	0.9	1.1	1.0	0.6	0.8	0.7	0.7	1.1	0.5
神经系病计	3.5	3.4	2.8	2.7	4.7	3.5	3.4	3.0	4.5	2.3
眼及附器疾病	1.6	2.0	2.5	1.4	1.8	1.5	1.5	1.2	1.9	1.4
耳和乳突疾病	0.5	0.4	0.4	0.2	0.5	0.5	0.4	0.5	0.6	0.4
循环系统疾病	24.4	45.2	55.7	54.5	25.3	17.2	20.9	15.5	18.5	12.1
其中：心脏病	7.2	14.6	17.2	16.9	9.8	4.6	5.1	3.6	4.8	5.1
高血压	11.9	21.9	28.8	27.1	9.6	8.4	11.3	8.4	7.8	5.7
脑血管病	3.7	6.4	7.0	7.6	4.5	2.7	2.9	2.2	3.8	0.8
呼吸系统疾病	52.6	42.4	40.4	42.2	44.8	56.1	51.6	55.5	65.7	42.6
其中:急上呼感染	44.1	34.1	31.0	34.1	37.7	47.5	43.3	48.3	55.3	34.2
肺炎	0.9	0.4	0.4	0.1	0.8	1.1	0.8	0.5	1.0	2.9
老慢支	3.8	3.6	4.9	2.5	3.0	3.8	4.1	3.2	4.7	2.7
消化系统疾病	21.1	17.7	15.6	15.4	22.1	22.3	16.9	21.5	24.7	26.5
其中：急性胃炎	10.5	8.3	7.4	7.0	10.5	11.3	8.8	11.0	12.6	12.5
肝病硬化	0.4	0.4	0.3	0.4	0.5	0.4	0.2	0.4	0.4	0.6
胆囊疾病	2.5	2.8	2.1	1.8	4.5	2.4	1.5	1.3	2.5	5.2
泌尿生殖系病	5.2	4.4	4.5	4.2	4.5	5.5	3.8	3.9	7.2	7.4
妊娠、分娩病及产褥期并发症	0.1	0.2	0.2	0.1	0.1	0.1	0.1	0.1	0.1	0.5
皮肤皮下组织	1.9	1.7	1.5	2.0	1.6	2.0	2.1	2.0	2.3	0.9
肌肉、骨骼结缔	14.7	16.3	16.7	18.7	13.6	14.2	12.1	13.7	16.6	12.9
其中：类关节炎	5.1	4.2	3.0	3.9	5.7	5.4	3.1	4.8	6.5	7.9
先天异常	0.2	0.1	0.1	0.1	0.2	0.2	0.1	0.1	0.1	0.4
围产期疾病	0.0					0.0		0.0	0.0	0.0
损伤和中毒	5.7	4.0	3.6	4.8	3.7	6.3	6.5	5.8	6.7	5.6
其他	0.7	0.5	0.6	0.6	0.3	0.8	0.7	0.8	0.7	0.7
不详	1.7	2.0	2.4	0.9	2.4	1.6	0.9	1.7	2.2	1.0

8-5　1993、1998、2003年调查地区居民两周患疾病严重程度

		合计	城市				农村				
			小计	大	中	小	小计	一类	二类	三类	四类
1993	每千人患病天数	1117	1496	1730	1610	1162	989	941	1082	964	921
	每千人休工天数	239	173	153	167	196	262	224	250	307	252
	每千人休学天数	88	117	177	93	91	81	99	84	76	57
	每千人卧床天数	123	124	136	132	105	123	120	126	114	142
1998	每千人患病天数	1257	1646	2044	1351	1444	1125	1052	1081	1293	947
	每千人休工天数	308	153	153	132	170	347	267	331	404	375
	每千人休学天数	89	68	81	42	74	95	98	81	104	101
	每千人卧床天数	113	95	117	64	96	119	110	116	115	147
2003	每千人患病天数	1093	1238	1345	1366	1009	1043	941	995	1200	936
	每千人休工天数	194	84	67	70	114	218	194	192	235	265
	每千人休学天数	50	35	35	31	39	54	39	45	68	60
	每千人卧床天数	170	175	163	181	182	169	154	150	184	195

8-6-1 1993年调查地区居民慢性病患病率(‰)

	合计	城市				农村				
		小计	大	中	小	小计	一类	二类	三类	四类
慢性病患病率	169.8	285.8	323.0	277.6	258.9	130.7	128.6	118.0	134.5	153.9
男性	152.3	254.4	291.7	244.2	229.9	119.0	114.4	108.7	121.6	143.9
女性	187.6	316.2	352.6	309.6	287.8	142.9	143.4	127.7	147.9	164.2
年龄别慢性病患病率										
0～4岁	19.2	23.5	35.3	19.2	19.7	18.3	12.6	19.0	18.9	21.7
5～9岁	19.2	26.3	30.1	23.5	25.7	17.6	10.9	16.4	21.1	21.5
10～19岁	26.0	35.0	42.9	34.6	29.9	23.9	19.0	21.4	26.1	31.8
20～29岁	66.4	64.0	65.5	71.0	56.1	67.1	53.1	65.4	67.7	90.9
30～39岁	162.0	167.2	146.2	173.3	184.8	159.7	138.3	142.3	173.1	218.4
40～49岁	263.4	358.1	336.6	370.9	365.7	227.2	204.1	216.7	223.3	318.1
50～59岁	430.5	618.7	616.1	632.7	605.9	335.0	305.3	298.2	349.3	437.4
60岁及以上	540.3	789.3	821.6	775.5	757.6	398.2	399.5	366.4	398.9	470.9
疾病别慢性病患病率										
传染病计	5.3	5.2	3.2	6.1	6.1	5.4	3.3	5.1	5.4	9.5
寄生虫病计	0.4	0.3	0.3	0.1	0.5	0.5	0.5	0.9	0.2	0.1
恶性肿瘤计	1.0	2.1	3.2	1.6	1.6	0.7	1.0	0.7	0.5	0.2
良性肿瘤计	0.9	1.9	2.5	2.0	1.2	0.5	0.6	0.4	0.7	0.4
和代谢疾病计	3.1	8.7	12.2	9.3	4.7	1.3	1.6	1.3	1.3	0.5
其中：糖尿病	1.9	6.4	9.2	7.1	3.2	0.4	0.7	0.3	0.3	0.2
血液、造血器官疾病	3.1	3.4	3.5	3.4	3.3	3.0	2.6	3.6	2.8	2.5
精神病小计	1.8	2.1	2.5	1.4	2.3	1.7	2.0	1.7	1.7	1.2
神经系病计	5.5	6.4	6.0	7.1	6.0	5.3	6.9	5.2	5.2	2.7
眼及附器疾病	3.4	6.7	8.9	6.5	4.8	2.3	2.4	2.3	2.2	2.6
耳和乳突疾病	1.0	107.0	1.7	2.1	1.4	0.7	0.6	0.9	0.6	0.7
循环系统疾病	31.4	78.6	99.0	84.1	53.7	15.5	19.2	13.1	14.7	16.5
其中：心脏病	13.1	33.8	42.0	37.5	22.6	6.1	7.0	4.8	5.7	8.4
高血压	11.9	29.8	40.1	31.7	18.3	5.9	7.6	5.5	4.9	6.2
脑血管病	4.0	9.8	10.1	10.3	8.9	2.0	2.7	1.8	2.2	0.9
呼吸系统疾病	22.7	31.3	42.0	26.6	25.9	19.8	19.9	19.0	19.7	21.6
其中:老慢支	13.8	15.9	19.4	13.3	15.2	13.0	12.8	11.8	14.0	14.1
消化系统疾病	36.5	49.0	54.2	56.1	37.0	32.3	36.2	29.2	31.1	36.0
其中：急性胃炎	16.2	16.1	15.6	16.2	16.5	16.2	12.9	16.6	17.6	17.6
肝病硬化	2.1	2.7	2.6	2.2	3.2	1.9	1.8	0.9	2.6	2.3
胆囊疾病	5.6	12.8	14.4	17.9	6.1	3.2	4.8	2.3	2.7	3.6
泌尿生殖系病	8.3	12.9	13.3	16.0	9.5	6.8	5.6	6.6	7.4	7.8
皮肤皮下组织	2.7	3.4	4.1	3.8	2.2	2.4	2.3	2.4	2.8	1.8
肌肉、骨骼结缔	25.5	38.4	40.6	43.4	31.3	21.2	17.4	18.3	23.8	27.8
其中：类关节炎	13.5	14.6	10.8	21.7	11.1	13.1	7.3	11.4	15.5	21.4
先天异常	0.3	0.7	1.0	0.7	0.3	0.2	0.1	0.3	0.1	0.3
损伤和中毒	1.3	2.0	3.1	1.6	1.4	1.1	1.1	1.1	1.0	1.0
其他	0.1	0.0		0.1	0.1	0.1		0.1	0.1	
不祥	14.7	30.4	20.5	5.1	65.0	9.4	4.6	5.3	12.4	19.6

8-6-2　1998年调查地区居民慢性病患病率(‰)

	合计	城市				农村				
		小计	大	中	小	小计	一类	二类	三类	四类
慢性病患病率										
按人数计算	128.2	200.9	236.6	199.0	161.7	103.6	109.4	95.1	113.7	89.4
按例数计算	157.5	273.3	327.7	277.8	207.3	118.4	128.6	106.2	130.3	100.4
分性别慢性病患病率										
男性	141.6	251.1	305.9	257.0	185.7	106.3	116.3	98.5	116.5	84.0
女性	173.9	294.9	348.3	298.2	228.9	131.1	141.4	114.3	145.0	117.6
年龄别慢性病患病率										
0～4岁	13.4	8.0	0.0	17.0	7.2	14.4	13.5	17.8	15.4	8.8
5～14岁	18.6	22.1	27.4	19.7	19.1	17.9	18.1	18.7	18.2	15.5
15～24岁	25.8	25.6	23.2	33.2	22.6	25.9	25.8	24.1	27.5	25.9
25～34岁	72.5	69.0	62.7	75.7	69.4	73.5	71.9	72.5	77.1	69.8
35～44岁	142.2	174.9	185.5	161.3	173.1	128.2	119.5	112.2	139.8	152.7
45～54岁	232.0	327.3	339.4	358.7	284.4	195.2	180.3	187.0	218.0	183.5
55～64岁	386.5	573.4	647.8	607.2	445.4	296.4	311.0	251.8	345.8	239.0
65岁及以上	517.9	793.1	893.0	768.2	637.2	355.1	381.6	323.6	390.3	288.5
疾病别慢性病患病率										
传染病计	4.8	5.8	4.6	4.2	8.6	4.5	3.4	4.8	3.8	7.3
寄生虫病计	0.5	0.3	0.1	1.1	0.0	0.6	0.2	1.6	0.1	0.3
恶性肿瘤计	1.2	2.3	3.3	2.4	1.0	0.8	1.1	0.8	0.8	0.1
良性肿瘤计	0.9	1.9	2.3	2.5	1.0	0.6	0.8	0.5	0.8	0.2
内分泌、营养和代谢疾病计	4.7	13.1	18.1	14.3	6.4	1.8	3.0	1.6	1.8	0.6
其中：糖尿病	3.2	9.8	13.2	10.6	5.3	0.9	1.7	0.8	0.7	0.3
血液、造血器官疾病	2.9	3.3	3.3	3.6	3.0	2.7	2.7	3.1	2.8	1.7
精神病小计	1.9	2.4	2.7	2.6	1.8	1.8	2.2	1.7	1.8	1.4
神经系病计	5.0	5.8	5.7	5.8	5.8	4.8	5.6	4.4	5.5	2.7
眼及附器疾病	4.3	9.4	13.2	9.7	4.9	2.5	2.6	2.2	2.8	2.5
耳和乳突疾病	0.9	1.5	1.5	1.7	1.4	0.7	0.9	0.7	0.7	0.5
循环系统疾病	38.8	93.6	122.9	92.9	60.7	20.3	26.7	18.3	20.4	14.5
其中：心脏病	14.2	34.5	45.3	33.5	23.1	7.4	8.7	6.4	6.9	8.5
高血压	15.8	39.3	52.9	42.8	20.7	7.9	11.4	7.5	7.5	4.4
脑血管病	5.9	13.1	15.1	10.9	12.8	3.4	5.0	2.9	3.8	1.1
呼吸系统疾病	19.8	30.7	39.0	26.9	24.5	16.1	16.8	13.6	20.1	11.3
其中:老慢支	12.9	18.7	22.0	16.1	17.3	10.9	11.4	9.2	13.6	7.9
消化系统疾病	32.5	46.4	48.8	47.4	42.7	27.9	30.7	24.0	29.7	27.4
其中：急性胃炎	14.3	16.2	14.5	17.5	17.1	13.6	14.1	11.6	16.1	11.5
肝病硬化	1.7	2.7	2.3	2.1	3.8	1.4	1.5	1.0	1.5	1.7
胆囊疾病	6.4	12.8	16.2	11.6	10.0	4.2	4.4	3.1	3.8	7.3
泌尿生殖系病	8.3	11.8	13.7	10.8	10.4	7.2	6.4	6.6	7.5	8.9
妊娠、分娩病及产褥期并发症	0.1	0.2	0.1	0.2	0.2	0.1	0.2	0.1	0.2	0.1
皮肤皮下组织	2.5	3.6	3.8	4.9	2.1	2.1	2.1	1.9	2.8	1.2
肌肉、骨骼结缔	23.4	35.2	37.5	39.9	28.6	19.4	19.4	16.2	23.8	16.3
其中：类关节炎	11.5	12.8	13.0	11.0	14.1	11.1	8.4	9.3	13.2	14.1
先天异常	0.6	0.6	0.5	0.7	0.7	0.6	0.4	0.5	0.5	1.1
围产期疾病	0.1	0.1	0.0	0.2	0.1	0.1	0.0	0.0	0.1	0.0
损伤和中毒	2.9	3.2	3.6	3.6	2.6	2.7	2.5	2.5	3.5	1.9
其他	0.4	0.5	0.9	0.3	0.3	0.4	0.3	0.5	0.3	0.5

8-6-3 2003年调查地区居民慢性病患病率(‰)

	合计	城市				农村				
		小计	大	中	小	小计	一类	二类	三类	四类
慢性病患病率										
按人数计算	123.3	177.3	207.7	161.8	156.4	104.7	109.7	100.4	107.7	99.0
按例数计算	151.1	239.6	293.0	220.1	196.2	120.5	127.6	113.6	126.1	111.1
分性别慢性病患病率										
男性	133.5	215.4	261.8	200.2	176.5	106.4	112.0	103.2	109.9	96.5
女性	169.0	262.7	322.7	238.8	215.3	135.3	143.5	124.4	143.1	126.6
年龄别慢性病患病率										
0～4岁	6.3	5.3	8.6	3.7	4.3	6.5	9.4	3.8	7.2	6.3
5～14岁	9.6	8.7	6.4	8.0	10.8	9.7	10.2	9.8	10.0	8.6
15～24岁	18.0	14.5	10.4	14.8	18.4	18.9	18.0	17.4	19.6	21.2
25～34岁	58.3	48.9	33.7	35.3	74.6	61.6	41.9	55.4	63.3	94.6
35～44岁	117.1	118.6	104.6	88.6	159.0	116.5	90.5	109.2	127.0	156.5
45～54岁	219.5	261.7	248.6	262.7	277.7	203.1	187.0	192.0	219.9	218.8
55～64岁	362.1	497.1	550.3	497.5	428.7	302.6	283.1	308.0	311.2	305.8
65岁及以上	538.8	777.1	874.9	733.9	626.5	391.7	428.7	367.2	386.4	373.2
疾病别慢性病患病率										
传染病计	2.7	2.4	2.0	1.6	3.5	2.8	1.7	2.6	3.0	4.3
寄生虫病计	0.1	0.2	0.2	0.3	0.1	0.1	0.0	0.2	0.1	0.2
恶性肿瘤计	1.3	2.5	4.1	1.6	1.3	0.8	1.4	1.0	0.6	0.4
良性肿瘤计	0.8	1.1	1.6	0.9	0.8	0.6	0.5	0.7	0.7	0.6
内分泌、营养和代谢疾病计	7.5	20.3	28.4	21.4	10.3	3.1	5.1	2.5	2.9	1.6
其中：糖尿病	5.6	16.3	22.5	17.6	8.3	1.9	3.4	1.5	1.7	1.0
血液、造血器官疾病	1.9	1.6	1.5	0.8	2.3	2.0	1.4	2.8	1.5	2.1
精神病小计	1.9	2.4	3.1	1.6	2.3	1.8	2.3	1.7	1.8	1.0
神经系病计	3.9	4.6	4.7	3.9	5.0	3.7	3.5	3.5	4.6	2.6
眼及附器疾病	2.8	4.6	6.9	3.8	2.7	2.1	2.1	2.1	2.1	2.4
耳和乳突疾病	0.6	0.9	1.1	0.8	0.8	0.5	0.5	0.5	0.4	0.5
循环系统疾病	50.0	105.8	139.0	104.7	69.2	30.8	40.9	28.3	30.1	21.8
其中：心脏病	14.3	32.8	43.9	29.6	23.1	7.9	9.4	6.6	8.1	8.0
高血压	26.2	54.7	74.5	57.0	30.3	16.4	24.5	15.5	13.8	11.8
脑血管病	6.6	13.0	14.0	13.1	11.8	4.4	4.6	4.6	5.6	1.2
呼吸系统疾病	15.5	19.1	23.4	15.3	17.5	14.2	14.8	13.1	15.5	12.5
其中:老慢支	7.5	8.2	12.0	4.8	7.0	7.3	8.3	6.1	8.4	5.5
消化系统疾病	25.5	28.2	27.6	21.2	34.8	24.6	22.7	21.8	26.2	29.2
其中：急性胃炎	10.3	9.8	8.4	7.4	13.3	10.5	9.1	9.2	12.6	10.4
肝病硬化	1.2	1.4	1.2	1.3	1.8	1.1	1.4	0.9	0.6	1.9
胆囊疾病	5.7	8.5	8.4	6.6	10.1	4.7	4.1	2.9	4.6	9.7
泌尿生殖系病	8.4	10.1	11.5	8.7	9.8	7.8	6.3	6.8	8.7	10.4
妊娠、分娩病及产褥期并发症	0.1	0.1	0.2		0.1	0.1	0.1	0.1	0.1	0.3
皮肤皮下组织	1.3	1.8	2.0	1.5	1.7	1.2	1.2	1.4	1.2	0.4
肌肉、骨骼结缔	23.1	29.8	30.9	28.3	29.8	20.8	19.1	21.3	22.9	17.4
其中：类关节炎	8.6	8.4	7.3	6.2	11.6	8.7	5.3	8.5	10.1	11.3
先天异常	0.4	0.4	0.6	0.1	0.5	0.5	0.4	0.4	0.6	0.4
围产期疾病	0.0	0.0			0.1	0.0			0.0	0.0
损伤和中毒	2.1	2.4	2.7	2.4	2.0	2.0	2.4	1.9	2.3	0.9
其他	0.3	0.2	0.3	0.3	0.1	0.3	0.3	0.5	0.1	0.2

8-7 1998年调查地区居民长期失能率及其平均持续时间

	合计	城市				农村				
		小计	大	中	小	小计	一类	二类	三类	四类
失能人数	7314.0	2293.0	923.0	670.0	700.0	5021.0	1084.0	1316.0	1910.0	711.0
失能例数	25384.0	8169.0	3460.0	1995.0	2714.0	17215.0	3796.0	4550.0	6183.0	2686.0
失能率(‰)										
按人数计算	33.9	42.0	44.4	43.0	38.5	31.1	30.0	27.5	35.5	29.9
按例数计算	117.5	149.8	166.6	128.0	149.2	106.6	105.1	95.2	114.9	112.8
各类失能率(‰)										
行走有困难	12.5	15.8	18.1	13.4	15.3	11.3	11.4	9.5	11.2	15.1
起居有困难	11.5	14.0	16.0	10.5	14.8	10.6	10.0	9.2	11.3	13.0
坐椅子困难	9.5	12.0	13.6	9.5	12.4	8.7	8.6	7.6	9.0	10.0
穿衣服困难	9.0	11.4	12.5	8.7	12.4	8.2	8.8	7.0	8.3	9.1
洗脸手困难	7.9	10.1	11.6	7.5	10.7	7.1	7.3	6.3	7.4	8.0
吃东西困难	7.0	9.0	10.3	6.4	9.8	6.3	6.5	5.7	6.5	6.6
上厕所困难	10.7	14.0	15.5	12.3	13.9	9.5	9.9	8.5	9.5	11.1
大小便失禁	6.0	7.6	9.7	6.2	6.5	5.5	5.6	5.1	5.9	5.0
听力障碍	13.5	15.9	17.9	15.6	13.8	12.6	12.3	11.1	15.3	10.1
视力障碍	13.9	18.6	20.8	16.6	17.8	12.4	12.0	11.0	14.5	10.8
语言障碍	4.4	5.5	6.0	4.2	6.1	4.1	4.0	3.5	4.6	4.1
弯腰障碍	11.7	15.7	14.7	17.1	15.7	10.4	11.4	8.8	11.3	9.9
失能程度构成(%)										
行动有困难	61.8	55.8	54.0	59.4	54.9	64.5	62.1	64.1	67.2	61.7
有困难要帮	38.2	44.2	46.1	40.6	45.1	35.5	37.9	35.9	32.8	38.3
调查前半年内失能平均持续月数	1.2	1.5	1.2	1.3	3.2	1.1	1.9	0.7	1.0	1.7

8-8 1998年调查地区居民残障流行率及其严重程度

	合计	城市				农村				
		小计	大	中	小	小计	一类	二类	三类	四类
残障例数	2692	916	380	232	304	1776	418	461	527	370
残障流行率	12.5	16.8	18.3	14.9	16.7	11.0	11.6	9.7	9.8	15.5
男性	11.5	15.5	16.7	13.8	15.5	10.1	10.1	9.0	9.3	14.5
女性	13.5	18.0	19.7	15.9	17.9	11.9	13.1	10.3	10.3	16.5
残障程度构成(%)										
严重	30.4	30.9	32.9	27.6	30.9	30.2	30.4	33.0	30.0	26.8
中度	26.6	23.6	23.7	24.1	23.0	28.2	29.2	24.5	30.7	27.8
轻度	43.0	45.5	43.4	48.3	46.1	41.7	40.4	42.5	39.3	45.4
调查前半年内残障平均持续月数	4.0	4.4	4.4	4.4	4.5	3.8	3.8	3.9	4.0	3.4
严重	3.6	4.1	4.1	4.1	4.2	3.3	3.3	3.3	3.2	3.2
中度	3.7	4.1	4.3	3.8	4.1	3.6	3.5	3.5	3.8	3.5
轻度	4.5	4.8	4.7	4.8	4.8	4.4	4.4	4.5	4.9	3.5

8-9 2002年中国城乡居民性别年龄别平均身高和体重

年龄	身高(cm)				体重(kg)			
	城市男性	城市女性	农村男性	农村女性	城市男性	城市女性	农村男性	农村女性
1月～	56.1	55.7	56.3	55.3	5.3	5.3	5.4	5.2
2月～	59.6	58.5	58.1	56.5	6.3	6.0	6.2	5.6
3月～	63.8	60.8	61.3	59.9	7.1	6.8	6.9	6.3
4月～	63.3	63.4	63.3	63.3	7.6	6.8	7.5	7.3
5月～	67.4	66.0	65.9	64.0	8.3	7.6	8.0	7.4
6月～	69.1	67.8	67.8	66.4	8.7	8.3	8.6	8.1
8月～	72.0	69.9	71.2	70.1	9.5	9.0	9.2	8.7
10月～	74.6	72.5	72.8	71.7	10.2	9.1	9.5	8.9
12月～	76.8	75.3	74.4	73.6	10.4	9.9	9.9	9.6
15月～	79.5	78.3	78.1	75.9	10.8	10.1	10.5	9.8
18月～	82.3	81.0	80.5	78.9	11.7	11.0	11.0	10.4
21月～	85.5	84.0	82.8	81.5	12.4	11.6	11.7	11.1
2岁～	90.1	89.0	87.6	86.2	13.5	12.7	12.8	11.9
3岁～	99.7	98.8	95.1	94.2	16.0	15.4	14.3	13.8
4岁～	106.0	105.0	101.8	101.0	17.8	17.0	16.0	15.5
5岁～	112.2	111.5	108.2	107.4	19.7	19.0	17.7	17.1
6岁～	118.4	117.0	113.1	112.9	22.2	21.1	19.4	18.7
7岁～	124.0	122.6	119.6	118.2	24.8	23.2	21.7	20.6
8岁～	129.0	128.3	124.6	123.8	27.2	26.0	23.9	22.9
9岁～	129.0	133.5	129.1	128.8	30.4	28.6	26.1	25.4
10岁～	139.6	139.9	134.2	134.3	33.8	32.8	28.6	28.2
11岁～	144.9	145.8	139.2	140.0	37.4	36.7	31.9	31.8
12岁～	149.5	150.5	144.5	145.4	40.5	40.5	35.4	35.8
13岁～	156.6	154.5	149.9	150.1	44.9	44.5	39.3	40.5
14岁～	162.0	157.2	157.2	153.2	49.4	47.2	45.1	44.1
15岁～	167.6	158.3	161.4	154.8	55.2	50.8	48.6	46.7
16岁～	168.4	158.8	165.2	156.0	57.2	52.2	53.0	49.2
17岁～	170.2	158.6	166.3	157.0	58.7	51.9	54.9	51.2
18岁～	170.8	158.8	167.2	157.5	60.9	51.9	56.8	51.7
19岁～	170.4	159.6	168.3	157.0	61.2	51.8	58.8	52.3
20岁～	170.2	158.7	167.7	156.4	65.7	53.7	61.8	52.7
30岁～	168.7	157.6	166.6	155.5	67.5	56.7	63.2	54.7
40岁～	167.8	156.7	165.4	154.5	67.7	59.2	62.1	56.0
50岁～	166.5	155.0	164.1	153.1	67.2	60.2	60.5	55.0
60岁～	165.6	153.6	162.6	150.8	66.6	59.0	58.2	51.4
70岁～	163.6	150.6	160.9	148.8	63.5	55.0	55.5	48.6
80岁～	161.4	148.5	159.8	146.6	59.4	48.8	53.5	46.1

8-10-1 城乡居民每人每日营养素摄入量

年	合计			城市			农村		
	1982	1992	2002	1982	1992	2002	1982	1992	2002
能量(卡)	2491.3	2328.3	2250.5	2450.0	2394.6	2134.0	2509.0	2294.0	2295.5
蛋白质(克)	66.7	68.0	65.9	66.8	75.1	69.0	66.6	64.3	64.6
脂肪(克)	48.1	58.3	76.2	68.3	77.7	85.5	39.6	48.3	72.7
碳水化合物			321.2			268.3			341.6
糖(克)	443.4	378.4		101.0	340.5		489.7	397.9	
膳食纤维(克)	8.1	13.3	12.0	6.8	11.6	11.1	8.7	14.1	12.4
视黄醇(微克)	53.8	156.5	151.1	103.9	277.0	223.6	32.7	94.2	123.1
视黄醇当量(微克)	119.5	476.0	469.2	147.3	605.5	547.2	107.8	409.0	439.1
硫胺素(毫克)	2.5	1.2	1.0	2.1	1.1	1.0	2.6	1.2	1.0
核黄素(毫克)	0.9	0.8	0.8	0.8	0.9	0.9	0.9	0.7	0.7
维生素E(毫克)			35.6			37.3			35.0
钾(毫克)			1700.1			1722.4			1691.5
钠(毫克)			6268.2			6007.7			6368.8
钙(毫克)	694.5	405.4	388.8	563.0	457.9	438.6	750.0	378.2	369.6
铁(毫克)	37.3	23.4	23.2	34.2	25.5	23.7	38.6	22.4	23.1
锌(毫克)			11.3			11.5			11.2
铜(毫克)			2.2			2.3			2.2
硒(毫克)			39.9			46.5			37.4
磷(毫克)	1623.2	1057.8	978.8	1574.0	1077.4	973.2	1644.0	1047.6	981.0

8-10-2 城乡居民膳食结构(%)

年	合计		城市		农村	
	1992	2002	1992	2002	1992	2002
能量的食物来源						
谷类	66.8	57.9	57.4	48.5	71.7	61.5
豆类	1.8	2.6	2.1	2.7	1.7	2.6
薯类	3.1	2.0	1.7	1.4	3.9	2.2
动物性食物	9.3	12.6	15.2	17.6	6.2	10.7
纯热能食物	11.6	17.3	14.3	19.3	10.2	16.5
其他	7.4	7.6	9.4	10.5	6.4	6.5
能量的营养素来源						
蛋白质	11.8	11.8	12.7	13.1	11.3	11.3
脂肪	22.0	29.6	28.4	35.0	18.6	27.5
蛋白质的食物来源						
谷类	61.6	52.0	48.8	40.7	68.3	56.5
豆类	5.1	7.5	5.8	7.3	4.8	7.6
动物性食物	18.9	25.1	31.5	35.8	12.4	21.0
其他	14.4	15.3	14.0	16.3	14.6	15.0
脂肪的食物来源						
动物性食物	37.2	39.2	38.7	36.2	36.3	40.4
植物性食物	62.8	60.8	61.3	63.8	63.7	59.6

8-10-3 城乡居民每人每日食物摄入量(克)

	合计			城市			农村		
	1982	1992	2002	1982	1992	2002	1982	1992	2002
米及其制品	217.0	226.7	238.3	217.0	223.1	217.8	217.0	255.8	246.2
面及其制品	189.2	178.7	140.2	218.0	165.3	131.9	177.0	189.1	143.5
其他谷类	103.5	34.5	23.6	24.0	17.0	16.3	137.0	40.9	26.4
薯类	179.9	86.6	49.1	66.0	46.0	31.9	228.0	108.0	55.7
干豆类	8.9	3.3	4.2	6.1	2.3	2.6	10.1	4.0	4.8
豆制品	4.5	7.9	11.8	8.2	11.0	12.9	2.9	6.2	11.4
深色蔬菜	79.3	102.0	90.8	68.0	98.1	88.1	84.0	107.1	91.8
浅色蔬菜	236.8	208.3	185.4	234.0	221.2	163.8	238.0	199.6	193.8
腌菜	14.0	9.7	10.2	12.1	8.0	8.4	14.8	10.8	10.9
水果	37.4	49.2	45.0	68.3	80.1	69.4	24.4	32.0	35.6
坚果	2.2	3.1	3.8	3.5	3.4	5.4	1.7	.3.0	3.2
奶及其制品	8.1	14.9	26.5	9.9	36.1	65.8	7.3	3.8	11.4
蛋及其制品	7.3	16.0	23.7	15.5	29.4	33.2	3.8	8.8	20.0
畜禽类	34.2	58.9	78.6	62.0	100.5	104.5	22.5	37.6	68.7
鱼虾类	11.1	27.5	29.6	21.6	44.2	44.9	6.6	19.2	23.7
植物油	12.9	22.4	32.9	21.2	32.4	40.2	9.3	17.1	30.1
动物油	5.3	7.1	8.7	4.6	4.5	3.8	5.6	8.5	10.6
糕点类			9.2			17.2			6.2
淀粉及糖	5.4	4.7	4.4	10.7	7.7	5.2	3.1	3.0	4.1
食盐	12.7	13.9	12.0	11.4	13.3	10.9	13.2	13.9	12.4
酱油	14.2	12.6	8.9	32.5	15.9	10.6	6.5	10.6	8.2
酒类	3.2	2.2		4.4	2.9		3.6	1.8	
其他	9.2	11.5		11.0	20.6		9.8	6.6	

九、疾病控制与公共卫生

简要说明

一、本章主要介绍全国及31个省、自治区、直辖市疾病控制与公共卫生情况，包括：法定报告传染病发病及死亡率，儿童疫苗接种率，高血压病发病率，血吸虫病、寄生虫病和地方病防治情况，农村改水和改厕进展，居民吸烟及戒烟情况等。

二、传染病发病率、死亡率、病死率数据来源于法定报告传染病统计年报资料；血吸虫病、寄生虫和地方病防治情况来源于寄生虫和地方病统计年报资料；儿童疫苗接种率来源于计划免年度统计报告，农村改水和改厕进展来源于爱卫会农村改水、改厕统计年报资料。高血压病发病率来源于1979/1980、1991年《全国高血压抽样调查》；居民吸烟及戒烟情况数据来源于1996年《全国居民吸烟调查报告》。

三、随着新的传染性疾病的出现和流行，甲、乙类法定报告传染病病种有所调整。1989年及以前法定报告传染病包括鼠疫、副霍乱、白喉、流脑、百日咳、猩红热、麻疹、流感、痢疾、伤寒副伤寒、病毒性肝炎、脊髓灰质炎、乙脑、疟疾、黑热病、森林脑炎、恙虫病、出血热和钩端螺旋体病19种。根据1989年颁布的《中华人民共和国传染病防治法》，1990～1995年甲、乙类法定报告传染病包括鼠疫、霍乱、病毒性肝炎、痢疾、伤寒和副伤寒、艾滋病、淋病、梅毒、脊髓灰质炎、麻疹、百日咳、白喉、流脑、猩红热、流行性出血热、狂犬病、钩端螺旋体病、布鲁菌病、炭疽、流行性和地方性斑疹伤寒、流行性乙型脑炎、黑热病、疟疾、登革热25种。1996年乙类传染病增加新生儿破伤风和肺结核；2002年增加HIV感染者；2003年增加传染性非典型肺炎。

四、建国初期及60年代末至70年代初期，各地疫情报告系统不够健全，传染病发病和死亡漏报情况比较严重。

五、本篇“农村总户数”系爱卫会统计数字，仅用于计算农村卫生厕所普及率。

主要统计指标解释

法定报告传染病发病率　是指某年某地区每10万人口中甲、乙类法定报告传染病发病数。即法定报告传染病发病率＝甲、乙类法定报告传染病发病数/人口数×100000。

法定报告传染病死亡率　是指某年某地区每10万人口中甲、乙类法定报告传染病死亡数。即法定报告传染病死亡率＝甲、乙类法定报告传染病死亡数/人口数×100000。

法定报告传染病病死率　是指某年某地区甲、乙类法定报告传染病死亡数与发病数之比。即法定报告传染病病死率＝甲、乙类法定报告传染病死亡数/发病数×100%。

一岁儿童免疫接种率　是指按照儿童免疫程序进行合格接种的人数占全部应接种人数的百分比。

克山病病区县数、乡数　是指本年经省级及以上主管部门根据《克山病病区划定和类型划分标准（GB17020－1997）》判定的病区县数及历史上已定为病区县数、乡数之和。

克山病已控制县数　是指年底前达到《克山病基本控制标准（GB17019－1997）》的病区县数。

大骨节病病区县数　是指省级及以上主管部门根据《大骨节病病区判定和划分标准

(GB16395－1996)》判定的县数及历史上已定为病区县数之和。

大骨节病已控制县数 是指年底前达到《大骨节病病区控制及考核验收办法（GB16007－1995)》的病区县数。

大骨节病临床Ⅰ°以上病人数 是指年底实有Ⅰ°以上病人总数及病人总数中12岁以下病人数。

碘缺乏病基本消除县数 是指通过国家评估组评估达到基本消除标准的县数。

碘缺乏病消除县数 是指通过国家评估组评估达到消除标准的县数。

居民户合格碘盐食用率 是指碘含量20～50mg/kg盐样份数占检测份数的百分率。

居民户非碘盐率 是指碘含量<5mg/kg盐样份数占检测份数的百分率。

地方性氟中毒病区县数 是指本年经省级及以上主管部门根据《地方性氟中毒病区划分标准GB17018－1997》判定的县数及历史上已定为病区县数之和。

地方性氟中毒病区村 是指按《地方性氟中毒病区划分标准（GB17018－1997)》划分的，由省级及以上主管部门认定的，在自然地理、地域上独立的自然村（屯）。

地方性氟中毒基本控制县数 是指按《地方性氟中毒病区控制标准（GB17017－1997)》，经省级主管部门考核达到基本控制标准的县数。

地方性氟中毒改水受益人口 是指历年累计完成改水村受益人口总数减去因设备报废或改水后水氟含量达不到要求的村人口数。

改炉改灶受益人口 是指历年累计改炉改灶受益人口总数减去因炉灶报废或废弃不用户的人口数。

地方性砷中毒（水型）病区县数 是指本年经省级及以上主管部门根据地方性砷中毒防治工作标准划分的县数及历史上已定为病区县数。

地方性砷中毒（水型）轻病区 水砷含量大于0.05小于等于0.2mg/L，患病率<10%的病区村。

地方性砷中毒（水型）中病区 水砷含量大于0.2小于等于0.5mg/L，患病率在10%～30%的病区村。

地方性砷中毒（水型）重病区 水砷含量大于0.5mg/L以上，患病率>30%的病区村。

地方性砷中毒（燃煤污染型）病区县数 是指本年经省级及以上主管部门根据地方性砷中毒防治工作标准划分的县数及历史上已定为病区县。

地方性砷中毒（燃煤污染型）病区村数 是指按地方性砷中毒防治工作标准划分的，由省级及以上主管部门认定的轻、中、重病区村数。

地方性砷中毒（燃煤污染型）病区户数 是指按地方性砷中毒防治工作标准划分的，由省级及以上主管部门认定轻、中、重病区村的总户数。

改炉改灶受益人口 是指历年累计改炉改灶受益人口总数减去因炉灶报废或废弃不用户的人口数。

农村自来水普及率 是指农村饮用自来水人口数占当地农村人口总数的百分比。

卫生厕所普及率 是指使用各种类型卫生厕所农户数占当地农村总户数的百分比。卫生厕所的标准是：厕所有墙、有顶，厕坑及贮粪池不渗漏，厕内清洁，无蝇蛆，基本无臭，贮粪池密闭有盖，粪便及时清除并进行无害化处理。

粪便无害化处理率 即（累计卫生厕所户数＋累计使用卫生公厕户数）/农村总户数×100%。

9-1-1　2005年甲、乙类法定报告传染病发病率、死亡率及病死率排序

顺位	发病		死亡		病死	
	疾病名称	发病率(1/10万)	疾病名称	死亡率(1/10万)	疾病名称	病死率(%)
1	肺结核	96.31	肺结核	0.26	狂犬病	100.00
2	病毒性肝炎	91.42	狂犬病	0.19	人禽流感	71.43
3	细菌性和阿米巴性痢疾	34.92	艾滋病	0.10	鼠疫	30.00
4	淋病	13.79	病毒性肝炎	0.09	艾滋病	23.41
5	梅毒	9.67	新生儿破伤风	0.02	新生儿破伤风	11.08
6	麻疹	9.42	流行性出血热	0.02	流行性脑脊髓膜炎	8.89
7	疟疾	3.03	流行性乙型脑炎	0.02	流行性乙型脑炎	4.20
8	伤寒和副伤寒	2.65	流行性脑脊髓膜炎	0.02	钩端螺旋体病	3.18
9	猩红热	1.92	细菌性和阿米巴性痢疾	0.01	登革热	2.50
10	流行性出血热	1.60	梅毒	0.01	炭疽	2.26
11	布鲁菌病	1.41	麻疹	0.00	流行性出血热	1.30
12	艾滋病	0.43	疟疾	0.00	霍乱	0.41
13	流行性乙型脑炎	0.39	钩端螺旋体病	0.00	肺结核	0.27
14	百日咳	0.29	伤寒和副伤寒	0.00	疟疾	0.11
15	血吸虫	0.24	炭疽	0.00	病毒性肝炎	0.10
16	狂犬病	0.19	人禽流感	0.00	血吸虫	0.06
17	新生儿破伤风	0.19	布鲁菌病	0.00	梅毒	0.06
18	流行性脑脊髓膜炎	0.18	霍乱	0.00	百日咳	0.05
19	钩端螺旋体病	0.11	猩红热	0.00	麻疹	0.04
20	霍乱	0.07	百日咳	0.00	伤寒和副伤寒	0.04
21	炭疽	0.04	血吸虫	0.00	细菌性和阿米巴性痢疾	0.03
22	登革热	0.00	鼠疫	0.00	布鲁菌病	0.02
23	鼠疫	0.00	淋病	0.00	猩红热	0.01
24	人禽流感	0.00	登革热	0.00	淋病	0.00
25	白喉	0.00	白喉	0.00	白喉	0.00
26	脊髓灰质炎	.	脊髓灰质炎	.	脊髓灰质炎	.
27	传染性非典型肺炎	.	传染性非典型肺炎	.	传染性非典型肺炎	.

注:①新生儿破伤风发病率和死亡率单位为‰;②“.”表示数值为“0”。

9-1-2 甲、乙类法定报告传染病发病率、死亡率及病死率

年份	总计			鼠疫			霍乱			病毒性肝炎		
	发病率 1/10万	死亡率 1/10万	病死率 (%)	发病率 1/10万	死亡率 1/10万	病死率 (%)	发病率 1/10万	死亡率 1/10万	病死率 (%)	发病率 1/10万	死亡率 1/10万	病死率 (%)
1950	163.37	6.70	4.09	0.68	0.25	35.65	.	.	.	.	.	.
1955	2139.69	18.43	0.86	0.01	0.00	47.83	.	.	.	.	.	.
1960	2448.35	7.47	0.31	0.01	0.01	54.39	.	.	.	.	0.16	0.33
1965	3501.36	18.71	0.53	0.00	0.00	64.71	0.01	0.00	2.25	61.84	0.23	0.38
1970	7061.86	7.73	0.11	0.01	0.00	9.62	.	.	.	32.23	0.15	0.45
1975	5070.27	7.40	0.15	0.00	0.00	.	0.07	0.00	0.15	85.15	0.22	0.26
1976	3254.00	6.29	0.19	0.00	0.00	100.00	0.02	0.00	0.45	72.20	0.19	0.27
1977	3816.78	6.51	0.17	0.00	0.00	71.43	0.26	0.02	0.89	103.20	0.19	0.19
1978	2373.07	4.86	0.20	0.00	0.00	50.00	1.60	0.02	1.38	92.39	0.18	0.20
1979	2067.38	4.39	0.21	0.00	0.00	75.00	3.55	0.04	1.09	103.54	0.19	0.18
1980	2079.79	3.76	0.18	0.00	0.00	66.67	4.16	0.03	0.66	111.47	0.18	0.18
1981	1884.43	3.51	0.19	0.00	.	.	3.84	0.04	0.96	106.01	0.21	0.19
1982	1532.85	3.16	0.21	0.00	0.00	66.67	1.40	0.01	0.69	91.57	0.21	0.22
1983	1302.95	2.68	0.21	0.00	0.00	60.00	1.78	0.01	0.64	72.44	0.18	0.25
1984	1043.22	2.59	0.25	0.00	0.00	0.00	1.63	0.01	0.57	67.87	0.20	0.29
1985	874.82	2.41	0.28	0.00	0.00	33.33	0.63	0.01	1.13	76.68	0.22	0.29
1986	725.91	1.97	0.27	0.00	0.00	37.50	1.04	0.01	0.76	97.27	0.20	0.21
1987	558.74	1.83	0.33	0.00	0.00	33.33	0.52	0.00	0.62	108.23	0.23	0.21
1988	465.89	1.49	0.32	0.00	0.00	66.67	0.67	0.01	1.23	132.47	0.19	0.14
1989	339.26	1.26	0.37	0.00	0.00	50.00	0.51	0.00	1.03	113.11	0.15	0.13
1990	297.24	1.17	0.40	0.01	0.00	2.70	0.06	0.00	0.78	117.57	0.16	0.14
1991	284.50	0.87	0.29	0.00	0.00	33.30	0.02	0.00	0.00	116.87	0.14	0.12
1992	235.91	0.55	0.23	0.00	0.00	13.89	0.04	0.00	0.47	109.12	0.11	0.11
1993	189.49	0.47	0.25	0.00	0.00	16.67	0.95	0.01	1.28	88.77	0.10	0.12
1994	196.12	0.46	0.24	0.00	0.00	50.00	2.96	0.03	0.92	73.52	0.09	0.12
1995	176.37	0.34	0.19	0.00	0.00	0.00	0.95	0.01	0.93	63.63	0.09	0.14
1996	166.10	0.33	0.20	0.01	0.00	4.20	0.31	0.00	0.99	63.41	0.08	0.13
1997	199.29	0.43	0.21	0.00	0.00	0.00	0.10	0.00	2.54	66.05	0.09	0.14
1998	204.39	0.41	0.20	0.00	0.00	19.05	0.97	0.02	2.12	65.78	0.07	0.11
1999	204.44	0.41	0.18	0.00	0.00	38.46	0.42	0.00	1.08	71.68	0.06	0.09
2000	192.59	0.36	0.19	0.02	0.00	0.79	0.15	0.00	0.60	64.91	0.07	0.10
2001	191.09	0.36	0.19	0.01	0.00	5.56	0.22	0.00	0.53	65.46	0.06	0.09
2002	182.25	0.39	0.21	0.01	.	.	0.05	0.00	0.75	66.10	0.08	0.12
2003	192.18	0.48	0.25	0.00	0.00	7.69	0.02	0.00	0.41	68.55	0.08	0.12
2004	244.66	0.55	0.22	0.00	0.00	40.91	0.02	0.00	0.41	88.69	0.08	0.09
2005	268.31	0.76	0.28	0.00	0.00	30.00	0.07	0.00	0.41	91.42	0.09	0.10

注:“.”表示数值为“0”。

9-1-2　续表1

年份	细菌性和阿米巴性痢疾			伤寒副伤寒			艾滋病			HIV感染者		
	发病率 1/10万	死亡率 1/10万	病死率 (%)	发病率 1/10万	死亡率 1/10万	病死率 (%)	发病率 1/10万	死亡率 1/10万	病死率 (%)	发病率 1/10万	死亡率 1/10万	病死率 (%)
1950	46.37	1.96	4.22	8.17	0.78	9.54	.	.	.	.	.	.
1955	319.42	1.91	0.60	8.69	0.19	2.19	.	.	.	.	.	.
1960	438.88	1.88	0.43	37.75	0.55	1.45	.	.	.	.	.	.
1965	424.89	0.96	0.23	16.06	0.09	0.56	.	.	.	.	.	.
1970	352.15	0.48	0.14	9.96	0.03	0.30	.	.	.	.	.	.
1975	1000.70	1.44	0.14	9.61	0.03	0.32	.	.	.	.	.	.
1976	712.90	0.91	0.13	7.68	0.03	0.35	.	.	.	.	.	.
1977	729.11	0.83	0.11	12.82	0.04	0.29	.	.	.	.	.	.
1978	676.06	0.82	0.12	15.58	0.05	0.29	.	.	.	.	.	.
1979	589.62	0.78	0.13	10.53	0.04	0.34	.	.	.	.	.	.
1980	568.99	0.52	0.09	11.94	0.04	0.33	.	.	.	.	.	.
1981	671.37	0.56	0.08	12.72	0.04	0.32	.	.	.	.	.	.
1982	617.23	0.36	0.06	14.25	0.04	0.25	.	.	.	.	.	.
1983	482.80	0.30	0.06	11.24	0.03	0.27	.	.	.	.	.	.
1984	376.75	0.21	0.05	9.75	0.25	0.25	.	.	.	.	.	.
1985	316.72	0.23	0.07	8.35	0.02	0.29	.	.	.	.	.	.
1986	299.84	0.25	0.08	9.76	0.04	0.40	.	.	.	.	.	.
1987	230.67	0.24	0.11	13.02	0.04	0.34	.	.	.	.	.	.
1988	190.06	0.21	0.11	14.01	0.03	0.22	.	.	.	.	.	.
1989	132.47	0.14	0.10	10.83	0.04	0.32	.	.	.	.	.	.
1990	127.44	0.17	0.13	10.32	0.02	0.24	0.00	0.00	.	.	.	.
1991	115.58	0.10	0.09	10.45	0.03	0.29	0.00	0.00	.	.	.	.
1992	79.55	0.06	0.08	7.91	0.01	0.16	0.00	0.00	66.67	.	.	.
1993	54.50	0.04	0.07	7.51	0.01	0.17	0.00	0.00	45.00	.	.	.
1994	74.84	0.02	0.06	7.75	0.00	0.17	0.00	0.00	84.62	.	.	.
1995	73.30	0.04	0.05	6.10	0.01	0.17	0.00	0.00	69.70	.	.	.
1996	66.31	0.03	0.05	5.61	0.01	0.17	0.00	0.00	46.67	.	.	.
1997	59.65	0.03	0.05	4.83	0.01	0.15	0.01	0.01	65.04	0.15	0.00	0.00
1998	55.34	0.03	0.05	4.80	0.01	0.20	0.00	0.00	17.33	0.10	0.00	.
1999	48.30	0.02	0.10	4.08	0.00	70.59	0.02	0.01	0.00	0.18	0.00	0.00
2000	40.79	0.01	0.03	4.19	0.00	0.09	0.02	0.01	57.82	0.20	0.00	0.00
2001	39.86	0.01	0.03	5.07	0.00	0.06	0.04	0.02	56.18	0.30	0.00	0.00
2002	36.23	0.02	0.05	4.47	0.00	0.07	0.06	0.02	38.25	0.33	.	.
2003	34.52	0.02	0.05	4.17	0.00	0.06	0.08	0.03	33.10	.	.	.
2004	38.30	0.01	0.03	3.80	0.00	0.04	0.23	0.06	24.26	1.02	0.00	0.02
2005	34.92	0.01	0.03	2.65	0.00	0.04	0.43	0.10	23.41	.	.	.

9-1-2 续表2

年份	淋病			梅毒			脊髓灰质炎			麻疹		
	发病率 1/10万	死亡率 1/10万	病死率 (%)	发病率 1/10万	死亡率 1/10万	病死率 (%)	发病率 1/10万	死亡率 1/10万	病死率 (%)	发病率 1/10万	死亡率 1/10万	病死率 (%)
1950	.	.	.	.	.	.	.	.	.	44.08	2.85	6.46
1955	.	.	.	.	.	.	.	0.02	6.09	701.23	12.24	1.75
1960	.	.	.	.	.	.	2.40	0.09	3.64	157.51	1.60	1.01
1965	.	.	.	.	.	.	4.06	0.08	2.06	1265.74	9.19	0.73
1970	.	.	.	.	.	.	2.56	0.03	1.35	450.47	1.83	0.41
1975	.	.	.	.	.	.	0.84	0.02	1.94	277.57	1.63	0.59
1976	.	.	.	.	.	.	0.50	0.01	2.62	273.56	1.20	0.44
1977	.	.	.	.	.	.	0.79	0.02	2.86	278.26	1.24	0.45
1978	.	.	.	.	.	.	1.09	0.03	2.49	249.44	1.01	0.40
1979	.	.	.	.	.	.	0.57	0.01	2.63	178.31	0.79	0.44
1980	.	.	.	.	.	.	0.76	0.02	2.31	114.88	0.50	0.44
1981	.	.	.	.	.	.	0.97	0.02	2.59	101.46	0.42	0.42
1982	.	.	.	.	.	.	0.77	0.02	2.03	88.96	0.51	0.58
1983	.	.	.	.	.	.	0.32	0.01	1.73	76.92	0.40	0.51
1984	.	.	.	.	.	.	0.16	0.00	3.08	60.42	0.28	0.47
1985	.	.	.	.	.	.	0.15	0.01	6.18	40.37	0.26	0.63
1986	.	.	.	.	.	.	0.17	0.02	11.00	18.97	0.08	0.42
1987	.	.	.	.	.	.	0.09	0.00	4.23	9.88	0.02	0.21
1988	.	.	.	.	.	.	0.06	0.00	0.45	8.90	0.05	0.55
1989	.	.	.	.	.	.	0.42	0.01	2.64	7.77	0.03	0.42
1990	6.95	0.00	.	0.09	0.00	.	0.46	0.01	2.03	7.71	0.02	0.22
1991	7.28	0.00	0.00	0.07	0.00	0.00	0.17	0.01	3.17	10.78	0.03	0.29
1992	7.77	0.00	0.00	0.09	0.00	0.19	0.10	0.00	2.69	12.10	0.03	0.29
1993	9.17	0.00	0.00	0.11	0.00	0.08	0.05	0.00	4.83	10.16	0.03	0.32
1994	10.78	0.00	0.00	0.19	0.00	0.00	0.02	0.00	2.30	7.33	0.02	0.29
1995	11.66	0.00	0.00	0.54	0.00	0.00	0.01	0.00	4.84	4.83	0.01	0.19
1996	11.50	0.00	0.00	1.00	0.00	0.00	0.00	0.00	0.00	6.27	0.01	0.21
1997	13.77	0.00	0.00	1.77	0.00	0.03	0.00	0.00	0.00	6.86	0.02	0.30
1998	19.12	0.00	0.00	3.07	0.00	0.01	0.00	0.00	.	4.54	0.01	0.23
1999	22.78	0.00	0.00	4.90	0.00	0.00	0.00	0.00	0.00	4.98	0.01	0.25
2000	18.64	0.00	0.02	5.08	0.00	0.00	0.00	0.00	0.00	5.93	0.01	0.22
2001	14.80	0.00	0.00	4.80	0.00	0.01	0.00	0.00	0.00	7.15	0.01	0.18
2002	13.28	0.00	0.01	4.67	0.00	0.03	.	.	.	4.76	0.01	0.22
2003	14.09	0.00	0.00	4.50	0.00	0.05	5.55	0.01	0.11	0.00	0.00	0.00
2004	17.34	0.00	0.00	7.12	0.00	0.04	0.00	0.00	.	5.43	0.00	0.04
2005	13.79	0.00	0.00	9.67	0.01	0.06	0.00	0.00	.	9.42	0.00	0.04

9-1-2　续表3

年份	百日咳			白喉			流行性脑脊髓膜炎			猩红热		
	发病率 1/10万	死亡率 1/10万	病死率 (%)	发病率 1/10万	死亡率 1/10万	病死率 (%)	发病率 1/10万	死亡率 1/10万	病死率 (%)	发病率 1/10万	死亡率 1/10万	病死率 (%)
1950	.	.	.	3.97	0.41	10.40	1.94	0.32	16.54	0.59	0.05	8.34
1955	133.82	0.99	0.74	9.74	1.25	12.78	1.94	0.37	19.07	8.72	0.24	2.75
1960	87.77	0.36	0.42	23.09	1.62	7.00	6.91	0.65	9.35	6.38	0.02	0.37
1965	188.79	0.51	0.27	13.69	1.35	9.87	71.59	4.33	6.04	13.75	0.02	0.11
1970	152.23	0.25	0.17	3.34	0.28	8.53	20.97	1.59	7.59	7.22	0.00	0.05
1975	196.56	0.22	0.11	4.16	0.34	8.11	25.11	1.34	5.32	8.99	0.01	0.15
1976	143.36	0.13	0.09	2.56	0.23	8.84	40.44	2.08	5.14	7.41	0.01	0.15
1977	152.98	0.13	0.09	3.26	0.25	7.74	59.44	2.46	4.14	9.48	0.01	0.10
1978	125.95	0.14	0.11	2.11	0.18	8.45	32.18	1.34	4.17	14.69	0.01	0.08
1979	76.24	0.09	0.12	1.75	0.13	7.64	27.97	1.08	3.85	15.30	0.01	0.07
1980	62.82	0.05	0.08	1.00	0.09	9.38	23.44	0.91	3.89	10.95	0.01	0.06
1981	51.25	0.06	0.12	0.85	0.08	9.88	13.21	0.54	4.08	8.65	0.06	0.05
1982	42.07	0.05	0.11	0.65	0.07	11.40	8.65	0.43	4.97	6.68	0.00	0.06
1983	32.62	0.03	0.09	0.71	0.07	10.24	7.81	0.39	4.98	5.14	0.00	0.06
1984	21.06	0.03	0.15	0.33	0.04	10.88	11.69	0.58	4.95	5.76	0.00	0.08
1985	14.22	0.02	0.16	0.14	0.08	12.93	10.73	0.59	5.50	5.95	0.00	0.03
1986	8.02	0.01	0.12	0.08	0.01	13.09	7.56	0.44	5.87	4.84	0.00	0.03
1987	5.61	0.01	0.18	0.04	0.00	17.33	3.21	0.21	6.64	4.36	0.00	0.03
1988	3.06	0.01	0.24	0.03	0.00	12.36	2.00	0.15	7.80	3.98	0.00	0.02
1989	2.46	0.00	0.18	0.03	0.01	16.91	1.33	0.10	7.19	4.14	0.00	0.02
1990	1.80	0.00	0.17	0.04	0.01	15.91	0.89	0.07	7.68	2.70	0.00	0.00
1991	0.93	0.00	0.20	0.02	0.00	21.21	0.69	0.05	6.91	2.78	0.00	0.04
1992	0.97	0.00	0.16	0.01	0.00	13.70	0.61	0.04	7.07	3.62	0.00	0.01
1993	0.79	0.00	0.12	0.01	0.00	19.36	0.48	0.03	5.92	3.38	0.00	0.03
1994	0.67	0.00	0.59	0.01	0.00	10.62	0.55	0.03	5.77	2.07	0.00	0.02
1995	0.50	0.00	0.15	0.01	0.00	15.85	0.52	0.03	6.02	1.35	0.00	0.01
1996	0.43	0.00	0.18	0.00	0.00	23.53	0.52	0.03	5.58	1.11	0.00	0.01
1997	0.75	0.00	0.20	0.00	0.00	15.15	0.41	0.02	5.85	1.22	0.00	0.02
1998	0.59	0.00	0.11	0.00	0.00	10.00	0.31	0.02	6.32	1.24	0.00	0.01
1999	0.50	0.00	0.15	0.00	0.00	6.25	0.24	0.01	5.71	1.23	0.00	0.03
2000	0.46	0.00	0.14	0.00	0.00	0.00	0.19	0.01	5.67	1.08	0.00	0.02
2001	0.51	0.00	0.08	0.00	0.00	0.00	0.18	0.01	5.02	0.94	0.00	0.03
2002	0.49	0.00	0.08	0.00	0.00	22.22	0.19	0.01	5.02	1.14	0.00	0.01
2003	0.41	0.00	0.05	0.00	0.00	33.33	0.19	0.01	5.48	0.75	0.00	0.01
2004	0.36	0.00	0.19	0.00	0.00	.	0.21	0.01	6.12	1.46	0.00	0.01
2005	0.29	0.00	0.05	0.00	0.00	.	0.18	0.02	8.89	1.92	0.00	0.01

9-1-2 续表4

年份	流行性出血热			狂犬病			钩端螺旋体病			布鲁菌病		
	发病率 1/10万	死亡率 1/10万	病死率 (%)	发病率 1/10万	死亡率 1/10万	病死率 (%)	发病率 1/10万	死亡率 1/10万	病死率 (%)	发病率 1/10万	死亡率 1/10万	病死率 (%)
1950	.	.	.	.	.	.	.	.	.	.	.	.
1955	.	.	.	0.32	0.07	26.79	.	.	.	0.23	0.00	0.12
1960	0.10	0.01	6.12	0.03	0.02	46.61	.	.	.	0.33	0.00	0.55
1965	0.43	0.05	11.02	0.14	0.10	73.79	19.73	0.08	0.41	0.66	0.00	0.06
1970	0.41	0.05	11.46	0.18	0.13	72.05	11.14	0.09	0.85	0.99	0.00	0.02
1975	2.02	0.16	8.11	0.25	0.20	79.10	17.77	0.13	0.69	.	.	.
1976	1.67	0.14	8.27	0.20	0.16	81.42	3.34	0.07	2.18	.	.	.
1977	1.80	0.15	8.11	0.22	0.21	95.53	4.53	0.08	1.84	.	.	.
1978	1.58	0.10	6.63	0.25	0.25	98.90	2.14	0.06	2.67	0.24	0.00	0.04
1979	2.19	0.15	6.87	0.45	0.44	98.05	2.84	0.08	2.93	0.10	.	.
1980	3.12	0.20	6.43	0.69	0.68	99.66	3.67	0.09	2.35	0.17	.	.
1981	4.26	0.24	5.64	0.71	0.71	99.87	4.33	0.10	2.36	0.11	0.00	0.09
1982	6.15	0.30	4.91	0.61	0.61	99.67	6.55	0.12	1.78	0.08	0.00	0.26
1983	8.40	0.30	3.55	0.53	0.52	99.72	6.33	0.12	1.93	0.11	0.00	0.00
1984	8.87	0.29	3.22	0.59	0.59	99.98	3.62	0.07	2.01	0.20	0.00	0.40
1985	10.02	0.30	3.00	0.40	0.40	99.98	2.57	0.05	2.04	0.09	0.00	0.00
1986	11.06	0.25	2.22	0.41	0.41	99.95	4.28	0.07	1.61	0.03	0.00	0.00
1987	6.14	0.14	2.28	0.54	0.54	100.00	12.69	0.12	0.96	0.07	0.00	0.53
1988	4.78	0.12	2.44	0.45	0.45	99.88	3.22	0.06	1.90	0.05	0.00	0.41
1989	3.66	0.10	2.65	0.47	0.47	99.98	3.09	0.06	1.94	0.09	0.00	0.10
1990	3.66	0.10	2.73	0.32	0.32	99.94	2.59	0.05	1.90	0.07	0.00	0.13
1991	4.32	0.12	2.68	0.18	0.18	99.81	2.57	0.05	2.06	0.07	0.00	0.49
1992	4.03	0.07	1.86	0.09	0.09	99.71	1.23	0.03	2.58	0.04	0.00	0.23
1993	3.94	0.06	1.57	0.04	0.04	99.80	2.53	0.07	2.61	0.03	0.00	0.00
1994	5.14	0.07	1.39	0.03	0.03	97.02	1.84	0.06	3.36	0.05	0.00	0.33
1995	5.30	0.05	1.00	0.02	0.02	97.42	1.10	0.03	2.93	0.07	0.00	0.00
1996	3.65	0.03	0.95	0.01	0.01	99.37	1.15	0.03	2.83	0.21	0.00	0.24
1997	3.60	0.04	1.00	0.02	0.02	98.20	0.87	0.03	3.96	0.11	0.00	0.08
1998	3.77	0.04	0.98	0.02	0.02	99.56	0.94	0.03	2.88	0.09	0.00	.
1999	3.93	0.04	1.00	0.03	0.03	98.54	0.94	0.02	2.92	0.14	0.00	0.00
2000	3.05	0.03	0.94	0.04	0.04	98.61	0.32	0.01	3.46	0.17	0.00	0.05
2001	2.83	0.02	0.79	0.07	0.07	99.21	0.30	0.01	3.03	0.23	0.00	0.03
2002	2.46	0.02	0.71	0.09	0.09	97.31	0.19	0.01	3.30	0.41	.	.
2003	1.68	0.01	0.76	0.15	0.15	97.20	0.13	0.00	3.33	0.48	.	.
2004	1.93	0.02	1.01	0.20	0.20	100.00	0.11	0.00	3.96	0.88	0.00	0.03
2005	1.60	0.02	1.30	0.19	0.19	100.00	0.11	0.00	3.18	1.41	0.00	0.02

9-1-2 续表5

年份	炭疽			流行性和地方性斑疹伤寒			流行性乙型脑炎			黑热病		
	发病率 1/10万	死亡率 1/10万	病死率 (%)	发病率 1/10万	死亡率 1/10万	病死率 (%)	发病率 1/10万	死亡率 1/10万	病死率 (%)	发病率 1/10万	死亡率 1/10万	病死率 (%)
1950	.	.	.	.	0.11	9.26	.	.	.	.	0.01	2.03
1955	0.46	0.02	4.07	0.45	0.03	5.63	2.30	0.63	27.35	9.46	0.03	0.30
1960	0.21	0.02	7.65	2.08	0.02	0.85	2.18	0.36	16.44	0.23	0.00	0.27
1965	0.39	0.02	4.93	2.91	0.02	0.78	13.36	1.79	13.38	0.40	0.00	0.92
1970	0.23	0.01	3.27	0.50	0.00	0.95	18.02	2.15	11.94	0.30	0.00	0.41
1975	0.46	0.01	2.45	0.58	0.00	0.52	9.67	1.11	11.52	0.11	0.00	0.59
1976	0.36	0.01	1.83	0.48	0.00	0.68	7.50	0.79	10.55	0.05	0.00	0.20
1977	0.54	0.01	1.57	0.77	0.01	0.79	6.97	0.73	10.54	0.02	0.00	0.43
1978	0.54	0.01	1.58	0.83	0.01	1.02	5.39	0.59	11.01	0.01	0.00	1.01
1979	0.41	0.01	1.47	0.84	0.01	0.66	5.08	0.48	9.52	0.01	.	.
1980	0.43	0.01	1.84	2.17	0.00	0.14	3.31	0.32	9.66	0.00	.	.
1981	0.34	0.01	2.87	1.24	0.00	0.28	4.01	0.42	10.45	0.01	.	.
1982	0.37	0.01	2.40	1.09	0.00	0.37	3.18	0.39	12.34	0.00	.	.
1983	0.31	0.01	2.64	1.40	0.00	0.23	2.39	0.24	10.25	0.01	0.00	2.02
1984	0.30	0.01	2.96	1.28	0.00	0.08	2.56	0.23	9.01	0.01	0.00	2.65
1985	0.23	0.01	3.52	1.17	0.00	0.06	2.81	0.24	8.37	0.01	0.00	0.69
1986	0.23	0.01	3.85	0.90	0.00	0.15	1.73	0.15	8.68	0.02	0.00	0.79
1987	0.17	0.01	4.11	0.35	0.00	0.00	2.30	0.21	9.35	0.03	0.00	0.00
1988	0.22	0.01	4.40	0.54	0.00	0.11	2.33	0.20	8.38	0.00	0.00	2.59
1989	0.22	0.03	12.97	0.45	0.00	0.00	1.64	0.12	7.48	0.02	0.00	0.41
1990	0.21	0.01	4.86	0.31	0.00	0.17	3.43	0.24	6.90	0.02	0.00	1.56
1991	0.24	0.01	3.74	0.38	0.00	0.05	2.13	0.10	4.92	0.03	0.00	0.31
1992	0.15	0.01	5.30	0.33	0.00	0.03	1.73	0.06	3.72	0.02	0.00	0.78
1993	0.15	0.00	2.64	0.27	0.00	0.45	1.54	0.06	3.92	0.02	0.00	0.57
1994	0.11	0.00	2.69	0.33	0.00	0.10	1.59	0.07	4.17	0.01	0.00	0.00
1995	0.09	0.00	3.81	0.29	0.00	0.00	1.32	0.05	3.53	0.01	0.00	1.71
1996	0.09	0.00	5.44	0.25	0.00	0.00	0.87	0.03	3.68	0.01	0.00	0.00
1997	0.10	0.00	3.42	0.33	0.00	0.03	0.83	0.03	3.68	0.01	0.00	0.00
1998	0.10	0.00	3.92	0.45	0.00	0.07	1.00	0.04	4.08	0.01	0.00	.
1999	0.05	0.00	1.60	0.48	0.00	0.03	0.69	0.03	4.07	0.01	0.00	0.62
2000	0.05	0.00	2.19	0.49	0.00	0.02	0.95	0.03	3.18	0.01	0.00	0.00
2001	0.06	0.00	2.43	0.48	0.00	0.18	0.77	0.02	2.51	0.01	0.00	0.00
2002	0.06	0.00	2.81	0.39	0.00	0.06	0.65	0.02	2.61	0.01	0.00	1.27
2003	0.04	0.00	1.66	0.30	0.00	0.05	0.58	0.03	4.66	0.01	.	.
2004	0.05	0.00	1.15	0.32	0.00	0.02	0.42	0.02	3.69	0.02	0.00	0.00
2005	0.04	0.00	2.26	.	.	.	0.39	0.02	4.20	.	.	.

9-1-2　续表6

年份	疟疾			登革热			新生儿破伤风			肺结核		
	发病率 1/10万	死亡率 1/10万	病死率 (%)	发病率 1/10万	死亡率 1/10万	病死率 (%)	发病率 1/10万	死亡率 1/10万	病死率 (%)	发病率 1/10万	死亡率 1/10万	病死率 (%)
1950	.	0.63	0.49	.	.	.	.	.	.	.	.	.
1955	1027.73	0.95	0.09	.	.	.	.	.	.	.	.	.
1960	1553.85	0.06	0.00	.	.	.	.	.	.	.	.	.
1965	905.24	0.03	0.00	.	.	.	.	.	.	.	.	.
1970	2961.10	0.03	0.00	.	.	.	.	.	.	.	.	.
1975	763.14	0.02	0.00	.	.	.	.	.	.	.	.	.
1976	454.70	0.01	2.18	.	.	.	.	.	.	.	.	.
1977	443.69	0.01	0.00	.	.	.	.	.	.	.	.	.
1978	325.37	0.01	0.00	.	.	.	.	.	.	.	.	.
1979	246.43	0.01	0.00	.	.	.	.	.	.	.	.	.
1980	337.83	0.01	0.02	.	.	.	.	.	.	.	.	.
1981	307.13	0.01	0.00	.	.	.	.	.	.	.	.	.
1982	203.38	0.01	0.00	.	.	.	.	.	.	.	.	.
1983	135.60	0.00	0.00	.	.	.	.	.	.	.	.	.
1984	88.12	0.00	0.00	.	.	.	.	.	.	.	.	.
1985	54.39	0.00	0.01	.	.	.	.	.	.	.	.	.
1986	34.69	0.00	0.01	.	.	.	.	.	.	.	.	.
1987	19.84	0.00	0.02	.	.	.	.	.	.	.	.	.
1988	12.44	0.01	0.04	.	.	.	.	.	.	.	.	.
1989	12.56	0.01	0.04	.	.	.	.	.	.	.	.	.
1990	10.56	0.00	0.03	0.03	0.00	0.00	.	.	.	.	.	.
1991	8.88	0.00	0.04	0.08	0.00	0.33	.	.	.	.	.	.
1992	6.40	0.00	0.07	0.00	0.00	0.00	.	.	.	.	.	.
1993	5.05	0.00	0.03	0.03	0.00	0.25	.	.	.	.	.	.
1994	5.29	0.00	0.07	0.00	0.00	0.00	.	.	.	.	.	.
1995	4.19	0.00	0.07	0.58	0.00	0.00	.	0.00	.	.	.	.
1996	3.08	0.00	0.07	0.00	0.00	0.00	25.16	3.19	12.69	.	.	.
1997	2.87	0.00	0.13	0.05	0.00	0.00	21.56	2.89	13.41	39.21	0.07	0.20
1998	2.67	0.00	0.11	0.04	0.00	.	18.76	2.48	13.25	34.69	0.07	0.19
1999	2.39	0.01	0.23	0.15	0.00	0.00	20.79	4.09	19.66	41.72	0.07	0.17
2000	2.02	0.00	0.16	0.03	0.00	0.00	19.82	3.76	18.95	43.75	0.03	0.16
2001	2.15	0.00	0.11	0.03	0.00	0.27	16.65	2.60	15.61	44.89	0.03	0.17
2002	2.65	0.00	0.14	0.12	.	.	0.19	0.03	14.35	43.58	0.08	0.18
2003	3.00	0.00	0.14	0.01	.	.	0.18	0.03	14.51	52.36	0.08	0.16
2004	2.89	0.00	0.09	0.02	0.00	0.00	2.46	0.25	10.16	74.64	0.11	0.15
2005	3.03	0.00	0.11	0.00	0.00	2.50	0.19	0.02	11.08	96.31	0.26	0.27

注：新生儿破伤风发病率和死亡率单位为‰。

9-1-2　续表7

年份	天花			流行性感冒			回归热			森林脑炎			恙虫病		
	发病率 1/10万	死亡率 1/10万	病死率 (%)	发病率 1/10万	死亡率 1/10万	病死率 (%)	发病率 1/10万	死亡率 1/10万	病死率 (%)	发病率 1/10万	死亡率 1/10万	病死率 (%)	发病率 1/10万	死亡率 1/10万	病死率 (%)
1950	11.22	2.37	21.15	.	.	.	2.11	0.05	2.44	.	.	.	.	.	.
1955	0.43	0.07	16.96	.	.	.	0.16	0.01	3.60	.	.	.	.	.	.
1960	0.01	0.00	15.91	91.02	0.04	0.04	0.02	0.00	3.11	0.23	0.00	0.27	0.02	0.00	15.63
1965	0.00	0.00	66.67	559.59	0.19	0.03	0.02	.	.	0.40	0.00	0.92	0.01	0.00	5.56
1970	.	.	.	3133.35	0.71	0.02	0.01	.	.	0.30	0.00	0.41	0.00	0.00	7.69
1975	.	.	.	2689.53	0.54	0.02	0.06	0.00	2.79	0.10	0.00	0.63	0.01	0.00	14.95
1976	.	.	.	1552.72	0.31	0.02	0.09	0.00	1.26	0.05	0.00	0.21	0.01	0.00	5.36
1977	.	.	.	1937.28	0.14	0.01	0.21	0.00	0.05	0.02	0.00	0.43	0.00	0.00	16.67
1978	.	.	.	824.44	0.06	0.01	0.28	0.00	0.30	0.01	0.00	0.01	0.02	0.00	7.87
1979	.	.	.	799.01	0.04	0.01	0.17	0.00	0.43	0.00	.	.	0.06	0.01	9.74
1980	.	.	.	817.74	0.07	0.01	0.15	0.00	0.56	0.01	0.00	11.43	0.07	0.00	0.14
1981	.	.	.	591.74	0.04	0.01	0.17	0.00	1.37	0.02	0.00	6.74	0.09	0.00	0.23
1982	.	.	.	438.96	0.03	0.01	0.14	0.00	0.15	0.01	0.00	10.08	0.10	0.00	0.41
1983	.	.	.	455.88	0.05	0.01	0.10	0.00	0.21	0.02	0.00	10.99	0.10	0.00	0.41
1984	.	.	.	382.03	0.02	0.01	0.09	0.00	0.00	0.03	0.00	5.80	0.15	0.00	0.17
1985	.	.	.	328.96	0.03	0.01	0.05	0.00	0.00	0.03	0.00	5.55	0.15	0.00	0.37
1986	.	.	.	224.78	0.01	0.00	0.03	0.00	0.00	0.03	0.00	10.81	0.15	0.00	0.20
1987	.	.	.	140.49	0.02	0.02	0.01	0.00	0.81	0.02	0.00	8.33	0.21	0.00	0.13
1988	.	.	.	86.60	0.00	0.00	0.01	0.00	0.00	0.02	0.00	10.65	0.24	0.00	0.04
1989	.	.	.	43.74	0.00	0.01	0.00	0.00	0.00	0.01	0.00	9.68	0.23	0.00	0.12
1990	.	.	.	.	.	.	.	.	.	.	.	.	.	.	.
1991	.	.	.	.	.	.	.	.	.	.	.	.	.	.	.
1992	.	.	.	.	.	.	.	.	.	.	.	.	.	.	.
1993	.	.	.	.	.	.	.	.	.	.	.	.	.	.	.
1994	.	.	.	.	.	.	.	.	.	.	.	.	.	.	.
1995	.	.	.	.	.	.	.	.	.	.	.	.	.	.	.
1996	.	.	.	.	.	.	.	.	.	.	.	.	.	.	.
1997	.	.	.	.	.	.	.	.	.	.	.	.	.	.	.
1998	.	.	.	.	.	.	.	.	.	.	.	.	.	.	.
1999	.	.	.	.	.	.	.	.	.	.	.	.	.	.	.
2000	.	.	.	.	.	.	.	.	.	.	.	.	.	.	.
2001	.	.	.	.	.	.	.	.	.	.	.	.	.	.	.
2002	.	.	.	.	.	.	.	.	.	.	.	.	.	.	.
2003	.	.	.	.	.	.	.	.	.	.	.	.	.	.	.
2004	.	.	.	.	.	.	.	.	.	.	.	.	.	.	.
2005	.	.	.	.	.	.	.	.	.	.	.	.	.	.	.

9-1-3 2005年各地区甲、乙类法定报告传染病发病率、死亡率及病死率

地区	总计			鼠疫			霍乱			病毒性肝炎合计		
	发病率 1/10万	死亡率 1/10万	病死率 (%)	发病率 1/10万	死亡率 1/10万	病死率 (%)	发病率 1/10万	死亡率 1/10万	病死率 (%)	发病率 1/10万	死亡率 1/10万	病死率 (%)
总计	**268.31**	**0.76**	**0.28**	**0.00**	**0.00**	**30.00**	**0.07**	**0.00**	**0.41**	**91.42**	**0.09**	**0.10**
北京	445.91	0.56	0.12	0.00	0.00	.	0.16	0.00	.	63.24	0.25	0.40
天津	283.98	0.62	0.22	0.00	0.00	.	0.02	0.00	.	65.16	0.12	0.18
河北	198.47	0.21	0.10	0.00	0.00	.	0.00	0.00	100.00	77.17	0.03	0.04
山西	288.24	0.29	0.10	0.00	0.00	.	0.00	0.00	.	116.34	0.04	0.04
内蒙古	332.08	0.50	0.15	0.00	0.00	.	0.00	0.00	.	134.18	0.03	0.02
辽宁	214.73	0.59	0.27	0.00	0.00	.	0.00	0.00	.	86.91	0.14	0.16
吉林	232.23	0.47	0.20	0.00	0.00	.	0.00	0.00	.	76.90	0.07	0.10
黑龙江	296.95	1.02	0.34	0.00	0.00	.	0.00	0.00	.	101.56	0.16	0.16
上海	275.21	0.76	0.28	0.00	0.00	.	0.10	0.00	.	62.82	0.26	0.42
江苏	200.77	0.60	0.30	0.00	0.00	.	0.08	0.00	.	42.62	0.05	0.11
浙江	393.74	0.64	0.16	0.00	0.00	.	0.66	0.00	.	106.69	0.06	0.05
安徽	224.35	0.46	0.20	0.00	0.00	.	0.01	0.00	.	55.21	0.02	0.04
福建	279.28	0.40	0.14	0.00	0.00	.	0.88	0.00	.	120.17	0.07	0.06
江西	281.45	1.04	0.37	0.00	0.00	.	0.01	0.00	.	88.83	0.16	0.18
山东	139.09	0.30	0.22	0.00	0.00	.	0.00	0.00	.	50.46	0.04	0.07
河南	302.82	1.01	0.33	0.00	0.00	.	0.00	0.00	.	139.76	0.06	0.04
湖北	267.27	0.86	0.32	0.00	0.00	.	0.01	0.00	.	103.63	0.22	0.22
湖南	169.10	0.99	0.59	0.00	0.00	.	0.06	0.00	2.33	35.81	0.03	0.07
广东	292.04	1.01	0.35	0.00	0.00	.	0.12	0.00	.	105.90	0.19	0.18
广西	306.31	2.02	0.66	0.00	0.00	.	0.00	0.00	.	75.01	0.18	0.24
海南	365.20	0.70	0.19	0.00	0.00	.	0.54	0.00	.	113.85	0.04	0.03
重庆	324.86	0.65	0.20	0.00	0.00	.	0.07	0.00	4.76	119.62	0.07	0.06
四川	285.70	0.54	0.19	0.00	0.00	.	0.02	0.00	7.14	112.88	0.09	0.08
贵州	301.00	2.12	0.70	0.00	0.00	.	0.00	0.00	.	61.14	0.06	0.10
云南	253.19	0.87	0.34	0.01	0.00	.	0.00	0.00	.	59.91	0.03	0.05
西藏	293.65	0.61	0.21	0.18	0.07	40.00	0.00	0.00	.	25.11	0.00	.
陕西	328.12	0.49	0.15	0.00	0.00	.	0.00	0.00	.	125.99	0.13	0.11
甘肃	417.29	0.57	0.14	0.00	0.00	.	0.00	0.00	.	218.58	0.15	0.07
青海	436.25	0.64	0.15	0.02	0.02	100.00	0.00	0.00	.	233.30	0.26	0.11
宁夏	422.52	0.30	0.07	0.00	0.00	.	0.00	0.00	.	171.52	0.05	0.03
新疆	467.96	0.99	0.21	0.00	0.00	.	0.00	0.00	.	159.60	0.11	0.07

注: ①新生儿破伤风发病率和死亡率单位为‰; ② “.” 表示数值为 “0” 。

9-1-3 续表1

地 区	其											
	甲型肝炎			乙型肝炎			丙型肝炎			戊型肝炎		
	发病率 1/10万	死亡率 1/10万	病死率 (%)	发病率 1/10万	死亡率 1/10万	病死率 (%)	发病率 1/10万	死亡率 1/10万	病死率 (%)	发病率 1/10万	死亡率 1/10万	病死率 (%)
总 计	**5.61**	**0.00**	**0.06**	**75.13**	**0.07**	**0.09**	**4.05**	**0.01**	**0.18**	**1.19**	**0.00**	**0.31**
北 京	2.26	0.00	.	45.34	0.21	0.47	7.43	0.02	0.26	2.50	0.01	0.26
天 津	0.83	0.00	.	47.47	0.09	0.19	3.79	0.02	0.52	3.92	0.01	0.25
河 北	2.49	0.00	0.06	67.66	0.02	0.03	2.37	0.01	0.25	1.52	0.00	.
山 西	4.13	0.01	0.14	101.61	0.03	0.03	6.52	0.01	0.14	0.32	0.00	.
内蒙古	4.94	0.00	0.08	117.67	0.02	0.02	8.47	0.00	0.05	0.34	0.00	.
辽 宁	6.28	0.00	0.08	61.03	0.08	0.13	6.80	0.01	0.10	5.48	0.03	0.52
吉 林	4.29	0.00	.	53.04	0.04	0.08	12.65	0.02	0.15	1.16	0.01	0.63
黑龙江	3.25	0.01	0.24	82.15	0.10	0.12	8.74	0.03	0.36	1.17	0.01	0.67
上 海	2.43	0.01	0.48	37.34	0.15	0.41	1.01	0.01	1.16	4.23	0.02	0.41
江 苏	3.37	0.00	.	25.37	0.03	0.11	1.78	0.00	0.15	2.86	0.00	0.09
浙 江	4.76	0.00	.	84.31	0.04	0.05	2.41	0.00	.	3.36	0.00	0.13
安 徽	3.16	0.00	.	45.50	0.02	0.05	1.04	0.00	0.30	0.93	0.00	.
福 建	4.44	0.00	.	93.53	0.06	0.06	1.21	0.00	0.24	1.11	0.01	0.51
江 西	7.66	0.00	0.06	73.49	0.15	0.20	1.58	0.00	0.15	0.57	0.00	0.41
山 东	1.53	0.00	.	43.15	0.03	0.07	1.08	0.00	.	1.05	0.00	0.31
河 南	5.16	0.00	0.04	123.33	0.04	0.04	8.28	0.01	0.11	0.19	0.00	.
湖 北	4.54	0.00	.	88.90	0.19	0.21	2.52	0.01	0.26	1.79	0.01	0.55
湖 南	3.31	0.00	.	28.08	0.02	0.07	1.60	0.00	0.09	0.28	0.00	.
广 东	2.44	0.01	0.20	92.56	0.16	0.17	4.75	0.01	0.16	1.38	0.01	0.36
广 西	3.55	0.01	0.23	60.03	0.11	0.18	5.77	0.04	0.74	0.33	0.00	1.23
海 南	11.16	0.00	.	94.43	0.04	0.04	2.53	0.00	.	0.13	0.00	.
重 庆	10.06	0.01	0.06	102.82	0.06	0.06	1.82	0.00	0.17	0.25	0.00	.
四 川	9.40	0.00	0.02	96.54	0.07	0.07	2.28	0.00	0.15	0.33	0.00	1.02
贵 州	9.76	0.02	0.16	47.00	0.04	0.08	1.34	0.00	.	0.11	0.00	.
云 南	12.41	0.00	0.04	41.14	0.02	0.06	2.96	0.00	.	0.82	0.00	.
西 藏	11.80	0.00	.	11.11	0.00	.	0.07	0.00	.	0.00	0.00	.
陕 西	4.52	0.01	0.12	109.43	0.11	0.10	7.25	0.01	0.15	0.35	0.00	0.78
甘 肃	18.49	0.02	0.10	185.54	0.12	0.06	11.08	0.00	0.03	0.16	0.00	.
青 海	14.01	0.00	.	203.93	0.22	0.11	10.71	0.02	0.17	0.28	0.00	.
宁 夏	14.22	0.02	0.12	150.22	0.03	0.02	3.40	0.00	.	0.15	0.00	.
新 疆	30.91	0.00	.	110.11	0.09	0.08	10.39	0.01	0.05	0.42	0.00	.

9-1-3 续表2

地区	中 未分型肝炎			痢疾			伤寒、副伤寒			艾滋病		
	发病率 1/10万	死亡率 1/10万	病死率 (%)	发病率 1/10万	死亡率 1/10万	病死率 (%)	发病率 1/10万	死亡率 1/10万	病死率 (%)	发病率 1/10万	死亡率 1/10万	病死率 (%)
总计	**5.45**	**0.01**	**0.16**	**34.92**	**0.01**	**0.03**	**2.65**	**0.00**	**0.04**	**0.43**	**0.10**	**23.41**
北京	5.71	0.01	0.23	243.58	0.05	0.02	0.12	0.00	.	0.49	0.05	9.21
天津	9.15	0.00	.	133.61	0.00	.	0.21	0.00	.	0.14	0.03	21.43
河北	3.13	0.00	0.05	40.87	0.00	0.00	0.41	0.00	.	0.09	0.03	37.29
山西	3.76	0.00	.	39.29	0.00	.	1.97	0.00	.	0.34	0.11	32.76
内蒙古	2.77	0.00	.	17.62	0.00	.	0.55	0.00	0.76	0.03	0.01	25.00
辽宁	7.32	0.02	0.23	28.55	0.00	0.02	0.89	0.00	.	0.06	0.02	37.50
吉林	5.76	0.01	0.13	18.74	0.00	.	0.11	0.00	.	0.08	0.03	31.82
黑龙江	6.25	0.02	0.29	23.36	0.02	0.07	0.31	0.00	.	0.06	0.02	36.36
上海	17.81	0.07	0.39	32.85	0.01	0.02	0.64	0.01	0.91	0.17	0.04	20.69
江苏	9.24	0.01	0.13	23.66	0.00	0.01	1.34	0.00	.	0.11	0.05	40.48
浙江	11.85	0.01	0.09	47.97	0.01	0.01	8.71	0.00	.	0.09	0.03	31.82
安徽	4.57	0.00	.	25.30	0.01	0.02	0.98	0.00	0.32	0.41	0.08	18.42
福建	19.89	0.01	0.03	9.49	0.00	0.03	1.38	0.00	.	0.14	0.07	46.94
江西	5.53	0.01	0.13	30.10	0.01	0.03	2.67	0.00	.	0.14	0.09	66.13
山东	3.65	0.00	0.09	24.89	0.00	0.01	0.27	0.00	.	0.06	0.03	38.98
河南	2.80	0.01	0.18	30.03	0.00	.	0.30	0.00	.	2.35	0.59	25.20
湖北	5.87	0.02	0.31	23.12	0.01	0.03	1.23	0.00	0.13	0.39	0.13	32.20
湖南	2.54	0.00	0.12	13.84	0.01	0.05	3.35	0.00	.	0.26	0.08	28.81
广东	4.77	0.02	0.39	12.03	0.00	0.02	2.40	0.00	0.05	0.47	0.07	15.96
广西	5.33	0.02	0.30	30.83	0.01	0.02	5.50	0.00	0.07	1.85	0.19	10.18
海南	5.60	0.00	.	25.77	0.01	0.05	0.40	0.00	.	0.05	0.01	25.00
重庆	4.66	0.00	0.07	34.52	0.02	0.05	0.61	0.00	.	0.15	0.05	32.61
四川	4.32	0.01	0.26	33.19	0.01	0.04	1.43	0.00	.	0.11	0.04	33.33
贵州	2.93	0.01	0.35	60.16	0.07	0.11	14.30	0.01	0.07	0.11	0.06	53.49
云南	2.58	0.00	.	43.56	0.04	0.10	21.07	0.00	0.02	0.72	0.18	25.08
西藏	2.13	0.00	.	76.80	0.11	0.14	0.04	0.00	.	0.07	0.00	.
陕西	4.43	0.00	0.06	65.23	0.01	0.01	0.11	0.00	.	0.06	0.01	17.39
甘肃	3.31	0.01	0.23	81.97	0.02	0.03	0.50	0.00	.	0.10	0.02	22.22
青海	4.37	0.02	0.42	49.18	0.11	0.22	0.11	0.00	.	0.13	0.00	.
宁夏	3.53	0.00	.	106.76	0.02	0.02	0.24	0.00	.	0.07	0.02	25.00
新疆	7.76	0.02	0.20	62.85	0.03	0.04	3.49	0.00	.	0.53	0.03	5.77

9-1-3 续表3

地区	淋病			梅毒			脊髓灰质炎			麻疹		
	发病率 1/10万	死亡率 1/10万	病死率 (%)	发病率 1/10万	死亡率 1/10万	病死率 (%)	发病率 1/10万	死亡率 1/10万	病死率 (%)	发病率 1/10万	死亡率 1/10万	病死率 (%)
总 计	**13.79**	**0.00**	**0.00**	**9.67**	**0.01**	**0.06**	**0.00**	**0.00**	**.**	**9.42**	**0.00**	**0.04**
北 京	26.93	0.01	0.02	17.58	0.02	0.11	0.00	0.00	.	21.87	0.01	0.03
天 津	14.43	0.00	.	10.27	0.00	.	0.00	0.00	.	15.76	0.00	.
河 北	2.52	0.00	.	1.20	0.00	0.24	0.00	0.00	.	7.07	0.00	0.02
山 西	7.95	0.00	.	6.36	0.00	.	0.00	0.00	.	16.32	0.01	0.05
内蒙古	7.28	0.00	.	5.97	0.00	0.07	0.00	0.00	.	14.90	0.00	.
辽 宁	7.03	0.00	.	8.25	0.01	0.11	0.00	0.00	.	7.35	0.00	.
吉 林	9.46	0.00	.	6.18	0.00	0.06	0.00	0.00	.	7.27	0.00	.
黑龙江	10.21	0.00	.	7.07	0.00	0.04	0.00	0.00	.	1.89	0.00	.
上 海	70.62	0.00	.	50.80	0.01	0.01	0.00	0.00	.	16.51	0.00	.
江 苏	29.22	0.00	.	12.42	0.00	0.02	0.00	0.00	.	11.16	0.00	0.01
浙 江	55.21	0.00	.	43.11	0.00	0.00	0.00	0.00	.	30.34	0.01	0.05
安 徽	8.42	0.00	.	5.30	0.00	0.03	0.00	0.00	.	10.45	0.00	0.04
福 建	18.03	0.00	.	24.29	0.00	0.01	0.00	0.00	.	5.30	0.00	.
江 西	11.15	0.00	.	6.07	0.00	0.04	0.00	0.00	.	7.06	0.01	0.10
山 东	6.25	0.00	.	2.35	0.00	0.14	0.00	0.00	.	3.64	0.00	0.03
河 南	5.10	0.00	.	2.67	0.01	0.23	0.00	0.00	.	8.25	0.01	0.06
湖 北	7.36	0.00	.	2.93	0.01	0.17	0.00	0.00	.	7.97	0.01	0.08
湖 南	5.66	0.00	.	3.37	0.00	0.13	0.00	0.00	.	6.71	0.00	.
广 东	23.80	0.00	.	21.94	0.02	0.10	0.00	0.00	.	14.21	0.01	0.03
广 西	23.66	0.00	.	26.09	0.03	0.12	0.00	0.00	.	3.23	0.01	0.19
海 南	14.04	0.00	.	13.56	0.00	.	0.00	0.00	.	6.42	0.00	.
重 庆	15.95	0.00	.	10.79	0.00	0.03	0.00	0.00	.	5.30	0.00	.
四 川	12.66	0.00	.	6.58	0.00	.	0.00	0.00	.	8.00	0.01	0.17
贵 州	6.05	0.00	.	2.75	0.01	0.19	0.00	0.00	.	0.68	0.00	.
云 南	7.35	0.00	.	2.48	0.00	0.09	0.00	0.00	.	10.89	0.00	0.02
西 藏	4.73	0.00	.	0.76	0.00	.	0.00	0.00	.	78.07	0.04	0.05
陕 西	7.91	0.00	.	2.95	0.00	.	0.00	0.00	.	8.73	0.01	0.09
甘 肃	6.56	0.00	.	4.73	0.01	0.16	0.00	0.00	.	13.04	0.00	0.03
青 海	8.36	0.00	.	12.73	0.00	.	0.00	0.00	.	32.18	0.02	0.06
宁 夏	27.24	0.00	.	7.82	0.02	0.22	0.00	0.00	.	37.59	0.00	.
新 疆	14.63	0.00	.	10.80	0.00	.	0.00	0.00	.	1.75	0.00	.

9-1-3 续表4

地区	百日咳			白喉			流行性脑脊髓膜炎			猩红热		
	发病率 1/10万	死亡率 1/10万	病死率 (%)	发病率 1/10万	死亡率 1/10万	病死率 (%)	发病率 1/10万	死亡率 1/10万	病死率 (%)	发病率 1/10万	死亡率 1/10万	病死率 (%)
总　计	**0.29**	**0.00**	**0.05**	**0.00**	**0.00**	**.**	**0.18**	**0.02**	**8.89**	**1.92**	**0.00**	**0.01**
北　京	0.05	0.00	.	0.00	0.00	.	0.52	0.03	4.94	13.34	0.00	.
天　津	0.56	0.00	.	0.00	0.00	.	0.28	0.02	6.90	3.52	0.00	.
河　北	0.87	0.00	.	0.00	0.00	.	0.20	0.01	7.35	2.98	0.00	.
山　西	0.28	0.00	.	0.00	0.00	.	0.18	0.01	5.00	4.04	0.00	.
内蒙古	0.15	0.00	.	0.00	0.00	.	0.08	0.00	5.00	5.17	0.00	.
辽　宁	0.04	0.00	.	0.00	0.00	.	0.25	0.03	12.26	8.79	0.00	.
吉　林	0.14	0.00	.	0.00	0.00	.	0.22	0.01	6.78	2.22	0.00	.
黑龙江	0.07	0.00	.	0.00	0.00	.	0.18	0.03	14.49	5.88	0.00	0.04
上　海	0.01	0.00	.	0.00	0.00	.	0.21	0.03	13.89	4.24	0.00	.
江　苏	0.11	0.00	.	0.00	0.00	.	0.12	0.01	8.05	1.14	0.00	.
浙　江	0.25	0.00	.	0.00	0.00	.	0.27	0.04	15.50	1.38	0.00	.
安　徽	0.27	0.00	.	0.00	0.00	.	0.40	0.03	7.31	0.42	0.00	.
福　建	0.26	0.00	.	0.00	0.00	.	0.03	0.00	.	0.40	0.00	.
江　西	0.29	0.00	.	0.00	0.00	.	0.13	0.00	3.64	0.03	0.00	.
山　东	0.21	0.00	0.53	0.00	0.00	.	0.10	0.01	13.54	0.95	0.00	.
河　南	0.25	0.00	.	0.00	0.00	.	0.12	0.01	6.61	0.78	0.00	.
湖　北	0.15	0.00	.	0.00	0.00	.	0.08	0.01	10.87	0.40	0.00	.
湖　南	0.30	0.00	.	0.00	0.00	.	0.02	0.00	.	0.11	0.00	.
广　东	0.09	0.00	1.33	0.00	0.00	.	0.13	0.01	4.85	0.41	0.00	.
广　西	0.08	0.00	.	0.00	0.00	.	0.02	0.01	36.36	0.70	0.00	.
海　南	0.02	0.00	.	0.00	0.00	.	0.00	0.00	.	0.00	0.00	.
重　庆	0.24	0.00	.	0.00	0.00	.	0.26	0.03	9.76	1.02	0.00	.
四　川	0.50	0.00	.	0.00	0.00	.	0.14	0.02	11.90	2.08	0.00	.
贵　州	0.32	0.00	.	0.00	0.00	.	0.54	0.04	7.98	0.79	0.00	.
云　南	0.40	0.00	.	0.00	0.00	.	0.11	0.02	14.29	1.72	0.00	0.13
西　藏	0.11	0.00	.	0.00	0.00	.	0.25	0.07	28.57	2.78	0.00	.
陕　西	0.76	0.00	.	0.00	0.00	.	0.14	0.01	5.66	2.46	0.00	.
甘　肃	0.59	0.00	.	0.00	0.00	.	0.28	0.03	10.81	2.41	0.00	.
青　海	0.53	0.00	.	0.00	0.00	.	0.79	0.02	2.33	4.26	0.00	.
宁　夏	0.67	0.00	.	0.00	0.00	.	0.49	0.02	3.45	3.26	0.00	.
新　疆	1.09	0.00	.	0.00	0.00	.	0.58	0.05	7.83	4.50	0.00	.

9-1-3 续表5

地区	流行性出血热			狂犬病			钩端螺旋体病			布鲁菌病		
	发病率 1/10万	死亡率 1/10万	病死率 (%)	发病率 1/10万	死亡率 1/10万	病死率 (%)	发病率 1/10万	死亡率 1/10万	病死率 (%)	发病率 1/10万	死亡率 1/10万	病死率 (%)
总计	**1.60**	**0.02**	**1.30**	**0.19**	**0.19**	**100.00**	**0.11**	**0.00**	**3.18**	**1.41**	**0.00**	**0.02**
北京	0.70	0.01	1.85	0.01	0.01	100.00	0.00	0.00	.	0.05	0.00	.
天津	1.26	0.03	2.33	0.03	0.03	100.00	0.00	0.00	.	0.11	0.00	.
河北	2.51	0.01	0.41	0.02	0.02	100.00	0.00	0.00	.	1.73	0.00	.
山西	0.44	0.00	.	0.00	0.00	100.00	0.00	0.00	.	6.89	0.00	.
内蒙古	1.96	0.03	1.50	0.00	0.00	.	0.00	0.00	.	36.29	0.00	.
辽宁	9.96	0.11	1.12	0.00	0.00	.	0.00	0.00	.	1.43	0.00	0.17
吉林	9.33	0.10	1.02	0.00	0.00	.	0.00	0.00	.	1.91	0.00	.
黑龙江	10.61	0.18	1.67	0.00	0.00	.	0.00	0.00	.	10.27	0.00	0.03
上海	0.02	0.00	.	0.01	0.01	100.00	0.00	0.00	.	0.00	0.00	.
江苏	0.37	0.01	2.52	0.17	0.17	100.00	0.02	0.00	.	0.00	0.00	.
浙江	1.57	0.00	0.14	0.13	0.13	100.00	0.03	0.00	14.29	0.05	0.00	.
安徽	0.28	0.01	3.87	0.14	0.14	100.00	0.03	0.00	4.76	0.00	0.00	.
福建	0.31	0.01	3.67	0.08	0.08	100.00	0.11	0.00	.	0.00	0.00	.
江西	1.02	0.01	1.13	0.25	0.26	100.00	0.20	0.01	3.45	0.00	0.00	.
山东	2.60	0.03	1.13	0.07	0.07	100.00	0.00	0.00	.	0.18	0.00	.
河南	0.49	0.01	1.66	0.14	0.14	100.00	0.00	0.00	.	0.14	0.00	0.71
湖北	0.36	0.02	5.12	0.31	0.31	100.00	0.06	0.01	11.11	0.00	0.00	.
湖南	0.81	0.00	0.55	0.56	0.56	100.00	0.11	0.01	8.22	0.00	0.00	.
广东	0.17	0.01	4.44	0.38	0.38	100.00	0.08	0.01	6.06	0.00	0.00	.
广西	0.02	0.00	11.11	0.97	0.97	100.00	0.13	0.02	12.50	0.00	0.00	.
海南	0.00	0.00	.	0.05	0.05	100.00	0.07	0.00	.	0.00	0.00	.
重庆	0.10	0.00	3.03	0.02	0.02	100.00	0.17	0.01	3.85	0.00	0.00	.
四川	0.32	0.01	2.14	0.06	0.06	100.00	0.88	0.01	0.78	0.00	0.00	.
贵州	0.31	0.00	0.83	1.22	1.22	100.00	0.13	0.02	16.98	0.00	0.00	.
云南	0.10	0.00	.	0.02	0.02	100.00	0.26	0.00	.	0.00	0.00	.
西藏	0.00	0.00	.	0.00	0.00	.	0.00	0.00	.	0.76	0.00	.
陕西	3.82	0.05	1.42	0.01	0.01	100.00	0.00	0.00	.	1.31	0.00	.
甘肃	0.22	0.01	5.26	0.00	0.00	.	0.00	0.00	.	0.02	0.00	.
青海	0.00	0.00	.	0.00	0.00	.	0.00	0.00	.	0.02	0.00	.
宁夏	0.08	0.00	.	0.00	0.00	.	0.00	0.00	.	0.44	0.00	.
新疆	0.00	0.00	.	0.01	0.01	100.00	0.00	0.00	.	1.50	0.01	0.34

9-1-3 续表6

地区	炭疽			传染性非典型肺炎			流行性乙型脑炎			肺结核		
	发病率 1/10万	死亡率 1/10万	病死率 (%)	发病率 1/10万	死亡率 1/10万	病死率 (%)	发病率 1/10万	死亡率 1/10万	病死率 (%)	发病率 1/10万	死亡率 1/10万	病死率 (%)
总计	**0.04**	**0.00**	**2.26**	.	.	.	**0.39**	**0.02**	**4.20**	**96.31**	**0.26**	**0.27**
北京	0.00	0.00	.	.	.	.	0.05	0.01	28.57	57.04	0.11	0.19
天津	0.00	0.00	.	.	.	.	0.00	0.00	.	38.55	0.40	1.04
河北	0.00	0.00	.	.	.	.	0.05	0.00	.	60.71	0.09	0.15
山西	0.01	0.00	.	.	.	.	0.24	0.01	3.66	87.53	0.10	0.12
内蒙古	0.19	0.00	2.22	.	.	.	0.01	0.00	.	107.66	0.41	0.39
辽宁	0.03	0.00	.	.	.	.	0.00	0.00	.	55.12	0.27	0.49
吉林	0.00	0.00	.	.	.	.	0.00	0.00	.	99.60	0.25	0.25
黑龙江	0.00	0.00	.	.	.	.	0.00	0.00	.	125.45	0.61	0.49
上海	0.00	0.00	.	.	.	.	0.08	0.00	.	35.52	0.40	1.12
江苏	0.00	0.00	.	.	.	.	0.09	0.00	3.03	77.24	0.30	0.39
浙江	0.00	0.00	.	.	.	.	0.17	0.02	10.13	95.95	0.28	0.29
安徽	0.00	0.00	.	.	.	.	0.42	0.01	2.18	91.76	0.14	0.15
福建	0.00	0.00	.	.	.	.	0.10	0.01	8.57	97.83	0.14	0.15
江西	0.00	0.00	.	.	.	.	0.15	0.01	7.94	132.68	0.45	0.34
山东	0.00	0.00	.	.	.	.	0.18	0.00	2.45	46.72	0.12	0.25
河南	0.00	0.00	.	.	.	.	0.45	0.02	3.66	109.55	0.17	0.15
湖北	0.00	0.00	.	.	.	.	0.20	0.01	7.50	113.44	0.12	0.11
湖南	0.00	0.00	.	.	.	.	0.38	0.02	5.04	97.17	0.27	0.28
广东	0.00	0.00	.	.	.	.	0.15	0.01	8.40	108.87	0.25	0.23
广西	0.04	0.00	5.26	.	.	.	0.61	0.04	7.33	136.38	0.47	0.34
海南	0.00	0.00	.	.	.	.	0.06	0.01	20.00	137.28	0.50	0.36
重庆	0.00	0.00	.	.	.	.	1.45	0.06	3.95	134.22	0.37	0.28
四川	0.11	0.00	2.02	.	.	.	1.00	0.02	2.27	104.60	0.25	0.24
贵州	0.29	0.02	7.02	.	.	.	2.63	0.11	4.24	147.96	0.39	0.26
云南	0.06	0.00	.	.	.	.	0.96	0.05	5.18	73.12	0.34	0.47
西藏	0.54	0.00	.	.	.	.	0.00	0.00	.	100.11	0.32	0.32
陕西	0.02	0.00	.	.	.	.	0.53	0.01	1.53	107.92	0.24	0.22
甘肃	0.24	0.00	.	.	.	.	0.16	0.01	6.98	87.59	0.29	0.33
青海	0.46	0.00	.	.	.	.	0.00	0.00	.	94.03	0.18	0.20
宁夏	0.34	0.00	.	.	.	.	0.00	0.00	.	65.57	0.15	0.23
新疆	0.38	0.00	.	.	.	.	0.00	0.00	.	205.63	0.72	0.35

9-1-3 续表7

地区	疟疾			登革热			血吸虫		
	发病率 1/10万	死亡率 1/10万	病死率 (%)	发病率 1/10万	死亡率 1/10万	病死率 (%)	发病率 1/10万	死亡率 1/10万	病死率 (%)
总　计	**3.03**	**0.00**	**0.11**	**0.00**	**0.00**	**2.50**	**0.24**	**0.00**	**0.06**
北　京	0.12	0.00	.	0.00	0.00	.	0.01	0.00	.
天　津	0.03	0.00	.	0.00	0.00	.	0.00	0.00	.
河　北	0.03	0.00	.	0.00	0.00	.	0.00	0.00	.
山　西	0.01	0.00	.	0.00	0.00	.	0.00	0.00	.
内蒙古	0.00	0.00	.	0.00	0.00	.	0.00	0.00	.
辽　宁	0.04	0.00	.	0.00	0.00	.	0.00	0.00	.
吉　林	0.02	0.00	.	0.00	0.00	.	0.00	0.00	.
黑龙江	0.01	0.00	.	0.00	0.00	.	0.00	0.00	.
上　海	0.50	0.01	1.18	0.01	0.00	.	0.01	0.00	.
江　苏	0.77	0.00	.	0.01	0.00	.	0.05	0.00	.
浙　江	0.52	0.00	.	0.02	0.00	.	0.08	0.00	.
安　徽	24.19	0.00	.	0.00	0.00	.	0.31	0.00	.
福　建	0.13	0.00	.	0.03	0.00	.	0.00	0.00	.
江　西	0.05	0.00	.	0.00	0.00	.	0.47	0.00	.
山　东	0.13	0.00	0.81	0.00	0.00	.	0.00	0.00	.
河　南	2.35	0.00	0.04	0.00	0.00	50.00	0.02	0.00	.
湖　北	2.52	0.00	.	0.00	0.00	.	3.07	0.00	0.11
湖　南	0.22	0.00	0.67	0.00	0.00	.	0.29	0.00	.
广　东	0.19	0.00	0.66	0.01	0.00	.	0.01	0.00	.
广　西	0.31	0.00	.	0.00	0.00	.	0.00	0.00	.
海　南	52.16	0.00	.	0.00	0.00	.	0.00	0.00	.
重　庆	0.21	0.00	.	0.00	0.00	.	0.00	0.00	.
四　川	0.56	0.00	0.61	0.00	0.00	.	0.41	0.00	.
贵　州	0.92	0.00	.	0.00	0.00	.	0.01	0.00	.
云　南	29.54	0.08	0.28	0.00	0.00	.	0.49	0.00	.
西　藏	3.36	0.00	.	0.00	0.00	.	0.00	0.00	.
陕　西	0.09	0.00	.	0.01	0.00	.	0.00	0.00	.
甘　肃	0.02	0.00	.	0.00	0.00	.	0.00	0.00	.
青　海	0.02	0.00	.	0.00	0.00	.	0.00	0.00	.
宁　夏	0.08	0.00	.	0.00	0.00	.	0.00	0.00	.
新　疆	0.01	0.00	.	0.00	0.00	.	0.01	0.00	.

9-1-3 续表8

地区	新生儿破伤风			人禽流感		
	发病率 1/10万	死亡率 1/10万	病死率 (%)	发病率 1/10万	死亡率 1/10万	病死率 (%)
总计	**0.19**	**0.02**	**11.08**	**0.00**	**0.00**	**71.43**
北京	0.05	0.01	12.50	.	.	.
天津	0.05	0.00	.	.	.	.
河北	0.05	0.00	5.26	.	.	.
山西	0.02	0.00	10.00	.	.	.
内蒙古	0.03	0.00	14.29	.	.	.
辽宁	0.03	0.00	10.00	0.00	0.00	.
吉林	0.05	0.01	18.18	.	.	.
黑龙江	0.02	0.00	.	.	.	.
上海	0.15	0.01	7.14	.	.	.
江苏	0.08	0.01	15.22	.	.	.
浙江	0.50	0.06	12.03	.	.	.
安徽	0.04	0.01	15.38	0.00	0.00	100.00
福建	0.32	0.01	4.39	0.00	0.00	100.00
江西	0.11	0.02	14.29	0.00	0.00	100.00
山东	0.03	0.00	9.38	.	.	.
河南	0.05	0.00	7.25	.	.	.
湖北	0.05	0.02	28.57	.	.	.
湖南	0.06	0.01	17.07	0.00	0.00	.
广东	0.62	0.04	6.90	.	.	.
广西	0.67	0.07	10.18	0.00	0.00	100.00
海南	0.64	0.06	9.33	.	.	.
重庆	0.18	0.03	16.67	.	.	.
四川	0.15	0.01	8.70	.	.	.
贵州	0.38	0.06	14.49	.	.	.
云南	0.25	0.05	21.16	.	.	.
西藏		0.00	.	.	.	.
陕西	0.08	0.01	18.75	.	.	.
甘肃	0.21	0.02	8.33	.	.	.
青海	0.09	0.02	25.00	.	.	.
宁夏	0.22	0.02	9.52	.	.	.
新疆	0.41	0.03	8.20	.	.	.

9-2 1岁儿童免疫接种率(%)

年份	卡介苗 (BCG)	百白破 (DPT)	骨髓灰质炎疫苗(OPV)	麻疹疫苗 (MV)
1990	99.0	97.0	98.0	98.0
1995	92.0	92.0	94.0	93.0
1999	97.2	92.0	92.7	93.6
2000	97.8	97.9	98.0	97.4
2001	97.6	98.3	98.3	97.7
2002	98.0	98.2	98.4	97.9
2003	98.0	98.2	98.1	97.9
2004	98.8	98.9	98.9	98.5

9-3 城乡居民高血压患病率(%)

	男						女					
	合计		确诊高血压		临界高血压		合计		确诊高血压		临界高血压	
	1980	1990	1980	1990	1980	1990	1980	1990	1980	1990	1980	1990
城市	**10.20**	**14.72**	**6.79**	**5.06**	**3.41**	**9.67**	**11.41**	**12.80**	**7.96**	**5.05**	**3.45**	**7.75**
15～24岁	2.20	3.18	0.83	0.51	1.37	2.67	0.92	0.74	0.37	0.26	0.55	0.48
25～34岁	3.90	4.52	1.98	1.03	1.92	3.49	2.36	1.07	1.33	0.29	1.04	0.79
35～44岁	7.03	9.09	4.37	2.72	2.66	6.37	8.41	4.89	5.81	1.57	2.60	3.32
45～54岁	15.43	17.79	10.97	5.91	4.46	11.87	18.41	17.35	13.16	5.89	5.25	11.46
55～64岁	28.23	29.52	20.07	10.46	8.16	19.06	30.03	28.67	21.15	10.94	8.88	17.73
65～74岁	38.43	40.66	27.96	16.10	10.47	24.56	42.05	43.45	29.96	19.06	12.09	24.40
75岁及以上	44.39	46.54	32.09	20.37	12.30	26.09	49.45	53.50	36.91	26.25	12.54	27.25
农村	**5.42**	**9.40**	**2.98**	**3.03**	**2.44**	**6.38**	**6.98**	**9.36**	**4.21**	**3.54**	**2.77**	**5.82**
15～24岁	1.79	2.94	0.59	0.50	1.20	2.44	1.16	1.36	0.45	0.31	0.72	1.05
25～34岁	2.31	4.09	0.91	0.91	1.40	3.18	1.72	2.05	0.82	0.56	0.91	1.49
35～44岁	3.19	6.34	1.58	1.70	1.62	4.65	4.29	5.46	2.38	1.56	1.91	3.90
45～54岁	6.61	11.47	3.76	3.55	2.85	7.92	9.75	12.61	5.90	4.25	3.86	8.36
55～64岁	13.55	19.77	8.28	7.03	5.27	12.74	18.48	21.85	11.43	8.39	7.05	13.46
65～74岁	23.22	30.35	14.66	11.85	8.56	18.50	30.76	35.15	19.95	14.96	10.81	20.19
75岁及以上	30.09	38.67	19.42	16.03	10.67	22.64	39.77	47.39	26.96	23.52	12.81	23.87

补充资料：1979、1980年调查人口4012128人，1991年调查人口950356人。

9-4-1 2005年血吸虫病防治情况

地区	流行县数（个）	流行乡数（个）	流行村人口数（万人）	达到传播控制标准县数（个）	达到传播阻断标准县数（个）	未达控制标准县数（个）	现有病人数（万人）	晚期病人数（人）	急性血吸虫病感染人数（人）	治疗及扩大化疗人数（万人）
总计	**435**	**3747**	**6641.4**	**66**	**264**	**105**	**79.9**	**28891**	**564**	**340.0**
上海	9	108	305.2		9					
江苏	71	551	1316.9	8	49	14	0.6	2515	11	1.2
浙江	55	489	942.5		55		0.1	1071		0.3
安徽	41	400	641.0	12	15	14	5.3	6020	121	21.7
福建	16	73	83.7		16					
江西	39	331	453.2	7	21	11	13.6	5417	137	32.0
湖北	58	517	978.9	10	23	25	29.1	5808	165	110.8
湖南	35	364	641.1	1	5	29	21.2	5635	81	48.0
广东	12	39	44.8		12					
广西	19	76	82.7		19					
四川	62	715	966.5	25	28	9	4.7	1520	34	103.5
云南	18	84	185.0	3	12	3	5.2	905	15	22.5

9-4-2 2005年血吸虫病查灭螺情况

地区	有螺乡数（个）	有螺村数（个）	实有钉螺面积（万平方米）	查螺乡数（个）	查出有螺乡数（个）	查出有螺村数（个）	查出钉螺面积（万平方米）	新发现有螺面积（万平方米）	灭螺总面积（万平方米）	环改灭螺面积（万平方米）
总计	**1857**	**10076**	**386268.8**	**3255**	**1743**	**9512**	**173427.9**	**1058.0**	**88350.3**	**13087.6**
上海	9	15	0.2	91	9	15	0.2		72.0	
江苏	140	423	7840.3	545	140	423	244.1	7.8	11080.3	338.0
浙江	85	312	94.9	460	85	312	80.7		90.8	2.0
安徽	254	1137	29424.7	312	240	965	18632.5	235.4	7918.4	2647.3
福建	17	27	30.5	55	17	27	30.5		96.8	7.1
江西	175	679	80944.0	245	155	491	24824.9	473.2	8400.0	467.6
湖北	375	2738	79169.0	486	355	2679	76435.4	22.2	26411.1	6574.6
湖南	220	839	177127.8	309	220	839	46658.1	239.7	16646.4	2118.2
广东				17						
广西	1	1	1.3	83	1		1.3	1.3	11.1	
四川	512	3538	6713.6	581	470	3447	5056.6	78.5	15003.7	932.2
云南	69	367	4922.6	71	51	314	1463.6		2619.7	0.8

9-5 2005年克山病防治情况

地 区	病区县		病区乡镇		已控制县数(个)	现症病人数(人)			年内死亡(人)
	个数	人口数(万人)	个数	人口数(万人)		潜在型	慢型	急型、亚急型	
总 计	**326**	**13033.5**	**2902**	**5581.15**	**256**	**29696**	**10468**	**2**	**382**
河 北	11	345.8	84	104.00	11	5134	748		2
山 西	11	118.0	22	28.66	11	827	80		7
内蒙古	12	425.0	91	155.36	8	14015	5074		75
辽 宁	4	130.5	46	98.53	4	489	135		
吉 林	37	1272.9	347	826.25	37	3414	2077		121
黑龙江	67	2426.7	364	765.89	47	356	324		8
山 东	18	1646.2	175	939.90	18	317	475		11
河 南	3	155.2	21	46.45	3	428	32		1
湖 北	1	84.3	1	6.76		20	14		
四 川	53	2317.3	880	776.57	53	146	66	2	1
贵 州	1	110.5	6			150			
云 南	42	1436.8	260	733.77	27	149	771		90
西 藏	1	3.8	1	0.08			2		
重 庆	8	812.9	129	349.35	8				
陕 西	29	728.3	234	336.18	29	2626	420		59
甘 肃	28	1019.2	241	413.40		1625	250		7

9-6 2005年大骨节病防治情况

地 区	病区县		病区乡镇		已控制县数(个)	临床Ⅰ度及以上病人(人)	
	个数	人口数(万人)	个数	人口数(万人)			12岁以下病人数
总 计	**354**	**10255.8**	**2329**	**4171.9**	**206**	**808668**	**42567**
北 京	1	27.0	1	1.0	1	3	3
河 北	7	249.2	49	52.7	7	5084	10
山 西	35	720.4	134	203.4	35	20846	
内蒙古	18	569.1	131	237.7	13	104164	1478
辽 宁	5	153.8	64	131.3	5	26896	
吉 林	38	1440.6	375	876.2	38	76204	
黑龙江	81	2715.9	450	1192.7	48	111719	3225
山 东	1	90.0	4	18.0	1	856	1
河 南	5	223.4	34	69.4	5	10991	
四 川	28	593.5	144	75.8		47785	4693
西 藏	33	120.8	108	30.6		16410	1406
陕 西	62	2137.4	418	599.1	53	245985	19843
甘 肃	37	1196.5	413	683.1		140042	11532
青 海	3	18.1	4	0.8		1683	376

9-7-1 2005年地方性氟中毒(水型)防治情况

地 区	病区县数(个)	基本控制县数(个)	病区村(个)				病区村人口数(万人)	已改水		现症病人数(人)	
			小计	轻病区	中病区	重病区		村数(个)	受益人口(万人)	氟斑牙	氟骨症
总 计	**1114**	**195**	**113603**	**67238**	**36715**	**9651**	**8185.9**	**50777**	**4155.5**	**21504979**	**1358072**
北 京	9	6	469	399	60	10	55.2	475	55.2	22429	1953
天 津	12		2212	890	1113	209	259.6	1408	155.5	1143361	28507
河 北	126	62	8881	4951	3079	851	955.6	5677	723.6	1692053	65097
山 西	66	1	4606	2289	1346	971	553.2	1820	166.9	2241641	148901
内蒙古	78		14216	7700	4584	1932	606.0	4245	243.4	1743039	254402
辽 宁	49	8	2702	1152	1274	276	190.9	1952	120.5	631744	43028
吉 林	16	1	3171	1495	1285	391	179.5	1200	79.4	662822	54943
黑龙江	27	4	4684	2307	1600	777	306.6	2199	116.9	1095748	55449
江 苏	24		2373	1270	865	238	493.2	2060	395.4	2026989	142033
浙 江	32		326	297	22	7	19.2	287	15.7	4745	72
安 徽	40	1	23066	18231	4693	142	775.6	2134	96.6	778481	6966
福 建	37	33	144	109	27	8	11.4	104	9.5	6391	389
江 西	21	14	86	82	4		5.3	77	2.3	18132	75
山 东	113	35	11656	7102	3840	714	1036.4	7963	632.7	1844181	350628
河 南	113		18479	8566	8008	1905	1424.8	9516	595.8	3643727	27064
湖 北	33	2	394	320	47	27	47.0	349	29.3	66667	1519
湖 南	9	9	25	10	8	7	2.5	25	1.8	8946	34
广 东	41	12	455	250	154	51	59.2	401	49.2	20168	363
广 西	13		164	107	40	17	28.7	32	2.3	36780	3577
重 庆	15		154	111	24	19	33.4	104	21.0	56961	1572
贵 州	14	1	116	75	19	22	8.7	66	12.3	20553	559
云 南	8		22	9	7	7	2.3	8	1.6	2474	134
西 藏	6	6	6	6			2.3	6	1.6	638	35
陕 西	55		6170	3780	2055	335	447.0	3978	289.2	1444068	138851
甘 肃	57		5954	4135	1600	219	427.8	3840	262.7	849780	18335
青 海	19		413	317	87	9	31.1	201	15.5	166503	10414
宁 夏	20		563	278	164	121	67.8	298	34.7	256200	2383
新 疆	61		2096	1000	710	386	155.7	352	25.1	1019758	789

9-7-2 2005年地方性氟中毒(燃煤污染型)防治情况

地区	病区县数(个)	基本控制县数(个)	病区村(个)				病区村人口数(万人)	病区户数	已改炉改灶		现症病人数(人)	
			小计	轻病区	中病区	重病区			户数	受益人口(万人)	氟斑牙	氟骨症
总计	**200**	**24**	**32849**	**13004**	**7970**	**11875**	**3465.4**	**8056267**	**2466833**	**923.3**	**18019863**	**1520654**
北京	2	2	594	594			21.1	131460	131460	21.0	21500	
山西	20	20	3455	2676	600	179	261.0	617753	830719	272.8	1063548	11672
辽宁	2	2	4	3	1		0.1	498	222	0.1	424	149
江西	6		399	399			29.1	71335	9260	4.4	81134	1
河南	12		1812	1329	366	117	90.1	228412	16247	7.3	89914	151
湖北	16		1012	471	289	252	137.7	308123	286623	149.5	535238	28216
湖南	25		1976	851	758	367	267.8	659533	75510	25.8	1248430	73161
广西	2		518	61	180	277	22.6	43059	12011	5.5	83050	5800
四川	41		2380	1021	620	739	267.1	559464	201343	83.4	1358855	188897
贵州	37		11226	2965	2708	5553	1594.3	3507297	160542	68.7	10460482	645110
云南	15		7462	1664	1976	3822	542.2	1331061	324551	159.1	2456580	463692
重庆	13		702	491	89	122	133.4	343807	202028	45.5	441056	5141
陕西	9		1309	479	383	447	98.9	254465	216317	80.2	179652	98664

9-8-1 2005年地方性砷中毒(水型)防治情况

地区	病区县		病区村(个)				病区村人口数(万人)	已改水		病人数(人)
	个数	人口数(万人)	小计	轻病区	中病区	重病区		村数(个)	受益人口(万人)	
总计	**31**	**893.9**	**394**	**286**	**84**	**24**	**35.41**	**242**	**24.5**	**10076**
山西	9	343.2	103	66	30	7	9.90	92	8.1	3983
内蒙	13	308.5	153	94	42	17	13.30	110	11.3	5245
吉林	3	118.2	88	88			3.36	12	0.4	313
宁夏	5	109.0	28	28			4.84	6	0.8	535
新疆	1	15.0	22	10	12		4.01	22	4.0	

9-8-2 2005年地方性砷中毒(燃煤污染型)防治情况

地区	病区县		病区村(个)				病区村人口数(万人)	病区户数(户)	已改炉改灶		病人数(人)
	个数	人口数(万人)	小计	轻病区	中病区	重病区			户数	受益人口(万人)	
总计	**12**	**506.8**	**270**	**45**	**200**	**25**	**30.1**	**26154**	**23274**	**7.48**	**15822**
贵州	4	259.2	26	21	4	1	3.4	15026	14650	4.91	2207
陕西	8	247.6	244	24	196	24	26.7	11128	8624	2.57	13615

9-9 2005年碘缺乏病防治情况

地区	县/区数(个)			人口数(万人)			碘盐销售数量(吨)		8～10岁儿童尿碘中位数(μg/L)	居民户碘盐监测	
	总县数	基本消除县	消除县	总人数	基本消除县	消除县	计划供应	实际销售		合格碘盐食用率(%)	非碘盐率(%)
总计	**2811**	**356**	**2112**	**124460.9**	**15166.7**	**99104.8**	**6003559**	**6220972**	**246.3**	**95.4**	**1.89**
北　京	14	6	7	933.5	272.4	609.2	36911	46397	235.6	90.5	7.19
天　津	18		18	917.9		917.9	90000	80000	228.1	96.4	1.80
河　北	172		167	6609.2		6609.2	291252	277344	212.3	95.8	1.60
山　西	119	67	18	3268.2	1905.5	376.1	170953	160481	245.4	95.6	1.30
内蒙古	101		97	2375.8		2295.8	163248	155320	264.0	97.8	0.40
辽　宁	100	8	92	4192.1	432.3	3759.8	228266	226864	217.4	97.0	1.10
吉　林	60		60	2631.8		2631.8	157499	144258	272.3	99.5	0.00
黑龙江	130		130	3883.4		3883.4	230054	212110	188.8	98.4	0.50
江　苏	106	5	97	7155.4	254.5	6381.7	355058	352625	243.4	97.4	1.40
浙　江	90		90	4568.9		4568.9	251425	249383	184.8	92.2	4.30
安　徽	105		105	6447.4		6447.4	365137	350129	311.7	98.5	0.50
福　建	85		76	3366.7		2970.2	161372	145824	158.1	92.7	5.20
江　西	99	3	93	4346.4	83.4	4096.7	199963	182324	257.5	95.7	1.00
山　东	139		99	9109.0		6540.5	387460	433937	227.7	94.7	2.70
河　南	158	11	147	9593.1	1005.3	8587.3	537604	523348	315.3	98.4	0.40
湖　北	81		81	5516.3		5516.3	303703	294556	358.4	96.5	0.20
湖　南	122		122	6666.0		6666.0	240996	236859	274.4	97.2	0.30
广　东	121		118	7775.0		7473.8		337847	140.0	79.7	14.68
广　西	109	1	108	4913.4	31.2	4882.2	244000	242624	307.9	93.1	2.20
海　南	18	4	1	817.8	169.5	143.1	39512	31289	92.2	64.8	25.10
四　川	181	70	111	8581.8	3480.2	5101.7	428353	456924	245.2	95.0	0.50
贵　州	88	65	19	3870.0	2930.1	782.8	202700	195297	289.4	91.7	0.90
云　南	129	28	82	4243.6	1081.8	2738.0	244381	240568	337.6	93.3	1.80
西　藏	73			265.3			2478	1440	96.7		
重　庆	40	25		3148.1	2005.4		167399	159672	266.6	90.8	4.40
陕　西	107		104	3688.0	0.0	3610.9	231886	235013	253.4	95.4	1.80
甘　肃	86	10	25	2638.9	457.9	756.3	118949	105006	191.8	95.6	1.90
青　海	43	20		518.9	394.3		25000	23341	160.2	83.8	12.00
宁　夏	21	8	9	577.7	254.2	209.6	28000	24847	217.6	94.0	2.69
新　疆	96	25	36	1841.2	408.9	548.2	100000	95345	150.8	82.4	13.50

9-10-1　农村改水情况

年份 地区	累计改水受益总人口（万人）	自来水厂、站			手压机井			雨水收集			其他	
		个数	累计受益人口（万人）	其中：当年受益（万人）	万台	累计受益人口（万人）	其中：当年受益（万人）	水窖（个）	累计受益人口（万人）	其中：当年受益（万人）	累计受益人口（万人）	其中：当年受益（万人）
1990	66585.0	332044	27128.0		3311.0	17251.0					22206.0	
1991	70555.0	522691	30092.0		3607.0	19898.0					20565.0	
1992	74057.5	551517	32728.3	2653.2	3774.6	20341.2	481.8				20988.0	392.1
1993	76211.4	591251	35006.6	2269.5	3975.8	20662.1	270.2				20542.1	169.9
1994	77970.6	650103	37004.6	1987.1	3823.8	20805.2	149.7				20160.8	369.8
1995	79879.2	640375	40086.2	3188.5	3998.7	20498.3	69.8	33058	21.3	14.3	19273.4	870.4
1996	82412.1	568168	42827.4	2583.0	4399.7	21911.8	568.8	400581	364.2	106.3	17308.7	373.6
1997	84843.0	605626	45805.7	2913.0	4681.6	22546.7	550.4	525626	425.8	60.8	16064.8	873.0
1998	86442.8	614686	48103.9	2862.7	4729.6	22790.5	217.5	990020	697.1	192.6	14851.2	1440.3
1999	87607.9	652814	50843.6	2442.0	5215.4	22443.2	241.7	1119854	778.2	76.2	13542.8	946.4
2000	88112.2	674758	52669.5	2411.4	4891.0	22264.8	126.6	1622886	1002.3	114.1	12175.6	474.9
2001	86113.2	694138	52145.8	2216.3	6725.1	21214.0	39.7	1370335	1053.9	99.2	11699.4	337.1
2002	86833.0	645939	53652.7	2308.3	6615.9	20917.8	221.0	1559750	1188.8	121.8	11074.0	550.8
2003	87386.6	630903	54837.0	1761.3	5612.3	20810.5	183.7	1760607	1259.6	118.9	10479.6	430.6
2004	88451.5	644199	56545.5	1608.0	4795.2	20442.0	-316.1	1922629	1458.1	79.1	10006.0	436.4
2005	88893.2	651512	57944.4	1449.6	4845.3	19647.5	-621.8	2493172	1441.3	102.9	9860.8	-65.8
北　京	346.8	3575	338.9	0.4	1.8	5.4	-0.4				2.5	
天　津	377.6	3425	332.7	4.7	11.2	43.1	-4.7	2252	1.7		0.0	
河　北	5331.6	40326	4385.3	48.9	277.7	786.5	-15.8	55050	21.1	2.2	138.7	-7.6
山　西	2232.1	18292	1829.8	10.6	29.9	95.5	-0.9	51697	21.4	0.3	285.3	-2.1
内蒙古	1363.5	5251	532.6	7.3	162.6	728.3	6.1	54792	26.7		75.9	1.4
辽　宁	2311.6	7045	1284.0	-21.8	247.2	768.5	-72.7	401	0.4		258.7	98.0
吉　林	1568.2	7071	778.3	14.4	192.1	666.7	-52.6				123.3	34.5
黑龙江	2193.9	14010	1306.2	25.9	208.4	816.7	-10.5				71.0	-14.2
上　海	462.8	130	462.7	0.1							0.2	
江　苏	5530.9	7313	5345.1	179.0	46.4	185.8	-150.0					
浙　江	3556.3	31043	3231.5	53.9	27.8	113.0	-0.9	15467	7.3	0.9	204.6	-15.5
安　徽	4419.4	14162	1690.6	75.8	640.0	2241.3	-45.4	4019	31.7	-0.7	455.8	-17.9
福　建	2689.6	15186	2053.0	49.2	128.9	136.0	-13.8				500.6	-39.6
江　西	3397.2	14434	1703.6	112.9	226.1	966.0	-31.8				727.6	-57.0
山　东	6983.3	41158	4744.1	167.4	554.7	2194.1	-154.6	33624	18.7		26.5	-4.5
河　南	7699.8	48615	3971.6	51.0	807.7	3649.8	-37.3	15952	14.7	-0.1	63.8	-0.2
湖　北	4087.1	36620	2318.8	28.7	132.6	1009.0	-2.6	91233	77.0	0.7	682.4	2.3
湖　南	4552.9	59513	2745.1	62.8	164.7	863.2	-10.2	448	0.4	0.4	944.1	-47.2
广　东	3530.4	36479	2092.2	61.7	164.0	997.5	-4.3	195856	133.2	37.9	307.5	-1.0
广　西	5933.3	24818	4514.4	36.8	191.8	1035.5	-71.4	36	0.2	-0.5	383.2	40.7
海　南	552.7	10963	358.9	12.9	15.4	137.0	-5.6	52	0.4		71.1	-2.4
重　庆	2446.6	50695	1755.5	59.5	10.3	98.1	1.6				593.1	33.6
四　川	6585.2	79082	3210.3	99.2	254.5	1335.3	40.8	98176	28.5	6.0	2011.0	-92.8
贵　州	2269.8	33579	1651.7	68.5	2.3	8.0	0.5	187370	156.3	11.1	446.6	4.1
云　南	3100.5	28518	2222.7	74.6	16.4	101.9	-3.9	298175	163.6	9.6	612.3	-0.8
陕　西	1982.1	7424	899.8	56.0	276.1	354.1	13.8	328724	249.7	12.8	477.7	17.9
甘　肃	1828.7	5885	908.7	45.9	39.9	203.8		1056203	406.4	20.6	309.8	-1.7
青　海	305.9	1781	259.9	7.7	1.1	17.5	0.2	3625	5.7		17.1	0.1
宁　夏	375.6	353	159.2	13.0	14.0	89.8	4.5	196700	76.4	1.6	50.2	
新　疆	694.1	3087	694.1	38.9								
兵　团	183.7	1679	163.4	4.0							20.4	5.8

9-10-2 各地区农村改水情况

地　区	已改水受益人口占农村人口(%)					饮用自来水人口占农村人口(%)				
	1990	1995	2000	2004	2005	1990	1995	2000	2004	2005
总　计	**75.4**	**86.7**	**92.4**	**93.8**	**94.1**	**30.7**	**43.2**	**55.2**	**60.0**	**61.3**
北　京	97.1	99.1	99.8	100.0	100.0	88.9	96.1	98.2	97.6	97.7
天　津	98.0	100.0	100.0	100.0	100.0	85.4	89.9	83.6	86.9	88.1
河　北	95.1	94.6	96.1	98.2	98.7	55.5	65.7	73.4	80.3	81.2
山　西	78.4	85.8	90.5	94.2	94.5	66.6	70.7	73.4	77.0	77.5
内蒙古	54.6	62.7	83.9	88.5	88.5	13.9	17.3	30.8	34.6	34.6
辽　宁	85.9	95.3	98.2	97.7	97.8	33.0	37.2	59.2	55.2	54.3
吉　林	82.6	91.2	96.7	98.6	98.4	28.1	27.6	35.3	47.9	48.8
黑龙江	85.3	96.4	97.4	98.1	98.2	32.1	40.2	50.0	57.3	58.5
上　海	95.5	100.0	100.0	100.0	100.0	69.6	99.3	99.9	100.0	100.0
江　苏	81.4	93.3	93.6	98.5	99.0	33.9	53.4	75.0	92.5	95.7
浙　江	86.3	93.7	96.7	96.2	97.0	55.0	74.5	83.2	87.1	88.1
安　徽	83.8	94.6	98.7	98.2	98.4	12.5	23.3	36.8	36.0	37.7
福　建	88.0	94.1	98.5	97.7	97.6	35.7	54.7	71.2	72.7	74.5
江　西	81.7	98.8	94.5	95.9	96.5	19.3	30.4	38.2	45.2	48.4
山　东	92.0	97.0	98.9	99.4	99.5	32.4	47.0	57.2	65.2	67.6
河　南	86.3	95.5	97.0	97.1	97.3	30.2	42.5	48.9	49.6	50.2
湖　北	62.2	81.8	93.5	91.7	92.4	32.7	44.7	54.0	51.8	52.4
湖　南	77.2	91.7	96.1	96.8	96.9	17.1	32.8	46.0	57.1	58.4
广　东	87.4	95.3	98.0	96.7	90.4	47.2	62.6	70.3	53.3	53.1
广　西	61.0	80.0	89.6	98.6	98.6	19.5	31.0	47.6	74.5	75.0
海　南	83.8	87.3	94.2	92.6	91.0	31.1	33.9	49.9	56.9	59.1
重　庆	…	…	92.2	93.3	95.2	…	…	59.3	44.4	68.3
四　川	60.6	81.6	91.4	91.5	94.1	17.7	30.8	39.2	66.0	45.9
贵　州	32.1	49.8	61.4	70.8	73.4	13.4	28.5	43.6	51.2	53.4
云　南	42.8	58.6	80.8	86.3	87.9	23.8	36.2	54.3	61.2	63.0
西　藏	…	18.5	…	70.5		…	11.9	…	28.5	
					70.1					31.4
陕　西	69.0	78.2	64.1	85.3	88.4	26.4	37.2	35.3	41.7	43.9
甘　肃	37.0	41.1	71.8	88.6	90.9	15.2	18.9	32.7	68.8	77.2
青　海	54.8	59.5	71.3	93.0	95.1	24.0	30.2	55.2	37.0	40.3
宁　夏	58.3	74.8	87.8	60.2	58.0	5.4	26.1	29.6	60.2	58.0
新　疆	56.5	56.6	86.3	69.3	96.9	27.8	25.0	80.1	58.9	86.2

9-11 农村改厕情况

年份 地区	农村 总户数 (万户)	累计卫生厕所户数(万户)							卫生 厕所 普及率 (%)	当年 新增 卫生 厕所 (万户)	累计 使用 卫生 公厕 (万户)	粪便 无害化 处理率 (%)
		合计	三格化 粪池式	双瓮漏 斗式	三联沼 气池式	粪尿分 集式	完整下 水道水 冲式	其他				
1999	23967.2	8509.7	2365.8	1106.1	672.7	…	…	4365.1	39.8	1150.7	…	29.5
2000	23772.5	9571.8	2719.6	1106.3	750.7	…	…	4995.3	44.8	1107.9	…	31.2
2001	24744.1	11405.0	2952.7	1149.7	817.9	123.2	614.4	5747.1	46.1	712.0	852.8	49.5
2002	24783.0	12061.7	3903.8	1230.5	1422.5	99.5	1021.6	6049.2	48.7	578.6	1018.6	52.8
2003	24789.8	12624.1	3435.9	1238.4	1065.6	68.5	818.9	5996.9	50.9	585.0	1080.6	55.3
2004	24843.2	13192.4	3641.7	1256.2	1212.7	73.5	926.2	6071.9	53.1	617.0	1095.2	57.5
2005	24843.1	13740.1	3903.8	1231.0	1422.5	99.5	1028.5	6053.0	55.3	579.5	1034.1	59.5
北　京	125.4	98.3	41.7	13.7	0.5		1.3	41.1	78.4	2.6	12.2	88.1
天　津	109.6	81.1	59.9	0.0	0.0	0.0	20.9	0.3	74.1	23.6	0.8	74.8
河　北	1404.8	626.9	28.5	40.3	90.2		123.2	344.7	44.6	55.6	36.0	47.2
山　西	592.6	280.3	3.6	14.5	10.8	0.2	34.6	216.7	47.3	12.5	27.4	51.9
内蒙古	390.3	141.5	3.2	0.6	0.3		0.8	134.8	36.3	2.4	39.5	46.4
辽　宁	689.9	363.9	30.0	0.6	20.2	1.5	47.6	264.1	52.8	14.0	7.3	53.8
吉　林	394.8	238.6	0.0	0.0	0.3	3.5	4.6	230.2	60.4	9.1	5.9	61.9
黑龙江	666.4	371.6	6.8	2.6		7.8	29.3	325.2	55.8	10.1	74.7	67.0
上　海	127.7	123.3	111.2	11.4				0.6	96.5	2.7		96.5
江　苏	1745.1	939.7	474.4	26.2	16.3	0.7	68.3	353.8	53.8	63.5	47.0	56.5
浙　江	1149.3	945.4	576.3	8.4	17.9	13.7	75.3	253.7	82.3	46.0	61.2	87.6
安　徽	1213.7	657.4	95.0	22.3	25.5	2.1	50.7	461.7	54.2	20.3	82.3	61.0
福　建	681.7	397.3	361.4	18.1	14.9	0.0	2.9	0.0	58.3	18.5	51.0	65.8
江　西	850.4	526.9	127.3	0.9	89.8	0.9	47.9	260.1	62.0	22.6	49.1	67.7
山　东	2005.1	1366.5	162.1	226.5	43.6	29.0	108.5	796.7	68.1	31.8	60.0	71.1
河　南	1962.4	1199.7	63.4	697.3	53.0	2.6	113.3	270.1	61.1	17.0	30.1	47.4
湖　北	1126.0	717.3	86.3	32.0	115.9		129.4	353.7	63.7	14.1	27.7	66.2
湖　南	1291.9	747.3	179.2	29.5	106.9	0.9	65.8	365.0	57.8	18.5	43.1	33.0
广　东	841.6	429.7	181.2	2.8	197.2	11.9	4.6	32.1	51.1	24.0	28.4	54.4
广　西	1424.7	1068.5	911.6		13.1	0.0	0.3	143.5	75.0	8.9	166.1	75.2
海　南	130.5	70.6	64.5	0.0	4.4	0.0	0.0	1.6	54.1	1.4	12.8	63.9
重　庆	726.9	293.8	45.6		58.0	1.0		189.2	40.4	10.5		40.4
四　川	1911.0	732.4	197.5	3.4	316.9	1.0	46.4	167.3	38.3	44.4	2.5	29.6
贵　州	759.6	206.0	11.4	1.5	40.0	0.0	11.7	141.4	27.1	18.6	21.7	30.0
云　南	856.9	455.5	40.6	1.3	115.1	5.3	4.6	288.7	53.2	36.1	67.2	61.0
陕　西	693.9	236.6	31.9	35.8	51.1	13.1	12.3	92.3	34.1	22.0	38.1	39.5
甘　肃	496.3	248.9	9.1	8.0	12.8	2.2	11.8	204.9	50.2	15.6	19.7	54.1
青　海	69.9	41.7	0.0	0.0	0.0	0.0	1.9	39.7	59.7	1.0	1.5	60.0
宁　夏	100.3	34.0	0.6	1.4	7.3	1.2	3.2	20.4	33.9	5.7	4.3	38.2
新　疆	244.4	88.4		31.4	0.5	0.6	0.2	55.7	36.2	5.5	0.9	44.7
兵　团	60.2	11.3	0.0	0.6	0.0	0.0	6.9	3.8	18.7	1.0	15.5	44.4

9-12-1 1996年不同人群吸烟情况

	吸烟率(%)			人均日吸烟量(支)		
	总计	男性	女性	总计	男性	女性
按年龄分（岁）	37.62	66.94	4.19	14.60	14.83	10.54
15～19	9.66	18.00	0.28	1.66	1.65	1.66
20～29	33.44	63.02	1.13	13.17	13.19	11.87
30～39	39.37	73.11	2.34	15.09	15.19	11.42
40～49	43.39	74.07	3.99	15.56	15.79	10.18
50～59	42.46	71.84	8.10	15.10	15.56	10.41
60～69	41.42	68.57	12.69	13.48	14.12	10.05
70岁及以上	38.08	61.42	6.62	13.68	13.86	11.52
按文化程度分	37.62	66.94	4.19	14.60	14.83	10.54
文盲半文盲	29.59	69.68	7.62	13.67	14.39	10.18
小学	40.52	72.35	5.19	14.83	15.12	10.31
初中	40.01	66.26	2.71	15.06	15.16	11.50
高中或中专	36.03	63.28	1.43	14.21	14.26	11.40
大专及以上	35.45	54.18	1.06	13.14	13.18	10.47
按职业分	37.62	66.94	4.19	14.60	14.83	10.54
农、林、牧、渔业劳动者	41.62	69.81	3.31	14.73	14.86	11.02
企业工人	42.11	71.32	2.34	14.71	14.79	10.89
商业服务业人员	26.54	70.01	2.53	14.36	14.54	11.39
国家机关人员	42.65	63.81	1.31	14.20	14.20	15.67
教师	28.21	55.62	1.03	13.83	13.74	18.33
科技人员	28.32	59.81	0.95	14.22	14.25	11.00
离退休人员	36.77	64.46	11.70	13.92	14.71	10.23
大学生	10.92	19.75	0.75	12.73	13.24	1.00
中学生	3.33	6.12	0.07	6.04	5.88	15.00
按城乡分	37.62	66.94	4.19	14.60	14.83	10.54
城市	34.54	63.96	4.72	14.25	14.53	10.46
乡村	39.23	68.38	3.88	14.76	14.96	10.60
按婚姻状况分	37.62	66.94	4.19	14.60	14.83	10.54
在婚	39.78	71.60	4.19	13.45	13.68	9.74
离异	49.29	75.03	5.48	14.60	14.80	10.55
丧偶	30.90	70.55	10.77	14.77	15.02	10.82
分居	34.23	74.36	2.83	14.79	15.02	9.36
未婚	27.30	44.07	0.72	16.42	16.45	15.37
其他	28.00	51.32	4.11	16.03	16.19	10.00

9-12-2　1996年居民吸烟种类及公共场所吸烟情况

	合计	男性	女性
吸烟种类构成(%)	**100.0**	**100.0**	**100.0**
无过滤嘴香烟	16.2	16.2	16.6
有过滤嘴香烟	72.9	73.6	59.2
雪茄	1.4	1.3	2.4
烟斗或水烟袋	1.7	1.7	1.5
卷烟或旱烟	7.4	7.0	20.9
其他	0.4	0.2	10.5
公共场所吸烟比例(%)	**100.0**	**100.0**	**100.0**
经常	48.9	49.8	31.9
偶尔	42.0	42.0	42.9
从不	7.3	6.5	22.5
不知道	1.7	1.7	2.6

9-12-3　1996年居民被动吸烟及戒烟情况

	合计	男性	女性
被动吸烟率(%)	**53.48**	**45.46**	**56.99**
被动吸烟时间分布(%)	**100.00**	**100.00**	**100.00**
7天/周	68.44	60.71	71.16
3～6天/周	15.43	19.01	14.18
1～3天/周	16.13	20.29	14.66
被动吸烟场所分布(%)	**100.00**	**100.00**	**100.00**
家中	71.23	41.27	81.77
工作场所	25.04	41.50	19.27
公共场所	32.52	45.43	27.96
其他	1.62	2.77	1.22
不知道	0.83	1.31	0.67
戒烟情况			
打算戒烟率(%)	16.76	16.79	16.43
戒烟率(%)	9.42	9.27	12.35
戒烟成功率(%)	3.58	3.51	4.80
复吸率(%)	11.71	11.69	12.30
戒烟原因构成(%)	**100.00**	**100.00**	**100.00**
已患病	47.33	47.55	45.26
家庭反对	15.09	15.89	6.57
宣传教育	8.55	8.87	5.11
预防疾病	34.06	34.04	34.31
环境限制	3.39	3.31	4.38
经济原因	10.73	10.73	10.95

十、居民病伤死亡原因

简要说明

一、本章主要介绍我国居民病伤死亡原因，内容包括城市、农村地区居民粗死亡率、标化死亡率及死因顺位，分性别、疾病别、年龄别死亡率。

二、本章数据来源于有关年份居民病伤死亡原因统计年报。

三、资料范围

1990 年城市地区包括北京、天津、太原、哈尔滨、长春、沈阳、大连、鞍山、上海、南京、杭州、武汉、广州、成都、重庆、昆明和西安 17 个大城市，苏州、徐州、淮安、合肥、安庆、马鞍山、蚌埠、铜陵、厦门、福州、三明、宜昌、黄石、宜春、佛山、贵阳、自贡、桂林和湖南六市等 24 个中小城市；农村地区包括北京、天津、上海市全部市辖县和江苏、浙江、安徽、福建、江西、湖北、湖南、广东、四川、贵州、甘肃和山西 15 个省（直辖市）87 个县（县级市）。

1995 年城市地区包括北京、天津、太原、哈尔滨、长春、沈阳、大连、鞍山、上海、南京、杭州、武汉、广州、成都、重庆和西安 16 个大城市，苏州、徐州、宁波、合肥、安庆、马鞍山、蚌埠、铜陵、厦门、福州、宜昌、长沙、湘潭、常德、佛山、中山、桂林、自贡、乌鲁木齐 19 个中小城市；农村地区包括北京、天津、上海市全部市辖县和江苏、浙江、安徽、福建、河南、湖北、湖南、广东、四川、贵州、甘肃 14 个省（直辖市）101 个县（县级市）。

2000 年城市地区包括北京、天津、长春、沈阳、大连、鞍山、上海、南京、杭州、武汉、广州、成都、重庆和西安 14 个大城市，苏州、徐州、合肥、安庆、马鞍山、铜陵、厦门、福州、平顶山、信阳、宜昌、黄石、长沙、湘潭、衡阳、常德、佛山、自贡、桂林和乌鲁木齐 20 个中小城市；农村地区包括北京、天津、上海市全部市辖县和江苏、浙江、安徽、福建、河南、湖北、湖南、广东、重庆、四川、贵州、甘肃 15 个省（直辖市）90 个县（县级市）。

2004 年城市地区包括北京、天津、上海、哈尔滨、长春、沈阳、大连、鞍山、南京、杭州、郑州、武汉、广州、重庆、成都、昆明、西安 17 个大城市，苏州、徐州、合肥、安庆、蚌埠、马鞍山、铜陵、福州、厦门、宜昌、黄石、长沙、衡阳、常德、湘潭、佛山、中山、三明、桂林、自贡、乌鲁木齐等 21 个中小城市；农村地区包括北京、天津、上海市全部市辖县和江苏、浙江、安徽、福建、河南、湖北、湖南、广东、重庆、四川、贵州、甘肃 15 个省（直辖市）78 个县（县级市）。

四、1990、1995、2000 年采用 ICD－9 国际疾病分类统计标准。2002 年起采用 ICD－10 国际疾病分类统计标准。

五、1990、1995、2000、2005 年标化死亡率均按 1982 年第三次人口普查的人口年龄构成标化。

主要统计指标解释

标化死亡率　即年龄标准化死亡率，是指按照某一标准人口年龄结构计算的死亡率。

性别年龄别死亡率　是指分性别年龄别计算的死亡率。计算公式：男（女）性某年龄别死亡率＝男（女）性某年龄别死亡人数/男（女）性同年龄平均人口数。

10-1 1990年城市居民主要疾病死亡率及构成

疾病名称	合计				男				女			
	粗死亡率 1/10万	标化死亡率 1/10万	构成(%)	位次	粗死亡率 1/10万	标化死亡率 1/10万	构成(%)	位次	粗死亡率 1/10万	标化死亡率 1/10万	构成(%)	位次
传染病(不含肺结核)	13.44	10.88	2.30	12	17.32	14.50	2.79	11	9.33	7.54	1.71	13
肺结核	7.03	5.27	1.20	11	9.59	7.59	1.54	9	4.34	3.24	0.79	15
寄生虫病	0.39	0.30	0.07	17	0.52	0.42	0.08	17	0.25	0.18	0.05	18
恶性肿瘤	128.03	96.69	21.88	1	155.10	122.12	24.98	1	99.38	73.64	18.16	2
内分泌、营养和代谢及免疫疾病	10.19	8.01	1.74	7	7.90	7.16	1.27	10	12.60	8.90	2.30	7
血液和造血器官疾病	1.47	1.28	0.25	16	1.36	1.33	0.22	16	1.59	1.22	0.29	16
精神病	6.30	4.56	1.08	13	5.31	4.32	0.86	15	7.34	4.68	1.34	11
神经系病	4.99	4.38	0.85	15	5.47	5.04	0.88	14	4.49	3.79	0.82	14
心脏病	92.53	66.21	15.81	3	88.30	73.66	14.22	4	97.00	60.39	17.73	3
脑血管病	121.84	88.29	20.83	2	126.40	102.07	20.35	2	117.02	76.66	21.39	1
呼吸系病	92.18	68.37	15.76	4	93.55	81.78	15.06	3	90.74	57.76	16.59	4
消化系病	23.53	17.74	4.02	6	26.13	20.67	4.21	6	20.77	14.90	3.80	6
泌尿、生殖系病	9.26	6.90	1.58	8	9.65	7.69	1.55	8	8.83	6.38	1.61	9
妊娠、分娩和产褥期并发症	0.29	0.23	0.05	18					0.60	0.46	0.11	17
先天异常	5.45	8.53	0.93	14	5.56	8.51	0.90	12	5.34	8.54	0.98	12
新生儿病	8.81	15.77	1.51	9	10.08	17.16	1.62	7	7.47	14.26	1.36	10
其他疾病	7.56	4.95	1.29	10	5.51	4.70	0.89	13	9.74	5.05	1.78	8
损伤和中毒	40.43	34.98	6.91	5	47.07	41.04	7.58	5	33.42	28.55	6.11	5

10-2 1995年城市居民主要疾病死亡率及构成

疾病名称	合计				男				女			
	粗死亡率 1/10万	标化死亡率 1/10万	构成(%)	位次	粗死亡率 1/10万	标化死亡率 1/10万	构成(%)	位次	粗死亡率 1/10万	标化死亡率 1/10万	构成(%)	位次
传染病(不含肺结核)	5.01	6.89	1.59	13	6.23	9.44	1.95	10	3.73	4.52	1.15	14
肺结核	4.34	2.94	0.74	14	6.07	4.43	0.96	11	2.53	1.63	0.46	15
寄生虫病	0.34	0.24	0.06	17	0.41	0.31	0.07	17	0.27	0.19	0.05	18
恶性肿瘤	128.58	88.05	21.85	2	156.35	114.43	24.83	1	99.41	64.11	18.24	2
免疫疾病	13.79	9.40	2.34	7	10.85	8.17	1.72	7	16.87	10.65	3.09	6
血液和造血器官疾病	1.22	1.01	0.21	16	1.13	1.02	0.18	16	1.32	1.00	0.24	16
精神病	7.16	4.60	1.22	9	6.52	4.84	1.04	9	7.83	4.29	1.44	10
神经系病	5.06	4.02	0.86	12	5.62	4.84	0.89	13	4.48	3.29	0.82	11
心脏病	90.10	56.79	15.31	4	88.30	64.11	14.02	4	92.00	50.50	16.88	3
脑血管病	130.48	83.70	22.17	1	136.66	99.36	21.70	2	124.00	69.99	22.75	1
呼吸系病	92.54	59.01	15.73	3	94.85	71.29	15.06	3	90.12	49.21	16.53	4
消化系病	19.49	13.26	3.31	6	22.69	16.92	3.60	6	16.13	9.75	2.96	7
泌尿、生殖系病	9.15	6.16	1.56	8	9.26	6.88	1.47	8	9.03	6.65	1.66	9
妊娠、分娩和产褥期并发症	0.20	0.16	0.03	18					0.41	0.34	0.08	17
先天异常	3.92	7.83	0.67	15	4.08	8.10	0.65	15	3.76	7.55	0.69	13
新生儿病	5.08	13.24	0.86	11	5.82	14.99	0.92	12	4.30	11.36	0.79	12
其他疾病	7.12	3.92	1.21	10	5.15	3.84	0.82	14	9.18	3.92	1.68	8
损伤和中毒	40.57	32.82	6.89	5	49.11	41.66	7.80	5	31.61	23.46	5.80	5

10-3 2000年城市居民主要疾病死亡率及构成

疾病名称	合计				男				女			
	粗死亡率 1/10万	标化死亡率 1/10万	构成 (%)	位次	粗死亡率 1/10万	标化死亡率 1/10万	构成 (%)	位次	粗死亡率 1/10万	标化死亡率 1/10万	构成 (%)	位次
传染病(不含肺结核)	4.03	2.74	0.67	11	5.09	3.60	0.78	11	2.93	1.90	0.53	13
肺结核	2.87	1.74	0.48	15	4.28	2.75	0.66	12	1.39	0.81	0.25	16
寄生虫病	0.63	0.36	0.10	17	0.67	0.42	0.10	17	0.59	0.30	0.11	17
恶性肿瘤	146.61	90.24	24.38	1	176.85	115.73	27.23	1	115.06	66.88	20.88	2
内分泌、营养和代谢及免疫疾病	17.99	10.61	2.99	7	14.70	9.47	2.26	7	21.42	11.70	3.89	6
血液和造血器官疾病	1.41	1.01	0.23	16	1.28	1.03	0.20	16	1.54	0.99	0.28	15
精神病	6.70	3.74	1.11	9	6.24	4.03	0.96	10	7.19	3.36	1.30	9
神经系病	5.53	3.76	0.92	10	6.26	4.66	0.96	9	4.76	2.93	0.86	10
心脏病	106.65	58.01	17.74	3	107.06	66.55	16.49	3	106.22	50.21	19.27	3
脑血管病	127.96	70.74	21.28	2	135.14	84.36	20.81	2	120.47	58.55	21.86	1
呼吸系病	79.92	41.86	13.29	4	82.92	51.00	12.77	4	76.80	34.37	13.93	4
消化系病	18.38	10.93	3.06	6	21.85	14.24	3.37	6	14.76	7.69	2.68	7
泌尿、生殖系病	9.01	5.46	1.50	8	9.64	6.27	1.48	8	8.36	4.81	1.52	8
妊娠、分娩和产褥期并发症	0.13	0.11	0.02	18					0.27	0.23	0.05	18
先天异常	3.15	6.66	0.52	13	3.33	6.98	0.51	14	2.95	6.31	0.54	12
新生儿病	3.14	8.87	0.52	14	3.43	9.53	0.53	13	2.84	8.15	0.51	14
其他疾病	3.83	1.80	0.64	12	2.93	1.78	0.45	15	4.76	1.77	0.86	11
损伤和中毒	35.57	27.02	5.91	5	43.44	34.63	6.69	5	27.35	18.98	4.96	5

10-4-1 2005年城市居民主要疾病死亡率及构成

疾病名称	合计				男				女			
	粗死亡率 1/10万	标化死亡率 1/10万	构成 (%)	位次	粗死亡率 1/10万	标化死亡率 1/10万	构成 (%)	位次	粗死亡率 1/10万	标化死亡率 1/10万	构成 (%)	位次
传染病(不含呼吸道结核)	3.61	2.46	0.66	13	4.86	3.43	0.79	11	2.32	1.50	0.48	14
呼吸道结核	2.84	1.72	0.52	15	4.16	2.67	0.68	15	1.46	0.85	0.30	17
寄生虫病	0.06	0.03	0.01	20	0.07	0.04	0.01	19	0.05	0.03	0.01	20
恶性肿瘤	124.86	76.85	22.74	1	159.77	104.55	26.05	1	88.51	51.45	18.36	3
血液、造血器官及免疫疾病	0.93	0.66	0.17	18	0.83	0.67	0.13	17	1.04	0.67	0.21	18
内分泌、营养和代谢疾病	13.75	8.11	2.50	7	11.81	7.61	1.92	7	15.77	8.61	3.27	6
精神障碍	5.19	2.90	0.95	10	4.85	3.13	0.79	12	5.55	2.59	1.15	10
神经系统疾病	4.60	3.13	0.84	11	4.87	3.62	0.79	13	4.32	2.66	0.90	11
心脏病	98.22	53.42	17.89	3	99.49	61.85	16.22	3	96.88	45.80	20.09	2
脑血管病	111.02	61.38	20.22	2	116.63	72.81	19.01	2	105.19	51.12	21.82	1
呼吸系统疾病	69.00	36.14	12.57	4	75.88	46.67	12.37	4	61.85	27.68	12.83	4
消化系统疾病	18.10	10.76	3.30	6	22.54	14.69	3.68	6	13.46	7.01	2.79	8
肌肉、骨骼和结缔组织疾病	1.16	1.07	0.21	17	0.77	0.71	0.13	18	1.57	1.45	0.33	16
泌尿、生殖系统疾病	8.58	5.20	1.56	9	8.92	5.80	1.45	9	8.21	4.73	1.70	9
妊娠、分娩和产褥期并发症	0.28	0.24	0.05	19					0.50	0.42	0.10	19
起源于围生期某些情况	3.50	6.88	0.64	14	3.68	7.23	0.60	14	3.23	6.28	0.67	13
先天畸形、变性和染色体异常	1.85	3.92	0.34	16	2.04	4.28	0.33	16	1.65	3.54	0.34	15
诊断不明	4.09	3.06	0.74	12	4.82	3.61	0.79	10	3.33	2.49	0.69	12
其他疾病	11.98	5.63	2.18	8	9.14	5.55	1.49	8	14.94	5.55	3.10	7
损伤和中毒外部原因	45.28	34.40	8.25	5	56.84	45.32	9.27	5	33.22	23.06	6.89	5

10-4-2　2005年大城市居民主要疾病死亡率及构成

疾病名称	合计				男				女			
	粗死亡率 1/10万	标化死亡率 1/10万	构成 (%)	位次	粗死亡率 1/10万	标化死亡率 1/10万	构成 (%)	位次	粗死亡率 1/10万	标化死亡率 1/10万	构成 (%)	位次
传染病(不含呼吸道结核)	4.34	3.50	0.78	13	5.83	4.72	0.94	12	2.80	2.23	0.57	14
呼吸道结核	2.46	1.76	0.44	15	3.92	2.75	0.63	15	0.94	0.70	0.19	18
寄生虫病	0.08	0.06	0.01	20	0.09	0.07	0.01	19	0.07	0.05	0.01	20
恶性肿瘤	144.63	108.13	25.92	1	182.15	135.04	29.27	1	105.67	79.24	21.51	1
血液、造血器官及免疫疾病	1.38	1.30	0.25	17	1.34	1.21	0.22	17	1.43	1.38	0.29	17
内分泌、营养和代谢疾病	21.51	14.87	3.85	6	18.51	12.81	2.97	7	24.62	17.06	5.01	6
精神障碍	5.58	3.93	1.00	12	5.61	4.16	0.90	13	5.54	3.74	1.13	11
神经系统疾病	6.01	4.98	1.08	10	6.25	5.25	1.00	11	5.77	4.64	1.17	10
心脏病	88.03	58.73	15.77	3	90.72	60.76	14.58	3	85.23	56.47	17.35	3
脑血管病	105.32	72.38	18.87	2	109.59	75.04	17.61	2	100.89	69.13	20.53	2
呼吸系统疾病	66.65	44.19	11.94	4	76.60	50.68	12.31	4	56.31	37.04	11.46	4
消化系统疾病	17.85	13.03	3.20	8	21.11	15.59	3.39	6	14.47	10.38	2.95	8
肌肉、骨骼和结缔组织疾病	1.31	0.98	0.23	18	0.80	0.61	0.13	18	1.84	1.38	0.37	16
泌尿生殖系统疾病	8.53	6.35	1.53	9	8.94	6.62	1.44	9	8.10	6.02	1.65	9
妊娠、分娩和产褥期并发症	0.29	0.26	0.05	19					0.56	0.47	0.11	19
起源于围生期某些情况	3.57	6.69	0.64	14	4.30	7.95	0.69	14	2.84	5.41	0.58	13
先天畸形、变性和染色体异常	2.14	3.48	0.38	16	2.31	3.84	0.37	16	1.96	3.12	0.40	15
诊断不明	5.72	4.10	1.02	11	6.99	5.22	1.12	10	4.41	3.03	0.90	12
其他疾病	19.48	11.87	3.49	7	15.21	9.43	2.44	8	23.91	14.42	4.87	7
损伤和中毒外部原因	34.42	30.21	6.17	5	43.23	38.33	6.95	5	25.26	21.83	5.14	5

10-4-3　2005年中小城市居民主要疾病死亡率及构成

疾病名称	合计				男				女			
	粗死亡率 1/10万	标化死亡率 1/10万	构成 (%)	位次	粗死亡率 1/10万	标化死亡率 1/10万	构成 (%)	位次	粗死亡率 1/10万	标化死亡率 1/10万	构成 (%)	位次
传染病(不含呼吸道结核)	3.25	2.58	0.60	13	4.37	3.46	0.72	11	2.08	1.67	0.44	14
呼吸道结核	3.03	1.99	0.56	14	4.28	2.68	0.70	12	1.72	1.19	0.36	15
寄生虫病	0.05	0.03	0.01	20	0.06	0.04	0.01	19	0.04	0.03	0.01	20
恶性肿瘤	114.99	75.57	21.11	1	148.59	94.89	24.40	1	79.95	53.83	16.74	3
血液、造血器官及免疫疾病	0.70	0.55	0.13	18	0.57	0.45	0.09	18	0.84	0.65	0.18	18
内分泌、营养和代谢疾病	9.87	6.14	1.81	7	8.46	5.03	1.39	8	11.35	7.38	2.38	7
精神障碍	5.00	3.22	0.92	10	4.47	2.96	0.73	10	5.55	3.53	1.16	10
神经系统疾病	3.90	2.78	0.72	11	4.18	2.96	0.69	13	3.60	2.55	0.75	11
心脏病	103.30	61.43	18.97	3	103.87	59.43	17.06	3	102.70	63.29	21.51	2
脑血管病	113.87	69.01	20.91	2	120.15	69.80	19.73	2	107.33	67.49	22.48	1
呼吸系统疾病	70.18	41.45	12.89	4	75.52	41.95	12.40	4	64.62	39.88	13.53	4
消化系统疾病	18.22	11.84	3.35	6	23.26	15.01	3.82	6	12.96	8.49	2.71	6
肌肉、骨骼和结缔组织疾病	1.09	0.75	0.20	17	0.76	0.50	0.12	17	1.44	1.01	0.30	17
泌尿、生殖系统疾病	8.60	5.50	1.58	8	8.91	5.47	1.46	7	8.27	5.46	1.73	9
妊娠、分娩和产褥期并发症	0.13	0.19	0.02	19					0.23	0.29	0.05	19
起源于围生期某些情况	2.76	9.51	0.51	15	3.08	10.56	0.51	15	2.48	8.61	0.52	13
先天畸形、变性和染色体异常	1.71	4.47	0.31	16	1.91	5.09	0.31	16	1.50	3.83	0.31	16
诊断不明	3.27	2.18	0.60	12	3.73	2.47	0.61	14	2.79	1.87	0.58	12
其他疾病	8.24	4.44	1.51	9	6.11	3.16	1.00	9	10.46	5.87	2.19	8
损伤和中毒外部原因	50.70	41.19	9.31	5	63.64	52.13	10.45	5	37.20	29.84	7.79	5

10-5-1　2005年城市居民年龄别疾病别死亡率(1/10万)(合计)

疾病名称(ICD-10)	合计	不满1岁	1～	5～	10～	15～	20～	25～
总　　　　计	**549.11**	**353.44**	**44.85**	**21.50**	**21.36**	**35.54**	**42.22**	**51.64**
传染病和寄生虫病小计	6.51	8.46	2.04	1.08	0.50	0.44	0.69	1.10
其中：传染病计	6.45	8.46	2.04	1.08	0.47	0.44	0.69	1.10
内：伤寒和副伤寒	0.00	0.00	0.00	0.00	0.00	0.00	0.00	0.00
痢疾	0.04	0.07	0.22	0.00	0.00	0.00	0.00	0.02
肠道其他细菌性传染病	0.04	0.42	0.00	0.00	0.00	0.00	0.00	0.00
呼吸道结核	2.84	0.00	0.00	0.30	0.00	0.08	0.19	0.33
其他结核	0.13	0.00	0.11	0.00	0.00	0.10	0.00	0.20
钩端螺旋体病	0.00	0.00	0.00	0.00	0.00	0.00	0.00	0.00
破伤风	0.05	0.34	0.00	0.00	0.00	0.00	0.00	0.00
百日咳	0.00	0.00	0.00	0.00	0.00	0.00	0.00	0.00
脑膜炎球菌感染	0.05	0.62	0.16	0.26	0.00	0.00	0.02	0.11
败血症	0.47	4.65	0.22	0.26	0.03	0.10	0.21	0.02
流行性乙型脑炎	0.04	0.07	0.63	0.00	0.00	0.00	0.00	0.00
流行性出血热	0.05	0.00	0.00	0.00	0.00	0.00	0.00	0.02
麻疹	0.00	0.00	0.00	0.00	0.00	0.00	0.00	0.00
病毒性肝炎	2.42	0.83	0.00	0.00	0.00	0.04	0.06	0.35
艾滋病	0.04				0.31	0.12	0.00	0.00
寄生虫病计	0.06				0.03	0.00	0.00	0.00
内：疟疾	0.00				0.00	0.00	0.00	0.00
血吸虫病	0.05				0.00	0.00	0.00	0.00
肿瘤小计	125.98	3.61	4.23	3.71	3.18	4.77	5.49	8.19
其中：恶性肿瘤计	124.86	3.19	4.12	3.46	3.05	4.75	5.22	8.13
内：鼻咽癌	1.27					0.08	0.02	0.09
食管癌	10.57					0.00	0.00	0.11
胃癌	18.12					0.12	0.17	0.33
结肠、直肠和肛门癌	8.31				0.11	0.12	0.09	0.53
肝癌	25.17			0.04	0.14	0.43	1.08	2.25
肺癌	31.44				0.03	0.14	0.48	0.52
乳腺癌	3.09							0.22
宫颈癌	1.82							0.20
膀胱癌	1.59							0.11
白血病	3.07	0.34	3.12	2.02	1.96	1.83	1.63	1.32
良性肿瘤计	0.55	0.14	0.06	0.24	0.11	0.02	0.25	0.06
其他肿瘤计	0.57	0.28	0.06	0.00	0.03	0.00	0.02	0.00
血液、造血器官及免疫疾病小计	0.93	0.97	0.54	0.32	0.11	0.18	0.27	0.06
其中:贫血	0.73	0.90	0.43	0.15	0.09	0.08	0.25	0.06
血液、造血器官及免疫的其他疾病	0.20	0.07	0.11	0.16	0.03	0.10	0.02	0.00
内分泌、营养和代谢疾病小计	13.75	3.60	0.27	0.00	0.22	0.36	0.58	0.53
其中：糖尿病	12.61	1.67			0.16	0.20	0.37	0.33
内分泌、营养和代谢的其他疾病	1.14	1.94	0.27	0.00	0.06	0.16	0.21	0.20
精神障碍小计	5.19	0.00	0.00	0.00	0.26	0.47	0.75	1.47
神经系统疾病小计	4.60	3.26	3.18	1.39	0.49	1.82	1.04	1.25
其中:脑膜炎	0.11	0.90	0.70	0.00	0.03	0.10	0.00	0.13
神经系统的其他疾病	4.50	2.36	2.48	1.39	0.46	1.72	1.04	1.12
循环系统疾病小计	227.93	21.14	1.78	1.03	0.46	2.58	2.75	4.81
其中：急性风湿热	0.72	1.11					0.04	0.04
心脏病计	98.22	10.81	1.45	0.68	0.28	2.07	2.15	3.33
内：慢性风湿性心脏病	2.83					0.19	0.02	0.24
高血压性心脏病	7.16					0.10	0.10	0.02
急性心肌梗死	21.48		0.16	0.11		0.28	0.61	1.32
其他冠心病	20.64				0.03	0.02	0.04	0.13
肺源性心脏病	23.90	1.11			0.03	0.12	0.00	0.29
其他心脏病	22.20	4.99	1.24	0.56	0.22	1.36	1.39	1.32

10-5-1 续表1

30～	35～	40～	45～	50～	55～	60～	65～	70～	75～	80～	85岁及以上
84.72	**138.12**	**209.68**	**306.01**	**502.66**	**738.03**	**1199.14**	**1967.18**	**3752.49**	**5938.69**	**10092.88**	**16861.73**
2.29	3.84	5.67	7.33	9.39	15.33	17.41	21.28	34.47	54.45	52.24	51.35
2.29	3.82	5.47	7.33	9.36	15.12	17.36	21.28	33.47	54.01	52.24	50.99
0.00	0.00	0.00	0.00	0.00	0.00	0.00	0.00	0.00	0.00	0.00	0.00
0.00	0.00	0.00	0.00	0.00	0.00	0.05	0.12	0.07	0.22	1.03	0.36
0.00	0.02	0.00	0.02	0.00	0.04	0.05	0.00	0.43	0.34	0.61	0.00
0.79	1.10	1.79	2.35	3.46	4.75	8.80	12.54	21.26	33.79	28.69	28.04
0.13	0.04	0.00	0.10	0.30	0.25	0.15	0.29	0.43	0.34	0.41	3.70
0.00	0.00	0.00	0.00	0.00	0.00	0.00	0.00	0.00	0.00	0.00	0.00
0.02	0.11	0.11	0.00	0.00	0.17	0.00	0.00	0.35	0.00	1.03	0.00
0.00	0.00	0.00	0.00	0.00	0.00	0.00	0.00	0.00	0.00	0.00	0.00
0.02	0.00	0.02	0.00	0.00	0.00	0.10	0.26	0.00	0.00	0.00	0.00
0.18	0.33	0.38	0.16	0.30	0.50	1.60	0.61	2.49	2.36	3.48	7.41
0.02	0.00	0.00	0.00	0.00	0.17	0.00	0.00	0.00	0.00	0.00	0.00
0.00	0.02	0.11	0.18	0.28	0.21	0.00	0.00	0.07	0.11	0.00	0.00
0.00	0.00	0.00	0.00	0.00	0.00	0.00	0.00	0.00	0.00	0.00	0.00
0.87	2.02	2.62	4.16	4.77	8.30	6.40	7.41	8.07	15.50	14.95	10.75
0.02	0.04	0.13	0.02	0.00	0.00	0.00	0.00	0.00	0.00	0.00	0.00
0.00	0.02	0.21	0.00	0.03	0.21	0.05	0.00	1.00	0.45	0.00	0.36
0.00	0.00	0.00	0.00	0.00	0.00	0.00	0.00	0.00	0.00	0.00	0.00
0.00	0.00	0.21	0.00	0.03	0.21	0.05	0.00	1.00	0.34	0.00	0.36
18.96	38.88	70.43	114.53	194.12	276.12	393.20	577.00	868.82	1157.43	1386.53	1323.45
18.43	38.31	69.47	112.98	192.87	274.43	389.89	572.49	863.18	1151.14	1377.94	1305.49
0.25	0.70	1.44	2.23	2.76	3.20	3.79	5.12	6.00	8.43	6.15	5.86
0.07	0.55	2.67	5.76	16.11	25.19	41.72	51.85	90.25	108.17	129.80	140.92
1.52	4.16	8.60	13.80	25.75	41.65	59.80	88.36	133.99	191.62	216.02	196.17
1.28	1.98	2.94	6.23	10.93	14.13	27.78	35.47	57.72	90.28	116.56	113.60
6.51	14.42	24.40	33.59	49.30	66.95	84.47	110.08	131.00	158.79	200.70	161.34
1.78	4.22	10.89	21.13	41.59	60.92	95.59	163.34	267.79	348.13	388.23	325.01
0.57	1.96	3.37	5.77	8.73	9.25	9.40	9.96	10.21	12.23	16.36	32.41
0.22	0.40	1.23	3.05	2.47	4.37	5.54	3.23	3.98	7.35	11.87	15.89
0.00	0.20	0.05	0.35	1.01	2.48	3.51	3.97	14.07	25.85	26.00	51.04
1.91	2.68	2.95	3.54	2.97	4.35	6.10	6.90	11.00	14.83	19.05	15.54
0.31	0.33	0.52	0.82	0.89	0.65	1.68	2.70	3.08	1.01	1.64	3.24
0.22	0.24	0.44	0.73	0.37	1.03	1.63	1.81	2.57	5.28	6.96	14.71
0.35	0.22	0.84	0.63	0.72	1.42	1.47	4.01	4.43	7.42	10.65	21.77
0.30	0.04	0.51	0.40	0.47	1.26	1.11	3.54	3.64	6.40	10.04	16.98
0.04	0.17	0.34	0.23	0.25	0.16	0.36	0.47	0.78	1.01	0.61	4.78
0.70	1.49	3.57	5.27	10.17	16.85	31.69	63.49	119.76	178.34	237.78	252.38
0.64	1.24	3.11	4.84	9.67	15.78	30.44	60.11	113.48	164.94	208.87	204.79
0.07	0.24	0.46	0.42	0.50	1.06	1.26	3.38	6.28	13.40	28.91	47.59
1.71	3.02	3.29	3.30	3.69	3.91	5.07	8.86	20.98	49.06	126.72	281.57
0.98	1.68	2.90	2.12	4.36	5.82	5.60	9.78	25.71	46.88	80.93	121.53
0.00	0.09	0.05	0.02	0.16	0.17	0.10	0.06	0.14	0.00	0.00	1.90
0.98	1.58	2.85	2.10	4.20	5.64	5.50	9.72	25.57	46.88	80.93	119.63
8.78	18.93	42.40	82.33	157.21	252.32	492.84	876.83	1799.24	2879.33	5229.79	8390.34
0.35	0.09	0.14	0.77	1.20	2.13	2.43	2.00	5.42	4.73	8.41	13.28
5.40	10.24	17.98	30.00	48.35	90.66	185.19	352.50	751.92	1220.12	2422.57	4359.83
0.29	1.06	1.44	2.07	4.07	6.26	9.21	12.62	17.42	28.13	32.39	50.93
0.15	0.46	0.78	1.20	2.89	5.49	14.83	26.03	70.66	81.87	172.88	341.35
1.27	3.51	6.73	12.12	17.24	28.70	52.90	79.67	161.48	237.56	420.59	700.38
0.51	0.83	2.12	4.33	6.90	13.08	27.44	63.19	133.23	247.95	522.41	1265.98
0.73	1.39	2.00	4.02	6.89	18.42	47.98	107.65	227.64	367.55	651.27	821.45
2.45	2.99	4.91	6.28	10.36	18.71	32.83	63.33	141.49	257.05	623.03	1176.74

10-5-1 续表2

疾病名称(ICD-10)	合计	不满1岁	1～	5～	10～	15～	20～	25～
其他高血压病	16.67	1.94	0.00	0.00	0.03	0.00	0.02	0.29
脑血管病	111.02	7.28	0.33	0.35	0.16	0.48	0.41	1.12
循环系统其他疾病	1.29	0.00	0.00	0.00	0.00	0.04	0.14	0.02
呼吸系统疾病小计	69.00	19.21	4.40	1.10	0.81	0.67	0.97	1.17
其中：肺炎	5.95	14.01	3.10	0.52	0.11	0.18	0.17	0.19
慢性下呼吸道疾病	53.26	0.34	0.16	0.00	0.03	0.14	0.07	0.29
尘肺	0.41	0.00	0.00	0.00	0.00	0.00	0.00	0.09
呼吸系统的其他疾病	9.38	4.86	1.15	0.58	0.66	0.36	0.73	0.60
消化系统疾病小计	18.10	5.13	0.44	0.20	0.09	0.53	0.65	1.04
其中：胃和十二指肠溃疡	1.81	0.28	0.00	0.00	0.00	0.12	0.00	0.11
阑尾炎	0.07	0.00	0.06	0.00	0.00	0.00	0.00	0.00
肠梗阻	0.78	0.90	0.00	0.04	0.00	0.12	0.12	0.04
肝病	10.19	2.77	0.00	0.16	0.06	0.12	0.40	0.77
消化系统其他疾病	5.24	1.18	0.38	0.00	0.03	0.18	0.14	0.11
肌肉、骨骼和结缔组织疾病小计	1.16	0.00	0.00	0.00	0.03	0.36	0.32	0.55
泌尿、生殖系统疾病小计	8.58	1.11	0.17	0.16	0.26	1.00	1.53	1.46
其中：肾小球和肾小管间质疾病	2.54	0.00	0.11	0.04	0.11	0.62	0.29	0.27
前列腺增生	0.29	0.00	0.00	0.00	0.00	0.00	0.00	0.00
泌尿、生殖系统的其他疾病	5.89	1.11	0.06	0.13	0.16	0.38	1.24	1.20
妊娠、分娩和产褥期并发症小计	0.28					0.00	0.62	0.90
其中：直接产科原因计	0.25					0.00	0.62	0.90
内：流产	0.03					0.00	0.03	0.06
妊娠高血压综合征	0.03					0.00	0.03	0.13
梗阻性分娩	0.03					0.00	0.06	0.13
产后出血	0.16					0.00	0.44	0.50
母体产伤	0.00					0.00	0.00	0.00
产褥期感染	0.03					0.00	0.03	0.06
间接产科原因计	0.00					0.00	0.00	0.00
妊娠、分娩和产褥期的其他情况	0.00					0.00	0.00	0.00
起源于围生期的某些情况小计	3.50	546.58	1.22					
其中：早产儿和未成熟儿	0.68	154.24	0.06					
新生儿产伤和窒息	1.19	163.22	0.41					
新生儿溶血性疾病	0.03	2.28	0.06					
新生儿硬化病	0.03	2.84	0.00					
起源于围生期的其他情况	1.57	223.97	0.65					
先天畸形、变形和染色体异常小计	1.85	71.68	6.08	1.20	1.00	0.79	0.55	0.33
其中：先天性心脏病	1.10	29.81	4.15	0.82	0.86	0.70	0.46	0.31
其他先天畸形、变形和染色体异常	0.75	41.87	1.93	0.37	0.14	0.08	0.09	0.02
诊断不明小计	4.09	5.41	0.44	0.24	0.22	0.48	0.76	0.99
其他疾病小计	11.98	3.33	0.54	0.11	0.11	0.38	0.15	0.48
损伤和中毒外部原因小计	45.28	18.10	18.99	10.94	13.60	20.73	25.50	27.41
其中：机动车辆交通事故	9.14	0.28	2.21	2.21	0.96	4.68	6.52	7.00
机动车以外的运输事故	3.95	1.67	0.78	0.73	1.16	1.67	2.05	2.41
意外中毒	1.78	0.34	0.54	0.34	0.51	1.36	0.68	1.43
意外跌落	6.20	2.01	1.04	1.29	0.28	1.43	1.61	2.03
火灾	0.48	0.28	0.11	0.16	0.03	0.12	0.00	0.02
由自然环境因素所致的意外事故	0.23	0.00	0.22	0.13	0.00	0.00	0.21	0.18
淹死	4.11	0.21	11.45	5.09	9.09	5.44	2.48	1.86
意外的机械性窒息	1.28	6.79	0.22	0.00	0.00	0.43	0.70	1.58
砸死	0.50		0.06	0.00	0.03	0.10	0.51	0.67
由机器切割和穿刺工具所致的意外事故	0.13			0.13	0.00	0.10	0.17	0.17
触电	0.62		0.06	0.04	0.03	0.64	0.75	0.60
其他意外事故和有害效应	2.72	5.48	1.62	0.39	0.11	0.98	1.18	1.88
自杀	12.89			0.13	0.90	2.61	7.15	6.16
被杀	1.26	0.42	0.70	0.30	0.50	1.16	1.50	1.43

10-5-1 续表3

30～	35～	40～	45～	50～	55～	60～	65～	70～	75～	80～	85岁及以上
0.60	1.06	2.13	6.23	12.39	20.94	39.73	72.67	134.57	235.75	360.04	465.87
2.30	7.31	21.84	44.90	94.64	137.65	263.02	445.69	897.54	1402.99	2405.56	3501.71
0.13	0.24	0.31	0.42	0.63	0.95	2.47	3.95	9.78	15.75	33.21	49.65
1.80	3.04	5.72	9.19	20.11	41.69	96.88	195.05	521.86	963.73	1923.53	3588.05
0.25	0.64	0.78	0.80	1.44	2.59	3.99	10.15	25.86	50.87	159.02	405.79
0.51	1.31	2.85	5.45	13.88	30.87	77.45	159.29	434.26	802.47	1528.43	2677.28
0.02	0.04	0.13	0.02	0.33	0.51	0.90	1.94	3.28	7.09	9.23	5.50
1.03	1.05	1.96	2.91	4.47	7.72	14.54	23.67	58.47	103.29	226.86	499.48
4.18	7.73	12.60	19.01	27.46	37.81	44.50	66.48	114.74	153.68	221.56	373.83
0.29	0.19	0.70	1.31	1.88	3.35	3.05	6.48	12.13	27.14	26.03	58.08
0.00	0.00	0.00	0.00	0.03	0.17	0.21	0.12	1.14	0.11	2.26	2.26
0.11	0.20	0.11	0.28	0.67	0.75	1.43	2.43	6.28	8.32	12.48	34.27
3.33	6.46	10.29	15.12	20.42	24.87	28.37	39.23	57.66	64.94	77.29	87.41
0.46	0.88	1.51	2.30	4.47	8.66	11.43	18.23	37.54	53.17	103.50	191.81
0.09	0.40	0.68	0.45	0.92	0.87	2.48	4.56	6.71	18.59	14.54	26.03
1.87	3.04	6.01	6.19	9.05	13.03	19.82	28.78	52.10	95.04	138.54	195.04
0.42	0.99	2.12	2.09	2.91	4.10	7.33	9.59	13.92	26.54	32.58	50.83
0.00	0.00	0.00	0.00	0.00	0.00	0.00	0.20	0.00	0.88	8.10	12.88
1.46	2.04	3.89	4.11	6.14	8.93	12.38	19.19	37.75	64.79	100.64	134.79
0.71	0.41	0.09	0.06								
0.71	0.38	0.06	0.06								
0.06	0.03	0.00	0.00								
0.09	0.00	0.00	0.00								
0.03	0.00	0.00	0.00								
0.44	0.25	0.06	0.03								
0.03	0.00	0.00	0.00								
0.06	0.03	0.00	0.03								
0.00	0.03	0.03	0.00								
0.00	0.00	0.00	0.00								
0.53	0.37	0.38	0.21	0.28	0.16	0.10	0.81	0.36	0.11	0.20	0.72
0.40	0.35	0.25	0.16	0.15	0.16	0.10	0.70	0.29	0.11	0.00	0.72
0.13	0.02	0.14	0.05	0.13	0.00	0.00	0.12	0.07	0.00	0.20	0.00
1.36	2.07	3.10	3.80	4.55	5.96	7.40	12.88	22.00	32.47	54.91	100.79
1.02	1.92	1.20	0.97	2.19	2.89	3.50	6.25	18.88	75.56	270.22	1591.33
39.45	51.03	50.82	50.68	58.41	63.87	77.19	91.13	142.37	226.59	344.72	543.57
10.19	13.44	14.15	12.91	15.16	14.42	16.39	15.97	18.13	33.47	30.15	14.45
4.98	6.09	5.49	7.03	5.60	6.61	5.54	6.14	8.86	10.67	9.42	8.29
2.11	2.35	2.88	1.89	2.73	2.64	2.32	3.15	2.08	5.84	7.59	11.57
3.57	3.62	5.31	5.28	5.07	7.31	7.45	10.80	18.85	41.49	105.10	289.56
0.20	0.11	0.41	0.16	0.50	0.42	0.63	1.53	3.28	5.52	11.08	10.85
0.09	0.37	0.25	0.14	0.03	0.51	0.64	0.12	0.93	0.79	2.67	4.17
2.47	2.63	1.93	2.62	2.99	2.96	4.99	6.73	7.48	13.31	18.88	23.56
2.17	3.72	2.47	1.56	1.00	1.07	1.12	0.58	2.07	1.46	2.25	2.98
0.57	0.99	0.68	0.51	0.69	0.85	1.33	0.77	0.57	1.46	0.00	0.00
0.28	0.13	0.27	0.16	0.00	0.25	0.00	0.00	0.00	0.00	0.00	0.00
0.66	0.81	0.93	0.40	1.72	0.87	0.69	0.32	2.14	1.24	2.05	0.00
2.02	3.05	2.78	3.64	2.92	3.06	2.36	2.55	6.28	13.70	25.58	71.67
8.41	11.45	11.23	13.41	18.53	21.70	32.68	41.49	70.70	96.82	128.10	10 367
1.73	2.25	2.05	0.94	1.45	1.20	1.06	0.99	1.00	0.79	1.84	6.43

10-5-2　2005年城市居民年龄别疾病别死亡率(1/10万)(男)

疾病名称(ICD-10)	合计	不满1岁	1～	5～	10～	15～	20～	25～
总　　计	**613.42**	**388.77**	**48.56**	**29.80**	**30.68**	**48.01**	**53.06**	**65.41**
传染病和寄生虫病小计	9.09	11.91	1.94	1.25	0.51	0.39	0.37	1.65
其中：传染病计	9.02	11.91	1.94	1.25	0.51	0.39	0.37	1.65
内：伤寒和副伤寒	0.00	0.00	0.00	0.00	0.00	0.00	0.00	0.00
痢疾	0.02	0.00	0.30	0.00	0.00	0.00	0.00	0.00
肠道其他细菌性传染病	0.06	0.80	0.00	0.00	0.00	0.00	0.00	0.00
呼吸道结核	4.16	0.00	0.00	0.50	0.00	0.12	0.07	0.65
其他结核	0.17	0.00	0.11	0.00	0.00	0.00	0.00	0.35
钩端螺旋体病	0.00	0.00	0.00	0.00	0.00	0.00	0.00	0.00
破伤风	0.05	0.66	0.00	0.00	0.00	0.00	0.00	0.00
百日咳	0.00	0.00	0.00	0.00	0.00	0.00	0.00	0.00
脑膜炎球菌感染	0.05	0.66	0.30	0.00	0.00	0.00	0.00	0.00
败血症	0.55	6.87	0.30	0.25	0.06	0.19	0.19	0.04
流行性乙型脑炎	0.03	0.13	0.30	0.00	0.00	0.00	0.00	0.00
流行性出血热	0.05	0.00	0.00	0.00	0.00	0.00	0.00	0.04
麻疹	0.00	0.00	0.00	0.00	0.00	0.00	0.00	0.00
病毒性肝炎	3.48	0.53	0.00	0.00	0.00	0.08	0.10	0.52
艾滋病	0.06	0.00	0.00	0.00	0.40	0.00	0.00	0.00
寄生虫病计	0.07	0.00	0.00	0.00	0.00	0.00	0.00	0.00
内：疟疾	0.00	0.00	0.00	0.00	0.00	0.00	0.00	0.00
血吸虫病	0.07	0.00	0.00	0.00	0.00	0.00	0.00	0.00
肿瘤小计	160.78	4.10	4.15	4.72	3.27	6.45	6.34	9.43
其中：恶性肿瘤计	159.77	3.97	4.05	4.51	3.07	6.45	6.05	9.34
内：鼻咽癌	1.83	0.00	0.00	0.00	0.00	0.16	0.03	0.17
食管癌	15.25	0.00	0.00	0.00	0.00	0.00	0.00	0.22
胃癌	24.06	0.53	0.00	0.00	0.00	0.19	0.30	0.60
结肠、直肠和肛门癌	9.33	0.53	0.00	0.00	0.20	0.23	0.14	0.34
肝癌	36.57	0.66	0.21	0.07	0.06	0.83	1.29	3.26
肺癌	44.50	0.00	0.11	0.00	0.06	0.00	0.55	0.56
乳腺癌								
宫颈癌								
膀胱癌	2.36							0.22
白血病	3.28	0.66	2.88	3.07	1.91	2.56	1.96	1.35
良性肿瘤计	0.50	0.13	0.11	0.22	0.20	0.00	0.26	0.08
其他肿瘤计	0.51	0.00	0.00	0.00	0.00	0.00	0.03	0.00
血液、造血器官及免疫疾病小计	0.83	0.80	0.00	0.32	0.11	0.08	0.14	0.13
其中:贫血	0.58	0.66	0.00	0.07	0.11	0.08	0.10	0.13
血液、造血器官及免疫的其他疾病	0.25	0.13	0.00	0.25	0.00	0.00	0.03	0.00
内分泌、营养和代谢疾病小计	11.81	4.22	0.11	0.00	0.17	0.23	0.45	0.48
其中：糖尿病	10.88	1.58	0.00	0.00	0.06	0.04	0.26	0.44
内分泌、营养和代谢的其他疾病	0.92	2.64	0.11	0.00	0.11	0.19	0.19	0.04
精神障碍小计	4.85	0.00	0.00	0.00	0.31	0.54	0.66	1.90
神经系统疾病小计	4.87	2.52	3.89	1.43	0.73	2.94	1.39	1.65
其中:脑膜炎	0.15	1.19	0.71	0.00	0.06	0.00	0.00	0.26
神经系统的其他疾病	4.72	1.33	3.18	1.43	0.68	2.94	1.39	1.38
循环系统疾病小计	235.85	25.20	2.06	1.29	0.73	3.83	3.62	5.57
其中：急性风湿热	0.62	0.53	0.00	0.00	0.00	0.00	0.03	0.08
心脏病计	99.49	10.82	1.54	0.75	0.48	3.25	2.97	3.96
内：慢性风湿性心脏病	1.85	0.00	0.00	0.00	0.00	0.38	0.00	0.22
高血压性心脏病	6.63	0.00	0.00	0.00	0.00	0.00	0.00	0.00
急性心肌梗死	23.83	0.00	0.00	0.14	0.00	0.46	0.92	1.96
其他冠心病	20.06	0.00	0.00	0.00	0.06	0.04	0.03	0.26
肺源性心脏病	25.94	1.58	0.00	0.00	0.06	0.19	0.00	0.17
其他心脏病	21.17	3.97	1.14	0.61	0.37	2.18	2.01	1.34

10-5-2 续表1

30～	35～	40～	45～	50～	55～	60～	65～	70～	75～	80～	85岁及以上
110.31	**180.09**	**272.95**	**395.33**	**638.78**	**929.50**	**1492.75**	**2397.52**	**4644.03**	**7228.24**	**11990.21**	**18481.85**
3.04	5.50	9.19	11.31	14.33	21.50	24.62	30.89	48.08	79.84	81.29	91.06
3.04	5.50	8.79	11.31	14.33	21.43	24.52	30.89	46.91	79.10	81.29	91.06
0.00	0.00	0.00	0.00	0.00	0.00	0.00	0.00	0.00	0.00	0.00	0.00
0.00	0.00	0.00	0.00	0.00	0.00	0.00	0.12	0.00	0.25	0.00	0.00
0.00	0.00	0.00	0.05	0.00	0.00	0.10	0.00	0.73	0.74	0.00	0.00
0.74	1.60	2.80	4.07	4.91	6.41	14.26	18.46	30.73	54.97	50.83	54.42
0.22	0.04	0.00	0.14	0.52	0.49	0.30	0.48	0.00	0.50	1.01	3.12
0.00	0.00	0.00	0.00	0.00	0.00	0.00	0.00	0.00	0.00	0.00	0.00
0.00	0.04	0.20	0.00	0.00	0.00	0.00	0.00	0.73	0.00	0.00	0.00
0.00	0.00	0.00	0.00	0.00	0.00	0.00	0.00	0.00	0.00	0.00	0.00
0.04	0.00	0.05	0.00	0.00	0.00	0.00	0.51	0.00	0.00	0.00	0.00
0.17	0.22	0.25	0.32	0.32	0.89	1.86	0.99	3.37	2.46	5.82	9.42
0.00	0.00	0.00	0.00	0.00	0.00	0.00	0.00	0.00	0.00	0.00	0.00
0.00	0.04	0.20	0.00	0.17	0.33	0.00	0.00	0.00	0.25	0.00	0.00
0.00	0.00	0.00	0.00	0.00	0.00	0.00	0.00	0.00	0.00	0.00	0.00
1.43	3.38	4.65	6.14	7.97	12.01	7.59	10.21	11.20	17.95	22.63	23.04
0.04	0.09	0.25	0.05	0.00	0.00	0.00	0.00	0.00	0.00	0.00	0.00
0.00	0.00	0.40	0.00	0.00	0.08	0.10	0.00	1.18	0.74	0.00	0.00
0.00	0.00	0.00	0.00	0.00	0.00	0.00	0.00	0.00	0.00	0.00	0.00
0.00	0.00	0.40	0.00	0.00	0.08	0.10	0.00	1.18	0.50	0.00	0.00
22.84	46.91	87.34	149.09	256.17	356.99	527.19	770.43	1208.06	1624.82	1992.04	1939.53
22.19	46.57	86.24	148.13	255.19	355.42	524.42	767.51	1202.16	1615.22	1981.56	1922.82
0.26	0.99	1.75	4.02	4.60	5.24	6.07	6.33	7.82	13.27	4.93	5.21
0.09	0.78	4.02	9.94	26.62	38.10	62.61	78.75	134.22	157.41	202.87	209.60
1.31	5.72	8.54	19.91	34.65	53.82	81.77	125.55	198.40	280.85	316.60	312.06
1.84	1.95	3.86	7.27	12.11	16.68	31.79	38.99	71.34	111.44	166.74	127.51
11.20	23.51	38.92	53.40	80.21	102.86	124.76	154.77	182.87	221.08	279.58	226.21
1.82	5.33	15.05	30.27	59.56	89.15	142.29	241.12	410.71	549.62	617.87	549.55
0.00	0.39	0.09	0.23	1.62	4.31	5.44	6.57	19.49	42.76	44.85	112.97
1.65	1.86	2.71	3.74	3.29	3.31	8.64	9.31	11.51	16.48	19.83	36.63
0.44	0.26	0.72	0.59	0.60	0.88	1.44	1.35	3.25	0.99	1.51	3.12
0.22	0.09	0.38	0.37	0.37	0.70	1.33	1.59	2.65	8.61	8.96	13.58
0.13	0.35	0.85	0.96	1.18	1.06	1.02	3.21	3.09	6.42	12.88	27.21
0.13	0.04	0.41	0.55	0.75	0.89	0.82	2.49	2.06	5.93	11.37	17.79
0.00	0.30	0.45	0.41	0.43	0.15	0.20	0.71	1.03	0.50	1.51	9.42
0.81	1.73	3.62	5.91	9.72	18.50	27.84	58.01	103.89	153.35	252.92	240.18
0.73	1.51	3.14	5.54	9.12	18.08	26.40	53.10	97.28	142.56	231.93	202.59
0.09	0.21	0.47	0.37	0.60	0.41	1.44	4.90	6.62	10.80	20.99	37.58
1.99	4.32	4.66	4.81	4.71	5.09	5.15	8.27	23.03	48.36	101.05	253.60
1.34	1.48	3.72	2.07	4.67	7.20	6.66	10.45	29.01	57.99	84.05	111.85
0.00	0.17	0.05	0.05	0.32	0.33	0.20	0.12	0.30	0.00	0.00	0.00
1.34	1.30	3.68	2.02	4.36	6.87	6.46	10.33	28.71	57.99	84.05	111.85
10.90	22.77	52.18	97.95	186.35	299.69	585.25	1036.06	2123.28	3318.15	5865.44	8788.25
0.44	0.00	0.14	0.82	1.12	1.89	1.65	2.10	5.88	5.88	4.93	6.25
6.78	10.90	22.41	35.24	62.30	111.65	219.07	412.15	879.91	1387.02	2680.30	4480.00
0.26	0.69	1.10	0.83	2.60	5.34	6.80	9.69	9.47	17.45	15.68	50.26
0.26	0.21	1.03	0.69	3.68	4.88	16.64	25.22	76.64	102.29	176.21	304.86
1.77	5.02	9.40	16.57	24.71	39.25	68.55	90.14	193.92	282.15	479.46	744.34
0.52	1.04	3.05	4.87	9.96	15.65	32.06	71.92	161.45	279.88	559.31	1365.07
0.65	1.26	2.34	5.28	7.80	23.62	59.00	141.57	276.83	413.19	780.88	990.25
3.31	2.68	5.49	7.02	13.55	22.92	36.04	73.61	161.59	292.07	668.76	1025.22

10-5-2 续表2

疾病名称(ICD-10)	合计	不满1岁	1～	5～	10～	15～	20～	25～
其他高血压病	17.72	3.16	0.00	0.00	0.06	0.00	0.03	0.35
脑血管病	116.63	10.68	0.51	0.53	0.20	0.54	0.54	1.13
循环系统的其他疾病	1.38	0.00	0.00	0.00	0.00	0.04	0.03	0.04
呼吸系统疾病小计	75.88	21.25	4.20	1.71	1.25	0.66	1.44	1.96
其中：肺炎	5.93	16.63	3.06	1.00	0.17	0.27	0.26	0.34
慢性下呼吸道疾病	59.57	0.00	0.30	0.00	0.06	0.27	0.14	0.52
尘肺	0.76	0.00	0.00	0.00	0.00	0.00	0.00	0.17
呼吸系统的其他疾病	9.62	4.63	0.83	0.72	1.03	0.12	1.05	0.92
消化系统疾病小计	22.54	3.07	0.32	0.39	0.11	0.81	0.66	1.86
其中：胃和十二指肠溃疡	2.24	0.53	0.00	0.00	0.00	0.04	0.00	0.22
阑尾炎	0.04	0.00	0.11	0.00	0.00	0.00	0.00	0.00
肠梗阻	0.77	0.13	0.00	0.07	0.00	0.23	0.23	0.08
肝病	13.85	1.46	0.00	0.32	0.06	0.23	0.37	1.44
消化系统的其他疾病	5.65	0.93	0.21	0.00	0.06	0.31	0.07	0.13
肌肉、骨骼和结缔组织疾病小计	0.77	0.00	0.00	0.00	0.00	0.42	0.23	0.26
泌尿、生殖系统疾病小计	8.92	1.58	0.11	0.32	0.51	1.29	2.12	1.71
其中：肾小球和肾小管间质疾病	2.58	0.00	0.11	0.07	0.20	0.99	0.48	0.22
前列腺增生	0.28	0.00	0.00	0.00	0.00	0.00	0.00	0.00
泌尿、生殖系统的其他疾病	6.06	1.58	0.00	0.25	0.31	0.31	1.63	1.48
妊娠、分娩和产褥期并发症小计								
其中：直接产科原因计								
内：流产								
妊娠高血压综合征								
梗阻性分娩								
产后出血								
母体产伤								
产褥期感染								
间接产科原因计								
妊娠、分娩和产褥期的其他情况								
起源于围生期的某些情况小计	3.68	532.24	1.67					
其中：早产儿和未成熟儿	0.79	161.11	0.13					
新生儿产伤和窒息	1.17	130.21	0.59					
新生儿溶血性疾病	0.03	3.06	0.00					
新生儿硬化病	0.03	3.31	0.00					
起源于围生期的其他情况	1.67	234.54	0.91					
先天畸形、变形和染色体异常小计	2.04	77.88	6.03	1.68	1.82	1.19	0.28	0.30
其中：先天性心脏病	1.27	34.02	4.20	1.03	1.56	1.15	0.17	0.26
其他先天畸形、变形和染色体异常	0.76	43.86	1.83	0.64	0.26	0.04	0.10	0.04
诊断不明小计	4.82	5.68	0.32	0.25	0.11	0.71	0.61	1.11
其他疾病小计	9.14	4.66	0.61	0.14	0.17	0.50	0.07	0.86
损伤和中毒外部原因小计	56.84	21.41	23.26	16.29	20.88	27.96	34.69	36.55
其中：机动车辆交通事故	13.25	0.53	2.15	3.79	1.34	5.91	10.08	10.01
机动车以外的运输事故	5.41	3.16	0.74	0.96	1.42	2.06	3.30	3.78
意外中毒	2.18	0.66	0.72	0.39	0.31	1.27	0.62	1.29
意外跌落	7.37	2.91	1.36	1.65	0.37	1.80	2.35	3.43
火灾	0.58	0.00	0.21	0.32	0.00	0.19	0.00	0.04
由自然环境因素所致的意外事故	0.36	0.00	0.30	0.25	0.00	0.00	0.41	0.35
淹死	5.46	0.13	13.86	8.00	15.17	8.22	3.17	2.41
意外的机械性窒息	2.28	7.66	0.30	0.00	0.00	0.65	1.18	2.86
砸死	0.85	0.00	0.11	0.00	0.00	0.19	0.95	1.14
由机器切割和穿刺工具所致的意外事故	0.20	0.00	0.00	0.25	0.00	0.12	0.24	0.30
触电	1.08	0.00	0.11	0.00	0.06	1.25	1.46	1.17
其他意外事故和有害效应	3.43	5.68	2.46	0.36	0.22	1.48	2.01	3.18
自杀	12.65	0.53	0.00	0.00	1.48	2.60	6.29	4.81
被杀	1.75	0.13	0.92	0.32	0.51	2.22	2.60	1.77

10-5-2 续表3

30～	35～	40～	45～	50～	55～	60～	65～	70～	75～	80～	85岁及以上
0.79	1.61	2.62	7.12	16.05	24.77	50.04	85.38	158.00	273.64	390.80	536.32
2.81	9.87	26.80	54.21	105.95	160.43	311.11	531.28	1065.39	1632.44	2748.82	3728.00
0.09	0.39	0.23	0.55	0.92	0.95	3.39	5.14	14.11	19.15	40.59	37.67
1.95	3.72	6.10	12.26	25.99	51.30	129.72	235.02	683.51	1217.73	2451.80	4375.55
0.22	0.78	0.59	0.82	1.79	3.89	5.44	11.24	31.69	64.23	163.95	478.02
0.47	1.60	3.28	6.92	18.48	37.50	105.94	193.24	577.49	1019.28	1983.79	3316.63
0.04	0.09	0.25	0.05	0.63	0.99	1.66	3.88	6.46	12.51	21.38	15.67
1.22	1.25	1.98	4.48	5.09	8.93	16.67	26.66	67.87	121.71	282.68	565.22
6.69	12.15	20.22	28.20	37.60	54.61	55.95	84.96	148.87	185.88	252.62	435.45
0.53	0.35	0.92	1.78	2.69	5.32	3.81	7.59	14.84	37.54	27.04	97.49
0.00	0.00	0.00	0.00	0.06	0.33	0.00	0.12	0.73	0.00	0.50	0.00
0.04	0.35	0.20	0.50	0.52	0.72	1.96	2.49	7.77	5.41	15.40	29.25
5.44	10.46	17.37	23.03	28.75	37.26	36.70	52.26	79.26	79.78	97.13	80.60
0.70	0.99	1.73	2.89	5.58	10.98	13.48	22.49	46.26	63.15	112.53	228.12
0.04	0.30	0.09	0.23	0.17	0.41	1.96	4.03	4.71	14.71	12.76	26.17
1.87	2.99	5.42	5.53	9.89	13.12	21.21	28.12	54.53	120.59	177.26	278.64
0.30	1.21	1.96	2.23	2.37	4.90	7.62	10.67	13.23	31.68	33.49	64.89
0.00	0.00	0.00	0.00	0.00	0.00	0.20	0.00	0.88	8.10	12.88	26.22
1.57	1.78	3.45	3.29	7.52	8.22	13.39	17.44	40.42	80.82	130.89	187.54
0.48	0.35	0.23	0.14	0.43	0.08	0.10	0.75	0.30	0.25	0.50	2.08
0.44	0.35	0.09	0.05	0.17	0.08	0.10	0.75	0.15	0.25	0.00	2.08
0.04	0.00	0.14	0.09	0.26	0.00	0.00	0.00	0.15	0.00	0.50	0.00
2.21	2.98	4.72	5.90	6.90	7.88	9.25	14.45	26.22	44.00	54.60	104.60
1.04	2.56	2.05	1.29	2.52	3.53	4.61	7.77	22.48	88.05	262.89	1335.53
54.97	71.99	72.56	69.68	78.12	88.54	92.21	105.13	164.96	268.08	388.12	472.17
16.00	22.01	22.41	19.92	21.45	21.48	21.57	21.70	20.58	42.67	44.16	14.62
7.57	7.57	8.22	9.97	6.96	9.14	7.79	8.43	10.63	14.98	12.37	13.54
3.08	3.29	3.42	3.17	4.02	3.50	2.38	3.28	2.09	9.09	9.74	9.42
5.48	5.93	9.21	9.22	8.47	12.25	10.72	14.63	22.97	41.55	118.97	232.33
0.34	0.21	0.34	0.09	0.98	0.81	1.13	0.75	4.25	6.38	15.56	14.67
0.17	0.74	0.49	0.27	0.00	0.99	1.24	0.12	1.03	0.00	5.31	0.00
3.44	3.95	2.75	2.74	4.29	4.34	6.93	5.10	7.32	15.93	13.54	16.80
4.30	6.96	4.55	3.05	1.77	1.99	1.66	1.03	2.64	2.94	1.51	7.33
1.04	1.61	1.27	1.00	1.35	1.30	2.49	1.03	1.18	1.72	0.00	0.00
0.38	0.26	0.52	0.09	0.00	0.41	0.00	0.00	0.00	0.00	0.00	0.00
1.26	1.42	1.61	0.64	2.81	1.61	0.93	0.51	2.79	2.69	2.41	0.00
2.81	4.72	4.66	5.44	4.19	4.31	2.88	2.49	9.41	17.68	22.24	51.17
6.52	10.63	9.73	12.73	20.18	24.80	31.46	44.20	78.90	111.95	139.39	105.99
2.54	2.69	3.39	1.33	1.64	1.61	1.03	1.86	1.18	0.50	2.91	6.29

10-5-3 2005年城市居民年龄别疾病别死亡率(1/10万)(女)

疾病名称(ICD-10)	合计	不满1岁	1～	5～	10～	15～	20～	25～
总　　计	**482.14**	**314.56**	**40.75**	**12.43**	**11.36**	**22.44**	**30.67**	**37.45**
传染病和寄生虫病小计	3.84	4.66	2.14	0.89	0.49	0.48	1.03	0.54
其中：传染病计	3.78	4.66	2.14	0.89	0.43	0.48	1.03	0.54
内：伤寒和副伤寒	0.00	0.00	0.00	0.00	0.00	0.00	0.00	0.00
痢疾	0.05	0.14	0.12	0.00	0.00	0.00	0.00	0.04
肠道其他细菌性传染病	0.02	0.00	0.00	0.00	0.00	0.00	0.00	0.00
呼吸道结核	1.46	0.00	0.00	0.08	0.00	0.04	0.32	0.00
其他结核	0.09	0.00	0.12	0.00	0.00	0.20	0.00	0.04
钩端螺旋体病	0.00	0.00	0.00	0.00	0.00	0.00	0.00	0.00
破伤风	0.05	0.00	0.00	0.00	0.00	0.00	0.00	0.00
百日咳	0.00	0.00	0.00	0.00	0.00	0.00	0.00	0.00
脑膜炎球菌感染	0.07	0.58	0.00	0.54	0.00	0.00	0.04	0.22
败血症	0.38	2.18	0.12	0.27	0.00	0.00	0.24	0.00
流行性乙型脑炎	0.06	0.00	1.01	0.00	0.00	0.00	0.00	0.00
流行性出血热	0.05	0.00	0.00	0.00	0.00	0.00	0.00	0.00
麻疹	0.00	0.00	0.00	0.00	0.00	0.00	0.00	0.00
病毒性肝炎	1.32	1.17	0.00	0.00	0.00	0.00	0.00	0.18
艾滋病	0.03	0.00	0.00	0.00	0.21	0.24	0.00	0.00
寄生虫病计	0.05	0.00	0.00	0.00	0.06	0.00	0.00	0.00
内：疟疾	0.00	0.00	0.00	0.00	0.00	0.00	0.00	0.00
血吸虫病	0.04	0.00	0.00	0.00	0.00	0.00	0.00	0.00
肿瘤小计	89.75	3.06	4.32	2.59	3.09	2.99	4.57	6.91
其中：恶性肿瘤计	88.51	2.34	4.21	2.32	3.03	2.95	4.33	6.86
内：鼻咽癌	0.68	0.00	0.00	0.00	0.00	0.00	0.00	0.00
食管癌	5.69	0.00	0.00	0.00	0.00	0.00	0.00	0.00
胃癌	11.94	0.00	0.00	0.00	0.00	0.04	0.04	0.04
结肠、直肠和肛门癌	7.25	0.00	0.00	0.00	0.00	0.00	0.04	0.72
肝癌	13.29	0.00	0.00	0.00	0.21	0.00	0.87	1.21
肺癌	17.84	0.58	0.00	0.00	0.00	0.28	0.40	0.49
乳腺癌	6.23						0.00	0.45
宫颈癌	1.82						0.20	0.22
膀胱癌	0.79	0.00	0.00	0.00	0.00	0.00	0.00	0.00
白血病	2.84	0.00	3.39	0.86	2.02	1.06	1.27	1.30
良性肿瘤计	0.61	0.14	0.00	0.27	0.00	0.04	0.24	0.04
其他肿瘤计	0.63	0.58	0.12	0.00	0.06	0.00	0.00	0.00
血液、造血器官及免疫疾病小计	1.04	1.17	1.13	0.32	0.12	0.28	0.40	0.00
其中:贫血	0.88	1.17	0.90	0.24	0.06	0.08	0.40	0.00
血液、造血器官及免疫的其他疾病	0.15	0.00	0.23	0.08	0.06	0.20	0.00	0.00
内分泌、营养和代谢疾病小计	15.77	2.92	0.45	0.00	0.27	0.49	0.72	0.58
其中：糖尿病	14.40	0.00	0.00	0.00	0.27	0.37	0.48	0.22
内分泌、营养和代谢的其他疾病	1.36	0.00	0.00	0.00	0.00	0.13	0.24	0.36
精神障碍小计	5.55	0.00	0.00	0.00	0.21	0.40	0.84	1.03
神经系统疾病小计	4.32	4.09	2.39	1.34	0.24	0.65	0.67	0.85
其中:脑膜炎	0.07	0.58	0.68	0.00	0.00	0.20	0.00	0.00
神经系统的其他疾病	4.26	3.51	1.71	1.34	0.24	0.45	0.67	0.85
循环系统疾病小计	219.67	16.63	1.47	0.75	0.18	1.27	1.82	4.03
其中：急性风湿热	0.82	1.75	0.00	0.00	0.00	0.00	0.04	0.00
心脏病计	96.88	10.79	1.36	0.59	0.06	0.82	1.27	2.69
内：慢性风湿性心脏病	3.84	0.00	0.00	0.00	0.00	0.00	0.04	0.27
高血压性心脏病	7.71	0.00	0.00	0.00	0.00	0.20	0.20	0.04
急性心肌梗死	19.04	0.00	0.00	0.08	0.00	0.08	0.28	0.67
其他冠心病	21.25	0.00	0.00	0.00	0.00	0.00	0.04	0.00
肺源性心脏病	21.77	0.58	0.00	0.00	0.00	0.04	0.00	0.40
其他心脏病	23.29	6.11	1.36	0.51	0.06	0.49	0.72	1.30

10-5-3　续表1

30～	35～	40～	45～	50～	55～	60～	65～	70～	75～	80～	85岁及以上
58.48	**94.87**	**142.86**	**211.66**	**358.90**	**532.80**	**890.88**	**1536.23**	**2910.99**	**4850.07**	**8729.64**	**15988.90**
1.51	2.14	1.97	3.14	4.17	8.71	9.84	11.66	21.65	33.05	31.22	29.47
1.51	2.10	1.97	3.14	4.11	8.35	9.84	11.66	20.82	32.84	31.22	28.92
0.00	0.00	0.00	0.00	0.00	0.00	0.00	0.00	0.00	0.00	0.00	0.00
0.00	0.00	0.00	0.00	0.00	0.00	0.10	0.11	0.14	0.20	1.79	0.55
0.00	0.04	0.00	0.00	0.00	0.08	0.00	0.00	0.14	0.00	1.03	0.00
0.85	0.58	0.73	0.53	1.92	2.98	3.04	6.59	12.36	15.86	12.65	13.59
0.04	0.04	0.00	0.05	0.06	0.00	0.00	0.11	0.83	0.20	0.00	4.09
0.00	0.00	0.00	0.00	0.00	0.00	0.00	0.00	0.00	0.00	0.00	0.00
0.04	0.18	0.00	0.00	0.00	0.35	0.00	0.00	0.00	0.00	1.79	0.00
0.00	0.00	0.00	0.00	0.00	0.00	0.00	0.00	0.00	0.00	0.00	0.00
0.00	0.00	0.00	0.00	0.00	0.00	0.21	0.00	0.00	0.00	0.00	0.00
0.18	0.45	0.52	0.00	0.27	0.08	1.31	0.23	1.66	2.30	1.71	6.29
0.04	0.00	0.00	0.00	0.00	0.35	0.00	0.00	0.00	0.00	0.00	0.00
0.00	0.00	0.00	0.39	0.39	0.08	0.00	0.00	0.14	0.00	0.00	0.00
0.00	0.00	0.00	0.00	0.00	0.00	0.00	0.00	0.00	0.00	0.00	0.00
0.31	0.62	0.50	2.08	1.40	4.33	5.17	4.61	5.13	13.47	9.41	3.86
0.00	0.00	0.00	0.00	0.00	0.00	0.00	0.00	0.00	0.00	0.00	0.00
0.00	0.04	0.00	0.00	0.06	0.35	0.00	0.00	0.83	0.20	0.00	0.55
0.00	0.00	0.00	0.00	0.00	0.00	0.00	0.00	0.00	0.00	0.00	0.00
0.00	0.00	0.00	0.00	0.06	0.35	0.00	0.00	0.83	0.20	0.00	0.55
14.98	30.57	52.51	78.01	128.56	189.46	252.69	383.72	549.19	763.73	953.45	984.86
14.58	29.76	51.70	75.84	127.01	187.65	248.81	377.67	543.78	760.24	946.16	966.22
0.22	0.40	1.11	0.34	0.82	1.01	1.39	3.92	4.30	4.36	7.09	6.29
0.04	0.31	1.25	1.35	4.99	11.38	19.77	24.91	48.71	66.66	77.02	102.86
1.74	2.53	8.67	7.34	16.33	28.60	36.75	51.23	73.23	116.42	143.79	132.20
0.72	1.99	1.96	5.13	9.68	11.42	23.58	32.01	44.90	72.57	80.30	106.66
1.70	5.02	9.01	12.67	16.63	28.43	42.15	65.20	82.11	106.11	144.25	125.44
1.74	3.07	6.49	11.47	22.61	30.69	46.68	85.67	133.08	178.25	223.87	201.14
1.16	3.96	6.94	11.80	17.66	18.66	19.02	19.50	19.13	22.07	27.48	50.61
0.40	1.23	3.05	2.47	4.36	5.53	3.23	3.98	7.35	11.87	15.89	8.72
0.00	0.00	0.00	0.48	0.36	0.52	1.50	1.38	9.02	11.58	12.58	16.98
2.19	3.53	3.19	3.33	2.62	5.48	3.42	4.55	10.54	13.47	18.71	3.86
0.18	0.40	0.31	1.06	1.19	0.41	1.94	4.03	2.91	1.02	1.71	3.30
0.22	0.40	0.50	1.11	0.36	1.39	1.94	2.01	2.49	2.47	5.57	15.33
0.58	0.09	0.83	0.29	0.24	1.80	1.94	4.86	5.69	8.32	9.15	18.64
0.49	0.04	0.61	0.24	0.18	1.64	1.42	4.63	5.13	6.86	9.15	16.43
0.09	0.04	0.21	0.05	0.06	0.16	0.52	0.23	0.55	1.45	0.00	2.20
0.58	1.24	3.53	4.59	10.65	15.08	35.71	68.85	134.70	199.47	226.54	260.07
0.53	0.97	3.08	4.11	10.25	13.33	34.65	67.01	128.73	183.87	191.78	206.77
0.04	0.27	0.45	0.48	0.39	1.75	1.07	1.84	5.97	15.60	34.76	53.30
1.43	1.69	1.87	1.69	2.62	2.66	4.98	9.47	19.01	49.63	145.77	297.22
0.62	1.89	2.04	2.17	4.03	4.33	4.50	9.12	22.59	37.52	78.97	127.27
0.00	0.00	0.05	0.00	0.00	0.00	0.00	0.00	0.00	0.00	0.00	2.99
0.62	1.89	1.99	2.17	4.03	4.33	4.50	9.12	22.59	37.52	78.97	124.28
6.61	15.01	32.13	65.82	126.48	201.60	395.83	716.83	1492.96	2508.16	4769.57	8179.27
0.27	0.18	0.14	0.72	1.29	2.39	3.25	1.90	4.99	3.72	11.02	17.22
3.97	9.57	13.35	24.47	33.63	68.19	149.65	292.56	631.01	1079.03	2235.98	4298.21
0.31	1.43	1.80	3.37	5.62	7.22	11.74	15.53	24.98	37.21	44.67	51.47
0.04	0.73	0.52	1.73	2.05	6.17	12.91	26.88	64.98	64.38	170.70	362.58
0.76	1.96	3.93	7.42	9.36	17.39	36.51	69.26	130.93	200.16	378.90	677.64
0.49	0.61	1.14	3.76	3.67	10.35	22.62	54.53	106.57	221.05	496.71	1211.51
0.81	1.53	1.64	2.69	5.92	12.83	36.34	73.33	181.01	328.84	555.97	732.58
1.56	3.32	4.31	5.49	7.00	14.22	29.51	53.02	122.53	227.40	589.04	1262.43

10-5-3 续表2

疾病名称(ICD-10)	合计	不满1岁	1～	5～	10～	15～	20～	25～
其他高血压病	15.58	0.58	0.00	0.00	0.00	0.00	0.00	0.22
脑血管病	105.19	3.51	0.12	0.16	0.12	0.41	0.27	1.12
循环系统的其他疾病	1.20	0.00	0.00	0.00	0.00	0.04	0.24	0.00
呼吸系统疾病小计	61.85	16.92	4.63	0.43	0.33	0.69	0.47	0.35
其中：肺炎	5.96	11.12	3.15	0.00	0.06	0.08	0.08	0.04
慢性下呼吸道疾病	46.70	0.72	0.00	0.00	0.00	0.00	0.00	0.04
尘肺	0.05	0.00	0.00	0.00	0.00	0.00	0.00	0.00
呼吸系统的其他疾病	9.14	5.07	1.48	0.43	0.27	0.61	0.40	0.27
消化系统疾病小计	13.46	7.44	0.57	0.00	0.06	0.24	0.64	0.18
其中：胃和十二指肠溃疡	1.37	0.00	0.00	0.00	0.00	0.20	0.00	0.00
阑尾炎	0.10	0.00	0.00	0.00	0.00	0.00	0.00	0.00
肠梗阻	0.79	1.75	0.00	0.00	0.00	0.00	0.00	0.00
肝疾病	6.36	4.23	0.00	0.00	0.06	0.00	0.44	0.09
消化系统的其他疾病	4.82	1.46	0.57	0.00	0.00	0.04	0.20	0.09
肌肉、骨骼和结缔组织疾病小计	1.57	0.00	0.00	0.00	0.06	0.28	0.44	0.85
泌尿、生殖系统疾病小计	8.21	0.58	0.23	0.00	0.00	0.68	0.91	1.21
其中：肾小球和肾小管间质疾病	2.50	0.00	0.12	0.00	0.00	0.24	0.08	0.31
前列腺增生								
泌尿、生殖系统的其他疾病	5.71	0.58	0.12	0.00	0.00	0.44	0.83	0.90
妊娠、分娩和产褥期并发症小计	0.50					0.00	1.26	1.78
其中：直接产科原因计	0.50					0.00	1.26	1.78
内：流产	0.03					0.00	0.06	0.16
妊娠高血压综合征	0.03					0.00	0.06	0.22
梗阻性分娩	0.03					0.00	0.12	0.22
产后出血	0.28					0.00	0.89	0.98
母体产伤	0.00					0.00	0.00	0.00
产褥期感染	0.03					0.00	0.06	0.12
间接产科原因计	0.00					0.00	0.00	0.00
妊娠、分娩和产褥期的其他情况	0.00					0.00	0.00	0.00
起源于围生期的某些情况小计	3.23	527.27	0.74					
其中：早产儿和未成熟儿	0.61	146.68	0.00					
新生儿产伤和窒息	1.17	164.45	0.19					
新生儿溶血性疾病	0.03	1.45	0.12					
新生儿硬化病	0.03	2.34	0.00					
起源于围生期的其他情况	1.42	212.36	0.40					
先天畸形、变形和染色体异常小计	1.65	64.83	6.13	0.67	0.12	0.37	0.84	0.36
其中：先天性心脏病	0.92	25.20	4.09	0.59	0.12	0.24	0.76	0.36
其他先天畸形、变形和染色体异常	0.73	39.64	2.04	0.08	0.00	0.13	0.08	0.00
诊断不明小计	3.33	5.10	0.57	0.24	0.33	0.24	0.91	0.85
其他疾病小计	14.94	1.89	0.45	0.08	0.06	0.25	0.24	0.09
损伤和中毒外部原因小计	33.22	14.42	14.29	5.10	5.78	13.12	15.77	18.00
其中：机动车辆交通事故	4.86	0.00	2.27	0.48	0.55	3.41	2.78	3.91
机动车以外的运输事故	2.43	0.00	0.82	0.48	0.88	1.25	0.71	0.98
意外中毒	1.37	0.00	0.33	0.27	0.73	1.45	0.75	1.57
意外跌落	4.98	1.01	0.68	0.89	0.18	1.05	0.84	0.58
火灾	0.37	0.58	0.00	0.00	0.06	0.04	0.00	0.00
由自然环境因素所致的意外事故	0.09	0.00	0.12	0.00	0.00	0.00	0.00	0.00
淹死	2.70	0.29	8.79	1.92	2.55	2.51	1.75	1.30
意外的机械性窒息	0.25	5.84	0.12	0.00	0.00	0.20	0.20	0.27
砸死	0.13	0.00	0.00	0.00	0.06	0.00	0.04	0.18
由机器切割和穿刺工具所致的意外事故	0.05	0.00	0.00	0.00	0.00	0.08	0.08	0.04
触电	0.15	0.00	0.00	0.08	0.00	0.00	0.00	0.00
其他意外事故和有害效应	1.97	5.24	0.70	0.43	0.00	0.45	0.28	0.54
自杀	13.13	0.00	0.00	0.27	0.27	2.62	8.03	7.54
被杀	0.74	0.00	0.45	0.27	0.49	0.04	0.32	1.07

10-5-3 续表3

30～	35～	40～	45～	50～	55～	60～	65～	70～	75～	80～	85岁及以上
0.40	0.49	1.62	5.29	8.52	16.82	28.86	59.83	112.38	203.53	338.38	427.07
1.78	4.68	16.63	35.05	82.71	113.25	212.54	359.77	738.90	1209.04	2156.25	3380.34
0.18	0.09	0.40	0.29	0.33	0.96	1.52	2.77	5.69	12.83	27.94	56.43
1.65	2.36	5.36	5.93	13.89	31.39	62.28	155.23	369.28	749.50	1544.43	3158.64
0.27	0.49	0.99	0.77	1.07	1.20	2.46	9.12	20.38	39.76	156.03	367.45
0.54	1.03	2.42	3.91	9.01	23.75	47.41	125.45	298.97	619.30	1200.93	2327.22
0.00	0.00	0.00	0.00	0.00	0.00	0.10	0.00	0.28	2.50	0.34	0.00
0.85	0.84	1.94	1.26	3.81	6.44	12.30	20.65	49.67	87.94	187.13	463.96
1.61	3.17	4.55	9.30	16.75	19.77	32.44	47.86	82.39	126.37	199.74	340.56
0.04	0.04	0.47	0.82	1.01	1.23	2.27	5.38	9.58	18.30	25.53	36.00
0.00	0.00	0.00	0.00	0.00	0.00	0.44	0.11	1.52	0.20	3.58	3.54
0.18	0.04	0.00	0.05	0.83	0.80	0.87	2.36	4.86	10.79	10.44	37.33
1.16	2.32	2.80	6.75	11.61	11.58	19.58	26.09	37.16	52.36	63.11	91.70
0.22	0.76	1.28	1.68	3.30	6.16	9.28	13.92	29.27	44.70	97.07	171.99
0.13	0.49	1.30	0.68	1.71	1.37	3.02	5.07	8.60	21.88	15.82	25.94
1.87	3.09	6.64	6.88	8.15	12.93	18.35	29.45	49.80	73.42	110.90	148.77
0.54	0.76	2.28	1.93	3.49	3.23	7.05	8.49	14.56	22.16	32.21	43.30
1.34	2.34	4.37	4.96	4.67	9.70	11.30	20.96	35.24	51.25	78.70	105.47
1.30	0.83	0.19	0.09								
1.30	0.77	0.16	0.09								
0.16	0.09	0.00	0.00								
0.12	0.00	0.00	0.00								
0.03	0.00	0.00	0.00								
0.77	0.50	0.09	0.06								
0.03	0.00	0.00	0.00								
0.12	0.09	0.00	0.06								
0.00	0.03	0.06	0.00								
0.00	0.00	0.00	0.00								
0.58	0.40	0.54	0.29	0.12	0.25	0.10	0.86	0.41	0.00	0.00	0.00
0.36	0.35	0.40	0.29	0.12	0.25	0.10	0.63	0.41	0.00	0.00	0.00
0.22	0.04	0.14	0.00	0.00	0.00	0.00	0.23	0.00	0.00	0.00	0.00
0.49	1.14	1.40	1.60	2.07	3.92	5.44	11.37	18.02	22.74	55.38	99.04
0.98	1.26	0.28	0.63	1.85	2.19	2.36	4.78	15.51	65.00	275.87	1735.48
23.54	29.39	27.83	30.60	37.59	37.37	61.39	77.10	121.06	191.28	312.85	583.67
4.24	4.58	5.36	5.50	8.52	6.82	10.93	10.22	15.82	25.66	19.89	14.47
2.32	4.59	2.61	3.92	4.17	3.89	3.19	3.86	7.21	7.00	7.35	5.51
1.11	1.37	2.32	0.54	1.37	1.72	2.25	3.00	2.08	3.08	5.98	12.81
1.61	1.24	1.18	1.11	1.49	2.00	4.03	6.99	14.97	41.51	94.82	321.48
0.04	0.00	0.47	0.24	0.00	0.00	0.10	2.31	2.36	4.80	7.85	8.72
0.00	0.00	0.00	0.00	0.06	0.00	0.00	0.11	0.83	1.45	0.69	6.52
1.47	1.26	1.07	2.50	1.62	1.48	2.94	8.38	7.64	11.09	22.86	27.42
0.00	0.36	0.26	0.00	0.18	0.08	0.54	0.11	1.52	0.20	2.82	0.55
0.09	0.36	0.05	0.00	0.00	0.35	0.10	0.52	0.00	1.25	0.00	0.00
0.18	0.00	0.00	0.24	0.00	0.08	0.00	0.00	0.00	0.00	0.00	0.00
0.04	0.18	0.21	0.15	0.55	0.08	0.44	0.11	1.52	0.00	1.79	0.00
1.21	1.34	0.80	1.73	1.59	1.72	1.81	2.59	3.32	10.26	27.98	82.95
10.34	12.32	12.85	14.14	16.77	18.37	33.97	38.76	62.93	83.91	119.78	96.72
0.89	1.79	0.64	0.53	1.25	0.76	1.08	0.11	0.83	1.05	1.03	6.52

10-6-1　2005年大城市居民年龄别疾病别死亡率(1/10万)(合计)

疾病名称(ICD-10)	合计	不满1岁	1～	5～	10～	15～	20～	25～
总　　计	**558.07**	**924.17**	**48.17**	**20.03**	**16.27**	**24.05**	**31.91**	**40.48**
传染病和寄生虫病小计	6.88	22.48	1.33	0.11	0.26	0.43	0.61	1.16
其中：传染病计	6.80	22.48	1.33	0.11	0.17	0.43	0.61	1.16
内：伤寒和副伤寒	0.00	0.00	0.00	0.00	0.00	0.00	0.00	0.00
痢疾	0.05	0.00	0.17	0.00	0.00	0.00	0.00	0.06
肠道其他细菌性传染病	0.07	0.83	0.00	0.00	0.00	0.00	0.00	0.00
呼吸道结核	2.46	0.00	0.00	0.11	0.00	0.25	0.28	0.45
其他结核	0.18	0.00	0.33	0.00	0.00	0.00	0.00	0.06
钩端螺旋体病	0.00	0.00	0.00	0.00	0.00	0.00	0.00	0.00
破伤风	0.02	0.83	0.00	0.00	0.00	0.00	0.00	0.00
百日咳	0.00	0.00	0.00	0.00	0.00	0.00	0.00	0.00
脑膜炎球菌感染	0.04	1.67	0.00	0.00	0.00	0.00	0.06	0.06
败血症	0.38	12.49	0.17	0.00	0.09	0.00	0.06	0.06
流行性乙型脑炎	0.01	0.00	0.00	0.00	0.00	0.00	0.00	0.00
流行性出血热	0.07	0.00	0.00	0.00	0.00	0.00	0.00	0.06
麻疹	0.00	0.00	0.00	0.00	0.00	0.00	0.00	0.00
病毒性肝炎	3.17	2.50	0.00	0.00	0.00	0.12	0.17	0.26
艾滋病	0.03	0.00	0.00	0.00	0.00	0.06	0.00	0.00
寄生虫病计	0.08	0.00	0.00	0.00	0.09	0.00	0.00	0.00
内：疟疾	0.00	0.00	0.00	0.00	0.00	0.00	0.00	0.00
血吸虫病	0.06	0.00	0.00	0.00	0.00	0.00	0.00	0.00
肿瘤小计	146.39	9.99	6.50	4.10	2.67	4.13	4.49	6.65
其中：恶性肿瘤计	144.63	9.16	6.17	3.76	2.58	4.07	4.27	6.46
内：鼻咽癌	1.66					0.25	0.06	0.00
食管癌	8.73					0.00	0.00	0.06
胃癌	18.45					0.06	0.22	0.45
结肠、直肠和肛门癌	11.36					0.06	0.28	0.52
肝癌	22.64	0.00	0.00	0.11	0.09	0.12	0.33	1.68
肺癌	39.18				0.09	0.12	0.28	0.77
乳腺癌	4.21				0.00	0.00	0.00	0.13
宫颈癌	2.02				0.00	0.00	0.00	0.00
膀胱癌	2.35				0.00	0.00	0.00	0.06
白血病	3.60	0.83	3.17	2.16	1.21	1.42	1.39	0.77
良性肿瘤计	0.81	0.00	0.17	0.34	0.00	0.06	0.17	0.19
其他肿瘤计	0.96	0.83	0.17	0.00	0.09	0.00	0.06	0.00
血液、造血器官及免疫疾病小计	1.38	2.50	0.67	0.57	0.34	0.25	0.50	0.19
其中:贫血	1.04	2.50	0.33	0.46	0.26	0.25	0.44	0.19
血液、造血器官及免疫的其他疾病	0.34	0.00	0.33	0.11	0.09	0.00	0.06	0.00
内分泌、营养和代谢疾病小计	21.51	10.82	0.33	0.00	0.34	0.49	0.28	0.26
其中：糖尿病	20.08	5.00	0.00	0.00	0.17	0.31	0.22	0.19
内分泌、营养和代谢的其他疾病	1.43	5.83	0.33	0.00	0.17	0.19	0.06	0.06
精神障碍小计	5.58	0.00	0.00	0.00	0.17	0.25	0.78	2.00
神经系统疾病小计	6.01	9.16	3.33	1.82	0.86	1.11	0.78	1.61
其中:脑膜炎	0.11	2.50	0.67	0.00	0.09	0.00	0.00	0.13
神经系统的其他疾病	5.91	6.66	2.67	1.82	0.77	1.11	0.78	1.48
循环系统疾病小计	210.69	61.61	2.00	1.94	0.77	2.22	2.99	4.00
其中：急性风湿热	0.74	3.33	0.00	0.00	0.00	0.00	0.11	0.13
心脏病计	88.03	30.81	1.50	1.25	0.52	1.54	1.77	2.52
内：慢性风湿性心脏病	3.05	0.00	0.00	0.00	0.00	0.00	0.06	0.19
高血压性心脏病	5.02	0.00	0.00	0.00	0.00	0.00	0.00	0.06
急性心肌梗死	24.53	0.00	0.00	0.00	0.00	0.25	0.66	0.77
其他冠心病	29.04	9.16	0.00	0.00	0.09	0.06	0.11	0.13
肺源性心脏病	7.06	3.33	0.00	0.00	0.09	0.06	0.00	0.06
其他心脏病	19.33	13.32	1.33	0.91	0.34	1.17	0.94	1.29

10-6-1 续表1

30～	35～	40～	45～	50～	55～	60～	65～	70～	75～	80～	85岁及以上
77.34	**106.20**	**190.70**	**291.96**	**429.41**	**602.25**	**904.22**	**1651.42**	**3199.82**	**5543.49**	**9216.11**	**16329.33**
2.34	3.29	5.54	8.36	10.85	12.54	13.26	19.66	27.56	51.61	64.38	62.74
2.34	3.23	5.54	8.36	10.76	12.42	13.11	19.66	26.70	50.27	64.38	61.66
0.00	0.00	0.00	0.00	0.00	0.00	0.00	0.00	0.00	0.00	0.00	0.00
0.00	0.00	0.00	0.00	0.00	0.00	0.15	0.35	0.22	0.67	0.00	1.08
0.00	0.06	0.00	0.07	0.00	0.12	0.15	0.00	0.22	1.01	1.84	0.00
0.52	0.90	1.66	2.50	3.53	3.46	3.39	7.37	14.64	21.78	30.66	27.04
0.13	0.13	0.00	0.29	0.09	0.24	0.46	0.88	0.22	1.01	1.23	5.41
0.00	0.00	0.00	0.00	0.00	0.00	0.00	0.00	0.00	0.00	0.00	0.00
0.07	0.06	0.00	0.00	0.00	0.00	0.00	0.00	0.00	0.00	0.00	0.00
0.00	0.00	0.00	0.00	0.00	0.00	0.00	0.00	0.00	0.00	0.00	0.00
0.07	0.00	0.07	0.00	0.00	0.00	0.31	0.00	0.00	0.00	0.00	0.00
0.00	0.19	0.21	0.14	0.09	0.48	0.31	1.05	1.08	2.01	4.29	10.82
0.07	0.00	0.00	0.00	0.00	0.00	0.00	0.00	0.00	0.00	0.00	0.00
0.00	0.06	0.00	0.21	0.44	0.12	0.00	0.00	0.22	0.34	0.00	0.00
0.00	0.00	0.00	0.00	0.00	0.00	0.00	0.00	0.00	0.00	0.00	0.00
1.30	1.55	3.53	4.79	6.26	7.40	7.71	9.83	9.26	19.44	23.30	15.14
0.07	0.13	0.07	0.07	0.00	0.00	0.00	0.00	0.00	0.00	0.00	0.00
0.00	0.06	0.00	0.00	0.09	0.12	0.15	0.00	0.86	1.34	0.00	1.08
0.00	0.00	0.00	0.00	0.00	0.00	0.00	0.00	0.00	0.00	0.00	0.00
0.00	0.00	0.00	0.00	0.09	0.12	0.15	0.00	0.86	1.01	0.00	1.08
15.94	29.10	68.19	116.60	176.26	254.56	364.59	586.81	952.07	1395.42	1616.96	1539.36
15.68	28.71	66.87	115.10	174.50	251.57	361.04	578.73	943.67	1385.04	1597.34	1502.58
0.20	0.77	2.15	2.86	3.44	3.94	3.70	5.27	7.32	8.38	6.13	11.90
0.20	0.58	2.43	6.79	10.85	17.43	24.21	34.58	61.36	85.79	99.95	97.36
1.11	2.90	8.73	12.01	19.22	29.73	48.43	75.13	125.31	200.73	220.13	194.72
0.39	1.94	3.53	7.15	10.23	15.64	27.14	49.85	76.00	127.01	152.68	152.53
4.10	7.87	16.70	27.67	38.71	49.55	55.37	80.57	127.03	164.88	177.21	164.43
2.41	3.87	9.70	23.16	37.74	61.85	103.49	177.64	296.04	428.28	478.28	387.27
0.65	1.87	3.60	7.51	9.26	13.37	10.95	12.81	13.56	19.77	33.72	17.31
0.13	0.13	2.07	4.65	3.09	3.97	2.70	3.13	4.14	7.47	7.33	15.45
0.00	0.06	0.14	0.36	1.41	1.79	4.78	6.49	17.65	30.16	41.08	78.97
1.76	2.19	3.26	2.57	3.26	5.85	6.79	11.41	14.86	19.10	26.37	23.80
0.13	0.19	0.62	0.71	1.06	1.43	1.85	4.21	4.95	3.02	4.91	9.74
0.13	0.19	0.69	0.79	0.71	1.55	1.70	3.86	3.44	7.37	14.72	27.04
0.78	0.39	0.97	0.86	0.97	1.07	1.85	3.51	4.74	10.39	16.56	36.78
0.65	0.13	0.90	0.50	0.62	1.19	0.77	2.11	3.44	9.05	14.72	28.13
0.13	0.26	0.07	0.36	0.35	0.48	1.08	1.40	1.29	1.34	1.84	8.65
1.56	2.06	3.88	6.00	12.79	20.18	38.25	85.84	170.30	274.46	331.73	443.53
1.37	1.61	3.12	5.08	12.08	19.58	36.40	82.68	165.35	264.74	309.66	363.48
0.20	0.45	0.76	0.93	0.71	0.60	1.85	3.16	4.95	9.72	22.07	80.05
2.47	4.00	4.92	4.65	4.23	4.54	3.70	7.20	13.78	42.22	96.88	228.25
1.63	1.03	3.12	2.86	5.03	5.61	7.87	12.29	29.07	50.94	98.11	176.33
0.00	0.00	0.14	0.07	0.09	0.00	0.31	0.18	0.43	0.00	0.00	0.00
1.63	1.03	2.98	2.79	4.94	5.61	7.56	12.11	28.64	50.94	98.11	176.33
8.26	17.16	38.11	73.49	121.50	182.08	308.14	630.87	1347.79	2390.38	4241.37	7157.00
0.26	0.00	0.42	0.21	0.79	0.72	1.54	3.69	4.52	4.02	6.74	22.72
4.75	9.16	17.32	28.09	41.09	66.62	123.07	248.03	516.51	961.45	1799.07	3547.13
0.33	0.77	1.52	2.00	4.14	6.93	8.48	12.29	18.09	25.13	26.37	44.35
0.20	0.32	0.49	0.79	1.41	3.10	6.79	11.41	27.13	57.64	118.34	247.73
1.69	3.36	6.86	12.22	15.87	24.84	46.27	83.20	156.52	260.72	415.12	708.56
0.46	1.16	2.01	5.29	7.41	13.01	29.30	70.21	169.01	346.17	649.97	1498.25
0.33	0.71	0.42	0.86	2.12	4.30	8.48	22.82	42.85	84.78	158.20	286.67
1.76	2.84	6.03	6.93	10.14	14.45	23.75	48.10	102.91	186.99	431.07	761.57

10-6-1 续表2

疾病名称(ICD-10)	合计	不满1岁	1～	5～	10～	15～	20～	25～
其他高血压病	15.03	5.83	0.00	0.00	0.09	0.00	0.06	0.06
脑血管病	105.32	21.65	0.50	0.68	0.17	0.56	0.94	1.23
循环系统的其他疾病	1.57	0.00	0.00	0.00	0.00	0.12	0.11	0.06
呼吸系统疾病小计	66.65	39.96	3.67	0.57	0.86	0.86	1.16	1.10
其中：肺炎	7.65	27.48	1.67	0.00	0.34	0.25	0.22	0.32
慢性下呼吸道疾病	47.06	0.83	0.00	0.00	0.09	0.12	0.22	0.32
尘肺	0.35	0.00	0.00	0.00	0.00	0.00	0.00	0.00
呼吸系统的其他疾病	11.59	11.66	2.00	0.57	0.43	0.49	0.72	0.45
消化系统疾病小计	17.85	13.32	0.83	0.23	0.26	0.43	0.50	1.23
其中：胃和十二指肠溃疡	1.52	0.83	0.00	0.00	0.00	0.06	0.00	0.06
阑尾炎	0.04	0.00	0.17	0.00	0.00	0.00	0.00	0.00
肠梗阻	0.87	2.50	0.00	0.11	0.00	0.06	0.06	0.13
肝疾病	9.41	7.49	0.00	0.11	0.17	0.06	0.33	0.71
消化系统的其他疾病	6.01	2.50	0.67	0.00	0.09	0.25	0.11	0.32
肌肉、骨骼和结缔组织疾病小计	1.31	0.00	0.00	0.00	0.09	0.19	0.39	0.32
泌尿、生殖系统疾病小计	8.53	3.33	0.50	0.11	0.17	0.37	0.50	0.90
其中：肾小球和肾小管间质疾病	2.57	0.00	0.33	0.11	0.00	0.12	0.28	0.26
前列腺增生	0.35	0.00	0.00	0.00	0.00	0.00	0.00	0.00
泌尿、生殖系统的其他疾病	5.78	3.33	0.17	0.00	0.17	0.25	0.22	0.65
妊娠、分娩和产褥期并发症小计	0.29					0.00	0.99	0.73
其中：直接产科原因计	0.29					0.00	0.99	0.73
内：流产	0.05					0.00	0.07	0.18
妊娠高血压综合征	0.02					0.00	0.00	0.29
梗阻性分娩	0.00					0.00	0.00	0.00
产后出血	0.16					0.00	0.81	0.29
母体产伤	0.00					0.00	0.00	0.00
产褥期感染	0.02					0.00	0.07	0.00
间接产科原因计	0.00					0.00	0.00	0.00
妊娠、分娩和产褥期的其他情况	0.00					0.00	0.00	0.00
起源于围生期的某些情况小计	3.57	568.56	3.83					
其中：早产儿和未成熟儿	0.76	321.14	0.16					
新生儿产伤和窒息	1.20	135.69	1.85					
新生儿溶血性疾病	0.02	1.88	0.16					
新生儿硬化病	0.05	3.76	0.00					
起源于围生期的其他情况	1.54	106.10	1.70					
先天畸形、变形和染色体异常小计	2.14	194.82	5.83	1.25	1.12	0.62	0.78	0.45
其中：先天性心脏病	1.14	78.26	4.33	0.91	1.03	0.37	0.50	0.39
其他先天畸形、变形和染色体异常	1.00	116.56	1.50	0.34	0.09	0.25	0.28	0.06
诊断不明小计	5.72	14.99	0.83	0.34	0.34	0.86	1.11	1.10
其他疾病小计	19.48	7.49	0.17	0.34	0.34	0.56	0.44	0.65
损伤和中毒外部原因小计	34.42	49.96	17.83	8.65	7.66	11.29	16.57	18.59
其中：机动车辆交通事故	5.91	0.83	2.33	1.94	0.69	1.85	3.77	3.62
机动车以外的运输事故	5.60	5.00	2.33	1.02	1.29	2.10	2.94	3.49
意外中毒	2.31	0.83	0.67	0.23	0.60	1.17	1.16	1.61
意外跌落	7.18	5.00	2.17	1.14	0.52	0.80	1.33	1.81
火灾	0.41	0.83	0.33	0.11	0.09	0.06	0.00	0.06
由自然环境因素所致的意外事故	0.12	0.00	0.17	0.00	0.00	0.00	0.06	0.00
淹死	1.69	0.00	6.67	3.19	3.19	1.48	0.72	0.77
意外的机械性窒息	0.41	19.98	0.17	0.00	0.00	0.12	0.06	0.19
砸死	0.26	0.00	0.00	0.00	0.09	0.00	0.06	0.13
由机器切割和穿刺工具所致的意外事故	0.22	0.00	0.00	0.00	0.00	0.31	0.50	0.26
触电	0.48	0.00	0.17	0.11	0.09	0.19	0.50	0.45
其他意外事故和有害效应	3.53	14.99	2.00	0.80	0.34	0.62	0.89	1.36
自杀	4.80	0.00	0.00	0.00	0.52	1.73	3.32	3.23
被杀	1.49	0.00	0.00	0.11	0.26	0.86	1.27	1.61

10-6-1　续表3

30～	35～	40～	45～	50～	55～	60～	65～	70～	75～	80～	85岁及以上
0.20	0.77	1.73	4.36	10.58	16.48	25.91	50.55	99.25	177.28	291.87	427.30
2.93	7.03	18.02	40.25	67.54	96.95	155.30	325.26	718.46	1230.88	2111.80	3107.93
0.13	0.19	0.62	0.57	1.50	1.31	2.31	3.34	9.04	16.76	31.89	51.93
2.21	3.81	6.93	9.72	18.43	32.95	59.99	147.10	374.41	805.28	1607.76	3212.86
0.20	0.58	1.11	1.00	1.50	2.63	4.94	12.64	32.73	71.38	178.44	504.11
0.98	1.81	2.98	5.86	11.82	22.09	41.95	107.25	282.48	609.24	1179.76	2135.42
0.07	0.13	0.07	0.07	0.18	0.00	0.15	1.93	2.37	4.36	6.13	10.82
0.98	1.29	2.77	2.79	4.94	8.24	12.95	25.28	56.84	120.31	243.43	562.52
3.51	5.10	10.19	17.51	21.96	30.57	36.40	52.13	87.84	142.76	221.36	402.42
0.07	0.32	0.55	1.14	0.79	1.31	2.78	3.16	8.61	18.77	25.75	48.68
0.00	0.00	0.00	0.00	0.09	0.00	0.00	0.35	0.22	0.34	0.61	1.08
0.07	0.06	0.00	0.14	0.00	0.72	0.46	2.63	2.80	9.72	25.14	40.03
2.80	3.42	7.90	13.87	16.93	21.61	23.13	33.18	45.86	52.61	62.54	68.15
0.59	1.29	1.73	2.36	4.14	6.93	10.02	12.81	30.36	61.33	107.31	244.48
0.26	0.39	1.11	1.00	1.15	1.07	1.70	4.39	6.24	10.05	19.01	32.45
1.89	2.19	4.37	4.58	7.41	8.72	16.66	25.10	45.21	93.83	144.71	174.17
0.72	0.84	1.39	1.36	2.29	2.51	5.40	8.60	13.99	27.14	36.18	49.76
0.00	0.00	0.00	0.00	0.00	0.00	0.00	0.61	0.00	0.45	5.94	24.24
1.17	1.35	2.98	3.22	5.11	6.21	10.95	16.50	31.00	64.01	98.72	118.99
0.94	0.21	0.13	0.00								
0.94	0.21	0.13	0.00								
0.18	0.11	0.00	0.00								
0.00	0.00	0.00	0.00								
0.00	0.00	0.00	0.00								
0.68	0.00	0.13	0.00								
0.00	0.00	0.00	0.00								
0.00	0.11	0.00	0.00								
0.00	0.00	0.00	0.00								
0.00	0.00	0.00	0.00								
0.52	0.58	0.83	0.29	0.44	0.48	0.31	0.88	1.08	0.34	0.61	2.16
0.39	0.52	0.42	0.14	0.44	0.48	0.31	0.53	0.86	0.34	0.00	2.16
0.13	0.06	0.42	0.14	0.00	0.00	0.00	0.35	0.22	0.00	0.61	0.00
2.21	3.55	4.02	4.07	5.20	6.57	9.41	16.15	26.48	41.55	66.22	125.49
0.65	1.23	1.11	1.86	2.56	4.54	5.40	13.34	33.16	109.92	441.49	2149.48
32.46	32.00	37.28	40.10	40.65	36.18	36.71	46.17	79.88	124.33	248.95	586.32
6.37	6.26	7.35	8.29	8.02	8.24	9.56	10.71	14.86	15.75	16.56	20.55
6.96	6.58	7.14	8.15	7.14	6.45	8.33	9.13	12.70	13.40	15.94	24.88
2.60	2.52	4.30	3.57	2.56	2.27	1.85	2.46	5.17	7.37	7.36	11.90
2.73	3.42	5.06	4.65	5.55	4.42	4.47	9.13	21.31	44.91	130.61	349.41
0.33	0.32	0.28	0.14	0.71	0.24	0.62	0.70	1.29	3.02	5.52	9.74
0.26	0.06	0.14	0.07	0.09	0.00	0.00	0.35	0.65	0.67	1.84	1.08
1.56	0.97	0.83	1.93	1.32	1.67	1.54	1.58	1.08	2.68	4.29	2.16
0.13	0.26	0.28	0.14	0.97	0.12	0.15	0.18	0.86	1.01	3.68	3.25
0.39	0.06	0.49	0.50	0.88	0.48	0.15	0.00	0.65	1.01	0.00	0.00
0.59	0.13	0.49	0.14	0.00	0.24	0.00	0.00	0.00	0.00	0.00	0.00
0.65	0.84	0.62	0.50	0.71	1.07	0.15	0.18	1.08	0.34	0.00	0.00
2.34	3.03	2.77	3.22	2.73	2.51	3.24	2.98	7.10	19.10	42.92	135.22
4.23	5.87	5.13	7.01	8.02	6.93	6.01	7.37	12.27	14.41	17.78	25.96
3.32	1.68	2.43	1.79	1.94	1.55	0.62	1.40	0.86	0.67	2.45	2.16

10-6-2 2005年大城市居民年龄别疾病别死亡率(1/10万)(男)

疾病名称(ICD-10)	合计	不满1岁	1～	5～	10～	15～	20～	25～
总　　计	**622.34**	**1018.60**	**48.34**	**23.54**	**22.60**	**29.51**	**40.07**	**50.26**
传染病和寄生虫病小计	9.84	31.68	1.27	0.00	0.33	0.60	0.52	1.76
其中：传染病计	9.75	31.68	1.27	0.00	0.33	0.60	0.52	1.76
内：伤寒和副伤寒	0.00	0.00	0.00	0.00	0.00	0.00	0.00	0.00
痢疾	0.02	0.00	0.00	0.00	0.00	0.00	0.00	0.00
肠道其他细菌性传染病	0.07	1.58	0.00	0.00	0.00	0.00	0.00	0.00
呼吸道结核	3.92	0.00	0.00	0.00	0.00	0.36	0.21	0.88
其他结核	0.24	0.00	0.32	0.00	0.00	0.00	0.00	0.00
钩端螺旋体病	0.00	0.00	0.00	0.00	0.00	0.00	0.00	0.00
破伤风	0.02	1.58	0.00	0.00	0.00	0.00	0.00	0.00
百日咳	0.00	0.00	0.00	0.00	0.00	0.00	0.00	0.00
脑膜炎球菌感染	0.03	1.58	0.00	0.00	0.00	0.00	0.00	0.00
败血症	0.46	19.01	0.00	0.00	0.17	0.00	0.00	0.13
流行性乙型脑炎	0.00	0.00	0.00	0.00	0.00	0.00	0.00	0.00
流行性出血热	0.07	0.00	0.00	0.00	0.00	0.00	0.00	0.13
麻疹	0.00	0.00	0.00	0.00	0.00	0.00	0.00	0.00
病毒性肝炎	4.45	1.58	0.00	0.00	0.00	0.24	0.31	0.50
艾滋病	0.05	0.00	0.00	0.00	0.00	0.00	0.00	0.00
寄生虫病计	0.09	0.00	0.00	0.00	0.00	0.00	0.00	0.00
内：疟疾	0.00	0.00	0.00	0.00	0.00	0.00	0.00	0.00
血吸虫病	0.08	0.00	0.00	0.00	0.00	0.00	0.00	0.00
肿瘤小计	183.86	11.09	7.00	5.18	3.16	5.20	5.86	7.66
其中：恶性肿瘤计	182.15	11.09	6.68	4.54	3.16	5.20	5.54	7.41
内：鼻咽癌	2.38	0.00	0.00	0.00	0.00	0.48	0.10	0.00
食管癌	13.40	0.00	0.00	0.00	0.00	0.00	0.00	0.13
胃癌	24.71	1.58	0.00	0.00	0.00	0.00	0.31	0.75
结肠、直肠和肛门癌	12.58	1.58	0.00	0.00	0.00	0.12	0.42	0.50
肝癌	32.41	1.58	0.64	0.22	0.17	0.24	0.42	2.39
肺癌	53.81	0.00	0.32	0.00	0.17	0.00	0.52	0.63
乳腺癌								
宫颈癌								
膀胱癌	3.43	0.00	0.00	0.00	0.00	0.00	0.00	0.13
白血病	4.17	1.58	3.18	3.24	1.50	1.45	1.88	0.88
良性肿瘤计	0.77	0.00	0.32	0.65	0.00	0.00	0.21	0.25
其他肿瘤计	0.93	0.00	0.00	0.00	0.00	0.00	0.10	0.00
血液、造血器官及免疫疾病小计	1.34	1.58	0.00	0.22	0.33	0.24	0.42	0.38
其中:贫血	0.98	1.58	0.00	0.22	0.33	0.24	0.31	0.38
血液、造血器官及免疫的其他疾病	0.36	0.00	0.00	0.00	0.00	0.00	0.10	0.00
内分泌、营养和代谢疾病小计	18.51	12.67	0.32	0.00	0.50	0.12	0.21	0.38
其中：糖尿病	17.22	4.75	0.00	0.00	0.17	0.12	0.21	0.25
内分泌、营养和代谢的其他疾病	1.29	7.92	0.32	0.00	0.33	0.00	0.00	0.13
精神障碍小计	5.61	0.00	0.00	0.00	0.33	0.48	0.84	2.51
神经系统疾病小计	6.25	6.34	3.50	1.30	1.00	1.45	0.73	1.76
其中:脑膜炎	0.15	3.17	0.32	0.00	0.17	0.00	0.00	0.25
神经系统的其他疾病	6.10	3.17	3.18	1.30	0.83	1.45	0.73	1.51
循环系统疾病小计	217.96	74.45	2.54	2.38	1.00	2.42	3.98	4.02
其中：急性风湿热	0.65	1.58	0.00	0.00	0.00	0.00	0.10	0.25
心脏病计	90.72	31.68	1.91	1.51	0.83	1.81	2.62	2.89
内：慢性风湿性心脏病	2.26	0.00	0.00	0.00	0.00	0.00	0.00	0.13
高血压性心脏病	4.68	0.00	0.00	0.00	0.00	0.00	0.00	0.00
急性心肌梗死	28.37	0.00	0.00	0.00	0.00	0.24	1.05	1.13
其他冠心病	27.96	0.00	0.00	0.00	0.17	0.12	0.10	0.25
肺源性心脏病	8.18	4.75	0.00	0.00	0.17	0.00	0.00	0.00
其他心脏病	19.27	11.09	1.59	1.08	0.50	1.45	1.46	1.38

10-6-2 续表1

30～	35～	40～	45～	50～	55～	60～	65～	70～	75～	80～	85岁及以上
104.95	**140.56**	**258.10**	**395.60**	**562.60**	**772.33**	**1118.13**	**1993.65**	**3947.36**	**6905.31**	**11513.70**	**19967.47**
3.34	5.02	9.54	13.50	16.37	17.88	19.17	26.45	43.42	81.68	92.40	115.73
3.34	5.02	9.54	13.50	16.37	17.65	18.87	26.45	42.08	79.45	92.40	115.73
0.00	0.00	0.00	0.00	0.00	0.00	0.00	0.00	0.00	0.00	0.00	0.00
0.00	0.00	0.00	0.00	0.00	0.00	0.00	0.36	0.00	0.74	0.00	0.00
0.00	0.00	0.00	0.14	0.00	0.00	0.30	0.00	0.00	2.23	0.00	0.00
0.64	1.67	3.00	4.73	5.34	5.34	5.48	10.72	26.41	40.10	51.50	68.81
0.13	0.13	0.00	0.42	0.00	0.46	0.91	1.43	0.00	1.49	3.03	9.38
0.00	0.00	0.00	0.00	0.00	0.00	0.00	0.00	0.00	0.00	0.00	0.00
0.00	0.13	0.00	0.00	0.00	0.00	0.00	0.00	0.00	0.00	0.00	0.00
0.00	0.00	0.00	0.00	0.00	0.00	0.00	0.00	0.00	0.00	0.00	0.00
0.13	0.00	0.14	0.00	0.00	0.00	0.00	0.00	0.00	0.00	0.00	0.00
0.00	0.13	0.14	0.28	0.17	0.70	0.61	1.43	1.34	3.71	3.03	12.51
0.00	0.00	0.00	0.00	0.00	0.00	0.00	0.00	0.00	0.00	0.00	0.00
0.00	0.13	0.00	0.00	0.52	0.00	0.00	0.00	0.00	0.74	0.00	0.00
0.00	0.00	0.00	0.00	0.00	0.00	0.00	0.00	0.00	0.00	0.00	0.00
2.18	2.32	6.14	7.52	9.82	10.22	10.35	12.15	13.88	24.50	31.81	21.89
0.13	0.26	0.14	0.14	0.00	0.00	0.00	0.00	0.00	0.00	0.00	0.00
0.00	0.00	0.00	0.00	0.00	0.23	0.30	0.00	1.34	2.23	0.00	0.00
0.00	0.00	0.00	0.00	0.00	0.00	0.00	0.00	0.00	0.00	0.00	0.00
0.00	0.00	0.00	0.00	0.00	0.23	0.30	0.00	1.34	1.49	0.00	0.00
18.60	32.72	81.12	149.78	229.86	331.83	477.81	767.36	1307.58	1967.64	2441.80	2417.74
18.22	32.21	79.62	148.25	228.48	328.11	474.46	761.65	1298.63	1953.53	2417.56	2383.34
0.26	0.90	2.86	4.59	5.17	5.81	5.78	8.22	10.30	14.11	7.57	15.64
0.26	0.77	4.23	12.11	18.78	29.96	38.65	56.11	93.56	141.82	175.71	172.03
0.77	3.09	9.41	16.84	25.67	40.40	67.56	111.87	185.33	306.66	343.85	337.80
0.26	1.16	4.36	7.52	12.06	19.27	30.74	55.40	91.32	161.87	204.49	225.20
7.31	13.14	26.59	45.80	62.89	76.40	83.39	108.65	180.40	222.75	283.26	237.71
2.31	4.51	12.68	31.60	54.97	89.87	149.73	252.33	440.93	661.57	786.16	672.46
0.00	0.13	0.27	0.70	1.72	3.02	7.61	8.94	29.99	47.52	69.68	165.77
1.80	1.93	2.73	3.06	3.62	6.97	8.52	17.16	17.01	23.76	37.87	46.92
0.26	0.26	0.95	0.42	1.03	1.63	1.83	2.50	5.37	2.97	4.54	9.38
0.13	0.26	0.55	1.11	0.34	2.09	1.52	3.22	3.58	11.14	19.69	25.02
0.38	0.52	1.36	0.84	1.21	1.16	1.83	5.00	2.69	15.59	24.24	34.41
0.38	0.13	1.23	0.28	0.69	0.70	1.22	2.86	1.79	14.11	19.69	21.89
0.00	0.39	0.14	0.56	0.52	0.46	0.61	2.14	0.90	1.49	4.54	12.51
1.92	2.58	4.23	6.82	14.30	22.76	32.56	73.98	151.75	250.97	333.25	500.44
1.67	1.93	3.41	5.71	13.27	22.52	30.74	70.05	145.04	244.28	313.56	419.12
0.26	0.64	0.82	1.11	1.03	0.23	1.83	3.93	6.71	6.68	19.69	81.32
3.34	6.18	7.36	6.96	5.51	5.34	4.26	7.86	12.09	38.61	93.92	209.56
1.92	1.29	3.95	3.48	6.20	6.73	10.04	12.87	32.23	63.86	115.12	193.92
0.00	0.00	0.14	0.14	0.17	0.00	0.61	0.36	0.90	0.00	0.00	0.00
1.92	1.29	3.82	3.34	6.03	6.73	9.43	12.51	31.34	63.86	115.12	193.92
11.16	22.93	53.17	101.20	159.73	231.28	377.07	724.83	1566.77	2788.11	4847.24	8301.01
0.26	0.00	0.41	0.42	1.03	0.70	1.22	3.22	4.48	2.97	7.57	18.77
6.67	11.85	24.54	41.06	59.28	89.87	151.25	283.43	609.70	1121.18	2044.93	4053.55
0.26	0.52	1.50	1.81	3.10	5.11	5.48	7.51	17.46	19.31	18.18	56.30
0.26	0.64	0.68	1.39	2.41	3.72	6.39	12.51	28.20	57.17	131.78	284.62
2.69	5.15	10.77	19.07	24.81	37.39	62.69	96.50	193.83	328.93	515.02	878.89
0.51	1.03	3.14	7.80	11.89	17.18	36.52	81.85	190.70	384.62	733.14	1638.93
0.38	0.64	0.41	0.84	2.24	5.34	9.13	28.95	58.64	115.83	213.58	466.03
2.57	3.86	8.04	10.16	14.82	21.13	31.04	56.11	120.86	215.33	433.22	728.76

10-6-2 续表2

疾病名称(ICD-10)	合计	不满1岁	1～	5～	10～	15～	20～	25～
其他高血压病	15.24	9.50	0.00	0.00	0.17	0.00	0.10	0.00
脑血管病	109.59	31.68	0.64	0.86	0.00	0.48	1.05	0.75
循环系统的其他疾病	1.77	0.00	0.00	0.00	0.00	0.12	0.10	0.13
呼吸系统疾病小计	76.60	47.52	3.50	0.65	1.33	0.85	1.46	1.13
其中：肺炎	8.30	34.85	1.91	0.00	0.50	0.24	0.21	0.50
慢性下呼吸道疾病	55.27	0.00	0.00	0.00	0.17	0.24	0.42	0.50
尘肺	0.63	0.00	0.00	0.00	0.00	0.00	0.00	0.00
呼吸系统的其他疾病	12.40	12.67	1.59	0.65	0.66	0.36	0.84	0.13
消化系统疾病小计	21.11	6.34	0.95	0.43	0.33	0.73	0.84	1.88
其中：胃和十二指肠溃疡	1.92	1.58	0.00	0.00	0.00	0.12	0.00	0.13
阑尾炎	0.04	0.00	0.32	0.00	0.00	0.00	0.00	0.00
肠梗阻	0.90	0.00	0.00	0.22	0.00	0.12	0.10	0.25
肝疾病	12.04	3.17	0.00	0.22	0.17	0.12	0.52	1.13
消化系统的其他疾病	6.21	1.58	0.64	0.00	0.17	0.36	0.21	0.38
肌肉、骨骼和结缔组织疾病小计	0.80	0.00	0.00	0.00	0.00	0.12	0.10	0.25
泌尿、生殖系统疾病小计	8.94	4.75	0.32	0.22	0.33	0.48	0.63	0.88
其中：肾小球和肾小管间质疾病	2.59	0.00	0.32	0.22	0.00	0.12	0.31	0.13
前列腺增生	0.35	0.00	0.00	0.00	0.00	0.00	0.00	0.00
泌尿、生殖系统的其他疾病	6.00	4.75	0.00	0.00	0.33	0.36	0.31	0.75
妊娠、分娩和产褥期并发症小计								
其中：直接产科原因计								
内：流产								
妊娠高血压综合征								
梗阻性分娩								
产后出血								
母体产伤								
产褥期感染								
间接产科原因计								
妊娠、分娩和产褥期的其他情况								
起源于围生期的某些情况小计	4.30	521.60	5.65					
其中：早产儿和未成熟儿	0.97	285.05	0.29					
新生儿产伤和窒息	1.37	100.77	2.98					
新生儿溶血性疾病	0.05	3.69	0.00					
新生儿硬化病	0.05	3.69	0.00					
起源于围生期的其他情况	1.87	128.38	2.37					
先天畸形、变形和染色体异常小计	2.31	212.27	4.45	1.30	1.83	0.73	0.84	0.38
其中：先天性心脏病	1.24	88.71	3.50	0.86	1.66	0.60	0.52	0.25
其他先天畸形、变形和染色体异常	1.07	123.56	0.95	0.43	0.17	0.12	0.31	0.13
诊断不明小计	6.99	15.84	0.95	0.00	0.33	1.57	1.26	1.76
其他疾病小计	15.21	9.50	0.00	0.43	0.50	0.36	0.21	1.01
损伤和中毒外部原因小计	43.23	60.20	19.72	11.45	11.30	14.15	22.18	24.50
其中：机动车辆交通事故	8.11	1.58	1.91	2.38	1.00	2.42	5.02	5.15
机动车以外的运输事故	7.67	9.50	2.23	0.65	1.83	2.78	4.18	5.53
意外中毒	2.63	1.58	1.27	0.43	0.33	0.97	0.73	1.76
意外跌落	8.02	7.92	3.18	1.94	0.50	0.85	1.88	2.89
火灾	0.59	0.00	0.64	0.22	0.00	0.00	0.00	0.13
由自然环境因素所致的意外事故	0.14	0.00	0.00	0.00	0.00	0.00	0.10	0.00
淹死	2.38	0.00	7.00	4.54	5.65	2.54	0.94	0.88
意外的机械性窒息	0.52	22.18	0.00	0.00	0.00	0.24	0.10	0.13
砸死	0.44	0.00	0.00	0.00	0.00	0.00	0.00	0.25
由机器切割和穿刺工具所致的意外事故	0.37	0.00	0.00	0.00	0.00	0.36	0.73	0.38
触电	0.86	0.00	0.32	0.00	0.17	0.36	0.94	0.88
其他意外事故和有害效应	3.88	15.84	1.91	1.08	0.66	0.48	1.46	2.14
自杀	5.47	0.00	0.00	0.00	0.83	1.57	3.98	2.26
被杀	2.16	0.00	0.00	0.22	0.33	1.57	2.09	2.14

10-6-2 续表3

30～	35～	40～	45～	50～	55～	60～	65～	70～	75～	80～	85岁及以上
0.26	1.16	2.45	5.71	12.92	19.74	29.52	52.90	107.88	196.76	349.91	522.33
3.72	9.79	25.09	53.03	83.74	119.12	191.12	380.64	833.07	1450.11	2402.41	3656.32
0.26	0.13	0.68	0.97	2.76	1.86	3.96	4.65	11.64	17.08	42.41	50.04
2.69	5.41	9.27	13.64	23.95	41.80	72.13	190.86	509.42	1090.74	2269.11	4591.52
0.13	0.77	1.77	1.11	2.24	3.72	6.39	16.80	40.29	100.98	210.55	710.00
1.41	2.71	3.82	8.49	15.51	27.17	50.52	144.04	390.80	825.67	1716.22	3146.50
0.13	0.26	0.14	0.14	0.34	0.00	0.00	3.93	4.03	8.17	13.63	31.28
1.03	1.67	3.54	3.90	5.86	10.91	15.22	26.09	74.31	155.93	328.70	703.74
5.90	7.73	16.77	27.42	29.81	41.80	42.30	59.33	98.03	164.84	281.75	534.84
0.00	0.52	0.95	1.95	1.03	2.09	3.96	4.29	11.64	24.50	37.87	71.94
0.00	0.00	0.00	0.00	0.17	0.00	0.00	0.36	0.00	0.00	1.51	0.00
0.13	0.00	0.00	0.14	0.00	1.16	0.91	2.86	3.58	8.91	31.81	56.30
4.75	5.28	13.63	21.44	23.61	30.42	25.56	38.24	49.24	63.11	89.37	100.09
1.03	1.93	2.18	3.90	5.00	8.13	11.87	13.58	33.57	68.31	121.18	306.52
0.13	0.39	0.27	0.70	0.52	0.23	0.91	2.86	5.37	7.43	16.66	31.28
2.44	2.71	4.23	5.01	7.75	8.59	17.65	24.30	45.21	115.83	199.95	268.99
0.90	1.03	1.09	1.25	2.41	2.79	6.70	8.94	11.19	28.96	49.99	84.45
0.00	0.00	0.00	0.00	0.00	0.00	0.61	0.00	0.45	5.94	24.24	15.64
1.54	1.67	3.14	3.76	5.34	5.81	10.35	15.37	33.57	80.93	125.73	168.90
0.38	0.52	0.68	0.42	0.52	0.23	0.30	0.71	0.90	0.74	1.51	0.00
0.26	0.52	0.27	0.14	0.52	0.23	0.30	0.71	0.45	0.74	0.00	0.00
0.13	0.00	0.41	0.28	0.00	0.00	0.00	0.00	0.45	0.00	1.51	0.00
3.46	4.77	6.95	6.12	7.41	9.75	10.35	21.80	30.44	54.95	77.25	156.39
0.51	1.93	1.36	2.51	2.07	4.64	7.61	17.16	41.18	121.03	449.88	2054.92
48.76	45.86	57.81	57.21	57.38	48.30	44.13	58.26	100.27	143.30	269.63	550.48
9.62	10.18	11.32	10.72	11.89	11.84	11.26	14.30	17.91	21.53	24.24	28.15
11.68	8.63	11.45	10.86	9.13	8.59	10.96	11.44	16.56	15.59	22.72	40.66
2.95	3.09	5.45	5.43	3.45	2.55	0.91	2.14	6.27	8.91	7.57	12.51
4.36	5.28	9.00	7.93	8.96	6.97	7.30	14.65	25.07	51.23	133.30	303.39
0.51	0.64	0.41	0.28	1.38	0.46	0.91	0.71	1.79	4.46	10.60	12.51
0.51	0.13	0.27	0.14	0.00	0.00	0.00	0.36	0.90	0.00	1.51	0.00
1.92	1.42	1.64	2.78	1.90	2.09	2.13	1.43	2.24	3.71	4.54	3.13
0.26	0.52	0.41	0.28	1.38	0.00	0.00	0.00	1.34	1.49	4.54	6.26
0.51	0.13	0.82	0.97	1.72	0.93	0.00	0.00	1.34	1.49	0.00	0.00
1.15	0.26	0.95	0.28	0.00	0.23	0.00	0.00	0.00	0.00	0.00	0.00
1.15	1.67	1.23	0.56	1.38	1.86	0.30	0.00	1.79	0.74	0.00	0.00
3.72	4.77	4.36	5.43	3.96	3.02	3.65	2.86	8.51	16.34	37.87	106.34
5.39	6.83	6.95	8.91	9.65	7.90	6.09	7.86	15.22	16.34	21.21	34.41
5.00	2.32	3.54	2.64	2.58	1.86	0.61	2.50	1.34	1.49	1.51	3.13

10-6-3　2005年大城市居民年龄别疾病别死亡率(1/10万)(女)

疾病名称(ICD-10)	合计	不满1岁	1～	5～	10～	15～	20～	25～
总　　　计	**491.34**	**819.56**	**47.97**	**16.12**	**9.47**	**18.38**	**22.73**	**30.15**
传染病和寄生虫病小计	3.81	12.28	1.40	0.24	0.18	0.25	0.71	0.53
其中：传染病计	3.74	12.28	1.40	0.24	0.00	0.25	0.71	0.53
内：伤寒和副伤寒	0.00	0.00	0.00	0.00	0.00	0.00	0.00	0.00
痢疾	0.08	0.00	0.35	0.00	0.00	0.00	0.00	0.13
肠道其他细菌性传染病	0.07	0.00	0.00	0.00	0.00	0.00	0.00	0.00
呼吸道结核	0.94	0.00	0.00	0.24	0.00	0.13	0.35	0.00
其他结核	0.13	0.00	0.35	0.00	0.00	0.00	0.00	0.13
钩端螺旋体病	0.00	0.00	0.00	0.00	0.00	0.00	0.00	0.00
破伤风	0.01	0.00	0.00	0.00	0.00	0.00	0.00	0.00
百日咳	0.00	0.00	0.00	0.00	0.00	0.00	0.00	0.00
脑膜炎球菌感染	0.06	1.75	0.00	0.00	0.00	0.00	0.12	0.13
败血症	0.30	5.26	0.35	0.00	0.00	0.00	0.12	0.00
流行性乙型脑炎	0.01	0.00	0.00	0.00	0.00	0.00	0.00	0.00
流行性出血热	0.08	0.00	0.00	0.00	0.00	0.00	0.00	0.00
麻疹	0.00	0.00	0.00	0.00	0.00	0.00	0.00	0.00
病毒性肝炎	1.84	3.51	0.00	0.00	0.00	0.00	0.00	0.00
艾滋病	0.01	0.00	0.00	0.00	0.00	0.13	0.00	0.00
寄生虫病计	0.07	0.00	0.00	0.00	0.18	0.00	0.00	0.00
内：疟疾	0.00	0.00	0.00	0.00	0.00	0.00	0.00	0.00
血吸虫病	0.05	0.00	0.00	0.00	0.00	0.00	0.00	0.00
肿瘤小计	107.49	8.77	5.95	2.89	2.14	3.02	2.94	5.58
其中：恶性肿瘤计	105.67	7.02	5.60	2.89	1.97	2.90	2.83	5.45
内：鼻咽癌	0.91	0.00	0.00	0.00	0.00	0.00	0.00	0.00
食管癌	3.88	0.00	0.00	0.00	0.00	0.00	0.00	0.00
胃癌	11.95	0.00	0.00	0.00	0.00	0.13	0.12	0.13
结肠、直肠和肛门癌	10.10	0.00	0.00	0.00	0.00	0.00	0.12	0.53
肝癌	12.50	0.00	0.00	0.00	0.00	0.00	0.24	0.93
肺癌	23.99	0.00	0.00	0.00	0.00	0.25	0.00	0.93
乳腺癌	8.42	0.00	0.00	0.00	0.00	0.00	0.00	0.27
宫颈癌	2.02	0.00	0.00	0.00	0.00	0.00	0.00	0.13
膀胱癌	1.23	0.00	0.00	0.00	0.00	0.00	0.00	0.00
白血病	3.00	0.00	3.15	0.96	0.89	1.38	0.82	0.66
良性肿瘤计	0.84	0.00	0.00	0.00	0.00	0.13	0.12	0.13
其他肿瘤计	0.98	1.75	0.35	0.00	0.18	0.00	0.00	0.00
血液、造血器官及免疫疾病小计	1.43	3.51	1.40	0.96	0.36	0.25	0.59	0.00
其中:贫血	1.11	3.51	0.70	0.72	0.18	0.25	0.59	0.00
血液、造血器官及免疫的其他疾病	0.32	0.00	0.70	0.24	0.18	0.00	0.00	0.00
内分泌、营养和代谢疾病小计	24.62	8.77	0.35	0.00	0.18	0.88	0.35	0.13
其中：糖尿病	23.05	5.26	0.00	0.00	0.18	0.50	0.24	0.13
内分泌、营养和代谢的其他疾病	1.57	3.51	0.35	0.00	0.00	0.38	0.12	0.00
精神障碍小计	5.54	0.00	0.00	0.00	0.00	0.00	0.71	1.46
神经系统疾病小计	5.77	12.28	3.15	2.41	0.71	0.76	0.82	1.46
其中:脑膜炎	0.06	1.75	1.05	0.00	0.00	0.00	0.00	0.00
神经系统的其他疾病	5.71	10.53	2.10	2.41	0.71	0.76	0.82	1.46
循环系统疾病小计	203.14	47.38	1.40	1.44	0.54	2.01	1.88	3.98
其中：急性风湿热	0.83	5.26	0.00	0.00	0.00	0.00	0.12	0.00
心脏病计	85.23	29.83	1.05	0.96	0.18	1.26	0.82	2.13
内：慢性风湿性心脏病	3.87	0.00	0.00	0.00	0.00	0.00	0.12	0.27
高血压性心脏病	5.38	0.00	0.00	0.00	0.00	0.00	0.00	0.13
急性心肌梗死	20.54	1.75	0.00	0.24	0.00	0.25	0.24	0.40
其他冠心病	30.17	10.53	0.00	0.00	0.00	0.00	0.12	0.00
肺源性心脏病	5.88	1.75	0.00	0.00	0.00	0.13	0.00	0.13
其他心脏病	19.39	15.79	1.05	0.72	0.18	0.88	0.35	1.20

10-6-3 续表1

30～	35～	40～	45～	50～	55～	60～	65～	70～	75～	80～	85岁及以上
48.95	**71.74**	**121.04**	**182.53**	**289.83**	**422.24**	**684.45**	**1321.13**	**2507.11**	**4423.27**	**7653.48**	**14405.73**
1.32	1.55	1.41	2.94	5.06	6.88	7.19	13.11	12.86	26.87	45.33	34.73
1.32	1.42	1.41	2.94	4.88	6.88	7.19	13.11	12.44	26.26	45.33	33.07
0.00	0.00	0.00	0.00	0.00	0.00	0.00	0.00	0.00	0.00	0.00	0.00
0.00	0.00	0.00	0.00	0.00	0.00	0.31	0.34	0.41	0.61	0.00	1.65
0.00	0.13	0.00	0.00	0.00	0.25	0.00	0.00	0.41	0.00	3.09	0.00
0.40	0.13	0.28	0.15	1.63	1.47	1.25	4.14	3.73	6.72	16.48	4.96
0.13	0.13	0.00	0.15	0.18	0.00	0.00	0.34	0.41	0.61	0.00	3.31
0.00	0.00	0.00	0.00	0.00	0.00	0.00	0.00	0.00	0.00	0.00	0.00
0.13	0.00	0.00	0.00	0.00	0.00	0.00	0.00	0.00	0.00	0.00	0.00
0.00	0.00	0.00	0.00	0.00	0.00	0.00	0.00	0.00	0.00	0.00	0.00
0.00	0.00	0.00	0.00	0.00	0.00	0.63	0.00	0.00	0.00	0.00	0.00
0.00	0.26	0.28	0.00	0.00	0.25	0.00	0.69	0.83	0.61	5.15	9.92
0.13	0.00	0.00	0.00	0.00	0.00	0.00	0.00	0.00	0.00	0.00	0.00
0.00	0.00	0.00	0.44	0.36	0.25	0.00	0.00	0.41	0.00	0.00	0.00
0.00	0.00	0.00	0.00	0.00	0.00	0.00	0.00	0.00	0.00	0.00	0.00
0.40	0.78	0.85	1.91	2.53	4.42	5.00	7.59	4.98	15.27	17.51	11.58
0.00	0.00	0.00	0.00	0.00	0.00	0.00	0.00	0.00	0.00	0.00	0.00
0.00	0.13	0.00	0.00	0.18	0.00	0.00	0.00	0.41	0.61	0.00	1.65
0.00	0.00	0.00	0.00	0.00	0.00	0.00	0.00	0.00	0.00	0.00	0.00
0.00	0.00	0.00	0.00	0.18	0.00	0.00	0.00	0.41	0.61	0.00	1.65
13.19	25.46	54.81	81.56	120.08	172.78	248.27	412.55	622.63	924.72	1055.97	1074.93
13.06	25.20	53.69	80.09	117.92	170.57	244.51	402.20	614.75	917.39	1039.49	1036.89
0.13	0.65	1.41	1.03	1.63	1.97	1.56	2.41	4.56	3.66	5.15	9.92
0.13	0.39	0.56	1.18	2.53	4.18	9.38	13.80	31.53	39.70	48.42	57.88
1.45	2.71	8.03	6.91	12.46	18.43	28.77	39.67	69.69	113.61	135.99	119.07
0.53	2.71	2.68	6.76	8.31	11.80	23.45	44.50	61.81	98.34	117.44	114.11
0.79	2.59	6.48	8.52	13.36	21.14	26.58	53.47	77.57	117.27	105.08	125.68
2.51	3.23	6.62	14.26	19.68	32.20	55.97	105.55	161.78	236.37	268.89	236.48
1.32	3.75	7.33	15.28	18.96	26.05	21.57	24.15	26.13	34.81	55.63	26.46
0.13	2.07	4.65	3.09	3.97	2.70	3.13	4.14	7.47	7.33	15.45	8.27
0.00	0.00	0.00	0.00	1.08	0.49	1.88	4.14	6.22	15.88	21.63	33.07
1.72	2.46	3.80	2.06	2.89	4.67	5.00	5.86	12.86	15.27	18.54	11.58
0.00	0.13	0.28	1.03	1.08	1.23	1.88	5.86	4.56	3.05	5.15	9.92
0.13	0.13	0.85	0.44	1.08	0.98	1.88	4.48	3.32	4.28	11.33	28.11
1.19	0.26	0.56	0.88	0.72	2.21	1.88	2.07	6.64	6.11	11.33	38.04
0.92	0.13	0.56	0.73	0.54	1.72	0.31	1.38	4.98	4.89	11.33	31.42
0.26	0.13	0.00	0.15	0.18	0.49	1.56	0.69	1.66	1.22	0.00	6.61
1.19	1.55	3.52	5.14	11.20	17.45	44.09	97.27	187.49	293.79	330.70	413.43
1.06	1.29	2.82	4.41	10.83	16.47	42.21	94.86	184.18	281.57	307.00	334.06
0.13	0.26	0.70	0.73	0.36	0.98	1.88	2.41	3.32	12.22	23.69	79.38
1.58	1.81	2.40	2.20	2.89	3.69	3.13	6.55	15.35	45.20	98.90	238.14
1.32	0.78	2.25	2.20	3.79	4.42	5.63	11.73	26.13	40.31	86.54	167.03
0.00	0.00	0.14	0.00	0.00	0.00	0.00	0.00	0.00	0.00	0.00	0.00
1.32	0.78	2.11	2.20	3.79	4.42	5.63	11.73	26.13	40.31	86.54	167.03
5.28	11.37	22.55	44.24	81.44	130.01	237.32	540.18	1144.88	2063.22	3829.31	6552.12
0.26	0.00	0.42	0.00	0.54	0.74	1.88	4.14	4.56	4.89	6.18	24.81
2.77	6.46	9.86	14.40	22.03	42.03	94.12	213.86	430.16	830.05	1631.86	3279.37
0.40	1.03	1.55	2.20	5.24	8.85	11.57	16.90	18.67	29.93	31.94	38.04
0.13	0.00	0.28	0.15	0.36	2.46	7.19	10.35	26.13	58.02	109.20	228.22
0.66	1.55	2.82	5.00	6.50	11.55	29.39	70.37	121.95	204.61	347.18	618.50
0.40	1.29	0.85	2.65	2.71	8.60	21.89	58.99	148.92	314.55	593.40	1423.87
0.26	0.78	0.42	0.88	1.99	3.20	7.82	16.90	28.21	59.25	120.54	191.83
0.92	1.81	3.95	3.53	5.24	7.37	16.26	40.36	86.28	163.69	429.60	778.91

10-6-3　续表2

疾病名称(ICD-10)	合计	不满1岁	1～	5～	10～	15～	20～	25～
其他高血压病	14.81	1.75	0.00	0.00	0.00	0.00	0.00	0.13
脑血管病	100.89	10.53	0.35	0.48	0.36	0.63	0.82	1.73
循环系统的其他疾病	1.37	0.00	0.00	0.00	0.00	0.13	0.12	0.00
呼吸系统疾病小计	56.31	31.59	3.85	0.48	0.36	0.88	0.82	1.06
其中：肺炎	6.97	19.30	1.40	0.00	0.18	0.25	0.24	0.13
慢性下呼吸道疾病	38.53	1.75	0.00	0.00	0.00	0.00	0.00	0.13
尘肺	0.07	0.00	0.00	0.00	0.00	0.00	0.00	0.00
呼吸系统的其他疾病	10.74	10.53	2.45	0.48	0.18	0.63	0.59	0.80
消化系统疾病小计	14.47	21.06	0.70	0.00	0.18	0.13	0.12	0.53
其中：胃和十二指肠溃疡	1.11	0.00	0.00	0.00	0.00	0.00	0.00	0.00
阑尾炎	0.05	0.00	0.00	0.00	0.00	0.00	0.00	0.00
肠梗阻	0.84	5.26	0.00	0.00	0.00	0.00	0.00	0.00
肝疾病	6.67	12.28	0.00	0.00	0.18	0.00	0.12	0.27
消化系统的其他疾病	5.80	3.51	0.70	0.00	0.00	0.13	0.00	0.27
肌肉、骨骼和结缔组织疾病小计	1.84	0.00	0.00	0.00	0.18	0.25	0.71	0.40
泌尿、生殖系统疾病小计	8.10	1.75	0.70	0.00	0.00	0.25	0.35	0.93
其中：肾小球和肾小管间质疾病	2.54	0.00	0.35	0.00	0.00	0.13	0.24	0.40
前列腺增生								
泌尿、生殖系统的其他疾病	5.55	1.75	0.35	0.00	0.00	0.13	0.12	0.53
妊娠、分娩和产褥期并发症小计	0.56	0.00	0.31	0.00	0.00	0.00	2.03	1.49
其中：直接产科原因计	0.56					0.00	2.03	1.49
内：流产	0.10					0.00	0.18	0.39
妊娠高血压综合征	0.05					0.00	0.00	0.56
梗阻性分娩	0.00					0.00	0.00	0.00
产后出血	0.33					0.00	1.65	0.56
母体产伤	0.00					0.00	0.00	0.00
产褥期感染	0.05					0.00	0.18	0.00
间接产科原因计	0.00					0.00	0.00	0.00
妊娠、分娩和产褥期的其他情况	0.00					0.00	0.00	0.00
起源于围生期的某些情况小计	2.84	464.83	1.91					
其中：早产儿和未成熟儿	0.56	219.37	0.00					
新生儿产伤和窒息	1.03	158.71	0.65					
新生儿溶血性疾病	0.02	0.00	0.31					
新生儿硬化病	0.05	3.84	0.00					
起源于围生期的其他情况	1.16	82.93	0.95					
先天畸形、变形和染色体异常小计	1.96	175.49	7.35	1.20	0.36	0.50	0.71	0.53
其中：先天性心脏病	1.04	66.69	5.25	0.96	0.36	0.13	0.47	0.53
其他先天畸形、变形和染色体异常	0.92	108.81	2.10	0.24	0.00	0.38	0.24	0.00
诊断不明小计	4.41	14.04	0.70	0.72	0.36	0.13	0.94	0.40
其他疾病小计	23.91	5.26	0.35	0.24	0.18	0.76	0.71	0.27
损伤和中毒外部原因小计	25.26	38.61	15.76	5.53	3.75	8.31	10.25	12.35
其中：机动车辆交通事故	3.63	0.00	2.80	1.44	0.36	1.26	2.36	1.99
机动车以外的运输事故	3.44	0.00	2.45	1.44	0.71	1.38	1.53	1.33
意外中毒	1.98	0.00	0.00	0.00	0.89	1.38	1.65	1.46
意外跌落	6.31	1.75	1.05	0.24	0.54	0.76	0.71	0.66
火灾	0.23	1.75	0.00	0.00	0.18	0.13	0.00	0.00
由自然环境因素所致的意外事故	0.10	0.00	0.35	0.00	0.00	0.00	0.00	0.00
淹死	0.97	0.00	6.30	1.68	0.54	0.38	0.47	0.66
意外的机械性窒息	0.30	17.55	0.35	0.00	0.00	0.00	0.00	0.27
砸死	0.08	0.00	0.00	0.00	0.18	0.00	0.12	0.00
由机器切割和穿刺工具所致的意外事故	0.07	0.00	0.00	0.00	0.00	0.25	0.24	0.13
触电	0.09	0.00	0.00	0.24	0.00	0.00	0.00	0.00
其他意外事故和有害效应	3.17	14.04	2.10	0.48	0.00	0.76	0.24	0.53
自杀	4.09	0.00	0.00	0.00	0.18	1.89	2.59	4.25
被杀	0.80	0.00	0.00	0.00	0.18	0.13	0.35	1.06

10-6-3 续表3

30～	35～	40～	45～	50～	55～	60～	65～	70～	75～	80～	85岁及以上
0.13	0.39	0.99	2.94	8.13	13.03	22.20	48.29	91.26	161.25	252.40	377.05
2.11	4.27	10.71	26.75	50.56	73.49	118.51	271.82	612.26	1050.54	1914.14	2817.97
0.00	0.26	0.56	0.15	0.18	0.74	0.63	2.07	6.64	16.49	24.73	52.92
1.72	2.20	4.51	5.58	12.64	23.59	47.53	104.86	249.30	570.47	1157.96	2483.92
0.26	0.39	0.42	0.88	0.72	1.47	3.44	8.62	25.72	47.03	156.59	395.24
0.53	0.90	2.11	3.09	7.95	16.71	33.14	71.75	182.10	431.21	814.90	1600.82
0.00	0.00	0.00	0.00	0.00	0.00	0.31	0.00	0.83	1.22	1.03	0.00
0.92	0.90	1.97	1.62	3.97	5.41	10.63	24.49	40.65	91.01	185.44	487.85
1.06	2.46	3.38	7.05	13.72	18.68	30.33	45.19	78.40	124.60	180.29	332.40
0.13	0.13	0.14	0.29	0.54	0.49	1.56	2.07	5.81	14.05	17.51	36.38
0.00	0.00	0.00	0.00	0.00	0.00	0.00	0.34	0.41	0.61	0.00	1.65
0.00	0.13	0.00	0.15	0.00	0.25	0.00	2.41	2.07	10.38	20.60	31.42
0.79	1.55	1.97	5.88	9.93	12.29	20.64	28.29	42.73	43.98	44.30	51.27
0.13	0.65	1.27	0.73	3.25	5.65	8.13	12.07	27.38	55.58	97.87	211.68
0.40	0.39	1.97	1.32	1.81	1.97	2.50	5.86	7.05	12.22	20.60	33.07
1.32	1.68	4.51	4.11	7.04	8.85	15.63	25.87	45.21	75.74	107.14	124.03
0.53	0.65	1.69	1.47	2.17	2.21	4.06	8.28	16.59	25.65	26.79	31.42
0.79	1.03	2.82	2.65	4.88	6.64	11.57	17.59	28.62	50.08	80.36	92.61
1.93	0.42	0.28	0.00								
1.93	0.42	0.28	0.00								
0.39	0.21	0.00	0.00								
0.00	0.00	0.00	0.00								
0.00	0.00	0.00	0.00								
1.37	0.00	0.28	0.00								
0.00	0.00	0.00	0.00								
0.00	0.21	0.00	0.00								
0.00	0.00	0.00	0.00								
0.00	0.00	0.00	0.00								
0.66	0.65	0.99	0.15	0.36	0.74	0.31	1.03	1.24	0.00	0.00	0.00
0.53	0.52	0.56	0.15	0.36	0.74	0.31	0.34	1.24	0.00	0.00	0.00
0.13	0.13	0.42	0.00	0.00	0.00	0.00	0.69	0.00	0.00	0.00	0.00
0.92	2.33	0.99	1.91	2.89	3.20	8.44	10.69	22.81	30.54	58.72	109.15
0.79	0.52	0.85	1.18	3.07	4.42	3.13	9.66	25.72	100.78	435.78	2199.47
15.70	18.10	16.06	22.04	23.11	23.35	29.08	34.49	60.98	108.72	234.89	605.27
3.03	2.33	3.24	5.73	3.97	4.42	7.82	7.24	12.03	10.99	11.33	16.54
2.11	4.52	2.68	5.29	5.06	4.18	5.63	6.90	9.13	11.60	11.33	16.54
2.24	1.94	3.10	1.62	1.63	1.97	2.81	2.76	4.15	6.11	7.21	11.58
1.06	1.55	0.99	1.18	1.99	1.72	1.56	3.79	17.84	39.70	128.78	373.75
0.13	0.00	0.14	0.00	0.00	0.00	0.31	0.69	0.83	1.83	2.06	8.27
0.00	0.00	0.00	0.00	0.18	0.00	0.00	0.34	0.41	1.22	2.06	1.65
1.19	0.52	0.00	1.03	0.72	1.23	0.94	1.72	0.00	1.83	4.12	1.65
0.00	0.00	0.14	0.00	0.54	0.25	0.31	0.34	0.41	0.61	3.09	1.65
0.26	0.00	0.14	0.00	0.00	0.00	0.31	0.00	0.00	0.61	0.00	0.00
0.00	0.00	0.00	0.00	0.00	0.25	0.00	0.00	0.00	0.00	0.00	0.00
0.13	0.00	0.00	0.44	0.00	0.25	0.00	0.34	0.41	0.00	0.00	0.00
0.92	1.29	1.13	0.88	1.44	1.97	2.81	3.10	5.81	21.38	46.36	150.49
3.03	4.91	3.24	5.00	6.32	5.90	5.94	6.90	9.54	12.83	15.45	21.50
1.58	1.03	1.27	0.88	1.26	1.23	0.63	0.34	0.41	0.00	3.09	1.65

10-7-1　2005年中小城市居民年龄别疾病别死亡率(1/10万)(合计)

疾病名称(ICD-10)	合计	不满1岁	1～	5～	10～	15～	20～	25～
总　　　计	**544.63**	**68.51**	**43.19**	**22.23**	**23.90**	**41.28**	**47.36**	**57.21**
传染病和寄生虫病小计	6.33	1.46	2.39	1.56	0.62	0.44	0.73	1.07
其中：传染病计	6.28	1.46	2.39	1.56	0.62	0.44	0.73	1.07
内：伤寒和副伤寒	0.00	0.00	0.00	0.00	0.00	0.00	0.00	0.00
痢疾	0.03	0.10	0.24	0.00	0.00	0.00	0.00	0.00
肠道其他细菌性传染病	0.03	0.21	0.00	0.00	0.00	0.00	0.00	0.00
呼吸道结核	3.03	0.00	0.00	0.39	0.00	0.00	0.15	0.27
其他结核	0.10	0.00	0.00	0.00	0.00	0.15	0.00	0.27
钩端螺旋体病	0.00	0.00	0.00	0.00	0.00	0.00	0.00	0.00
破伤风	0.06	0.10	0.00	0.00	0.00	0.00	0.00	0.00
百日咳	0.00	0.00	0.00	0.00	0.00	0.00	0.00	0.00
脑膜炎球菌感染	0.06	0.10	0.24	0.39	0.00	0.00	0.00	0.13
败血症	0.51	0.73	0.24	0.39	0.00	0.15	0.29	0.00
流行性乙型脑炎	0.06	0.10	0.95	0.00	0.00	0.00	0.00	0.00
流行性出血热	0.04	0.00	0.00	0.00	0.00	0.00	0.00	0.00
麻疹	0.00	0.00	0.00	0.00	0.00	0.00	0.00	0.00
病毒性肝炎	2.05	0.00	0.00	0.00	0.00	0.00	0.00	0.40
艾滋病	0.05	0.00	0.00	0.00	0.47	0.15	0.00	0.00
寄生虫病计	0.05	0.00	0.00	0.00	0.00	0.00	0.00	0.00
内：疟疾	0.00	0.00	0.00	0.00	0.00	0.00	0.00	0.00
血吸虫病	0.05	0.00	0.00	0.00	0.00	0.00	0.00	0.00
肿瘤小计	115.79	0.42	3.10	3.51	3.44	5.09	5.99	8.96
其中：恶性肿瘤计	114.99	0.21	3.10	3.31	3.28	5.09	5.70	8.96
内：鼻咽癌	1.07	0.00	0.00	0.00	0.00	0.00	0.00	0.13
食管癌	11.49	0.00	0.00	0.00	0.00	0.00	0.00	0.13
胃癌	17.96	0.00	0.00	0.00	0.00	0.15	0.15	0.27
结肠、直肠和肛门癌	6.78	0.00	0.00	0.00	0.16	0.15	0.00	0.53
肝癌	26.43	0.10	0.00	0.00	0.16	0.58	1.46	2.54
肺癌	27.57	0.00	0.00	0.00	0.00	0.15	0.58	0.40
乳腺癌	2.53	0.00	0.00	0.00	0.00	0.00	0.00	0.27
宫颈癌	1.72	0.00	0.00	0.00	0.00	0.00	0.00	0.30
膀胱癌	1.21	0.00	0.00	0.00	0.00	0.00	0.00	0.13
白血病	2.80	0.10	3.10	1.95	2.34	2.03	1.75	1.60
良性肿瘤计	0.42	0.21	0.00	0.19	0.16	0.00	0.29	0.00
其他肿瘤计	0.38	0.00	0.00	0.00	0.00	0.00	0.00	0.00
血液、造血器官及免疫疾病小计	0.70	0.21	0.48	0.19	0.00	0.15	0.15	0.00
其中:贫血	0.57	0.10	0.48	0.00	0.00	0.00	0.15	0.00
血液、造血器官及免疫的其他疾病	0.13	0.10	0.00	0.19	0.00	0.15	0.00	0.00
内分泌、营养和代谢疾病小计	9.87	0.00	0.24	0.00	0.16	0.29	0.73	0.67
其中：糖尿病	8.88	0.00	0.00	0.00	0.16	0.15	0.44	0.40
内分泌、营养和代谢的其他疾病	1.00	0.00	0.24	0.00	0.00	0.15	0.29	0.27
精神障碍小计	5.00	0.00	0.00	0.00	0.31	0.58	0.73	1.20
神经系统疾病小计	3.90	0.31	3.10	1.17	0.31	2.18	1.17	1.07
其中:脑膜炎	0.11	0.10	0.72	0.00	0.00	0.15	0.00	0.13
神经系统的其他疾病	3.79	0.21	2.39	1.17	0.31	2.03	1.17	0.94
循环系统疾病小计	236.53	0.94	1.67	0.58	0.31	2.76	2.63	5.21
其中：急性风湿热	0.71	0.00	0.00	0.00	0.00	0.00	0.00	0.00
心脏病计	103.30	0.83	1.43	0.39	0.16	2.33	2.34	3.74
内：慢性风湿性心脏病	2.72	0.00	0.00	0.00	0.00	0.29	0.00	0.27
高血压性心脏病	8.23	0.00	0.00	0.00	0.00	0.15	0.15	0.00
急性心肌梗死	19.96	0.00	0.24	0.00	0.00	0.29	0.58	1.60
其他冠心病	16.44	0.00	0.00	0.00	0.00	0.00	0.00	0.13
肺源性心脏病	32.30	0.00	0.00	0.00	0.00	0.15	0.00	0.40
其他心脏病	23.64	0.83	1.19	0.39	0.16	1.45	1.61	1.34

10-7-1 续表1

30～	35～	40～	45～	50～	55～	60～	65～	70～	75～	80～	85岁及以上
88.41	**154.05**	**219.15**	**313.03**	**539.23**	**805.82**	**1346.38**	**2124.82**	**4028.41**	**6135.99**	**10530.61**	**17127.53**
2.26	4.12	5.74	6.82	8.66	16.72	19.48	22.09	37.92	55.87	46.18	45.66
2.26	4.12	5.43	6.82	8.66	16.47	19.48	22.09	36.85	55.87	46.18	45.66
0.00	0.00	0.00	0.00	0.00	0.00	0.00	0.00	0.00	0.00	0.00	0.00
0.00	0.00	0.00	0.00	0.00	0.00	0.00	0.00	0.00	0.00	1.54	0.00
0.00	0.00	0.00	0.00	0.00	0.00	0.00	0.00	0.53	0.00	0.00	0.00
0.93	1.20	1.86	2.27	3.42	5.40	11.50	15.12	24.57	39.78	27.71	28.54
0.13	0.00	0.00	0.00	0.40	0.26	0.00	0.00	0.53	0.00	0.00	2.85
0.00	0.00	0.00	0.00	0.00	0.00	0.00	0.00	0.00	0.00	0.00	0.00
0.00	0.13	0.16	0.00	0.00	0.26	0.00	0.00	0.53	0.00	1.54	0.00
0.00	0.00	0.00	0.00	0.00	0.00	0.00	0.00	0.00	0.00	0.00	0.00
0.00	0.00	0.00	0.00	0.00	0.00	0.00	0.39	0.00	0.00	0.00	0.00
0.27	0.40	0.47	0.17	0.40	0.51	2.24	0.39	3.20	2.54	3.08	5.71
0.00	0.00	0.00	0.00	0.00	0.26	0.00	0.00	0.00	0.00	0.00	0.00
0.00	0.00	0.16	0.17	0.20	0.26	0.00	0.00	0.00	0.00	0.00	0.00
0.00	0.00	0.00	0.00	0.00	0.00	0.00	0.00	0.00	0.00	0.00	0.00
0.66	2.26	2.17	3.85	4.03	8.75	5.75	6.20	7.48	13.54	10.78	8.56
0.00	0.00	0.16	0.00	0.00	0.00	0.00	0.00	0.00	0.00	0.00	0.00
0.00	0.00	0.31	0.00	0.00	0.26	0.00	0.00	1.07	0.00	0.00	0.00
0.00	0.00	0.00	0.00	0.00	0.00	0.00	0.00	0.00	0.00	0.00	0.00
0.00	0.00	0.31	0.00	0.00	0.26	0.00	0.00	1.07	0.00	0.00	0.00
20.47	43.77	71.55	113.49	203.04	286.88	407.49	572.10	827.26	1038.61	1271.49	1215.65
19.81	43.10	70.77	111.92	202.04	285.85	404.30	569.38	822.99	1034.37	1268.41	1207.09
0.27	0.67	1.09	1.92	2.42	2.83	3.83	5.04	5.34	8.46	6.16	2.85
0.00	0.53	2.79	5.25	18.73	29.07	50.46	60.47	104.68	119.35	144.70	162.66
1.73	4.79	8.54	14.69	29.01	47.60	65.47	94.96	138.32	187.07	213.97	196.90
1.73	2.00	2.64	5.77	11.28	13.38	28.10	28.29	48.60	71.95	98.52	94.17
7.71	17.69	28.25	36.55	54.59	75.64	99.00	124.81	132.98	155.75	212.43	159.80
1.46	4.39	11.48	20.11	43.51	60.46	91.65	156.20	253.68	308.11	343.27	293.92
0.53	2.00	3.26	4.90	8.46	7.20	8.62	8.53	8.54	8.46	7.70	39.95
0.27	0.54	0.81	2.25	2.16	4.56	6.95	3.28	3.90	7.29	14.14	16.11
0.00	0.27	0.00	0.35	0.81	2.83	2.87	2.71	12.28	23.70	18.47	37.10
1.99	2.93	2.79	4.02	2.82	3.60	5.75	4.65	9.08	12.70	15.39	11.41
0.40	0.40	0.47	0.87	0.81	0.26	1.60	1.94	2.14	0.00	0.00	0.00
0.27	0.27	0.31	0.70	0.20	0.77	1.60	0.78	2.14	4.23	3.08	8.56
0.13	0.13	0.78	0.52	0.60	1.29	1.28	4.26	4.27	5.93	7.70	14.27
0.13	0.00	0.31	0.35	0.40	1.29	1.28	4.26	3.74	5.08	7.70	11.41
0.00	0.13	0.47	0.17	0.20	0.00	0.00	0.00	0.53	0.85	0.00	2.85
0.27	1.20	3.41	4.90	8.86	15.18	28.42	52.33	94.53	130.35	190.88	156.95
0.27	1.06	3.10	4.72	8.46	13.89	27.46	48.84	87.59	115.12	158.55	125.56
0.00	0.13	0.31	0.17	0.40	1.29	0.96	3.49	6.94	15.24	32.33	31.39
1.33	2.53	2.48	2.62	3.42	3.60	5.75	9.69	24.57	52.48	141.62	308.19
0.66	2.00	2.79	1.75	4.03	5.92	4.47	8.53	24.03	44.86	72.35	94.17
0.00	0.13	0.00	0.00	0.20	0.26	0.00	0.00	0.00	0.00	0.00	2.85
0.66	1.86	2.79	1.75	3.83	5.66	4.47	8.53	24.03	44.86	72.35	91.32
9.04	19.82	44.54	86.74	175.04	287.39	585.05	999.62	2024.62	3123.44	5723.26	9006.08
0.40	0.13	0.00	1.05	1.41	2.83	2.87	1.16	5.87	5.08	9.24	8.56
5.72	10.78	18.31	30.95	51.97	102.66	216.20	404.65	869.45	1349.26	2733.86	4765.57
0.27	1.20	1.40	2.10	4.03	5.92	9.58	12.79	17.09	29.63	35.40	54.22
0.13	0.53	0.93	1.40	3.63	6.69	18.84	33.33	92.39	93.96	200.11	388.09
1.06	3.59	6.67	12.07	17.93	30.62	56.21	77.91	163.96	226.00	423.32	696.29
0.53	0.67	2.17	3.85	6.65	13.12	26.51	59.69	115.36	198.92	458.72	1150.02
0.93	1.73	2.79	5.60	9.27	25.47	67.70	150.00	319.90	508.72	897.43	1092.94
2.79	3.06	4.35	5.95	10.47	20.84	37.36	70.93	160.75	292.03	718.87	1384.01

10-7-1 续表2

疾病名称(ICD-10)	合计	不满1岁	1～	5～	10～	15～	20～	25～
其他高血压病	17.49	0.00	0.00	0.00	0.00	0.00	0.00	0.40
脑血管病	113.87	0.10	0.24	0.19	0.16	0.44	0.15	1.07
循环系统的其他疾病	1.15	0.00	0.00	0.00	0.00	0.00	0.15	0.00
呼吸系统疾病小计	70.18	8.85	4.77	1.36	0.78	0.58	0.88	1.20
其中：肺炎	5.10	7.29	3.82	0.78	0.00	0.15	0.15	0.13
慢性下呼吸道疾病	56.36	0.10	0.24	0.00	0.00	0.15	0.00	0.27
尘肺	0.44	0.00	0.00	0.00	0.00	0.00	0.00	0.13
呼吸系统的其他疾病	8.28	1.46	0.72	0.58	0.78	0.29	0.73	0.67
消化系统疾病小计	18.22	1.04	0.24	0.19	0.00	0.58	0.73	0.94
其中：胃和十二指肠溃疡	1.96	0.00	0.00	0.00	0.00	0.15	0.00	0.13
阑尾炎	0.09	0.00	0.00	0.00	0.00	0.00	0.00	0.00
肠梗阻	0.74	0.10	0.00	0.00	0.00	0.15	0.15	0.00
肝疾病	10.58	0.42	0.00	0.19	0.00	0.15	0.44	0.80
消化系统的其他疾病	4.86	0.52	0.24	0.00	0.00	0.15	0.15	0.00
肌肉、骨骼和结缔组织疾病小计	1.09	0.00	0.00	0.00	0.00	0.44	0.29	0.67
泌尿、生殖系统疾病小计	8.60	0.00	0.00	0.19	0.31	1.31	2.05	1.74
其中：肾小球和肾小管间质疾病	2.52	0.00	0.00	0.00	0.16	0.87	0.29	0.27
前列腺增生	0.25	0.00	0.00	0.00	0.00	0.00	0.00	0.00
泌尿、生殖系统的其他疾病	5.94	0.00	0.00	0.19	0.16	0.44	1.75	1.47
妊娠、分娩和产褥期并发症小计	0.13					0.00	0.13	0.40
其中：直接产科原因计	0.13					0.00	0.13	0.40
内：流产	0.00					0.00	0.00	0.00
妊娠高血压综合征	0.02					0.00	0.00	0.04
梗阻性分娩	0.00					0.00	0.00	0.04
产后出血	0.05					0.00	0.09	0.27
母体产伤	0.00					0.00	0.00	0.00
产褥期感染	0.02					0.00	0.04	0.04
间接产科原因计	0.00					0.00	0.00	0.00
妊娠、分娩和产褥期的其他情况	0.00					0.00	0.00	0.00
起源于围生期的某些情况小计	2.76	479.42	0.41					
其中：早产儿和未成熟儿	0.56	97.12	0.11					
新生儿产伤和窒息	0.70	122.94	0.00					
新生儿溶血性疾病	0.04	5.53	0.00					
新生儿硬化病	0.02	2.45	0.00					
起源于围生期的其他情况	1.46	251.38	0.31					
先天畸形、变形和染色体异常小计	1.71	10.20	6.20	1.17	0.94	0.87	0.44	0.27
其中：先天性心脏病	1.08	5.62	4.06	0.78	0.78	0.87	0.44	0.27
其他先天畸形、变形和染色体异常	0.63	4.58	2.15	0.39	0.16	0.00	0.00	0.00
诊断不明小计	3.27	0.62	0.24	0.19	0.16	0.29	0.58	0.94
其他疾病小计	8.24	1.25	0.72	0.00	0.00	0.29	0.00	0.40
损伤和中毒外部原因小计	50.70	2.19	19.57	12.09	16.56	25.44	29.96	31.82
其中：机动车辆交通事故	10.76	0.00	2.15	2.34	1.09	6.10	7.89	8.69
机动车以外的运输事故	3.13	0.00	0.00	0.58	1.09	1.45	1.61	1.87
意外中毒	1.52	0.10	0.48	0.39	0.47	1.45	0.44	1.34
意外跌落	5.71	0.52	0.48	1.36	0.16	1.74	1.75	2.14
火灾	0.51	0.00	0.00	0.19	0.00	0.15	0.00	0.00
由自然环境因素所致的意外事故	0.28	0.00	0.24	0.19	0.00	0.00	0.29	0.27
淹死	5.32	0.31	13.84	6.04	12.03	7.41	3.36	2.41
意外的机械性窒息	1.72	0.21	0.24	0.00	0.00	0.58	1.02	2.27
砸死	0.62	0.10	0.00	0.00	0.00	0.15	0.73	0.94
由机器切割和穿刺工具所致的意外事故	0.08	0.00	0.00	0.00	0.00	0.00	0.00	0.13
触电	0.69	0.00	0.00	0.00	0.00	0.87	0.88	0.67
其他意外事故和有害效应	2.31	0.73	1.43	0.19	0.00	1.16	1.32	2.14
自杀	16.93			0.19	1.09	3.05	9.06	7.62
被杀	1.14	0.21	0.72	0.39	0.62	1.31	1.61	1.34

10-7-1 续表3

30～	35～	40～	45～	50～	55～	60～	65～	70～	75～	80～	85岁及以上
0.80	1.20	2.33	7.17	13.29	23.16	46.63	83.72	152.21	264.94	394.07	485.12
1.99	7.45	23.75	47.22	108.17	157.97	316.80	505.82	986.94	1488.92	2552.22	3698.31
0.13	0.27	0.16	0.35	0.20	0.77	2.55	4.26	10.15	15.24	33.87	48.51
1.60	2.66	5.12	8.92	20.95	46.05	115.29	218.99	595.48	1042.84	2081.18	3775.36
0.27	0.67	0.62	0.70	1.41	2.57	3.51	8.91	22.43	40.63	149.32	356.70
0.27	1.06	2.79	5.25	14.91	35.25	95.17	185.27	510.03	898.94	1702.51	2947.81
0.00	0.00	0.16	0.00	0.40	0.77	1.28	1.94	3.74	8.46	10.78	2.85
1.06	0.93	1.55	2.97	4.23	7.46	15.33	22.87	59.28	94.80	218.59	468.00
4.52	9.05	13.81	19.76	30.21	41.42	48.54	73.64	128.17	159.13	221.66	359.56
0.40	0.13	0.78	1.40	2.42	4.37	3.19	8.14	13.89	31.32	26.17	62.78
0.00	0.00	0.00	0.00	0.00	0.26	0.32	0.00	1.60	0.00	3.08	2.85
0.13	0.27	0.16	0.35	1.01	0.77	1.92	2.33	8.01	7.62	6.16	31.39
3.59	7.98	11.48	15.74	22.16	26.50	30.98	42.25	63.55	71.10	84.66	97.02
0.40	0.67	1.40	2.27	4.63	9.52	12.14	20.93	41.12	49.09	101.60	165.51
0.00	0.40	0.47	0.17	0.81	0.77	2.87	4.65	6.94	22.85	12.31	22.83
1.86	3.46	6.83	7.00	9.87	15.18	21.40	30.62	55.54	95.65	135.46	205.46
0.27	1.06	2.48	2.45	3.22	4.89	8.30	10.08	13.89	26.24	30.79	51.37
0.00	0.00	0.00	0.00	0.00	0.00	0.00	0.00	0.00	1.10	9.18	7.21
1.60	2.39	4.35	4.55	6.65	10.29	13.09	20.54	41.12	65.18	101.60	142.68
0.31	0.43	0.00	0.00								
0.31	0.40	0.00	0.00								
0.04	0.04	0.00	0.00								
0.07	0.00	0.00	0.00								
0.00	0.00	0.00	0.00								
0.04	0.22	0.00	0.00								
0.04	0.00	0.00	0.00								
0.11	0.04	0.00	0.00								
0.00	0.04	0.00	0.00								
0.00	0.00	0.00	0.00								
0.53	0.27	0.16	0.17	0.20	0.00	0.00	0.78	0.00	0.00	0.00	0.00
0.40	0.27	0.16	0.17	0.00	0.00	0.00	0.78	0.00	0.00	0.00	0.00
0.13	0.00	0.00	0.00	0.20	0.00	0.00	0.00	0.00	0.00	0.00	0.00
0.93	1.33	2.64	3.67	4.23	5.66	6.39	11.24	19.76	27.93	49.26	88.46
1.20	2.26	1.24	0.52	2.01	2.06	2.55	2.71	11.75	58.41	184.72	1312.67
42.94	60.53	57.58	55.96	67.28	77.70	97.40	113.57	173.57	277.64	392.53	522.22
12.10	17.03	17.54	15.21	18.73	17.50	19.80	18.60	19.76	42.32	36.94	11.41
3.99	5.85	4.66	6.47	4.83	6.69	4.15	4.65	6.94	9.31	6.16	0.00
1.86	2.26	2.17	1.05	2.82	2.83	2.55	3.49	0.53	5.08	7.70	11.41
3.99	3.72	5.43	5.60	4.83	8.75	8.94	11.63	17.62	39.78	92.36	259.68
0.13	0.00	0.47	0.17	0.40	0.51	0.64	1.94	4.27	6.77	13.85	11.41
0.00	0.53	0.31	0.17	0.00	0.77	0.96	0.00	1.07	0.85	3.08	5.71
2.92	3.46	2.48	2.97	3.83	3.60	6.71	9.30	10.68	18.62	26.17	34.24
3.19	5.45	3.57	2.27	1.01	1.54	1.60	0.78	2.67	1.69	1.54	2.85
0.66	1.46	0.78	0.52	0.60	1.03	1.92	1.16	0.53	1.69	0.00	0.00
0.13	0.13	0.16	0.17	0.00	0.26	0.00	0.00	0.00	0.00	0.00	0.00
0.66	0.80	1.09	0.35	2.22	0.77	0.96	0.39	2.67	1.69	3.08	0.00
1.86	3.06	2.79	3.85	3.02	3.34	1.92	2.33	5.87	11.00	16.93	39.95
10.50	14.23	14.28	16.61	23.77	29.07	45.99	58.53	99.87	137.97	183.18	136.97
0.93	2.53	1.86	0.52	1.21	1.03	1.28	0.78	1.07	0.85	1.54	8.56

10-7-2　2005年中小城市居民年龄别疾病别死亡率(1/10万)(男)

疾病名称(ICD-10)	合计	不满1岁	1～	5～	10～	15～	20～	25～
总　　　计	**608.96**	**74.32**	**48.67**	**32.92**	**34.71**	**57.24**	**59.55**	**72.98**
传染病和寄生虫病小计	8.72	2.04	2.27	1.87	0.60	0.28	0.29	1.59
其中：传染病计	8.65	2.04	2.27	1.87	0.60	0.28	0.29	1.59
内：伤寒和副伤寒	0.00	0.00	0.00	0.00	0.00	0.00	0.00	0.00
痢疾	0.02	0.00	0.45	0.00	0.00	0.00	0.00	0.00
肠道其他细菌性传染病	0.06	0.41	0.00	0.00	0.00	0.00	0.00	0.00
呼吸道结核	4.28	0.00	0.00	0.75	0.00	0.00	0.00	0.53
其他结核	0.13	0.00	0.00	0.00	0.00	0.00	0.00	0.53
钩端螺旋体病	0.00	0.00	0.00	0.00	0.00	0.00	0.00	0.00
破伤风	0.06	0.20	0.00	0.00	0.00	0.00	0.00	0.00
百日咳	0.00	0.00	0.00	0.00	0.00	0.00	0.00	0.00
脑膜炎球菌感染	0.06	0.20	0.45	0.00	0.00	0.00	0.00	0.00
败血症	0.59	0.81	0.45	0.37	0.00	0.28	0.29	0.00
流行性乙型脑炎	0.04	0.20	0.45	0.00	0.00	0.00	0.00	0.00
流行性出血热	0.04	0.00	0.00	0.00	0.00	0.00	0.00	0.00
麻疹	0.00	0.00	0.00	0.00	0.00	0.00	0.00	0.00
病毒性肝炎	2.99	0.00	0.00	0.00	0.00	0.00	0.00	0.53
艾滋病	0.06	0.00	0.00	0.00	0.60	0.00	0.00	0.00
寄生虫病计	0.06	0.00	0.00	0.00	0.00	0.00	0.00	0.00
内：疟疾	0.00	0.00	0.00	0.00	0.00	0.00	0.00	0.00
血吸虫病	0.06	0.00	0.00	0.00	0.00	0.00	0.00	0.00
肿瘤小计	149.25	0.61	2.73	4.49	3.32	7.08	6.58	10.31
其中：恶性肿瘤计	148.59	0.41	2.73	4.49	3.02	7.08	6.30	10.31
内：鼻咽癌	1.55	0.00	0.00	0.00	0.00	0.00	0.00	0.26
食管癌	16.18	0.00	0.00	0.00	0.00	0.00	0.00	0.26
胃癌	23.73	0.00	0.00	0.00	0.00	0.28	0.29	0.53
结肠、直肠和肛门癌	7.70	0.00	0.00	0.00	0.30	0.28	0.00	0.26
肝癌	38.64	0.20	0.00	0.00	0.00	1.13	1.72	3.70
肺癌	39.85	0.00	0.00	0.00	0.00	0.00	0.57	0.53
乳腺癌								
宫颈癌								
膀胱癌	1.82	0.00	0.00	0.00	0.00	0.00	0.00	0.26
白血病	2.84	0.20	2.73	2.99	2.11	3.12	2.00	1.59
良性肿瘤计	0.36	0.20	0.00	0.00	0.30	0.00	0.29	0.00
其他肿瘤计	0.30	0.00	0.00	0.00	0.00	0.00	0.00	0.00
血液、造血器官及免疫疾病小计	0.57	0.41	0.00	0.37	0.00	0.00	0.00	0.00
其中:贫血	0.38	0.20	0.00	0.00	0.00	0.00	0.00	0.00
血液、造血器官及免疫的其他疾病	0.19	0.20	0.00	0.37	0.00	0.00	0.00	0.00
内分泌、营养和代谢疾病小计	8.46	0.00	0.00	0.00	0.00	0.28	0.57	0.53
其中：糖尿病	7.72	0.00	0.00	0.00	0.00	0.00	0.29	0.53
内分泌、营养和代谢的其他疾病	0.74	0.00	0.00	0.00	0.00	0.28	0.29	0.00
精神障碍小计	4.47	0.00	0.00	0.00	0.30	0.57	0.57	1.59
神经系统疾病小计	4.18	0.61	4.09	1.50	0.60	3.68	1.72	1.59
其中:脑膜炎	0.15	0.20	0.91	0.00	0.00	0.00	0.00	0.26
神经系统的其他疾病	4.03	0.41	3.18	1.50	0.60	3.68	1.72	1.32
循环系统疾病小计	244.78	0.61	1.82	0.75	0.60	4.53	3.44	6.35
其中：急性风湿热	0.61	0.00	0.00	0.00	0.00	0.00	0.00	0.00
心脏病计	103.87	0.41	1.36	0.37	0.30	3.97	3.15	4.50
内：慢性风湿性心脏病	1.65	0.00	0.00	0.00	0.00	0.57	0.00	0.26
高血压性心脏病	7.61	0.00	0.00	0.00	0.00	0.00	0.00	0.00
急性心肌梗死	21.57	0.00	0.00	0.00	0.00	0.57	0.86	2.38
其他冠心病	16.12	0.00	0.00	0.00	0.00	0.00	0.00	0.26
肺源性心脏病	34.80	0.00	0.00	0.00	0.00	0.28	0.00	0.26
其他心脏病	22.12	0.41	0.91	0.37	0.30	2.55	2.29	1.32

10-7-2　续表1

30～	35～	40～	45～	50～	55～	60～	65～	70～	75～	80～	85岁及以上
112.98	**199.82**	**280.37**	**395.20**	**676.81**	**1007.97**	**1679.78**	**2599.15**	**4991.84**	**7389.46**	**12228.11**	**17740.16**
2.89	5.74	9.02	10.21	13.31	23.31	27.34	33.10	50.41	78.92	75.75	78.74
2.89	5.74	8.41	10.21	13.31	23.31	27.34	33.10	49.32	78.92	75.75	78.74
0.00	0.00	0.00	0.00	0.00	0.00	0.00	0.00	0.00	0.00	0.00	0.00
0.00	0.00	0.00	0.00	0.00	0.00	0.00	0.00	0.00	0.00	0.00	0.00
0.00	0.00	0.00	0.00	0.00	0.00	0.00	0.00	1.10	0.00	0.00	0.00
0.79	1.57	2.70	3.74	4.70	6.94	18.64	22.32	32.88	62.40	50.50	47.24
0.26	0.00	0.00	0.00	0.78	0.50	0.00	0.00	0.00	0.00	0.00	0.00
0.00	0.00	0.00	0.00	0.00	0.00	0.00	0.00	0.00	0.00	0.00	0.00
0.00	0.00	0.30	0.00	0.00	0.00	0.00	0.00	1.10	0.00	0.00	0.00
0.00	0.00	0.00	0.00	0.00	0.00	0.00	0.00	0.00	0.00	0.00	0.00
0.00	0.00	0.00	0.00	0.00	0.00	0.00	0.77	0.00	0.00	0.00	0.00
0.26	0.26	0.30	0.34	0.39	0.99	2.49	0.77	4.38	1.84	7.21	7.87
0.00	0.00	0.00	0.00	0.00	0.00	0.00	0.00	0.00	0.00	0.00	0.00
0.00	0.00	0.30	0.00	0.00	0.50	0.00	0.00	0.00	0.00	0.00	0.00
0.00	0.00	0.00	0.00	0.00	0.00	0.00	0.00	0.00	0.00	0.00	0.00
1.05	3.91	3.91	5.45	7.05	12.90	6.21	9.24	9.86	14.68	18.04	23.62
0.00	0.00	0.30	0.00	0.00	0.00	0.00	0.00	0.00	0.00	0.00	0.00
0.00	0.00	0.60	0.00	0.00	0.00	0.00	0.00	1.10	0.00	0.00	0.00
0.00	0.00	0.00	0.00	0.00	0.00	0.00	0.00	0.00	0.00	0.00	0.00
0.00	0.00	0.60	0.00	0.00	0.00	0.00	0.00	1.10	0.00	0.00	0.00
24.96	54.00	90.45	148.75	269.31	369.55	551.85	771.97	1158.37	1453.66	1767.49	1700.79
24.17	53.74	89.55	148.07	268.53	369.06	549.36	770.43	1153.99	1446.32	1763.88	1692.91
0.26	1.04	1.20	3.74	4.31	4.96	6.21	5.39	6.58	12.85	3.61	0.00
0.00	0.78	3.91	8.85	30.53	42.16	74.57	90.05	154.52	165.19	216.43	228.35
1.58	7.04	8.11	21.45	39.14	60.52	88.87	132.38	204.93	267.97	303.00	299.21
2.63	2.35	3.61	7.15	12.13	15.38	32.32	30.79	61.37	86.27	147.89	78.74
13.14	28.69	45.08	57.19	88.86	116.07	145.42	177.79	184.11	220.25	277.75	220.47
1.58	5.74	16.23	29.61	61.85	88.79	138.58	235.52	395.62	493.73	533.85	488.19
0.00	0.52	0.00	0.00	1.57	4.96	4.35	5.39	14.25	40.38	32.46	86.61
1.58	1.83	2.70	4.08	3.13	1.49	8.70	5.39	8.77	12.85	10.82	31.50
0.53	0.26	0.60	0.68	0.39	0.50	1.24	0.77	2.19	0.00	0.00	0.00
0.26	0.00	0.30	0.00	0.39	0.00	1.24	0.77	2.19	7.34	3.61	7.87
0.00	0.26	0.60	1.02	1.17	0.99	0.62	2.31	3.29	1.84	7.21	23.62
0.00	0.00	0.00	0.68	0.78	0.99	0.62	2.31	2.19	1.84	7.21	15.75
0.00	0.26	0.60	0.34	0.39	0.00	0.00	0.00	1.10	0.00	0.00	7.87
0.26	1.30	3.31	5.45	7.44	16.37	25.48	50.03	80.00	104.62	212.82	110.24
0.26	1.30	3.01	5.45	7.05	15.87	24.24	44.64	73.43	91.77	191.18	94.49
0.00	0.00	0.30	0.00	0.39	0.50	1.24	5.39	6.58	12.85	21.64	15.75
1.31	3.39	3.31	3.74	4.31	4.96	5.59	8.47	28.49	53.23	104.61	275.59
1.05	1.57	3.61	1.36	3.91	7.44	4.97	9.24	27.40	55.06	68.54	70.87
0.00	0.26	0.00	0.00	0.39	0.50	0.00	0.00	0.00	0.00	0.00	0.00
1.05	1.30	3.61	1.36	3.52	6.94	4.97	9.24	27.40	55.06	68.54	70.87
10.77	22.69	51.69	96.33	199.64	333.84	689.19	1191.44	2401.12	3582.77	6373.77	9031.50
0.53	0.00	0.00	1.02	1.17	2.48	1.86	1.54	6.58	7.34	3.61	0.00
6.83	10.43	21.34	32.34	63.81	122.52	252.93	476.42	1014.81	1519.74	2997.51	4692.91
0.26	0.78	0.90	0.34	2.35	5.46	7.46	10.78	5.48	16.52	14.43	47.24
0.26	0.00	1.20	0.34	4.31	5.46	21.75	31.56	100.82	124.81	198.39	314.96
1.31	4.96	8.71	15.32	24.66	40.18	71.47	86.97	193.97	258.80	461.71	677.17
0.53	1.04	3.01	3.40	9.00	14.88	29.83	66.96	146.85	227.59	472.53	1228.35
0.79	1.57	3.31	7.49	10.57	32.74	83.90	197.80	385.76	561.64	1064.10	1251.97
3.68	2.09	4.21	5.45	12.92	23.81	38.53	82.35	181.92	330.38	786.35	1173.23

10-7-2 续表2

疾病名称(ICD-10)	合计	不满1岁	1～	5～	10～	15～	20～	25～
其他高血压病	18.96	0.00	0.00	0.00	0.00	0.00	0.00	0.53
脑血管病	120.15	0.20	0.45	0.37	0.30	0.57	0.29	1.32
循环系统的其他疾病	1.19	0.00	0.00	0.00	0.00	0.00	0.00	0.00
呼吸系统疾病小计	75.52	8.14	4.55	2.24	1.21	0.57	1.43	2.38
其中：肺炎	4.75	7.53	3.64	1.50	0.00	0.28	0.29	0.26
慢性下呼吸道疾病	61.71	0.00	0.45	0.00	0.00	0.28	0.00	0.53
尘肺	0.83	0.00	0.00	0.00	0.00	0.00	0.00	0.26
呼吸系统的其他疾病	8.23	0.61	0.45	0.75	1.21	0.00	1.15	1.32
消化系统疾病小计	23.26	1.43	0.00	0.37	0.00	0.85	0.57	1.85
其中：胃和十二指肠溃疡	2.40	0.00	0.00	0.00	0.00	0.00	0.00	0.26
阑尾炎	0.04	0.00	0.00	0.00	0.00	0.00	0.00	0.00
肠梗阻	0.70	0.20	0.00	0.00	0.00	0.28	0.29	0.00
肝疾病	14.76	0.61	0.00	0.37	0.00	0.28	0.29	1.59
消化系统的其他疾病	5.37	0.61	0.00	0.00	0.00	0.28	0.00	0.00
肌肉、骨骼和结缔组织疾病小计	0.76	0.00	0.00	0.00	0.00	0.57	0.29	0.26
泌尿、生殖系统疾病小计	8.91	0.00	0.00	0.37	0.60	1.70	2.86	2.12
其中：肾小球和肾小管间质疾病	2.57	0.00	0.00	0.00	0.30	1.42	0.57	0.26
前列腺增生	0.25	0.00	0.00	0.00	0.00	0.00	0.00	0.00
泌尿、生殖系统的其他疾病	6.09	0.00	0.00	0.37	0.30	0.28	2.29	1.85
妊娠、分娩和产褥期并发症小计								
其中：直接产科原因计								
内：流产								
妊娠高血压综合征								
梗阻性分娩								
产后出血								
母体产伤								
产褥期感染								
间接产科原因计								
妊娠、分娩和产褥期的其他情况								
起源于围生期的某些情况小计	3.08	511.43	0.62					
其中：早产儿和未成熟儿	0.67	113.52	0.20					
新生儿产伤和窒息	0.73	124.29	0.00					
新生儿溶血性疾病	0.06	9.56	0.00					
新生儿硬化病	0.02	3.59	0.00					
起源于围生期的其他情况	1.57	260.49	0.42					
先天畸形、变形和染色体异常小计	1.91	10.79	6.82	1.87	1.81	1.42	0.00	0.26
其中：先天性心脏病	1.29	6.72	4.55	1.12	1.51	1.42	0.00	0.26
其他先天畸形、变形和染色体异常	0.61	4.07	2.27	0.75	0.30	0.00	0.00	0.00
诊断不明小计	3.73	0.61	0.00	0.37	0.00	0.28	0.29	0.79
其他疾病小计	6.11	2.24	0.91	0.00	0.00	0.57	0.00	0.79
损伤和中毒外部原因小计	63.64	2.04	25.02	18.71	25.66	34.85	40.94	42.57
其中：机动车辆交通事故	15.82	0.00	2.27	4.49	1.51	7.65	12.60	12.43
机动车以外的运输事故	4.28	0.00	0.00	1.12	1.21	1.70	2.86	2.91
意外中毒	1.95	0.20	0.45	0.37	0.30	1.42	0.57	1.06
意外跌落	7.04	0.41	0.45	1.50	0.30	2.27	2.58	3.70
火灾	0.57	0.00	0.00	0.37	0.00	0.28	0.00	0.00
由自然环境因素所致的意外事故	0.47	0.00	0.45	0.37	0.00	0.00	0.57	0.53
淹死	7.00	0.20	17.29	9.73	19.92	11.05	4.29	3.17
意外的机械性窒息	3.16	0.41	0.45	0.00	0.00	0.85	1.72	4.23
砸死	1.06	0.00	0.00	0.00	0.00	0.28	1.43	1.59
由机器切割和穿刺工具所致的意外事故	0.11	0.00	0.00	0.00	0.00	0.00	0.00	0.26
触电	1.19	0.00	0.00	0.00	0.00	1.70	1.72	1.32
其他意外事故和有害效应	3.20	0.61	2.73	0.00	0.00	1.98	2.29	3.70
自杀	16.24	0.00	0.00	0.00	1.81	3.12	7.44	6.08
被杀	1.55	0.20	0.91	0.37	0.60	2.55	2.86	1.59

10-7-2 续表3

30～	35～	40～	45～	50～	55～	60～	65～	70～	75～	80～	85岁及以上
1.05	1.83	2.70	7.83	17.61	27.28	60.28	101.60	183.02	312.02	411.21	543.31
2.36	9.91	27.65	54.80	117.04	181.06	371.01	606.49	1181.38	1723.47	2921.76	3763.78
0.00	0.52	0.00	0.34	0.00	0.50	3.11	5.39	15.34	20.19	39.68	31.50
1.58	2.87	4.51	11.57	27.01	56.05	158.47	257.07	770.42	1281.13	2543.01	4267.72
0.26	0.78	0.00	0.68	1.57	3.97	4.97	8.47	27.40	45.89	140.68	362.20
0.00	1.04	3.01	6.13	19.96	42.66	133.61	217.81	670.69	1115.94	2117.38	3401.57
0.00	0.00	0.30	0.00	0.78	1.49	2.49	3.85	7.67	14.68	25.25	7.87
1.31	1.04	1.20	4.77	4.70	7.94	17.40	26.94	64.66	104.62	259.71	496.06
7.09	14.35	21.94	28.59	41.49	61.01	62.77	97.75	174.25	196.39	238.07	385.83
0.79	0.26	0.90	1.70	3.52	6.94	3.73	9.24	16.44	44.05	21.64	110.24
0.00	0.00	0.00	0.00	0.00	0.50	0.00	0.00	1.10	0.00	0.00	0.00
0.00	0.52	0.30	0.68	0.78	0.50	2.49	2.31	9.86	3.67	7.21	15.75
5.78	13.04	19.23	23.83	31.32	40.68	42.26	59.26	94.25	88.10	101.00	70.87
0.53	0.52	1.50	2.38	5.87	12.40	14.29	26.94	52.60	60.57	108.21	188.98
0.00	0.26	0.00	0.00	0.00	0.50	2.49	4.62	4.38	18.35	10.82	23.62
1.58	3.13	6.01	5.79	10.96	15.38	22.99	30.02	59.18	122.97	165.93	283.46
0.00	1.30	2.40	2.72	2.35	5.95	8.08	11.54	14.25	33.04	25.25	55.12
0.00	0.00	0.00	0.00	0.00	0.00	0.00	0.00	1.10	9.18	7.21	31.50
1.58	1.83	3.61	3.06	8.61	9.42	14.91	18.47	43.84	80.76	133.46	196.85
0.53	0.26	0.00	0.00	0.39	0.00	0.00	0.77	0.00	0.00	0.00	0.00
0.53	0.26	0.00	0.00	0.00	0.00	0.00	0.77	0.00	0.00	0.00	0.00
0.00	0.00	0.00	0.00	0.39	0.00	0.00	0.00	0.00	0.00	0.00	0.00
1.58	2.09	3.61	5.79	6.65	6.94	8.70	10.78	24.11	38.54	43.29	78.74
1.31	2.87	2.40	0.68	2.74	2.98	3.11	3.08	13.15	71.58	169.53	976.38
58.07	85.04	79.93	75.91	88.47	108.63	116.21	128.53	197.26	330.38	447.28	433.07
19.18	27.91	27.95	24.51	26.23	26.29	26.72	25.40	21.92	53.23	54.11	7.87
5.52	7.04	6.61	9.53	5.87	9.42	6.21	6.93	7.67	14.68	7.21	0.00
3.15	3.39	2.40	2.04	4.31	3.97	3.11	3.85	0.00	9.18	10.82	7.87
6.04	6.26	9.32	9.87	8.22	14.88	12.43	14.62	21.92	36.71	111.82	196.85
0.26	0.00	0.30	0.00	0.78	0.99	1.24	0.77	5.48	7.34	18.04	15.75
0.00	1.04	0.60	0.34	0.00	1.49	1.86	0.00	1.10	0.00	7.21	0.00
4.20	5.22	3.31	2.72	5.48	5.46	9.32	6.93	9.86	22.03	18.04	23.62
6.31	10.17	6.61	4.43	1.96	2.98	2.49	1.54	3.29	3.67	0.00	7.87
1.31	2.35	1.50	1.02	1.17	1.49	3.73	1.54	1.10	1.84	0.00	0.00
0.00	0.26	0.30	0.00	0.00	0.50	0.00	0.00	0.00	0.00	0.00	0.00
1.31	1.30	1.80	0.68	3.52	1.49	1.24	0.77	3.29	3.67	3.61	0.00
2.36	4.70	4.81	5.45	4.31	4.96	2.49	2.31	9.86	18.35	14.43	23.62
7.09	12.52	11.12	14.64	25.44	33.24	44.12	62.34	110.69	159.68	198.39	141.73
1.31	2.87	3.31	0.68	1.17	1.49	1.24	1.54	1.10	0.00	3.61	7.87

10-7-3　2005年中小城市居民年龄别疾病别死亡率(1/10万)(女)

疾病名称(ICD-10)	合计	不满1岁	1～	5～	10～	15～	20～	25～
总　　　计	**477.54**	**62.44**	**37.14**	**10.59**	**12.30**	**24.47**	**34.64**	**41.09**
传染病和寄生虫病小计	3.85	0.85	2.51	1.22	0.65	0.60	1.19	0.54
其中：传染病计	3.80	0.85	2.51	1.22	0.65	0.60	1.19	0.54
内：伤寒和副伤寒	0.00	0.00	0.00	0.00	0.00	0.00	0.00	0.00
痢疾	0.04	0.21	0.00	0.00	0.00	0.00	0.00	0.00
肠道其他细菌性传染病	0.00	0.00	0.00	0.00	0.00	0.00	0.00	0.00
呼吸道结核	1.72	0.00	0.00	0.00	0.00	0.00	0.30	0.00
其他结核	0.07	0.00	0.00	0.00	0.00	0.30	0.00	0.00
钩端螺旋体病	0.00	0.00	0.00	0.00	0.00	0.00	0.00	0.00
破伤风	0.07	0.00	0.00	0.00	0.00	0.00	0.00	0.00
百日咳	0.00	0.00	0.00	0.00	0.00	0.00	0.00	0.00
脑膜炎球菌感染	0.07	0.00	0.00	0.81	0.00	0.00	0.00	0.27
败血症	0.42	0.64	0.00	0.41	0.00	0.00	0.30	0.00
流行性乙型脑炎	0.09	0.00	1.51	0.00	0.00	0.00	0.00	0.00
流行性出血热	0.04	0.00	0.00	0.00	0.00	0.00	0.00	0.00
麻疹	0.00	0.00	0.00	0.00	0.00	0.00	0.00	0.00
病毒性肝炎	1.06	0.00	0.00	0.00	0.00	0.00	0.00	0.27
艾滋病	0.04	0.00	0.00	0.00	0.32	0.30	0.00	0.00
寄生虫病计	0.04	0.00	0.00	0.00	0.00	0.00	0.00	0.00
内：疟疾	0.00	0.00	0.00	0.00	0.00	0.00	0.00	0.00
血吸虫病	0.04	0.00	0.00	0.00	0.00	0.00	0.00	0.00
肿瘤小计	80.90	0.21	3.51	2.44	3.56	2.98	5.38	7.57
其中：恶性肿瘤计	79.95	0.00	3.51	2.04	3.56	2.98	5.08	7.57
内：鼻咽癌	0.57	0.00	0.00	0.00	0.00	0.00	0.00	0.00
食管癌	6.59	0.00	0.00	0.00	0.00	0.00	0.00	0.00
胃癌	11.94	0.00	0.00	0.00	0.00	0.00	0.00	0.00
结肠、直肠和肛门癌	5.82	0.00	0.00	0.00	0.00	0.00	0.00	0.81
肝癌	13.69	0.00	0.00	0.00	0.32	0.00	1.19	1.35
肺癌	14.77	0.00	0.00	0.00	0.00	0.30	0.60	0.27
乳腺癌	5.13	0.00	0.00	0.00	0.00	0.00	0.00	0.54
宫颈癌	1.72	0.00	0.00	0.00	0.00	0.00	0.30	0.27
膀胱癌	0.57	0.00	0.00	0.00	0.00	0.00	0.00	0.00
白血病	2.76	0.00	3.51	0.81	2.59	0.90	1.49	1.62
良性肿瘤计	0.49	0.21	0.00	0.41	0.00	0.00	0.30	0.00
其他肿瘤计	0.46	0.00	0.00	0.00	0.00	0.00	0.00	0.00
血液、造血器官及免疫疾病小计	0.84	0.00	1.00	0.00	0.00	0.30	0.30	0.00
其中:贫血	0.77	0.00	1.00	0.00	0.00	0.00	0.30	0.00
血液、造血器官及免疫的其他疾病	0.07	0.00	0.00	0.00	0.00	0.30	0.00	0.00
内分泌、营养和代谢疾病小计	11.35	0.00	0.50	0.00	0.32	0.30	0.90	0.81
其中：糖尿病	10.08	0.00	0.00	0.00	0.32	0.30	0.60	0.27
内分泌、营养和代谢的其他疾病	1.26	0.00	0.50	0.00	0.00	0.00	0.30	0.54
精神障碍小计	5.55	0.00	0.00	0.00	0.32	0.60	0.90	0.81
神经系统疾病小计	3.60	0.00	2.01	0.81	0.00	0.60	0.60	0.54
其中:脑膜炎	0.07	0.00	0.50	0.00	0.00	0.30	0.00	0.00
神经系统的其他疾病	3.54	0.00	1.51	0.81	0.00	0.30	0.60	0.54
循环系统疾病小计	227.92	1.28	1.51	0.41	0.00	0.90	1.79	4.06
其中：急性风湿热	0.82	0.00	0.00	0.00	0.00	0.00	0.00	0.00
心脏病计	102.70	1.28	1.51	0.41	0.00	0.60	1.49	2.97
内：慢性风湿性心脏病	3.83	0.00	0.00	0.00	0.00	0.00	0.00	0.27
高血压性心脏病	8.87	0.00	0.00	0.00	0.00	0.30	0.30	0.00
急性心肌梗死	18.29	0.00	0.00	0.00	0.00	0.00	0.30	0.81
其他冠心病	16.79	0.00	0.00	0.00	0.00	0.00	0.00	0.00
肺源性心脏病	29.70	0.00	0.00	0.00	0.00	0.00	0.00	0.54
其他心脏病	25.23	1.28	1.51	0.41	0.00	0.30	0.90	1.35

10-7-3 续表1

30～	35～	40～	45～	50～	55～	60～	65～	70～	75～	80～	85岁及以上
63.24	**106.42**	**153.75**	**226.21**	**393.39**	**588.00**	**993.94**	**1643.62**	**3112.63**	**5063.15**	**9266.92**	**16779.30**
1.61	2.44	2.25	3.24	3.73	9.62	11.17	10.93	26.04	36.13	24.17	26.85
1.61	2.44	2.25	3.24	3.73	9.09	11.17	10.93	25.00	36.13	24.17	26.85
0.00	0.00	0.00	0.00	0.00	0.00	0.00	0.00	0.00	0.00	0.00	0.00
0.00	0.00	0.00	0.00	0.00	0.00	0.00	0.00	0.00	0.00	2.69	0.00
0.00	0.00	0.00	0.00	0.00	0.00	0.00	0.00	0.00	0.00	0.00	0.00
1.08	0.81	0.96	0.72	2.07	3.74	3.94	7.81	16.67	20.42	10.74	17.90
0.00	0.00	0.00	0.00	0.00	0.00	0.00	0.00	1.04	0.00	0.00	4.48
0.00	0.00	0.00	0.00	0.00	0.00	0.00	0.00	0.00	0.00	0.00	0.00
0.00	0.27	0.00	0.00	0.00	0.53	0.00	0.00	0.00	0.00	2.69	0.00
0.00	0.00	0.00	0.00	0.00	0.00	0.00	0.00	0.00	0.00	0.00	0.00
0.00	0.00	0.00	0.00	0.00	0.00	0.00	0.00	0.00	0.00	0.00	0.00
0.27	0.54	0.64	0.00	0.41	0.00	1.97	0.00	2.08	3.14	0.00	4.48
0.00	0.00	0.00	0.00	0.00	0.53	0.00	0.00	0.00	0.00	0.00	0.00
0.00	0.00	0.00	0.36	0.41	0.00	0.00	0.00	0.00	0.00	0.00	0.00
0.00	0.00	0.00	0.00	0.00	0.00	0.00	0.00	0.00	0.00	0.00	0.00
0.27	0.54	0.32	2.16	0.83	4.28	5.26	3.12	5.21	12.57	5.37	0.00
0.00	0.00	0.00	0.00	0.00	0.00	0.00	0.00	0.00	0.00	0.00	0.00
0.00	0.00	0.00	0.00	0.00	0.53	0.00	0.00	1.04	0.00	0.00	0.00
0.00	0.00	0.00	0.00	0.00	0.00	0.00	0.00	0.00	0.00	0.00	0.00
0.00	0.00	0.00	0.00	0.00	0.53	0.00	0.00	1.04	0.00	0.00	0.00
15.88	33.12	51.36	76.24	132.79	197.78	254.89	369.33	512.52	683.36	902.26	939.89
15.34	32.03	50.71	73.72	131.55	196.18	250.95	365.42	508.35	681.79	899.57	930.94
0.27	0.27	0.96	0.00	0.41	0.53	1.31	4.68	4.17	4.71	8.06	4.48
0.00	0.27	1.60	1.44	6.22	14.97	24.96	30.45	57.29	80.12	91.30	125.32
1.88	2.44	8.99	7.55	18.26	33.68	40.73	57.00	75.00	117.82	147.69	138.75
0.81	1.63	1.60	4.32	10.37	11.23	23.65	25.77	36.46	59.70	61.76	102.94
2.15	6.24	10.27	14.74	18.26	32.07	49.93	71.05	84.38	100.54	163.80	125.32
1.35	2.99	6.42	10.07	24.07	29.93	42.04	75.74	118.75	149.24	201.40	183.50
1.08	4.07	6.74	10.07	17.01	14.97	17.74	17.18	15.63	15.71	13.43	62.66
0.54	0.81	2.25	2.16	4.56	6.95	3.28	3.90	7.29	14.14	16.11	8.95
0.00	0.00	0.00	0.72	0.00	0.53	1.31	0.00	10.42	9.43	8.06	8.95
2.42	4.07	2.89	3.96	2.49	5.88	2.63	3.90	9.38	12.57	18.80	0.00
0.27	0.54	0.32	1.08	1.24	0.00	1.97	3.12	2.08	0.00	0.00	0.00
0.27	0.54	0.32	1.44	0.00	1.60	1.97	0.78	2.08	1.57	2.69	8.95
0.27	0.00	0.96	0.00	0.00	1.60	1.97	6.25	5.21	9.43	8.06	8.95
0.27	0.00	0.64	0.00	0.00	1.60	1.97	6.25	5.21	7.85	8.06	8.95
0.00	0.00	0.32	0.00	0.00	0.00	0.00	0.00	0.00	1.57	0.00	0.00
0.27	1.09	3.53	4.32	10.37	13.90	31.53	54.66	108.34	152.38	174.54	183.50
0.27	0.81	3.21	3.96	9.96	11.76	30.88	53.10	101.05	135.10	134.26	143.22
0.00	0.27	0.32	0.36	0.41	2.14	0.66	1.56	7.29	17.28	40.28	40.28
1.35	1.63	1.60	1.44	2.49	2.14	5.91	10.93	20.83	51.84	169.17	326.72
0.27	2.44	1.93	2.16	4.15	4.28	3.94	7.81	20.83	36.13	75.19	107.42
0.00	0.00	0.00	0.00	0.00	0.00	0.00	0.00	0.00	0.00	0.00	4.48
0.27	2.44	1.93	2.16	4.15	4.28	3.94	7.81	20.83	36.13	75.19	102.94
7.27	16.83	36.91	76.60	148.97	237.34	474.96	805.02	1666.74	2730.30	5238.99	8991.63
0.27	0.27	0.00	1.08	1.66	3.21	3.94	0.78	5.21	3.14	13.43	13.43
4.57	11.13	15.09	29.49	39.42	81.25	177.37	331.85	731.28	1203.34	2537.59	4806.87
0.27	1.63	1.93	3.96	5.81	6.41	11.82	14.84	28.13	40.84	51.02	58.18
0.00	1.09	0.64	2.52	2.90	8.02	15.77	35.14	84.38	67.55	201.40	429.66
0.81	2.17	4.49	8.63	10.79	20.31	40.07	68.71	135.42	197.94	394.74	707.16
0.54	0.27	1.28	4.32	4.15	11.23	22.99	52.31	85.42	174.37	448.44	1105.49
1.08	1.90	2.25	3.60	7.88	17.64	50.58	101.51	257.30	463.43	773.36	1002.55
1.88	4.07	4.49	6.47	7.88	17.64	36.13	59.34	140.63	259.21	668.64	1503.83

10-7-3 续表2

疾病名称(ICD-10)	合计	不满1岁	1～	5～	10～	15～	20～	25～
其他高血压病	15.97	0.00	0.00	0.00	0.00	0.00	0.00	0.27
脑血管病	107.33	0.00	0.00	0.00	0.00	0.30	0.00	0.81
循环系统的其他疾病	1.11	0.00	0.00	0.00	0.00	0.00	0.30	0.00
呼吸系统疾病小计	64.62	9.59	5.02	0.41	0.32	0.60	0.30	0.00
其中：肺炎	5.46	7.03	4.02	0.00	0.00	0.00	0.00	0.00
慢性下呼吸道疾病	50.78	0.21	0.00	0.00	0.00	0.00	0.00	0.00
尘肺	0.04	0.00	0.00	0.00	0.00	0.00	0.00	0.00
呼吸系统的其他疾病	8.34	2.34	1.00	0.41	0.32	0.60	0.30	0.00
消化系统疾病小计	12.96	0.64	0.50	0.00	0.00	0.30	0.90	0.00
其中：胃和十二指肠溃疡	1.50	0.00	0.00	0.00	0.00	0.30	0.00	0.00
阑尾炎	0.13	0.00	0.00	0.00	0.00	0.00	0.00	0.00
肠梗阻	0.77	0.00	0.00	0.00	0.00	0.00	0.00	0.00
肝疾病	6.21	0.21	0.00	0.00	0.00	0.00	0.60	0.00
消化系统的其他疾病	4.33	0.43	0.50	0.00	0.00	0.00	0.30	0.00
肌肉、骨骼和结缔组织疾病小计	1.44	0.00	0.00	0.00	0.00	0.30	0.30	1.08
泌尿、生殖系统疾病小计	8.27	0.00	0.00	0.00	0.00	0.90	1.19	1.35
其中：肾小球和肾小管间质疾病	2.48	0.00	0.00	0.00	0.00	0.30	0.00	0.27
前列腺增生								
泌尿、生殖系统的其他疾病	5.79	0.00	0.00	0.00	0.00	0.60	1.19	1.08
妊娠、分娩和产褥期并发症小计	0.23					0.00	0.28	0.76
其中：直接产科原因计	0.23					0.00	0.28	0.76
内：流产	0.02					0.00	0.00	0.00
妊娠高血压综合征	0.02					0.00	0.00	0.08
梗阻性分娩	0.00					0.00	0.00	0.08
产后出血	0.10					0.00	0.18	0.52
母体产伤	0.00					0.00	0.00	0.00
产褥期感染	0.03					0.00	0.08	0.08
间接产科原因计	0.00					0.00	0.00	0.00
妊娠、分娩和产褥期的其他情况	0.00					0.00	0.00	0.00
起源于围生期的某些情况小计	2.48	452.94	0.21					
其中：早产儿和未成熟儿	0.44	81.07	0.00					
新生儿产伤和窒息	0.66	123.53	0.00					
新生儿溶血性疾病	0.00	1.30	0.00					
新生儿硬化病	0.00	1.30	0.00					
起源于围生期的其他情况	1.38	245.78	0.21					
先天畸形、变形和染色体异常小计	1.50	9.59	5.52	0.41	0.00	0.30	0.90	0.27
其中：先天性心脏病	0.86	4.48	3.51	0.41	0.00	0.30	0.90	0.27
其他先天畸形、变形和染色体异常	0.64	5.11	2.01	0.00	0.00	0.00	0.00	0.00
诊断不明小计	2.79	0.64	0.50	0.00	0.32	0.30	0.90	1.08
其他疾病小计	10.46	0.21	0.50	0.00	0.00	0.00	0.00	0.00
损伤和中毒外部原因小计	37.20	2.34	13.55	4.89	6.80	15.52	18.52	20.82
其中：机动车辆交通事故	5.48	0.00	2.01	0.00	0.65	4.48	2.99	4.87
机动车以外的运输事故	1.92	0.00	0.00	0.00	0.97	1.19	0.30	0.81
意外中毒	1.06	0.00	0.50	0.41	0.65	1.49	0.30	1.62
意外跌落	4.31	0.64	0.50	1.22	0.00	1.19	0.90	0.54
火灾	0.44	0.00	0.00	0.00	0.00	0.00	0.00	0.00
由自然环境因素所致的意外事故	0.09	0.00	0.00	0.00	0.00	0.00	0.00	0.00
淹死	3.56	0.43	10.04	2.04	3.56	3.58	2.39	1.62
意外的机械性窒息	0.22	0.00	0.00	0.00	0.00	0.30	0.30	0.27
砸死	0.15	0.21	0.00	0.00	0.00	0.00	0.00	0.27
由机器切割和穿刺工具所致的意外事故	0.04	0.00	0.00	0.00	0.00	0.00	0.00	0.00
触电	0.18	0.00	0.00	0.00	0.00	0.00	0.00	0.00
其他意外事故和有害效应	1.37	0.85	0.00	0.41	0.00	0.30	0.30	0.54
自杀	17.65	0.00	0.00	0.00	0.32	2.98	10.75	9.19
被杀	0.71	0.21	0.50	0.41	0.65	0.00	0.30	1.08

10-7-3 续表3

30～	35～	40～	45～	50～	55～	60～	65～	70～	75～	80～	85岁及以上
0.54	0.54	1.93	6.47	8.71	18.71	32.19	65.59	122.92	224.64	381.31	452.04
1.61	4.89	19.58	39.20	98.76	133.10	259.49	403.68	802.12	1288.17	2277.12	3661.10
0.27	0.00	0.32	0.36	0.41	1.07	1.97	3.12	5.21	11.00	29.54	58.18
1.61	2.44	5.78	6.11	14.52	35.28	69.64	180.37	429.18	838.88	1737.38	3495.50
0.27	0.54	1.28	0.72	1.24	1.07	1.97	9.37	17.71	36.13	155.75	353.58
0.54	1.09	2.57	4.32	9.54	27.26	54.53	152.26	357.31	713.21	1393.66	2689.88
0.00	0.00	0.00	0.00	0.00	0.00	0.00	0.00	0.00	3.14	0.00	0.00
0.81	0.81	1.93	1.08	3.73	6.95	13.14	18.74	54.17	86.40	187.97	452.04
1.88	3.53	5.14	10.43	18.26	20.31	33.50	49.19	84.38	127.25	209.45	344.63
0.00	0.00	0.64	1.08	1.24	1.60	2.63	7.03	11.46	20.42	29.54	35.81
0.00	0.00	0.00	0.00	0.00	0.00	0.66	0.00	2.08	0.00	5.37	4.48
0.27	0.00	0.00	0.00	1.24	1.07	1.31	2.34	6.25	11.00	5.37	40.28
1.35	2.71	3.21	7.19	12.45	11.23	19.05	24.99	34.38	56.55	72.50	111.89
0.27	0.81	1.28	2.16	3.32	6.41	9.85	14.84	30.21	39.27	96.67	152.17
0.00	0.54	0.96	0.36	1.66	1.07	3.28	4.68	9.38	26.71	13.43	22.38
2.15	3.80	7.70	8.27	8.71	14.97	19.71	31.23	52.09	72.26	112.78	161.12
0.54	0.81	2.57	2.16	4.15	3.74	8.54	8.59	13.54	20.42	34.91	49.23
1.61	2.99	5.14	6.11	4.56	11.23	11.17	22.64	38.54	51.84	77.87	111.89
0.60	0.86	0.00	0.00								
0.60	0.76	0.00	0.00								
0.07	0.07	0.00	0.00								
0.16	0.00	0.00	0.00								
0.00	0.00	0.00	0.00								
0.07	0.42	0.00	0.00								
0.07	0.00	0.00	0.00								
0.23	0.07	0.00	0.00								
0.00	0.07	0.00	0.00								
0.00	0.00	0.00	0.00								
0.54	0.27	0.32	0.36	0.00	0.00	0.00	0.78	0.00	0.00	0.00	0.00
0.27	0.27	0.32	0.36	0.00	0.00	0.00	0.78	0.00	0.00	0.00	0.00
0.27	0.00	0.00	0.00	0.00	0.00	0.00	0.00	0.00	0.00	0.00	0.00
0.27	0.54	1.60	1.44	1.66	4.28	3.94	11.71	15.63	18.85	53.71	93.99
1.08	1.63	0.00	0.36	1.24	1.07	1.97	2.34	10.42	47.13	196.03	1503.83
27.45	35.02	33.70	34.88	44.82	44.37	77.52	98.38	151.05	232.50	351.77	572.89
4.84	5.70	6.42	5.39	10.79	8.02	12.48	11.71	17.71	32.99	24.17	13.43
2.42	4.62	2.57	3.24	3.73	3.74	1.97	2.34	6.25	4.71	5.37	0.00
0.54	1.09	1.93	0.00	1.24	1.60	1.97	3.12	1.04	1.57	5.37	13.43
1.88	1.09	1.28	1.08	1.24	2.14	5.26	8.59	13.54	42.42	77.87	295.39
0.00	0.00	0.64	0.36	0.00	0.00	0.00	3.12	3.13	6.28	10.74	8.95
0.00	0.00	0.00	0.00	0.00	0.00	0.00	0.00	1.04	1.57	0.00	8.95
1.61	1.63	1.60	3.24	2.07	1.60	3.94	11.71	11.46	15.71	32.22	40.28
0.00	0.54	0.32	0.00	0.00	0.00	0.66	0.00	2.08	0.00	2.69	0.00
0.00	0.54	0.00	0.00	0.00	0.53	0.00	0.78	0.00	1.57	0.00	0.00
0.27	0.00	0.00	0.36	0.00	0.00	0.00	0.00	0.00	0.00	0.00	0.00
0.00	0.27	0.32	0.00	0.83	0.00	0.66	0.00	2.08	0.00	2.69	0.00
1.35	1.36	0.64	2.16	1.66	1.60	1.31	2.34	2.08	4.71	18.80	49.23
13.99	16.02	17.65	18.70	21.99	24.59	47.96	54.66	89.59	119.39	171.86	134.27
0.54	2.17	0.32	0.36	1.24	0.53	1.31	0.00	1.04	1.57	0.00	8.95

10-8 1990年农村居民主要疾病死亡率及构成

疾病名称	合计				男				女			
	粗死亡率 1/10万	标化死亡率 1/10万	构成(%)	位次	粗死亡率 1/10万	标化死亡率 1/10万	构成(%)	位次	粗死亡率 1/10万	标化死亡率 1/10万	构成(%)	位次
传染病（不含肺结核）	23.20	20.41	3.61	9	27.98	25.74	4.07	9	18.25	15.55	3.06	8
肺结核	11.88	9.83	1.85	8	15.29	13.47	2.22	8	8.35	6.58	1.40	10
寄生虫病	1.31	1.08	0.20	16	1.36	1.21	0.20	16	1.26	0.96	0.21	18
恶性肿瘤	112.36	92.97	17.47	2	140.41	123.92	20.41	2	83.32	64.05	13.96	3
内分泌、营养和代谢及免疫疾病	5.41	4.90	0.84	13	4.63	4.41	0.67	13	6.22	5.45	1.04	11
血液和造血器官疾病	1.28	1.13	0.20	17	1.28	1.22	0.19	17	1.28	1.05	0.21	17
精神病	5.42	4.27	0.84	12	5.08	4.50	0.74	12	5.77	3.98	0.97	12
神经系病	3.60	3.34	0.56	15	3.89	3.74	0.56	15	3.31	2.93	0.55	15
心脏病	69.60	51.48	10.82	4	66.77	58.46	9.70	5	72.53	46.49	12.15	4
脑血管病	103.93	76.41	16.16	3	104.04	91.31	15.12	3	103.81	64.35	17.39	2
呼吸系病	159.67	123.52	24.82	1	161.53	145.97	23.47	1	157.75	105.73	26.43	1
消化系病	32.20	26.97	5.01	6	36.75	33.29	5.34	6	27.49	21.04	4.61	6
泌尿、生殖系病	9.51	7.65	1.48	10	10.42	9.25	1.51	10	8.57	6.43	1.44	9
妊娠、分娩和产褥期并发症	1.06	0.91	0.16	18					2.15	1.84	0.36	16
先天异常	6.03	7.09	0.94	11	6.42	7.35	0.93	11	5.62	6.81	0.94	13
新生儿病	16.17	19.80	2.51	7	18.58	21.95	2.70	7	13.68	17.41	2.29	7
其他疾病	4.57	3.17	0.71	14	3.94	3.46	0.57	14	5.23	2.96	0.88	14
损伤和中毒	68.48	63.47	10.65	5	77.56	73.68	11.27	4	59.09	53.18	9.90	5

10-9 1995年农村居民主要疾病死亡率及构成

疾病名称	合计				男				女			
	粗死亡率 1/10万	标化死亡率 1/10万	构成(%)	位次	粗死亡率 1/10万	标化死亡率 1/10万	构成(%)	位次	粗死亡率 1/10万	标化死亡率 1/10万	构成(%)	位次
传染病(不含肺结核)	8.19	15.43	2.85	10	9.65	19.69	3.24	9	6.66	11.38	2.36	10
肺结核	10.21	8.04	1.58	8	13.02	10.81	1.86	7	7.27	5.49	1.23	9
寄生虫病	1.15	0.90	0.18	16	1.31	1.10	0.19	16	0.98	0.69	0.17	18
恶性肿瘤	111.43	88.29	17.25	2	138.60	115.83	19.80	2	83.00	61.90	14.09	3
内分泌、营养和代谢及免疫疾病	5.86	4.82	0.91	11	5.26	4.63	0.75	11	6.50	5.09	1.10	11
血液和造血器官疾病	1.12	0.96	0.17	17	1.03	0.96	0.15	17	1.22	0.94	0.21	17
精神病	4.89	3.44	0.76	13	4.53	3.74	0.65	13	5.26	3.07	0.89	13
神经系病	3.11	2.75	0.48	15	3.35	3.10	0.48	15	2.85	2.39	0.48	15
心脏病	61.98	43.79	9.60	5	62.55	50.67	8.94	5	61.38	37.95	10.42	4
脑血管病	108.05	74.97	16.73	3	113.28	91.43	16.18	3	102.58	61.14	17.41	2
呼吸系病	169.38	123.19	26.23	1	171.23	143.68	24.46	1	167.43	106.95	28.42	1
消化系病	30.17	24.11	4.67	6	35.28	30.11	5.04	6	24.82	18.39	4.21	6
泌尿、生殖系病	8.47	6.58	1.31	9	9.41	7.86	1.34	10	7.49	5.55	1.27	8
妊娠、分娩和产褥期并发症	0.75	0.65	0.12	18					1.54	1.31	0.26	16
先天异常	3.65	5.12	0.57	14	3.98	5.38	0.57	14	3.32	4.84	0.56	14
新生儿病	11.98	19.30	1.85	7	12.74	19.42	1.82	8	11.19	19.15	1.90	7
其他疾病	5.70	3.95	0.88	12	5.08	4.29	0.73	12	6.34	3.63	1.08	12
损伤和中毒	72.71	66.25	11.26	4	84.47	78.59	12.07	4	60.40	53.44	10.25	5

10-10　2000年农村居民主要疾病死亡率及构成

疾病名称	合计				男				女			
	粗死亡率 1/10万	标化死亡率 1/10万	构成(%)	位次	粗死亡率 1/10万	标化死亡率 1/10万	构成(%)	位次	粗死亡率 1/10万	标化死亡率 1/10万	构成(%)	位次
传染病(不含肺结核)	5.14	4.61	0.83	11	6.07	5.54	0.91	10	4.16	3.68	0.74	12
肺结核	7.31	5.57	1.19	8	9.10	7.32	1.36	8	5.42	3.95	0.97	10
寄生虫病	0.56	0.43	0.09	17	0.62	0.50	0.09	17	0.50	0.36	0.09	18
恶性肿瘤	112.57	87.33	18.30	3	139.12	112.77	20.82	2	84.62	62.81	15.12	3
内分泌、营养和代谢及免疫疾病	6.84	5.32	1.11	10	6.08	5.09	0.91	11	7.64	5.57	1.37	8
血液和造血器官疾病	0.86	0.75	0.14	16	0.82	0.76	0.12	16	0.90	0.74	0.16	17
精神病	4.14	2.80	0.67	12	3.93	3.07	0.59	12	4.36	2.48	0.78	11
神经系病	2.85	2.46	0.46	15	3.07	2.83	0.46	13	2.62	2.09	0.47	15
心脏病	73.43	49.40	11.94	4	72.03	55.14	10.78	5	74.90	44.48	13.39	4
脑血管病	115.20	78.18	18.73	2	124.05	95.37	18.57	3	105.89	63.02	18.93	2
呼吸系病	142.16	98.97	23.11	1	143.40	114.44	21.46	1	140.86	85.85	25.18	1
消化系病	23.89	18.99	3.88	6	28.06	23.57	4.20	6	19.50	14.49	3.48	6
泌尿、生殖系病	9.27	7.06	1.51	7	10.33	8.32	1.55	7	8.15	5.99	1.46	7
妊娠、分娩和产褥期并发症	0.56	0.50	0.09	18					1.16	1.03	0.21	16
先天异常	2.92	4.71	0.47	13	2.98	4.72	0.45	14	2.85	4.69	0.51	14
新生儿病	6.99	14.43	1.14	9	7.04	14.11	1.05	9	6.93	14.79	1.24	9
其他疾病	2.89	1.98	0.47	14	2.58	2.05	0.39	15	3.22	1.88	0.58	13
损伤和中毒	64.89	57.16	10.55	5	78.66	71.18	11.77	4	50.40	43.47	9.01	5

10-11　2005年农村居民主要疾病死亡率及死因构成

疾病名称	合计				男				女			
	粗死亡率 1/10万	标化死亡率 1/10万	构成(%)	位次	粗死亡率 1/10万	标化死亡率 1/10万	构成(%)	位次	粗死亡率 1/10万	标化死亡率 1/10万	构成(%)	位次
传染病(不含呼吸道结核)	3.18	2.57	0.60	13	3.93	3.29	0.70	12	2.29	1.85	0.38	14
呼吸道结核	2.89	2.17	0.55	14	3.81	3.02	0.67	14	1.78	1.33	0.27	16
寄生虫病	0.10	0.08	0.02	20	0.12	0.10	0.02	19	0.06	0.04	0.01	20
恶性肿瘤	105.99	80.05	20.08	3	130.26	102.56	23.05	1	76.99	57.05	11.80	3
血液、造血器官及免疫疾病	0.59	0.51	0.11	18	0.56	0.55	0.10	18	0.63	0.48	0.10	19
内分泌、营养和代谢疾病	6.19	4.87	1.17	9	5.14	4.66	0.91	9	7.45	5.26	1.09	9
精神障碍	2.34	1.69	0.44	15	2.11	1.72	0.37	15	2.62	1.67	0.35	15
神经系统疾病	4.75	4.17	0.90	11	4.92	4.53	0.87	11	4.55	3.84	0.79	11
心脏病	62.13	44.46	11.77	4	58.50	48.80	10.35	4	66.46	41.38	8.56	4
脑血管病	111.74	80.97	21.17	2	116.46	94.04	20.60	3	106.11	69.51	14.38	2
呼吸系统疾病	123.79	91.82	23.45	1	119.81	104.74	21.20	2	128.53	81.81	16.93	1
消化系统疾病	17.11	12.90	3.24	6	21.75	17.21	3.85	6	11.56	8.29	1.72	6
肌肉、骨骼和结缔组织疾病	0.91	0.84	0.17	17	0.60	0.55	0.11	17	1.28	1.18	0.24	17
泌尿、生殖系统疾病	6.98	5.20	1.32	8	7.18	5.72	1.27	8	6.73	4.86	1.01	10
妊娠、分娩和产褥期并发症	0.40	0.32	0.08	19					0.73	0.56	0.12	18
起源于围生期某些情况	4.19	7.50	0.79	12	3.77	6.42	0.67	13	4.03	7.69	1.59	7
先天畸形、变性和染色体异常	2.07	3.24	0.39	16	2.00	3.06	0.35	16	2.16	3.45	0.71	13
诊断不明	4.85	3.63	0.92	10	5.02	3.76	0.89	10	4.64	3.47	0.72	12
其他疾病	9.00	5.89	1.70	7	7.37	6.29	1.30	7	10.95	5.68	1.17	8
损伤和中毒外部原因	44.71	38.68	8.47	5	55.89	48.73	9.89	5	31.36	26.79	5.54	5

10-12-1　2005年农村居民年龄别疾病别死亡率(1/10万)(合计)

疾病名称(ICD-10)	合计	不满1岁	1～	5～	10～	15～	20～	25～
总　　计	**527.92**	**684.98**	**65.62**	**32.97**	**27.80**	**40.28**	**43.39**	**39.99**
传染病和寄生虫病小计	6.16	22.20	3.29	1.30	0.65	0.25	1.19	0.74
其中：传染病计	6.07	22.20	3.29	1.30	0.65	0.25	1.19	0.74
内：伤寒和副伤寒	0.00	0.00	0.00	0.00	0.00	0.00	0.00	0.00
痢疾	0.01	1.06	0.00	0.00	0.00	0.00	0.00	0.00
肠道其他细菌性传染病	0.37	11.63	0.94	0.00	0.00	0.00	0.13	0.00
呼吸道结核	2.89	0.00	0.00	0.00	0.11	0.00	0.26	0.37
其他结核	0.23	0.00	0.71	0.00	0.00	0.00	0.26	0.00
钩端螺旋体病	0.01	0.00	0.00	0.00	0.00	0.00	0.00	0.00
破伤风	0.11	4.23	0.00	0.00	0.00	0.00	0.00	0.00
百日咳	0.00	0.00	0.00	0.00	0.00	0.00	0.00	0.00
脑膜炎球菌感染	0.06	1.06	0.00	0.43	0.00	0.00	0.00	0.00
败血症	0.58	3.17	0.24	0.14	0.11	0.13	0.00	0.09
流行性乙型脑炎	0.04	1.06	0.24	0.00	0.11	0.00	0.00	0.00
流行性出血热	0.02	0.00	0.00	0.00	0.00	0.00	0.00	0.00
麻疹	0.00	0.00	0.00	0.00	0.00	0.00	0.00	0.00
病毒性肝炎	1.14	0.00	0.47	0.00	0.11	0.13	0.13	0.28
艾滋病	0.13	0.00	0.00	0.00	0.00	0.00	0.00	0.00
寄生虫病计	0.10	0.00	0.00	0.00	0.00	0.00	0.00	0.00
内：疟疾	0.00	0.00	0.00	0.00	0.00	0.00	0.00	0.00
血吸虫病	0.08	0.00	0.00	0.00	0.00	0.00	0.00	0.00
肿瘤小计	107.11	10.57	3.53	3.18	3.91	6.37	6.20	6.88
其中：恶性肿瘤计	105.99	10.57	3.06	3.18	3.26	5.74	6.07	6.70
内：鼻咽癌	1.13	0.00	0.00	0.00	0.00	0.00	0.13	0.09
食管癌	13.14	1.06	0.00	0.00	0.00	0.00	0.00	0.28
胃癌	19.05	0.00	0.00	0.00	0.00	0.25	0.66	0.19
结肠、直肠和肛门癌	6.30	0.00	0.00	0.00	0.00	0.25	0.40	0.74
肝癌	23.09	3.17	0.24	0.43	0.11	1.27	1.45	2.14
肺癌	22.54	0.00	0.00	0.00	0.11	0.00	0.13	0.37
乳腺癌	1.75	0.00	0.00	0.00	0.00	0.00	0.00	0.28
宫颈癌	1.62	0.00	0.00	0.00	0.00	0.00	0.00	0.28
膀胱癌	0.82	0.00	0.00	0.00	0.00	0.00	0.00	0.00
白血病	2.85	3.17	1.88	1.88	2.17	3.06	1.98	1.30
良性肿瘤计	0.78	0.00	0.00	0.00	0.43	0.38	0.13	0.09
其他肿瘤计	0.33	0.00	0.47	0.00	0.22	0.25	0.00	0.09
血液、造血器官及免疫疾病小计	0.59	1.06	0.24	0.00	0.11	0.00	0.00	0.09
其中:贫血	0.57	1.06	0.24	0.00	0.11	0.00	0.00	0.09
血液、造血器官及免疫的其他疾病	0.02	0.00	0.00	0.00	0.00	0.00	0.00	0.00
内分泌、营养和代谢疾病小计	6.19	3.17	0.71	0.14	0.11	0.38	0.40	0.93
其中：糖尿病	5.27	0.00	0.00	0.00	0.11	0.13	0.40	0.65
内分泌、营养和代谢的其他疾病	0.93	3.17	0.71	0.14	0.00	0.25	0.00	0.28
精神障碍小计	2.34	0.00	0.00	0.14	0.22	0.51	0.79	0.56
神经系统疾病小计	4.75	2.11	1.41	0.72	0.98	1.66	1.19	0.93
其中: 脑膜炎	0.09	0.00	0.24	0.00	0.00	0.00	0.00	0.00
神经系统的其他疾病	4.66	2.11	1.18	0.72	0.98	1.66	1.19	0.93
循环系统疾病小计	187.84	30.66	0.47	0.29	1.09	1.91	2.64	4.18
其中：急性风湿热	0.38	0.00	0.00	0.00	0.11	0.00	0.00	0.00
心脏病计	62.13	12.68	0.24	0.00	0.22	1.53	2.11	2.14
内：慢性风湿性心脏病	5.52	1.06	0.00	0.00	0.00	0.38	0.26	0.37
高血压性心脏病	3.79	0.00	0.00	0.00	0.00	0.00	0.00	0.00
急性心肌梗死	11.28	0.00	0.00	0.00	0.00	0.64	0.26	0.46
其他冠心病	10.89	0.00	0.00	0.00	0.00	0.00	0.40	0.28
肺源性心脏病	18.96	8.46	0.00	0.00	0.00	0.13	0.00	0.09
其他心脏病	11.70	2.11	0.24	0.00	0.22	0.38	1.19	0.93

10-12-1 续表1

30～	35～	40～	45～	50～	55～	60～	65～	70～	75～	80～	85岁及以上
84.59	**155.52**	**203.08**	**225.97**	**491.67**	**783.59**	**1213.00**	**2038.62**	**3535.64**	**6027.13**	**9239.65**	**16667.07**
2.05	4.21	3.87	4.76	9.73	13.69	19.64	23.07	33.06	43.44	38.40	63.37
1.97	4.11	3.73	4.50	9.73	13.69	19.10	23.07	32.62	43.44	38.40	58.50
0.00	0.00	0.00	0.00	0.00	0.00	0.00	0.00	0.00	0.00	0.00	0.00
0.00	0.00	0.00	0.00	0.00	0.00	0.00	0.00	0.00	0.00	0.00	0.00
0.09	0.11	0.29	0.00	0.16	0.22	0.81	0.35	0.89	2.25	3.72	12.19
1.07	1.40	1.72	2.12	4.54	7.39	10.49	15.38	20.11	24.72	14.86	17.06
0.00	0.11	0.14	0.26	0.32	0.43	1.08	2.10	0.00	0.75	0.00	0.00
0.00	0.00	0.00	0.00	0.00	0.22	0.00	0.00	0.00	0.00	0.00	0.00
0.09	0.00	0.00	0.00	0.16	0.22	0.27	0.35	0.45	0.75	0.00	0.00
0.00	0.00	0.00	0.00	0.00	0.00	0.00	0.00	0.00	0.00	0.00	0.00
0.00	0.00	0.00	0.00	0.00	0.00	0.27	0.35	0.00	0.00	0.00	0.00
0.09	0.11	0.00	0.26	1.46	0.43	0.27	1.75	3.57	5.99	7.43	24.37
0.00	0.00	0.00	0.00	0.16	0.00	0.00	0.00	0.00	0.00	0.00	0.00
0.00	0.00	0.00	0.26	0.00	0.00	0.00	0.00	0.00	0.00	0.00	0.00
0.00	0.00	0.00	0.00	0.00	0.00	0.00	0.00	0.00	0.00	0.00	0.00
0.45	1.30	0.86	1.46	2.11	2.61	5.38	2.10	4.02	5.99	8.67	4.87
0.18	0.76	0.00	0.00	0.32	0.22	0.00	0.00	0.45	0.00	1.24	0.00
0.09	0.11	0.14	0.26	0.00	0.00	0.54	0.00	0.45	0.00	0.00	4.87
0.00	0.00	0.00	0.00	0.00	0.00	0.00	0.00	0.00	0.00	0.00	0.00
0.09	0.11	0.14	0.26	0.00	0.00	0.54	0.00	0.45	0.00	0.00	0.00
18.13	44.20	70.65	81.10	187.19	280.97	365.33	525.73	725.63	998.40	821.16	743.41
17.60	43.66	69.22	80.04	184.92	278.80	360.48	523.64	721.16	990.91	821.16	733.66
0.36	0.97	1.29	0.66	2.60	3.69	5.11	3.85	5.81	5.99	2.48	7.31
0.18	0.65	5.16	9.00	20.76	39.11	49.77	66.42	112.15	135.57	128.81	97.50
0.80	2.70	8.60	12.57	25.79	49.33	67.52	104.52	149.68	223.20	196.93	163.31
1.25	3.03	3.73	4.37	7.30	12.60	20.45	33.91	40.66	80.14	71.84	31.69
6.34	16.64	26.37	23.02	54.02	67.36	71.83	99.62	112.15	151.30	110.23	107.25
1.79	7.02	10.46	13.36	36.82	61.71	85.01	128.29	182.30	219.45	162.25	163.31
1.07	1.51	1.43	2.25	5.68	5.87	6.19	3.85	4.91	9.74	3.72	9.75
0.00	0.98	0.70	2.22	2.65	3.93	5.86	6.10	4.60	4.80	8.89	2.25
0.00	0.43	0.43	0.40	0.16	1.74	2.69	2.80	7.60	11.23	9.91	21.94
2.41	3.35	2.01	1.98	3.24	2.82	5.65	6.99	7.15	10.49	6.19	12.19
0.54	0.43	1.29	0.66	1.62	2.17	3.23	1.75	1.34	5.24	0.00	4.87
0.00	0.11	0.14	0.40	0.65	0.00	1.61	0.35	3.13	2.25	0.00	4.87
0.18	0.43	0.43	0.13	0.16	0.87	1.61	1.05	3.13	7.49	11.15	19.50
0.09	0.43	0.43	0.13	0.16	0.87	1.61	1.05	3.13	6.74	11.15	19.50
0.09	0.00	0.00	0.00	0.00	0.00	0.00	0.00	0.00	0.75	0.00	0.00
1.43	2.05	3.87	4.23	6.00	13.69	19.10	24.82	39.77	80.89	58.21	107.25
1.16	1.51	3.15	3.97	5.68	11.73	17.76	20.97	33.96	74.90	54.50	60.94
0.27	0.54	0.72	0.26	0.32	1.96	1.35	3.85	5.81	5.99	3.72	46.31
1.61	1.84	1.00	1.98	2.60	2.61	3.50	5.59	5.81	24.72	26.01	109.68
1.88	2.70	2.72	2.25	2.92	5.43	6.73	12.23	28.15	47.94	74.31	173.06
0.09	0.00	0.14	0.13	0.00	0.43	0.27	0.00	0.00	0.00	2.48	0.00
1.79	2.70	2.58	2.12	2.92	5.00	6.46	12.23	28.15	47.94	71.84	173.06
9.47	19.02	33.39	52.66	127.01	236.21	411.06	760.29	1407.46	2518.11	4318.85	7419.50
0.00	0.00	0.00	0.40	0.32	0.00	1.88	2.45	3.13	4.49	6.19	4.87
5.72	9.94	13.90	19.32	43.31	71.71	115.95	238.05	422.69	808.16	1428.06	2798.16
2.14	4.65	3.73	3.44	7.46	10.87	15.87	22.72	27.70	53.18	74.31	85.31
0.00	0.00	0.43	0.40	1.95	3.04	6.99	13.63	24.57	59.92	105.28	192.56
1.61	2.49	2.87	6.35	9.73	19.56	19.37	40.20	75.51	126.58	222.94	494.80
0.63	0.86	2.01	2.51	7.46	10.43	17.22	40.90	84.00	153.54	230.37	563.04
0.45	0.43	1.86	2.91	9.25	15.86	37.39	83.89	153.70	274.88	500.38	745.85
0.89	1.51	3.01	3.70	7.46	11.95	19.10	36.70	57.19	140.06	294.78	716.60

10-12-1 续表2

疾病名称(ICD-10)	合计	不满1岁	1～	5～	10～	15～	20～	25～
其他高血压病	13.25	4.23	0.00	0.14	0.00	0.00	0.00	0.19
脑血管病	111.74	13.74	0.24	0.14	0.65	0.38	0.53	1.86
循环系统的其他疾病	0.33	0.00	0.00	0.00	0.11	0.00	0.00	0.00
呼吸系统疾病小计	123.79	91.97	11.05	2.75	1.19	1.02	0.66	0.84
其中：肺炎	7.12	76.11	9.88	2.17	0.87	0.51	0.26	0.46
慢性下呼吸道疾病	112.15	9.51	0.47	0.29	0.22	0.25	0.26	0.37
尘肺	0.37	0.00	0.00	0.00	0.00	0.00	0.00	0.00
呼吸系统的其他疾病	4.14	6.34	0.71	0.29	0.11	0.25	0.13	0.00
消化系统疾病小计	17.11	8.46	0.71	0.29	0.65	1.02	0.92	0.93
其中：胃和十二指肠溃疡	2.76	1.06	0.00	0.00	0.00	0.13	0.13	0.19
阑尾炎	0.16	0.00	0.00	0.00	0.11	0.00	0.13	0.00
肠梗阻	0.65	1.06	0.24	0.00	0.00	0.25	0.26	0.00
肝疾病	9.31	2.11	0.00	0.29	0.22	0.64	0.26	0.74
消化系统的其他疾病	4.22	4.23	0.47	0.00	0.33	0.00	0.13	0.00
肌肉、骨骼和结缔组织疾病小计	0.91	0.00	0.00	0.00	0.00	0.00	0.00	0.28
泌尿、生殖系统疾病小计	6.98	0.00	0.71	0.14	0.33	1.02	0.66	1.39
其中：肾小球和肾小管间质疾病	2.46	0.00	0.24	0.00	0.00	0.38	0.13	0.37
前列腺增生	0.39	0.00	0.00	0.00	0.00	0.00	0.00	0.00
泌尿、生殖系统的其他疾病	4.31	0.00	0.47	0.14	0.33	0.64	0.53	1.02
妊娠、分娩和产褥期并发症小计	0.40					0.00	0.87	0.64
其中：直接产科原因计	0.38					0.00	0.87	0.64
内：流产	0.03					0.00	0.07	0.16
妊娠高血压综合征	0.03					0.00	0.00	0.25
梗阻性分娩	0.05					0.00	0.00	0.00
产后出血	0.24					0.00	0.72	0.25
母体产伤	0.00					0.00	0.00	0.00
产褥期感染	0.03					0.00	0.07	0.00
间接产科原因计	0.00					0.00	0.00	0.00
妊娠、分娩和产褥期的其他情况	0.00					0.00	0.00	0.00
起源于围生期的某些情况小计	4.19	547.88	3.38					
其中：早产儿和未成熟儿	0.79	282.82	0.14					
新生儿产伤和窒息	1.71	119.50	1.63					
新生儿溶血性疾病	0.03	1.66	0.14					
新生儿硬化病	0.05	3.31	0.00					
起源于围生期的其他情况	1.59	93.44	1.50					
先天畸形、变形和染色体异常小计	2.07	106.76	6.82	2.17	1.30	1.78	1.58	0.93
其中：先天性心脏病	1.48	63.42	5.41	1.45	1.30	1.40	1.06	0.84
其他先天畸形、变形和染色体异常	0.59	43.34	1.41	0.72	0.00	0.38	0.53	0.09
诊断不明小计	4.85	14.80	2.59	1.45	0.98	1.02	0.66	0.84
其他疾病小计	9.00	10.57	0.71	0.58	0.22	0.25	0.26	0.37
损伤和中毒外部原因小计	44.71	40.17	32.46	19.66	16.07	22.94	25.72	19.62
其中：机动车辆交通事故	7.09	2.11	3.53	2.02	0.54	6.76	5.80	5.30
机动车以外的运输事故	6.22	3.17	0.94	1.16	0.98	3.70	6.20	3.91
意外中毒	2.69	1.06	0.24	0.29	0.87	0.89	1.32	1.12
意外跌落	5.68	0.00	1.65	1.45	0.43	2.04	1.85	1.49
火灾	0.54	1.06	1.65	0.00	0.33	0.00	0.13	0.00
由自然环境因素所致的意外事故	0.35	1.06	0.24	0.00	0.22	0.13	0.00	0.19
淹死	6.09	3.17	22.34	11.28	9.88	5.10	2.77	1.21
意外的机械性窒息	0.79	19.03	0.47	0.58	0.22	0.00	0.26	0.19
砸死	0.89	1.06	0.00	0.14	0.11	0.13	0.26	0.37
由机器切割和穿刺工具所致的意外事故	0.10			0.00	0.11	0.00	0.00	0.19
触电	0.86			0.00	0.33	0.51	0.53	0.37
其他意外事故和有害效应	2.26	6.34	1.18	0.72	0.22	0.38	1.06	1.12
自杀	10.08			0.72	1.52	2.29	4.62	2.88
被杀	1.07	0.00	0.24	0.72	0.33	1.02	0.92	1.30

10-12-1　续表3

30～	35～	40～	45～	50～	55～	60～	65～	70～	75～	80～	85岁及以上
0.09	0.32	0.86	3.44	6.98	14.34	34.43	56.28	103.66	191.74	315.83	492.36
3.57	8.75	18.63	29.50	75.59	149.72	257.72	462.81	877.54	1510.71	2561.34	4102.18
0.09	0.00	0.00	0.00	0.81	0.43	1.08	0.70	0.45	3.00	7.43	21.94
2.14	5.51	10.46	15.21	49.64	106.26	237.81	475.75	985.67	1782.60	3092.68	5798.62
0.71	0.65	1.15	1.19	1.46	3.04	8.07	9.09	27.26	61.42	167.21	509.42
1.34	3.57	8.31	12.70	44.61	98.66	218.17	448.48	925.35	1674.74	2843.73	5077.14
0.00	0.22	0.29	0.26	0.65	0.87	1.61	4.54	1.79	0.00	1.24	2.44
0.09	1.08	0.72	1.06	2.92	3.69	9.95	13.63	31.28	46.44	80.51	209.62
4.02	9.40	11.75	12.04	31.15	38.03	49.23	74.11	102.77	151.30	179.59	248.62
0.71	1.19	1.00	1.72	4.38	5.22	6.46	12.58	20.55	34.45	34.68	34.12
0.00	0.11	0.00	0.13	0.32	0.43	0.54	0.00	0.89	2.25	1.24	2.44
0.00	0.00	0.14	0.00	0.65	0.87	1.35	2.45	3.57	8.24	19.82	14.62
2.77	7.13	9.03	8.07	20.44	26.95	31.48	41.95	42.45	56.92	50.78	80.43
0.54	0.97	1.58	2.12	5.35	4.56	9.42	17.13	35.30	49.43	73.07	117.00
0.18	0.43	0.43	0.66	0.49	1.30	1.35	3.85	9.38	10.49	11.15	21.94
3.22	4.54	5.30	4.90	8.44	12.39	15.33	26.57	35.30	66.66	91.65	143.81
1.16	1.40	1.86	1.19	3.24	5.22	6.73	8.39	12.51	20.22	35.92	56.06
0.00	0.00	0.20	0.00	0.00	0.30	0.00	0.00	1.93	2.51	9.09	8.28
2.05	3.03	3.44	3.70	5.03	7.17	8.61	17.13	21.45	41.94	52.02	75.56
0.83	0.19	0.11	0.00								
0.83	0.19	0.11	0.00								
0.16	0.09	0.00	0.00								
0.00	0.00	0.00	0.00								
0.00	0.00	0.00	0.00								
0.60	0.00	0.11	0.00								
0.00	0.00	0.00	0.00								
0.00	0.09	0.00	0.00								
0.00	0.00	0.00	0.00								
0.00	0.00	0.00	0.00								
0.45	0.54	0.43	0.26	0.00	0.22	0.00	0.00	0.00	0.00	0.00	0.00
0.45	0.54	0.43	0.26	0.00	0.22	0.00	0.00	0.00	0.00	0.00	0.00
0.00	0.00	0.00	0.00	0.00	0.00	0.00	0.00	0.00	0.00	0.00	0.00
1.97	2.59	3.58	2.12	3.24	4.35	3.50	8.74	12.51	20.22	71.84	397.30
0.63	1.62	2.01	1.85	1.14	2.17	4.30	8.04	38.87	97.37	204.36	1040.78
36.18	55.23	52.60	41.68	61.97	65.41	74.52	88.79	107.24	176.76	239.04	368.05
6.97	11.13	9.89	8.86	10.54	10.43	9.95	10.49	10.28	11.98	12.39	14.62
7.32	12.43	10.32	5.69	8.11	8.04	7.80	6.29	7.60	14.23	21.06	24.37
2.41	3.89	3.44	3.04	5.68	4.78	4.84	4.89	5.81	8.99	7.43	24.37
3.66	5.62	6.59	5.56	7.62	9.13	11.57	11.19	18.32	35.95	60.69	107.25
0.18	0.11	0.14	0.40	0.00	0.87	0.27	1.75	2.23	7.49	3.72	24.37
0.09	0.22	0.14	0.40	0.81	0.22	0.54	1.05	1.79	3.00	1.24	7.31
1.97	3.46	3.58	3.97	4.54	6.08	7.80	6.64	9.38	18.72	28.49	34.12
0.71	1.40	1.00	0.66	0.81	0.43	0.27	1.40	1.79	0.75	3.72	0.00
1.43	1.73	1.58	1.46	1.62	1.52	1.88	0.00	0.89	1.50	0.00	2.44
0.27	0.00	0.29	0.00	0.16	0.00	0.00	0.00	0.00	0.00	0.00	0.00
0.80	1.95	0.72	1.32	1.62	1.74	2.15	0.35	0.00	0.00	0.00	4.87
1.70	3.24	3.58	2.51	3.73	3.69	3.50	4.19	4.91	3.74	13.62	24.37
7.24	8.86	9.89	7.54	15.41	17.38	22.87	39.15	42.89	65.16	82.98	97.50
1.43	1.19	1.43	0.26	1.30	1.09	1.08	1.40	1.34	5.24	3.72	2.44

10-12-2 2005年农村居民年龄别疾病别死亡率(1/10万)(男)

疾病名称(ICD-10)	合计	不满1岁	1～	5～	10～	15～	20～	25～
总　　　　计	**565.22**	**639.35**	**70.04**	**39.04**	**34.01**	**48.41**	**53.46**	**47.78**
传染病和寄生虫病小计	7.87	31.69	3.77	1.29	0.40	0.47	1.48	0.86
其中：传染病计	7.74	31.69	3.77	1.29	0.40	0.47	1.48	0.86
内：伤寒和副伤寒	0.00	0.00	0.00	0.00	0.00	0.00	0.00	0.00
痢疾	0.02	1.86	0.00	0.00	0.00	0.00	0.00	0.00
肠道其他细菌性传染病	0.37	14.91	0.84	0.00	0.00	0.00	0.00	0.00
呼吸道结核	3.81	0.00	0.00	0.00	0.00	0.00	0.25	0.34
其他结核	0.30	0.00	1.26	0.00	0.00	0.00	0.25	0.00
钩端螺旋体病	0.02	0.00	0.00	0.00	0.00	0.00	0.00	0.00
破伤风	0.14	5.59	0.00	0.00	0.00	0.00	0.00	0.00
百日咳	0.00	0.00	0.00	0.00	0.00	0.00	0.00	0.00
脑膜炎球菌感染	0.09	1.86	0.00	0.52	0.00	0.00	0.00	0.00
败血症	0.60	5.59	0.00	0.26	0.00	0.23	0.00	0.00
流行性乙型脑炎	0.04	1.86	0.00	0.00	0.20	0.00	0.00	0.00
流行性出血热	0.04	0.00	0.00	0.00	0.00	0.00	0.00	0.00
麻疹	0.00	0.00	0.00	0.00	0.00	0.00	0.00	0.00
病毒性肝炎	1.60	0.00	0.42	0.00	0.00	0.23	0.25	0.52
艾滋病	0.16	0.00	0.00	0.00	0.00	0.00	0.00	0.00
寄生虫病计	0.12	0.00	0.00	0.00	0.00	0.00	0.00	0.00
内：疟疾	0.00	0.00	0.00	0.00	0.00	0.00	0.00	0.00
血吸虫病	0.12	0.00	0.00	0.00	0.00	0.00	0.00	0.00
肿瘤小计	131.56	7.46	3.36	4.14	4.97	6.55	5.69	6.88
其中：恶性肿瘤计	130.26	7.46	2.94	4.14	4.18	5.85	5.69	6.70
内：鼻咽癌	1.47	0.00	0.00	0.00	0.00	0.00	0.00	0.17
食管癌	17.19	1.86	0.00	0.00	0.00	0.00	0.00	0.17
胃癌	23.90	0.00	0.00	0.00	0.00	0.00	0.74	0.17
结肠、直肠和肛门癌	6.92	0.00	0.00	0.00	0.00	0.23	0.49	0.69
肝癌	32.36	1.86	0.00	0.78	0.20	1.64	1.73	2.58
肺癌	29.66	0.00	0.00	0.00	0.20	0.00	0.25	0.52
乳腺癌								
宫颈癌								
膀胱癌	1.11	0.00	0.00	0.00	0.00	0.00	0.00	0.00
白血病	2.83	1.86	1.68	2.33	2.98	3.27	1.48	1.03
良性肿瘤计	0.91	0.00	0.00	0.00	0.60	0.23	0.00	0.17
其他肿瘤计	0.39	0.00	0.42	0.00	0.20	0.47	0.00	0.00
血液、造血器官及免疫疾病小计	0.56	0.00	0.42	0.00	0.00	0.00	0.00	0.00
其中:贫血	0.54	0.00	0.42	0.00	0.00	0.00	0.00	0.00
血液、造血器官及免疫的其他疾病	0.02	0.00	0.00	0.00	0.00	0.00	0.00	0.00
内分泌、营养和代谢疾病小计	5.14	3.73	0.84	0.26	0.00	0.47	0.49	0.86
其中：糖尿病	4.32	0.00	0.00	0.00	0.00	0.00	0.49	0.34
内分泌、营养和代谢的其他疾病	0.83	3.73	0.84	0.26	0.00	0.47	0.00	0.52
精神障碍小计	2.11	0.00	0.00	0.26	0.40	0.47	0.74	0.69
神经系统疾病小计	4.92	3.73	2.10	1.03	1.39	2.10	0.74	1.20
其中:脑膜炎	0.14	0.00	0.42	0.00	0.00	0.00	0.00	0.00
神经系统的其他疾病	4.78	3.73	1.68	1.03	1.39	2.10	0.74	1.20
循环系统疾病小计	190.50	27.96	0.42	0.26	0.99	3.04	2.72	3.78
其中：急性风湿热	0.37	0.00	0.00	0.00	0.00	0.00	0.00	0.00
心脏病计	58.50	9.32	0.42	0.00	0.20	2.34	1.98	1.89
内：慢性风湿性心脏病	3.83	1.86	0.00	0.00	0.00	0.70	0.00	0.34
高血压性心脏病	3.49	0.00	0.00	0.00	0.00	0.00	0.00	0.00
急性心肌梗死	11.54	0.00	0.00	0.00	0.00	0.94	0.49	0.52
其他冠心病	10.31	0.00	0.00	0.00	0.00	0.00	0.49	0.17
肺源性心脏病	19.24	5.59	0.00	0.00	0.00	0.23	0.00	0.00
其他心脏病	10.10	1.86	0.42	0.00	0.20	0.47	0.99	0.86

10-12-2 续表1

30～	35～	40～	45～	50～	55～	60～	65～	70～	75～	80～	85岁及以上
97.45	**188.45**	**253.87**	**265.66**	**602.40**	**945.35**	**1429.11**	**2430.52**	**4100.66**	**6906.32**	**10236.39**	**15892.51**
2.96	5.01	4.70	6.25	13.66	19.58	25.51	32.76	43.49	57.57	46.89	47.46
2.80	4.81	4.44	6.00	13.66	19.58	24.55	32.76	42.65	57.57	46.89	47.46
0.00	0.00	0.00	0.00	0.00	0.00	0.00	0.00	0.00	0.00	0.00	0.00
0.00	0.00	0.00	0.00	0.00	0.00	0.00	0.00	0.00	0.00	0.00	0.00
0.16	0.00	0.26	0.00	0.30	0.39	1.44	0.64	1.67	1.51	0.00	0.00
1.48	1.20	2.09	2.64	7.13	9.01	11.55	22.48	28.44	37.87	27.58	29.66
0.00	0.00	0.00	0.24	0.30	0.78	1.44	3.21	0.00	1.51	0.00	0.00
0.00	0.00	0.00	0.00	0.00	0.39	0.00	0.00	0.00	0.00	0.00	0.00
0.16	0.00	0.00	0.00	0.30	0.39	0.48	0.64	0.00	0.00	0.00	0.00
0.00	0.00	0.00	0.00	0.00	0.00	0.00	0.00	0.00	0.00	0.00	0.00
0.00	0.00	0.00	0.00	0.00	0.00	0.48	0.64	0.00	0.00	0.00	0.00
0.00	0.20	0.00	0.48	2.38	0.78	0.48	1.28	2.51	6.06	8.28	17.80
0.00	0.00	0.00	0.00	0.00	0.00	0.00	0.00	0.00	0.00	0.00	0.00
0.00	0.00	0.00	0.48	0.00	0.00	0.00	0.00	0.00	0.00	0.00	0.00
0.00	0.00	0.00	0.00	0.00	0.00	0.00	0.00	0.00	0.00	0.00	0.00
0.82	2.20	1.31	1.92	2.38	4.70	7.70	3.21	5.85	7.57	8.28	0.00
0.16	0.80	0.00	0.00	0.59	0.39	0.00	0.00	0.84	0.00	0.00	0.00
0.16	0.20	0.26	0.24	0.00	0.00	0.96	0.00	0.84	0.00	0.00	0.00
0.00	0.00	0.00	0.00	0.00	0.00	0.00	0.00	0.00	0.00	0.00	0.00
0.16	0.20	0.26	0.24	0.00	0.00	0.96	0.00	0.84	0.00	0.00	0.00
19.26	52.87	86.97	95.12	242.86	355.98	466.42	660.94	929.19	1287.64	1084.05	949.16
18.44	52.47	85.14	94.64	240.48	353.63	460.17	659.01	921.67	1278.56	1084.05	925.43
0.16	1.00	2.35	0.48	4.16	5.09	7.70	5.78	5.02	7.57	2.76	11.86
0.00	1.00	7.57	12.73	29.99	55.61	64.98	86.71	142.18	178.76	190.33	118.65
1.32	2.40	10.71	15.85	35.92	66.97	93.38	131.03	195.71	292.37	223.43	189.83
0.99	3.60	3.66	5.76	7.13	13.71	22.14	41.75	49.35	83.32	104.82	17.80
9.22	26.03	38.13	33.39	80.46	92.81	98.19	137.46	155.56	207.54	168.26	166.10
2.47	9.01	12.80	16.57	51.36	86.55	118.89	167.00	245.89	292.37	217.91	231.36
0.00	0.20	0.00	0.48	0.30	2.35	3.37	3.85	11.71	18.18	16.55	47.46
1.48	3.00	2.09	1.92	3.56	2.74	5.29	7.71	9.20	13.63	5.52	11.86
0.82	0.20	1.57	0.48	2.38	2.35	4.33	1.28	2.51	4.54	0.00	11.86
0.00	0.20	0.26	0.00	0.00	0.00	1.93	0.64	5.02	4.54	0.00	11.86
0.00	0.00	0.78	0.00	0.00	0.78	1.93	1.28	2.51	12.12	11.03	29.66
0.00	0.00	0.78	0.00	0.00	0.78	1.93	1.28	2.51	10.60	11.03	29.66
0.00	0.00	0.00	0.00	0.00	0.00	0.00	0.00	0.00	1.51	0.00	0.00
0.82	2.00	3.40	3.60	3.27	12.14	16.85	19.91	35.13	72.71	68.96	77.12
0.66	1.80	2.87	3.12	2.97	10.57	16.85	16.06	28.44	66.65	63.44	41.53
0.16	0.20	0.52	0.48	0.30	1.57	0.00	3.85	6.69	6.06	5.52	35.59
1.81	1.60	1.83	1.92	3.56	2.74	4.33	7.07	5.02	13.63	19.31	77.12
1.81	3.00	3.92	2.16	2.67	7.83	6.26	11.56	33.45	54.54	88.27	148.31
0.16	0.00	0.26	0.24	0.00	0.78	0.48	0.00	0.00	0.00	2.76	0.00
1.65	3.00	3.66	1.92	2.67	7.05	5.78	11.56	33.45	54.54	85.51	148.31
10.21	18.22	38.92	56.21	142.51	268.26	461.61	906.95	1612.50	2817.67	4749.95	7118.70
0.00	0.00	0.00	0.72	0.30	0.00	1.44	1.28	4.18	4.54	8.28	5.93
5.60	7.81	14.63	20.42	47.50	77.54	120.34	260.14	453.31	845.30	1481.26	2562.73
1.32	2.80	2.35	2.16	5.34	8.22	8.66	17.34	25.09	43.93	60.68	41.53
0.00	0.00	0.52	0.72	2.67	3.13	5.78	17.34	26.76	63.62	113.09	136.44
2.30	2.60	3.92	7.93	11.88	22.71	24.07	39.18	81.96	140.88	248.26	492.38
0.66	1.00	2.87	3.84	8.61	10.97	16.85	43.04	88.65	165.12	223.43	551.70
0.33	0.60	1.83	2.88	11.28	18.80	44.28	104.05	175.64	301.46	535.13	741.53
0.99	0.80	3.13	2.88	7.72	13.71	20.70	39.18	55.20	130.28	300.66	599.16

10-12-2　续表2

疾病名称(ICD-10)	合计	不满1岁	1～	5～	10～	15～	20～	25～
其他高血压病	14.84	3.73	0.00	0.26	0.00	0.00	0.00	0.17
脑血管病	116.46	14.91	0.00	0.00	0.80	0.70	0.74	1.72
循环系统的其他疾病	0.33	0.00	0.00	0.00	0.00	0.00	0.00	0.00
呼吸系统疾病小计	119.81	80.15	9.65	2.84	1.39	1.64	0.99	0.86
其中：肺炎	6.32	67.10	8.81	2.33	0.99	0.70	0.25	0.34
慢性下呼吸道疾病	108.75	9.32	0.42	0.26	0.20	0.47	0.49	0.52
尘肺	0.61	0.00	0.00	0.00	0.00	0.00	0.00	0.00
呼吸系统的其他疾病	4.13	3.73	0.42	0.26	0.20	0.47	0.25	0.00
消化系统疾病小计	21.75	9.32	0.84	0.00	0.99	1.17	1.24	1.55
其中：胃和十二指肠溃疡	3.49	1.86	0.00	0.00	0.00	0.00	0.25	0.34
阑尾炎	0.23	0.00	0.00	0.00	0.20	0.00	0.00	0.00
肠梗阻	0.83	0.00	0.42	0.00	0.00	0.47	0.25	0.00
肝疾病	12.66	3.73	0.00	0.00	0.40	0.70	0.49	1.20
消化系统的其他疾病	4.55	3.73	0.42	0.00	0.40	0.00	0.25	0.00
肌肉、骨骼和结缔组织疾病小计	0.60	0.00	0.00	0.00	0.00	0.00	0.00	0.17
泌尿、生殖系统疾病小计	7.18	0.00	0.84	0.00	0.40	1.40	0.49	1.72
其中：肾小球和肾小管间质疾病	2.34	0.00	0.42	0.00	0.00	0.70	0.00	0.69
前列腺增生	0.39	0.00	0.00	0.00	0.00	0.00	0.00	0.00
泌尿、生殖系统的其他疾病	4.46	0.00	0.42	0.00	0.40	0.70	0.49	1.03
妊娠、分娩和产褥期并发症小计	0.00							
其中：直接产科原因计	0.00							
内：流产	0.00							
妊娠高血压综合征	0.00							
梗阻性分娩	0.00							
产后出血	0.00							
母体产伤	0.00							
产褥期感染	0.00							
间接产科原因计	0.00							
妊娠、分娩和产褥期的其他情况	0.00							
起源于围生期的某些情况小计	3.77	558.19	0.70					
其中：早产儿和未成熟儿	0.70	221.60	0.00					
新生儿产伤和窒息	1.44	140.14	0.00					
新生儿溶血性疾病	0.00	0.00	0.00					
新生儿硬化病	0.05	20.57	0.00					
起源于围生期的其他情况	1.54	167.36	0.70					
先天畸形、变形和染色体异常小计	2.00	96.93	7.55	1.81	0.60	0.94	2.23	0.86
其中：先天性心脏病	1.47	61.51	6.29	1.55	0.60	0.70	1.24	0.69
其他先天畸形、变形和染色体异常	0.53	35.42	1.26	0.26	0.00	0.23	0.99	0.17
诊断不明小计	5.02	16.78	2.52	1.55	0.99	0.70	1.24	1.03
其他疾病小计	7.37	13.05	0.00	0.52	0.00	0.23	0.25	0.52
损伤和中毒外部原因小计	55.89	39.14	37.75	24.82	21.48	29.23	35.14	26.81
其中：机动车辆交通事故	9.99	3.73	4.19	2.33	0.99	10.06	9.40	7.22
机动车以外的运输事故	9.02	0.00	1.26	1.55	1.59	5.38	9.65	6.88
意外中毒	3.42	1.86	0.42	0.52	0.60	0.47	1.24	1.55
意外跌落	7.29	0.00	2.52	1.81	0.40	2.10	2.47	2.41
火灾	0.53	0.00	1.26	0.00	0.00	0.00	0.00	0.00
由自然环境因素所致的意外事故	0.35	1.86	0.42	0.00	0.20	0.23	0.00	0.34
淹死	7.15	3.73	25.58	14.74	13.72	6.31	4.21	1.20
意外的机械性窒息	1.07	18.64	0.42	0.52	0.40	0.00	0.25	0.34
砸死	1.44	1.86	0.00	0.26	0.20	0.23	0.49	0.69
由机器切割和穿刺工具所致的意外事故	0.07			0.00	0.00	0.00	0.00	0.17
触电	1.30			0.52	0.60	0.70	0.74	0.52
其他意外事故和有害效应	3.16	5.59	1.68	1.29	0.20	0.47	1.24	1.72
自杀	9.62			1.03	1.99	1.87	3.71	1.89
被杀	1.47	0.00	0.00	0.26	0.60	1.40	1.73	1.89

10-12-2　续表3

30～	35～	40～	45～	50～	55～	60～	65～	70～	75～	80～	85岁及以上
0.00	0.60	1.57	4.08	9.50	18.01	38.99	70.01	132.98	234.81	391.69	539.84
4.44	9.81	22.72	30.99	83.72	171.92	299.88	574.23	1022.03	1729.99	2860.45	3998.34
0.16	0.00	0.00	0.00	1.48	0.78	0.96	1.28	0.00	3.03	8.28	11.86
1.48	5.81	11.75	17.77	56.41	121.01	264.26	540.83	1078.90	1970.85	3271.45	5339.03
0.49	0.60	1.57	1.68	0.59	3.52	6.74	12.20	36.80	57.57	184.81	421.19
0.99	3.80	8.62	13.93	51.07	110.83	243.08	501.65	1007.81	1872.39	2990.10	4728.01
0.00	0.20	0.26	0.48	1.19	1.57	1.93	8.35	3.35	0.00	2.76	5.93
0.00	1.20	1.31	1.68	3.56	5.09	12.51	18.63	30.95	40.90	93.79	183.90
5.76	13.82	17.76	15.13	42.46	50.52	63.06	100.84	133.82	187.84	209.64	314.41
0.66	1.20	1.83	1.92	5.64	5.48	8.18	18.63	27.60	48.48	49.65	47.46
0.00	0.00	0.00	0.24	0.59	0.39	0.96	0.00	1.67	3.03	2.76	5.93
0.00	0.00	0.26	0.00	1.19	1.57	1.93	3.21	5.85	10.60	16.55	29.66
4.28	11.41	13.84	10.33	28.50	37.20	39.47	55.88	59.38	69.68	74.48	130.51
0.82	1.20	1.83	2.64	6.53	5.87	12.51	23.12	39.31	56.05	66.20	100.85
0.16	0.00	0.26	0.72	0.30	1.57	0.48	2.57	5.02	10.60	5.52	17.80
3.79	4.41	6.01	3.36	8.02	9.40	14.92	31.47	37.64	89.38	110.34	177.97
1.32	0.80	2.35	0.48	3.56	3.52	6.74	10.28	12.55	25.75	38.62	29.66
0.00	0.20	0.00	0.00	0.30	0.00	0.00	1.93	2.51	9.09	8.28	29.66
2.47	3.40	3.66	2.88	4.16	5.87	8.18	19.27	22.58	54.54	63.44	118.65
0.49	0.60	0.52	0.48	0.00	0.39	0.00	0.00	1.67	1.51	0.00	11.86
0.49	0.60	0.52	0.48	0.00	0.39	0.00	0.00	0.84	1.51	0.00	11.86
0.00	0.00	0.00	0.00	0.00	0.00	0.00	0.00	0.84	0.00	0.00	0.00
2.14	3.80	5.75	3.36	4.75	5.87	3.85	10.28	13.38	25.75	79.99	361.87
0.82	1.60	2.09	2.64	1.19	1.96	5.29	8.35	43.49	101.50	223.43	836.45
45.93	75.70	69.21	56.93	80.76	87.33	94.34	95.70	125.45	202.99	267.56	385.60
9.22	16.22	13.84	12.97	16.03	16.45	14.92	10.92	9.20	18.18	16.55	17.80
11.03	18.42	15.67	8.41	10.99	11.36	9.15	7.71	12.55	19.69	24.83	41.53
2.63	5.01	4.70	5.04	8.31	6.66	6.74	5.14	6.69	10.60	11.03	35.59
5.10	8.61	9.66	8.65	11.28	12.53	13.48	16.06	25.93	40.90	63.44	94.92
0.33	0.20	0.26	0.48	0.00	1.57	0.00	1.93	0.84	10.60	5.52	23.73
0.16	0.40	0.00	0.24	0.59	0.00	0.48	0.64	1.67	3.03	0.00	11.86
2.30	3.80	3.92	4.08	5.34	8.62	10.59	5.14	9.20	10.60	22.07	35.59
1.15	2.60	1.57	0.96	1.19	0.78	0.48	1.93	1.67	0.00	2.76	0.00
2.14	3.00	2.61	2.40	2.38	2.74	2.89	0.00	1.67	1.51	0.00	0.00
0.00	0.00	0.52	0.00	0.30	0.00	0.00	0.00	0.00	0.00	0.00	0.00
1.32	2.60	1.04	1.68	2.97	3.13	3.85	0.00	0.00	0.00	0.00	5.93
2.63	5.21	4.44	4.32	4.75	4.70	5.29	4.50	8.36	6.06	19.31	35.59
5.76	7.61	8.88	7.21	15.74	17.23	25.03	39.82	46.00	74.23	96.54	77.12
2.14	2.00	2.09	0.48	0.89	1.57	1.44	1.93	1.67	7.57	5.52	5.93

10-12-3　2005年农村居民年龄别疾病别死亡率(1/10万)(女)

疾病名称(ICD-10)	合计	不满1岁	1～	5～	10～	15～	20～	25～
总　　计	**483.36**	**744.76**	**59.97**	**25.26**	**20.33**	**30.54**	**31.91**	**30.80**
传染病和寄生虫病小计	4.13	9.77	2.68	1.31	0.96	0.00	0.85	0.61
其中：传染病计	4.07	9.77	2.68	1.31	0.96	0.00	0.85	0.61
内：伤寒和副伤寒	0.00	0.00	0.00	0.00	0.00	0.00	0.00	0.00
痢疾	0.00	0.00	0.00	0.00	0.00	0.00	0.00	0.00
肠道其他细菌性传染病	0.38	7.33	1.07	0.00	0.00	0.00	0.28	0.00
呼吸道结核	1.78	0.00	0.00	0.00	0.24	0.00	0.28	0.41
其他结核	0.15	0.00	0.00	0.00	0.00	0.00	0.28	0.00
钩端螺旋体病	0.00	0.00	0.00	0.00	0.00	0.00	0.00	0.00
破伤风	0.06	2.44	0.00	0.00	0.00	0.00	0.00	0.00
百日咳	0.00	0.00	0.00	0.00	0.00	0.00	0.00	0.00
脑膜炎球菌感染	0.02	0.00	0.00	0.33	0.00	0.00	0.00	0.00
败血症	0.57	0.00	0.54	0.00	0.24	0.00	0.00	0.20
流行性乙型脑炎	0.04	0.00	0.54	0.00	0.00	0.00	0.00	0.00
流行性出血热	0.00	0.00	0.00	0.00	0.00	0.00	0.00	0.00
麻疹	0.00	0.00	0.00	0.00	0.00	0.00	0.00	0.00
病毒性肝炎	0.59	0.00	0.54	0.00	0.24	0.00	0.00	0.00
艾滋病	0.10	0.00	0.00	0.00	0.00	0.00	0.00	0.00
寄生虫病计	0.06	0.00	0.00	0.00	0.00	0.00	0.00	0.00
内：疟疾	0.00	0.00	0.00	0.00	0.00	0.00	0.00	0.00
血吸虫病	0.02	0.00	0.00	0.00	0.00	0.00	0.00	0.00
肿瘤小计	77.89	14.65	3.75	1.97	2.63	6.16	6.78	6.89
其中：恶性肿瘤计	76.99	14.65	3.21	1.97	2.15	5.60	6.50	6.69
内：鼻咽癌	0.71	0.00	0.00	0.00	0.00	0.00	0.28	0.00
食管癌	8.31	0.00	0.00	0.00	0.00	0.00	0.00	0.41
胃癌	13.26	0.00	0.00	0.00	0.00	0.56	0.56	0.20
结肠、直肠和肛门癌	5.56	0.00	0.00	0.00	0.00	0.28	0.28	0.81
肝癌	12.02	4.88	0.54	0.00	0.00	0.84	1.13	1.62
肺癌	14.03	0.00	0.00	0.00	0.00	0.00	0.00	0.20
乳腺癌	3.69	0.00	0.00	0.00	0.00	0.00	0.00	0.41
宫颈癌	1.62	0.00	0.00	0.00	0.00	0.00	0.28	0.00
膀胱癌	0.48	0.00	0.00	0.00	0.00	0.00	0.00	0.00
白血病	2.87	4.88	2.14	1.31	1.20	2.80	2.54	1.62
良性肿瘤计	0.63	0.00	0.00	0.00	0.24	0.56	0.28	0.00
其他肿瘤计	0.27	0.00	0.54	0.00	0.24	0.00	0.00	0.20
血液、造血器官及免疫疾病小计	0.63	2.44	0.00	0.00	0.24	0.00	0.00	0.20
其中:贫血	0.61	2.44	0.00	0.00	0.24	0.00	0.00	0.20
血液、造血器官及免疫的其他疾病	0.02	0.00	0.00	0.00	0.00	0.00	0.00	0.00
内分泌、营养和代谢疾病小计	7.45	2.44	0.54	0.00	0.24	0.28	0.28	1.01
其中：糖尿病	6.40	0.00	0.00	0.00	0.24	0.28	0.28	1.01
内分泌、营养和代谢的其他疾病	1.05	2.44	0.54	0.00	0.00	0.00	0.00	0.00
精神障碍小计	2.62	0.00	0.00	0.00	0.00	0.56	0.85	0.41
神经系统疾病小计	4.55	0.00	0.54	0.33	0.48	1.12	1.69	0.61
其中:脑膜炎	0.02	0.00	0.00	0.00	0.00	0.00	0.00	0.00
神经系统的其他疾病	4.53	0.00	0.54	0.33	0.48	1.12	1.69	0.61
循环系统疾病小计	184.65	34.19	0.54	0.33	1.20	0.56	2.54	4.66
其中：急性风湿热	0.40	0.00	0.00	0.00	0.24	0.00	0.00	0.00
心脏病计	66.46	17.09	0.00	0.00	0.24	0.56	2.26	2.43
内：慢性风湿性心脏病	7.53	0.00	0.00	0.00	0.00	0.00	0.56	0.41
高血压性心脏病	4.13	0.00	0.00	0.00	0.00	0.00	0.00	0.00
急性心肌梗死	10.97	0.00	0.00	0.00	0.00	0.28	0.00	0.41
其他冠心病	11.58	0.00	0.00	0.00	0.00	0.00	0.28	0.41
肺源性心脏病	18.63	12.21	0.00	0.00	0.00	0.00	0.00	0.20
其他心脏病	13.61	2.44	0.00	0.00	0.24	0.28	1.41	1.01

10-12-3 续表1

30～	35～	40～	45～	50～	55～	60～	65～	70～	75～	80～	85岁及以上
69.33	**116.91**	**141.32**	**177.31**	**358.31**	**581.94**	**939.19**	**1570.68**	**2887.54**	**5167.33**	**8427.37**	**17207.28**
0.98	3.29	2.86	2.95	5.01	6.35	12.20	11.50	21.10	29.63	31.47	74.47
0.98	3.29	2.86	2.65	5.01	6.35	12.20	11.50	21.10	29.63	31.47	66.20
0.00	0.00	0.00	0.00	0.00	0.00	0.00	0.00	0.00	0.00	0.00	0.00
0.00	0.00	0.00	0.00	0.00	0.00	0.00	0.00	0.00	0.00	0.00	0.00
0.00	0.23	0.32	0.00	0.00	0.00	0.00	0.00	0.00	2.96	6.74	20.69
0.59	1.64	1.27	1.47	1.43	5.37	9.15	6.90	10.55	11.85	4.50	8.27
0.00	0.23	0.32	0.29	0.36	0.00	0.61	0.77	0.00	0.00	0.00	0.00
0.00	0.00	0.00	0.00	0.00	0.00	0.00	0.00	0.00	0.00	0.00	0.00
0.00	0.00	0.00	0.00	0.00	0.00	0.00	0.00	0.96	1.48	0.00	0.00
0.00	0.00	0.00	0.00	0.00	0.00	0.00	0.00	0.00	0.00	0.00	0.00
0.00	0.00	0.00	0.00	0.00	0.00	0.00	0.00	0.00	0.00	0.00	0.00
0.20	0.00	0.00	0.00	0.36	0.00	0.00	2.30	4.80	5.93	6.74	28.96
0.00	0.00	0.00	0.00	0.36	0.00	0.00	0.00	0.00	0.00	0.00	0.00
0.00	0.00	0.00	0.00	0.00	0.00	0.00	0.00	0.00	0.00	0.00	0.00
0.00	0.00	0.00	0.00	0.00	0.00	0.00	0.00	0.00	0.00	0.00	0.00
0.00	0.23	0.32	0.88	1.79	0.00	2.44	0.77	1.92	4.44	8.99	8.27
0.20	0.70	0.00	0.00	0.00	0.00	0.00	0.00	0.00	0.00	2.25	0.00
0.00	0.00	0.00	0.29	0.00	0.00	0.00	0.00	0.00	0.00	0.00	8.27
0.00	0.00	0.00	0.00	0.00	0.00	0.00	0.00	0.00	0.00	0.00	0.00
0.00	0.00	0.00	0.29	0.00	0.00	0.00	0.00	0.00	0.00	0.00	0.00
16.80	34.04	50.81	63.92	120.15	187.47	237.24	364.29	492.13	715.54	606.93	599.92
16.60	33.34	49.86	62.15	118.00	185.52	234.19	361.99	491.17	709.62	606.93	599.92
0.59	0.94	0.00	0.88	0.72	1.95	1.83	1.53	6.72	4.44	2.25	4.14
0.39	0.23	2.22	4.42	9.65	18.55	30.49	42.18	77.70	93.33	78.68	82.75
0.20	3.05	6.03	8.54	13.59	27.34	34.76	72.86	96.89	155.55	175.34	144.81
1.56	2.35	3.81	2.65	7.51	11.23	18.30	24.54	30.70	77.04	44.96	41.37
2.93	5.63	12.07	10.31	22.17	35.64	38.42	54.45	62.36	96.29	62.94	66.20
0.98	4.70	7.62	9.43	19.31	30.76	42.08	82.06	109.36	148.15	116.89	115.85
2.34	3.29	3.18	5.01	12.16	12.69	13.42	8.44	9.59	16.30	6.74	16.55
0.98	0.70	2.22	2.65	3.93	5.86	6.10	4.60	4.80	8.89	2.25	4.14
0.00	0.70	0.95	0.29	0.00	0.98	1.83	1.53	2.88	4.44	4.50	4.14
3.52	3.76	1.91	2.06	2.86	2.93	6.10	6.14	4.80	7.41	6.74	12.41
0.20	0.70	0.95	0.88	0.72	1.95	1.83	2.30	0.00	5.93	0.00	0.00
0.00	0.00	0.00	0.88	1.43	0.00	1.22	0.00	0.96	0.00	0.00	0.00
0.39	0.94	0.00	0.29	0.36	0.98	1.22	0.77	3.84	2.96	11.24	12.41
0.20	0.94	0.00	0.29	0.36	0.98	1.22	0.77	3.84	2.96	11.24	12.41
0.20	0.00	0.00	0.00	0.00	0.00	0.00	0.00	0.00	0.00	0.00	0.00
2.15	2.11	4.45	5.01	9.30	15.62	21.96	30.68	45.09	88.89	49.45	128.26
1.76	1.17	3.49	5.01	8.94	13.18	18.91	26.84	40.29	82.96	47.21	74.47
0.39	0.94	0.95	0.00	0.36	2.44	3.05	3.83	4.80	5.93	2.25	53.79
1.37	2.11	0.00	2.06	1.43	2.44	2.44	3.83	6.72	35.56	31.47	132.40
1.95	2.35	1.27	2.36	3.22	2.44	7.32	13.04	22.06	41.48	62.94	190.32
0.00	0.00	0.00	0.00	0.00	0.00	0.00	0.00	0.00	0.00	2.25	0.00
1.95	2.35	1.27	2.36	3.22	2.44	7.32	13.04	22.06	41.48	60.69	190.32
8.59	19.96	26.68	48.30	108.35	196.26	347.01	585.17	1172.28	2225.15	3967.54	7629.29
0.00	0.00	0.00	0.00	0.36	0.00	2.44	3.83	1.92	4.44	4.50	4.14
5.86	12.44	13.02	17.97	38.26	64.44	110.39	211.67	387.56	771.84	1384.71	2962.35
3.12	6.81	5.40	5.01	10.01	14.16	25.00	29.14	30.70	62.22	85.42	115.85
0.00	0.00	0.32	0.00	1.07	2.93	8.54	9.20	22.06	56.30	98.91	231.69
0.78	2.35	1.59	4.42	7.15	15.62	13.42	41.41	68.11	112.59	202.31	496.48
0.59	0.70	0.95	0.88	6.08	9.76	17.69	38.35	78.66	142.22	236.03	570.96
0.59	0.23	1.91	2.95	6.79	12.21	28.66	59.82	128.55	248.89	472.06	748.86
0.78	2.35	2.86	4.71	7.15	9.76	17.08	33.75	59.48	149.63	289.98	798.51

10-12-3 续表2

疾病名称(ICD-10)	合计	不满1岁	1～	5～	10～	15～	20～	25～
其他高血压病	11.35	4.88	0.00	0.00	0.00	0.00	0.00	0.20
脑血管病	106.11	12.21	0.54	0.33	0.48	0.00	0.28	2.03
循环系统的其他疾病	0.34	0.00	0.00	0.00	0.24	0.00	0.00	0.00
呼吸系统疾病小计	128.53	107.44	12.85	2.62	0.96	0.28	0.28	0.81
其中：肺炎	8.08	87.91	11.24	1.97	0.72	0.28	0.28	0.61
慢性下呼吸道疾病	116.22	9.77	0.54	0.33	0.24	0.00	0.00	0.20
尘肺	0.08	0.00	0.00	0.00	0.00	0.00	0.00	0.00
呼吸系统的其他疾病	4.15	9.77	1.07	0.33	0.00	0.00	0.00	0.00
消化系统疾病小计	11.56	7.33	0.54	0.66	0.24	0.84	0.56	0.20
其中：胃和十二指肠溃疡	1.89	0.00	0.00	0.00	0.00	0.28	0.00	0.00
阑尾炎	0.08	0.00	0.00	0.00	0.00	0.00	0.28	0.00
肠梗阻	0.44	2.44	0.00	0.00	0.00	0.00	0.28	0.00
肝疾病	5.31	0.00	0.00	0.66	0.00	0.56	0.00	0.20
消化系统的其他疾病	3.84	4.88	0.54	0.00	0.24	0.00	0.00	0.00
肌肉、骨骼和结缔组织疾病小计	1.28	0.00	0.00	0.00	0.00	0.00	0.00	0.41
泌尿、生殖系统疾病小计	6.73	0.00	0.54	0.33	0.24	0.56	0.85	1.01
其中：肾小球和肾小管间质疾病	2.60	0.00	0.00	0.00	0.00	0.00	0.28	0.00
前列腺增生	0.00	0.00	0.00	0.00	0.00	0.00	0.00	0.00
泌尿、生殖系统的其他疾病	4.13	0.00	0.54	0.33	0.24	0.56	0.56	1.01
妊娠、分娩和产褥期并发症小计	0.73					0.00	1.94	3.01
其中：直接产科原因计	0.68					0.00	1.94	3.01
内：流产	0.05					0.00	0.10	0.19
妊娠高血压综合征	0.05					0.00	0.19	0.19
梗阻性分娩	0.10					0.00	0.29	0.49
产后出血	0.44					0.00	1.26	1.60
母体产伤	0.00					0.00	0.00	0.00
产褥期感染	0.05					0.00	0.00	0.19
间接产科原因计	0.00					0.00	0.00	0.00
妊娠、分娩和产褥期的其他情况	0.00					0.00	0.00	0.00
起源于围生期的某些情况小计	4.03	523.83	0.63					
其中：早产儿和未成熟儿	0.78	173.13	0.00					
新生儿产伤和窒息	1.75	182.02	0.15					
新生儿溶血性疾病	0.05	2.67	0.15					
新生儿硬化病	0.05	2.67	0.00					
起源于围生期的其他情况	1.41	163.29	0.34					
先天畸形、变形和染色体异常小计	2.16	119.65	5.89	2.62	2.15	2.80	0.85	1.01
其中：先天性心脏病	1.49	65.93	4.28	1.31	2.15	2.24	0.85	1.01
其他先天畸形、变形和染色体异常	0.67	53.72	1.61	1.31	0.00	0.56	0.00	0.00
诊断不明小计	4.64	12.21	2.68	1.31	0.96	1.40	0.00	0.61
其他疾病小计	10.95	7.33	1.61	0.66	0.48	0.28	0.28	0.20
损伤和中毒外部原因小计	31.36	41.51	25.70	13.12	9.57	15.41	14.97	11.14
其中：机动车辆交通事故	3.63	0.00	2.68	1.64	0.00	2.80	1.69	3.04
机动车以外的运输事故	2.87	7.33	0.54	0.66	0.24	1.68	2.26	0.41
意外中毒	1.80	0.00	0.00	0.00	1.20	1.40	1.41	0.61
意外跌落	3.76	0.00	0.54	0.98	0.48	1.96	1.13	0.41
火灾	0.57	2.44	2.14	0.00	0.72	0.00	0.28	0.00
由自然环境因素所致的意外事故	0.36	0.00	0.00	0.00	0.24	0.00	0.00	0.00
淹死	4.82	2.44	18.20	6.89	5.26	3.64	1.13	1.22
意外的机械性窒息	0.46	19.53	0.54	0.66	0.00	0.00	0.28	0.00
砸死	0.23	0.00	0.00	0.00	0.00	0.00	0.00	0.00
由机器切割和穿刺工具所致的意外事故	0.13	0.00	0.00	0.00	0.24	0.00	0.00	0.20
触电	0.34	0.00	0.00	0.33	0.00	0.28	0.28	0.20
其他意外事故和有害效应	1.17	7.33	0.54	0.00	0.24	0.28	0.85	0.41
自杀	10.64	0.00	0.00	0.00	0.96	2.80	5.65	4.05
被杀	0.59	0.00	0.54	1.31	0.00	0.56	0.00	0.61

10-12-3 续表3

30～	35～	40～	45～	50～	55～	60～	65～	70～	75～	80～	85岁及以上
0.20	0.00	0.00	2.65	3.93	9.76	28.66	39.88	70.03	149.63	254.01	459.25
2.54	7.51	13.66	27.69	65.80	122.05	204.30	329.78	711.81	1296.28	2317.58	4174.60
0.00	0.00	0.00	0.00	0.00	0.00	1.22	0.00	0.96	2.96	6.74	28.96
2.93	5.16	8.89	12.08	41.48	87.88	204.30	398.04	878.73	1598.49	2946.99	6119.16
0.98	0.70	0.64	0.59	2.50	2.44	9.76	5.37	16.31	65.18	152.86	570.96
1.76	3.29	7.94	11.19	36.83	83.48	186.62	385.00	830.77	1481.46	2724.45	5320.65
0.00	0.23	0.32	0.00	0.00	0.00	1.22	0.00	0.00	0.00	0.00	0.00
0.20	0.94	0.00	0.29	2.15	1.95	6.71	7.67	31.66	51.85	69.68	227.55
1.95	4.23	4.45	8.25	17.52	22.46	31.71	42.18	67.15	115.55	155.10	202.73
0.78	1.17	0.00	1.47	2.86	4.88	4.27	5.37	12.47	20.74	22.48	24.82
0.00	0.23	0.00	0.00	0.00	0.49	0.00	0.00	0.00	1.48	0.00	0.00
0.00	0.00	0.00	0.00	0.00	0.00	0.61	1.53	0.96	5.93	22.48	4.14
0.98	2.11	3.18	5.30	10.73	14.16	21.35	25.31	23.02	44.44	31.47	45.51
0.20	0.70	1.27	1.47	3.93	2.93	5.49	9.97	30.70	42.96	78.68	128.26
0.20	0.94	0.64	0.59	0.72	0.98	2.44	5.37	14.39	10.37	15.74	24.82
2.54	4.70	4.45	6.77	8.94	16.11	15.86	20.71	32.62	44.44	76.43	119.98
0.98	2.11	1.27	2.06	2.86	7.32	6.71	6.14	12.47	14.81	33.72	74.47
0.00	0.00	0.00	0.00	0.00	0.00	0.00	0.00	0.00	0.00	0.00	0.00
1.56	2.58	3.18	4.71	6.08	8.79	9.15	14.57	20.15	29.63	42.71	45.51
1.36	0.58	0.44	0.34								
1.36	0.58	0.29	0.34								
0.10	0.00	0.00	0.00								
0.10	0.00	0.00	0.00								
0.10	0.00	0.00	0.00								
1.07	0.58	0.15	0.15								
0.00	0.00	0.00	0.00								
0.00	0.00	0.00	0.15								
0.00	0.00	0.15	0.00								
0.00	0.00	0.00	0.00								
0.39	0.47	0.32	0.00	0.00	0.00	0.00	0.00	0.00	0.00	2.25	8.27
0.39	0.47	0.32	0.00	0.00	0.00	0.00	0.00	0.00	0.00	2.25	4.14
0.00	0.00	0.00	0.00	0.00	0.00	0.00	0.00	0.00	0.00	0.00	4.14
1.76	1.17	0.95	0.59	1.43	2.44	3.05	6.90	11.51	14.81	65.19	422.01
0.39	1.64	1.91	0.88	1.07	2.44	3.05	7.67	33.58	93.33	188.82	1183.29
24.61	31.22	32.39	22.97	39.33	38.08	49.40	80.53	86.34	151.11	215.80	355.81
4.30	5.16	5.08	3.83	3.93	2.93	3.66	9.97	11.51	5.93	8.99	12.41
2.93	5.40	3.81	2.36	4.65	3.91	6.10	4.60	1.92	8.89	17.98	12.41
2.15	2.58	1.91	0.59	2.50	2.44	2.44	4.60	4.80	7.41	4.50	16.55
1.95	2.11	2.86	1.77	3.22	4.88	9.15	5.37	9.59	31.11	58.45	115.85
0.00	0.00	0.00	0.29	0.00	0.00	0.61	1.53	3.84	4.44	2.25	24.82
0.00	0.00	0.32	0.59	1.07	0.49	0.61	1.53	1.92	2.96	2.25	4.14
1.56	3.05	3.18	3.83	3.58	2.93	4.27	8.44	9.59	26.67	33.72	33.10
0.20	0.00	0.32	0.29	0.36	0.00	0.00	0.77	1.92	1.48	4.50	0.00
0.59	0.23	0.32	0.29	0.72	0.00	0.61	0.00	0.00	1.48	0.00	4.14
0.59	0.00	0.00	0.00	0.00	0.00	0.00	0.00	0.00	0.00	0.00	0.00
0.20	1.17	0.32	0.88	0.00	0.00	0.00	0.77	0.00	0.00	0.00	4.14
0.59	0.94	2.54	0.29	2.50	2.44	1.22	3.83	0.96	1.48	8.99	16.55
8.98	10.33	11.12	7.95	15.02	17.58	20.13	38.35	39.33	56.30	71.93	111.71
0.59	0.23	0.64	0.00	1.79	0.49	0.61	0.77	0.96	2.96	2.25	0.00

十一、卫 生 监 督

简要说明

一、本章反映我国卫生监督、监测、检验情况，主要包括食品、化妆品卫生、生活饮用水卫生、公共场所卫生、职业卫生、放射卫生等监督、监测、检验情况。

二、本章数据来源于2005年卫生监督统计年报资料。

三、除在表下方标明所缺省份外，其他数据包括全国31个省、自治区、直辖市数据。

主要统计指标解释

食品卫生企业户监督频次 即食品生产经营监督户次数/食品生产经营户数。

食品卫生合格率 是指食品卫生抽检合格率，即食品卫生抽样监测合格件数/监测件数×100%。

生产环境职业危害测定率 是指生产环境职业危害测定点数与应测点之比。确定生产环境职业危害测定点的依据是卫生部发布的《卫生防疫工作规范》，确定合格点的依据是卫生部发布的《工作场所有害因素职业接触限值》（GBZ2－2002）。

人均年剂量当量 由实测集体剂量当量/实监测人数×1000（因计量单位转换而导入）。

卫生监督合格学校数 按照学校卫生监督的具体实施细则要求，各分项监督总分达到规定总分的60%及以上，即可判定为监督合格学校。实际得分未达到标准总分的60%者，判为不合格学校。有下列情况之一者，亦判为不合格学校：①因校方责任发生集体性食物中毒；②因校方责任发生肠道传染病暴发流行；③校内生活饮用水污染事故；④学校组织学生劳动、体育等活动因责任事故使学生致残、死亡事故；⑤发现学校有超额学生班级。

11-1-1　2005年食品卫生监督情况

	总计	生产加工业	批发零售业	饮食服务业	集体食堂	食品摊贩
经常性监督						
生产经营户数	3709026	306572	1658140	1124316	160419	459579
从业人数	12447176	2130085	3058958	5634348	942429	681356
实监督户数	3537307	293714	1574268	1089413	152330	427582
监督户次数	11512007	1048360	4194790	4376953	588560	1303344
合格户次数	10204451	908924	3858713	3788337	523048	1125429
实培训人数	11570729	1939169	2818240	5356126	858735	598459
培训合格数	11483559	1925882	2799653	5319017	853823	585184
应体检人数	12315795	2082277	3008843	5650256	922620	651799
实体检人数	12020778	2045278	2936205	5514846	899834	624615
体检合格数	11770465	1990868	2886603	5407456	875897	609641
预防性监督						
参与设计审查						
审查数	239359	18870	83955	107313	12888	16333
合格数	221965	17077	81287	95689	11885	16027
参与竣工验收						
验收数	228884	17893	79022	101220	13950	16799
合格数	217310	16733	77070	94116	12947	16444

注：缺海南、上海、西藏、新疆、河北、江西数据。

11-1-2　2005年食品卫生抽检情况

	合计	粮食	植物油	肉及肉制品	消毒鲜乳	乳制品	水产品	罐头	食糖	冷食	饮料	蒸馏酒配制酒
合计												
监测件数	2299897	41362	34335	1471587	20548	31425	63201	10560	7558	39429	62996	40018
合格件数	2012292	38417	32461	1260301	19317	29016	53834	9970	6932	33930	56258	38039
合格率(%)	87.49	92.88	94.54	85.64	94.01	92.33	85.18	94.41	91.72	86.05	89.30	95.05
生产加工业												
监测件数	554599	20092	17309	189280	10395	11103	16400	2625	2343	16270	23033	20093
合格件数	495384	18937	16391	164166	9683	10019	14305	2577	2045	13530	20102	18962
合格率(%)	89.32	94.25	94.70	86.73	93.15	90.24	87.23	98.17	87.28	83.16	87.27	94.37
销售服务业												
监测件数	1745298	21270	17026	1282307	10153	20322	46801	7935	5215	23159	39963	19925
合格件数	1516908	19480	16070	1096135	9634	18997	39529	7393	4887	20400	36156	19077
合格率(%)	86.91	91.58	94.39	85.48	94.89	93.48	84.46	93.17	93.71	88.09	90.47	95.74

注：缺河北、江西、上海数据。

11-1-2　续表

	发酵酒	调味品	豆制品	糕点	糖果蜜饯	酱腌菜	保健食品	新资源食品	食品添加剂	其他食品	食品用产品	餐具消毒
合计												
监测件数	20900	54318	29664	153370	29884	20242	79468	6425	4047	78560	14062	2727108
合格件数	18824	48865	25821	141240	27689	18155	72515	5734	3623	71351	13143	2174605
合格率(%)	90.07	89.96	87.04	92.09	92.65	89.69	91.25	89.25	89.52	90.82	93.46	79.74
生产加工业												
监测件数	8670	19737	17944	95723	11044	9059	31932	3570	2285	25692	3419	204152
合格件数	7480	17035	15681	88405	10093	8137	29588	3189	2093	22966	3099	146992
合格率(%)	86.27	86.31	87.39	92.36	91.39	89.82	92.66	89.33	91.60	89.39	90.64	72.00
销售服务业												
监测件数	12230	34581	11720	57647	18840	11183	47536	2855	1762	52868	10643	2522956
合格件数	11344	31830	10140	52835	17596	10018	42927	2545	1530	48385	10044	2027613
合格率(%)	92.76	92.04	86.52	91.65	93.40	89.58	90.30	89.14	86.83	91.52	94.37	80.37

11-1-3 2005年发生食物中毒及原因分析

	总计	生物性	农药及化学物	有毒动植物	原因不明
总计					
中毒起数	2453	693	394	816	550
中毒人数	32553	14670	3749	6804	7330
死亡人数	381	157	97	109	18
集体食堂					
中毒起数	700	182	47	325	146
中毒人数	12210	4787	1107	4097	2219
死亡人数	82	82			
饮食服务单位					
中毒起数	488	264	56	23	145
中毒人数	9495	6202	712	292	2289
死亡人数	53	53			
食品摊贩					
中毒起数	92	35	22	6	29
中毒人数	981	522	160	83	216
死亡人数	3		2	1	
家庭					
中毒起数	1032	176	231	432	193
中毒人数	7878	2621	1284	2034	1939
死亡人数	222	22	85	102	13
其他场所					
中毒起数	141	36	38	30	37
中毒人数	1989	538	486	298	667
死亡人数	21		10	6	5

11-1-4 2005年食品卫生监督行政处罚情况

	处罚总户次数	受处罚情况			
		警告/责令改正户次数	责令公告收回已售出的食品		责令停产/停业户次数
			户次数	重量(公斤)	
合计	**585098**	**382905**	**23269**	**420228**	**24590**
生产加工业	65510	40866	3756	231444	3308
批发零售业	143859	87593	6015	151200	4133
饮食行业	278008	190082	10576	16750	12431
职工食堂	32336	24415	1767	7742	1235
食品摊贩	65385	39949	1155	13092	3483

注：缺上海数据。

11-1-4 续表

	受处罚情况						吊销卫生许可证户次数	取缔非法经营活动户次数
	没收销毁食品		没收违法所得		罚款			
	户次数	重量(公斤)	户次数	金额(元)	户次数	金额(元)		
合计	**1706623**	**3695086**	**6038**	**5154807**	**132374**	**114404194**	**5403**	**148512**
生产加工业	224337	1897261	747	1498851	20095	20962208	708	32731
批发零售业	360403	1277535	2458	1623280	33467	23494208	1754	57307
饮食行业	915537	302130	2142	1776551	62681	55659240	1521	38868
职工食堂	153746	72799	292	129915	7659	11642052	274	4147
食品摊贩	52600	145361	399	126210	8472	2646486	1146	15459

11-2-1　2005年工业部门职业病发病及死亡情况

工业部门	合计		尘肺		急性中毒		慢性中毒例数	物理因素所致病例数	生物因素所致病例数	职业性皮肤病例数	职业性眼病例数	职业性耳鼻咽喉、口腔疾病例数	职业性肿瘤	其他职业病例数
	例数	构成（%）	新病例数	死亡数	病例数	死亡数								
合计	**5247**	**100.0**	**3380**	**328**	**494**	**49**	**565**	**100**	**184**	**240**	**180**	**46**	**13**	**45**
煤炭	1749	33.3	1602	99	33		31	2	81					
石油	16	0.3	8	1	3		4					1		
电力	30	0.6	16		6	2	1	3		1		3		
核工业	3	0.1	1									2		
冶金	497	9.5	330	32	86	6	21	5		3	20	27	5	
有色金属	140	2.7	121	56	6		5	4			4			
机械	273	5.2	130	23	3		107	10	2	9	5	5		2
电子	105	2.0	8		3	1	67			18	7		1	1
兵器	37	0.7	25	2			7	3			1		1	
船舶	44	0.8	8	7	20		3	9		1	3			
化工	448	8.5	45	9	186	15	53	11		69	70	1	3	10
医药	52	1.0	4	4	13		12	2	1	15	5			
铁道	40	0.8	27	3	1		3	5		4				
交通	59	1.1	40		4		1	7		1	2	1		3
建材	326	6.2	284	28	11	2	7	3		16		3		2
建设	163	3.1	81	12	23	9	52	4			2			1
地质矿产	153	2.9	137	7	1			14					1	
水利	11	0.2	5		4		2							
农业	28	0.5	24	1	1			1	2					
森林工业	8	0.2	3				1	1	3					
轻工	183	3.5	50	9	16	7	87	1	1	17	7			4
纺织	16	0.3	7	1	5		1	1		1	1			
航空航天	5	0.1	1				1					3		
商业	4	0.1	4											
邮电	1	0.0	1											
司法	2	0.0	1							1				
石化工业	55	1.0	1				49			2	3			
其他	799	15.2	416	34	69	7	50	14	94	82	50		2	22

注：缺福建、广东、河南、湖南、吉林、西藏数据。

11-2-2　2005年生产环境职业危害情况

	合计	粉尘	化学	物理
总计				
企业数	87618			
应测点	430756	167402	143792	119562
测定点	211302	81188	67973	62141
测定率（%）	49.05	48.50	47.27	51.97
合格点	160031	59422	58268	42341
合格率（%）	75.74	73.19	85.72	68.14
公有经济				
企业数	15460			
应测点	168364	77181	42374	48809
测定点	107564	49133	27426	31005
测定率（%）	63.89	63.66	64.72	63.52
合格点	85749	39421	23669	22659
合格率（%）	79.72	80.23	86.30	73.08
非公有经济				
企业数	72158			
应测点	262392	90221	101418	70753
测定点	103738	32055	40547	31136
测定率（%）	39.54	35.53	39.98	44.01
合格点	74282	20001	34599	19682
合格率（%）	71.61	62.40	85.33	63.21

注：缺福建、广东、河南、湖南、山西、西藏数据。

11-2-3　2005年有害作业工人职业性健康检查情况

	合计	粉尘	化学	物理	特殊管理	其他职业危害
公有经济企业						
职工总数	8770505					
接触人数	2722592	1379016	584768	701411	14880	42517
接触比	31.04					
应检数	2163614	1071070	485498	565708	11044	30288
应检率（%）	79.47	77.67	83.02	80.65	74.22	71.24
受检数	1058829	474139	301421	265397	4254	13618
受检率（%）	48.94	44.27	62.08	46.91	38.52	44.96
检出数	3782	2195	787	650	32	118
检出率（%）	0.36	0.46	0.26	0.24	0.75	0.87
非公有经济企业						
职工总数	6956516					
接触人数	2364019	1000058	775375	515980	12584	60022
接触比	33.98					
应检数	2052803	845169	709589	432768	12539	52738
应检率（%）	86.84	84.51	91.52	83.87	99.64	87.86
受检数	803054	286904	348996	144630	3150	19374
受检率（%）	39.12	33.95	49.18	33.42	25.12	36.74
检出数	5728	1300	3639	648		141
检出率（%）	0.71	0.45	1.04	0.45	0.00	0.73

注：缺福建、广东、海南、河南、湖南、西藏、新疆数据。

11-2-4　2005年职业卫生被监督单位基本情况

行业	在岗期间培训			上岗前培训			新、改、扩建项目				职业病报告	
							危害评价		控制度评价			
	应培训人数	实际培训人数	合格人数	体检人数	合格人数	实际培训人数	同意	不同意	同意	不同意	职业病人数	调离人数
总计	**3150924**	**2108192**	**1824161**	**321949**	**298925**	**235286**	**982**	**164**	**585**	**1188**	**3990**	**1644**
煤炭	622184	327943	314369	24837	23953	24433	11	4	11	32	1207	601
石油	91441	86988	85878	1489	1486	1425	38	3	11	3	10	6
电力	85570	53093	44822	4648	4232	5461	30	2	10	1	26	19
核工业	25933	24951	24059	3269	2895	1805	2	2	2		10	9
冶金	257058	166234	146530	10439	9746	6686	15		22	10	292	179
有色金属	111995	68643	66537	10007	8657	7782	29		11	19	88	21
机械	207903	157272	133111	28037	22891	16398	161	19	81	116	246	99
电子	149622	116424	108620	32244	29740	27577	51	44	29	39	47	35
兵器	15870	9435	9265	720	550	490	1		1	1	9	6
船舶	63661	56839	55877	18883	18633	18071	8	2	11	5	34	8
化工	268257	193978	149571	34995	31314	24067	133	23	114	44	250	133
医药	41004	30524	23944	4468	4389	3072	28	12	17	11	38	22
铁道	10121	8077	8023	465	457	457	2		2		21	11
交通	47397	37637	34521	6207	5806	5561	13	5	5	9	43	31
建材	194240	132757	76719	20530	19042	13819	70	10	43	38	245	115
建设	29133	18062	16700	1880	1504	505	4	5	1	27	110	23
地质矿产	18992	8264	6769	1340	1307	689	1		1	74	150	63
水利	3367	2182	2182	229	188	188	4			1	5	3
农业	14577	12190	9255	3367	3277	1560	3	2	7	26	26	
森林工业	22559	18618	17519	3912	3826	3755	1		1	1	30	29
轻工	222559	137607	116615	38026	35792	18696	57	11	27	42	71	27
纺织	172655	98197	89354	10498	10123	7767	34	7	24	5	12	4
航空航天	7672	5311	5067	207	149	106	8		5		3	4
商业	1766	1168	781	2	2		1	2		2	1	
邮电	4056	3926	3901	200	200	200						
司法	31236	25239	25207	3165	3127	2998	2		3		17	17
石化工业	95869	90396	66606	9283	9178	4407	24	4	27	258	263	5
其他	334227	216237	182359	48602	46461	37311	251	7	119	424	736	174

注:缺福建、甘肃、广东、河南、湖南、江西、宁夏、青海、西藏数据。

11-2-5　2005年职业卫生行政处罚情况

行业	警告户次数	限期治理户次数	处罚户次数	责令停产/停业户次数
总计	**5263**	**7998**	**934**	**37**
煤炭	327	261	19	
石油	14	19	3	
电力	32	46	6	
核工业	4	4	3	
冶金	196	271	26	
有色金属	198	212	42	
机械	458	671	94	7
电子	148	303	22	
兵器	2	2		
船舶	52	45	12	1
化工	552	870	66	2
医药	74	113	84	
铁道	7	7	7	
交通	49	46	46	
建材	678	806	100	1
建设	75	80	38	
地质矿产	72	82	8	
水利	3	8		
农业	6	7	4	
森林工业	26	61	3	
轻工	1002	1912	149	3
纺织	188	271	28	
航空航天	4	6	1	
商业	2	1		
邮电	1	2		
司法	3	3	3	
石化工业	65	58	23	
其他	1025	1831	147	23

注:缺福建、甘肃、广东、海南、河南、湖南、江西、青海、西藏数据。

11-3-1 2005年公共场所从业人员卫生监督情况

	基本情况			从业人员卫生监督		
	总户数	总发证数	本年度发证数	人员总数	应体检人数	实际体检人数
总计	**810142**	**752319**	**386654**	**3717420**	**3580693**	**3470523**
旅店业	139868	132617	67293	858421	827561	807255
文化娱乐场所	113070	104188	53092	479315	461039	445161
公共浴室	52334	49632	25372	310617	305486	297089
理发店、美容店	440595	415701	213938	1109385	1093253	1054576
游泳场所	5501	5129	2641	35544	34671	33008
体育馆	1946	1805	1191	10336	9928	9226
图书、美术、博物、展览馆	1965	1754	774	16685	14188	13132
商场(店)、书店	27122	23806	12886	757627	705715	689163
医院候诊室	6021	4338	1940	24212	21084	19849
公共交通等候室	2169	1925	925	29124	24550	23669
公共交通工具	3066	1293	570	19233	18234	16502
其他	16485	10131	6032	66921	64984	61893

注：缺新疆、西藏数据。

11-3-1 续表

	从业人员卫生监督				
	检出病人人数	调离人数	应培训人数	实际培训人数	培训合格人数
总计	**46654**	**45633**	**3481014**	**3368095**	**3245040**
旅店业	8467	8172	782124	762077	735234
文化娱乐场所	6706	6423	445389	430162	415985
公共浴室	3963	3831	298322	290137	284777
理发店、美容店	16815	16629	1064872	1026215	994424
游泳场所	462	420	34036	32490	31867
体育馆	132	116	9879	9238	9088
图书、美术、博物、展览馆	128	128	14084	13288	12022
商场(店)、书店	6178	6121	695687	682717	668876
医院候诊室	213	213	29614	18366	16982
公共交通等候室	251	251	24295	23279	22408
公共交通工具	51	51	17886	17127	12468
其他	3288	3278	64826	62999	40909

11-3-2 2005年公共场所卫生监督情况

	卫生监督				从业人员经常性监督				
	总户数	监督户数	无卫生许可证户数	合格户数	从业人员人数	有健康证人数	无健康证人数	有培训证人数	无培训证人数
总计	**817151**	**752228**	**36488**	**709460**	**3553320**	**3377070**	**176250**	**3318274**	**202719**
旅店业	139464	129747	5090	123837	800507	764846	35661	744677	39439
文化娱乐场所	111425	103971	5700	97720	455526	426537	28989	417747	32154
公共浴室	51777	46506	1620	43600	295504	283304	12200	286020	13204
理发店、美容店	454317	417393	20140	390822	1096306	1044089	52217	1024239	64663
游泳场所	6256	5636	255	5269	35171	33129	2042	32502	2291
体育馆	1904	1674	85	1600	9955	8986	969	8846	1021
图书馆、美术馆、博物馆、展览馆	1310	1135	125	1049	12889	11424	1465	11084	1767
商场(店)、书店	28674	26215	1064	27893	720031	684300	35731	673153	40185
医院候诊室	5325	4989	765	4240	21406	20160	1246	20095	1268
公共交通等候室	2186	1938	189	2032	27853	25679	2174	25394	2342
公共交通工具	3114	2572	747	1686	16013	14092	1921	14091	2574
其他	11399	10452	708	9712	62159	60524	1635	60426	1811

注：缺江西、陕西、西藏数据。

11-3-2 续表

	卫生检测				处罚情况					
	监测户次数	合格户次数	监测样品数	合格样品数	总处罚户次数	警告	停业	吊销卫生许可证	罚款户次数	罚款金额(万元)
总计	**383568**	**345701**	**2390239**	**2185812**	**47078**	**34423**	**2064**	**155**	**12763**	**61993**
旅店业	81332	72850	731120	683812	7308	5816	250	24	1662	1444
文化娱乐场所	49442	44224	337383	311002	7233	5709	200	18	1522	23596
公共浴室	26803	23998	205080	181753	2677	1935	60	16	873	546
理发店、美容店	194070	176546	818794	736463	26558	18400	1241	91	7754	28069
游泳场所	5159	4085	68871	60404	677	424	19	4	262	213
体育馆	513	486	6601	6490	24	21	1	1	3	
图书馆、美术馆、博物馆、展览馆	872	798	7195	6581	62	39			18	
商场(店)、书店	14315	12786	136916	125860	1375	1032	20	1	333	8116
医院候诊室	2974	2575	15021	13810	138	103	7		4	1
公共交通等候室	1489	1354	9431	8821	43	40			1	
公共交通工具	1238	1137	3043	2873	3	2			1	
其他	5361	4862	50784	47943	980	902	264		330	8

11-4-1　2005年化妆品卫生监督情况

	合计	小计		发用类		护肤类		美容修饰类		香水类		其他	
		进口	国产	进口	国产	进口	国产	进口	国产	进口	国产	进口	国产
总计													
检验件数	40084	2728	37356	525	7651	1137	11865	403	4548	345	1659	104	5765
合格件数	36691	2567	34124	500	6973	1094	10931	379	4047	309	1555	95	5583
合格率(%)	91.5	94.1	91.3	95.2	91.1	96.2	92.1	94.0	89.0	89.6	93.7	91.3	96.8
生产企业													
检验件数	3701		3701		569		1825		713		240		90
合格件数	3603		3673		562		1809		708		240		90
合格率(%)	97.4		99.2		98.8		99.1		99.3		100.0		100.0
经营单位													
检验件数	36369	2728	33641	525	7082	1137	10040	403	3835	345	1419	104	5675
合格件数	33008	2567	30441	500	6411	1094	9122	379	3339	309	1315	95	5493
合格率(%)	90.8	94.1	90.5	95.2	90.5	96.2	90.9	94.0	87.1	89.6	92.7	91.3	96.8

注:缺广东、河北、重庆、上海、西藏、北京、山东数据。

11-4-1　续表

	特殊用途类										
	进口	国产									
		小计	育发	染发	烫发	脱毛	美乳	健美	除臭	祛斑	防晒
合计											
检验件数	214	5868	237	1603	546	193	110	61	336	1439	1343
合格件数	190	5035	214	1344	484	168	105	61	267	1194	1198
合格率(%)	88.8	85.8	90.3	83.8	88.6	87.0	95.5	100.0	79.5	83.0	89.2
生产企业											
检验件数		264	11	80	10	14	6	6	25	55	57
合格件数		264	11	80	10	14	6	6	25	55	57
合格率(%)		100.0	100.0	100.0	100.0	100.0	100.0	100.0	100.0	100.0	100.0
经营单位											
检验件数	214	5590	230	1523	536	179	86	55	311	1384	1286
合格件数	190	4761	211	1264	474	154	81	55	242	1139	1141
合格率(%)	88.8	85.2	91.7	83.0	88.4	86.0	94.2	100.0	77.8	82.3	88.7

11-4-2　2005年化妆品企业及从业人员卫生监督情况

	基本情况					从业人员卫生监督							
	总户数	总发证数	本年度发证数	产品总数	有许可证数	人员总数	应体检人数	实际体检人数	检出病人数	调离人数	应培训人数	实际培训人数	培训合格人数
总计	**30501**	**15500**	**5421**	**233949**	**118809**	**98861**	**85578**	**82495**	**609**	**513**	**83733**	**79651**	**79190**
生产单位	1575	1429	264	8954	1983	28585	21334	21072	117	117	21146	20932	20892
经营单位	28926	14071	5157	224995	116826	70276	64244	61423	492	396	62587	58719	58298

注：缺广东、上海、西藏、新疆、北京数据。

11-5-1 2005年生活饮用水供水卫生监督情况

	基本情况			从业人员卫生监督							
	总户数	总发证数	本年度发证数	人员总数	应体检人数	实际体检人数	检出病人数	调离人数	应培训人数	实际培训人数	培训合格人数
供水系统	2734133	128840	25249	237259	193064	171289	1000	792	190603	169866	168781
市政供水	10566	8083	2941	104633	87876	85171	471	428	87097	84451	84122
二次供水	216203	28468	8352	98693	73580	63878	362	237	72108	63140	62989
分散式供水	2505319	91892	13853	32371	30047	20683	143	119	29877	20756	20151
同时存在	2045	397	103	1562	1561	1557	24	8	1521	1519	1519

注：缺西藏数据。

11-5-2 2005年生活饮用水卫生监督情况

	卫生监督				从业人员经常性监督				
	总户数	监督户数	无卫生许可证户数	合格户数	从业人员人数	有健康证人数	无健康证人数	有培训证人数	无培训证人数
供水系统	2099720	367814	242821	79557	197284	164825	31989	164106	32482
市政供水	12747	11839	2750	9096	91875	86595	4795	86185	5045
二次供水	227921	76724	38384	49103	83420	60990	22436	60795	22584
分散式供水	1859052	279251	201687	21358	21989	17240	4758	17126	4853
涉水产品	2447	1686	328	1427	13691	11533	1949	11678	1806
家用水处理器	645	423	282	147	2953	2330	623	2330	623
集团用水处理器	156	149	14	107	1221	1213	8	1216	5
输配水设备	1127	711	10	642	6952	5447	1430	5554	1323
防护涂料	157	141	4	140	289	285	4	288	1
水处理剂	487	392	142	376	2375	2224	17	2230	13

注：①缺河北、海南、广西、宁夏、山西、西藏、新疆数据；②涉水产品指有证产品数。

11-5-2 续表

	卫生监测				处罚情况					
	监测户次数	合格户次数	监测样品数	合格样品数	总处罚户次数	警告户次数	停业户次数	吊销卫生许可证户次	罚款户次数	罚款金额(万元)
供水系统	99646	75913	164068	146733	2645	2145	263	1	544	102.43
市政供水	17943	16311	80793	72103	835	749	7	1	113	24.36
二次供水	46471	40754	59684	55715	849	706	25		178	48.98
分散式供水	35232	18848	23591	18915	961	690	231		253	29.09
涉水产品	787	722	1053	910	150	138			14	6.50
家用水处理器	149	137	147	117	13	3			11	6.00
集团用水处理器	89	79	138	118	5	5				
输配水设备	358	336	448	409	9	8			2	0.20
防护涂料	51	48	71	59	11	11				
水处理剂	186	148	259	206	112	111			1	0.30

11-6-1 2005年放射卫生经常性监督情况

	放射防护管理机构		安全管理规章制度		辐射源监控状况	
	健全单位数	不健全单位数	健全单位数	不健全单位数	基本安全单位数	不安全单位数
总计	**31398**	**2447**	**30837**	**2253**	**25818**	**2523**
放射性同位素						
合计	2510	86	2051	103	1969	63
核医学	447	9	437	12	390	7
放射治疗	274	2	275	2	264	
辐照应用	40	1	38	2	41	1
γ射线工业探伤	128	6	124	7	115	5
密封源其他应用	1043	68	1034	80	1034	48
非密封源其他应用	80		80		76	2
生产	498		63		49	
射线装置						
合计	28881	2361	28779	2150	23842	2460
CT-X射线诊断	3041	185	3010	169	2381	293
X射线诊断	23191	2032	23197	1835	19168	2019
X射线治疗	173	16	170	19	160	10
医用加速器	249	1	245	3	199	5
非医用加速器	61	2	42	1	40	
X射线工业探伤	1916	121	1872	113	1657	126
其他应用	211	2	205	7	199	4
生产	39	2	38	3	38	3
核设施	7		7		7	

注：缺福建、广东、河南、湖南、江西、西藏数据。

11-6-1 续表

	监督结论		处 罚					
	合格数	不合格数	警告户次数	罚款		责令停产/停业数	没收销毁产品数	许可证吊销数
				户次数	金额(万元)			
总计	**27708**	**4111**	**1672**	**311**	**5169**	**35**	**0**	**1**
放射性同位素								
合计	2017	127	68	10	6	2	0	0
核医学	431	20	11					
放射治疗	264	3		1				
辐照应用	42	3	1	1	1			
γ射线工业探伤	121	7	7					
密封源其他应用	1023	92	47	8	5	2		
非密封源其他应用	74	1	1					
生产	62	1	1					
射线装置								
合计	25684	3984	1604	301	5163	33	0	1
CT-X射线诊断	2873	448	99	39	23	2		
X射线诊断	20292	3328	1414	209	5086	28		1
X射线治疗	162	22	2					
医用加速器	244	4	3	4	10			
非医用加速器	55	2		3	1			
X射线工业探伤	1829	160	77	36	29	3		
其他应用	191	17	6	8	13			
生产	38	3	3	2	1			
核设施	7							

11-6-2　2005年放射卫生监测情况

	外照射个人剂量监测							
	应监测人数	实监测人数	剂量分布（人数）				实测集体剂量当量（人·Sv）	人均年剂量当量(mSv·a-1)
			<2mSv	≥2mSv	≥20mSv	>50mSv		
总计	**88585**	**50374**	**45449**	**4718**	**175**	**32**	**420**	**17.78**
放射性同位素								
合计	13744	5964	5117	840	6	1	34	5.70
核医学	2283	1562	1181	378	3		13	8.32
放射治疗	1724	1242	912	327	3		5	4.03
辐照应用	258	186	173	13				0.00
γ射线工业探伤	734	555	474	81				0.00
密封源其他应用	4279	2158	2137	20		1	16	7.41
非密封源其他应用	408	239	218	21				0.00
生产	4058	22	22					0.00
射线装置								
合计	74244	44112	40055	3859	168	30	385	8.73
CT-X射线诊断	8857	4988	4586	395	6	1	78	15.64
X射线诊断	54051	31004	27958	2885	133	28	260	8.39
X射线治疗	929	619	554	43	21	1	6	9.69
医用加速器	1510	1197	1038	159			6	5.01
非医用加速器	272	205	194	11				0.00
X射线工业探伤	6854	4898	4544	352	2		34	6.94
其他应用	1503	962	942	14	6		1	1.04
生产	268	239	239					0.00
核设施	597	298	277	19	1	1	1	3.36

注：缺河北、青海、山东、福建、甘肃、广东、河南、湖南、江西、西藏数据。

11-6-2　续表

	外照射水平监测		空气污染监测		表面污染监测	
	监测次数	合格次数	监测次数	合格次数	监测次数	合格次数
总计	**136900**	**129136**	**148**	**145**	**755**	**742**
放射性同位素						
合计	17118	16901	141	138	755	742
核医学	1524	1507	21	21	600	588
放射治疗	1250	1238	5	4	49	48
辐照应用	171	171			2	2
γ射线工业探伤	475	468	3	3		
密封源其他应用	13580	13399	17	17	17	17
非密封源其他应用	111	111	95	93	87	87
生产	7	7				
射线装置						
合计	119782	112235	7	7		
CT-X射线诊断	12078	11893				
X射线诊断	92320	85469				
X射线治疗	290	272				
医用加速器	3218	3215	7	7		
非医用加速器	125	125				
X射线工业探伤	8848	8367				
其他应用	2275	2272				
生产	628	622				
核设施						

11-6-3 2005年放射卫生被监督单位情况

	许可证数	设备数（台）	密封源数（枚）	放射性活度(TBq)	放射性等效活度(GBq)	放射工作人员数
总计	**28941**	**51750**	**6428**		**12299**	**109878**
放射性同位素					12299	
合计	1622	5225	6428		12295	15544
核医学	394	442				2126
放射治疗	247	400	925			1534
辐照应用	26	31	692			5790
γ射线工业探伤	76	427	260			716
密封源其他应用	820	3828	4551		4	4755
非密封源其他应用	26	51				444
生产	33	46				179
射线装置						
合计	27243	44334				89310
CT-X射线诊断	2647	3398				10110
X射线诊断	22260	36181				66502
X射线治疗	146	209				1064
医用加速器	241	260				1528
非医用加速器	35	47				311
X射线工业探伤	1690	3582				7822
其他应用	184	402				1621
生产	40	255				352
核设施	76	2191				5024

注:缺西藏、广东、河南、福建数据。

11-6-3 续表

	培训人数	新就业人数	新就业人员就业前体检人数	就业后健康检查		
				应体检人数	实体检人数	放射病新病例数
总计	**78775**	**5179**	**8465**	**92771**	**72099**	**63**
放射性同位素						
合计	10512	525	904	14436	9916	3
核医学	1629	69	157	2188	1535	2
放射治疗	1275	104	313	1488	1158	1
辐照应用	3443	12	42	5745	3312	
γ射线工业探伤	568	43	45	592	446	
密封源其他应用	3057	280	332	3842	2957	
非密封源其他应用	384	14	15	410	355	
生产	156	3		171	153	
射线装置						
合计	64151	4373	7047	73718	58261	41
CT-X射线诊断	7895	634	1430	9134	7188	4
X射线诊断	47634	2675	4162	54422	42329	36
X射线治疗	552	35	64	538	345	
医用加速器	912	99	160	1230	1086	
非医用加速器	214	25	93	292	275	
X射线工业探伤	5683	664	875	6564	5815	1
其他应用	1159	235	253	1278	1051	
生产	102	6	10	260	172	
核设施	4112	281	514	4617	3922	19

11-6-4 2005年放射卫生预防性监督情况

	新建项目数	改建项目数	扩建项目数	选址			设计			放射防护评价报告书		竣工验收	
				应审查数	实审查数	审查合格数	应审查数	实审查数	审查合格数	编制报告书数	未编制数	验收数	合格数
总计	**1102**	**519**	**75**	**1521**	**1191**	**1173**	**1522**	**1230**	**1125**	**852**	**411**	**1162**	**1121**
放射性同位素													
合计	50	12	3	57	55	54	56	55	55	31	12	38	33
核医学	7	9	1	16	16	16	16	16	16	9	7	13	9
放射治疗	8	1	2	8	7	7	8	8	8	5	3	7	6
辐照应用	3			1	1	1	1	1	1	1		2	2
γ射线工业探伤	2	2		4	4	4	4	4	4	2		1	1
密封源其他应用	22			20	19	18	19	18	18	6	2	7	7
非密封源其他应用	1			1	1	1	1	1	1	1		1	1
生产	7			7	7	7	7	7	7	7		7	7
射线装置													
合计	1052	507	72	1464	1136	1119	1466	1175	1070	821	399	1124	1088
CT-X射线诊断	138	64	12	181	158	155	187	164	148	126	55	143	139
X射线诊断	733	425	52	1113	829	816	1104	844	786	562	294	833	802
X射线治疗	7			2	1	1	1	1	1			1	
医用加速器	35	2		34	32	32	32	32	19	31	4	31	31
非医用加速器	2	1	1	2	2	2	4	4	4	4		1	1
X射线工业探伤	133	15	6	129	111	110	135	127	109	95	45	111	111
其他应用	2		1	1	1	1	1	1	1	1	1	3	3
生产	2			2	2	2	2	2	2	2		1	1
核设施													

注：缺福建、河南、湖南、江西、吉林、西藏数据。

11-7-1　2005年学校卫生经常性监督情况

	总计	普通高校	中专技校	市			县		
				中学	小学	12年制学校	中学	小学	12年制学校
实监督学校总数	67789	1516	2430	4496	7408	2213	15680	26182	7864
实监督学校总次数	124131	4351	5270	8529	12122	5394	27713	47483	13269
监督频次	1.83	2.87	2.17	1.90	1.64	2.44	1.77	1.81	1.69
监督合格学校数	53296	1392	2144	3488	5762	1198	11593	22447	5272
合格率(%)	42.94	31.99	40.68	40.90	47.53	22.21	41.83	47.27	39.73
分项检查情况									
教室人均面积监督合格数	29976	631	1156	2498	4179	536	7493	10300	3183
合格率（%）	24.15	14.50	21.94	29.29	34.47	9.94	27.04	21.69	23.99
课桌椅监督合格数	27268	595	1104	2801	3806	507	6561	9686	2208
合格率（%）	21.97	13.68	20.95	32.84	31.40	9.40	23.67	20.40	16.64
黑板监督合格数	31758	782	1468	2666	4200	631	8344	11145	2522
合格率（%）	25.58	17.97	27.86	31.26	34.65	11.70	30.11	23.47	19.01
教室照明监督合格数	31465	781	1427	2778	4356	557	8399	10811	2356
合格率（%）	25.35	17.95	27.08	32.57	35.93	10.33	30.31	22.77	17.76
教室微小气候监督合格数	25868	663	1358	2421	3721	478	6318	8913	1996
合格率（%）	20.84	15.24	25.77	28.39	30.70	8.86	22.80	18.77	15.04
环境噪音监督合格数	27223	717	1144	2122	3491	515	6856	10365	2013
合格率（%）	21.93	16.48	21.71	24.88	28.80	9.55	24.74	21.83	15.17
厕所监督合格数	27680	713	1243	2478	3787	501	6299	10653	2006
合格率（%）	22.30	16.39	23.59	29.05	31.24	9.29	22.73	22.44	15.12
生活饮用水监督合格数	40288	1124	1701	3184	4827	778	8678	15410	4586
合格率（%）	32.46	25.83	32.28	37.33	39.82	14.42	31.31	32.45	34.56
学校食品卫生监督合格数	40486	1062	1737	2808	4437	929	10597	14603	4313
合格率（%）	32.62	24.41	32.96	32.92	36.60	17.22	38.24	30.75	32.50
传染病管理合格数	36354	869	1445	2855	4528	692	7549	14051	4365
合格率（%）	29.29	19.97	27.42	33.47	37.35	12.83	27.24	29.59	32.90
学校公共场所监督情况									
图书馆监督数	10517	498	702	1239	1624	361	2895	2665	533
合格数	9222	476	663	1136	1288	327	2472	2331	529
合格率（%）	87.69	95.58	94.44	91.69	79.31	90.58	85.39	87.47	99.25
学生宿舍监督数	19181	2129	2351	1610	894	449	5452	1761	4535
合格数	16960	1918	2161	1471	830	347	4477	1349	4407
合格率（%）	88.42	90.09	91.92	91.37	92.84	77.28	82.12	76.60	97.18
洗浴设施监督数	5444	487	658	591	448	117	2046	512	585
合格数	4765	440	591	549	415	108	1666	436	560
合格率（%）	87.53	90.35	89.82	92.89	92.63	92.31	81.43	85.16	95.73
旅馆招待所监督数	574	175	46	47	66	70	75	91	4
合格数	493	166	43	41	56	63	49	72	3
合格率（%）	85.89	94.86	93.48	87.23	84.85	90.00	65.33	79.12	75.00
娱乐场所监督数	869	127	85	96	90	93	161	211	6
合格数	777	112	77	89	80	83	135	196	5
合格率（%）	89.41	88.19	90.59	92.71	88.89	89.25	83.85	92.89	83.33
体育游泳池(馆)监督数	1281	189	88	245	385	95	115	153	11
合格数	1190	169	84	241	376	91	90	129	10
合格率（%）	92.90	89.42	95.45	98.37	97.66	95.79	78.26	84.31	90.91

注：缺江西、西藏数据。

11-7-2　2005年学生体检情况

	总计	普通高校	中专技校	市			县		
				中学	小学	12年制学校	中学	小学	12年制学校
监督学校总数	82973	1242	2787	4899	7804	2419	15084	39367	9371
体检学校次数	42910	667	1688	3267	5114	1147	9171	18252	3604
体检率（%）	51.7	53.7	60.6	66.7	65.5	47.4	60.8	46.4	38.5
学生人数	51743882	2788916	1950593	4966269	4803195	1134205	15756726	17214752	3129226
体检学生数	33498227	1350327	1159633	3651563	3539322	827648	10493080	10669952	1806702
体检率（%）	64.7	48.4	59.5	73.5	73.7	73.0	66.6	62.0	57.7
体检单位数	8513	437	649	861	988	112	2428	2675	363
有资质认定数	6244	252	428	676	897	101	1747	1839	304
有资质认定率	73.3	57.7	65.9	78.5	90.8	90.2	72.0	68.7	83.7

注:缺甘肃、西藏数据。

11-7-3　学校卫生预防性监督情况

	总计	普通高校	中专技校	市			县		
				中学	小学	12年制学校	中学	小学	12年制学校
学校卫生预防性监督数									
新建	2778	83	102	118	117	12	742	1549	55
改建	1103	27	116	135	180	15	159	281	190
扩建	564	26	29	67	56	13	162	159	52
选址合格	3947	107	212	269	285	26	922	1839	287
不合格	54	4	4	11	10		5	20	
未审查	1192	111	195	318	224	1	267	74	2
合格率（%）	98.7	96.4	98.1	96.1	96.6	100.0	99.5	98.9	100.0
设计合格	1574	76	69	153	238	26	297	429	286
不合格	121	11	9	14	19		21	46	1
未审查	2743	93	71	133	167	1	765	1479	34
合格率（%）	92.9	87.4	88.5	91.6	92.6	100.0	93.4	90.3	99.7
卫生防护设备合 格	3575	118	120	197	315	39	841	1660	285
不合格	403	6	24	11	17		91	196	1
未审查	546	54	3	37	108	1	172	109	34
合格率（%）	89.9	95.2	83.3	94.7	94.9	100.0	90.2	89.4	99.7
竣工验收合格	1485	74	52	143	246	34	263	393	280
不合格	91	4	6	2	1		22	48	8
合格率（%）	94.23	94.87	89.66	98.62	99.60	100.00	92.28	89.12	97.22

注：缺甘肃、江西、海南、西藏数据。

十二、医学教育与科研

简要说明

一、本章反映我国医学教育和医学科研情况，主要包括全国普通高中等学校医学专业招生、在校及毕业数、留学及回国人数、医学科研成果及科研经费等。

二、医学教育数据摘自有关年份国家教育部《教育事业发展情况统计简报》；医学科研数据摘自《全国卫生系统科技统计资料汇编（县级以上独立研究与开发机构分册)》。

主要统计指标解释

普通高等学校 指按照国家规定的设置标准和审批程序批准举办，通过国家统一招生考试，招收高中毕业生为主要培养对象，实施高等教育的全日制大学、独立设置的学院和高等专科学校、短期职业大学。

发明 是专利法及其实施细则所称的发明，指对有关产品、方法或其改进所提出的新技术方案。

12-1 医学专业招生及在校学生数

年份	高等学校				中等职业学校			
	招生(人)		在校生(人)		招生(人)		在校生(人)	
		医药		医药		医药		医药
1952	79000	6547	191000	24752	351000	28518	636000	59407
1955	98000	9927	288000	36472	190000	22647	537000	57284
1960	323000	31392	962000	116925	54000	120878	2216000	255825
1965	164000	20044	674000	82861	208000	36604	547000	88972
1970	42000	8620	48000	13235	54000	8092	64000	10688
1975	191000	33785	501000	86336	344000	66890	707000	139113
1978	402000	47320	856000	112990	447000	75377	889000	158673
1980	281000	31277	1144000	139569	468000	65719	1243000	244695
1981	279000	29241	1279000	158986	433000	54128	1069000	183230
1982	315000	29486	1154000	164038	419000	50728	1039000	163253
1983	391000	31831	1207000	140051	478000	61684	1143000	163280
1984	475000	35863	1396000	143855	546000	69680	1322000	182283
1985	619000	42919	1703000	157388	668000	87925	1571000	221441
1986	572000	40647	1880000	170317	677000	88259	1757000	250679
1987	617000	43699	1959000	182154	715000	96818	1874000	274575
1988	670000	48135	2066000	191527	776000	109504	2052000	300061
1989	597000	46245	2082000	199305	735000	93142	2177000	306506
1990	608850	46772	2062695	201789	730000	93261	2244000	308394
1991	619874	48943	2043662	202344	780000	95700	2277000	298540
1992	754192	58915	2184376	214285	879000	106215	2408000	311040
1993	923952	66877	2535517	231375	1149000	138168	2820000	355410
1994	899846	66105	2798639	247485	1225000	127874	3198000	364700
1995	925940	65695	2906429	256003	1381000	133357	3722000	402319
1996	965812	68576	3021079	262665	1523000	141868	4228000	432216
1997	1000393	70425	3174362	271137	1621000	152717	4654000	462396
1998	1083627	75188	3408764	283320	1668000	168744	4981000	499117
1999	1548554	108384	4085874	329200	1634000	175854	5155000	534161
2000	2206072	149928	5560900	422869	1325870	179210	4895000	567599
2001	2682790	174156	7190658	529410	1277000	197565	4580000	647800
2002	3204976	207909	9033631	656560	1553062	232525	4563511	678833
2003	3821701	257681	11085642	814741	5095313	359361	12546804	1081853
2004	4473422	299314	13334969	976261	5481408	388142	13678890	1108831
2005	5044581	338563	15617767	1132165	6470287	453781	15591925	1226777

注：从2003年起，高等学校包括普通高等学校和成人高等学校，中等职业学校包括普通中专、成人中专、职业高中和技工学校；2003年以前高等学校为普通高等学校，中等职业学校为中等技术学校(即普通中专)。下表同。

12-2 医学专业毕业人数

年份	高等学校		中等职业学校	
		医药		医药
1950～1952	69000	6393	200000	31263
1953～1957	269000	25918	842000	96042
1958～1962	606000	60135	1393000	169545
1963～1965	589000	72882	452000	69513
1966～1970	669000	78246	617000	100956
1971～1975	215000	44167	720000	126437
1975	119000	20760	248000	46138
1976～1980	740000	116612	1502000	256473
1978	165000	27459	232000	43884
1979	85000	13483	181000	25220
1980	147000	17656	410000	53523
1981～1985	1535000	152054	2231000	329218
1981	140000	9512	605000	93548
1982	457000	25963	446000	70244
1983	335000	55490	375000	62652
1984	287000	31899	376000	51324
1985	316000	29190	429000	51450
1986～1990	2668000	179431	2922000	392637
1986	393000	27907	496000	61952
1987	532000	32124	578000	70362
1988	553000	38153	596000	83365
1989	576000	38366	591000	82783
1990	614000	42881	661000	94175
1991～1995	3230715	243052	3787000	464913
1991	614000	46028	740000	103515
1992	604000	45664	743000	93883
1993	570715	48559	736000	93813
1994	637000	47090	729000	81718
1995	805000	55711	839000	92369
1996～2000	4295217	305437	6378000	625354
1996	839000	61417	1019000	112608
1997	829000	61239	1157000	121885
1998	829833	61379	1293000	127608
1999	847617	61545	1402000	137255
2000	949767	59857	1507000	129893
2001～2002	4251124	253494	4429010	485915
2001	1036323	62638	1503000	141989
2002	1337309	79500	1441539	144593
2003	1877492	111356	3056939	302174
2004	2391152	154187	3509505	340554
2005	3067956	202577	4027123	331183

补充资料：1928～1947年高等医药院校毕业生9499人，解放前中等医药学校毕业生41437人。

12-3 医学专业研究生及出国留学人数

年　份	研究生数			其中：医学专业研究生			出国留学人员	学成回国人员
	招生数	在校人数	毕业生数	招生数	在校生数	毕业生数		
1978	10708	10934	9	1417	1474	—	860	248
1979	8110	18830	140	1462	3113	57	1777	231
1980	3616	21604	476	640	3651	32	2124	162
1981	9363	18848	11669	591	2442	1512	2922	1143
1982	11080	25847	4058	610	2558	558	2326	2116
1983	15642	37166	4497	1869	3781	966	2633	2303
1984	23181	57566	2756	2243	5608	424	3073	2290
1985	46871	87331	17004	4373	9196	777	4888	1424
1986	41310	110371	16950				4676	1388
1987	39017	120191	27603	4583	13331	2359	4703	1605
1988	35645	112776	40838				3786	3000
1989	28569	101339	37232				3329	1753
1990	29649	93018	35440				2950	1593
1991	29679	88128	23537				2900	2069
1992	33439	94164	25692				6540	3611
1993	42145	106771	28214				10742	5128
1994	50864	127935	28047				19071	4230
1995	51053	145443	31877				20381	5750
1996	59398	163322	39652				20905	6570
1997	63749	176353	46539	6452	17652	4886	22410	7130
1998	72508	198885	47077	7280	19375	4681	17622	7379
1999	92225	233513	54670	9056	22706	5370	23749	7748
2000	128484	301239	58767	12832	30070	6166	38989	9121
2001	165197	393256	67809	16274	37571	6722	83973	12243
2002	203000	501000	81000	16800	38837	6992	125179	17945
2003	268925	651260	111091	26501	63939	12207	117307	20152
2004	326286	819896	150777	33012	81859	16128	…	…
2005	364831	978610	189728	31602	80107	21923	…	…

12-4 医学科技成果获奖情况

年　份	国家发明奖		国家科技进步奖		医学获得自然科学奖	卫生部科技成果		
		医学		医学		一等奖	二等奖	三等奖
1980	109	6				20	30	…
1985	185	6	1761	52	1	19	85	…
1990	224	4	505	6	1	5	25	70
1991	209	3	502	14		11	30	120
1992	170		649	15	2	8	28	101
1993	175	3	441	12		5	31	92
1994					3	2	27	101
1995	131	1	607	20		5	21	102
1996	111	1	536	15	1	8	22	84
1997	100	2	475	22		3	25	94
1998	72	…	471	22	2	7	25	97
1999	69	…	476	17	2	5	29	103
2000	23	…	250	16	2	…	…	…
2001	14	…	191	3	2	…	…	…
2002	…	1	…	8	…	…	…	…
2003	19	…	216	6	…	…	…	…
2004	28	…	244	6	…	…	…	…
2005	…	…	…	10	…	…	…	…

十三、人口指标

简要说明

一、本章反映五次人口普查及历年人口方面的基本情况，包括全国及31个省、自治区、直辖市的主要人口指标，如全国人口总数及其增长率、城乡人口、性比例、人口年龄结构、人口密度、负担系数和受教育程度等。

二、本章资料主要摘自有关年份《中国统计年鉴》，市、县人口来源于公安部户籍人口统计资料。历史年份数据一般以最近年鉴数据为准，国家统计局根据需要调整了个别历史年份数据。

三、1964年文盲人口为13岁及以上不识字人口，1982、1990、2000年文盲人口为15岁及以上不识字或识字很少人口。

主要统计指标解释

人口数 指一定时点、一定范围内的有生命的个人总和。年度统计的年末人口数指每年12月31号24时的人口数。年度统计的全国人口总数不包括台湾省和港澳同胞以及海外华侨人数。

城镇人口和乡村人口 其定义有三种口径。

第一种口径（按行政建制）：城镇人口是指市辖区内和县辖镇的全部人口；乡村人口指县辖乡人口。

第二种口径（按常住人口划分）：城镇是指设区的市的区人口，不设区的市的街道人口和不设区的市所辖镇的居民委员会人口，县辖镇的居民委员会人口；乡村人口指上述人口以外的全部人口。

第三种口径：按国家统计局1999年发布的《关于统计上划分城乡的规定（试行）》计算的。

1952～1980年为第一种口径的数据，1981～1999年为第二种口径的数据，2000年人口普查数据按第三种口径计算。

性比例 即男性人数与女性人数之比。计算公式：性比例＝男性人数/女性人数×100。

人口密度 是指一定时期单位土地面积上的人口数。计算公式：人口密度＝某地区人口数/该地区土地面积（人/平方公里）。

负担老年系数 指65岁以上老年人口与15～64岁人口的比例。计算公式：负担老年系数＝65岁以上人口/（15－64岁人口）×100%。

负担少年系数 指0～14岁少年人口与15～64岁人口的比例。计算公式：负担少年系数＝0－14以上人口/15－64岁人口×100%。

人口年平均增长率 指一段时期内平均每年人口增长的程度。

文盲率 指15周岁（或12周岁）及以上不识字或识字很少的人数与15周岁（或12周岁）及以上人口之比。

13-1 人口数及构成

年份	总人口（万人）	按城乡分（万人）		城镇人口比重（%）	按农业非农业分（万人）		按性别分（万人）		性比例
		城镇	乡村		农业	非农业	男性	女性	
1952	57482	7163	50319	12.5	49191	8291	29833	27649	107.9
1955	61465	8285	53180	13.5	52130	9335	31809	29656	107.3
1960	66207	13073	53134	19.8	52476	13731	34283	31924	107.4
1965	72538	13045	59493	18.0	60416	12122	37128	35410	104.9
1970	82992	14424	6868	17.4	70332	12660	42686	40306	105.9
1975	92420	16030	76390	17.3	78142	14278	47564	44856	106.0
1978	96259	17245	79014	17.9	81029	15230	49567	46692	106.2
1979	97542	18495	79047	19.0	81356	16186	50192	47350	106.0
1980	98705	19140	79565	19.4	81905	16350	50785	47920	106.0
1981	100072	20171	79901	20.2	82659	16936	51519	48553	106.1
1982	101654	21480	80174	21.1	83320	18334	52352	49302	106.3
1983	103008	22274	80734	21.6	84117	18378	53152	49856	106.5
1984	104357	24017	80340	23.0	83789	19686	53848	50509	106.7
1985	105851	25094	80757	23.7	83478	21054	54725	51126	107.0
1986	107507	26366	81141	24.5	84819	20902	55581	51926	106.8
1987	109300	27674	81626	25.3	85648	21592	56290	53010	106.9
1988	111026	28661	82365	25.8	86427	22551	57201	53825	106.9
1989	112704	29540	83164	26.2	87305	23371	58099	54605	106.9
1990	114333	30195	84138	26.4	90446	23887	58904	55429	106.3
1991	115823	31203	84620	26.9	90093	24418	59466	56357	106.8
1992	117171	32175	84996	27.5	90265	25298	59811	57360	106.9
1993	118517	33173	85344	28.0	90208	26068	60472	58045	106.4
1994	119850	34169	85681	28.5	90036	27318	61246	58604	106.4
1995	121121	35174	85947	29.0	90233	28235	61808	59313	104.2
1996	122389	37304	85085	30.5	90407	29139	62200	60189	103.3
1997	123626	39449	84177	31.9	90692	29891	63131	60495	104.0
1998	124761	41608	83153	33.4	91033	30465	63604	61157	104.1
1999	125786	43748	82038	34.8	91249	31242	64126	61660	104.0
2000	126743	45906	80837	36.2	94244	32499	65437	61306	106.7
2001	127627	48064	79563	37.7	94175	33452	65672	61955	106.0
2002	128453	50212	78241	39.1	93269	35184	66115	62338	106.1
2003	129227	52376	76851	40.5	91550	37677	66556	62671	106.2
2004	129988	54283	75705	41.8	87898	39140	66976	63012	106.3
2005	130756	56212	74544	43.0	86935	40898	67375	63381	106.3

13-2 人口基本情况

	1982年	1990年	1995年	2000年	2005年
总人口（万人）	**101654**	**114333**	**121121**	**126743**	**130756**
按性别分（万人）					
男性人口	52352	58904	61808	65437	67375
女性人口	49302	55429	59313	61306	63381
按城乡分（万人）					
城镇人口	21480	30195	35174	45906	56212
农村人口	80174	84138	85947	80837	74544
按农业非农业分（万人）					
农业人口	83320	90446	92558	94244	
非农业人口	18334	23887	28563	32499	
人口比重（%）					
按性别分					
男性人口	51.50	51.50	51.00	51.60	51.50
女性人口	48.5	48.5	49	48.4	48.5
按城乡分					
城镇人口	21.10	26.40	29.00	36.20	43.00
农村人口	78.9	73.6	71	63.8	57
出生率（‰）	**22.28**	**21.06**	**17.12**	**14.03**	**12.40**
死亡率（‰）	**6.60**	**6.67**	**6.57**	**6.45**	**6.51**
自然增长率（‰）	**15.68**	**14.39**	**10.55**	**7.58**	**5.89**
家庭户数（万户）	**22203**	**27738**	**31676**	**34881**	**39558**
各年龄段人口比重（%）					
0～14岁人口	33.6	27.7	26.6	22.9	20.3
15～64岁人口	61.5	66.7	67.2	70.1	72.0
65岁人口	4.9	5.6	6.2	7	7.7
总抚养比（%）	**62.60**	**49.93**	**48.81**	**42.66**	**38.88**
少儿抚养比	54.63	41.53	39.58	32.67	28.19
老年抚养比	7.97	8.40	9.23	9.99	10.69
文化程度人口占总人口比重（%）					
文盲人口	22.8	15.9	12.0		
小学文化人口	35.4	37.2	38.4	35.7	31.2
初中文化人口	17.8	23.3	27.3	34.0	35.8
高中文化人口	6.6	8.0	8.3	11.1	11.5
大专以上文化程度人口	0.6	1.4	2.0	3.6	5.2

注：①总人口包括中国人民解放军现役军人数，但不包括香港、澳门特别行政区和台湾省数据；②城镇人口及非农业人口中包括中国人民解放军现役军人；③文盲人口指15岁及15岁以上不识字或识字很少的人口。

13-3 各地区总人口（万人）

	1982	1990	2000	2003	2004	2005
总　计	**100391**	**113368**	**126743**	**129227**	**129988**	**130756**
北　京	923	1082	1357	1456	1493	1538
天　津	776	879	1001	1011	1024	1043
河　北	5301	6108	6674	6769	6809	6851
山　西	2529	2876	3248	3314	3335	3355
内蒙古	1927	2146	2372	2380	2384	2386
辽　宁	3572	3946	4184	4210	4217	4221
吉　林	2256	2466	2682	2704	2709	2716
黑龙江	3267	3521	3807	3815	3817	3820
上　海	1186	1334	1641	1711	1742	1778
江　苏	6052	6706	7327	7406	7433	7475
浙　江	3889	4145	4596	4680	4720	4898
安　徽	4967	5618	6286	6410	6461	6120
福　建	2587	3005	3410	3488	3511	3535
江　西	3319	3771	4149	4254	4284	4311
山　东	7442	8439	8998	9125	9180	9248
河　南	7442	8551	9488	9667	9717	9380
湖　北	4781	5397	5960	6002	6016	5710
湖　南	5410	6066	6562	6663	6698	6326
广　东	5930	6283	7707	7954	8304	9194
广　西	3642	4225	4750	4857	4889	4660
海　南		656	789	811	818	828
重　庆		2886	3092	3130	3122	2798
四　川	9971	7836	8602	8700	8725	8212
贵　州	2855	3239	3756	3870	3904	3730
云　南	3255	3697	4241	4376	4415	4450
西　藏	186	220	258	270	274	277
陕　西	2890	3288	3644	3690	3705	3720
甘　肃	1957	2237	2557	2603	2619	2594
青　海	390	446	517	534	539	543
宁　夏	390	466	554	580	588	596
新　疆	1308	1516	1849	1934	1963	2010

注：1982、1990、2000年系人口普查数，2003、2004、2005年系推算人口数。

13-4　各地区市、县人口及城乡人口

地　区	农业、非农业人口 2005		市、县人口 2005		城乡人口(万人) 2000		城镇人口（%） 2000
	农业	非农业	市	县	城镇	乡村	
总　计	**869353438**	**408980095**	**602939752**	**675393781**	**45844**	**80739**	**36.2**
北　京	3012339	8829084	11138782	702641	1072	310	77.6
天　津	3798000	5631949	7727188	1702761	721	280	72.0
河　北	50191535	18455064	25073685	43572914	1759	4985	26.1
山　西	22839681	10104613	12920772	20023522	1151	2146	34.9
内蒙古	14153924	9365178	8347315	15171787	1014	1362	42.7
辽　宁	21594745	20297084	29605063	12286766	2299	1939	54.2
吉　林	14630490	12063194	18069298	8624386	1355	1373	49.7
黑龙江	19439861	18242341	22569693	15112509	1901	1788	51.5
上　海	2113182	11489413	12901385	701210	1478	196	88.3
江　苏	41103890	31424889	48713477	23815302	3086	4352	41.5
浙　江	33352983	12668112	30907506	15113589	2277	2400	48.7
安　徽	51476216	13678840	20956817	44198239	1665	4321	27.8
福　建	23230721	10618770	17163546	16685945	1443	2028	41.6
江　西	32316115	11519376	14546509	29288982	1146	2994	27.7
山　东	60655412	31468874	52405574	39718712	3450	5629	38.0
河　南	78846308	21254076	33862529	66237855	2147	7109	23.2
湖　北	35986954	23853677	38689900	21150731	2424	3604	40.2
湖　南	51092967	15644916	22669111	44068772	1916	4524	29.8
广　东	38175747	40820641	53391525	25604863	4753	3889	55.0
广　西	39846573	9095173	17221105	31720641	1264	3225	28.2
海　南	5053060	3137288	5041324	3149024	316	471	40.2
重　庆	23518744	8172817	14983870	16707691	1023	2067	33.1
四　川	66283917	20137528	32186446	54234999	2223	6106	26.7
贵　州	32580474	6096865	9808173	28869166	841	2684	23.9
云　南	35681855	7021303	9591529	33111629	1002	3286	23.4
西　藏	2244231	431271	271005	2404497	50	212	19.1
陕　西	27653753	9389110	12873981	24168882	1163	2442	32.3
甘　肃	19926322	6074526	7803501	18197347	615	1947	24.0
青　海	3546962	1492103	985690	4053375	180	338	34.7
宁　夏	3770076	2115224	2898683	2986617	182	380	32.4
新　疆	11236401	8386796	7614770	12008427	651	1274	33.8

注：农业、非农业和市、县人口系公安部统计的户籍人口数。

13-5 人口年龄结构

单位：万人

	1982			1990			2000		
	合计	男	女	合计	男	女	合计	男	女
总 计	**103008**	**53848**	**50509**	**114333**	**58904**	**55429**	**126743**	**65437**	**61306**
0～4岁	9470	4898	4572	11644	6105	5539	6898	3765	3133
5～9岁	11074	5703	5371	9934	5163	4771	9015	4830	4185
10～14岁	13181	6784	6397	9723	5019	4704	12540	6535	6005
15～19岁	12537	6381	6156	12016	6165	5851	10303	5288	5015
20～24岁	7436	3788	3648	12576	6423	6153	9457	4794	4664
25～29岁	9256	4774	4482	10427	5351	5076	11760	6023	5737
30～34岁	7296	3793	3503	8388	4371	4017	12731	6536	6195
35～39岁	5422	2857	2565	8635	4457	4178	10915	5614	5301
40～44岁	4844	2583	2261	6371	3334	3037	8124	4224	3900
45～49岁	4740	2507	2233	4909	2586	2323	8552	4394	4158
50～54岁	4082	2153	1929	4562	2411	2151	6330	3280	3050
55～59岁	3389	1749	1640	4171	2184	1987	4637	2406	2231
60～64岁	2736	1371	1365	3397	1748	1649	4170	2168	2003
65～69岁	2126	1017	1109	2633	1292	1341	3478	1755	1723
70～74岁	1435	644	791	1805	834	971	2557	1244	1314
75～79岁	862	350	512	1093	469	624	1593	718	875
80～84岁	371	135	235	535	199	336	799	320	479
85～89岁	109	34	75	191	61	130	303	106	197
90～94岁(人)	218046	59583	158463	351602	94520	257082	783594	229758	553836
95～99岁(人)	35294	10729	24565	57851	14549	43302	169756	51373	118383
100岁及以上(人)	3851	1135	2716	6681	1555	5126	17877	4635	13242

13-6 各地区人口年龄结构

地区	年龄别人口(万人)						年龄构成(%)					
	1990			2000			1990			2000		
	0～14岁	15～64岁	65岁及以上	0～14岁	15～64岁	65岁及以上	0～14岁	15～64岁	65岁及以上	0～14岁	15～64岁	65岁及以上
总计	**31300**	**75451**	**6300**	**28979**	**88793**	**8811**	**27.69**	**66.7**	**5.6**	**22.9**	**70.2**	**7.0**
北京	218	795	69	188	1078	116	20.2	73.5	6.4	13.6	78.0	8.4
天津	200	622	57	168	750	83	22.8	70.8	6.5	16.8	74.9	8.3
河北	1774	3980	356	1539	4742	463	29.0	65.1	5.8	22.8	70.3	6.9
山西	810	1911	155	851	2242	204	28.2	66.5	5.4	25.8	68.0	6.2
内蒙古	610	1449	86	506	1743	127	28.4	67.6	4.0	21.3	73.4	5.4
辽宁	916	2806	224	749	3157	332	23.2	71.1	5.7	17.7	74.5	7.8
吉林	645	1709	111	517	2051	160	26.2	69.3	4.5	19.0	75.2	5.9
黑龙江	937	2452	133	697	2792	200	26.6	69.6	3.8	18.9	75.7	5.4
上海	243	966	125	204	1277	193	18.2	72.4	9.4	12.2	76.3	11.5
江苏	1592	4658	455	1462	5325	651	23.7	69.5	6.8	19.7	71.6	8.8
浙江	965	2896	283	845	3418	414	23.3	69.9	6.8	18.1	73.1	8.8
安徽	1595	3719	304	1528	4012	446	28.4	66.2	5.4	25.5	67.0	7.5
福建	946	1907	152	799	2445	227	31.5	63.5	5.1	23.0	70.4	6.5
江西	1199	2380	192	1076	2811	253	31.8	63.1	5.1	26.0	67.9	6.1
山东	2245	5671	523	1893	6457	729	26.6	67.2	6.2	20.9	71.1	8.0
河南	2505	5550	499	2401	6211	644	29.3	64.9	5.8	25.9	67.1	7.0
湖北	1536	3565	297	1379	4269	380	28.5	66.0	5.5	22.9	70.8	6.3
湖南	1696	4030	340	1428	4543	469	28.0	66.4	5.6	22.2	70.5	7.3
广东	1880	4031	373	2089	6030	523	29.9	64.2	5.9	24.2	69.8	6.1
广西	1410	2586	229	1178	2991	320	33.4	61.2	5.4	26.2	66.6	7.1
海南	217	403	35	216	519	52	33.1	61.5	5.3	27.5	66.0	6.6
重庆				678	2168	244				21.9	70.2	7.9
四川	2485	7625	612	1887	5822	620	23.2	71.1	5.7	22.7	69.9	7.5
贵州	1058	2031	149	1068	2253	204	32.7	62.7	4.6	30.3	63.9	5.8
云南	1170	2346	181	1116	2915	257	31.7	63.5	4.9	26.0	68.0	6.0
西藏	78	131	10	82	168	12	35.6	59.8	4.6	31.2	64.3	4.5
陕西	949	2169	169	902	2490	214	28.9	66.0	5.1	25.0	69.1	5.9
甘肃	626	1520	91	692	1742	128	28.0	68.0	4.1	27.0	68.0	5.0
青海	137	295	14	138	358	22	30.7	66.1	3.1	26.6	69.1	4.3
宁夏	157	292	16	160	377	25	33.8	62.8	3.4	28.4	67.2	4.5
新疆	501	956	60	526	1312	87	33.0	63.0	4.0	27.3	68.2	4.5

13-7 各地区性比例、人口密度与负担系数

地区	性比例		人口密度(人/平方公里)		少年负担系数		老年负担系数	
	1990	2000	1990	2000	1990	2000	1990	2000
总　计	**106.6**	**106.7**	**118.0**	**132.0**	**41.5**	**32.6**	**8.4**	**9.9**
北　京	107.0	109.0	644.0	823.0	27.4	17.4	8.7	10.8
天　津	103.6	104.0	777.0	886.0	32.2	22.4	9.2	11.1
河　北	104.5	103.7	325.0	359.0	44.6	32.5	8.9	9.8
山　西	108.4	107.3	184.0	211.0	42.4	38.0	8.1	9.1
内蒙古	108.3	107.2	18.0	20.0	42.1	29.0	5.9	7.3
辽　宁	104.4	104.0	270.0	290.0	32.6	23.7	8.0	10.5
吉　林	104.9	104.9	132.0	146.0	37.7	25.2	5.4	7.8
黑龙江	105.1	104.6	78.0	81.0	38.2	25.0	8.0	7.2
上　海	104.2	105.7	2118.0	2657.0	25.2	16.0	12.9	15.1
江　苏	103.6	102.6	654.0	725.0	34.2	27.5	9.8	12.2
浙　江	106.4	105.6	407.0	459.0	33.3	24.7	9.8	12.1
安　徽	106.9	106.6	404.0	429.0	42.9	38.1	8.2	11.1
福　建	105.6	106.4	248.0	286.0	49.6	32.7	8.0	9.3
江　西	107.0	108.3	226.0	248.0	50.4	38.3	8.1	9.0
山　东	103.5	102.5	539.0	579.0	39.6	29.3	9.2	11.3
河　南	105.1	106.6	512.0	554.0	45.1	38.7	9.0	10.4
湖　北	106.5	108.6	290.0	324.0	43.1	32.3	8.3	8.9
湖　南	108.0	109.0	286.0	304.0	42.1	31.4	8.4	10.3
广　东	104.8	103.8	353.0	486.0	46.6	34.6	9.3	8.7
广　西	110.3	112.7	178.0	190.0	54.5	39.4	8.9	10.7
海　南	108.9	109.8	193.0	232.0	53.9	41.6	8.7	10.0
重　庆		108.0		375.0		31.3		11.3
四　川	107.5	107.0	188.0	172.0	32.6	32.4	8.0	10.6
贵　州	107.4	110.1	184.0	200.0	52.1	47.4	7.3	9.1
云　南	105.7	110.1	94.0	109.0	49.9	38.3	7.7	8.8
西　藏	100.1	102.6	1.8	2.1	59.5	48.8	7.6	7.1
陕　西	108.0	108.4	160.0	175.0	43.8	36.2	7.8	8.6
甘　肃	107.6	107.6	49.0	56.0	41.2	39.7	6.0	7.3
青　海	107.6	107.1	6.0	7.2	46.4	38.5	4.8	6.1
宁　夏	105.5	105.3	90.0	108.0	53.8	42.4	5.5	6.6
新　疆	106.6	107.3	9.0	12.0	52.4	40.1	6.3	6.6

13-8 各地区每十万人拥有各种受教育程度人口

地　区	大专及以上		高中和中专		初中		小学	
	1990	2000	1990	2000	1990	2000	1990	2000
总　计	**1422**	**3611**	**8039**	**11146**	**23344**	**33961**	**37057**	**35701**
北　京	9301	16843	18974	23151	30551	34391	22577	16956
天　津	4668	9007	15908	20851	29379	34590	29635	25031
河　北	955	2698	7429	10717	24689	39075	36805	33760
山　西	1384	3423	8820	11562	29237	38928	35713	31761
内蒙古	1475	3803	10056	13760	25473	34798	33397	31134
辽　宁	2596	6182	10923	13205	32321	40082	34270	29771
吉　林	2154	4926	12701	15076	26308	35687	35237	33598
黑龙江	2139	4797	11729	13866	28460	38863	34089	31253
上　海	6534	10940	19532	23018	31592	36803	22683	18934
江　苏	1474	3917	8670	13039	26426	36372	34791	32881
浙　江	1170	3189	7006	10758	23741	33336	39664	36622
安　徽	883	2297	5035	7625	19967	32780	34685	37342
福　建	1227	2967	6979	10602	16867	33708	43238	38317
江　西	991	2576	7097	9819	18841	33219	40672	38902
山　东	975	3331	7140	11036	25182	36634	36260	32736
河　南	848	2674	7069	10031	26545	39392	34729	33196
湖　北	1566	3898	8862	12595	23164	34311	35832	35416
湖　南	1138	2927	8010	11125	22567	35656	42071	38328
广　东	1338	3560	8928	12880	23041	36690	40451	33145
广　西	791	2389	6804	9554	19141	32339	45041	42176
海　南	1244	3167	10345	12491	22528	32502	34583	34404
重　庆	1070	2802	6230	8596	22860	29413	45000	43386
四　川	925	2470	5071	7587	21243	29358	43439	42960
贵　州	777	1902	3927	5626	14645	20480	37336	43595
云　南	807	2013	4095	6563	13795	21233	37905	44768
西　藏	574	1262	2122	3395	3850	6136	18597	30615
陕　西	1672	4138	9255	12246	24359	33203	31130	34475
甘　肃	1104	2665	7825	9863	16851	23925	29127	36907
青　海	1490	3299	8275	10431	17761	21661	26489	30944
宁　夏	1609	3690	8000	10910	20274	27830	29384	31770
新　疆	1845	5141	10372	12089	20662	27528	36423	37950

13-9 各地区文盲人口和文盲率

地区	1990年文盲人口(万人)			2000年文盲人口(万人)			文盲率(%)	
	合计	城镇	乡村	合计	城镇	乡村	1990	2000
总　计	**18003**	**2693**	**15310**	**8507**	**1842**	**6665**	**15.9**	**6.7**
北　京	94	53	41	59	34	25	8.7	4.2
天　津	78	44	34	49	30	19	8.9	4.9
河　北	929	89	840	448	43	405	15.2	6.7
山　西	325	58	267	138	33	105	11.3	4.2
内蒙古	330	70	260	217	52	164	15.4	9.1
辽　宁	348	135	213	202	78	124	8.8	4.8
吉　林	259	80	179	125	45	80	10.5	4.6
黑龙江	383	139	244	188	77	111	10.9	5.1
上　海	147	66	81	90	65	25	11.0	5.4
江　苏	1156	149	1007	469	143	326	17.2	6.3
浙　江	724	163	561	330	115	215	17.5	7.1
安　徽	1373	131	1242	602	114	489	24.4	10.1
福　建	470	66	404	250	75	175	15.6	7.2
江　西	612	62	550	214	39	175	16.2	5.2
山　东	1423	276	1147	768	169	599	16.9	8.5
河　南	1381	111	1270	543	79	465	16.2	5.9
湖　北	852	144	708	431	110	321	15.8	7.2
湖　南	734	74	660	299	49	251	12.1	4.7
广　东	656	180	476	332	135	197	10.5	3.8
广　西	448	39	409	170	35	136	10.6	3.8
海　南	92	13	79	55	14	41	14.0	7.0
重　庆				215	40	175	14.0	7.0
四　川	1741	217	1524	636	89	547	17.1	7.6
贵　州	786	91	695	490	55	435	24.3	13.9
云　南	941	67	874	488	60	429	25.4	11.4
西　藏	98	6	92	85	9	76	44.4	32.5
陕　西	579	49	530	263	44	218	17.6	7.3
甘　肃	625	56	569	367	32	336	27.9	14.3
青　海	123	11	112	93	14	79	27.7	18.0
宁　夏	103	11	92	75	10	65	22.1	13.4
新　疆	193	43	150	107	26	81	12.8	5.6

附录一　主要社会、经济指标

简要说明

一、本章反映我国及31个省、自治区、直辖市主要社会和经济情况。内容包括行政区划、国内生产总值、国民生产总值、财政收入、财政支出、价格指数、城乡居民家庭收支、城市设施等方面。

二、本章资料摘自有关年份《中国统计年鉴》。国家统计局根据需要调整了个别历史年份数据，历史年份数据一般以最近年鉴数据为准。

主要统计指标解释

地级区划数　包括地级市、地区、自治州、自治盟。

县级区划数　包括县（自治县、旗）、县级市和市辖区数。

国内生产总值（GDP）　指一个国家或地区所有常住单位在一定时期内生产活动的最终成果。

国民总收入　即国民生产总值。指一个国家或地区所有常住单位在一定时期内收入初次分配的最终结果。它等于国内生产总值加上来自国外的净要素收入。与国内生产总值不同，国民总收入是个收入概念，而国内生产总值是个生产概念。

财政收入　指国家财政参与社会产品分配所取得的收入，是实现国家职能的财力保证。财政收入所包括的内容几经变化，目前主要包括：各项税收、专项收入（征收排污费收入、征收城市水资源费收入、教育费附加收入等）、其他收入（基本建设贷款归还收入、基本建设收入、捐赠收入等）、国有企业亏损补贴（负收入、冲减财政收入）。

财政支出　国家财政将筹集起来的资金进行分配使用，以满足经济建设和各项事业的需要。主要包括：基本建设支出、企业挖潜改造资金、地质勘探费用、科技三项费用、支援农村生产支出、农林水利气象等部门的事业费用、文教科学卫生事业费、抚恤和社会福利救济费、国防支出、行政管理费、价格补贴支出。

商品零售价格指数　是反映城乡商品零售价格变动趋势的一种经济指数。零售价格的调整变动直接影响到城市居民的生活支出和国家的财政收入，影响居民购买力和市场供需平衡，影响消费与积累的比例。因此，计算零售价格指数，可以从一个侧面对上述经济活动进行观察和分析。

居民消费价格指数　是反映一定时期内城乡居民所购买的生活消费品价格和服务项目价格变动趋势和程度的相对数。是对城市居民消费价格指数和农村居民消费价格指数进行综合汇总计算的结果。利用居民消费价格指数，可以观察和分析消费品的零售价格和服务价格变动对城乡居民实际生活费支出的影响程度。

三次产业　是根据社会生产活动历史发展的顺序对产业结构的划分，产品直接取自自然界的部门称为第一产业，对初级产品进行再加工的部门称为第二产业，为生产和消费提供各种服务的部门称为第三产业。它是世界上较为通用的产业结构分类，但各国的划分不尽一致。我国的三次产业的划分是：

第一产业：农业（包括种植业、林业、牧业和渔业）。

第二产业：工业（采掘业，制造业，电力、煤气及水的生产和供应业）和建筑业。

第三产业：除第一、第二产业以外的其他各业。因为包括的行业多、范围广，我国把第三产业分为流通部门和服务部门，具体又分为四个层次，即：

第一层次：流通部门（包括交通运输、仓储及邮电通信业，批发和零售贸易、餐饮业）；第二层次：为生产和生活服务的部门（包括金融、保险业务，地质勘查业，水利管理业，房地产业务，社会服务业，农林牧副渔服务业，交通运输辅助业，综合技术服务业等）；第三层次：为提高科学文化水平和居民素质服务的部门（包括教育、文化艺术及广播电影电视业，卫生、体育和社会福利业，科学研究业等）；第四层次：为社会公共需要服务的部门（包括国家机关、政党机关和社会团体以及军队、警察等）。

就业人员　即从业人员。指在各级国家机关、政党机关、社会团体及企业、事业单位中工作，取得工资或其他形式的劳动报酬的全部人员。包括在岗职工、再就业的离退休人员、民办教师以及在各单位中工作的外方人员和港澳台方人员、兼职人员、借用的外单位人员和第二职业者。不包括离开本单位仍保留劳动关系的职工。各单位的从业人员反映了各单位实际参加生产或工作的全部劳动力。

城镇登记失业人员　指有非农业户口，在一定的劳动年龄内，有劳动能力，无业而要求就业，并在当地就业服务机构进行求职登记的人员。

城镇登记失业率　城镇失业率指城镇登记失业人数同城镇从业人数与城镇登记失业人数之和的比。计算公式为：城镇登记失业率 = 城镇登记失业人数/（城镇从业人数 + 城镇登记失业人数）×100%。城镇登记失业率是指城镇登记失业人员与城镇单位从业人员（扣除使用的农村劳动力、聘用的离退休人员、港澳台及外方人员）、城镇单位中的不在岗职工、城镇私营业主、个体户主、城镇私营企业和个体从业人员、城镇登记失业人员之和的比。

恩格尔系数　指食物支出在生活消费总支出中所占的比例。即食物支出/生活消费总支出×100%。

学龄儿童入学率　已入学小学学龄儿童数/校内外小学学龄儿童总数×100%。

城市人口用水普及率　指城市用水的非农业人口数（不含临时人口和流动人口）与城市非农业人口总数之比。

城市燃气普及率　城市用气人口数/城市人口总数×100%。

小学学龄儿童入学率　指调查范围内已入小学学习的学龄儿童占校内外学龄儿童总数（包括弱智儿童，不包括盲聋哑儿童）的比重。计算公式为：小学学龄儿童入学率 = 已入学的小学学龄儿童数/校内外小学学龄儿童总数×100%。

附录1-1　全国行政区划(2005年底)

单位：个

	地级区划数		县级区划数				
		地级市		县级市	市辖区数	县数	自治县
全　国	**333**	**283**	**2862**	**374**	**852**	**1464**	**117**
北京市			18		16	2	
天津市			18		15	3	
河北省	11	11	172	22	36	108	6
山西省	11	11	119	11	23	85	
内蒙古自治区	12	9	101	11	21	17	
辽宁省	14	14	100	17	56	19	8
吉林省	9	8	60	20	19	18	3
黑龙江省	13	12	130	19	65	45	1
上海市			19		18	1	
江苏省	13	13	106	27	54	25	
浙江省	11	11	90	22	32	35	1
安徽省	17	17	105	5	44	56	
福建省	9	9	85	14	26	45	
江西省	11	11	99	10	19	70	
山东省	17	17	140	31	49	60	
河南省	17	17	159	21	50	88	
湖北省	13	12	102	24	38	37	2
湖南省	14	13	122	16	34	65	7
广东省	21	21	121	23	54	41	3
广西壮族自治区	14	14	109	7	34	56	12
海南省	2	2	20	6	4	4	6
重庆市			40	4	15	17	4
四川省	21	18	181	14	43	120	4
贵州省	9	4	88	9	10	56	11
云南省	16	8	129	9	12	79	29
西藏自治区	7	1	73	1	1	71	
陕西省	10	10	107	3	24	80	
甘肃省	14	12	86	4	17	58	7
青海省	8	1	43	2	4	30	7
宁夏回族自治区	5	5	21	2	8	11	
新疆维吾尔自治区	14	2	99	20	11	62	6
香港特别行政区							
澳门特别行政区							
台湾省							

附录1-2 城乡基层组织情况

年份 地区	街道办事处(个)	乡镇数(个)			村民委员会数(个)
		合计	乡	镇	
1990		55838	44446	11392	743278
2000		43735	24043	19692	734715
2001		40161	20606	19555	709257
2002		39054	19243	19811	694515
2003		38028	18440	19588	678589
2004	5904	36952	17781	19171	652718
2005	6152	35473	15951	19522	629079
北京	131	183	41	142	3957
天津	101	140	20	120	3838
河北	242	1962	1019	943	49584
山西	193	1196	635	561	26810
内蒙古	195	917	424	493	12225
辽宁	550	978	376	602	11630
吉林	254	624	198	426	9403
黑龙江	365	908	438	470	9058
上海	103	111	3	108	1874
江苏	281	1129	110	1019	17771
浙江	298	1227	475	752	34408
安徽	241	1455	507	948	23625
福建	167	934	341	593	14256
江西	123	1427	654	773	16822
山东	460	1471	277	1194	81875
河南	392	1907	1066	841	47814
湖北	277	943	210	733	26069
湖南	233	2176	1087	1089	43572
广东	429	1156	11	1145	18693
广西	106	1126	427	699	14359
海南	18	200	20	180	2535
重庆	112	969	361	608	10202
四川	238	4544	2679	1865	50345
贵州	92	1451	760	691	20031
云南	56	1399	832	567	12268
西藏	9	683	543	140	5746
陕西	148	1597	680	917	28383
甘肃	121	1227	770	457	16533
青海	30	392	269	123	4144
宁夏	42	187	93	94	2328
新疆	145	854	625	229	8921

附录1-3　国内生产总值和财政收支

年　份	国内生产总值（亿元）	国　民总收入（亿元）	人均国内生产总值（元）	财政收入（亿元）	财政支出（亿元）	财政收入占国内生产总值%
1952	679.0	679.0	119.0	173.9	172.1	25.6
1955	910.0	910.0	150.0	249.3	262.7	27.4
1960	1457.0	1457.0	218.0	572.3	643.7	39.3
1965	1716.1	1716.1	240.0	473.3	460.0	27.6
1970	2252.7	2252.7	275.0	662.9	649.4	29.4
1975	2997.3	2997.3	217.0	815.6	820.9	27.2
1976	2943.7	2943.7	316.0	776.6	806.2	26.4
1977	3201.9	3201.9	339.0	874.5	843.5	27.3
1978	3645.2	3645.2	381.0	1132.3	1122.1	31.1
1979	4062.6	4062.6	419.0	1146.4	1281.8	28.2
1980	4545.6	4545.6	463.0	1159.9	1228.8	25.5
1981	4891.6	4889.5	492.0	1175.8	1138.4	24.0
1982	5323.4	5330.5	526.0	1212.3	1230.0	22.8
1983	5962.7	5985.6	583.0	1367.0	1409.5	22.9
1984	7208.1	7243.8	695.0	1642.9	1701.0	22.8
1985	9016.0	9040.7	858.0	2004.8	2004.3	22.2
1986	10275.2	10274.4	963.0	2122.0	2204.9	20.7
1987	12058.6	12050.6	1112.0	2199.4	2262.2	18.2
1988	15042.8	15036.8	1366.0	2357.2	2491.2	15.7
1989	16992.3	17000.9	1519.0	2664.9	2823.8	15.7
1990	18667.8	18718.3	1644.0	2937.1	3083.6	15.7
1991	21781.5	21826.2	1893.0	3149.5	3386.6	14.5
1992	26923.5	26937.3	2311.0	3483.4	3742.2	12.9
1993	35333.9	35260.0	2998.0	4349.0	4642.3	12.3
1994	48197.9	48108.5	4044.0	5218.1	5792.6	10.8
1995	60793.7	59810.5	5046.0	6242.2	6823.7	10.3
1996	71176.6	70142.5	5846.0	7408.0	7937.6	10.4
1997	78973.0	77653.1	6420.0	8651.1	9233.6	11.0
1998	84402.3	83024.3	6796.0	9876.0	10798.2	11.7
1999	89677.1	88189.0	7159.0	11444.1	13187.7	12.8
2000	99214.6	98000.5	7858.0	13395.2	15886.5	13.5
2001	109655.2	108068.2	8622.0	16386.0	18902.6	14.9
2002	120332.7	119095.7	9398.0	18903.6	22053.2	15.7
2003	135822.8	135174.0	10542.0	21715.3	24649.9	16.0
2004	159878.3	159586.7	12336.0	26396.5	28486.9	16.5
2005	182320.6	183191.8	13985.0	31628.0	33708.1	17.3

注：财政收入包括中央、地方财政收入，财政支出包括中央、地方财政支出。

附录1-4　2005年各地区生产总值与财政收支

地　区	地区生产总值（亿元）	人均地区生产总值（元）	财政收入（亿元）	财政支出（亿元）
北　京	6814.5	44441	919.2	1058.3
天　津	3663.9	35234	331.9	442.1
河　北	10116.6	14811	515.7	979.2
山　西	4121.2	12321	368.3	668.8
内蒙古	3822.8	16067	277.5	681.9
辽　宁	8005.0	19022	675.3	1204.4
吉　林	3614.9	13350	207.2	631.1
黑龙江	5510.0	14467	318.2	787.8
上　海	9144.0	51583	1417.4	1646.3
江　苏	18272.1	24518	1322.7	1673.4
浙　江	13365.0	27369	1066.6	1265.5
安　徽	5375.8	8810	334.0	713.1
福　建	6560.1	18613	432.6	593.4
江　西	4056.2	9437	252.9	564.0
山　东	18468.3	20030	1073.1	1466.2
河　南	10535.2	11265	537.7	1116.0
湖　北	6484.5	11390	375.5	778.7
湖　南	6473.6	10264	395.3	873.4
广　东	21701.3	23674	1807.2	2289.1
广　西	4063.3	8746	283.0	611.5
海　南	893.1	10819	68.7	151.2
重　庆	3069.1	11002	256.8	487.4
四　川	7385.1	9020	479.7	1082.2
贵　州	1942.0	5222	182.5	520.7
云　南	3472.3	7826	312.6	766.3
西　藏	250.6	9074	12.0	185.5
陕　西	3674.8	9908	275.3	639.0
甘　肃	1928.1	7455	123.5	429.3
青　海	543.2	10030	33.8	169.8
宁　夏	599.4	10087	47.7	160.3
新　疆	2639.6	13184	180.3	519.0

注：本表系地区生产总值、地方财政收入和地方财政支出。

附录1-5　价格指数(上年=100)

年份 地区	商品零售价格指数	中西药品及保健用品	居民消费价格指数	医疗保健	医疗保健服务费
1994	121.7	111.8	124.1	111.7	120.2
1995	114.8	111.5	117.1	111.3	111.1
1996	106.1	108.8	108.3	109.3	112.4
1997	100.8	104.4	102.8	104.7	122.9
1998	97.4	102.8	99.2	102.8	117.2
1999	97.0	101.0	98.6	100.9	111.7
2000	98.5	100.2	100.4	100.3	111.1
2001	99.2	98.5	100.7	100.3	110.5
2002	98.7	96.5	99.2	98.5	108.2
2003	99.9	98.4	101.2	101.2	108.9
2004	102.8	96.7	103.9	99.1	105.2
2005	100.8	97.6	101.8	99.9	…
北　京	99.2	98.2	101.5	98.0	100.0
天　津	100.8	86.9	101.5	97.6	100.6
河　北	103.2	99.6	101.8	99.2	112.1
山　西	103.1	95.8	102.3	99.9	100.9
内蒙古	102.7	99.1	102.4	105.7	109.9
辽　宁	101.9	96.7	101.4	99.3	125.3
吉　林	103.5	96.7	101.5	98.6	102.3
黑龙江	102.8	100.2	101.2	100.0	101.6
上　海	100.9	95.6	101.0	100.3	99.1
江　苏	102.2	96.4	102.1	100.2	101.4
浙　江	102.7	89.3	101.3	100.8	100.0
安　徽	102.7	94.9	101.4	98.7	109.5
福　建	102.7	95.7	102.2	98.8	100.0
江　西	103.0	92.0	101.7	100.9	100.2
山　东	102.8	98.2	101.7	99.7	105.0
河　南	105.7	98.0	102.1	98.2	99.9
湖　北	104.1	96.6	102.9	98.1	100.5
湖　南	103.9	98.5	102.3	99.0	104.2
广　东	102.9	99.7	102.3	99.2	100.2
广　西	103.9	100.3	102.4	100.2	110.5
海　南	103.4	99.8	101.5	99.7	104.7
重　庆	101.4	93.2	100.8	102.5	116.0
四　川	103.7	99.2	101.7	101.3	122.6
贵　州	103.2	99.7	101.0	100.5	122.4
云　南	104.7	99.6	101.4	102.2	102.0
西　藏	100.7	99.5	101.5	100.4	100.1
陕　西	102.5	93.7	101.2	98.5	100.9
甘　肃	102.1	95.4	101.7	103.3	108.9
青　海	102.6	95.7	100.8	102.0	117.3
宁　夏	102.8	96.3	101.5	98.2	100.6
新　疆	100.7	99.9	100.7	109.3	110.9

注：各地区商品零售价格指数系2004年数字。

附录1-6　就业和工资情况

指标	1990	1995	2000	2002	2003	2004	2005
就业人员(万人,年底数)	64749	68065	72085	73740	74432	75200	75825
第一产业	38914	35530	36043	36870	36546	35269	33918
第二产业	13856	15655	16219	15780	16077	16920	18092
第三产业	11979	16880	19823	21090	21809	23011	23815
按城乡分就业人员(万人,年底数)							
城镇就业人员	17041	19040	23151	24780	25639	26476	27331
国有单位	10346	11261	8102	7163	6876	6710	6488
城镇集体单位	3549	3147	1499	1122	1000	897	810
其他单位	164	894	2011	2700	3094	3492	4211
乡村就业人员	47708	49025	48934	48960	48793	48724	48494
乡镇企业	9265	12862	12820	13288	13573	13866	14272
职工人数(万人,年底数)	14059	14908	11259	10558	10492	10576	10942
国有单位	10346	10955	7878	6924	6621	6438	6232
城镇集体单位	3549	3076	1447	1071	951	851	769
其他单位	164	877	1935	2563	2920	3287	3941
离退休及退职人数(万人,年底数)	2301	3094	3876	4223	4523	4675	5088
企业单位	-	2366	2978	3261	3486	3610	3842
事业单位	-	525	647	688	747	767	831
机关单位	-	203	251	274	290	298	312
城镇登记失业人数(万人)	383	520	595	770	800	827	839
城镇登记失业率(%)	2.5	2.9	3.1	4.0	4.3	4.2	4.2
职工平均工资(元)	2140	5500	9371	12422	14040	16024	18405
国有单位	2284	5625	9552	12869	14577	16729	19313
城镇集体单位	1681	3931	6262	7667	8678	9814	11283
其他单位	2987	7463	10984	13212	14574	16259	18362

附录1-7　农村居民贫困状况

指标	1990	1995	2000	2002	2003	2004	2005
贫困标准(元/人)	300	530	625	627	637	668	683
贫困人口(万人)	8500	6540	3209	2820	2900	2610	2365
贫困发生率(%)	9.4	7.1	3.4	3.0	3.1	2.8	2.5

附录1-8　享受补助、救济人数(万人)

指标	1990	1995	2000	2002	2003	2004	2005
城乡居民最低生活保障人数							
城镇居民	184	257	403	2065	2247	2205	2234
农村居民		266	300	408	367	488	825
社会保障							
参加基本养老保险职工人数	8476	9502	10448	11129	11646	12250	13120
参加基本养老保险离退休退职人数	2727	2984	3170	3608	3860	4103	4367
参加失业保险人数	7928	9852	10326	10182	10373	10584	10648
参加基本医疗保险人数	1878	2065	3787	9401	10902	12404	13783
参加工伤保险人数	…	…	…	4406	4575	6845	8478

附录1-9　城乡居民家庭收支情况

指标	1985	1990	1995	2000	2002	2003	2004	2005
城镇居民家庭								
平均每人全部年收入(元)	748.9	1522.8	4288.1	6316.8	8177.4	9061.2	10128.5	11320.8
其中：可支配收入(元)	739.1	1510.2	4283.0	6280.0	7702.8	8472.2	9421.6	10493.0
平均每人消费性支出(元)	673.2	1278.9	3537.6	4998.0	6029.9	6510.9	7182.1	7942.9
食品	351.7	693.8	1766.0	1971.3	2271.8	2416.9	2709.6	2914.4
衣着	98.0	170.9	479.2	500.5	590.9	637.7	686.8	800.5
家庭设备用品及服务	57.9	108.5	296.9	439.3	388.7	410.3	407.4	446.5
医疗保健	16.7	25.7	110.1	318.1	430.1	476.0	528.2	600.9
交通及通讯	14.4	40.5	171.0	427.0	626.0	721.1	843.6	996.7
娱乐教育文化服务	55.0	112.3	312.7	669.6	902.3	934.4	1032.8	1097.5
居住	32.2	60.9	250.2	565.3	624.4	699.4	733.5	808.7
杂项商品与服务	47.2	66.6	151.4	258.5	195.8	215.1	240.2	277.8
平均每人消费性支出构成(%)								
食品(恩格尔系数)	52.3	54.3	49.9	39.2	37.7	37.1	37.7	36.7
衣着	14.6	13.4	13.6	10.0	9.8	9.8	9.6	10.1
家庭设备用品及服务	8.6	10.1	8.4	8.5	6.5	6.3	5.7	5.6
医疗保健	2.5	2.0	3.1	6.4	7.1	7.3	7.4	7.6
交通及通讯	2.1	1.2	4.8	7.9	10.4	11.1	11.8	12.6
娱乐教育文化服务	8.2	11.1	8.8	12.6	15.0	14.4	14.4	13.8
居住	4.8	7.0	7.1	10.0	10.4	10.7	10.2	10.2
杂项商品与服务	7.0	0.9	4.3	5.2	3.3	3.3	3.3	3.5
农村居民家庭								
平均每人年总收入(元)	547.3	990.4	2337.9	3146.2	3431.7	3582.4	4039.6	4631.2
平均每人年总支出(元)	485.5	903.5	2138.3	2652.4	2923.6	3025.0	3430.1	4126.9
平均每人生活消费支出(元)	317.4	584.6	1310.4	1670.1	1834.3	1943.3	2184.7	2555.4
食品	183.4	343.8	768.2	820.5	848.4	886.0	1031.9	1162.2
衣着	30.9	45.4	89.8	96.0	105.0	110.3	120.2	148.6
居住	57.9	101.4	182.2	258.3	300.2	308.4	324.3	370.2
家庭设备用品及服务	16.3	30.9	68.5	75.5	80.4	81.7	89.2	111.4
医疗保健	7.6	19.0	42.5	87.6	103.9	115.8	130.6	168.1
交通及通讯	5.5	8.4	33.8	93.1	128.5	162.5	192.6	245.0
娱乐教育文化服务	12.5	31.4	102.4	186.7	210.3	235.7	247.6	295.5
其他商品及服务	3.4	4.3	23.1	52.5	57.7	43.1	48.3	54.5
平均每人年消费性支出构成(%)								
食品(恩格尔系数)	57.8	58.8	58.6	49.1	46.3	45.6	47.2	45.5
衣着	9.7	7.8	6.9	5.8	5.7	5.7	5.5	5.8
居住	18.2	17.3	13.9	15.5	16.4	15.9	14.8	14.5
家庭设备用品及服务	5.1	5.3	5.2	4.5	4.4	4.2	4.1	4.4
医疗保健	2.4	3.3	3.2	5.2	5.7	6.0	6.0	6.6
交通及通讯	1.8	1.4	2.6	5.6	7.0	8.4	8.8	9.6
娱乐教育文化服务	3.9	5.4	7.8	11.2	11.5	12.1	11.3	11.6
其他商品及服务	1.2	0.7	1.8	3.1	3.1	2.2	2.2	2.1

注：本表系城市、农村住户调查资料。

附录1-10 各地区城乡居民家庭收支情况

地区	城市居民家庭人均						农村居民家庭人均					
	可支配收入(元)		消费性支出(元)		恩格尔系数(%)	医疗保健(元)	纯收入(元)		消费性支出(元)		恩格尔系数(%)	医疗保健(元)
	2004	2005	2004	2005	2005	2004	2004	2005	2004	2005	2005	2004
总计	**9421.6**	**10493.0**	**7182.1**	**7942.9**	**36.7**	**528.2**	**2936.4**	**3254.9**	**2184.7**	**2555.4**	**45.5**	**130.6**
北京	15637.8	17653.0	12200.4	13244.2	31.8	1182.8	6170.3	7346.3	4616.9	5315.7	32.7	507.6
天津	11467.2	12638.6	8802.4	9653.3	36.7	824.0	5019.5	5579.9	2642.1	3036.0	38.6	177.1
河北	7951.3	9107.1	5819.2	6699.7	34.6	550.3	3171.1	3481.6	1834.9	2165.7	41.0	116.0
山西	7902.9	8913.9	5654.2	6342.6	32.4	401.8	2589.6	2890.7	1636.5	1877.7	44.2	84.2
内蒙古	8123.0	9136.8	6219.3	6928.6	31.4	473.6	2606.4	2988.9	2082.6	2446.2	43.1	154.5
辽宁	8007.6	9107.6	6543.3	7369.3	38.8	541.3	3307.1	3690.2	2073.0	2805.9	40.2	145.2
吉林	7840.6	8690.6	6069.0	6794.7	34.7	527.3	2999.6	3264.0	1971.2	2306.0	43.5	161.2
黑龙江	7470.7	8272.5	5567.5	6178.0	33.5	537.4	3005.2	3221.3	1837.4	2544.6	36.3	131.0
上海	16682.8	18645.0	12631.0	13773.4	35.9	761.7	7066.3	8247.8	6328.8	7277.9	36.9	424.6
江苏	10481.9	12318.6	7332.3	8621.8	37.2	496.8	4753.9	5276.3	2992.5	3567.1	44.0	163.2
浙江	14546.4	16293.8	10636.1	12253.7	33.8	828.8	5944.1	6660.0	4659.1	5433.0	37.9	326.1
安徽	7511.4	8470.7	5711.3	6367.7	43.7	395.7	2499.3	2641.0	1813.7	2196.2	45.5	91.9
福建	11175.4	12321.3	8161.2	8794.4	40.9	476.8	4089.4	4450.4	3015.6	3292.6	46.1	136.4
江西	7559.6	8619.7	5337.8	6109.4	40.8	268.1	2786.8	3128.9	2095.5	2483.7	49.1	110.3
山东	9437.8	10744.8	6673.8	7457.3	33.7	484.4	3507.4	3930.5	2389.3	2735.8	39.8	155.8
河南	7704.9	8668.0	5294.2	6038.0	34.2	436.5	2553.2	2870.6	1664.1	1891.6	45.4	95.2
湖北	8022.8	8785.9	6398.5	6736.6	39.0	461.4	2890.0	3099.2	2089.0	2430.2	49.1	110.7
湖南	8617.5	9524.0	6884.6	7505.0	35.8	475.6	2837.8	3117.7	2472.3	2756.4	52.0	124.1
广东	13627.7	14770.0	10694.8	11809.9	36.1	649.7	4365.9	4690.5	3240.8	3707.7	48.3	153.2
广西	8690.0	9286.7	6445.7	7032.8	41.3	461.7	2305.2	2494.7	1928.6	2349.6	50.5	83.6
海南	7735.8	8123.9	5802.4	5928.8	47.6	350.2	2817.6	3004.0	1745.4	1969.1	57.6	86.6
重庆	9221.0	10243.5	7973.1	8623.3	36.4	538.0	2510.4	2809.3	1853.9	2142.1	52.8	115.3
四川	7709.9	8386.0	6371.1	6891.3	39.3	433.4	2518.9	2802.8	2015.7	2274.2	54.7	117.4
贵州	7322.1	8151.1	5494.5	6159.3	39.9	301.3	1721.6	1877.0	1296.3	1552.4	52.8	47.2
云南	8870.9	9265.9	6837.0	6996.9	42.8	623.2	1864.2	2041.8	1571.0	1789.0	54.5	87.7
西藏	9167.4	9431.2	8446.2	8617.1	44.5	320.7	1861.3	2077.9	1470.7	1723.8	68.8	28.9
陕西	7492.5	8272.0	6233.1	6656.5	36.1	513.3	1866.5	2052.6	1618.1	1896.5	42.9	118.1
甘肃	7376.7	8086.8	5937.3	6529.2	36.0	412.0	1852.2	1979.9	1464.3	1819.6	47.2	85.3
青海	7319.7	8057.9	5759.0	6245.3	36.3	452.0	1957.7	2151.5	1676.4	1976.0	45.2	126.6
宁夏	7217.9	8093.6	5821.4	6404.3	34.8	440.8	2320.1	2508.9	1926.8	2094.5	44.0	186.9
新疆	7503.4	7990.2	5773.6	6207.5	36.4	375.2	2244.9	2482.2	1689.9	1924.4	41.8	142.0

附录1-11　城市设施水平

年份 地区	人均住宅建筑面积(平方米)	城市人口用水普及率(%)	城市燃气普及率(%)	每万人拥有公共汽(电)车辆(标台)	人均拥有道路面积(平方米)	人均公共绿地面积(平方米)	每万人拥有公共厕所(座)
1985	10.0	81.0	22.4	3.9		2.8	5.8
1990	13.7	89.2	42.2	4.8	3.1	3.9	6.6
1995	16.3	93.0	70.0	7.3	4.4	5.0	6.1
2000	20.3	96.7	84.2	10.8	6.1	6.8	5.1
2001	20.8	72.3	60.4	10.1	7.0	7.6	5.0
2002	22.8	77.9	67.2	6.7	7.9	5.4	3.2
2003	23.7	86.2	76.7	7.7	9.3	6.5	3.2
2004	25.0	88.9	81.5	8.4	10.3	7.4	3.2
北　京	25.1	100.0	99.8	22.8	9.5	10.5	4.7
天　津	24.7	100.0	98.5	10.7	9.3	8.1	3.3
河　北	24.9	99.9	93.3	6.9	11.6	7.3	4.5
山　西	23.6	85.6	68.6	4.8	7.3	5.0	4.7
内蒙古	21.4	82.2	62.8	5.2	9.4	7.0	6.6
辽　宁	21.0	93.0	87.2	8.6	7.7	7.1	4.7
吉　林	21.8	77.3	71.3	7.1	6.8	5.8	5.3
黑龙江	21.3	80.8	68.8	6.7	7.6	7.0	7.2
上　海	32.1	100.0	100.0	18.2	15.4	8.5	2.8
江　苏	26.9	94.0	92.0	7.9	14.7	8.9	4.2
浙　江	34.0	98.9	98.2	11.1	14.0	8.4	3.3
安　徽	21.7	90.0	69.2	7.4	11.4	5.9	3.3
福　建	31.5	95.9	93.2	10.5	10.4	8.1	2.2
江　西	24.9	92.2	80.2	7.3	8.8	7.4	1.9
山　东	25.7	75.5	74.3	5.6	12.4	7.7	1.2
河　南	21.6	92.1	66.2	7.2	8.9	7.1	3.2
湖　北	24.1	73.8	64.4	7.0	9.3	5.9	2.4
湖　南	25.4	87.6	68.7	8.9	8.7	6.5	2.7
广　东	26.3	95.1	93.0	6.5	11.7	9.6	1.6
广　西	26.7	78.7	67.4	6.3	9.2	6.4	1.6
海　南	24.0	89.6	88.2	5.6	14.1	10.2	1.4
重　庆	28.3	76.8	63.5	7.7	6.2	4.0	2.6
四　川	26.9	97.5	81.8	7.6	10.6	7.7	2.9
贵　州	18.3	88.6	59.5	8.2	5.2	5.3	1.8
云　南	26.5	81.5	61.9	8.9	6.6	7.4	2.1
西　藏	20.1	69.0	41.9	26.0	14.4	0.5	2.7
陕　西	22.4	94.4	76.7	7.9	7.2	4.5	1.7
甘　肃	22.0	85.2	65.2	5.6	9.7	6.1	2.5
青　海	21.0	99.9	70.0	15.7	9.4	6.7	4.4
宁　夏	22.9	61.1	49.4	4.0	9.1	4.8	3.7
新　疆	21.3	98.1	87.3	13.1	10.0	6.8	4.0

附录1-12　入学率、升学率及每万人口学生数

年　份	学龄儿童入学率(%)	升学率(%)			平均每万人口中		
		小学毕业	初中毕业	高中毕业	大学生(人)	中学生(人)	小学生(人)
1955	61.7	44.2	39.7		6.8	110	994
1960	56.1	45.3	30.0		12.3	124	1029
1965	84.7	82.5	70.0		9.3	197	1602
1978	95.5	87.7	40.9		8.9	690	1519
1980	93.9	75.9	45.9		11.6	575	1482
1981	93.0	68.3	32.5		12.8	503	1439
1982	93.2	66.2	32.3		11.4	465	1381
1983	94.0	67.3	35.5		11.8	453	1326
1984	95.3	66.2	38.4		13.5	470	1310
1985	96.0	68.4	41.7		16.1	481	1263
1986	96.4	69.5	40.6		17.5	495	1226
1987	97.2	69.1	39.1		17.9	494	1174
1988	97.2	70.4	38.0		18.6	473	1129
1989	97.4	71.5	38.3		18.5	448	1098
1990	97.8	74.6	40.6	27.3	18.0	447	1071
1991	97.8	75.7	42.6	28.7	17.6	451	1050
1992	97.2	79.7	43.4	34.9	18.6	457	1041
1993	97.7	81.8	44.1	43.3	21.4	454	1048
1994	98.4	86.6	46.4	46.7	23.4	476	1070
1995	98.5	90.8	48.3	49.9	24.0	511	1089
1996	98.8	92.6	48.8	51.0	24.7	542	1112
1997	98.9	93.7	44.3	48.6	25.7	566	1132
1998	98.9	94.3	50.7	46.1	27.3	588	1118
1999	99.1	94.4	50.0	63.8	32.8	621	1076
2000	99.1	94.9	51.1	73.2	43.9	660	1028
2001	99.1	95.5	52.9	78.8	56.3	686	983
2002	98.6	97.0	58.3	83.5	70.3	733	946
2003	98.7	97.9	59.6	83.4	86.3	763	910
2004	98.9	98.1	62.9	82.5	103.2	776	870
2005	99.2	98.4	69.7	76.3	161.3	785	836

附录二 我国卫生状况与世界主要国家比较

简要说明

一、本章主要介绍我国与世界主要国家卫生状况，包括人口、健康、卫生资源等。

二、本章数据主要来源于世界卫生组织《2005 年卫生报告》、联合国儿基会《2004 年国家覆盖评估报告》。

三、部分中国数据系国际组织估算数。

主要统计指标解释

期望寿命 预期的平均存活人年数（或岁数）。

孕产妇死亡率 一年内孕产妇死亡与当年出生人数之比。

婴儿死亡率 年内不满一岁的婴儿死亡人数与全年活产数的比值。

总和生育率 每个妇女度过她的整个育龄期根据现时年龄别生育率可能生育的孩子数。

公共卫生支出 是指中央、地方政府的货币和资本预算、政府外部借贷和赠款（包括国际组织和非政府组织的捐赠）、社会或强制性健康保险基金。

个人卫生支出 是指家庭直接卫生支出、个人保险、非盈利机构对家庭的卫生支出、私营企业直接的卫生服务支付。

1 岁儿童免疫接种率 是指完成注射麻疹、百白破和乙肝的 1 岁儿童所占百分比。

低出生体重患病率 出生时体重低于 2500g 婴儿所占百分比。

5 岁以下儿童生长迟缓患病率 是指 5 岁以下儿童中低于年龄别身高参考值 2、3 个标准差的中、重度生长迟缓者所占百分比。

5 岁以下儿童低体重患病率 是指 5 岁以下儿童中低于年龄别体重参考值 2、3 个标准差的中度、重度低体重者所占百分比。

避孕普及率 是指 15～49 岁人口中使用任何避孕方式的人数所占百分比。

安全饮用水普及率% 足指能合理使用以下方式之一持续饮用水供应（距离居住地 1 公里、保证每人每天 20 升用水量）的人口所占百分比，即：家庭连接或公共管体式水塔、地下凿洞井、受保护水井、受保护泉水和雨水收集井。

卫生厕所普及率% 是指能使用以下粪便完全处理设施的人口所占百分比，即：有下水道或化粪池的厕所、冲水厕所、简单的坑式厕所、通风改良式厕所，这些粪便处理设施应该是个体的或共用的（不是公共的）且能有效防止人、畜、昆虫粪便混杂。

附录2-1　各国期望寿命

国家		期望寿命 2004		健康期望寿命 2002		寿命损失年(%) 2002		
		男	女	男	女	传染性疾病	非传染性疾病	伤害
1	阿富汗	42	42	35	36	76	18	6
2	阿尔巴尼亚	69	74	59	63	17	63	20
3	阿尔及利亚	69	72	60	62	50	30	20
4	安道尔	77	83	70	75	6	80	14
5	安哥拉	38	42	32	35	84	8	8
6	安提瓜和巴布达	70	75	60	64	21	69	10
7	阿根廷	71	78	62	68	18	66	17
8	亚美尼亚	65	72	59	63	13	78	9
9	澳大利亚	78	83	71	74	5	77	17
10	奥地利	76	82	69	74	3	83	14
11	阿塞拜疆	63	68	56	59	36	58	6
12	巴哈马群岛	70	76	61	66	35	45	20
13	巴林群岛	73	75	64	64	10	68	22
14	孟加拉国	62	63	55	53	60	28	12
15	巴巴多斯岛	71	78	63	68	26	65	10
16	巴拉若斯	63	74	57	65	7	68	25
17	比利时	75	81	69	73	5	80	15
18	伯利兹	65	72	58	62	40	41	19
19	贝宁湾	52	53	43	45	82	10	8
20	不丹	62	65	53	53	65	25	10
21	玻利维亚	63	66	54	55	55	34	11
22	波黑	70	77	62	66	7	81	13
23	博茨瓦纳	40	40	36	35	93	4	3
24	巴西	67	74	57	62	30	50	20
25	文莱	76	78	65	66	16	63	21
26	保加利亚	69	76	63	67	5	87	9
27	布基纳法索	47	48	35	36	87	7	7
28	布隆迪	42	47	33	37	81	7	12
29	柬埔寨	51	58	46	49	72	22	6
30	喀麦隆	50	51	41	42	81	11	8
31	加拿大	78	83	70	74	6	80	15
32	佛得角	67	71	59	63	51	37	12
33	中非	40	41	37	38	84	9	7
34	乍得	45	48	40	42	85	8	7
35	智利	74	81	65	70	17	64	19
36	中国	70	74	63	65	23	56	21
37	哥伦比亚	68	77	58	66	25	35	40
38	科摩罗	62	67	54	55	70	18	12
39	刚果	53	55	45	47	79	11	11
40	库克岛	70	75	61	63	29	57	13
41	哥斯达黎加	75	80	65	69	22	57	21
42	科特迪瓦	41	47	38	41	78	11	10
43	克罗地亚	72	79	64	69	5	84	11
44	古巴	75	80	67	70	10	73	17
45	塞浦路斯	77	82	67	68	12	74	14
46	捷克	73	79	66	71	3	83	13
47	朝鲜	65	68	58	60	44	46	11
48	刚果	42	47	35	39	82	7	11

附录2-1　续表1

国家		期望寿命 2004		健康期望寿命 2002		寿命损失年(%) 2002		
		男	女	男	女	传染性疾病	非传染性疾病	伤害
49	丹麦	75	80	69	71	4	86	10
50	吉布提	54	57	43	43	76	17	8
51	多米尼加	72	76	62	66	19	68	13
52	多米尼加共和国	64	70	57	62	56	33	12
53	厄瓜多尔	70	75	60	64	37	42	21
54	埃及	66	70	58	60	32	61	8
55	萨尔瓦多	68	74	57	62	41	38	21
56	赤道几内亚	42	44	45	46	79	12	9
57	厄立特里亚	58	62	49	51	81	11	8
58	爱沙尼亚	66	78	59	69	6	67	27
59	埃塞俄比亚	49	51	41	42	82	12	6
60	斐济	66	71	57	61	27	63	10
61	芬兰	75	82	69	74	5	76	20
62	法国	76	83	69	75	6	78	16
63	加蓬	55	59	50	53	72	18	9
64	冈比亚	55	59	48	51	75	15	10
65	乔治亚	70	77	62	67	13	81	6
66	德国	76	82	70	74	5	86	10
67	加纳	56	58	49	50	74	16	10
68	希腊	77	82	69	73	4	83	13
69	格林纳达	66	69	58	60	23	66	10
70	危地马拉	65	71	55	60	60	27	13
71	几内亚	52	55	44	46	80	11	9
72	几内亚比绍	45	48	40	41	86	8	6
73	圭亚那	62	64	53	57	56	30	14
74	海地	53	56	43	44	84	15	2
75	洪都拉斯	65	70	56	61	52	35	13
76	匈牙利	69	77	62	68	3	85	12
77	冰岛	79	83	72	74	5	77	17
78	印度	61	63	53	54	58	29	13
79	印尼	65	68	57	59	41	44	15
80	伊朗	68	72	56	59	22	49	28
81	伊拉克	51	61	49	51	57	28	15
82	爱尔兰	75	81	68	72	8	78	14
83	以色列	78	82	70	72	9	76	14
84	意大利	78	84	71	75	5	86	10
85	牙买加	70	74	64	66	30	66	4
86	日本	79	86	72	78	8	76	16
87	约旦	69	73	60	62	31	45	23
88	哈萨克斯坦	56	67	53	59	16	60	24
89	肯尼亚	51	50	44	45	81	11	8
90	基里巴斯	63	67	52	56	45	52	3
91	科威特	76	78	67	67	18	60	22
92	吉尔吉斯	59	67	52	58	35	51	14
93	老挝	58	60	47	47	71	19	10
94	拉脱维亚	66	76	58	68	7	70	23
95	黎巴嫩	68	72	59	62	18	60	22
96	莱索托	39	44	30	33	90	7	3

附录2-1 续表2

	国家	期望寿命 2004		健康期望寿命 2002		寿命损失年(%) 2002		
		男	女	男	女	传染性疾病	非传染性疾病	伤害
97	利比里亚	39	44	34	37	83	7	10
98	利比亚	70	75	62	65	31	53	16
99	立陶宛	66	78	59	68	4	68	28
100	卢森堡	76	81	69	74	5	76	19
101	马达加斯加	55	59	47	50	79	12	9
102	马拉维	41	41	35	35	89	6	5
103	马来西亚	69	74	62	65	26	58	16
104	马尔代夫	66	68	59	57	55	36	9
105	马里	44	47	37	38	86	8	6
106	马耳他	76	81	70	73	8	83	9
107	马歇尔群岛	60	64	54	56	31	59	10
108	毛利塔尼亚	55	60	43	46	79	12	9
109	毛里求斯	69	75	60	65	11	75	13
110	墨西哥	72	77	63	68	27	54	19
111	密克罗尼西亚	68	71	57	58	40	51	9
112	摩纳哥	78	85	71	75	7	77	16
113	蒙古	61	69	53	58	37	47	16
114	摩洛哥	69	73	59	61	44	44	12
115	莫桑比克	44	46	36	38	91	7	2
116	缅甸	56	63	50	53	60	29	11
117	纳米比亚	52	55	43	44	83	10	6
118	瑙鲁	58	65	53	57	19	68	13
119	尼泊尔	61	61	52	51	64	25	11
120	荷兰	77	81	70	73	7	85	8
121	新西兰	77	82	69	72	5	79	17
122	尼加拉瓜	67	71	60	63	46	36	17
123	尼日尔	42	41	36	35	87	7	6
124	尼日利亚	45	46	41	42	83	10	7
125	纽埃岛	68	74	59	62	33	55	12
126	挪威	77	82	70	74	5	83	12
127	阿曼	71	77	63	65	24	57	19
128	巴基斯坦	62	63	54	52	70	21	8
129	帕劳群岛	67	70	59	60	28	63	10
130	巴拿马	73	78	64	68	38	44	18
131	巴布亚新几内亚	58	61	51	52	64	25	11
132	巴拉圭	70	74	60	64	45	39	16
133	秘鲁	69	73	60	62	43	42	15
134	菲律宾	65	72	57	62	45	42	13
135	波兰	71	79	63	68	4	81	15
136	葡萄牙	74	81	67	72	13	77	10
137	卡塔尔	76	75	67	64	16	63	21
138	韩国	73	80	65	71	7	72	21
139	摩尔多瓦	64	71	57	62	11	71	18
140	罗马尼亚	68	76	61	65	11	77	12
141	俄罗斯	59	72	53	64	8	64	28
142	卢旺达	44	47	36	40	85	8	7
143	圣基茨和尼维斯	69	72	60	63	26	62	12
144	圣卢西亚岛	71	77	61	64	20	63	17

附录2-1 续表3

	国家	期望寿命 2004		健康期望寿命 2002		寿命损失年(%) 2002		
		男	女	男	女	传染性疾病	非传染性疾病	伤害
145	圣文森特和格林纳丁斯	66	73	60	62	27	60	13
146	萨摩亚群岛	66	70	59	60	31	58	11
147	圣马力诺	79	84	71	76	5	85	10
148	圣多美和普林西比	57	60	54	55	67	21	12
149	沙特阿拉伯	68	74	60	63	22	53	25
150	塞内加尔	54	57	47	49	76	13	11
151	塞黑	70	75	63	65	7	85	8
152	塞舌尔	67	78	57	65	16	64	21
153	塞拉利昂	37	40	27	30	86	6	8
154	新加坡	77	82	69	71	9	79	12
155	斯洛伐克	70	78	63	69	4	81	14
156	斯洛文尼亚	73	81	67	72	4	80	17
157	所罗门群岛	66	70	55	57	49	44	7
158	索马里	43	45	36	38	76	14	11
159	南非	47	49	43	45	77	15	8
160	西班牙	77	83	70	75	6	81	13
161	斯里兰卡	68	75	59	64	19	61	20
162	苏丹	56	60	47	50	60	23	17
163	苏里南	65	70	57	61	37	45	18
164	斯威士兰	36	39	33	35	91	5	4
165	瑞典	78	83	72	75	4	85	11
166	瑞士	78	83	71	75	5	82	13
167	叙利亚	70	74	60	63	30	56	15
168	塔吉克斯坦	62	64	53	56	49	41	10
169	泰国	67	73	58	62	43	40	17
170	马其顿	69	76	62	65	8	72	20
171	东帝汶	61	66	48	52	63	26	11
172	多哥	52	56	44	46	79	12	9
173	汤加	71	70	62	62	29	62	9
174	特立尼达和多巴哥	67	73	60	64	40	50	10
175	突尼斯	70	74	61	64	18	63	19
176	土耳其	69	73	61	63	31	56	13
177	土库曼斯坦	56	65	52	57	35	52	13
178	图瓦卢	61	62	53	53	34	55	11
179	乌干达	48	51	42	44	84	8	8
180	乌克兰	62	73	55	64	9	71	20
181	阿联酋	76	79	64	64	12	59	28
182	英国	76	81	69	72	10	82	9
183	坦桑尼亚	47	49	40	41	85	8	6
184	美国	75	80	67	71	9	75	17
185	乌拉圭	71	79	63	69	12	72	15
186	乌兹别克斯坦	63	69	58	61	30	57	13
187	瓦努阿图	67	69	58	59	39	51	9
188	委内瑞拉	72	78	62	67	24	45	32
189	越南	69	74	60	63	40	44	16
190	也门	57	61	48	51	61	28	11
191	赞比亚	40	40	35	35	92	6	2
192	津巴布韦	37	34	34	33	90	7	4

附录2-2 各国人口死亡率

	国家	15～60岁死亡概率(‰) 2004		HIV/艾滋病死亡率(1/10万) 2003	标化死亡率(1/10万) 2002				孕产妇死亡率(1/10万) 2000
		男	女		非传染性疾病	心血管疾病	恶性肿瘤	伤害	
1	阿富汗	509	448	…	1 269	706	153	134	1 900
2	阿尔巴尼亚	171	96	…	814	537	154	64	55
3	阿尔及利亚	153	124	<10	598	314	103	85	140
4	安道尔	108	46	…	369	125	126	31	...
5	安哥拉	591	504	140	982	486	179	231	1 700
6	安提瓜和巴布达	191	120	…	717	343	144	35	...
7	阿根廷	173	90	<10	521	212	142	52	70
8	亚美尼亚	248	111	<10	800	498	146	39	55
9	澳大利亚	86	50	<10	362	140	127	35	6
10	奥地利	114	55	<10	406	204	127	38	5
11	阿塞拜疆	205	113	…	892	613	113	29	94
12	巴哈马群岛	256	145	64	490	222	112	73	60
13	巴林群岛	112	82	28	746	312	127	37	33
14	孟加拉国	251	258	…	762	428	111	101	380
15	巴巴多斯岛	191	105	75	535	245	135	30	95
16	巴拉若斯	377	135	…	839	592	143	154	36
17	比利时	122	65	<1	427	162	148	45	10
18	伯利兹	243	135	77	651	317	147	79	140
19	贝宁湾	388	350	73	852	432	154	116	850
20	不丹	255	196	…	771	441	112	112	420
21	玻利维亚	248	184	<10	824	260	256	80	420
22	波黑	188	88	…	699	492	121	43	31
23	博茨瓦纳	786	770	1 863	653	338	124	72	100
24	巴西	237	127	<10	712	341	142	81	260
25	文莱	107	81	56	517	210	114	33	37
26	保加利亚	217	92	…	756	554	125	42	32
27	布基纳法索	472	410	234	901	459	162	149	1 000
28	布隆迪	593	457	355	843	439	146	301	1 000
29	柬埔寨	430	276	111	853	392	148	72	450
30	喀麦隆	444	432	311	848	436	150	118	730
31	加拿大	91	57	<10	388	141	138	34	5
32	佛得角	209	139	…	692	356	127	39	150
33	中非	667	624	584	863	445	154	146	1 100
34	乍得	497	422	197	869	443	156	131	1 100
35	智利	133	66	<10	453	165	137	50	30
36	中国	158	99	<10	665	291	148	79	56
37	哥伦比亚	226	93	<10	511	240	117	141	130
38	科摩罗	254	182	…	736	381	128	83	480
39	刚果	442	390	257	762	393	134	147	510
40	库克岛	158	104	…	616	326	69	38	...
41	哥斯达黎加	124	71	22	457	185	125	55	25
42	科特迪瓦	585	500	267	873	436	160	179	690
43	克罗地亚	160	66	…	613	356	167	48	10
44	古巴	131	85	<10	435	215	129	54	33
45	塞浦路斯	94	47	…	530	354	94	33	47
46	捷克	161	69	…	568	315	177	50	9
47	朝鲜	231	168	…	691	371	102	65	67
48	刚果	576	446	184	909	465	161	273	990

附录2-2　续表1

	国家	15～60岁死亡概率(‰) 2004		HIV/艾滋病死亡率(1/10万) 2003	标化死亡率(1/10万) 2002				孕产妇死亡率(1/10万) 2000
		男	女		非传染性疾病	心血管疾病	恶性肿瘤	伤害	
49	丹麦	117	72	<10	503	182	167	40	7
50	吉布提	373	312	90	926	533	116	92	730
51	多米尼加	204	122	…	590	257	144	45	...
52	多米尼加共和国	280	169	91	687	381	131	59	150
53	厄瓜多尔	210	128	13	576	244	129	89	130
54	埃及	239	158	<1	959	560	84	35	84
55	萨尔瓦多	244	138	33	557	223	102	101	150
56	赤道几内亚	577	522	…	864	438	155	144	880
57	厄立特里亚	345	281	155	762	398	133	92	630
58	爱沙尼亚	301	108	15	674	435	150	144	38
59	埃塞俄比亚	451	389	163	859	435	147	104	850
60	斐济	270	169	24	825	470	86	40	75
61	芬兰	137	62	<10	422	201	115	60	5
62	法国	132	60	<10	368	118	142	48	17
63	加蓬	411	344	224	813	410	158	103	420
64	冈比亚	344	263	42	805	413	144	109	540
65	乔治亚	161	60	<10	745	584	91	25	32
66	德国	112	58	<10	444	211	141	29	9
67	加纳	349	319	141	786	404	138	97	540
68	希腊	110	46	<1	457	258	132	35	10
69	格林纳达	256	218	…	870	448	199	51	...
70	危地马拉	276	152	48	562	188	93	98	240
71	几内亚	364	319	100	853	432	156	147	740
72	几内亚比绍	482	413	…	883	449	159	138	1 100
73	圭亚那	291	258	147	822	526	86	97	170
74	海地	417	358	290	786	402	112	38	680
75	洪都拉斯	258	159	59	758	348	139	66	110
76	匈牙利	249	108	…	695	364	201	67	11
77	冰岛	79	52	35	385	164	136	34	0
78	印度	275	202	…	750	428	109	117	540
79	印尼	239	200	<10	727	361	132	87	230
80	伊朗	190	118	<10	742	466	113	133	76
81	伊拉克	452	201	…	855	508	112	141	250
82	爱尔兰	105	60	<10	484	214	151	35	4
83	以色列	91	48	…	399	136	133	30	13
84	意大利	91	47	<10	403	174	134	29	5
85	牙买加	188	120	34	672	326	151	12	87
86	日本	92	45	<1	287	106	119	39	10
87	约旦	187	119	<10	703	384	144	102	41
88	哈萨克斯坦	424	187	<10	1 052	713	167	160	210
89	肯尼亚	477	502	458	782	401	139	95	1 000
90	基里巴斯	297	175	…	773	273	52	22	...
91	科威特	72	54	…	512	309	78	34	12
92	吉尔吉斯	336	162	<10	924	602	106	90	110
93	老挝	331	300	<10	904	476	150	142	650
94	拉脱维亚	300	115	21	733	482	156	132	61
95	黎巴嫩	198	136	<10	742	453	90	98	150
96	莱索托	845	728	1 611	785	404	139	88	550

附录2-2　续表2

国家		15～60岁死亡概率(‰) 2004		HIV/艾滋病死亡率(1/10万) 2003	标化死亡率(1/10万) 2002				孕产妇死亡率(1/10万) 2000
		男	女		非传染性疾病	心血管疾病	恶性肿瘤	伤害	
97	利比里亚	596	477	223	955	485	169	270	760
98	利比亚	186	109	…	650	411	79	55	97
99	立陶宛	304	102	<10	640	391	161	136	19
100	卢森堡	118	59	22	406	177	134	51	28
101	马达加斯加	338	270	43	837	430	147	112	550
102	马拉维	663	638	681	835	430	150	105	1 800
103	马来西亚	200	109	<10	625	274	139	50	41
104	马尔代夫	186	140	…	864	484	123	70	110
105	马里	490	414	94	909	456	166	145	1 200
106	马耳他	82	48	25	429	214	124	24	...
107	马歇尔群岛	327	275	…	997	526	125	62	...
108	毛利塔尼亚	325	246	17	884	451	158	138	1 000
109	毛里求斯	217	112	…	701	434	79	42	24
110	墨西哥	161	94	<10	503	163	88	58	83
111	密克罗尼西亚	202	169	…	782	410	93	39	...
112	摩纳哥	105	45	…	325	115	120	41	...
113	蒙古	303	185	<10	968	488	306	96	110
114	摩洛哥	157	102	…	675	411	67	48	220
115	莫桑比克	627	549	577	720	371	124	66	1 000
116	缅甸	334	219	40	796	432	115	105	360
117	纳米比亚	548	489	806	754	385	146	93	300
118	瑙鲁	448	303	…	1 137	666	138	132	...
119	尼泊尔	297	285	12	796	436	118	108	740
120	荷兰	89	63	<1	443	171	155	23	16
121	新西兰	95	62	<10	423	175	139	37	7
122	尼加拉瓜	214	151	<10	655	305	120	73	230
123	尼日尔	506	478	37	916	456	169	163	1 600
124	尼日利亚	513	478	246	889	452	157	132	800
125	纽埃岛	178	138	…	637	339	74	39	...
126	挪威	93	57	<10	416	181	137	35	10
127	阿曼	164	92	<10	688	409	105	41	87
128	巴基斯坦	222	198	<10	743	425	107	99	500
129	帕劳群岛	224	206	…	744	396	92	39	...
130	巴拿马	139	82	16	430	182	108	49	160
131	巴布亚新几内亚	322	265	11	815	442	118	104	300
132	巴拉圭	176	127	10	598	291	141	57	170
133	秘鲁	184	134	15	584	190	175	69	410
134	菲律宾	269	149	<1	642	336	91	58	200
135	波兰	198	79	…	593	324	180	53	10
136	葡萄牙	144	61	<10	461	208	140	33	8
137	卡塔尔	75	70	…	629	340	75	40	7
138	韩国	151	55	<1	537	186	169	67	20
139	摩尔多瓦	300	150	…	923	619	116	97	36
140	罗马尼亚	232	100	…	728	479	141	56	58
141	俄罗斯	485	180	…	960	688	152	217	65
142	卢旺达	518	435	251	831	425	150	126	1 400
143	圣基茨和尼维斯	197	145	…	689	420	108	45	...
144	圣卢西亚岛	209	116	…	646	304	129	52	...

附录2-2　续表3

	国家	15～60岁死亡概率(‰)2004年		HIV/艾滋病死亡率(1/10万)2003年	标化死亡率(1/10万)2002年				孕产妇死亡率(1/10万)2000
		男	女		非传染性疾病	心血管疾病	恶性肿瘤	伤害	
145	圣文森特和格林纳丁斯	301	174	…	685	315	155	55	...
146	萨摩亚群岛	235	203	…	782	417	95	40	...
147	圣马力诺	66	34	…	380	223	140	22	...
148	圣多美和普林西比	301	236	…	764	396	133	87	...
149	沙特阿拉伯	196	120	…	701	405	109	72	23
150	塞内加尔	358	288	31	832	426	146	125	690
151	塞黑	191	98	<1	767	508	149	36	9
152	塞舌尔	232	83	…	657	336	131	69	...
153	塞拉利昂	579	497	…	1 017	515	181	250	2 000
154	新加坡	92	51	<10	376	171	128	23	15
155	斯洛伐克	203	76	…	636	371	170	50	10
156	斯洛文尼亚	158	67	<10	503	228	160	59	17
157	所罗门群岛	193	143	…	786	409	90	37	130
158	索马里	524	428	…	1 086	580	143	235	1 100
159	南非	667	598	789	808	410	154	120	230
160	西班牙	113	45	<10	395	137	131	31	5
161	斯里兰卡	232	119	<1	711	314	118	82	92
162	苏丹	390	304	66	903	499	112	163	590
163	苏里南	261	159	113	781	421	133	86	110
164	斯威士兰	823	741	1 643	732	364	162	72	370
165	瑞典	82	51	<10	379	176	116	30	8
166	瑞士	87	49	<10	358	142	116	32	7
167	叙利亚	186	125	<10	728	410	60	49	160
168	塔吉克斯坦	166	139	…	1 036	753	90	64	100
169	泰国	265	154	92	559	199	129	74	44
170	马其顿	198	84	<10	745	504	145	74	13
171	东帝汶	267	184	…	814	441	118	112	660
172	多哥	401	327	171	831	427	147	117	570
173	汤加	140	194	…	684	363	85	29	...
174	特立尼达和多巴哥	257	156	146	729	379	121	50	110
175	突尼斯	166	110	<10	685	417	78	72	120
176	土耳其	180	112	…	757	542	95	42	70
177	土库曼斯坦	350	166	…	1 115	844	99	74	31
178	图瓦卢	325	277	…	1 046	541	129	69	...
179	乌干达	525	446	290	824	422	146	154	880
180	乌克兰	386	144	42	891	637	139	135	38
181	阿联酋	89	67	…	625	369	100	72	54
182	英国	102	63	<1	434	182	143	26	11
183	坦桑尼亚	551	524	433	847	435	151	115	1 500
184	美国	137	81	<10	460	188	134	47	14
185	乌拉圭	172	87	15	518	208	170	55	20
186	乌兹别克斯坦	223	141	<10	899	663	74	50	24
187	瓦努阿图	212	170	…	772	409	92	38	...
188	委内瑞拉	185	97	16	496	241	107	90	78
189	越南	197	122	11	664	318	123	72	130
190	也门	298	225	…	956	553	108	102	570
191	赞比亚	683	656	788	700	359	122	58	750
192	津巴布韦	857	849	1 322	685	347	122	103	1 100

附录2-3 各国5岁以下儿童死亡率

	国家	5岁以下儿童死亡率(‰) 2004	婴儿死亡率(‰) 2004	新生儿死亡率(‰) 2000	5岁以下儿童死亡原因构成(%) 2000							
					围生期病	艾滋病	腹泻	麻疹	疟疾	肺炎	伤害	其他
1	阿富汗	257	165	60	26.0	0.3	18.9	5.9	1.0	24.8	1.1	22.1
2	阿尔巴尼亚	19	16	12	52.8	0.0	10.5	0.1	0.4	10.6	4.4	21.2
3	阿尔及利亚	40	35	20	48.0	0.0	11.9	0.9	0.5	13.7	5.0	20.0
4	安道尔	7	6	4	...	...	...	...	...	...	...	...
5	安哥拉	260	154	54	22.2	2.2	19.1	4.8	8.3	24.8	1.4	17.2
6	安提瓜和巴布达	12	11	8	25.3	1.0	2.4	0.0	0.0	1.5	2.4	67.4
7	阿根廷	18	16	10	56.5	0.2	1.3	0.0	0.0	3.4	7.7	30.8
8	亚美尼亚	32	29	17	48.4	0.2	10.5	0.1	0.5	11.8	5.8	22.7
9	澳大利亚	5	5	3	55.6	0.0	0.1	0.0	0.0	1.2	10.6	32.5
10	奥地利	5	5	3	56.0	0.0	0.0	0.0	0.0	0.7	8.4	34.9
11	阿塞拜疆	90	75	36	44.1	0.0	15.3	0.1	1.0	18.4	1.3	19.7
12	巴哈马群岛	13	10	10	43.5	5.3	0.8	0.0	0.0	5.3	13.0	32.1
13	巴林群岛	11	9	11	46.0	0.2	0.7	0.0	0.0	1.4	10.2	41.5
14	孟加拉国	77	56	36	45.4	0.0	20.0	2.0	0.7	17.6	2.7	11.4
15	巴巴多斯岛	12	10	8	63.8	1.7	0.0	0.0	0.0	0.0	1.7	32.8
16	巴拉若斯	10	8	5	37.5	3.2	1.5	0.0	0.0	9.0	18.1	30.8
17	比利时	5	4	3	50.1	0.5	0.3	0.0	0.0	0.8	9.7	38.7
18	伯利兹	39	32	18	49.0	1.0	3.5	0.0	0.0	6.9	9.8	29.9
19	贝宁湾	152	90	38	25.0	2.2	17.1	5.3	27.2	21.1	2.1	0.0
20	不丹	80	67	38	38.9	0.7	20.9	1.2	0.8	18.8	2.4	16.3
21	玻利维亚	69	54	27	37.9	0.1	14.3	0.1	0.7	17.1	5.1	24.7
22	波黑	15	13	11	52.7	0.0	0.6	0.0	0.0	2.5	3.7	40.5
23	博茨瓦纳	116	75	40	40.3	53.8	1.1	0.1	0.0	1.4	3.3	0.0
24	巴西	34	32	15	38.0	0.3	12.0	0.0	0.5	13.2	3.2	32.8
25	文莱	9	8	4	63.7	0.0	1.1	0.0	0.0	0.7	9.2	25.4
26	保加利亚	15	12	8	47.3	0.0	2.3	0.0	0.0	16.1	5.2	29.1
27	布基纳法索	192	97	36	18.3	4.0	18.8	3.4	20.3	23.3	1.5	10.4
28	布隆迪	190	114	41	23.3	8.0	18.2	3.0	8.4	22.8	1.8	14.6
29	柬埔寨	141	97	40	29.8	2.0	16.6	2.3	0.9	20.6	1.7	26.1
30	喀麦隆	149	87	40	24.8	7.2	17.3	4.1	22.8	21.5	2.2	0.0
31	加拿大	6	5	4	58.5	0.0	0.2	0.0	0.0	1.1	7.2	32.9
32	佛得角	36	27	10	25.9	3.7	12.2	4.4	4.3	13.3	3.5	32.6
33	中非	193	115	48	27.2	12.4	14.7	6.5	18.5	18.7	2.0	0.0
34	乍得	200	117	45	24.0	4.1	18.1	7.0	22.3	22.8	1.8	0.1
35	智利	9	8	6	52.8	0.1	0.5	0.0	0.0	6.2	9.1	31.2
36	中国	31	26	21	49.2	0.1	11.8	0.4	0.4	13.4	8.4	16.3
37	哥伦比亚	21	18	14	62.1	1.4	10.3	0.0	0.2	10.4	4.6	11.0
38	科摩罗	70	52	29	37.3	3.7	13.6	5.9	19.4	16.3	3.4	0.5
39	刚果	108	79	32	30.9	9.3	11.2	6.6	25.7	13.6	2.6	0.0
40	库克岛	21	18	12	96.1	0.0	0.7	0.5	0.0	1.1	0.2	1.4
41	哥斯达黎加	13	11	7	58.7	0.2	3.0	0.0	0.0	4.0	3.9	30.1
42	科特迪瓦	194	118	65	34.9	5.6	14.8	2.5	20.5	19.6	2.2	0.0
43	克罗地亚	7	6	5	65.3	0.0	0.3	0.0	0.0	1.3	8.5	24.6
44	古巴	7	6	4	49.9	0.0	1.3	0.0	0.0	4.1	7.9	36.9
45	塞浦路斯	5	4	4	61.5	0.1	3.2	0.0	0.0	1.7	5.4	28.2
46	捷克	5	4	2	48.9	0.0	0.2	0.0	0.0	3.6	12.5	34.7
47	朝鲜	55	42	22	41.8	0.7	18.9	0.8	0.7	15.2	3.0	18.9
48	刚果	205	129	47	25.7	3.7	18.1	4.7	16.9	23.1	1.6	6.3

附录2-3 续表1

	国家	5岁以下儿童死亡率(‰) 2004	婴儿死亡率(‰) 2004	新生儿死亡率(‰) 2000	5岁以下儿童死亡原因构成(%) 2000							
					围生期病	艾滋病	腹泻	麻疹	疟疾	肺炎	伤害	其他
49	丹麦	5	4	4	73.8	0.0	0.3	0.0	0.0	0.9	5.5	19.4
50	吉布提	126	100	38	27.0	2.7	16.6	4.4	0.8	20.4	1.8	26.2
51	多米尼加	14	12	7	99.9	0.0	0.0	0.0	0.0	0.0	0.0	0.1
52	多米尼加共和国	32	27	19	47.2	3.9	11.7	0.1	0.6	13.0	2.9	20.6
53	厄瓜多尔	26	23	16	49.8	1.1	11.0	0.1	0.5	12.0	4.6	20.9
54	埃及	36	26	21	44.3	0.0	12.8	0.1	0.4	14.6	2.1	25.7
55	萨尔瓦多	28	24	16	39.9	1.7	12.4	0.0	0.5	13.4	3.7	28.4
56	赤道几内亚	204	123	40	27.5	7.4	13.6	7.4	24.0	17.3	2.5	0.3
57	厄立特里亚	82	52	25	27.4	6.2	15.6	2.5	13.6	18.6	3.0	13.0
58	爱沙尼亚	8	6	6	54.3	0.0	1.4	0.0	0.0	2.1	17.9	24.3
59	埃塞俄比亚	166	110	51	30.2	3.8	17.3	4.2	6.1	22.3	1.7	14.3
60	斐济	20	16	9	41.2	0.2	10.6	0.0	0.0	9.2	2.9	36.0
61	芬兰	4	3	2	55.1	0.0	0.8	0.0	0.0	1.2	6.9	36.0
62	法国	5	4	3	52.6	0.0	0.9	0.0	0.0	0.6	8.3	37.5
63	加蓬	91	59	31	35.1	10.1	8.8	4.4	28.3	10.7	2.5	0.0
64	冈比亚	122	89	46	36.6	1.3	12.2	2.5	29.4	15.5	2.6	0.0
65	乔治亚	45	41	25	52.1	0.0	11.5	0.1	0.3	12.5	1.2	22.3
66	德国	5	4	3	50.7	0.1	0.2	0.0	0.0	0.7	6.6	41.8
67	加纳	112	68	27	28.5	5.7	12.2	2.9	33.0	14.6	3.0	0.0
68	希腊	5	4	4	63.0	0.0	0.0	0.0	0.0	2.6	5.8	28.6
69	格林纳达	21	18	13	43.8	2.6	1.6	0.0	0.0	9.5	5.2	37.3
70	危地马拉	45	33	19	37.3	2.7	13.1	0.1	0.4	15.0	1.5	29.8
71	几内亚	155	101	48	28.8	2.3	16.5	5.5	24.5	20.9	1.4	0.0
72	几内亚比绍	203	126	48	24.1	2.6	18.6	3.4	21.0	23.4	1.4	5.5
73	圭亚那	64	47	25	33.7	7.7	21.4	0.0	0.7	5.2	6.2	25.2
74	海地	117	74	34	26.4	8.3	16.5	0.5	0.7	20.2	0.4	27.0
75	洪都拉斯	41	31	18	43.1	6.3	12.2	0.0	0.4	13.8	4.2	20.1
76	匈牙利	8	7	6	56.9	0.0	0.1	0.0	0.0	3.9	5.6	33.6
77	冰岛	3	2	2	61.0	0.0	0.0	0.0	0.0	0.0	4.9	34.1
78	印度	85	62	43	45.2	0.7	20.3	3.7	0.9	18.5	2.2	8.5
79	印尼	38	30	18	37.6	0.0	18.3	4.7	0.5	14.4	2.8	21.8
80	伊朗	38	32	22	62.9	0.1	5.5	0.0	0.2	6.4	12.8	12.1
81	伊拉克	125	102	63	50.8	0.3	13.2	0.5	0.7	17.6	5.7	11.2
82	爱尔兰	6	5	4	61.1	0.0	0.0	0.5	0.0	1.3	2.9	34.2
83	以色列	6	5	4	52.8	0.0	0.6	0.0	0.0	0.4	5.9	40.3
84	意大利	5	4	3	62.0	0.2	0.0	0.0	0.0	1.0	4.0	32.8
85	牙买加	20	17	10	52.1	6.1	9.6	0.0	0.0	9.3	2.4	20.6
86	日本	4	3	2	40.0	0.0	0.4	0.2	0.0	3.9	11.6	43.9
87	约旦	27	23	17	55.4	0.1	10.7	0.0	0.3	11.7	2.3	19.5
88	哈萨克斯坦	73	63	32	43.1	0.0	14.5	0.1	0.8	16.9	6.8	17.9
89	肯尼亚	120	78	29	24.2	14.6	16.5	3.2	13.6	19.9	2.7	5.3
90	基里巴斯	65	49	27	22.1	0.0	21.9	2.6	0.7	11.5	1.3	39.9
91	科威特	12	10	6	35.5	0.0	0.7	0.0	0.0	4.4	7.9	51.5
92	吉尔吉斯	68	58	31	43.8	0.0	14.1	0.1	0.9	16.7	6.6	17.9
93	老挝	83	65	35	34.5	0.0	15.6	5.9	0.7	19.1	2.3	21.9
94	拉脱维亚	11	9	7	53.2	0.0	0.0	0.0	0.0	1.2	11.3	34.3
95	黎巴嫩	31	27	20	64.9	0.0	1.0	0.0	0.0	1.1	11.0	22.0
96	莱索托	82	55	28	32.8	56.2	3.9	0.1	0.0	4.7	2.2	0.0

附录2-3 续表2

	国家	5岁以下儿童死亡率(‰) 2004	婴儿死亡率(‰) 2004	新生儿死亡率(‰) 2000	5岁以下儿童死亡原因构成(%) 2000 围生期病	艾滋病	腹泻	麻疹	疟疾	肺炎	伤害	其他
97	利比里亚	235	157	66	29.1	3.6	17.3	6.0	18.9	23.0	1.7	0.3
98	利比亚	20	18	11	55.6	0.1	8.4	0.1	0.0	8.5	2.6	24.8
99	立陶宛	10	8	5	41.4	0.0	0.3	0.0	0.0	5.3	17.4	35.6
100	卢森堡	6	5	4	54.0	0.0	0.0	0.0	0.0	1.1	14.9	29.9
101	马达加斯加	123	76	33	25.6	1.3	16.9	5.0	20.1	20.7	2.4	8.0
102	马拉维	175	109	40	21.7	14.0	18.1	0.3	14.1	22.6	1.7	7.6
103	马来西亚	12	10	5	61.8	1.4	5.4	0.9	0.1	4.0	7.7	18.7
104	马尔代夫	46	35	37	45.1	0.7	20.3	0.1	0.6	17.5	2.5	13.1
105	马里	219	121	55	25.9	1.6	18.3	6.1	16.9	23.9	1.4	5.9
106	马耳他	6	5	5	66.7	0.0	0.0	0.0	0.0	0.0	6.0	27.4
107	马歇尔群岛	59	52	26	37.1	0.3	14.1	0.5	0.0	13.5	3.1	31.4
108	毛利塔尼亚	125	78	70	39.4	0.3	16.2	1.7	12.2	22.3	1.9	5.9
109	毛里求斯	15	12	12	66.0	0.0	1.2	0.0	0.0	3.9	5.2	23.6
110	墨西哥	28	23	15	52.5	0.1	5.1	0.0	0.0	8.5	7.0	26.8
111	密克罗尼西亚	23	19	12	49.2	0.3	8.0	1.5	0.0	11.3	2.7	26.9
112	摩纳哥	4	3	3	...	...	...	...	...	...	...	...
113	蒙古	52	41	26	34.1	0.3	14.5	0.3	1.0	17.1	4.4	28.3
114	摩洛哥	43	38	21	44.7	0.3	12.2	0.2	0.4	14.0	4.0	24.1
115	莫桑比克	152	102	48	29.0	12.9	16.5	0.3	18.9	21.2	1.0	0.1
116	缅甸	105	75	40	39.1	0.9	21.1	2.4	9.0	19.3	2.0	6.2
117	纳米比亚	63	42	25	38.5	53.0	2.5	0.1	0.0	3.0	3.0	0.0
118	瑙鲁	30	25	14	7.0	0.0	37.8	5.5	0.0	30.3	19.4	0.1
119	尼泊尔	76	59	40	43.5	0.2	20.5	2.7	0.8	18.5	2.3	11.5
120	荷兰	5	4	4	63.1	0.0	0.0	0.0	0.0	1.1	5.2	30.6
121	新西兰	6	5	4	48.3	0.0	0.2	0.0	0.0	2.7	11.4	37.4
122	尼加拉瓜	38	31	18	42.4	0.5	12.2	0.0	0.4	13.7	3.0	27.7
123	尼日尔	259	152	43	16.7	0.6	19.8	7.3	14.3	25.1	1.4	14.8
124	尼日利亚	197	103	53	26.1	5.0	15.7	6.3	24.1	20.1	1.9	0.8
125	纽埃岛	36	27	13	...	...	...	...	...	...	...	...
126	挪威	4	3	3	54.0	0.0	0.3	0.0	0.0	1.4	6.2	38.1
127	阿曼	13	10	6	42.3	0.3	8.1	0.0	0.1	7.2	4.1	37.9
128	巴基斯坦	101	80	57	55.7	0.0	14.0	2.4	0.7	19.3	2.1	5.7
129	帕劳群岛	27	22	14	47.0	0.3	9.7	0.7	0.0	12.4	2.5	27.4
130	巴拿马	24	19	11	42.4	2.4	10.7	0.0	0.2	10.8	3.8	29.6
131	巴布亚新几内亚	93	67	32	35.4	0.3	15.3	2.1	0.8	18.5	2.3	25.4
132	巴拉圭	24	21	16	53.5	0.2	10.7	0.1	0.3	11.9	3.8	19.6
133	秘鲁	29	24	16	38.5	0.9	12.2	0.0	0.4	13.6	9.5	24.9
134	菲律宾	34	26	15	36.9	0.0	12.0	1.2	0.4	13.4	2.7	33.5
135	波兰	8	7	6	59.1	0.0	0.1	0.0	0.0	2.7	5.6	32.5
136	葡萄牙	5	4	3	47.9	0.1	0.1	0.0	0.1	1.8	9.0	41.0
137	卡塔尔	12	10	5	29.6	0.1	8.4	0.0	0.0	7.7	5.2	48.9
138	韩国	6	5	3	71.5	0.0	0.4	0.2	0.0	1.8	11.2	15.0
139	摩尔多瓦	28	23	16	46.1	0.0	2.0	0.0	0.0	15.5	13.3	23.1
140	罗马尼亚	20	17	9	41.4	0.1	2.5	0.0	0.0	27.1	8.6	20.3
141	俄罗斯	16	13	9	40.8	0.4	2.5	0.0	0.0	6.3	12.0	38.0
142	卢旺达	203	118	45	21.7	5.0	18.5	1.6	4.6	23.2	1.8	23.7
143	圣基茨和尼维斯	21	18	12	2.8	0.0	14.4	0.0	0.0	0.0	7.9	74.9
144	圣卢西亚岛	14	12	10	30.9	1.3	1.3	0.0	0.0	1.3	4.7	60.4

附录2-3 续表3

	国家	5岁以下儿童死亡率(‰)2004	婴儿死亡率(‰)2004	新生儿死亡率(‰)2000	5岁以下儿童死亡原因构成(%)2000							
					围生期病	艾滋病	腹泻	麻疹	疟疾	肺炎	伤害	其他
145	圣文森特和格林纳丁斯	22	19	11	49.6	2.9	0.5	0.0	0.0	10.5	4.0	32.4
146	萨摩亚群岛	30	25	13	49.2	0.3	9.7	0.1	0.1	10.2	2.9	27.4
147	圣马力诺	4	3	2	...	...	...	...	...	...	...	...
148	圣多美和普林西比	118	75	38	32.1	3.7	16.0	4.8	0.6	21.2	3.5	18.1
149	沙特阿拉伯	27	22	12	40.2	0.1	6.2	0.0	0.2	6.6	14.5	32.2
150	塞内加尔	137	78	31	22.8	1.0	17.1	8.1	27.6	20.7	2.6	0.2
151	塞黑	15	13	9	57.1	0.1	6.0	0.1	0.0	9.1	2.9	24.7
152	塞舌尔	14	12	9	27.2	0.0	0.0	0.0	0.0	10.1	12.3	50.3
153	塞拉利昂	283	165	56	21.9	1.3	19.7	5.3	12.4	25.5	1.2	12.7
154	新加坡	3	2	1	40.0	0.0	0.4	0.0	0.0	9.0	7.1	43.5
155	斯洛伐克	8	7	5	52.7	0.0	1.4	0.0	0.0	9.4	6.0	30.5
156	斯洛文尼亚	4	4	4	64.4	0.0	0.0	0.0	0.0	0.0	5.9	29.7
157	所罗门群岛	56	34	12	49.5	0.3	8.8	0.5	0.1	9.5	2.5	28.7
158	索马里	225	133	49	23.3	0.8	18.7	6.8	4.5	23.9	2.6	19.5
159	南非	67	54	21	35.1	57.1	0.8	0.0	0.0	0.9	5.0	1.1
160	西班牙	5	4	3	52.4	0.0	0.1	0.0	0.0	1.3	6.5	39.6
161	斯里兰卡	14	12	11	59.5	0.0	13.5	1.7	0.4	8.5	5.4	10.9
162	苏丹	91	62	29	31.4	2.9	12.9	5.4	21.2	15.5	4.6	6.2
163	苏里南	39	30	18	40.5	2.5	13.1	0.3	2.4	11.5	5.8	23.9
164	斯威士兰	156	102	38	26.8	47.0	9.6	0.2	0.2	11.8	3.8	0.5
165	瑞典	4	3	2	59.4	0.0	0.0	0.0	0.0	0.8	3.4	36.3
166	瑞士	5	4	3	62.1	0.0	0.2	0.0	0.0	0.7	7.5	29.5
167	叙利亚	16	15	9	42.7	0.0	9.6	0.0	0.2	9.9	3.4	34.1
168	塔吉克斯坦	118	91	38	29.7	0.0	16.4	0.2	0.8	19.9	2.6	30.4
169	泰国	21	18	13	44.9	6.2	16.2	0.1	0.3	11.5	4.8	16.0
170	马其顿	14	13	9	63.1	0.0	5.0	0.0	0.0	4.3	2.5	25.1
171	东帝汶	80	64	40	32.3	0.7	21.9	3.5	0.4	19.6	1.9	19.7
172	多哥	140	79	40	29.0	5.8	13.8	6.6	25.3	17.1	2.5	0.0
173	汤加	25	21	10	57.2	0.0	10.0	1.8	1.3	7.3	2.0	20.4
174	特立尼达和多巴哥	20	18	13	46.3	4.7	1.3	0.0	0.0	2.0	3.1	42.5
175	突尼斯	25	21	14	52.7	0.0	7.0	0.0	0.2	7.6	9.7	22.8
176	土耳其	32	28	22	49.1	0.0	12.2	0.3	0.5	14.0	4.0	19.8
177	土库曼斯坦	103	80	35	37.8	0.0	15.6	0.1	0.9	18.8	4.8	22.0
178	图瓦卢	51	36	22	40.0	0.3	13.2	1.2	0.0	13.5	3.0	28.8
179	乌干达	138	81	32	23.6	7.7	17.2	3.0	23.1	21.1	2.2	2.1
180	乌克兰	18	14	9	42.3	4.9	1.2	0.0	0.0	6.3	14.5	30.7
181	阿联酋	8	7	5	55.7	0.1	6.3	0.0	0.0	4.7	15.0	18.2
182	英国	6	5	4	59.1	0.0	0.9	0.0	0.0	2.2	4.4	33.4
183	坦桑尼亚	126	78	43	26.9	9.3	16.8	1.3	22.7	21.1	2.0	0.0
184	美国	8	6	5	56.9	0.1	0.1	0.0	0.0	1.3	10.3	31.3
185	乌拉圭	14	12	7	48.1	0.2	2.3	0.0	0.0	5.4	7.0	36.9
186	乌兹别克斯坦	69	57	27	38.1	0.0	14.8	0.1	0.8	16.8	7.0	22.4
187	瓦努阿图	40	32	19	42.3	0.3	11.5	0.3	0.6	13.0	2.7	29.4
188	委内瑞拉	19	16	12	52.6	0.2	9.9	0.0	0.0	5.9	6.5	24.8
189	越南	23	17	15	56.4	1.0	10.4	3.4	0.4	11.5	4.9	11.9
190	也门	111	82	37	33.3	0.3	16.1	2.2	7.5	19.8	3.7	17.1
191	赞比亚	182	104	40	22.9	16.1	17.5	1.2	19.4	21.8	1.0	0.1
192	津巴布韦	129	78	33	28.1	40.6	12.1	2.9	0.2	14.7	1.2	0.3

附录2-4　各国艾滋病和结核病感染率及治疗率

	国家	15～49岁 HIV感染率 (%) 2003	HIV感染者 接受ARV 治疗率(%) 2005	结核 感染率 (1/10万) 2004	结核 患病率 (1/10万) 2004	DOTS检出 结核病人率 (%) 2004	DOTS下结核 病人完成 治疗率(%) 2003
1	阿富汗	...	···	661	333	19	86
2	阿尔巴尼亚	...	···	31	22	34	91
3	阿尔及利亚	0.1	39	54	54	105	90
4	安道尔	...	>75	17	18	55	100
5	安哥拉	3.9	6	310	259	94	68
6	安提瓜和巴布达	...	···	10	7	...	...
7	阿根廷	0.7	81	53	43	65	66
8	亚美尼亚	0.1	15	98	78	44	77
9	澳大利亚	0.1	>75	6	6	33	82
10	奥地利	0.3	>75	11	14	42	68
11	阿塞拜疆	<0.1	0	90	75	47	70
12	巴哈马群岛	3.0	>75	50	39	68	62
13	巴林群岛	0.2	···	50	44	49	97
14	孟加拉国	...	1	435	229	44	85
15	巴巴多斯岛	1.5	95	12	11	139	100
16	巴拉若斯	...	5	68	60	42	73
17	比利时	0.2	>75	10	13	65	73
18	伯利兹	2.4	31	59	49	60	89
19	贝宁湾	1.9	33	142	87	82	81
20	不丹	...	···	184	107	35	90
21	玻利维亚	0.1	37	290	217	71	81
22	波黑	<0.1	>75	53	53	96	94
23	博茨瓦纳	37.3	85	553	670	67	77
24	巴西	0.7	83	77	60	47	83
25	文莱	<0.1	···	63	54	129	60
26	保加利亚	<0.1	>75	36	36	104	91
27	布基纳法索	4.2	24	365	191	18	66
28	布隆迪	6.0	14	564	343	29	79
29	柬埔寨	2.6	17	709	510	38	93
30	喀麦隆	6.9	36	227	179	91	...
31	加拿大	0.3	22	4	5	58	35
32	佛得角	...	>75	314	172	···	...
33	中非	13.5	···	549	322	4	59
34	乍得	4.8	3	566	279	16	78
35	智利	0.3	17	16	16	114	85
36	中国	0.1	75	221	101	63	94
37	哥伦比亚	0.7	25	75	50	17	83
38	科摩罗	...	43	95	46	39	...
39	刚果	4.9	···	464	377	65	69
40	库克岛	...	17	51	28	43	...
41	哥斯达黎加	0.6	···	15	14	153	94
42	科特迪瓦	7.0	80	651	393	38	72
43	克罗地亚	<0.1	>75	65	41	...	...
44	古巴	0.1	100	12	10	90	93
45	塞浦路斯	...	>75	4	4	69	79
46	捷克	0.1	>75	11	11	61	79
47	朝鲜	...	0	178	178	103	88
48	刚果	4.2	4	551	366	70	83

附录2-4　续表1

	国家	15～49岁 HIV感染率 (%) 2003	HIV感染者 接受ARV 治疗率(%) 2005	结核 感染率 (1/10万) 2004	结核 患病率 (1/10万) 2004	DOTS检出 结核病人率 (%) 2004	DOTS下结核 病人完成 治疗率(%) 2003
49	丹麦	0.2	>75	6	8	78	84
50	吉布提	2.9	16	1137	734	43	73
51	多米尼加	...	…	23	15	…	...
52	多米尼加共和国	1.7	17	118	91	71	81
53	厄瓜多尔	0.3	42	196	131	42	84
54	埃及	<0.1	12	35	27	61	80
55	萨尔瓦多	0.7	59	74	54	57	88
56	赤道几内亚	...	0	322	239	82	51
57	厄立特里亚	2.7	5	437	271	14	85
58	爱沙尼亚	1.1	17	49	46	74	70
59	埃塞俄比亚	4.4	7	533	353	36	70
60	斐济	0.1	…	41	28	58	86
61	芬兰	0.1	>75	7	9	…	...
62	法国	0.4	>75	10	12	…	...
63	加蓬	8.1	23	339	280	81	34
64	冈比亚	1.2	9	329	233	66	75
65	乔治亚	0.1	49	89	82	79	66
66	德国	0.1	>75	6	8	51	71
67	加纳	3.1	7	376	206	37	66
68	希腊	0.2	>75	17	19	...	...
69	格林纳达	...	…	8	5	...	...
70	危地马拉	1.1	43	107	77	55	91
71	几内亚	3.2	9	410	240	52	75
72	几内亚比绍	...	1	306	199	75	80
73	圭亚那	2.5	50	185	140	27	57
74	海地	5.6	20	387	306	49	78
75	洪都拉斯	1.8	35	97	77	83	87
76	匈牙利	0.1	>75	30	26	47	48
77	冰岛	0.2	>75	2	3	57	100
78	印度	0.9	7	312	168	57	86
79	印尼	0.1	30	275	245	53	87
80	伊朗	0.1	9	35	27	58	84
81	伊拉克	<0.1	…	200	132	20	85
82	爱尔兰	0.1	>75	9	11	...	...
83	以色列	0.1	>75	7	9	34	80
84	意大利	0.5	>75	6	7	58	95
85	牙买加	1.2	56	9	7	79	53
86	日本	<0.1	>75	39	30	45	76
87	约旦	<0.1	45	5	5	79	87
88	哈萨克斯坦	0.2	15	160	151	79	75
89	肯尼亚	6.7	24	888	619	46	80
90	基里巴斯	...	…	59	59	550	88
91	科威特	...	…	30	26	83	62
92	吉尔吉斯	0.1	12	137	122	62	84
93	老挝	0.1	49	318	156	55	79
94	拉脱维亚	0.6	31	71	68	83	74
95	黎巴嫩	0.1	36	12	11	82	92
96	莱索托	28.9	14	544	696	86	70

附录2-4　续表2

	国家	15～49岁HIV感染率(%)2003	HIV感染者接受ARV治疗率(%)2005	结核感染率(1/10万)2004	结核患病率(1/10万)2004	DOTS检出结核病人率(%)2004	DOTS下结核病人完成治疗率(%)2003
97	利比里亚	5.9	3	447	310	58	73
98	利比亚	0.3	35	20	20	169	62
99	立陶宛	0.1	64	67	63	89	74
100	卢森堡	0.2	>75	9	12	83	...
101	马达加斯加	1.7	0	351	218	74	71
102	马拉维	14.2	20	501	413	40	73
103	马来西亚	0.4	27	133	103	69	72
104	马尔代夫	...	0	57	49	94	91
105	马里	1.9	31	578	281	19	65
106	马耳他	0.2	>75	5	6	19	100
107	马歇尔群岛	...	…	59	59	246	90
108	毛利塔尼亚	0.6	40	502	287	43	58
109	毛里求斯	...	…	135	64	33	87
110	墨西哥	0.3	71	43	32	71	83
111	密克罗尼西亚	...	…	59	59	120	92
112	摩纳哥	...	>75	2	2	...	...
113	蒙古	<0.1	0	209	192	80	87
114	摩洛哥	0.1	48	105	110	80	86
115	莫桑比克	12.2	9	635	460	46	76
116	缅甸	1.2	7	180	171	83	81
117	纳米比亚	21.3	71	586	717	88	63
118	瑙鲁	...	…	35	28	...	...
119	尼泊尔	0.5	1	257	184	67	87
120	荷兰	0.2	>75	6	8	61	86
121	新西兰	0.1	>75	11	11	59	36
122	尼加拉瓜	0.2	16	80	63	87	84
123	尼日尔	1.2	5	288	157	46	70
124	尼日利亚	5.4	6	531	290	21	59
125	纽埃岛	...	…	57	28	0	...
126	挪威	0.1	>75	4	5	46	97
127	阿曼	0.1	…	12	11	123	90
128	巴基斯坦	0.1	2	329	181	27	75
129	帕劳群岛	...	…	91	59	95	80
130	巴拿马	0.9	97	45	45	133	74
131	巴布亚新几内亚	0.6	15	448	233	19	58
132	巴拉圭	0.5	29	107	71	21	85
133	秘鲁	0.5	52	216	178	83	89
134	菲律宾	<0.1	5	463	293	73	88
135	波兰	0.1	100	32	29	56	78
136	葡萄牙	0.4	>75	35	42	78	84
137	卡塔尔	...	…	77	60	35	73
138	韩国	<0.1	…	125	90	21	82
139	摩尔多瓦	0.2	39	214	138	59	65
140	罗马尼亚	<0.1	>75	188	146	41	80
141	俄罗斯	1.1	5	160	115	13	61
142	卢旺达	5.1	39	660	371	29	67
143	圣基茨和尼维斯	...	…	15	11	0	...
144	圣卢西亚岛	...	…	21	16	93	89

附录2-4　续表3

	国家	15～49岁 HIV感染率 (%) 2003	HIV感染者 接受ARV 治疗率(%) 2005	结核 感染率 (1/10万) 2004	结核 患病率 (1/10万) 2004	DOTS检出 结核病人率 (%) 2004	DOTS下结核 病人完成 治疗率(%) 2003
145	圣文森特和格林纳丁斯	...	…	39	28	33	...
146	萨摩亚群岛	...	…	43	28	...	...
147	圣马力诺	...	>75	5	6	0	...
148	圣多美和普林西比	...	…	253	107	...	...
149	沙特阿拉伯	...	13	55	40	40	79
150	塞内加尔	0.8	47	451	245	52	70
151	塞黑	0.2	>75	50	33	32	89
152	塞舌尔	...	…	83	34	106	100
153	塞拉利昂	...	2	847	443	36	83
154	新加坡	0.2	…	41	40	67	77
155	斯洛伐克	<0.1	>75	23	19	34	87
156	斯洛文尼亚	<0.1	>75	17	15	66	85
157	所罗门群岛	...	…	59	59	123	87
158	索马里	...	1	673	411	44	90
159	南非	21.5	21	670	718	83	67
160	西班牙	0.7	>75	20	25	…	...
161	斯里兰卡	<0.1	6	91	60	70	81
162	苏丹	2.3	1	370	220	35	82
163	苏里南	1.7	55	98	65	...	...
164	斯威士兰	38.8	31	1120	1226	38	42
165	瑞典	0.1	>75	3	4	69	83
166	瑞士	0.4	>75	6	7	…	...
167	叙利亚	<0.1	9	51	41	46	88
168	塔吉克斯坦	<0.1	16	277	177	12	86
169	泰国	1.5	60	208	142	71	73
170	马其顿	<0.1	>75	34	30	73	84
171	东帝汶	...	…	692	556	46	81
172	多哥	4.1	27	718	355	17	63
173	汤加	...	…	42	28	...	...
174	特立尼达和多巴哥	3.2	38	12	9	...	...
175	突尼斯	<0.1	34	24	22	95	91
176	土耳其	...	9	45	28	3	93
177	土库曼斯坦	<0.1	0	83	65	38	82
178	图瓦卢	...	…	57	28	...	...
179	乌干达	4.1	51	646	402	43	68
180	乌克兰	1.4	6	151	101	0	...
181	阿联酋	...	…	26	17	17	64
182	英国	0.2	>75	9	12	...	...
183	坦桑尼亚	8.8	7	479	347	47	81
184	美国	0.6	>75	4	5	85	70
185	乌拉圭	0.3	69	33	28	86	86
186	乌兹别克斯坦	0.1	0	156	117	28	81
187	瓦努阿图	...	…	64	59	107	75
188	委内瑞拉	0.7	84	52	42	77	82
189	越南	0.4	12	232	176	89	92
190	也门	0.1	0	144	89	40	82
191	赞比亚	16.5	26	707	680	54	75
192	津巴布韦	24.6	8	673	674	42	66

附录2-5 各国儿童生长发育

	国家	5岁以下儿童消瘦率(%) 1997～2004	5岁以下儿童低体重率(%) 1997～2004	5岁以下儿童超重率(%) 1997～2004	低出生体重发生率(%) 2000～2002	成人肥胖率(%) 1997～2004	
						男性	女性
1	阿富汗	47.6	49.3	4.0	...	...	...
2	阿尔巴尼亚	35.1	13.6	22.4	3	...	...
3	阿尔及利亚	19.1	10.4	10.1	7	...	...
4	安道尔	...	...	...	...	...	...
5	安哥拉	45.2	30.5	...	12	...	...
6	安提瓜和巴布达	...	...	...	8	...	...
7	阿根廷	...	...	...	7	...	...
8	亚美尼亚	12.9	2.6	10.4	7	...	14.1
9	澳大利亚	...	...	...	7	14.8	15.3
10	奥地利	...	...	...	7	...	...
11	阿塞拜疆	13.3	6.8	2.6	11	...	12.4
12	巴哈马群岛	...	...	...	7	...	...
13	巴林群岛	...	...	...	8	23.3	34.1
14	孟加拉国	43.0	47.5	0.8	30	...	...
15	巴巴多斯岛	...	...	...	10	...	...
16	巴拉若斯	...	...	...	5	...	...
17	比利时	...	...	...	8	10.3	11.0
18	伯利兹	...	...	...	6	...	...
19	贝宁湾	30.7	22.9	1.8	16	...	6.1
20	不丹	40.0	18.7	2.1	15	...	...
21	玻利维亚	26.7	7.6	5.6	9	...	15.1
22	波黑	9.7	4.1	13.2	4	16.5	25.2
23	博茨瓦纳	23.1	12.5	6.9	10	...	...
24	巴西	...	...	...	10	8.9	13.1
25	文莱	...	...	...	10	...	...
26	保加利亚	...	...	...	10	...	...
27	布基纳法索	38.8	37.7	2.9	19	...	2.4
28	布隆迪	56.8	45.1	0.7	16	...	...
29	柬埔寨	44.6	45.2	2.0	11	...	0.7
30	喀麦隆	31.7	18.1	5.2	11	...	4.2
31	加拿大	...	...	...	6	15.9	13.9
32	佛得角	...	...	...	13	...	...
33	中非	...	...	...	14	...	...
34	乍得	29.1	28.0	1.5	17	...	...
35	智利	1.4	0.7	8.1	5	19.0	25.0
36	中国	14.2	10.0	2.6	6	2.4	3.4
37	哥伦比亚	13.5	6.7	3.7	9	8.8	16.6
38	科摩罗	42.3	25.4	13.6	25	...	...
39	刚果	...	...	...	...	...	...
40	库克岛	...	...	...	3	58.6	66.3
41	哥斯达黎加	...	...	...	7	...	...
42	科特迪瓦	25.1	21.2	2.5	17	...	5.0
43	克罗地亚	...	...	...	6	21.6	22.7
44	古巴	4.6	3.9	...	6	...	...
45	塞浦路斯	...	...	...	...	...	...
46	捷克	...	...	...	7	13.7	16.3
47	朝鲜	38.6	19.5	0.6	7	...	...
48	刚果	38.1	31.0	3.9	12	...	...

附录2-5　续表1

	国家	5岁以下儿童消瘦率(%) 1997～2004	5岁以下儿童低体重率(%) 1997～2004	5岁以下儿童超重率(%) 1997～2004	低出生体重发生率(%) 2000～2002	成人肥胖率(%) 1997～2004	
						男性	女性
49	丹麦	...	...	...	5	...	...
50	吉布提	...	...	...	...	...	...
51	多米尼加	...	...	...	10	...	...
52	多米尼加共和国	8.9	5.3	6.5	11	12.7	18.3
53	厄瓜多尔	26.4	14.3	...	16	...	...
54	埃及	15.6	8.6	6.7	12	12.6	33.0
55	萨尔瓦多	18.9	10.3	3.6	13	...	...
56	赤道几内亚	...	...	...	13	...	...
57	厄立特里亚	37.6	39.6	0.7	21	...	1.6
58	爱沙尼亚	...	...	...	4	11.8	14.8
59	埃塞俄比亚	51.5	47.2	1.2	15	...	0.3
60	斐济	...	...	...	10	13.2	33.7
61	芬兰	...	...	...	4	20.8	23.9
62	法国	...	...	...	7	...	...
63	加蓬	20.7	11.9	3.7	14	...	...
64	冈比亚	19.2	17.2	1.5	17	...	...
65	乔治亚	11.7	3.1	12.7	6	...	...
66	德国	...	...	...	7	13.6	12.3
67	加纳	29.9	22.1	2.9	11	...	8.1
68	希腊	...	...	...	8	...	...
69	格林纳达	...	...	...	9	...	...
70	危地马拉	49.3	22.7	5.4	13	...	...
71	几内亚	26.1	23.2	2.7	12	...	...
72	几内亚比绍	30.5	25.0	3.3	22	...	...
73	圭亚那	10.6	13.6	4.1	12	...	...
74	海地	22.7	17.2	2.0	21	...	7.8
75	洪都拉斯	29.2	16.6	2.2	14	...	...
76	匈牙利	...	...	...	9	18.4	20.4
77	冰岛	...	...	...	4	...	...
78	印度	44.9	46.7	2.2	30	0.3	0.5
79	印尼	42.2	27.3	...	9	11.1	3.6
80	伊朗	15.4	10.9	4.3	7	5.6	14.2
81	伊拉克	22.1	15.9	3.0	15	...	...
82	爱尔兰	...	...	...	6	14.0	12.0
83	以色列	...	...	...	8	19.8	25.4
84	意大利	...	...	...	6	...	...
85	牙买加	4.4	3.8	3.8	9	...	...
86	日本	...	...	...	8	...	...
87	约旦	8.5	4.4	3.5	10	...	26.3
88	哈萨克斯坦	9.7	4.2	3.0	8	...	12.7
89	肯尼亚	30.3	19.9	3.7	11	...	6.3
90	基里巴斯	...	...	...	5	...	...
91	科威特	3.2	1.7	5.7	7	27.5	29.8
92	吉尔吉斯	24.8	11.0	6.3	7	...	8.6
93	老挝	42.4	40.4	1.2	14	0.7	1.6
94	拉脱维亚	...	...	...	5	11.9	19.5
95	黎巴嫩	...	...	...	6	14.3	18.8
96	莱索托	46.1	18.0	12.1	14	...	16.2

附录2-5　续表2

	国家	5岁以下儿童消瘦率(%) 1997～2004	5岁以下儿童低体重率(%) 1997～2004	5岁以下儿童超重率(%) 1997～2004	低出生体重发生率(%) 2000～2002	成人肥胖率(%) 1997～2004	
						男性	女性
97	利比里亚	39.5	26.5	2.3	...	...	...
98	利比亚	...	...	...	7	...	...
99	立陶宛	...	...	...	4	16.2	15.8
100	卢森堡	...	...	...	8	...	...
101	马达加斯加	47.7	41.9	2.0	14	...	0.9
102	马拉维	49.0	25.4	4.3	16	...	2.1
103	马来西亚	15.6	19.0	3.3	10	...	...
104	马尔代夫	24.8	30.2	2.0	22	...	...
105	马里	38.2	33.2	1.5	23	...	3.7
106	马耳他	...	...	...	6	...	...
107	马歇尔群岛	...	...	...	12	38.5	52.7
108	毛利塔尼亚	34.5	31.8	...	...	...	16.7
109	毛里求斯	...	...	...	13	8.0	20.0
110	墨西哥	17.7	7.5	5.3	9	18.6	28.1
111	密克罗尼西亚	...	...	...	18	30.5	57.3
112	摩纳哥	...	...	...	...	...	...
113	蒙古	24.6	12.7	4.8	8	12.6	18.0
114	摩洛哥	18.1	10.2	9.2	11	…	11.0
115	莫桑比克	41.0	23.7	3.0	14	...	3.8
116	缅甸	32.2	31.8	1.6	15	...	...
117	纳米比亚	23.6	24.0	2.2	14	...	...
118	瑙鲁	...	...	...	...	72.1	77.3
119	尼泊尔	50.5	48.3	0.2	21	...	1.0
120	荷兰	...	...	...	...	10.2	11.9
121	新西兰	...	...	...	6	21.9	23.2
122	尼加拉瓜	20.2	9.6	4.7	12	...	18.0
123	尼日尔	39.7	40.1	0.8	17	...	...
124	尼日利亚	38.3	28.7	3.6	14	...	5.8
125	纽埃岛	...	...	...	0	...	...
126	挪威	...	...	...	5	6.8	5.8
127	阿曼	10.4	17.8	1.0	8	...	...
128	巴基斯坦	36.8	35.0	2.1	19	...	...
129	帕劳群岛	...	...	...	9	...	...
130	巴拿马	18.2	8.1	4.2	10	...	...
131	巴布亚新几内亚	...	...	...	11	...	...
132	巴拉圭	...	...	...	9	...	...
133	秘鲁	25.4	7.1	7.6	11	11.5	19.9
134	菲律宾	32.1	31.8	1.0	20	2.1	4.4
135	波兰	...	...	...	6	...	...
136	葡萄牙	...	...	...	8	...	...
137	卡塔尔	...	...	...	10	...	...
138	韩国	...	...	...	4	1.7	3.0
139	摩尔多瓦	...	...	...	5	...	...
140	罗马尼亚	10.1	3.2	5.5	9	9.1	19.1
141	俄罗斯	...	...	...	6	...	...
142	卢旺达	42.6	24.3	4.0	9	...	...
143	圣基茨和尼维斯	...	...	...	9	...	...
144	圣卢西亚岛	...	...	...	8	...	...

附录2-5 续表3

	国家	5岁以下儿童消瘦率(%) 1997～2004	5岁以下儿童低体重率(%) 1997～2004	5岁以下儿童超重率(%) 1997～2004	低出生体重发生率(%) 2000～2002	成人肥胖率(%) 1997～2004	
						男性	女性
145	圣文森特和格林纳丁斯	...	...	...	10	...	...
146	萨摩亚群岛	4.2	1.9	3.8	4	48.4	67.9
147	圣马力诺	...	...	...	...	...	...
148	圣多美和普林西比	28.9	12.9	...	...	...	...
149	沙特阿拉伯	...	...	...	11	...	...
150	塞内加尔	25.4	22.7	2.2	18	...	...
151	塞黑	5.1	1.9	...	4	...	...
152	塞舌尔	...	...	...	...	...	...
153	塞拉利昂	33.8	27.2	...	...	...	...
154	新加坡	2.2	3.4	2.2	8	5.3	6.7
155	斯洛伐克	...	...	...	7	...	...
156	斯洛文尼亚	...	...	...	6	...	...
157	所罗门群岛	...	...	...	13	...	...
158	索马里	23.3	25.8	...	...	...	...
159	南非	24.9	11.5	6.2	15	9.4	30.1
160	西班牙	...	...	...	6	12.3	12.1
161	斯里兰卡	13.9	29.7	...	22	...	...
162	苏丹	43.3	40.7	3.4	31	...	...
163	苏里南	9.8	13.2	2.1	13	...	...
164	斯威士兰	30.2	10.3	...	9	...	...
165	瑞典	...	...	...	4	10.4	9.5
166	瑞士	...	...	...	6	7.9	7.5
167	叙利亚	18.8	6.9	...	6	...	...
168	塔吉克斯坦	36.2	...	...	15	...	...
169	泰国	...	...	...	9	...	...
170	马其顿	6.9	5.9	4.9	5	...	...
171	东帝汶	49.4	45.8	3.0	10	...	...
172	多哥	21.7	25.1	1.5	15	...	...
173	汤加	...	...	...	0	...	...
174	特立尼达和多巴哥	3.6	5.9	...	23	...	...
175	突尼斯	12.3	4.0	4.5	7	6.4	22.7
176	土耳其	16.0	8.3	2.2	16	12.9	29.9
177	土库曼斯坦	22.3	12.0	...	6	...	10.3
178	图瓦卢	...	...	...	5	...	...
179	乌干达	39.1	22.9	2.6	12	...	...
180	乌克兰	2.7	1.0	20.1	5	...	...
181	阿联酋	...	...	...	15	25.6	39.9
182	英国	...	...	...	8	...	...
183	坦桑尼亚	43.8	29.4	1.7	13	...	4.4
184	美国	1.1	1.6	5.6	8	19.7	21.4
185	乌拉圭	...	...	...	8	17.0	19.0
186	乌兹别克斯坦	21.1	7.9	...	7	5.4	6.9
187	瓦努阿图	...	...	...	6	12.2	19.6
188	委内瑞拉	12.8	4.4	3.2	7	...	...
189	越南	36.5	33.8	2.7	9	...	...
190	也门	51.7	46.1	1.9	32	...	...
191	赞比亚	46.8	28.1	3.0	12	...	3.0
192	津巴布韦	26.5	13.0	7.0	11	...	7.5

附录2-6　环境危险因素

国家		安全饮用水普及率(%) 2002		卫生厕所普及率(%) 2002		15岁以上人口吸烟率(%) 2001～2003		15～24岁人口安全套使用率(%) 2001～2003	
		城市	农村	城市	农村	男性	女性	男性	女性
1	阿富汗	19	11	16	5	...	...	...	...
2	阿尔巴尼亚	99	95	99	81	46.3	3.0	...	...
3	阿尔及利亚	92	80	99	82	...	...	...	...
4	安道尔共和国	100	100	100	100	...	...	...	...
5	安哥拉	70	40	56	16	...	...	...	...
6	安提瓜和巴布达	95	89	98	94	...	...	...	...
7	阿根廷	97	...	...	...	...	...	...	...
8	亚美尼亚	99	80	96	61	67.5	3.1	44	...
9	澳大利亚	100	100	100	100	...	...	...	...
10	奥地利	100	100	100	100	...	...	...	...
11	阿塞拜疆	95	59	73	36	...	...	...	...
12	巴哈马群岛	98	86	100	100	...	...	...	...
13	巴林群岛	100	...	100	...	15.0	3.1	...	...
14	孟加拉国	82	72	75	39	59.7	27.5	...	...
15	巴巴多斯岛	100	100	99	100	...	...	...	...
16	巴拉若斯	100	100	...	...	...	...	...	...
17	比利时	100	...	...	...	...	...	...	...
18	伯利兹	100	82	71	25	...	...	...	...
19	贝宁湾	79	60	58	12	...	...	34	19
20	不丹	86	60	65	70	...	...	...	...
21	玻利维亚	95	68	58	23	...	...	37	20
22	波黑	100	96	99	88	54.2	34.2	...	...
23	博茨瓦纳	100	90	57	25	...	...	88	75
24	巴西	96	58	83	35	26.3	17.5	...	...
25	文莱	...	...	...	...	...	...	...	...
26	保加利亚	100	100	100	100	...	...	...	...
27	布基纳法索	82	44	45	5	24.2	11.1	67	54
28	布隆迪	90	78	47	35	...	...	...	...
29	柬埔寨	58	29	53	8	...	...	...	...
30	喀麦隆	84	41	63	33	...	...	57	46
31	加拿大	100	99	100	99	22.0	18.0	...	...
32	佛得角	86	73	61	19	...	...	...	...
33	中非	93	61	47	12	...	...	...	...
34	乍得	40	32	30	0	18.3	3.7	25	17
35	智利	100	59	96	64	48.3	36.8	...	...
36	中国	92	68	69	29	57.4	3.5	...	...
37	哥伦比亚	99	71	96	54	...	...	...	30
38	科摩罗	90	96	38	15	27.5	17.0	...	...
39	刚果	72	17	14	2	16.5	1.7	...	...
40	库克岛	98	88	100	100	...	...	...	...
41	哥斯达黎加	100	92	89	97	...	...	...	...
42	科特迪瓦	98	74	61	23	20.7	3.2	...	...
43	克罗地亚	...	...	...	...	31.6	22.9	...	...
44	古巴	95	78	99	95	...	...	...	...
45	塞浦路斯	100	100	100	100	...	...	...	...
46	捷克	...	...	...	...	38.9	25.1	...	...
47	朝鲜	100	100	58	60	...	...	...	...
48	刚果共和国	83	29	43	23	...	...	...	...

附录2-6　续表1

国家		安全饮用水普及率(%) 2002		卫生厕所普及率(%) 2002		15岁以上人口吸烟率(%) 2001～2003		15～24岁人口安全套使用率(%) 2001～2003	
		城市	农村	城市	农村	男性	女性	男性	女性
49	丹麦	100	100	...	...	...	...	...	...
50	吉布提	82	67	55	27	...	...	...	...
51	多米尼加	100	90	86	75	...	...	...	...
52	多米尼加共和国	98	85	67	43	17.2	12.4	52	29
53	厄瓜多尔	92	77	80	59	28.7	7.0	...	...
54	埃及	100	97	84	56	...	...	...	...
55	萨尔瓦多	91	68	78	40	...	...	...	...
56	赤道几内亚	45	42	60	46	...	...	...	...
57	厄立特里亚	72	54	34	3	...	...	...	...
58	爱沙尼亚	...	...	93	...	56.5	24.8	...	...
59	埃塞俄比亚	81	11	19	4	7.3	0.6	30	17
60	斐济	...	...	99	98	...	...	...	...
61	芬兰	100	100	100	100	...	...	...	...
62	法国	100	...	...	...	...	...	...	...
63	加蓬	95	47	37	30	...	...	48	33
64	冈比亚	95	77	72	46	...	...	...	...
65	乔治亚	90	61	96	69	60.3	6.2	...	...
66	德国	100	100	...	...	33.2	22.1	...	...
67	加纳	93	68	74	46	9.9	1.3	52	33
68	希腊	...	...	...	...	...	...	...	...
69	格林纳达	97	93	96	97	...	...	...	...
70	危地马拉	99	92	72	52	24.4	3.5	...	...
71	几内亚	78	38	25	6	...	...	...	...
72	几内亚比绍	79	49	57	23	...	...	...	...
73	圭亚那	83	83	86	60	...	...	...	...
74	海地	91	59	52	23	...	...	30	19
75	洪都拉斯	99	82	89	52	...	...	...	...
76	匈牙利	100	98	100	85	42.7	31.3	...	...
77	冰岛	100	100	...	...	...	...	...	...
78	印度	96	82	58	18	42.3	8.6	59	51
79	印尼	89	69	71	38	69.0	3.0	...	...
80	伊朗	98	83	86	78	...	...	...	...
81	伊拉克	97	50	95	48	...	...	...	...
82	爱尔兰	100	...	...	...	...	...	...	...
83	以色列	100	100	100	...	38.6	22.1	...	...
84	意大利	100	...	...	...	...	...	...	...
85	牙买加	98	87	90	68	...	...	...	...
86	日本	100	100	100	100	47.9	12.2	...	...
87	约旦	91	91	94	85	50.5	8.3	...	...
88	哈萨克斯坦	96	72	87	52	52.3	9.7	...	...
89	肯尼亚	89	46	56	43	27.2	1.9	47	25
90	基里巴斯	77	53	59	22	...	...	...	...
91	科威特	...	...	...	...	...	...	...	...
92	吉尔吉斯	98	66	75	51	...	...	...	...
93	老挝	66	38	61	14	66.1	15.4	...	...
94	拉脱维亚	...	...	...	...	64.3	24.1	...	...
95	黎巴嫩	100	100	100	87	...	...	...	...
96	莱索托	88	74	61	32	...	...	53	53

附录2-6　续表2

	国家	安全饮用水普及率(%) 2002		卫生厕所普及率(%) 2002		15岁以上人口吸烟率(%) 2001～2003		15～24岁人口安全套使用率(%) 2001～2003	
		城市	农村	城市	农村	男性	女性	男性	女性
97	利比里亚	72	52	49	7	...	...	...	...
98	利比亚	72	68	97	96	...	...	...	...
99	立陶宛	...	...	...	...	...	...	...	...
100	卢森堡	100	100	...	...	...	...	...	...
101	马达加斯加	75	34	49	27	...	...	12	5
102	马拉维	96	62	66	42	25.3	5.8	47	35
103	马来西亚	96	94	...	98	53.2	2.6	...	...
104	马尔代夫	99	78	100	42	27.3	2.2	...	...
105	马里	76	35	59	38	24.7	3.0	30	14
106	马耳他	100	100	100	...	...	...	...	...
107	马歇尔群岛	80	95	93	59	...	...	...	...
108	毛利塔尼亚	63	45	64	9	29.6	4.7	...	...
109	毛里求斯	100	100	100	99	42.7	2.8	...	...
110	墨西哥	97	72	90	39	35.9	15.0	...	...
111	密克罗尼西亚	95	94	61	14	...	...	...	...
112	摩纳哥	100	...	100	...	...	...	...	...
113	蒙古	87	30	75	37	...	...	...	...
114	摩洛哥	99	56	83	31	32.1	0.2	...	...
115	莫桑比克	76	24	51	14	...	...	33	29
116	缅甸	95	74	96	63	48.7	13.7	...	...
117	纳米比亚	98	72	66	14	28.3	12.4	69	48
118	瑙鲁	...	...	...	...	...	...	...	...
119	尼泊尔	93	82	68	20	54.1	27.8	...	...
120	荷兰	100	99	100	100	...	...	...	...
121	新西兰	100	...	...	...	25.1	24.8	...	...
122	尼加拉瓜	93	65	78	51	...	...	...	17
123	尼日尔	80	36	43	4	...	...	...	...
124	尼日利亚	72	49	48	30	...	0.0	46	24
125	纽埃岛	100	100	100	100	...	...	...	...
126	挪威	100	100	...	...	...	...	...	...
127	阿曼	81	72	97	61	...	...	...	...
128	巴基斯坦	95	87	92	35	33.7	6.2	...	...
129	帕劳群岛	79	94	96	52	...	...	...	...
130	巴拿马	99	79	89	51	...	...	...	...
131	巴布亚新几内亚	88	32	67	41	...	...	...	...
132	巴拉圭	100	62	94	58	41.4	13.2	...	...
133	秘鲁	87	66	72	33	...	...	...	25
134	菲律宾	90	77	81	61	57.6	12.3	...	...
135	波兰	100	...	...	...	...	...	...	...
136	葡萄牙	...	...	...	...	...	...	...	...
137	卡塔尔	100	100	100	100	...	...	...	...
138	韩国	97	71	...	...	...	...	...	...
139	摩尔多瓦	97	88	86	52	...	...	63	44
140	罗马尼亚	91	16	86	10	...	...	...	...
141	俄罗斯	99	88	93	70	56.7	11.4	...	...
142	卢旺达	92	69	56	38	...	...	41	28
143	圣基茨和尼维斯	99	99	96	96	...	...	...	...
144	圣卢西亚岛	98	98	89	89	...	...	...	...

附录2-6　续表3

	国家	安全饮用水普及率(%) 2002		卫生厕所普及率(%) 2002		15岁以上人口吸烟率(%) 2001～2003		15～24岁人口安全套使用率(%) 2001～2003	
		城市	农村	城市	农村	男性	女性	男性	女性
145	圣文森特和格林纳丁斯	...	93	...	96	...	...	...	...
146	萨摩亚群岛	91	88	100	100	...	...	...	...
147	圣马力诺	...	...	...	...	...	...	...	...
148	圣多美和普林西比	89	73	32	20	...	...	...	...
149	沙特阿拉伯	97	...	100	...	...	...	...	...
150	塞内加尔	90	54	70	34	24.1	1.9	...	...
151	塞黑	99	86	97	77	...	...	...	...
152	塞舌尔	100	75	...	100	...	...	...	...
153	塞拉利昂	75	46	53	30	...	...	...	...
154	新加坡	100	...	100	...	...	...	...	...
155	斯洛伐克	100	100	100	100	41.0	23.1	...	...
156	斯洛文尼亚	...	...	...	...	28.5	19.1	...	...
157	所罗门群岛	94	65	98	18	...	...	...	...
158	索马里	32	27	47	14	...	...	...	...
159	南非	98	73	86	44	37.0	11.2	...	...
160	西班牙	...	...	...	...	40.5	27.1	...	...
161	斯里兰卡	99	72	98	89	39.7	2.9	...	...
162	苏丹	78	64	50	24	...	...	...	...
163	苏里南	98	73	99	76	...	...	...	...
164	斯威士兰	87	42	78	44	15.1	3.2	...	...
165	瑞典	100	100	100	100	...	...	...	...
166	瑞士	100	100	100	100	...	...	...	...
167	叙利亚	94	64	97	56	...	...	...	...
168	塔吉克斯坦	93	47	71	47	...	...	...	...
169	泰国	95	80	97	100	48.5	2.9	...	...
170	马其顿	...	...	...	...	...	...	...	...
171	东帝汶	73	51	65	30	...	...	...	...
172	多哥	80	36	71	15	...	...	...	...
173	汤加	100	100	98	96	...	...	...	...
174	特立尼达和多巴哥	92	88	100	100	...	...	...	...
175	突尼斯	94	60	90	62	53.0	2.2	...	...
176	土耳其	96	87	94	62	50.7	18.6	...	...
177	土库曼斯坦	93	54	77	50	...	...	...	...
178	图瓦卢	94	92	92	83	...	...	...	...
179	乌干达	87	52	53	39	25.2	3.3	55	53
180	乌克兰	100	94	100	97	54.1	10.2	...	...
181	阿联酋	...	...	100	100	32.4	3.1	...	...
182	英国	100	...	...	...	...	...	...	...
183	坦桑尼亚	92	62	54	41	...	...	46	34
184	美国	100	100	100	100	24.1	19.2	...	...
185	乌拉圭	98	93	95	85	38.5	28.2	...	...
186	乌兹别克斯坦	97	84	73	48	24.1	0.9	50	...
187	瓦努阿图	85	52	78	42	...	...	...	...
188	委内瑞拉	85	70	71	48	...	...	...	...
189	越南	93	67	84	26	51.1	2.5	68	...
190	也门	74	68	76	14	...	...	...	...
191	赞比亚	90	36	68	32	23.3	5.7	42	33
192	津巴布韦	100	74	69	51	26.2	3.1	...	...

附录2-7 卫生服务覆盖

	国家	1岁儿童免疫接种率(%) 2004			产前检查率(%) 1997～2003		新法接生率(%) 2000～2003	避孕普及率(%) 1997～2004
		麻疹	百白破	乙肝	至少一次	四次及以上		
1	阿富汗	61	66	...	52	...	14	4.8
2	阿尔巴尼亚	96	97	99	81	42	94	75.1
3	阿尔及利亚	81	86	81	79	...	92	64.0
4	安道尔	98	99	54	...	...	...	...
5	安哥拉	64	59	...	...	...	47	6.2
6	安提瓜和巴布达	97	97	97	...	82	100	...
7	阿根廷	95	90	88	...	95	99	...
8	亚美尼亚	92	91	91	82	65	97	60.5
9	澳大利亚	93	92	95	...	...	99	...
10	奥地利	74	83	83	...	...	...	...
11	阿塞拜疆	98	96	97	70	...	84	55.4
12	巴哈马群岛	89	93	93	...	...	99	...
13	巴林群岛	99	98	98	...	...	99	...
14	孟加拉国	77	85	...	39	11	13	58.1
15	巴巴多斯岛	98	93	93	89	...	100	...
16	巴拉若斯	99	99	99	...	...	100	...
17	比利时	82	95	65	...	...	...	...
18	伯利兹	95	95	96	...	96	84	...
19	贝宁湾	85	83	89	88	61	66	18.6
20	不丹	87	89	89	...	...	24	...
21	玻利维亚	64	81	84	84	69	61	58.4
22	波黑	88	84	81	99	...	100	47.5
23	博茨瓦纳	90	97	79	99	97	94	40.4
24	巴西	99	96	90	...	...	...	...
25	文莱	99	92	99	...	100	100	...
26	保加利亚	95	95	94	...	...	99	41.5
27	布基纳法索	78	88	...	72	18	57	13.8
28	布隆迪	75	74	83	93	79	25	15.7
29	柬埔寨	80	85	...	44	9	32	23.8
30	喀麦隆	64	73	...	77	52	62	26.0
31	加拿大	95	91	...	...	...	98	...
32	佛得角	69	75	68	...	99	89	52.9
33	中非	35	40	...	...	...	44	27.9
34	乍得	56	50	...	51	13	14	7.9
35	智利	95	94	...	...	...	100	...
36	中国	84	91	72	...	...	83	83.8
37	哥伦比亚	92	89	89	90	79	91	76.9
38	科摩罗	73	76	77	...	...	62	25.7
39	刚果	65	67	...	...	...	...	...
40	库克岛	99	99	99	...	...	98	...
41	哥斯达黎加	88	90	89	...	70	98	80.0
42	科特迪瓦	49	50	50	84	35	63	15.0
43	克罗地亚	96	96	...	...	...	100	...
44	古巴	99	88	99	...	100	100	73.3
45	塞浦路斯	86	98	88	...	...	...	...
46	捷克	97	98	98	...	...	100	72.0
47	朝鲜	95	72	98	98	...	97	...
48	刚果	64	64	...	...	...	61	31.4

附录2-7　续表1

国家		1岁儿童免疫接种率(%) 2004			产前检查率(%) 1997～2003		新法接生率(%) 2000～2003	避孕普及率(%) 1997～2004
		麻疹	百白破	乙肝	至少一次	四次及以上		
49	丹麦	96	95	...	...	...	...	...
50	吉布提	60	64	...	...	...	61	...
51	多米尼加	99	99	...	...	100	100	...
52	多米尼加共和国	79	71	71	100	93	99	69.8
53	厄瓜多尔	99	90	90	56	...	69	65.8
54	埃及	97	97	97	54	41	69	60.0
55	萨尔瓦多	93	90	83	...	76	69	67.3
56	赤道几内亚	51	33	...	...	37	65	...
57	厄立特里亚	84	83	83	...	49	28	8.0
58	爱沙尼亚	96	94	90	...	...	100	...
59	埃塞俄比亚	71	80	...	27	10	6	8.1
60	斐济	62	71	73	...	...	99	...
61	芬兰	97	98	...	...	...	100	...
62	法国	86	97	28	...	...	...	...
63	加蓬	55	38	...	94	63	86	32.7
64	冈比亚	90	92	90	92	...	55	9.6
65	乔治亚	86	78	64	91	...	96	40.5
66	德国	92	97	81	...	...	...	...
67	加纳	83	80	80	90	69	47	25.2
68	希腊	88	88	88	...	...	...	...
69	格林纳达	74	83	83	...	98	100	...
70	危地马拉	75	84	...	86	68	41	43.3
71	几内亚	73	69	...	74	48	35	6.2
72	几内亚比绍	80	80	...	89	62	35	7.6
73	圭亚那	88	91	91	88	...	86	37.3
74	海地	54	43	...	79	42	24	28.1
75	洪都拉斯	92	89	89	...	84	56	61.8
76	匈牙利	99	99	...	...	...	100	...
77	冰岛	93	99	...	...	...	...	...
78	印度	56	64	...	65	30	43	48.2
79	印尼	72	70	75	97	81	66	60.3
80	伊朗	96	99	95	...	77	90	72.9
81	伊拉克	90	81	70	...	78	72	...
82	爱尔兰	81	89	...	...	...	100	...
83	以色列	96	96	98	...	...	...	...
84	意大利	84	96	95	...	...	...	...
85	牙买加	80	77	77	...	99	95	65.9
86	日本	99	99	...	...	...	...	55.9
87	约旦	99	95	95	99	91	100	55.8
88	哈萨克斯坦	99	82	99	82	71	99	66.1
89	肯尼亚	73	73	73	88	52	42	39.3
90	基里巴斯	56	62	67	...	88	89	...
91	科威特	97	98	94	...	...	100	...
92	吉尔吉斯	99	99	99	88	81	98	59.5
93	老挝	36	45	45	44	29	19	32.2
94	拉脱维亚	99	98	99	...	...	100	...
95	黎巴嫩	96	92	88	...	87	93	...
96	莱索托	70	78	67	91	88	55	30.4

附录2-7　续表2

	国家	1岁儿童免疫接种率(%) 2004			产前检查率(%) 1997～2003		新法接生率(%) 2000～2003	避孕普及率(%) 1997～2004
		麻疹	百白破	乙肝	至少一次	四次及以上		
97	利比里亚	42	31	...	...	84	51	...
98	利比亚	99	97	99	...	81	...	...
99	立陶宛	98	94	94	...	...	100	...
100	卢森堡	91	98	49	...	...	100	...
101	马达加斯加	59	61	61	91	38	51	27.1
102	马拉维	80	89	89	94	55	61	30.6
103	马来西亚	95	99	95	...	...	97	...
104	马尔代夫	97	96	97	98	81	70	42.0
105	马里	75	76	73	53	30	41	8.1
106	马耳他	87	55	8	...	...	...	...
107	马歇尔群岛	70	64	72	...	...	95	...
108	毛利塔尼亚	64	70	...	63	16	57	8.0
109	毛里求斯	98	98	98	...	...	99	...
110	墨西哥	96	98	98	...	86	86	68.4
111	密克罗尼西亚	85	78	80	...	...	88	...
112	摩纳哥	99	99	99	...	...	...	...
113	蒙古	96	99	95	...	97	99	67.4
114	摩洛哥	95	97	95	...	...	63	63.0
115	莫桑比克	77	72	72	71	41	48	16.5
116	缅甸	78	82	54	...	76	56	37.0
117	纳米比亚	70	81	...	85	69	76	43.9
118	瑙鲁	40	80	75	...	...	...	...
119	尼泊尔	73	80	87	49	15	11	39.3
120	荷兰	96	98	...	...	...	...	...
121	新西兰	85	90	90	...	...	...	...
122	尼加拉瓜	84	79	79	85	72	67	68.6
123	尼日尔	74	62	...	39	11	16	14.0
124	尼日利亚	35	25	...	61	47	35	12.6
125	纽埃岛	99	99	99	...	...	100	...
126	挪威	88	91	...	...	...	...	...
127	阿曼	98	99	99	...	...	95	...
128	巴基斯坦	67	65	65	...	...	23	27.6
129	帕劳群岛	99	98	98	...	...	100	...
130	巴拿马	99	99	99	...	72	93	...
131	巴布亚新几内亚	44	46	45	...	78	...	...
132	巴拉圭	89	76	76	...	89	77	72.8
133	秘鲁	89	87	87	85	69	71	68.9
134	菲律宾	80	79	40	94	70	60	48.9
135	波兰	97	99	98	...	...	100	...
136	葡萄牙	95	95	94	...	...	100	...
137	卡塔尔	99	96	97	62	58	100	43.2
138	韩国	99	88	92	...	...	100	80.5
139	摩尔多瓦	96	98	99	99	...	99	62.4
140	罗马尼亚	97	97	99	89	...	98	63.8
141	俄罗斯	98	97	96	96	...	99	...
142	卢旺达	84	89	89	93	10	31	13.2
143	圣基茨和尼维斯	98	96	96	...	100	100	...
144	圣卢西亚岛	95	91	91	...	100	99	...

附录2-7　续表3

国家		1岁儿童免疫接种率(%) 2004			产前检查率(%) 1997～2003		新法接生率(%) 2000～2003	避孕普及率(%) 1997～2004
		麻疹	百白破	乙肝	至少一次	四次及以上		
145	圣文森特和格林纳丁斯	99	99	99	...	92	100	...
146	萨摩亚群岛	25	68	70	...	...	100	...
147	圣马力诺	98	98	97	...	...	...	...
148	圣多美和普林西比	91	99	99	91	...	79	29.3
149	沙特阿拉伯	97	96	96	...	...	93	...
150	塞内加尔	57	87	54	82	64	58	10.5
151	塞黑	96	97	89	...	...	93	58.3
152	塞舌尔	99	99	99	...	...	...	...
153	塞拉利昂	64	61	...	82	68	42	4.3
154	新加坡	94	94	93	...	...	100	62.0
155	斯洛伐克	98	99	99	...	...	99	...
156	斯洛文尼亚	94	92	...	...	...	100	...
157	所罗门群岛	72	80	72	...	...	85	...
158	索马里	40	30	...	...	32	34	...
159	南非	81	93	92	89	72	84	56.3
160	西班牙	97	96	97	...	...	...	...
161	斯里兰卡	96	97	85	...	98	97	70.0
162	苏丹	59	55	...	...	75	...	...
163	苏里南	86	85	...	91	91	85	42.1
164	斯威士兰	70	83	78	...	...	70	27.7
165	瑞典	94	99	...	...	...	...	...
166	瑞士	82	95	...	...	...	...	...
167	叙利亚	98	99	99	...	51	70	...
168	塔吉克斯坦	89	82	81	75	...	71	33.9
169	泰国	96	98	96	...	86	99	...
170	马其顿	96	94	...	...	...	98	...
171	东帝汶	55	57	...	...	...	24	10.0
172	多哥	70	71	...	78	46	49	25.7
173	汤加	99	99	99	...	...	91	...
174	特立尼达和多巴哥	95	94	94	96	98	96	38.2
175	突尼斯	95	97	96	...	79	90	63.0
176	土耳其	81	85	77	67	42	83	63.9
177	土库曼斯坦	97	97	96	87	83	97	61.8
178	图瓦卢	98	98	98	...	...	100	...
179	乌干达	91	87	87	92	40	39	22.8
180	乌克兰	99	99	98	90	...	99	67.5
181	阿联酋	94	94	92	...	...	100	...
182	英国	81	90	...	...	...	99	84.0
183	坦桑尼亚	94	95	95	96	69	46	25.4
184	美国	93	96	92	...	...	99	...
185	乌拉圭	95	95	94	...	94	99	...
186	乌兹别克斯坦	98	99	99	...	...	96	67.7
187	瓦努阿图	48	49	56	...	...	87	...
188	委内瑞拉	80	86	82	...	90	94	...
189	越南	97	96	94	70	29	85	78.5
190	也门	76	78	49	34	11	22	20.8
191	赞比亚	84	80	...	94	71	43	34.2
192	津巴布韦	80	85	85	82	64	73	53.5

附录2-8 卫生人力资源

	国家	年份	人数						
			医师	口腔医师	护士	助产士	药师	公共与环境卫生人员	社区卫生人员
1	阿富汗	2001	4 104	630	4 752	...	525	...	...
2	阿尔巴尼亚	2002	4 100	1 390	11 473	...	...	...	...
3	阿尔及利亚	2002	35 368	9 553	68 950	799	6 333	2 534	1 062
4	安道尔	2003	244	44	205	10	68	...	...
5	安哥拉	1997	881	2	13 135	492	24	...	...
6	安提瓜和巴布达	1999	12	13	233	...	...	...	...
7	阿根廷	1998	108 800	28 900	29 000	...	15 300	...	...
8	亚美尼亚	2003	10 983	802	13 320	1 433	126	...	...
9	澳大利亚	2001	47 875	21 296	187 837	...	13 956	...	3 812
10	奥地利	2003	27 413	4 037	76 161	1 671	4 869	...	...
11	阿塞拜疆	2003	29 687	2 272	59 531	9 803	1 842	...	...
12	巴哈马群岛	1998	312	21	1 323	...	...	...	...
13	巴林群岛	2004	803	342	3 153	396	460	294	0
14	孟加拉国	2004	38 485	2 537	20 334	26 460	9 411	5 743	46 202
15	巴巴多斯岛	1999	322	63	988	...	...	...	...
16	巴拉若斯	2003	45 027	4 315	115 116	5 182	2 901	...	...
17	比利时	2002	46 268	8 322	60 142	6 603	11 775	...	...
18	伯利兹	2000	251	32	303	...	...	...	...
19	贝宁湾	2004	311	12	5 789	...	11	178	88
20	不丹	2004	118	58	330	185	79	71	464
21	玻利维亚	2001	10 329	5 997	27 063	96	4 670	...	...
22	波黑	2003	5 576	690	17 170	1 229	363	...	...
23	博茨瓦纳	2004	715	38	4 753	...	333	172	...
24	巴西	2000	198 153	190 448	659 111	...	51 317	167 080	...
25	文莱	2000	336	48	892	404	90	...	...
26	保加利亚	2003	28 128	6 475	29 650	3 456	1 020	...	...
27	布基纳法索	2004	789	58	5 518	1 732	343	46	1 291
28	布隆迪	2004	200	14	1 348	...	76	...	657
29	柬埔寨	2000	2 047	209	8 085	3 040	564	...	...
30	喀麦隆	2004	3 124	147	26 042	...	700	28	...
31	加拿大	2003	66 583	18 265	309 576	...	20 765	...	...
32	佛得角	2004	231	11	410	...	43	9	65
33	中非	2004	331	13	1 188	519	17	55	211
34	乍得	2004	345	15	2 387	112	37	230	268
35	智利	2003	17 250	6 750	10 000	...	...	...	...
36	中国	2001	1 364 000	136 520	1 358 000	42 000	359 000	...	109 000
37	哥伦比亚	2002	58 761	33 951	23 940	...	...	...	...
38	科摩罗	2004	115	29	588	...	41	17	41
39	刚果	2004	756	12	3 672	...	99	9	124
40	库克岛	2001	14	10	49	3	2	...	...
41	哥斯达黎加	2000	5 204	1 905	3 631	22	2 101	1 266	...
42	科特迪瓦	2004	2 081	339	10 180	...	1 015	155	...
43	克罗地亚	2003	10 820	3 085	22 372	1 476	2 348	...	...
44	古巴	2002	66 567	9 841	83 880	...	...	...	...
45	塞浦路斯	2002	1 864	650	2 994	...	144	...	...
46	捷克	2003	35 960	6 737	99 351	4 772	5 610	...	...
47	朝鲜	2003	74 597	8 315	87 330	6 084	13 497	2 685	...
48	刚果	2004	5 827	159	28 789	...	1 200	...	...

附录2-8　续表1

	国家	人数			每千人口					
		实验室技术人员	其他卫生人员	卫生管理与辅助人员	医师	护士	口腔医师	公共与环境卫生人员	社区卫生人员	卫生管理与辅助人员
1	阿富汗	...	...	...	0.19	0.22	0.03	...	...	...
2	阿尔巴尼亚	...	...	...	1.31	3.62	0.45	...	...	...
3	阿尔及利亚	8 838	5 088	60 882	1.13	2.21	0.31	0.08	0.03	1.95
4	安道尔	...	...	...	3.70	3.11	0.67	...	...	...
5	安哥拉	...	...	...	0.08	1.15	0.00	...	...	...
6	安提瓜和巴布达	...	...	...	0.17	3.28	0.19	...	...	...
7	阿根廷	...	...	...	3.01	0.80	0.80	...	...	...
8	亚美尼亚	...	...	...	3.59	4.35	0.26	...	...	...
9	澳大利亚	8 326	35 710	490 942	2.47	9.71	1.10	...	0.20	25.37
10	奥地利	...	...	...	3.38	9.38	0.50	...	...	...
11	阿塞拜疆	...	...	...	3.55	7.11	0.27	...	...	...
12	巴哈马群岛	...	...	...	1.05	4.47	0.07	...	...	...
13	巴林群岛	479	1 278	1 433	1.09	4.27	0.46	0.40	0.00	1.94
14	孟加拉国	3 794	5 847	...	0.26	0.14	0.02	0.04	0.31	...
15	巴巴多斯岛	...	...	...	1.21	3.70	0.24	...	...	...
16	巴拉若斯	...	...	...	4.55	11.63	0.44	...	...	...
17	比利时	...	...	...	4.49	5.83	0.81	...	...	...
18	伯利兹	...	...	...	1.05	1.26	0.13	...	...	...
19	贝宁湾	477	128	3 281	0.04	0.84	0.00	0.03	0.01	0.47
20	不丹	136	121	1 219	0.05	0.14	0.02	0.03	0.20	0.52
21	玻利维亚	...	3 939	9 648	1.22	3.19	0.71	...	...	1.14
22	波黑	...	...	...	1.34	4.13	0.17	...	...	...
23	博茨瓦纳	277	...	829	0.40	2.65	0.02	0.10	...	0.46
24	巴西	44 095	237 100	839 376	1.15	3.84	1.11	0.97	...	4.89
25	文莱	...	...	...	1.01	2.67	0.14	...	...	...
26	保加利亚	...	...	...	3.56	3.75	0.82	...	...	...
27	布基纳法索	424	975	325	0.06	0.41	0.00	0.00	0.10	0.02
28	布隆迪	147	1 186	2 087	0.03	0.19	0.00	...	0.09	0.30
29	柬埔寨	...	...	...	0.16	0.61	0.02	...	...	...
30	喀麦隆	1 793	16	5 902	0.19	1.60	0.01	0.00	...	0.36
31	加拿大	...	...	...	2.14	9.95	0.59	...	...	...
32	佛得角	78	42	74	0.49	0.87	0.02	0.02	0.14	0.16
33	中非	48	367	167	0.08	0.30	0.00	0.01	0.05	0.04
34	乍得	317	153	1 502	0.04	0.27	0.00	0.03	0.03	0.17
35	智利	...	...	...	1.09	0.63	0.43	...	...	...
36	中国	203 000	1 061 000	1 077 000	1.06	1.05	0.11	...	0.08	0.83
37	哥伦比亚	...	...	...	1.35	0.55	0.78	...	...	...
38	科摩罗	63	9	272	0.15	0.74	0.04	0.02	0.05	0.34
39	刚果	554	957	987	0.20	0.96	0.00	0.00	0.03	0.26
40	库克岛	...	...	...	0.78	2.72	0.56	...	...	...
41	哥斯达黎加	...	7 379	23 477	1.32	0.92	0.48	0.32	...	5.98
42	科特迪瓦	1 165	172	2 107	0.12	0.60	0.02	0.01	...	0.12
43	克罗地亚	...	...	...	2.44	5.05	0.70	...	...	...
44	古巴	...	...	...	5.91	7.44	0.87	...	...	...
45	塞浦路斯	...	...	...	2.34	3.76	0.82	...	...	...
46	捷克	...	...	...	3.51	9.71	0.66	...	...	...
47	朝鲜	950	67 957	...	3.29	3.85	0.37	0.12	...	...
48	刚果	512	1 042	15 013	0.11	0.53	0.00	...	...	0.28

附录2-8　续表2

	国家	年份	人数						
			医师	口腔医师	护士	助产士	药师	公共与环境卫生人员	社区卫生人员
49	丹麦	2002	15 653	4 437	55 425	1 200	2 638	...	...
50	吉布提	2004	129	10	257	39	18	...	23
51	多米尼加	1997	38	4	317	...	...	...	...
52	多米尼加共和国	2000	15 670	7 000	15 352	...	3 330	...	...
53	厄瓜多尔	2000	18 335	2 062	19 549	1 037	...	...	...
54	埃及	2003	38 485	9 917	146 761	...	7 119	9 531	...
55	萨尔瓦多	2002	7 938	3 465	5 103	...	...	...	...
56	赤道几内亚	2004	153	15	228	43	130	18	1 275
57	厄立特里亚	2004	215	16	2 505	...	107	88	...
58	爱沙尼亚	2000	6 118	1 747	11 618	469	580	115	44
59	埃塞俄比亚	2003	1 936	93	14 893	651	1 343	1 347	18 652
60	斐济	1999	271	32	1 576	...	59	...	...
61	芬兰	2002	16 446	6 674	74 450	3 952	5 829	...	...
62	法国	2004	203 487	40 904	437 525	15 684	63 909	...	...
63	加蓬	2004	395	66	6 974	...	63	150	...
64	冈比亚	2003	156	43	1 719	162	48	33	968
65	乔治亚	2003	20 962	1 438	17 807	1 495	352	...	...
66	德国	2003	277 885	64 609	801 677	8 559	47 956	...	...
67	加纳	2004	3 240	393	19 707	...	1 388	...	...
68	希腊	2001	47 944	12 394	42 129	1 916	8 977	...	...
69	格林纳达	1997	41	7	303	...	...	...	...
70	危地马拉	1999	9 965	2 046	44 986	...	...	...	...
71	几内亚	2004	987	60	4 757	64	530	135	93
72	几内亚比绍	2004	188	22	1 037	35	40	13	4 486
73	圭亚那	2000	366	30	1 738	...	...	...	...
74	海地	1998	1 949	94	834	...	...	...	...
75	洪都拉斯	2000	3 676	1 371	8 333	195	926	215	...
76	匈牙利	2003	32 877	5 364	87 381	2 032	5 125	...	...
77	冰岛	2004	1 056	283	3 954	200	374	...	...
78	印度	2005	645 825	61 424	865 135	506 924	592 577	...	50 393
79	印尼	2003	29 499	6 896	135 705	44 254	7 580	6 493	0
80	伊朗	2004	31 394	6 587	91 365	4 897	6 229	10 004	25 242
81	伊拉克	2004	17 022	11 489	32 304	1 701	13 775	2 601	1 968
82	爱尔兰	2004	11 141	2 237	60 774	16 486	3 898	...	...
83	以色列	2003	24 577	7 510	40 280	1 202	4 480	...	...
84	意大利	2004	241 000	33 000	312 377	...	66 119	...	...
85	牙买加	2003	2 253	212	4 374	...	...	...	...
86	日本	2002	251 889	90 510	993 628	24 511	154 428	...	...
87	约旦	2004	11 398	7 270	18 196	...	17 654	1 412	1 000
88	哈萨克斯坦	2003	54 613	5 215	92 773	8 018	10 390	...	...
89	肯尼亚	2004	4 506	1 340	37 113	...	3 094	6 496	...
90	基里巴斯	1998	24	4	191	...	4	...	...
91	科威特	2001	3 589	673	9 197	...	722	...	...
92	吉尔吉斯	2003	12 902	992	31 557	2 663	158	...	...
93	老挝		...	...	...	...	...	...	...
94	拉脱维亚	2003	6 940	1 287	12 150	482	...	...	...
95	黎巴嫩	2001	11 505	4 283	4 157	...	3 359	...	...
96	莱索托	2003	89	16	1 123	...	62	55	...

附录2-8 续表3

国家		人数			每千人口					
		实验室技术人员	其他卫生人员	卫生管理与辅助人员	医师	护士	口腔医师	公共与环境卫生人员	社区卫生人员	卫生管理与辅助人员
49	丹麦	...	...	...	2.93	10.36	0.83	...	...	...
50	吉布提	84	159	232	0.18	0.36	0.01	...	0.03	0.33
51	多米尼加	...	...	...	0.50	4.17	0.05	...	...	...
52	多米尼加共和国	...	...	...	1.88	1.84	0.84	...	...	...
53	厄瓜多尔	...	...	...	1.48	1.57	0.17	...	...	...
54	埃及	20 011	3 694	5 167	0.54	2.00	0.14	0.13	...	0.07
55	萨尔瓦多	...	...	...	1.24	0.80	0.54	...	...	...
56	赤道几内亚	75	...	74	0.30	0.45	0.03	0.04	2.51	0.15
57	厄立特里亚	248	56	765	0.05	0.58	0.00	0.02	...	0.18
58	爱沙尼亚	...	597	16 057	4.48	8.50	1.28	0.08	0.03	11.75
59	埃塞俄比亚	2 703	7 354	...	0.03	0.21	0.00	0.02	0.26	...
60	斐济	...	...	...	0.34	1.96	0.04	...	...	...
61	芬兰	10 119	19 202	...	3.16	14.33	1.28	...	...	...
62	法国	...	...	...	3.37	7.24	0.68	...	...	...
63	加蓬	276	1	144	0.29	5.16	0.05	0.11	...	0.11
64	冈比亚	99	3	391	0.11	1.21	0.03	0.02	0.68	0.27
65	乔治亚	...	...	...	4.09	3.47	0.28	...	...	...
66	德国	...	...	...	3.37	9.72	0.78	...	...	...
67	加纳	899	7 132	19 151	0.15	0.92	0.02	...	...	0.90
68	希腊	...	...	...	4.38	3.86	1.13	...	...	...
69	格林纳达	...	...	...	0.50	3.70	0.09	...	...	...
70	危地马拉	...	...	...	0.90	4.05	0.18	...	...	...
71	几内亚	268	17	511	0.11	0.55	0.01	0.02	0.01	0.06
72	几内亚比绍	230	61	38	0.12	0.67	0.01	0.01	2.92	0.02
73	圭亚那	...	...	...	0.48	2.29	0.04	...	...	...
74	海地	...	...	...	0.25	0.11	0.01	...	...	...
75	洪都拉斯	...	2 936	...	0.57	1.29	0.21	0.03	...	...
76	匈牙利	...	...	...	3.33	8.85	0.54	...	...	...
77	冰岛	...	...	...	3.62	13.63	1.00	...	...	...
78	印度	...	818 301	...	0.60	0.80	0.06	...	0.05	...
79	印尼	8 882	21 178	228 095	0.13	0.62	0.03	0.03	0.00	1.04
80	伊朗	17 618	84 207	72 905	0.45	1.31	0.09	0.14	0.36	1.04
81	伊拉克	12 103	20 421	34 273	0.66	1.25	0.44	0.10	0.08	1.33
82	爱尔兰	...	...	...	2.79	15.20	0.56	...	...	...
83	以色列	...	...	...	3.82	6.26	1.17	...	...	...
84	意大利	...	...	...	4.20	5.44	0.58	...	...	...
85	牙买加	...	...	...	0.85	1.65	0.08	...	...	...
86	日本	...	...	...	1.98	7.79	0.71	...	...	...
87	约旦	5 630	6 529	17 708	2.03	3.24	1.29	0.25	0.18	3.15
88	哈萨克斯坦	...	...	...	3.54	6.01	0.34	...	...	...
89	肯尼亚	7 000	5 610	1 797	0.14	1.14	0.04	0.20	...	0.06
90	基里巴斯	...	...	...	0.30	2.36	0.05	...	...	...
91	科威特	...	...	...	1.53	3.91	0.29	...	...	...
92	吉尔吉斯	...	...	...	2.51	6.14	0.19	...	...	...
93	老挝	...	...	...	...	...	...	...	...	...
94	拉脱维亚	...	...	...	3.01	5.27	0.56	...	...	...
95	黎巴嫩	...	...	...	3.25	1.18	1.21	...	...	...
96	莱索托	146	23	18	0.05	0.62	0.01	0.03	...	0.01

附录2-8　续表4

国家		年份	人数						
			医师	口腔医师	护士	助产士	药师	公共与环境卫生人员	社区卫生人员
97	利比里亚	2004	103	13	613	422	35	150	142
98	利比亚	1997	6 371	693	17 779	...	1 225	...	...
99	立陶宛	2003	13 682	2 372	26 229	1 132	2 390	...	...
100	卢森堡	2003	1 206	323	4 151	114	371	...	...
101	马达加斯加	2004	5 201	410	5 661	...	175	130	385
102	马拉维	2004	266	...	7 264	...	...	26	...
103	马来西亚	2000	16 146	2 144	31 129	7 711	2 333	...	...
104	马尔代夫	2004	302	14	886	...	241	...	919
105	马里	2004	1 053	84	6 538	573	351	231	1 295
106	马耳他	2003	1 254	167	2 298	125	800	...	...
107	马歇尔群岛	2000	24	4	152	...	2	...	...
108	毛利塔尼亚	2004	313	64	1 893	...	81	...	429
109	毛里求斯	2004	1 303	233	4 550	54	1 428	238	236
110	墨西哥	2000	195 897	78 281	88 678	...	3 189	...	...
111	密克罗尼西亚	2000	64	14	410	7	...	...	...
112	摩纳哥		...	...	...	...	...	...	...
113	蒙古	2002	6 732	337	8 012	612	1 093	85	...
114	摩洛哥	2004	15 991	3 091	24 328	...	7 366	737	...
115	莫桑比克	2004	514	159	3 954	2 229	618	564	...
116	缅甸	2004	17 791	1 396	19 254	30 087	127	1 757	49 531
117	纳米比亚	2004	598	113	6 145	...	288	240	...
118	瑙鲁		...	...	...	...	...	...	...
119	尼泊尔	2004	5 384	359	5 664	6 161	358	172	16 206
120	荷兰	2003	50 854	7 759	221 783	1 940	3 134	...	...
121	新西兰	2001	9 027	2 586	31 128	2 121	3 495	...	...
122	尼加拉瓜	2003	2 045	243	5 862	...	...	...	...
123	尼日尔	2004	377	15	2 716	21	20	268	...
124	尼日利亚	2003	34 923	2 482	210 306	...	6 344	...	115 761
125	纽埃岛		...	...	...	...	...	...	...
126	挪威	2003	14 200	3 733	67 274	2 243	1 675	...	...
127	阿曼	2004	3 871	544	10 273	16	1 551	173	...
128	巴基斯坦	2004	116 298	7 862	71 764	...	8 102	106	65 999
129	帕劳群岛	1998	20	2	26	1	1	...	...
130	巴拿马	2000	4 431	2 231	4 545	...	2 526	948	...
131	巴布亚新几内亚	2000	275	90	2 841	...	...	...	...
132	巴拉圭	2002	6 355	3 182	9 727	534	1 868	133	...
133	秘鲁	1999	29 799	2 809	17 108	...	...	...	...
134	菲律宾	2000	44 287	8 564	127 595	33 963	2 482	...	...
135	波兰	2003	95 272	11 451	188 898	21 997	25 397	...	...
136	葡萄牙	2003	34 440	5 510	43 860	824	9 543	...	...
137	卡塔尔	2001	1 310	220	2 917	...	530	...	...
138	韩国	2003	75 045	16 033	83 333	8 728	50 623	...	...
139	摩尔多瓦	2003	11 246	1 403	25 848	991	2 061	...	...
140	罗马尼亚	2003	42 538	4 919	86 802	5 571	1 275	...	...
141	俄罗斯	2003	609 043	45 972	1 153 683	67 403	11 404	72 515	...
142	卢旺达	2004	401	21	3 593	54	278	101	12 000
143	圣基茨和尼维斯	1997	51	8	216	...	...	...	...
144	圣卢西亚岛	1999	749	9	331	...	...	...	...

附录2-8 续表5

国家		人数			每千人口					
		实验室技术人员	其他卫生人员	卫生管理与辅助人员	医师	护士	口腔医师	公共与环境卫生人员	社区卫生人员	卫生管理与辅助人员
97	利比里亚	218	540	518	0.03	0.18	0.00	0.04	0.04	0.15
98	利比亚	...	...	...	1.29	3.60	0.14	...	...	...
99	立陶宛	...	...	...	3.97	7.62	0.69	...	...	...
100	卢森堡	...	...	...	2.66	9.16	0.71	...	...	...
101	马达加斯加	172	530	6 036	0.29	0.32	0.02	0.01	0.02	0.34
102	马拉维	46	707	...	0.02	0.59	...	0.00	...	...
103	马来西亚	...	...	...	0.70	1.35	0.09	...	...	...
104	马尔代夫	168	14	...	0.92	2.70	0.04	...	2.80	...
105	马里	264	377	652	0.08	0.49	0.01	0.02	0.10	0.05
106	马耳他	...	...	...	3.18	5.83	0.42	...	...	...
107	马歇尔群岛	...	...	...	0.47	2.98	0.08	...	...	...
108	毛利塔尼亚	106	48	1 056	0.11	0.64	0.02	...	0.14	0.35
109	毛里求斯	324	134	2 038	1.06	3.69	0.19	0.19	0.19	1.65
110	墨西哥	...	282 343	412 319	1.98	0.90	0.79	...	...	4.17
111	密克罗尼西亚	...	...	...	0.60	3.83	0.13	...	...	...
112	摩纳哥	...	...	...	...	...	...	...	...	...
113	蒙古	...	3 389	3 758	2.63	3.13	0.13	0.03	...	1.47
114	摩洛哥	1 470	975	6 448	0.51	0.78	0.10	0.02	...	0.21
115	莫桑比克	941	1 633	9 517	0.03	0.21	0.01	0.03	...	0.50
116	缅甸	2 241	2 077	49 661	0.36	0.38	0.03	0.04	0.99	0.99
117	纳米比亚	481	597	7 782	0.30	3.06	0.06	0.12	...	3.87
118	瑙鲁	...	...	...	...	...	...	...	...	...
119	尼泊尔	3 209	1 892	...	0.21	0.22	0.01	0.01	0.63	...
120	荷兰	...	...	...	3.15	13.73	0.48	...	...	...
121	新西兰	3 696	16 863	30 987	2.37	8.16	0.68	...	...	8.12
122	尼加拉瓜	...	...	...	0.37	1.07	0.04	...	...	...
123	尼日尔	294	213	513	0.03	0.22	0.00	0.02	...	0.04
124	尼日利亚	690	1 220	...	0.28	1.70	0.02	...	0.91	...
125	纽埃岛	...	...	...	...	...	...	...	...	...
126	挪威	...	...	...	3.13	14.84	0.82	...	...	...
127	阿曼	1 049	1 256	3 898	1.32	3.50	0.19	0.06	...	1.33
128	巴基斯坦	9 744	19 082	203 337	0.74	0.46	0.05	0.00	0.42	1.29
129	帕劳群岛	...	...	...	1.11	1.44	0.11	...	...	...
130	巴拿马	...	870	8 221	1.50	1.54	0.76	0.32	...	2.79
131	巴布亚新几内亚	...	...	...	0.05	0.53	0.02	...	...	...
132	巴拉圭	...	2 235	6 598	1.11	1.69	0.55	0.02	...	1.15
133	秘鲁	...	...	...	1.17	0.67	0.11	...	...	...
134	菲律宾	...	90 788	...	0.58	1.69	0.11	...	...	...
135	波兰	...	...	...	2.47	4.90	0.30	...	...	...
136	葡萄牙	...	...	...	3.42	4.36	0.55	...	...	...
137	卡塔尔	...	...	...	2.22	4.94	0.37	...	...	...
138	韩国	...	...	...	1.57	1.75	0.34	...	...	...
139	摩尔多瓦	...	...	...	2.64	6.06	0.33	...	...	...
140	罗马尼亚	...	...	...	1.90	3.89	0.22	...	...	...
141	俄罗斯	...	670 768	435 093	4.25	8.05	0.32	0.50	...	2.99
142	卢旺达	39	521	1 419	0.05	0.42	0.00	0.01	1.41	0.17
143	圣基茨和尼维斯	...	...	...	1.19	5.02	0.19	...	...	...
144	圣卢西亚岛	...	...	...	5.17	2.28	0.06	...	...	...

附录2-8 续表6

国家		年份	人数						
			医师	口腔医师	护士	助产士	药师	公共与环境卫生人员	社区卫生人员
145	圣文森特和格林纳丁斯	1997	101	6	276	...	...	...	...
146	萨摩亚群岛	1999	120	30	346	3	5	...	...
147	圣马力诺		...	...	...	...	...	...	...
148	圣多美和普林西比	2004	81	11	256	52	24	19	374
149	沙特阿拉伯	2004	34 261	4 235	74 114	...	5 485	...	...
150	塞内加尔	2004	594	97	3 287	...	85	705	...
151	塞黑	2002	21 738	3 792	48 875	2 864	1 980	...	...
152	塞舌尔	2004	121	94	634	...	61	77	...
153	塞拉利昂	2004	168	5	1 841	...	340	136	1 227
154	新加坡	2001	5 747	1 087	17 398	...	1 141	...	...
155	斯洛伐克	2003	17 172	2 364	36 569	1 456	2 783	...	...
156	斯洛文尼亚	2002	4 475	1 199	14 327	654	790	...	...
157	所罗门群岛	1999	54	26	338	23	28	...	...
158	索马里	1997	310	15	1 486	...	8	...	...
159	南非	2004	34 829	5 995	184 459	...	12 521	2 529	9 160
160	西班牙	2003	135 300	20 005	315 200	6 291	35 800	...	...
161	斯里兰卡	2004	10 479	1 245	30 318	3 113	1 066	1 541	...
162	苏丹	2004	7 552	1 082	28 704	2 792	3 558	2 897	5 797
163	苏里南	2000	191	4	688	...	...	...	...
164	斯威士兰	2004	171	32	6 828	...	70	110	4 700
165	瑞典	2002	29 122	7 270	90 758	6 247	5 885	...	...
166	瑞士	2002	25 921	3 598	77 120	2 033	4 322	...	...
167	叙利亚	2001	23 742	12 206	32 938	...	8 862	...	...
168	塔吉克斯坦	2003	12 697	945	28 586	3 780	680	...	...
169	泰国	2000	22 435	10 459	171 605	872	15 480	2 151	3 601
170	马其顿	2001	4 459	1 125	10 553	1 456	309	...	...
171	东帝汶	2004	79	45	1 468	327	14	22	1 657
172	多哥	2004	225	19	2 141	5	134	289	475
173	汤加	2001	35	33	322	19	17	...	...
174	特立尼达和多巴哥	1997	1 004	107	3 653	...	...	...	...
175	突尼斯	2004	13 330	2 452	28 537	...	2 909	890	...
176	土耳其	2003	96 000	17 200	121 000	...	22 500	...	...
177	土库曼斯坦	2002	20 032	876	43 359	...	1 626	...	...
178	图瓦卢	2002	6	2	29	10	1	...	...
179	乌干达	2004	2 209	363	16 221	3 104	688	1 042	...
180	乌克兰	2003	143 202	19 354	369 755	24 496	23 576	...	...
181	阿联酋	2001	5 825	954	12 045	...	1 086	...	...
182	英国	1997	133 641	58 729	704 332	36 399	29 726	14 439	...
183	坦桑尼亚	2002	822	267	13 292	...	365	1 831	...
184	美国	2000	730 801	463 663	2 669 603	...	249 642	...	...
185	乌拉圭	2002	12 384	3 936	2 880	...	...	...	...
186	乌兹别克斯坦	2003	71 623	3 606	256 183	21 270	899	...	...
187	瓦努阿图	1997	20	...	428	...	...	...	...
188	委内瑞拉	2001	48 000	13 680	...	...	...	...	...
189	越南	2001	42 327	...	44 539	14 662	5 977	...	...
190	也门	2004	6 739	850	13 506	240	2 638	792	6 025
191	赞比亚	2004	1 264	491	19 014	2 996	1 039	1 027	...
192	津巴布韦	2004	2 086	310	9 357	...	883	1 803	...

附录2-8 续表7

	国家	人数			每千人口					
		实验室技术人员	其他卫生人员	卫生管理与辅助人员	医师	护士	口腔医师	公共与环境卫生人员	社区卫生人员	卫生管理与辅助人员
145	圣文森特和格林纳丁斯	...	...	...	0.87	2.38	0.05	...	...	...
146	萨摩亚群岛	...	...	...	0.70	2.02	0.18	...	...	...
147	圣马力诺	...	...	...	...	...	...	...	...	...
148	圣多美和普林西比	51	291	288	0.49	1.55	0.07	0.12	2.27	1.75
149	沙特阿拉伯	...	39 073	...	1.37	2.97	0.17	...	...	...
150	塞内加尔	66	704	564	0.06	0.32	0.01	0.07	...	0.05
151	塞黑	...	...	...	2.06	4.64	0.36	...	...	...
152	塞舌尔	59	35	...	1.51	7.93	1.17	0.96	...	...
153	塞拉利昂	...	...	4	0.03	0.36	0.00	0.03	0.24	0.00
154	新加坡	...	...	...	1.40	4.24	0.26	...	...	...
155	斯洛伐克	...	...	...	3.18	6.77	0.44	...	...	...
156	斯洛文尼亚	...	...	...	2.25	7.21	0.60	...	...	...
157	所罗门群岛	...	...	...	0.13	0.80	0.06	...	...	...
158	索马里	...	...	...	0.04	0.19	0.00	...	...	...
159	南非	1 968	40 526	28 005	0.77	4.08	0.13	0.06	0.20	0.62
160	西班牙	...	...	...	3.30	7.68	0.49	...	...	...
161	斯里兰卡	1 252	1 546	112	0.55	1.58	0.06	0.08	...	0.01
162	苏丹	3 115	8 667	35 374	0.22	0.84	0.03	0.08	0.17	1.03
163	苏里南	...	...	...	0.45	1.62	0.01	...	...	...
164	斯威士兰	78	551	374	0.16	6.30	0.03	0.10	4.34	0.35
165	瑞典	...	...	...	3.28	10.24	0.82	...	...	...
166	瑞士	...	...	...	3.61	10.75	0.50	...	...	...
167	叙利亚	...	...	...	1.40	1.94	0.72	...	...	...
168	塔吉克斯坦	...	...	...	2.03	4.58	0.15	...	...	...
169	泰国	...	14 117	153 563	0.37	2.82	0.17	0.04	0.06	2.52
170	马其顿	...	...	...	2.19	5.19	0.55	...	...	...
171	东帝汶	36	18	184	0.10	1.79	0.05	0.03	2.02	0.22
172	多哥	528	397	1 335	0.04	0.43	0.00	0.06	0.09	0.27
173	汤加	...	...	...	0.34	3.16	0.32	...	...	...
174	特立尼达和多巴哥	...	...	...	0.79	2.87	0.08	...	...	...
175	突尼斯	3 936	10 478	16 276	1.34	2.87	0.25	0.09	...	1.64
176	土耳其	...	...	...	1.35	1.70	0.24	...	...	...
177	土库曼斯坦	...	7 846	...	4.18	9.04	0.18	...	...	...
178	图瓦卢	...	...	...	0.55	2.64	0.18	...	...	...
179	乌干达	1 702	3 617	6 499	0.08	0.61	0.01	0.04	...	0.24
180	乌克兰	...	...	...	2.95	7.62	0.40	...	...	...
181	阿联酋	...	...	...	2.02	4.18	0.33	...	...	...
182	英国	20 035	161 490	1 231 666	2.30	12.12	1.01	0.25	...	21.20
183	坦桑尼亚	1 520	29 722	689	0.02	0.37	0.01	0.05	...	0.02
184	美国	611 993	4 177 609	7 056 080	2.56	9.37	1.63	...	...	24.76
185	乌拉圭	...	...	...	3.65	0.85	1.16	...	...	...
186	乌兹别克斯坦	...	...	...	2.74	9.82	0.14	...	...	...
187	瓦努阿图	...	...	...	0.11	2.35	...	...	...	...
188	委内瑞拉	...	...	...	1.94	...	0.55	...	...	...
189	越南	...	...	...	0.53	0.56	...	...	...	...
190	也门	4 709	4 580	10 902	0.33	0.65	0.04	0.04	0.29	0.53
191	赞比亚	1 415	3 330	10 853	0.12	1.74	0.04	0.09	...	0.99
192	津巴布韦	917	743	581	0.16	0.72	0.02	0.14	...	0.04

附录2-9　卫生经费

国家		卫生总费用占GDP%	卫生总费用构成(%)		社会保障卫生支出占公共卫生支出%	个人现金支出占非公共卫生支出%	政府卫生支出占财政支出%	人均卫生费用(美元)	人均公共卫生支出(美元)	生命统计覆盖率(%)	每千人口病床数
			公共卫生支出	非公共卫生支出							
		2003	2003	2003	2003	2003	2003	2003	2003	1998～2003	2001～2004
1	阿富汗	6.5	39.5	60.5	0.0	76.5	7.3	11	4	<25	4
2	阿尔巴尼亚	6.5	41.7	58.3	25.1	99.8	9.2	118	49	94	30
3	阿尔及利亚	4.1	80.8	19.2	28.4	95.3	10.0	89	71	76	...
4	安道尔	7.1	68.6	31.4	89.2	71.1	33.7	2 039	1 399	46	28
5	安哥拉	2.8	84.2	15.8	0.0	100.0	5.3	26	22	<25	...
6	安提瓜和巴布达	4.5	70.6	29.4	0.0	100.0	10.8	426	300	...	24
7	阿根廷	8.9	48.6	51.4	56.8	55.6	14.7	305	148	100	41
8	亚美尼亚	6.0	20.2	79.8	0.0	80.6	5.4	55	11	78	44
9	澳大利亚	9.5	67.5	32.5	0.0	67.8	17.7	2 519	1 699	100	40
10	奥地利	7.5	67.6	32.4	65.8	59.2	10.0	2 358	1 595	100	83
11	阿塞拜疆	3.6	23.8	76.2	0.0	96.8	2.8	32	8	72	83
12	巴哈马群岛	6.4	47.5	52.5	1.7	40.5	13.9	1 121	533	88	34
13	巴林群岛	4.1	69.2	30.8	0.5	61.2	8.8	555	384	90	28
14	孟加拉国	3.4	31.3	68.7	0.0	85.8	5.8	14	4	<25	3
15	巴巴多斯岛	6.9	69.4	30.6	0.0	77.2	11.1	691	479	100	73
16	巴拉若斯	5.5	71.2	28.8	6.1	80.5	8.3	99	71	98	107
17	比利时	9.4	67.2	32.8	88.4	66.6	12.4	2 796	1 880	100	68
18	伯利兹	4.5	49.3	50.7	22.8	100.0	5.0	174	86	96	13
19	贝宁湾	4.4	43.1	56.9	...	90.3	9.8	20	9	<25	...
20	不丹	3.1	83.5	16.5	0.0	100.0	7.6	10	9	<25	16
21	玻利维亚	6.7	64.0	36.0	65.0	79.3	11.9	61	39	<25	10
22	波黑	9.5	50.7	49.3	77.5	100.0	11.4	168	85	88	30
23	博茨瓦纳	5.6	58.2	41.8	...	28.8	7.5	232	135	22	...
24	巴西	7.6	45.3	54.7	0.0	64.2	10.3	212	96	79	26
25	文莱	3.5	80.0	20.0	0.0	100.0	5.2	466	372	100	26
26	保加利亚	7.5	54.5	45.5	51.6	98.4	10.1	191	104	100	61
27	布基纳法索	5.6	46.8	53.2	1.0	98.1	12.7	19	9	<25	...
28	布隆迪	3.1	23.3	76.7	...	100.0	2.0	3	1	<25	...
29	柬埔寨	10.9	19.3	80.7	0.0	86.2	11.8	33	6	<25	6
30	喀麦隆	4.2	28.9	71.1	0.1	98.3	8.0	37	11	<25	...
31	加拿大	9.9	69.9	30.1	2.1	49.6	16.7	2 669	1 866	100	36
32	佛得角	4.6	73.2	26.8	35.5	99.7	11.1	78	57	...	...
33	中非	4.0	38.6	61.4	...	95.3	12.4	12	5	<25	...
34	乍得	6.5	39.9	60.1	...	96.3	10.5	16	7	<25	...
35	智利	6.1	48.8	51.2	32.1	46.2	12.7	282	137	98	25
36	中国	5.6	36.2	63.8	53.4	87.6	9.7	61	22	8	23
37	哥伦比亚	7.6	84.1	15.9	66.0	47.2	20.5	138	116	79	12
38	科摩罗	2.7	54.1	45.9	0.0	100.0	6.4	11	6	<25	...
39	刚果	2.0	64.2	35.8	0.0	100.0	4.3	19	12	<25	...
40	库克岛	3.8	87.9	12.1	0.0	100.0	9.6	294	258	>75	39
41	哥斯达黎加	7.3	78.8	21.2	88.6	88.7	22.8	305	240	79	14
42	科特迪瓦	3.6	27.6	72.4	...	90.5	5.0	28	8	<25	...
43	克罗地亚	7.8	83.6	16.4	96.1	100.0	13.8	494	413	99	55
44	古巴	7.3	86.8	13.2	0.0	75.2	11.2	211	183	100	49
45	塞浦路斯	6.4	49.1	50.9	10.7	96.0	7.0	1 038	510	83	43
46	捷克	7.5	90.0	10.0	85.4	83.9	12.7	667	600	100	85
47	朝鲜	5.8	91.2	8.8	0.0	100.0	7.3	<1	<1	<25	132
48	刚果共和国	4.0	18.3	81.7	0.0	100.0	5.4	4	1	<25	...

附录2-9 续表1

	国家	卫生总费用占GDP%	卫生总费用构成(%) 公共卫生支出	卫生总费用构成(%) 非公共卫生支出	社会保障卫生支出占公共卫生支出%	个人现金支出占非公共卫生支出%	政府卫生支出占财政支出%	人均卫生费用(美元)	人均公共卫生支出(美元)	生命统计覆盖率(%)	每千人口病床数
		2003	2003	2003	2003	2003	2003	2003	2003	1998～2003	2001～2004
49	丹麦	9.0	83.0	17.0	0.0	92.5	13.5	3 534	2 931	100	40
50	吉布提	5.7	66.9	33.1	12.9	100.0	10.5	47	31	<25	16
51	多米尼加	6.3	71.3	28.7	0.0	100.0	11.6	212	151	>75	39
52	多米尼加共和国	7.0	33.2	66.8	17.4	70.8	12.8	132	44	49	22
53	厄瓜多尔	5.1	38.6	61.4	31.9	88.1	8.7	109	42	69	14
54	埃及	5.8	42.6	57.4	27.1	93.2	8.2	55	24	90	22
55	萨尔瓦多	8.1	46.1	53.9	44.1	93.5	22.0	183	84	73	7
56	赤道几内亚	1.5	67.5	32.5	0.0	80.5	7.0	96	65	<25	...
57	厄立特里亚	4.4	45.5	54.5	0.0	100.0	4.0	8	4	<25	...
58	爱沙尼亚	5.3	77.1	22.9	84.9	88.3	11.2	366	282	100	58
59	埃塞俄比亚	5.9	58.4	41.6	0.4	78.7	9.6	5	3	<25	...
60	斐济	3.7	61.3	38.7	0.0	100.0	7.8	104	64	100	26
61	芬兰	7.4	76.5	23.5	21.5	81.2	11.2	2 307	1 766	100	69
62	法国	10.1	76.3	23.7	96.7	42.2	14.2	2 981	2 273	100	76
63	加蓬	4.4	66.6	33.4	1.7	100.0	12.8	196	130	<25	...
64	冈比亚	8.1	40.0	60.0	0.0	67.0	13.9	21	8	<25	...
65	乔治亚	4.0	23.9	76.1	59.2	98.2	4.7	35	8	64	41
66	德国	11.1	78.2	21.8	87.4	47.9	17.6	3 204	2 506	100	86
67	加纳	4.5	31.8	68.2	...	100.0	5.0	16	5	<25	...
68	希腊	9.9	51.3	48.7	32.0	95.4	10.1	1 556	798	91	47
69	格林纳达	6.7	73.6	26.4	0.0	100.0	12.4	289	212	...	57
70	危地马拉	5.4	39.7	60.3	50.5	91.9	15.3	112	44	86	5
71	几内亚	5.4	16.6	83.4	1.5	99.4	4.9	22	4	<25	...
72	几内亚比绍	5.6	45.8	54.2	2.2	80.2	6.9	9	4	<25	...
73	圭亚那	4.8	82.6	17.4	0.0	100.0	11.6	53	44	...	29
74	海地	7.5	38.1	61.9	0.0	69.5	23.8	26	10	7	8
75	洪都拉斯	7.1	56.5	43.5	11.6	85.8	16.8	72	41	...	10
76	匈牙利	8.4	72.4	27.6	83.4	88.9	12.1	684	495	100	78
77	冰岛	10.5	83.5	16.5	36.5	100.0	18.3	3 821	3 191	96	75
78	印度	4.8	24.8	75.2	4.2	97.0	3.9	27	7	<25	7
79	印尼	3.1	35.9	64.1	9.9	74.3	5.1	30	11	<25	6
80	伊朗	6.5	47.3	52.7	30.9	94.8	10.3	131	62	38	16
81	伊拉克	2.7	51.8	48.2	...	100.0	4.2	23	12	<25	13
82	爱尔兰	7.3	78.9	21.1	0.8	61.9	17.2	2 860	2 256	100	35
83	以色列	8.9	68.2	31.8	61.9	89.1	11.4	1 514	1 032	100	61
84	意大利	8.4	75.1	24.9	0.2	83.3	12.8	2 139	1 607	98	41
85	牙买加	5.3	50.6	49.4	0.0	64.7	4.5	164	83	...	18
86	日本	7.9	81.0	19.0	80.5	90.1	16.8	2 662	2 158	100	129
87	约旦	9.4	45.2	54.8	0.7	74.0	8.9	177	80	37	17
88	哈萨克斯坦	3.5	57.3	42.7	0.0	100.0	9.0	73	42	79	78
89	肯尼亚	4.3	38.7	61.3	10.0	82.6	7.2	20	8	<10	...
90	基里巴斯	13.1	92.4	7.6	0.0	100.0	7.8	96	89	>75	15
91	科威特	3.5	77.5	22.5	0.0	91.2	6.1	580	449	90	21
92	吉尔吉斯	5.3	40.8	59.2	15.2	100.0	9.0	20	8	71	53
93	老挝	3.2	38.5	61.5	1.0	75.5	6.2	11	4	<25	11
94	拉脱维亚	6.4	51.3	48.7	82.7	94.3	9.4	301	155	100	77
95	黎巴嫩	10.2	29.3	70.7	46.0	79.4	8.4	573	168	19	30
96	莱索托	5.2	79.7	20.3	0.0	18.2	9.5	31	25	<25	...

附录2-9　续表2

国家	卫生总费用占GDP%	卫生总费用构成(%)		社会保障卫生支出占公共卫生支出%	个人现金支出占非公共卫生支出%	政府卫生支出占财政支出%	人均卫生费用(美元)	人均公共卫生支出(美元)	生命统计覆盖率(%)	每千人口病床数
		公共卫生支出	非公共卫生支出							
	2003	2003	2003	2003	2003	2003	2003	2003	1998～2003	2001～2004
97 利比里亚	4.7	56.7	43.3	0.0	98.5	17.6	6	4	<25	...
98 利比亚	4.1	62.9	37.1	0.0	100.0	5.9	171	108	<25	39
99 立陶宛	6.6	76.0	24.0	74.6	96.6	14.7	351	267	100	84
100 卢森堡	6.8	90.8	9.2	88.1	77.3	13.7	4 112	3 734	100	68
101 马达加斯加	2.7	63.4	36.6	...	91.7	9.3	8	5	<25	...
102 马拉维	9.3	35.2	64.8	0.0	42.7	9.1	13	5	<25	...
103 马来西亚	3.8	58.2	41.8	0.8	73.8	6.9	163	95	40	19
104 马尔代夫	6.2	89.0	11.0	22.9	100.0	13.8	136	121	42	23
105 马里	4.8	57.4	42.6	26.0	89.3	9.2	16	9	<25	...
106 马耳他	9.3	80.1	19.9	64.1	89.9	15.5	1 104	884	100	46
107 马歇尔群岛	13.1	96.7	3.3	17.4	100.0	14.4	255	247	53	21
108 毛利塔尼亚	4.2	76.8	23.2	0.0	100.0	14.3	17	13	<25	...
109 毛里求斯	3.7	60.8	39.2	8.7	100.0	9.2	172	105	100	...
110 墨西哥	6.2	46.4	53.6	66.9	94.2	11.7	372	172	96	10
111 密克罗尼西亚	6.4	88.0	12.0	0.0	40.0	8.8	147	130	...	31
112 摩纳哥	9.7	75.9	24.1	98.6	85.3	17.5	4 587	3 480	...	196
113 蒙古	6.7	63.8	36.2	37.8	91.1	10.3	33	21	86	73
114 摩洛哥	5.1	33.1	66.9	0.0	76.1	6.0	72	24	34	9
115 莫桑比克	4.7	61.7	38.3	0.0	38.8	10.9	12	7	<25	...
116 缅甸	2.8	19.4	80.6	1.3	99.7	2.5	394	77	<25	6
117 纳米比亚	6.4	70.0	30.0	1.9	19.2	12.4	145	101	<25	...
118 瑙鲁	12.3	88.5	11.5	0.0	100.0	8.8	798	706	...	59
119 尼泊尔	5.3	27.8	72.2	0.0	92.2	7.9	12	3	<25	2
120 荷兰	9.8	62.4	37.6	93.0	20.8	12.4	3 088	1 926	100	46
121 新西兰	8.1	78.3	21.7	0.0	72.1	17.2	1 618	1 267	99	60
122 尼加拉瓜	7.7	48.4	51.6	26.6	95.7	11.7	60	29	59	9
123 尼日尔	4.7	53.0	47.0	2.2	89.2	12.4	9	5	<25	...
124 尼日利亚	5.0	25.5	74.5	0.0	91.2	3.2	22	6	<25	...
125 纽埃岛	9.7	98.4	1.6	0.0	100.0	9.3	655	644	>75	73
126 挪威	10.3	83.7	16.3	17.9	95.4	17.6	4 976	4 167	96	43
127 阿曼	3.2	83.0	17.0	0.0	56.1	7.0	278	231	71	22
128 巴基斯坦	2.4	27.7	72.3	53.3	98.0	2.6	13	4	<25	7
129 帕劳群岛	9.7	86.7	13.3	0.0	100.0	15.2	607	526	>75	50
130 巴拿马	7.6	66.4	33.6	55.5	82.2	16.2	315	209	89	18
131 巴布亚新几内亚	3.4	88.9	11.1	0.0	87.2	10.9	23	20	...	...
132 巴拉圭	7.3	31.5	68.5	39.8	74.6	14.2	75	24	74	12
133 秘鲁	4.4	48.3	51.7	42.4	79.0	10.7	98	47	51	11
134 菲律宾	3.2	43.7	56.3	21.8	78.2	5.9	31	14	85	11
135 波兰	6.5	69.9	30.1	86.0	87.8	9.8	354	248	100	55
136 葡萄牙	9.6	69.7	30.3	6.5	95.7	14.1	1 348	940	100	36
137 卡塔尔	2.7	73.9	26.1	0.0	87.5	6.7	862	637	83	24
138 韩国	5.6	49.4	50.6	81.7	82.8	8.9	705	348	90	89
139 摩尔多瓦	7.2	54.5	45.5	1.1	96.1	11.8	34	18	83	64
140 罗马尼亚	6.1	62.9	37.1	85.8	90.4	10.9	159	100	100	66
141 俄罗斯	5.6	59.0	41.0	43.7	71.1	9.3	167	98	97	99
142 卢旺达	3.7	43.5	56.5	9.8	41.7	7.2	7	3	<25	...
143 圣基茨和尼维斯	5.3	63.8	36.2	0.0	100.0	11.4	467	298	>75	60
144 圣卢西亚岛	5.0	68.2	31.8	5.0	100.0	10.3	221	150	100	29

附录2-9　续表3

	国家	卫生总费用占GDP%	卫生总费用构成(%)		社会保障卫生支出占公共卫生支出%	个人现金支出占非公共卫生支出%	政府卫生支出占财政支出%	人均卫生费用(美元)	人均公共卫生支出(美元)	生命统计覆盖率(%)	每千人口病床数
			公共卫生支出	非公共卫生支出							
		2003	2003	2003	2003	2003	2003	2003	2003	1998～2003	2001～2004
145	圣文森特和格林纳丁斯	6.1	67.5	32.5	0.0	100.0	11.0	194	131	99	45
146	萨摩亚群岛	5.4	79.0	21.0	1.4	77.9	20.1	94	74	28	36
147	圣马力诺	7.5	78.7	21.3	92.6	96.8	21.0	2 957	2 328	>75	...
148	圣多美和普林西比	8.6	83.9	16.1	0.0	100.0	11.1	34	29	...	...
149	沙特阿拉伯	4.0	75.9	24.1	...	28.6	9.4	366	277	31	22
150	塞内加尔	5.1	41.8	58.2	15.8	95.3	9.3	29	12	<25	...
151	塞黑	9.6	75.5	24.5	89.8	85.3	16.0	181	136	90	60
152	塞舌尔	5.9	73.2	26.8	3.3	62.5	10.2	522	382	>75	...
153	塞拉利昂	3.5	58.3	41.7	0.0	100.0	7.9	7	4	<25	...
154	新加坡	4.5	36.1	63.9	21.5	97.1	7.7	964	348	82	28
155	斯洛伐克	5.9	88.3	11.7	93.5	100.0	13.2	360	318	100	70
156	斯洛文尼亚	8.8	76.3	23.7	82.6	41.1	13.8	1 218	930	100	48
157	所罗门群岛	4.8	93.4	6.6	0.0	53.1	9.4	28	26	28	22
158	索马里	...	...	...	...	...	...	...	...	<25	4
159	南非	8.4	38.6	61.4	4.6	17.1	10.2	295	114	...	…
160	西班牙	7.7	71.3	28.7	7.0	82.0	13.7	1 541	1 098	100	37
161	斯里兰卡	3.5	45.0	55.0	0.3	88.9	6.5	31	14	...	29
162	苏丹	4.3	43.2	56.8	44.7	96.3	9.1	21	9	<25	7
163	苏里南	7.9	45.8	54.2	35.3	51.8	10.4	182	83	...	31
164	斯威士兰	5.8	57.3	42.7	0.0	42.4	10.9	107	61	<25	...
165	瑞典	9.4	85.2	14.8	0.0	92.1	13.6	3 149	2 684	100	30
166	瑞士	11.5	58.5	41.5	69.3	76.0	19.4	5 035	2 945	100	59
167	叙利亚	5.1	48.2	51.8	0.0	100.0	6.3	59	28	100	15
168	塔吉克斯坦	4.4	20.8	79.2	0.0	100.0	4.8	11	2	50	63
169	泰国	3.3	61.6	38.4	32.0	74.8	13.6	76	47	91	22
170	马其顿	7.1	84.5	15.5	97.8	100.0	17.1	161	136	90	49
171	东帝汶	9.6	75.9	24.1	...	25.6	7.7	39	30	<25	...
172	多哥	5.6	24.8	75.2	14.6	88.0	9.3	16	4	<10	...
173	汤加	6.5	85.1	14.9	0.0	72.6	21.2	102	87	<75	113
174	特立尼达和多巴哥	3.9	37.8	62.2	0.0	88.6	5.9	316	120	94	33
175	突尼斯	5.4	45.7	54.3	23.5	83.0	7.2	137	63	6	21
176	土耳其	7.6	71.6	28.4	54.6	69.9	13.9	257	184	41	26
177	土库曼斯坦	3.9	67.4	32.6	6.1	100.0	12.7	89	60	76	49
178	图瓦卢	6.1	83.3	16.7	0.0	13.0	6.0	142	119	>75	19
179	乌干达	7.3	30.4	69.6	0.0	52.8	10.7	18	5	<25	...
180	乌克兰	5.7	65.9	34.1	0.0	78.6	10.2	60	40	99	87
181	阿联酋	3.3	74.7	25.3	0.0	70.4	8.0	661	493	65	22
182	英国	8.0	85.7	14.3	0.0	76.7	15.8	2 428	2 081	100	40
183	坦桑尼亚	4.3	55.4	44.6	2.6	81.1	12.7	12	7	<25	...
184	美国	15.2	44.6	55.4	28.4	24.3	18.5	5 711	2 548	100	33
185	乌拉圭	9.8	27.2	72.8	48.5	25.0	6.3	323	88	100	19
186	乌兹别克斯坦	5.5	43.0	57.0	0.0	95.5	7.6	21	9	80	53
187	瓦努阿图	3.9	73.8	26.2	0.0	45.8	12.9	54	40	12	19
188	委内瑞拉	4.5	44.3	55.7	25.2	95.5	6.4	146	65	97	9
189	越南	5.4	27.8	72.2	16.6	74.2	5.6	26	7	<25	23
190	也门	5.5	40.9	59.1	...	95.5	6.0	32	13	<25	6
191	赞比亚	5.4	51.4	48.6	0.0	68.2	11.8	21	11	17	...
192	津巴布韦	7.9	35.9	64.1	0.0	56.7	9.2	40	14	36	...

附录2-10 人口与经济

	国家	人口	年增长率	城镇人口	总和生育率	成人识字率	净入学率 1998～2004		人均国内生产总值
		2005	1995～2004	2005	2004	2000～2004	男	女	2004
1	阿富汗	29 863	3.3	24	7.4	...	...	...	...
2	阿尔巴尼亚	3 130	-0.1	45	2.2	98.7	96	94	5 070
3	阿尔及利亚	32 854	1.4	60	2.5	69.8	96	94	6 260
4	安道尔	67	0.4	91	1.3	...	88	90	...
5	安哥拉	15 941	2.3	37	6.7	66.8	66	57	2 030
6	安提瓜和巴布达	81	1.5	38	2.3	...	...	...	10 360
7	阿根廷	38 747	1.0	91	2.3	97.2	...	...	12 460
8	亚美尼亚	3 016	-0.6	64	1.3	99.4	95	93	4 270
9	澳大利亚	20 155	1.1	93	1.7	...	96	97	29 200
10	奥地利	8 189	0.2	66	1.4	...	89	91	31 790
11	阿塞拜疆	8 411	0.7	50	1.8	98.8	81	79	3 830
12	巴哈马群岛	323	1.3	90	2.3	...	85	88	16 140
13	巴林群岛	727	2.1	90	2.4	87.7	89	91	18 070
14	孟加拉国	141 822	1.8	25	3.2	41.1	82	86	1 980
15	巴巴多斯岛	270	0.3	53	1.5	99.7	100	100	15 060
16	巴拉若斯	9 755	-0.4	72	1.2	99.6	95	94	6 900
17	比利时	10 419	0.3	97	1.7	...	100	100	31 360
18	伯利兹	270	2.1	49	3.1	76.9	98	100	6 510
19	贝宁湾	8 439	2.8	46	5.7	33.6	69	47	1 120
20	不丹	2 163	2.0	9	4.2	...	...	...	...
21	玻利维亚	9 182	1.9	64	3.8	86.5	95	95	2 590
22	波黑	3 907	1.3	45	1.3	94.6	...	...	7 430
23	博茨瓦纳	1 765	0.9	53	3.1	78.9	79	83	8 920
24	巴西	186 405	1.3	84	2.3	88.4	98	91	8 020
25	文莱	374	2.2	78	2.4	92.7	...	...	...
26	保加利亚	7 726	-0.6	71	1.2	98.2	91	90	7 870
27	布基纳法索	13 228	2.7	19	6.6	12.8	42	31	1 220
28	布隆迪	7 548	1.7	11	6.8	58.9	62	52	660
29	柬埔寨	14 071	2.0	20	4.0	73.6	96	91	2 180
30	喀麦隆	16 322	1.9	53	4.5	67.9	...	...	2 090
31	加拿大	32 268	0.9	81	1.5	...	100	100	30 660
32	佛得角	507	2.1	58	3.6	75.7	100	98	5 650
33	中非	4 038	1.6	44	4.9	48.6	...	...	1 110
34	乍得	9 749	3.0	26	6.7	25.5	72	49	1 420
35	智利	16 295	1.1	88	2.0	95.7	85	84	10 500
36	中国	1 323 345	0.7	41	1.7	90.9	...	...	5 530
37	哥伦比亚	45 600	1.5	77	2.6	94.2	88	87	6 820
38	科摩罗	798	2.5	36	4.7	56.2	59	50	1 840
39	刚果	3 999	2.9	54	6.3	82.8	55	53	750
40	库克岛	18	-1.0	73	2.6	...	...	...	...
41	哥斯达黎加	4 327	2.0	62	2.2	95.8	90	91	9 530
42	科特迪瓦	18 154	1.9	46	4.9	48.1	67	54	1 390
43	克罗地亚	4 551	-0.3	60	1.3	98.1	90	89	11 670
44	古巴	11 269	0.3	76	1.6	99.8	96	95	…
45	塞浦路斯	835	1.2	70	1.6	96.8	96	96	22 330
46	捷克	10 220	-0.1	75	1.2	...	87	87	18 400
47	朝鲜	22 488	0.7	62	2.0	...	...	...	...
48	刚果	57 549	2.2	33	6.7	65.3	...	...	680

附录2-10 续表1

	国家	人口	年增长率	城镇人口	总和生育率	成人识字率	净入学率 1998～2004		人均国内生产总值
		2005	1995～2004	2005	2004	2000～2004	男	女	2004
49	丹麦	5 431	0.4	86	1.8	...	100	100	31 550
50	吉布提	793	2.5	85	4.9	...	40	32	2 270
51	多米尼加	79	0.5	73	2.0	...	83	79	5 250
52	多米尼加共和国	8 895	1.3	60	2.7	87.7	99	94	6 750
53	厄瓜多尔	13 228	1.4	63	2.7	91.0	99	100	3 690
54	埃及	74 033	1.7	42	3.2	55.6	93	90	4 120
55	萨尔瓦多	6 881	1.8	60	2.8	79.7	90	90	4 980
56	赤道几内亚	504	2.1	50	5.9	84.2	91	78	7 400
57	厄立特里亚	4 401	3.2	21	5.4	...	49	42	1 050
58	爱沙尼亚	1 330	-0.8	70	1.4	99.8	95	94	13 190
59	埃塞俄比亚	77 431	2.3	16	5.7	41.5	55	47	810
60	斐济	848	0.9	53	2.9	92.9	100	100	5 770
61	芬兰	5 249	0.2	61	1.7	...	100	100	29 560
62	法国	60 496	0.3	77	1.9	...	99	99	29 320
63	加蓬	1 384	2.0	85	3.9	...	79	78	5 600
64	冈比亚	1 517	2.9	26	4.6	...	79	78	1 900
65	乔治亚	4 474	-1.1	52	1.4	...	89	88	2 930
66	德国	82 689	0.1	89	1.3	...	...	...	27 950
67	加纳	22 113	2.0	46	4.2	54.1	64	62	2 280
68	希腊	11 120	0.4	61	1.2	91.0	99	99	22 000
69	格林纳达	103	0.3	42	2.4	...	89	80	7 000
70	危地马拉	12 599	2.1	47	4.5	69.1	89	86	4 140
71	几内亚	9 402	2.0	37	5.8	...	73	58	2 130
72	几内亚比绍	1 586	2.6	36	7.1	...	53	37	690
73	圭亚那	751	0.2	39	2.2	...	100	98	4 110
74	海地	8 528	1.3	39	3.9	51.9	...	...	1 680
75	洪都拉斯	7 205	2.3	46	3.6	80.0	87	88	2 710
76	匈牙利	10 098	-0.2	66	1.3	99.3	91	90	15 620
77	冰岛	295	0.9	93	2.0	...	100	99	32 360
78	印度	1 103 371	1.5	29	3.0	61.0	90	85	3 100
79	印尼	222 781	1.2	48	2.3	87.9	93	92	3 460
80	伊朗	69 515	1.0	68	2.1	77.0	88	85	7 550
81	伊拉克	28 807	2.6	67	4.7	...	98	83	...
82	爱尔兰	4 148	1.2	60	1.9	...	95	97	33 170
83	以色列	6 725	2.1	92	2.8	96.9	99	99	23 510
84	意大利	58 093	0.1	68	1.3	...	100	99	27 860
85	牙买加	2 651	0.6	52	2.4	87.6	94	95	3 630
86	日本	128 085	0.2	66	1.3	...	100	100	30 040
87	约旦	5 703	2.6	79	3.4	89.9	91	93	4 640
88	哈萨克斯坦	14 825	-0.7	56	1.9	99.5	92	91	6 980
89	肯尼亚	34 256	2.1	42	5.0	73.6	66	66	1 050
90	基里巴斯	99	1.9	50	4.1	...	...	...	...
91	科威特	2 687	4.4	96	2.3	82.9	82	84	19 510
92	吉尔吉斯	5 264	1.3	34	2.6	98.7	91	88	1 840
93	老挝	5 924	2.1	22	4.7	68.7	88	82	1 850
94	拉脱维亚	2 307	-0.7	66	1.3	99.7	86	85	11 850
95	黎巴嫩	3 577	1.1	88	2.3	...	91	90	5 380
96	莱索托	1 795	0.6	18	3.5	81.4	83	89	3 210

附录2-10　续表2

	国家	人口	年增长率	城镇人口	总和生育率	成人识字率	净入学率 1998～2004		人均国内生产总值
		2005	1995～2004	2005	2004	2000～2004	男	女	2004
97	利比里亚	3 283	4.2	48	6.8	55.9	79	61	...
98	利比亚	5 853	1.8	87	2.9	81.7	...	...	...
99	立陶宛	3 431	-0.5	67	1.3	99.6	91	91	12 610
100	卢森堡	465	1.3	92	1.7	...	90	91	61 220
101	马达加斯加	18 606	2.6	27	5.3	70.6	78	79	830
102	马拉维	12 884	2.2	17	6.0	64.1	...	...	620
103	马来西亚	25 347	2.0	65	2.8	88.7	93	93	9 630
104	马尔代夫	329	2.5	30	4.1	96.3	92	93	...
105	马里	13 518	2.6	34	6.8	19.0	50	39	980
106	马耳他	402	0.6	92	1.5	87.9	96	96	18 720
107	马歇尔群岛	62	1.6	67	4.4	...	77	75	...
108	毛利塔尼亚	3 069	2.6	64	5.7	51.2	68	67	2 050
109	毛里求斯	1 245	0.9	44	2.0	84.3	96	98	11 870
110	墨西哥	107 029	1.3	76	2.3	90.3	99	100	9 590
111	密克罗尼西亚	110	0.2	30	4.3	...	...	...	...
112	摩纳哥	35	1.0	100	1.8	...	...	...	...
113	蒙古	2 646	0.9	57	2.4	97.8	78	80	2 020
114	摩洛哥	31 478	1.4	59	2.7	50.7	92	87	4 100
115	莫桑比克	19 792	2.1	38	5.4	46.5	58	53	1 160
116	缅甸	50 519	1.2	31	2.3	89.7	84	85	...
117	纳米比亚	2 031	2.0	34	3.8	85.0	76	81	6 960
118	瑙鲁	14	2.2	100	3.8	...	80	82	...
119	尼泊尔	27 133	2.1	16	3.6	48.6	75	66	1 470
120	荷兰	16 299	0.5	67	1.7	...	100	99	31 220
121	新西兰	4 028	0.9	86	2.0	...	100	100	22 130
122	尼加拉瓜	5 487	1.8	58	3.2	76.7	86	85	3 300
123	尼日尔	13 957	3.1	23	7.8	14.4	45	31	830
124	尼日利亚	131 530	2.2	48	5.7	66.8	74	60	930
125	纽埃岛	1	-2.0	37	2.8	...	99	98	...
126	挪威	4 620	0.5	81	1.8	...	100	100	38 550
127	阿曼	2 567	1.5	79	3.6	74.4	72	72	13 250
128	巴基斯坦	157 935	2.1	35	4.1	48.7	68	50	2 160
129	帕劳群岛	20	1.3	68	1.4	...	98	94	...
130	巴拿马	3 232	1.7	58	2.7	91.9	100	99	6 870
131	巴布亚新几内亚	5 887	2.1	13	3.9	57.3	79	69	2 300
132	巴拉圭	6 158	2.2	59	3.8	91.6	89	89	4 870
133	秘鲁	27 968	1.5	75	2.8	87.7	100	100	5 370
134	菲律宾	83 054	1.8	63	3.1	92.6	93	95	4 890
135	波兰	38 530	0.0	62	1.2	...	98	98	12 640
136	葡萄牙	10 495	0.4	56	1.5	...	100	99	19 250
137	卡塔尔	813	4.0	92	2.9	89.2	95	94	...
138	韩国	47 817	0.6	81	1.2	...	100	100	20 400
139	摩尔多瓦	4 206	-0.3	46	1.2	96.2	79	79	1 930
140	罗马尼亚	21 711	-0.4	55	1.3	97.3	89	88	8 190
141	俄罗斯	143 202	-0.3	73	1.3	99.4	89	90	9 620
142	卢旺达	9 038	5.0	22	5.6	64.0	85	88	1 300
143	圣基茨和尼维斯	43	0.5	32	2.4	...	...	...	11 190
144	圣卢西亚岛	161	0.8	31	2.2	90.1	99	100	5 560

附录2-10 续表3

	国家	人口	年增长率	城镇人口	总和生育率	成人识字率	净入学率 1998～2004		人均国内生产总值
		2005	1995～2004	2005	2004	2000～2004	男	女	2004
145	圣文森特和格林纳丁斯	119	0.5	61	2.2	...	90	90	6 250
146	萨摩亚群岛	185	0.9	23	4.3	98.7	99	96	5 670
147	圣马力诺	28	0.8	89	1.2	...	...	...	...
148	圣多美和普林西比	157	1.8	38	3.9	...	100	94	...
149	沙特阿拉伯	24 573	2.5	89	3.9	79.4	55	54	14 010
150	塞内加尔	11 658	2.2	51	4.9	39.3	71	66	1 720
151	塞黑	10 503	0.0	52	1.6	96.4	96	96	...
152	塞舌尔	81	0.6	50	2.1	91.9	100	99	15 590
153	塞拉利昂	5 525	2.6	40	6.5	29.6	...	...	790
154	新加坡	4 326	2.1	100	1.3	92.5	...	...	26 590
155	斯洛伐克	5 401	0.1	58	1.2	99.6	85	86	14 370
156	斯洛文尼亚	1 967	0.0	51	1.2	99.7	94	93	20 730
157	所罗门群岛	478	2.5	17	4.2	...	...	...	1 760
158	索马里	8 228	2.4	36	6.3	...	...	...	...
159	南非	47 432	1.2	58	2.8	82.4	89	89	10 960
160	西班牙	43 064	0.7	77	1.3	97.1	100	99	25 070
161	斯里兰卡	20 743	0.9	21	1.9	90.4	...	...	4 000
162	苏丹	36 233	1.9	41	4.3	59.0	50	42	1 870
163	苏里南	449	0.7	77	2.6	88.0	96	98	...
164	斯威士兰	1 032	0.8	24	3.8	79.2	75	75	4 970
165	瑞典	9 041	0.2	83	1.7	...	100	99	29 770
166	瑞士	7 252	0.3	68	1.4	...	99	99	35 370
167	叙利亚	19 043	2.3	50	3.3	82.9	100	96	3 550
168	塔吉克斯坦	6 507	1.1	24	3.7	99.5	97	91	1 150
169	泰国	64 233	0.9	33	1.9	92.6	87	84	8 020
170	马其顿	2 034	0.3	60	1.5	96.1	91	91	6 480
171	东帝汶	947	0.5	8	7.8	...	...	...	...
172	多哥	6 145	2.9	36	5.2	53.0	99	83	1 690
173	汤加	102	0.5	34	3.4	98.9	100	100	7 220
174	特立尼达和多巴哥	1 305	0.3	76	1.6	98.5	91	90	11 180
175	突尼斯	10 102	1.1	64	1.9	74.3	97	97	7 310
176	土耳其	73 193	1.4	67	2.4	88.3	89	84	7 680
177	土库曼斯坦	4 833	1.3	46	2.7	98.8	...	...	6 910
178	图瓦卢	10	0.6	57	3.7	...	...	...	...
179	乌干达	28 816	2.9	12	7.1	68.9	...	...	1 520
180	乌克兰	46 481	-0.9	67	1.1	99.4	84	84	6 250
181	阿联酋	4 496	5.8	86	2.5	77.3	84	82	21 000
182	英国	59 668	0.3	89	1.7	...	100	100	31 460
183	坦桑尼亚	38 329	2.0	38	4.9	69.4	83	81	660
184	美国	298 213	0.9	81	2.0	...	92	93	39 710
185	乌拉圭	3 463	0.7	93	2.3	97.7	90	91	9 070
186	乌兹别克斯坦	26 593	1.4	36	2.7	99.3	...	...	1 860
187	瓦努阿图	211	1.9	24	4.0	74.0	93	95	2 790
188	委内瑞拉	26 749	1.8	88	2.7	93.0	90	91	5 760
189	越南	84 238	1.3	27	2.3	90.3	98	92	2 700
190	也门	20 975	2.9	26	6.0	49.0	84	59	820
191	赞比亚	11 668	1.8	37	5.5	67.9	69	68	890
192	津巴布韦	13 010	0.9	36	3.4	90.0	79	80	2 180